◼ 행정법강의 I

[제3판]

判例中心
行政法總論

法學博士 陳 英 光 著

도서출판 미산

■ The Lecture of Administrative Law I

AN INTRODUCTION TO ADMINISTRATIVE LAW

(Third Edition)

By

Dr. Young-Kwang, Jin

Misan Publishing Co.

제3판 머리말

 이 책은 저자가 그동안 행정법을 강의하면서 불필요하다고 느끼는 부분을 삭제·보완하고, 최근 대법원 판례까지 추가하여 이론과 접목시키고자 노력하였다.

 일선 행정기관에서 일하는 행정실무자들도 염두에 두고 집필하다보니 내용상 균형이 맞지 않는 점도 있다.

 미래지향적인 광복을 기다리며, 광복절에.

2013년 8월 15일
저자 진 영 광 씀

제2판 머리말

본서는 저자의 '행정법강의 I'로, '행정법 서론(통칙)'과 '행정작용법'을 다루고 있다. 그간 강의하면서 느낀, 독자가 다소 이해하기 어려운 부분을 쉽게 설명하였고, 최근의 대법원 판례도 추가하였다. 초학자는 행정법의 이해에 도움이 되는 '행정법을 배우기에 앞서'[행정법의 도그마] 부분과 초판의 '머리말'을 일독하기 바란다. 독자 여러분의 건승을 기원한다.

2011년 2월 17일
저자 진 영 광 씀

머리말

 그간 저자는 행정법 강의 교재로 '행정법서론' 부분은 '행정법통칙'으로, '일반 행정작용'
과 '행정의 실효성 확보수단' 부분은 '행정작용법'으로, '행정구제' 부분은 '행정구제법'으로
출간한 바 있다.
 행정법은 크게 행정작용법, 행정구제법, 행정조직법으로 나뉜다. 본서는 행정법학의 첫
관문이 되는 부분으로, '행정법서론(통칙)'과 '행정작용법' 부분을 다루고 있다. 기간(旣
刊)의 '행정법교실' 시리즈의 일관성을 기하기 위해 '행정법강의 I'로 새롭게 출발하면서
서명을 '행정법총론'으로 정하고자 한다.

 행정작용법의 핵심은 '공공복리'라는 행정목적의 실현에 있다. 공공복리가 국민 개개인
의 사익과 충돌하는 경우, 공익과 사익을 비교·형량하여 어떻게 조화시킬 것인가를 궁구
(窮究)하여야 한다. 아울러 행정작용 중에서 근간을 이루는 행정행위의 주기능이 공공복
리의 실현뿐만 아니라 행정통제에도 있다는 사실에도 주목하여야 한다. 즉, 실질적 법치
주의의 관점에서 법률유보, 법치행정의 원칙을 각 행정작용에 가능한 한 관철시켜 행정
작용에 대한 법적 구속력과 통제를 강화함으로써 국민의 자유와 권리가 실질적으로 보
장되도록 함은 물론 광범위한 대상영역과 정보를 가지고 있는 행정기관이 행정편의를
위해서 법적 구속에서 벗어날 수 있는 비권력적 행정작용으로의 도피를 가능한 한 막아
야 한다.

 행정작용에 대한 단편적인 이해에 그치지 않기 위해서는 행정작용에 대한 체계적이고
동태적인 정리·이해가 필요하고, 이와 관련하여 학설·판례의 입장이 무엇인지 파악하는
것이 무엇보다 중요하다.

 본서는 이미 출간된 '행정법교실' 시리즈의 업그레이드판으로 최근의 주요 판례를 반영
하였고 오탈자도 바로잡았다. 행정법 통칙과 행정작용의 방대한 내용을 강약을 두며 집
약하여 기술하다보니 다소 균형이 맞지 않은 부분도 있으나, 미흡한 부분은 앞으로 꾸준
히 보완할 것이다.

2009년 8월 15일
저자 진영광 씀

행정법을 배우기에 앞서

초학자를 위한 오리엔테이션 일환으로 행정법의 이해에 도움이 되는 '행정법교실'의 도그마를 간략하게 소개하니 일독을 권한다.

다른 법도 마찬가지지만 행정법(Verwaltungrechts, Administrative law)은 특히 프랑스 행정법을 시발점으로 하여 독일, 영국, 미국 그리고 일본의 행정제도와 행정법 및 그 이론의 영향을 많이 받아왔다. 그로 인해 우리나라 행정법은 소위 '모자이크 행정법'이라고 불릴 정도이고 아직도 행정법의 체계화에 이르지 못하고 진행형이다. 그리고 주로 행정청의 행위를 연구하는 학문으로, 일반인들이 경험하지 못한 영역이 많을뿐더러 일반 상식으로 이해되지 않는 부분이 많다보니 행정법은 생소할뿐더러 어려울 수밖에 없다.

행정법을 공부하기에 앞서 행정법의 특성을 먼저 이해하여야 한다. 행정법은 다른 과목과는 달리 행정법 전체를 아우르는 통일된 일반 법률이 존재하지 않아 모든 개별 법률에 공통적으로 적용되는 행정법의 일반원칙이 중요하고 각론에서 개별행정법의 논의는 총론이론과의 연계 하에서 이해되어야 한다.

행정법을 공부하고 이해하는데 있어서는 행정법이 헌법의 구체적 집행법이라는 점을 간과해서는 안 된다. '헌법은 사라져도 행정법은 남아있다'라고 말한 Otto Mayer의 말처럼 우리나라에서도 헌법은 여러 차례나 개폐되었으나 행정법은 그대로 남아있었다. 물론 헌법 개정에 따라 헌법조문에 근거하여 행정법규가 제정·개정되므로 헌법의 구체화된 법이라 할 수 있다. 따라서 행정법을 적확하게 이해하려면 먼저 헌법을 공부하여야 한다.

사회 있는 곳에 법이 있다는 말이 있다. 행정법도 법학의 일종인 까닭에 사회를 전제로 하는바 행정법의 관심사가 무엇인지 알아야 한다. 행정법의 논의 핵심이 되는 것은 행정행위이고, 그 가운데 재량행위가 중요하고, 재량의 일탈·남용을 심사하기 위해서는 재량의 통제와 관련하여 신뢰보호의 원칙, 비례원칙, 행정의 자기구속의 원리, 부당결부금지의 원칙 등 행정법의 일반원칙이 주된 기능을 하게 된다. 행정법은 실체법과 절차법이 동시에 논의되어야 하는 특색을 가지며, 행정소송법은 민사소송법을 준용하도록 규정하고 있으므로, 민사소송법적 기초가 전제되어야 함은 물론이다.

현대국가는 행정국가 또는 복지국가(사회적 법치국가)라고 하는데 여기에는 행정만큼 중요한 것이 없다. 행정은 궁극적으로는 국민의 권익보호 및 복지 향상에 주도적 역할을 담당하고 있다고 할 수 있다. 특히 오늘날에는 행정의 다양화, 복잡화, 전문화와 질·량 확대, 발전으로 그 기술적, 절차적 규정이 다양화되고 있다.

이에 따라 행정법의 체계와 그 범위에 대한 이해가 중요하다. 행정법의 전체적 체계를 보면 크게 행정작용법과 행정조직법으로 나뉘고, 행정작용법은 다시 일반작용법과 특별 작용법으로 나뉘는데 그 개념적 요소로 공권과 공의무가 주 무대를 이루고 있어 공권의 실현 내지 구제방법과 공의무의 실효성확보수단 등이 주요내용을 이룬다. 전체적으로는 ① 행정법서론, ② 일반행정작용법, ③ 실효성확보수단, ④ 행정구제법, ⑤ 행정조직법, ⑥ 특별행정작용법(행정질서법, 급부행정법, 공용부담법, 재무행정법, 군사행정법) 등의 체계로 되어 있다.

행정법의 핵심은 공공복리라는 행정목적의 실현과 국민 개개인의 권익보호라는 사익간의 대립을 전제로 하고 공익과 사악을 비교·형량하여 어떻게 조화시킬 것인가, 형평에 어긋난 사익침해의 경우 그것을 전보하는 손해배상제도와 손실보상제도 및 행정쟁송제도가 어떻게 마련되었는가 하는 점이다. 이처럼 행정법은 기본적으로 국가 행정작용으로부터 국민의 권리를 지켜주고 찾아주는 것에 주안점이 있다고 볼 수 있다.

따라서 행정법을 공부할 때도 각 행정작용의 특성과 그 행정작용으로 인해 권리를 침해당한 국민의 권리구제가 어떻게 도모되어야 하는가를 반드시 염두에 두어야 한다. 그러므로 행정법은 단편적으로 이해해서는 안 되며, 간단한 사례와 연결시켜 학설의 논리적 정리·이해가 필요하고, 판례의 입장이 무엇인지를 파악하는 자세가 중요하며 특정분야에 따라서는 외국법제도의 이해도 필요하다.

8

차례

제1편 行政法通則

제2편 行政作用法

참고문헌

1. 국내문헌

姜求哲,『講義行政法 I』, 螢雪出版社, 1998.

姜儀中,『行政法講義』, 敎學硏究社, 1999.

姜昌雄,『行政法演習』, 博英社, 1988.

權寧星,『憲法學原論』, 法文社, 2001.

　　　　『헌법학개론』, 法文社, 1995.

金南辰,『行政法 I』, 法文社, 2000.

　　　　『行政法의 基本問題』, 法文社, 1996.

金道昶,『一般行政法論(上)』, 靑雲社, 1992.

金東熙,『行政法 I』, 博英社, 2005.

　　　　『行政法 II』, 博英社, 2000. →(II)

金性洙,『行政法 I』, 法文社, 2000.

金哲洙,『憲法學槪論』, 博英社, 2001.

金鐵容,『行政法 I』, 博英社, 2001.

金學世,『行政訴訟의 體系』, 一潮閣, 1998.

金香基,『行政法槪論』, 三英社, 2001.

柳至泰,『行政法新論』, 新英社, 2001.

　　　　『行政法事例演習』, 新英社, 2000.

孟長燮,『新行政法學(上)』, 螢雪出版社, 1988.

朴圭河,『行政法學(上)』, 韓國外國語大學校出版部, 2001.

朴均省,『行政法論(上)』, 博英社, 2003.

　　　　『行政救濟法』, 博英社, 2000. →(救濟法)

朴鈗炘,『行政法講義(上)』, 博英社, 2000.

朴鍾局,『新行政法論』, 法志社, 1999.

卞在玉,『行政法講義(I)』, 博英社, 1998.

徐元宇,『現代行政法論(上)』, 博英社, 1979.

石琮顯,『一般行政法(上)』, 三英社, 2000.

　　　　『行政法演習』, 三英社, 1999. →(演習)

愼保晟,『行政法의 諸問題』, 교학연구사, 1992.

劉尙炫,『韓國行政法(上)』, 桓仁出版社, 1995.

尹世昌・李虎乘,『行政法(上)』, 博英社, 1993.

李光潤,『行政法理論』, 성균관대학교 출판부, 2000.

李鳴九,『新行政法原論』, 大明出版社, 1998.

李尙圭,『新行政法論(上)』, 法文社, 1993.

　　　　『行政爭訟法』, 法文社, 2000. ⋯(爭訟法)

　　　　『英美行政法』, 法文社, 2001. ⋯(英美法)

李英俊,『民法變則』, 博英社, 1987.

李在華,『行政法의 爭點』, 文英社, 2000.

　　　　『行政法演習』, 文英社, 2001. ⋯(演習)

鄭夏重,『行政法事例硏究』, 成玟社, 1999.

趙淵泓,『韓國行政法原論(上)』, 螢雪出版社, 2000.

千炳泰,『行政法總論』, 三英社, 2000.

　　　　『行政救濟法』, 三英社 2000. ⋯(救濟法)

韓堅愚,『現代行政法Ⅰ』, 도서출판 인터벡, 2000.

洪井善,『行政法原論(上)』, 博英社, 2001.

　　　　『行政法演習』, 新潮社, 2001. ⋯(演習)

洪準亨,『행정법총론』, 한울아카데미, 1997.

　　　　『행정구제법』, 한울아카데미, 2001. ⋯(구제법)

　　　　『判例行政法』, 斗聖社, 1999. ⋯(判例法)

2. 외국문헌

阿部泰隆(あべ やすたか),『行政訴訟改革論』, 有斐閣, 1993.

　　　　『行政の法システム(下)』, 有斐閣, 1999.

杉村敏正(すぎむら としまち)・兼子 仁(かねこ まさい),『行政手續・行政爭訟法』, 筑摩書房,
　　　　1973.

兼子 仁(かねこ まさい),『行政法總論』, 筑摩書房, 1983.

　　　　『行政法學』, 岩波書店, 1997.

塩野 宏(しおの ひろし),『行政法Ⅰ』, 有斐閣, 2001.

　　　　『行政法Ⅱ』, 有斐閣, 2001. ⋯(Ⅱ)

芝池義一(しばいけよしかず),『行政法總論講義』, 有斐閣, 1996.

　　　　『行政救濟法講義』, 有斐閣, 2000. ⋯(救濟法)

　　　　『判例行政法入門』, 有斐閣, 2001.

原田尙彦(はらたなおひこ),『訴えの 利益』, 弘文堂, 1982. ⋯(訴えの 利益)

『行政法要論』, 學陽書房, 2000.

廣岡 隆(ひろおか たかし), 『行政法總論』, ミネルヴァ書房, 1995.

藤田宙靖(ふじた ときやす), 『行政法 I』, 青林書院, 2000.

田中二郎(たなか じろう), 『行政法上卷』, 弘文堂, 1995.

南 博方(みなみ ひろまさ)編, 『條解行政事件訴訟法』, 弘文堂, 1987. ⋯(條解)

　　　　『註釋行政事件訴訟法』, 有斐閣, 1983. ⋯(註釋)

南 博方(みなみ ひろまさ) 等編, 『行政法(1)』, 有斐關, 1998. ⋯(1)

南 博方(みなみ ひろまさ)・小高 剛(こたか つよし), 『註釋 行政不服審査法』, 第一法規,
　　　　1988.

小高 剛(こたか つよし), 『行政法總論』, ぎょうせい, 2000.

宮崎 良夫(みやざき よしお), 『行政爭訟と行政法學』, 弘文堂, 2001.

宮田三郎(みやた さぶろう), 『行政訴訟法』, 信山社, 1998.

室井 力(むろい つとむ)編, 『現代行政法入門(1)』, 法律文化社, 1999.

室井 力(むろい つとむ)・塩野 宏(しおの ひろし) 編, 『行政法を學ぶ1』, 有斐閣,
　　　　1978.

大橋洋一(おおはしよういち), 『行政法』, 有斐閣, 2001.

山內一夫(やまのうち かずお), 『行政指導の理論と實際』, ぎょうせい, 1984.

山村恒年(やまむら つねとし), 『行政過程と行政訴訟』, 信山社, 1995.

菊井康郎(きくい やすろう), 『行政行爲の存在法』, 有斐閣, 1982.

見上崇洋(みかみたかひろ), 『行政計劃の法的統制』, 信山社, 1996.

千葉勇夫(ちばいさお), 『行政指導の研究』, 法律文化社, 1987.

小早川光郎, 『行政法講義 上 I』, 弘文堂, 1993.

乙部哲郎(おとべ てつろう), 『行政上の確約の法理』, 日本評論社, 1988.

Hans J. Wolff/Otto Bachof/Rolf Stober, Verwaltungsrecht I ,10.Aufl. München,
　　　　1994.

Hartmut Maurer, Allgemeines Verwaltungsrecht, 11. Aufl. München,
　　　　1997.

Michael Kloepfer, Umweltrecht, 2.Aufl. München, 1998.

Schmitt Glaeser, *Verwaltungsprozeßrecht*, 13. Aufl. 1994.

* 괄호 안은 인용한 도서의 약칭임.

제1편 행정법통칙

제1장 行政

제1장 行政

행정법은 존재법칙을 대상으로 하는 존재과학인 행정학과는 달리 당위를 대상으로 하는 규범과학이다. 행정법의 규율대상인 당위인 행정 관념은 아래에서 보듯이 역사성·다양성의 면에서 그 특수성을 찾아볼 수 있다.

제1절 權力分立과 行政

Ⅰ. 行政觀念의 成立

행정관념의 성립은 권력분립의 원칙에 따라 행정이 입법과 사법으로부터 분립된 근대국가의 탄생과 그 시기를 같이 한다.

Ⅱ. 權力分立理論

권력의 분립(separation of powers)은 국가권력이 하나의 국가기관에 집중되는 경우 권력남용과 국민의 자유·권리가 침해되므로 국가의 작용을 성질에 따라 입법·사법·행정의 3개로 나눠 각각 독립한 기관에 분담시켜 상호 견제와 균형(Check and Balance)을 꾀하기 위한 제도이다.

로크(John Locke)는 『市民政府二論』에서 입법권과 집행권의 분립을 주장하였는데, 이 2권분립론은 몽테스키외(Montesquieu)에 의하여 체계화되어 근대 제 국가의 권력분립제도에 결정적인 영향을 미치게 되었다. 몽테스키외는 1748년 그의 『법의정신』에서 입법권, 집행권, 사법권의 3권분립론을 주창하였다. 몽테스키외의 이론이 3권간의 견제와 균형을 통해 권력의 자의적 남용의 방지와 시민의 자유보장을 꾀한 본격적인 권력분립이론인 데 반하여, 로크의 이론은 단지 권력간의 분리만을 목적으로 하는 권력분리이론에 지나지 않는다. 이처럼 몽테스키외의 3권분립론은 권력의 분산을 통한 상호 견제·균형으로 시민의 자유를 보호하겠다는 것에 주안점을 둔 것이나, 권력의 집중이 권력의 남용을 낳고, 권력 남용이 결국은 독재와 인권침해를 초래한다는 인식에 바탕을 둔 것으로 몽테스키외의 삼권분립론은 평면적이고 정적이다.

이에 대하여 뢰벤스타인(Karl Loewenstein)은 국가기능을 정책결정·정책집행·정책통제의 동적인 기능분립으로 파악하여 새로운 권력분립론을 주창하기도 한다.

　행정은 입법·사법과 함께 국가작용의 한 부분으로 성립·발전된 관념으로 연혁적으로는 절대군주의 통치권 가운데 입법권과 분화·독립되고 난 나머지의 국가기능이 행정으로 파악되었다.

　이처럼 행정법의 규율대상인 행정이라는 관념은 이와 같은 권력분립의 원리와 법치주의를 전제로 해서만 성립된다.

제2절　行政의 意義

　행정법은 행정을 규율대상으로 하는 법이므로 먼저 '무엇이 행정인가'하는 행정의 관념 정립이 필요하다. 행정의 개념은 형식적 의미로 사용되기도 하고 실질적 의미로 사용되기도 한다.

Ⅰ. 形式的 意味의 行政

　삼권분립을 전제로 하는 경우, 행정이란 '행정기관이 행하는 일체의 작용'이라는 정의 할 수 있다. 이것은 행정기관이라는 형식에 주목하여 행정 관념을 파악하는 방법으로 이를 형식적 의미의 행정이라고 부른다. 즉 '국가기관'을 기준으로 하여 각 국가기관의 제도상의 권한배분에 따라 파악하는 것으로 행정이란 실정법에 의해 행정부의 권한으로 되어있는 작용을 의미한다.

　이는 행정의 본질적　이론적인 개념으로서가 아니라 현실적인 국가기관을 기준으로 제도적인 입장에서 분류한 개념이다. 이에 의하면 행정기관에 의하여 행하여지는 작용이기만 하면 그것이 성질상 입법에 속하거나(예 ; 행정입법 등) 사법에 속하거나(예 ; 행정심판에 있어서의 재결, 대통령의 사면권 등) 모두 행정이라고 한다.

Ⅱ. 實質的 意味의 行政

　이에 국가작용에 성질상 차이가 있음을 전제로 하여 그 성질(실질)에 따라 입법[1]·사법[2]과 구별되는 의미에서의 행정이란 무엇인가를 정립할 필요가 있다. 이처럼 입법과 사법을 구별하는 의미에서의 행정을 실질적 의미의 행정이라고 부른다.

　여기서 행정이란 국가작용을 기준으로 하여 이론적으로 행정 관념을 구성하는 것으로

---

1) 실질적 의미의 입법 : 일반적·추상적인 성문의 법규를 정립하는 국가작용(법정립작용)을 말한다.
2) 실질적 의미의 사법 : 당사자의 신청에 따라 구체적인 법률상의 분쟁에 대하여 법을 판단·선언함으로써 법질서를 유지하려는 국가작용(법선언작용)을 말한다. 즉 법률상의 분쟁에 관해 당사자의 쟁송제기를 전제로 독립한 지위에 있는 심판기관이 법령을 적용하여 분쟁을 해결하는 작용을 말한다.

법을 구체화하고 집행함으로써 현실적으로 국가목적을 실현시키는 국가작용(법집행작용)을 말한다.

이와 같은 실질적 의미의 행정의 예로서는 영업허가, 징계처분, 대법원장의 예산집행, 체납처분, 국회사무총장의 소속공무원 임명 등을 들 수 있다.

1. 消極說(控除說)[3]

우선 소극설에서는 행정을 '국가작용 가운데 입법과 사법을 제외하고 남는 작용이다'라고 정의하는 입장이다. 소극설은 국가작용 중 입법과 사법을 공제하고 남은 것이 행정이라는 방식을 취하기 때문에 이를 공제설이라고도 부른다.

이 견해에서는 이것이 삼권분립의 역사적 연혁과 합치하는 것이라고 주장한다. 즉 군주의 통치권 가운데 사법권은 법원에, 입법권은 의회에 맡겼다는 것이다. 그 결과 군주의 손에 남은 것이 오늘날 행정이라고 부르는 국가작용이라는 것이다.

하지만 입법과 사법의 정의도 명확하지 않은데 어떻게 공제가 가능한가 하는 비판을 면하기 어렵다.

2. 積極說

적극설은 행정을 '…이 아닌 것'이라는 것으로 파악하는 입장(소극설)으로는 행정을 올바르게 정의할 수 없다고 본다.

(1) 國家目的實現說(目的實現說 ; 目的說)[4]

국가목적실현설은 국가가 법질서 아래에서 국가목적을 실현하기 위하여 행하는 작용이 행정이라는 것으로 행정은 공익목적의 실현작용을 의미한다.

입법과 사법도 국가목적을 실현하는 작용이 아니냐는 물음에 답할 수 없다는 비판을 받고 있다.

(2) 結果實現說(樣態說)[5]

결과실현설은 행정을 '법 아래에서 법의 규제를 받으면서 현실적·구체적으로 국가목적의 적극적 실현을 목표로 행하여지는 전체로서의 통일성을 가진 계속적인 형성적 국가

---

3) W. Jellinek.
4) O. Mayer ; F. Fleiner. O. Mayer의 행정에 관한 정의, 즉 "행정은 국가가 법질서하에서 그의 목적을 달성하기 위한 사법이외의 작용이다." 라고 한 것을 우리나라에서는 일반적으로 積極說로 분류하고 있는데 대하여, 서독의 문헌에서는 그것을 消極說로 분류한다.
5) 朴鈗炘, 『行政法講義(上)』(博英社, 2000), 9쪽 ; 田中二郎(たなかじろう) ; E. Forsthoff.

활동'으로 정의한다.

입법과 사법이 국가목적의 소극적 실현작용임에 반해 행정의 적극적 실현이라는 모습을 강조하고 있지만 이 역시 상대적 의미에서 타당하다고 할 수 있을 뿐이다. 5·18특별조치법과 같은 개혁입법을 통해 입법도 적극적인 국가목적을 달성할 수 있고, 문화재보존행정과 같이 소극적인 관리작용에 머무는 경우도 있기 때문이다.

(3) 機關樣態說[6]

순수법학파의 견해로 병렬적 기관복합체에 의하여 수행되는 작용은 사법, 상하복종관계에 있는 계층적 기관에 의하여 수행되는 작용이 행정이라는 것으로 입법·사법·행정의 성질에 따른 구분을 부정한다.

이 견해는 행정부는 원칙적으로 계층제이고 사법부는 대등한 합의제이므로 행정부가 하는 작용은 행정이고 사법부가 하는 작용은 사법이라는 것으로 결국 형식적 의미의 행정개념으로 되돌아간다는 비판을 면하기 어렵다.

(4) 槪念徵表說[7]

오늘의 행정은 정의할 수 없고 다만 묘사할 수밖에 없다. 종래의 개념 정의방식에 의한 접근방법보다는 행정의 본질적 성격의 특징을 나타낼 수 있는 개념적 징표를 찾는 접근방법이 보다 유용하다는 견해이다.

이들은 행정의 개념적 징표로, ① 공익실현을 내용을 하는 사회형성작용, ② 장래에 대한 능동적인 사회형성작용, ③ 통일적이고 계속적인 사회형성작용, ④ 구체적 처분에 의하여 그 목적을 실현하는 작용이라는 점을 들고 있다.

3. 批判

행정법은 기본적으로 실질적 의미의 행정을 중심으로 하면서 아울러 형식적 의미의 행정도 연구의 대상으로 한다. 그런데 문제가 되는 것은 형식적 의미에서의 행정이 아니라 실질적 의미에서의 행정 개념이다.

적극설은 미리 행정의 특질을 명백히 하여 둠으로써 행정법 해석상 문제가 생겼을 때 거기서 해결지침을 찾으려는 의도가 내포되어 있다. 하지만 현실의 행정활동은 대단히 복잡하고 다양하므로 적극설이 목표하는 모든 행정을 통일적으로 설명할 수 있는가는

---

6) H. Kelsen ; A. Merkl.
7) 金南辰,『行政法 I』(法文社, 2000), 5~7쪽 ; 金東熙,『行政法 I』(博英社, 2005), 6~7쪽 ; 石琮顯,『一般行政法(上)』(三英社, 2000), 5~6쪽 ; Hartmut Maurer,『*Allgemeines Verwaltungsrecht*』, 11. Aufl.(München, 1997), S.5.

의문이다.

그래서 일본에서는 소위 신적극설(新積極說)이라고 해서 행정이란 '국민과 직접 관련되어 행해지는 민·형사 사법 이외의 공공의 사무처리'라는 견해가 유력하게 등장하고 있다.8) 이 학설이 주목받는 가치는 행정을 권력 대(對) 권력의 관계가 아니고 국민과의 관계에서 행정을 파악하려고 시도한다는 점이다.

E. Forsthoff는 "행정은 정의될 수 없고, 단지 기술될 수 있을 뿐이다."라고 설파하였는데, 이는 그 만큼 실질적의미의 행정개념 파악이 어렵다는 것을 뜻한다. 사실 행정이란 일정한 역사를 거쳐 형성된 개념이며, 현실의 다양한 모습이 반영되어 있기 때문이다.

Ⅲ. 現代行政의 特徵

오늘날 복지국가의 등장으로 인해 ① 행정계획에 의한 광범위한 계획재량, 행정입법의 증가 등 행정권이 확대되는 현상을 보이며, ② 행정의 법에 의한 기속 내지 사법심사의 확대가 이루어지고 있고(종래의 특별권력관계수정론, 법률유보의 범위 확대), ③ 행정지도 등 비권력적 행정수단의 등장으로 행정의 행위형식이 다양화되고, ④ 행정계획 등의 활성화로 행정이 종합화·계획화되며, ⑤ 지방자치단체 등 공공단체에의 위임 등으로 행정기능이 분산되고 있음이 현대행정의 특징이다.

제3절 統治行爲

Ⅰ. 序說

1. 意義

통치행위는 고도의·정치적 색채를 가지는 국가기관의 행위로서(정치적 행위성), 사법심사의 대상으로 하기에 부적합뿐만 아니라(사법적 심사 부적합성) 그에 대한 판결이 있는 경우에도 집행이 곤란한 국가작용(판결의 집행 곤란성)이라고 정의되고 있다.9)즉 통치행위는 고도의 정치성을 가진 국가행위로서(실체법적 개념), 그에 대한 법적 판단이 가능함에도 불구하고 재판통제에서 제외되는 행위(소송법적 개념)인 것이다. 이처럼 국

---

8) 小早川光郞,『行政法講義 上Ⅰ』(弘文堂, 1993), 14쪽.
9) 金南辰, 9쪽 ; 柳至泰,『行政法新論』(新英社, 2001), 16쪽 ; 朴圭河,『行政法學(上)』(韓國外國語 大學校出版部, 2001), 17쪽 ; 石琮顯, 10~11쪽.
    통치행위의 개념을 사법심사의 배제를 전제로 하지 않고 실체법적으로 이해하여 통치행위는 최고 통치권자인 대통령의 국가지도 작용으로 일반 행정·입법·사법과 구별되는 제4의 국가작용이라고 정의하는 견해도 있다(金容燮, 「통치행위에 대한 사법적 통제」(고시연구, 2000. 10), 115쪽). O. Mayer는 협의의 행정과 통치행위를 합쳐 광의의 행정이라고 하기도 했다.

가의 통치작용 중에서 사법심사의 대상에서 제외되는 것이 통치행위라고 말할 수 있다.

여기서 통치행위가 사법심사의 대상에서 제외된다는 것은 행정소송의 대상이 되지 않는다는 것을 뜻할 뿐 헌법재판 등 일체의 사법심사가 면제된다는 의미는 아니다.10)

2. 制度的 前提 및 實盆

이와 같은 통치행위의 관념이 현실적으로 논의되기 위해서는 행정소송대상의 개괄주의 및 국가배상제도의 완비 등 공권력행사에 대한 사법적 심사가 고도로 발달되어 있음을 전제로 한다고 하겠다.11) 즉 통치행위의 전제조건으로 법치주의가 확립되고 행정소송의 대상에 관하여 행정소송법상 개괄주의가 채택되어 있을 것을 요한다.

Ⅱ. 各國에 있어서의 統治行爲

1. 프랑스

프랑스의 경우 國參司院(Conseil d'Etat)의 판례를 통하여 정립·발전되었다.

2. 英國

영국에서는 '국왕은 소추의 대상이 되지 않는다.'는 국왕의 大權理論(Royal Prerogative ; 大官行爲說)과 '의회의 각 원은 그 특권에 관한 유일한 법관이다.'라는 의회주권을 중심으로 국가승인, 선전포고, 강화, 사면행위, 의회내부행위 등에 대하여 통치행위 관념이 논해져왔다.

3. 美國

미국에서는 권력분립의 원칙에 따라 일정한 정치문제(Political Question)는 사법부의 불개입원칙이 적용되었는데, 외교·군사작용이 그 대표적 예이다. 미연방대법원은 1849년 Luther v. Boden사건에서 Rhode Island의 반란정부와 종래의 정부사이에서 어느 정부가 합법적인 정부인가의 판단은 정치적인 문제인바 그것은 법원이 판단할 사항이 아니라 연방의회와 연방정부가 결정할 문제라 하면서 정치문제를 처음 거론하였고, 1946년 Colegrove v. Green(328 US. 549)사건에서 의회의원선거구에 관한 주 법률은 정치적 문제에 속하며, 따라서 사법심사의 대상에서 제외된다고 판시한 바 있다.

---

10) 石琮顯, 11쪽 ; 李光潤, 「통치행위에 대한 국가책임」(고시계, 1999. 7), 103쪽.
11) 朴圭河, 17쪽 ; 朴鈗炘, 15쪽.

4. 獨逸

제2차 대전 이전에는 열기주의의 채택으로 통치행위의 관념이 성립될 여지가 없었으나 제2차 대전 후 개괄주의의 채택으로 통치행위의 관념이 이론적으로 발전하여 그 존재를 인정받게 되었다.

독일연방헌법재판소는 동서독기본조약의 합헌성여부의 심사에서, 정치적 문제에 대한 그 심사권의 한계를 인정하면서도 조약의 체결은 정치적 문제로서의 통치행위에 속하지 않는다고 하면서 사법부자제의 원칙이 목적으로 하는 것은 헌법이 그 밖의 헌법기관에게 보장한 자유로운 정치적 형성의 영역에 개입하지 않으려는 것이지, 연방헌법재판소의 헌법 해석권을 침해하거나 약화시키려는 것은 아니라고 판시한 바 있다.

5. 日本

제2차 대전 후 개괄주의를 채택하고 있고, 판례도 미·일안전보장조약의 해석[12], 중의원의 해산행위[13]를 통치행위의 예로 들고 있다.

Ⅲ. 理論的 根據

1. 統治行爲否定說

현행 행정소송법이 행정소송사항에 관하여 개괄주의를 채택하고 있는 이상 모든 행정작용은 사법심사의 대상이 되어야 한다는 점에서 통치행위관념 자체를 전적으로 부인하는 견해도 있을 수 있다. 실질적 법치주의, 국민의 재판청구권의 보장의 관점에서 고도의 정치적 문제라 할지라도 법률문제가 내포되어 있고 국민의 기본권에 관련되어 있는 국가권력 작용에 대한 사법심사는 당연하다는 것이다. 다만 이 견해에 의하더라도 헌법에 명문의 규정이 있거나 명문규정의 문언해석 또는 의미관련에 의하여 사법심사가 배제되어 있는 것이 명백한 경우까지 부정하는 것은 아니다.[14]

---

12) 砂川(스나가와)사건(일본 최고재판소 1959. 12. 16. 刑集 13卷 13号 3225頁) : 미일안보조약의 합헌 여부의 판단은, 재판소의 심사에는 원칙적으로 적합하지 아니한 것으로 일견 매우 명백하게 위법무효로 인정되지 않는 한, 위 조약의 체결권을 가지는 내각 및 그에 대하여 승인권을 가지는 의회의 판단에 따라야 하고 종국적으로는 주권을 가진 국민의 정치적 판단에 맡겨야 하는 것이다 (『行政判例百選Ⅱ』 제4판(有斐閣, 1999), 388~389쪽).

13) 苫米地(도마베지)사건(일본 최고재판소 1960. 6. 8. 民集 14卷 7号 1206항) : 중의원의 해산은 매우 정치성이 높은 국가통치의 기본에 관한 행위로서 이러한 행위에 관한 법률상의 유효·무효를 심사하는 것은 사법재판소의 권한 밖에 있다고 할 것이고, 이러한 사법심사에 대한 제약은 당해 국가행위의 고도의 정치성, 재판소의 사법기관으로서의 성격, 재판에 필연적으로 따르는 절차상의 제약 등에 비추어 보아 특정 명문상의 규정은 없으나 사법권의 헌법상의 본질에 내재하는 제약으로 이해하여야 할 것이다(『行政判例百選Ⅱ』 제4판(有斐閣, 1999), 394~395쪽).

2. 統治行爲肯定說

그러나 대부분의 학자들은 그 근거는 다르지만 통치행위를 긍정하고 있다.

(1) (自由)裁量行爲說(合目的性說)

통치행위는 정치문제에 관한 것이며 정치문제는 국가최고기관의 정치적 자유재량에 속하는 문제이고 권한 행사에 있어 타당성 내지 합목적성 여부의 문제만 발생하지 위법성의 문제는 발생하지 않으므로 통치행위는 사법심사를 받지 않는다. 하지만 재량행위도 일탈·남용시 사법심사 대상이 된다는 점에서 비판받고 있다.

(2) 權力分立說

헌법상 입법·사법·행정이 분립되어 있고 통치행위는 행정부의 전속적 권한에 속하는 사항이므로 권력분립주의의 원칙에 비추어 사법심사의 대상에서 제외되어야 한다. 법원의 사법심사권에는 권력분립상 일정한 한계가 있으며 고도의 정치성을 가진 통치행위가 이에 해당한다는 것이다.

권력분립주의는 인권보장을 내용으로 하는바 사법심사 부정은 그 취지에 반한다는 비판을 받고 있다.

(3) 司法(府)自制說

통치행위에는 법적 문제가 내포되어 있어 이론상 법원의 심사권이 인정됨에도 불구하고 법원이 정치문제에 개입됨으로써 오히려 사법권 독립에 장애가 야기될 수 있다는 점에서 법원이 정치에 말려들기를 꺼려하여 스스로 그에 관한 판단을 자제한다는 견해이다. 즉 통치행위에 대하여 재판통제가 배제되는 것은 사법부의 자제의 결과이다. 만일에 사법권이 정치 간섭을 하게 되면 정치는 얻는 것이 아무것도 없게 되나 사법은 모든 것을 잃는다〔Francois Guizot〕는 것이다.

권력분립설은 권력분립의 원칙상 사법부의 심사가 처음부터 불가능한 영역으로 보는 반면, 사법부자제설은 통치행위의 사법적 심사가 원래는 가능하나 사법부가 정치적으로 고려하여 스스로 개입을 자제하는 것이라는 점에 차이가 있다. 하지만 회피는 또 하나의 정치적 견해의 채택에 불과하고, 법원의 심사권 포기라는 비판을 받고 있다.

---

14) 金鐵容, 『行政法Ⅰ』(博英社, 2001), 7~8쪽.
金性洙교수는 통치행위라는 관념 보다는 학자들이 열거하고 있는 통치행위의 내용은 대통령과 국회의 헌법상 권한으로 보아야 옳지 않을까하는 의견을 제시하고 있다(金性洙, 『行政法Ⅰ』(法文社, 2000), 52~58쪽).

(4) 內在的 限界說

 사법권에는 그에 내재하는 일정한 한계가 있다는 점에서 통치행위의 근거를 찾는다. 즉 민주정치의 관점에서 동태적인 정치문제는 그 지위가 독립되어 있고 정치적으로 책임을 지지 않는 법원이 심사하기에는 부적합하고 정치문제에 대한 최종적인 판단은 행정부나 국회 또는 국민의 여론에 맡기는 것이 합당하다는 견해이다. 이는 사법국가주의도 우리나라 헌법 원리의 하나이므로 민주주의 관점만 관철하는 것은 부당하다는 비판을 받는다.

(5) 獨自性說

 통치행위는 국가지도적인 최상위의 행위로서 본래적으로 사법권의 판단에 적합한 사항이 아닌 독자적인 정치행위이다.

3. 檢討

 통치행위 부정설은 법이론적으로는 명쾌하나 모든 정치문제를 사법심사의 대상으로 할 경우 야기될 수 있는 현실적인 문제점을 간과하였고, 자유재량행위설은 통치행위는 사법심사의 대상의 문제인데 사법심사의 범위의 문제인 자유재량행위로 설명하려는 난점이 있다. 그리고 우리나라 행정소송법 제27조에서 재량행위도 일탈·남용 등의 경우에 법원의 심사대상이 된다고 명시하고 있기 때문에 그 타당성을 잃었다고 할 것이다.

 따라서 법이론적으로는 내재적한계설과 권력분립설을, 법정책적 입장에서는 사법부자제설을 종합적으로 고려하여 통치행위의 개념을 인정하되 그 요건을 엄격히 제한해야 할 것이다.

Ⅳ. 우리나라에 있어서의 統治行爲

 학자에 따라서는 통치행위를 절대적 통치행위와 상대적 통치행위로 구분하여, 대통령이 국가안위에 관한 중요정책을 국민투표에 붙이는 행위, 법률안에 대한 대통령의 재의요구권, 외국의 승인, 외교사절의 신임과 접수, 헌법 제60조 제1항에 규정되지 아니한 조약의 체결 등 대통령의 일반외교에 관한 행위 등을 '절대적 통치행위'로 보아, 이에 대하여는 사법적 통제가 허용되지 않는다고 하면서, 고도의 정치적 성격을 띠고 있는 행위일지라도 헌법이나 법률에 그 행사요건이 구체적으로 규정되거나 국민의 기본권보장에 중대한 영향을 미치는 행위는 '상대적 통치행위'로서 사법심사의 대상이 된다고 한다.15)

---

15) 權寧星, 『憲法學原論』(法文社, 2001), 794~795쪽 ; 朴圭河, 24쪽 ; 趙淵泓, 『韓國行政法原論(上)』(螢雪出版社, 2000), 47~48쪽 ; 韓堅愚, 『現代行政法Ⅰ』(도서출판 인터벡, 2000), 80~81쪽.

한편 우리나라의 경우 ① 실정법적 근거를 찾아보면 헌법 제64조 제4항에 의해 국회의 원의 자격심사·징계·제명처분에 대하여는 법원에 제소하지 못하도록 되어 있고, ② 이론 적 근거에 기한 것으로는 대통령의 외교에 관한 행위, 군사에 관한 행위, 사면권의 행 사, 영전의 수여, 국무총리·국무위원의 임면, 법률안 거부권의 행사, 국민투표부의권 등 을 들 수 있다.

우리나라 판례상 통치행위로 인정된 경우로는, 대통령의 계엄선포(대법원 1979. 12. 7. 선고 79초70 재결16) ; 대법원 1981. 9. 22. 선고 81도1833 판결 ; 대법원 1982. 9. 14. 선고 82도1847 판결 ; 대법원 1997. 4. 17. 선고 96도3376 판결), 대통령의 긴급조치(대법원 1978. 5. 23. 선고 78도813 판결), 대통령의 긴급재정명령(헌법재판 소 1996. 2. 29. 선고 93헌마186 결정17)), 군사시설보호법에 의한 군사시설보호구역 의 설정·변경 또는 해제와 같은 행위(대법원 1983. 6. 14. 선고 83누43 판결), 사면 (헌법재판소 2000. 6. 1. 선고 97헌바74 결정)18)등을 찾아볼 수 있다.

한편, 대통령에 의한 '지방자치단체장의 선거일 불공고행위'가 통치행위에 해당하는가 여부가 헌법소원에서 다투어진 바 있으나 헌법재판소는 "대통령의 법률안 제출행위는

---

16) 대통령의 계엄선포행위는 고도의 정치적, 군사적 성격을 띠는 행위라고 할 것이어서 그 선포의 당· 부당을 판단할 권한은 헌법상 계엄의 해제요구권이 있는 국회만이 가지고 있다고 할 것이고 그 선 포가 당연 무효의 경우라면 모르되 사법기관인 법원이 계엄선포의 요건구비나 선포의 당 부당을 심 사하는 것은 사법권의 내재적·본질적인 한계를 넘어서는 것이 되어 적절한 바가 못 된다.
17) 통치행위란 고도의 정치적 결단에 의한 국가행위로서 사법적 심사의 대상으로 삼기에 적절하지 못한 행위라고 일반적으로 정의되고 있는바, 이 사건 긴급명령이 통치행위로서 헌법재판소의 심 사 대상에서 제외되는지에 관하여 살펴건대, 고도의 정치적 결단에 의한 행위로서 그 결단을 존 중하여야 할 필요성이 있는 행위라는 의미에서 이른바 통치행위의 개념을 인정할 수 있고, 대통 령의 긴급재정경제명령은 중대한 재정 경제상의 위기에 처하여 국회의 집회를 기다릴 여유가 없 을 때에 국가의 안전보장 또는 공공의 안녕질서를 유지하기 위하여 필요한 경우에 발동되는 일종 의 국가긴급권으로서 대통령이 고도의 정치적 결단을 요하고 가급적 그 결단이 존중되어야 할 것 임은 법무부장관의 의견과 같다.
    그러나 이른바 통치행위를 포함하여 모든 국가작용은 국민의 기본권적 가치를 실현하기 위한 수 단이라는 한계를 반드시 지켜야 하는 것이고, 헌법재판소는 헌법의 수호와 국민의 기본권 보장을 사명으로 하는 국가기관이므로 비록 고도의 정치적 결단에 의하여 행해지는 국가작용이라고 할지 라도 그것이 국민의 기본권 침해와 직접 관련되는 경우에는 당연히 헌법재판소의 심판대상이 될 수 있는 것일 뿐만 아니라, 긴급재정경제명령은 법률의 효력을 갖는 것이므로 마땅히 헌법에 기 속되어야 할 것이다. 따라서 이 사건 긴급명령이 통치행위이므로 헌법재판의 대상이 될 수 없다 는 법무부장관의 주장은 받아들일 수 없다.
18) 종래 사면행위에 대해 사법심사의 대상이 될 수 없다고 하였으나 최근에는 사면이 사면법에 의한 올바른 절차에 따라 행하여졌는지 또는 자의적인 사면권 행사에 의하여 헌법상의 평등의 원칙이 침해되었는지 또는 비례의 원칙이 준수되었는지 여부에 대하여 사법심사가 이루어져야 한다는 유력한 견해가 대두되고 있다(Hans J. Wolff/Otto Bachof/Rolf Stober, Verwaltungs-recht Ⅰ, 10. Aufl. (München, 1994), §45 Rn.39, S.623~624 ; Schmitt Glaeser, Verwaltungs-prozeβrecht, 13. Aufl. Rn.41, S.39~40).

국가기관간의 내부적 행위에 불과하므로 국민에 대하여 직접적인 법률효과를 발생시키는 행위가 아니므로 헌법재판소법 제68조에서 말하는 공권력의 행사에 해당되지 않는다."[19]고 판시한 바 있다.

:: 一般士兵 이라크 派兵
■ 헌법재판소 2004. 4. 29. 선고 2003헌마814 결정

　외국에의 국군의 파견결정은 파견군인의 생명과 신체의 안전뿐만 아니라 국제사회에서의 우리나라의 지위와 역할, 동맹국과의 관계, 국가안보문제 등 궁극적으로 국민 내지 국익에 영향을 미치는 복잡하고도 중요한 문제로서 국내 및 국제정치관계 등 제반 상황을 고려하여 미래를 예측하고 목표를 설정하는 등 고도의 정치적 결단이 요구되는 사안이다. 따라서 그와 같은 결정은 그 문제에 대해 정치적 책임을 질 수 있는 국민의 대의기관이 관계분야의 전문가들과 광범위하고 심도 있는 논의를 거쳐 신중히 결정하는 것이 바람직하며 우리 헌법도 그 권한을 국민으로부터 직접 선출되고 국민에게 직접 책임을 지는 대통령에게 부여하고 그 권한행사에 신중을 기하도록 하기 위해 국회로 하여금 파병에 대한 동의여부를 결정할 수 있도록 하고 있는바, 현행 헌법이 채택하고 있는 대의민주제 통치구조 하에서 대의기관인 대통령과 국회의 그와 같은 고도의 정치적 결단은 가급적 존중되어야 한다.
　이 사건 파견결정이 헌법에 위반되는지의 여부 즉 국가안보에 보탬이 됨으로써 궁극적으로는 국민과 국익에 이로운 것이 될 것인지 여부 및 이른바 이라크전쟁이 국제규범에 어긋나는 침략전쟁인지 여부 등에 대한 판단은 대의기관인 대통령과 국회의 몫이고, 성질상 한정된 자료만을 가지고 있는 우리 재판소가 판단하는 것은 바람직하지 않다고 할 것이며, 우리 재판소의 판단이 대통령과 국회의 그것보다 더 옳다거나 정확하다고 단정 짓기 어려움은 물론 재판결과에 대하여 국민들의 신뢰를 확보하기도 어렵다고 하지 않을 수 없다.
　이 사건 파병결정은 대통령이 파병의 정당성뿐만 아니라 북한 핵 사태의 원만한 해결을 위한 동맹국과의 관계, 우리나라의 안보문제, 국·내외 정치관계 등 국익과 관련한 여러 가지 사정을 고려하여 파병부대의 성격과 규모, 파병기간을 국가안전보장회의의 자문을 거쳐 결정한 것으로, 그 후 국무회의 심의·의결을 거쳐 국회의 동의를 얻음으로써 헌법과 법률에 따른 절차적 정당성을 확보했음을 알 수 있다. 그렇다면 이 사건 파견결정은 그 성격상 국방 및 외교에 관련된 고도의 정치적 결단을 요하는 문제로서, 헌법과 법률이 정한 절차를 지켜 이루어진 것임이 명백하므로, 대통령과 국회의 판단은 존중되어야 하고 헌법재판소가 사법적 기준만으로 이를 심판하는 것은 자제되어야 한다. 이에 대하여는 설혹 사법적 심사의 회피로 자의적 결정이 방치될 수도 있다는 우려가 있을 수 있으나 그러한 대통령과 국회의 판단은 궁극적으로는 선거를 통해 국

---

19) 헌법재판소 1994. 8. 31. 선고 92헌마126 결정 ; 헌법재판소 1994. 8. 31. 선고 92헌마174 결정

민에 의한 평가와 심판을 받게 될 것이다.

┇ 南北頂上會談 關聯 送金行爲
■ 대법원 2004. 3. 26. 선고 2003도7878 판결

입헌적 법치주의국가의 기본원칙은 어떠한 국가행위나 국가작용도 헌법과 법률에 근거하여 그 테두리 안에서 합헌적·합법적으로 행하여질 것을 요구하며, 이러한 합헌성과 합법성의 판단은 본질적으로 사법의 권능에 속하는 것이다.

다만, 국가행위 중에는 고도의 정치성을 띤 것이 있고, 그러한 고도의 정치행위에 대하여 정치적 책임을 지지 않는 법원이 정치의 합목적성이나 정당성을 도외시한 채 합법성의 심사를 감행함으로써 정책결정이 좌우되는 일은 결코 바람직한 일이 아니며, 법원이 정치문제에 개입되어 그 중립성과 독립성을 침해당할 위험성도 부인할 수 없으므로, 고도의 정치성을 띤 국가행위에 대하여는 이른바 통치행위라 하여 법원 스스로 사법심사권의 행사를 억제하여 그 심사대상에서 제외하는 영역이 있다.

그러나 이와 같이 통치행위의 개념을 인정한다고 하더라도 과도한 사법심사의 자제가 기본권을 보장하고 법치주의 이념을 구현하여야 할 법원의 책무를 태만히 하거나 포기하는 것이 되지 않도록 그 인정을 지극히 신중하게 하여야 하며, 그 판단은 오로지 사법부만에 의하여 이루어져야 하는 것이다. (중략)

피고인들의 대북송금행위 및 이에 수반된 각 행위들은 남북정상회담에 도움을 주기 위한 시급한 필요에서 비롯된 이른바 통치행위로서 사법부에 의한 사법심사의 대상이 되지 않는다는 피고인들의 주장에 대하여, 남북정상회담의 개최는 고도의 정치적 성격을 지니고 있는 행위라 할 것이므로 특별한 사정이 없는 한 그 당부를 심판하는 것은 사법권의 내재적·본질적 한계를 넘어서는 것이 되어 적절하지 못하지만, 남북정상회담의 개최과정에서 위 피고인들이 공모하여 재정경제부장관에게 신고하지 아니하거나 통일부장관의 협력사업 승인을 얻지 아니한 채 위와 같이 북한측에 사업권의 대가 명목으로 4억 5,000만 달러를 송금한 행위 자체는 헌법상 법치국가의 원리와 법 앞에 평등원칙 등에 비추어 볼 때 사법심사의 대상이 된다고 판단하였는바, 원심의 위와 같은 판단은 앞서 본 법리에 비추어 정당한 것으로 수긍되고, 거기에 주장과 같은 이른바 헌법상 통치행위에 대한 법리오해의 위법이 있다고 할 수 없다.

V. 範圍와 限界

1. 範圍

통치행위의 범위란 통치행위로 보는 것을 의미하는데, 오늘날 통치행위의 범위는 점차 축소되어가는 경향에 있다. 우리의 경우 헌법이 국민에게 재판청구권(제27조)을 보장하고 있고 행정소송법상 개괄주의를 인정하고 있으므로 통치행위의 범위는 국민의 기본권과 관

계가 없는 영역으로서 고도의 정치성을 띤 것 중에서도 극히 예외적으로 인정해야 한다.

2. 限界

헌법재판소는 "통치행위를 포함하여 모든 국가작용은 국민의 기본권적 가치를 실현하기 위한 수단이라는 한계를 반드시 지켜야 하는 것이고, 헌법재판소는 헌법의 수호와 국민의 기본권보장을 사명으로 하는 국가기관이므로 비록 고도의 정치적 결단에 의하여 행해지는 국가작용이라고 할지라도 그것이 국민의 기본권침해와 직접 관련되는 경우에는 당연히 헌법재판소의 심판대상이 된다."[20]고 판시하여 국민의 기본권 침해와 직접 관련되는 국가작용에 대하여는 통치행위의 관념을 긍정하면서도 통치행위의 한계를 인정하고 있다.

통치행위의 관념은 각국의 학설과 판례에서 인정하고 있는 것이 일반적인 추세이나, 통치행위는 사법심사의 면역화를 가져오기 때문에 국민의 기본권보장과 재판청구권의 취지에 어긋나지 않도록 그 개념의 객관적 요건을 제한적으로 해석하여야 할 것이다.

부언하면, 통치행위는 사법심사에 의한 개인의 권리구제를 부정할 뿐만 아니라 법원의 심사권을 부정하는 것이므로 통치행위의 범위는 통치행위가 갖는 정치적 측면과 법률적 측면의 비교, 그 행위가 국민의 기본권보장에 미치는 영향, 그리고 재판제도의 특수성이라는 관점에서 법원이 구체적·개별적으로 판단할 문제이기 때문에 극히 제한적으로 해석하여야 할 것이다.[21]

따라서 앞서 본대로 학자들이 예로 들고 있는 경우나 대법원과 헌법재판소에서 통치행위로 인정된 경우 즉, 대통령의 계엄선포, 대통령의 긴급조치, 군사시설보호구역의 지정, 사면 등은 사법적 통제를 받지 않는 행위로 이해되기 때문에 항고소송의 대상이 되지 않는다고 할 것이다. 이처럼 통치행위에 대해서는 취소소송을 제기할 수 없게 되어 항고소송을 통한 적법성 통제는 불가능하게 된다고 하겠다.

어찌되었든 현재의 통치행위론은 법치주의에 대한 예외로서 과도기적현상으로 보아야 할 것이고,[22]향후 실질적 법치주의의 정착과 함께 그 관념이 사라질지도 모르겠다.

---

20) 헌법재판소 1996. 2. 29. 선고 93헌마186 결정.
21) 姜求哲, 『講義行政法Ⅰ』(螢雪出版社, 1998), 20쪽 ; 權寧星, 794쪽 ; 金南辰, 739쪽 ; 金東熙, 14쪽 ; 千炳泰, 『行政救濟法』(三英社, 2000), 35쪽.
　　千炳泰교수는 고도의 정치적인 국가행위 중에서도 ① 헌법상의 최상급국가기관 상호간의 행위, ② 국정의 기본적인 상태에 결정적인 영향을 주는 내용의 행위, ③ 현실적으로 국민의 정치적 비판에 맡겨야 할 행위에 한하여 통치행위를 인정해야 한다고 주장한다(同, 35쪽).
22) 金東熙, 「프랑스 행정법상의 통치행위에 관한 고찰」(법학 제25권 제4호, 서울대학교법학연구소, 1984. 12), 202쪽.

Ⅵ. 結 - 統治行爲와 救濟

통치행위에 대한 구제방법으로 취소소송 등 행정소송이나 국가배상 청구를 생각할 수 있겠으나 통치행위가 사법심사에서 제외되므로 그 위법성의 증명이 어려울 것이다.23)

제4절   行政의 分類

Ⅰ. 行政活動의 變化

19세기 자유국가에서는 국가의 행정은 재정을 확보하고 치안을 유지하며 외적을 방어하는 소극적인 것에 그쳤다. 그러나 국가의 이념이 자유국가에서 복지국가로 변화하면서 행정의 활동범위는 넓어지게 된다. 현대행정은 종래의 질서유지에 덧붙여 생활에 불가결한 기초적인 물자와 서비스의 제공, 생활보호 및 사회보험의 보장, 경제생활의 규제 및 산업의 조성, 나아가서는 자연·생활환경의 유지·정비에 걸친 분야로 확대되고 있다.

그리고 인간이 태어나서 죽을 때까지 관련하는 행정작용은 모든 생활영역에 걸쳐 너무나 광범위하고 다양하기 때문에(예 ; 출생신고·예방접종·취학·입영·납세·각종 허가·사망신고 등) 빠짐없이 나열한다는 것은 불가능하다. 행정은 관점에 따라 다음과 같이 여러가지로 분류할 수 있다.

Ⅱ. 主體에 의한 分類

행정의 주체에 따라 국가행정과 지방자치행정, 위임행정으로 분류된다.

국가행정(관치행정)이란 국가가 직접 자기기관에 의하여 하는 행정을 말한다. 국세부과 등이 그 예이다. 지방자치행정은 공공단체가 자치적으로 행하는 행정으로, 지방세 부과 등이 그 예이다. 위임행정은 국가 또는 공공단체가 다른 공공단체 또는 사인에게 위임하여 행하는 행정으로, 별정우체국이 행하는 우편사업 등이 그 예이다.

Ⅲ. 目的에 의한 分類

행정은 그 임무나 목적에 따라 질서행정, 급부행정, 유도행정(誘導行政), 공과행정(公課行政), 조달행정 등으로 나뉜다.

Ⅳ. 內容에 따른 分類

---

23) 한견우, 83쪽 ; 홍정선, 『行政法原論(上)』(博英社, 2001), 19쪽. 김남진교수는 국가배상에 있어서 위법성의 문제는 수권의 근거가 있는가라는 시각에서 검토되므로 배상책임의 인정이 가능하다고 한다(同, 16쪽).

내용에 따라 규제행정과 급부행정, 사경제행정으로 분류할 수 있다. 규제행정이란 사인의 권리와 자유의 제한을 통해 그 목적을 달성하는 행정활동을 말한다. 교통규제, 건축규제, 경제규제 등이 그 예이다. 급부행정이란 국민의 복지를 적극적으로 향상 증진시키기 위한 행정활동으로, 교통·통신·수도·가스·전기 등 생활에 불가결한 서비스를 제공하거나 사회보험·사회복지를 행하는 것이 그 예이다.

사경제행정은 관청 건물의 신축이나 국유재산의 재산관리와 같이 직접적으로 공공의 목적을 달성하기 위한 것이 아니라 사인과 같은 입장에서 행하는 행정활동을 가리킨다.

V. 手段에 의한 分類

행정은 그 수단 또는 성질이라는 면에 착안하여 권력행정과 비권력행정(단순공행정과 국고행정)으로 구분한다. 즉 행정활동의 영역을 권력적 수단을 통해 행하는가 아니면 비권력적 수단으로 행하는가에 따라 나누는 방법이다. 여기에서 말하는 권력적이란 법률관계가 대등한 위치에서 행하는가, 아니면 부대등관계(不對等關係)에서 행하여지는가에 따라 나누는 방법이다. 세금이나 병역의무와 같이 일방적으로 국민에게 의무를 부과하는 경우가 권력적 행정작용의 예이다. 사법상의 법률관계는 매매계약을 체결하는 경우와 같이 상호 대등한 위치에서 행해지는 것이 원칙이다. 이처럼 권력행정이란 행정권이 사인에 대하여 명령·강제하는 등 우월적인 입장에서 행하는 행정이며, 비권력 행정은 사인과 대등한 입장에서 행하는 행정을 의미한다.

행정행위나 행정강제는 권력적인 것이며, 행정지도나 행정계약, 행정조사 등은 비권력적이다. 일반적으로 규제행정은 권력행정, 급부행정은 비권력행정의 형식으로 나타나는 경우가 많다.

VI. 法的 效果에 의한 分類

법적 효과에 따라 국민에게 권리나 이익을 주는 수익적 행정과 침익적(침해적) 행정, 그리고 복효적 행정으로 구분할 수 있다.

침익적(침해적) 행정이란, 사인의 권리나 이익을 빼앗거나 제한하는 행정이다. 면허취소, 영업정지, 세금이나 부담금 부과 등이 그 예이다. 이에 반해 수익적 행정이란 사인에 대하여 권리·이익을 부여하는 행정이다. 각종 인·허가, 보조금의 교부, 조세의 면제 등이 그 예이다. 물론 실제 행정에서는 수익적 행정과 침해적 행정이 함께 일어나는 경우도 있다. 즉, 복효적(이중효과적인) 행정(예 ; 부담부 영업허가 또는 공유수면매립면허)도 있다.

Ⅶ. 行政作用의 根據法에 의한 分類

행정작용의 근거가 되는 법과 관련하여 공법상의 행정(예 ; 세금부과)과 사법상의 행정(예 ; 체비지 매각)으로 나눌 수 있다.

Ⅷ. 法的 拘束의 程度에 따른 分類

법적 구속의 정도에 따라 법률 종속적 행정(예 ; 각종 영업허가)과 법률로부터 자유로운 행정(예 ; 주차장 건설)으로 나눌 수 있다. 견해에 따라서는 기속행정과 재량행정으로 나누기도 한다.

제2장 行政法

제2장 行政法

제1절 行政法의 意義

행정법이란 행정의 조직, 작용 및 행정구제에 관한 국내공법이다.24)공법으로서의 행정법은 대륙법계 국가에서 법치행정의 원칙의 확립과 더불어 생성된 것이다.

Ⅰ. 行政에 관한 法

행정법은 행정의 조직, 작용 및 행정구제에 관한 법으로 헌법·입법법·사법법과 구별된다. 헌법은 국가의 통치작용에 관한 법이고, 입법법은 입법권의 조직과 작용에 관한 법, 사법법은 사법권의 조직과 작용에 관한 법을 말한다.

Ⅱ. 行政에 관한 公法

행정법은 행정에 관한 고유한 공법이다. 따라서 행정주체의 사법적 작용인 소위 국고작용은 행정법의 대상영역이 아니다. 공법과 사법의 구별에 대해서는 뒤에서 보기로 한다.

Ⅲ. 行政에 관한 國內公法

행정에 관한 공법 중 국제법을 제외한, 행정에 관한 국내법이다.

제2절 行政法의 成立과 類型

Ⅰ. 行政法의 成立

1. 大陸法系

국가의 모든 작용은 국민의 대표기관인 의회에서 제정한 법률에 기속되어야 한다는 법치국가의 사상과 행정에 특수한 법체계와 행정법원 제도를 핵심으로 하는 행정제도의 발달로 행정법이 일찍부터 성립·발전하였다.

---

24) 洪井善 교수는 행정법이란 행정권의 조직과 작용에 관한 성문·불문법규의 총괄개념으로 이해하고 있다. 따라서 행정법은 행정조직법과 행정작용법으로 구성되고 있다고 한다(同, 46쪽).

2. 英美法系

Common Law의 지배아래에서는 국가 등의 공행정 역시 사인의 행위와 동일하게 취급되어 행정법이 발달하지 못하였으나 20세기 들어 행정분야에서 특수한 전문적·기술적 사무를 담당하는 행정위원회25)중심으로 행정법이 성립되었다.

Ⅱ. 行政法의 類型

1. 大陸法系 國家 (行政制度國家)

(1) 프랑스 行政法

프랑스 행정법은 공공행정의 조직과 권한 및 시민과 행정권과의 관계를 규율하는 법으로 정의할 수 있으며, 행정사건이 일반 사법재판소와 독립된 행정재판소 관할로 된데서 그 성립의 유래를 찾아볼 수 있다.

프랑스는 행정법의 모국으로서 프랑스혁명기의 역사적 사정(완전한 주권으로서 입법권은 파생적 주권인 행정권·사법권에 대한 우위가 인정되었던 점)의 결과 행정의 자율성 관념이 강해지고 행정권은 일반사법과는 달리 고유한 법체계를 가지며 사법권에 의한 통제를 받지 않는다는 관념이 생겼다. 이처럼 프랑스의 경우 권력분립원칙의 연원은 행정권(왕권)과 사법권(Parlements)이 대립해 온 결과 혁명기에 사법권에 대한 불신이 는 전통적 유래에서 비롯되었다. 즉 앙샹레짐(Ancien Régime)하에서의 사법재판소에 대한 불신, 행정사건의 특수성에 입각하여 그에 관한 고유한 법리를 판례를 통하여 행정법으로 정립·발전시켰다.

이어 1799년 국참사원(Conseil d'Etat)이 창설되었고 이 국참사원의 판례를 중심으로 형성·발전하였다. 프랑스 행정법은 공역무(公役務)를 기본관념으로 하고 있다. 그 중심관념은 종래 행정작용을 권력작용과 관리작용으로 2분한 것에 의해 지배되었으나, 블랑꼬(Blanco)판결을 계기로 이러한 2분법적 사고는 지양되고, 공역무라는 단일관념으로 모아지게 되었다. 즉 1873년의 블랑꼬판결26)은 국가와 국민간의 관계는 사인 상호

---

25) 행정위원회는 준입법적·준사법적 권한을 가진 합의제 행정기관인데, 이들 행정위원회가 각종 행정입법을 양산하면서 영미법계에서도 행정법이라는 법영역이 발생하였다.

26) 프랑스 보르도 지방에 살던 Blanco라는 소년이 담배공장의 노무원이 끄는 담배 운반차에 치어 부상을 입게 되자 그의 아버지는 사법재판소에 민법 제1382조에 의하여 그 노무원 및 국가를 상대로 손해배상청구소송을 제기하였다.
이 소송에 대하여 그 현의 지사는 관할위반의 항변을 하였으나 사법재판소는 그 항변을 각하하고 말았기 때문에 권한쟁의가 일어나게 되었으며 이 쟁의에 대하여 관할재판소는 1873년 2월 8일 판결을 통하여 「담배의 역무는 사기업과 흡사한 성질을 갖고 있으나, 그것은 재정조직을 구성하는 다른 역무와 마찬가지로 공역무이다. 그의 관리에 있어서는 국가는 항상 공권력을 가지고 그의 이름으로써 활동한다.」고 판시함으로써 그 사건이 행정재판소의 관할에 속한다고 결정하였다.

간의 관계에 관한 법인 민법에 의하여 규율될 수는 없는 것으로 그것은 공역무의 요청과 공익·사익간의 조정의 필요에 따라 결정되는 특별한 규율을 받는다고 하였다.

그리고 월권소송의 경우 원고적격의 확장, 취소사유의 확대로, 손해배상법의 경우 위험 책임의 법리에 의한 무과실책임으로의 접근으로 개인의 권리보장에 기여하고 있다.

⑵ 獨逸 行政法

1863년에 바덴지방에서 행정법원을 설치한 것을 필두로 1875년에 프로이센, 1876년에 바이에른 등 점차 각 지방에 행정법원이 설치되기에 이르렀다. 독일에서는 권력작용를 중심으로 행정법체계를 구성하였는데, 한편으로는 공권력의 발동에 해당하는 행정주체의 행위의 특수성을 강조하고 다른 한편으로는 국민의 권리이익을 보호하기 위하여 공권력발동행위의 범위를 법치국가의 원리에 의하여 어떻게 제한하느냐하는 것이 행정법의 주요한 관심사였다.

독일행정법은 국가권위사상 내지 행정의 우월원리에 바탕을 두었으며 그 중심과제는 행정행위론에 있었다. 이처럼 제정법을 중심으로 발전하여 공권력적·권위주의적 관료성을 바탕으로 하여 국가에 우월적 지위를 부여하기 위하여 발달하였다.

이후 국가 등 행정주체가 공권력의 주체(이 경우에는 공법의 적용을 받음)로서가 아닌 재산권의 주체로서의 지위(국고)에서 활동하는 경우에는 사법이 적용된다는 이론(국고학설)이 등장하였으나 일반적으로 프랑스의 경우보다 공법의 적용범위가 좁다. 독일의 행정법은 오토 마이어(Otto Mayer)에 의해 정립되고 그 후 플라이너(Fritz Fleiner), 옐리네크(W.Jellinek) 등에 의해 답습·발전되었으며, 포르스토프(E.Forsthoff)의 급부행정이론의 도입으로 행정법의 영역이 넓혀졌다.

2. 英美法系 國家(司法制度國家)

영미에서는 보통법의 지배를 받고 법의 지배의 원칙이 적용되어 행정법의 발달하지 못하였다. 20세기 이후 자본주의의 발전과 급격한 사회·경제적 변화에 적극 대처하기 위한 방편으로 많은 규제적 행정위원회가 설치·운영되면서 이들의 조직과 권한행사의 절차 및 사법심사 등을 규율하기 위한 것으로서 행정법이 성립하게 되었다.

영미행정법은 행정의 민주성과 국민의 권익보호를 중시하여 행정절차 및 행정과정 또는 행정과정의 통제에 중점을 두고 있다.

이 판결은 공무원과 관련하여 생기는 국가와 국민 사이의 관계의 특수성이라는 기술적 요청을 행정법의 기초로 제시한 점과 공역무 개념을 중심으로 행정법의 범위와 행정재판소의 관할권을 결정 및 확대하는 이론적 기준을 마련한 점에 획기적 의의가 있다.

(1) 英國 行政法

보통법 및 법의 지배원칙(Rule of Law)이란 전통 때문에 국가도 사인에게 적용되는 보통법의 규율을 받게 되어 행정에 특수한 법체계로서 행정법은 성립되지 못하였다.

행정권에 대하여 위임입법권, 행정재결권을 부여하는 제정법(Statute)의 출현이 불가피하였는데, 이는 한편에서는 공공복리의 향상을 도모하기 위하여 불가피하게 요구되는 행정기능의 확대·강화를 인정하고, 다른 한편에서는 강화경향이 있는 행정권으로부터 개인의 권익을 보호하기 위하여 생겨났다. 요컨대 영국행정법은 법의 지배원리를 최대한 지키면서 복리행정을 합리적이고 효율적으로 수행할 수 있도록 행정기관의 권한과 그 행사의 법적 통제에 관하여 규율함을 그 기본적인 사명으로 한다고 할 수 있다.

이처럼 영국의 경우 행정사건도 일반법원의 관할로 되어 있어 행정법의 발달이 늦었으나 19세기 말 이후 행정위원회가 설치되면서 행정법이 성립·발전하였다.

(2) 美國 行政法

미국에서는 전문적·기술적인 행정을 수행하고 행정을 둘러싼 분쟁처리를 담당하기 위하여 행정위원회가 설치되었고 미국 행정법은 행정위원회의 조직·권한 및 분쟁해결절차 등에 관한 법을 중심으로 생성되었으며, 1946년 연방행정절차법이 제정되면서 행정법의 발전을 촉진하는 계기가 되었다.

Ⅲ. 行政法의 分類

1. 行政外部法과 行政內部法

우선 행정을 행하는 국가나 지방자치단체(이를 '행정주체'라 한다.)도 법률상으로는 사람(법인)으로서 다루어진다. 그 결과 행정과 국민의 관계(행정법 관계)도 사람과 사람의 법률관계(권리와 의무관계)로 파악되고 있다. 이 관계를 행정법학에서는 행정을 중심에 놓고 볼 때 국민은 행정조직의 밖에 위치하고 있으므로 외부법관계라고 한다. 이처럼 외부법관계는 행정과 국민의 법률관계이며, 국민의 권리와 의무에 직접 관계하는 법률관계이다. 즉 외부법관계는 행정이 국민의 권리와 의무에 대하여 작용하고, 권리의무에 변동을 미치는 법률관계이다. 이 같은 행정 외부법관계에는 행정작용법관계와 행정구제법 관계가 있다.

이에 반해 내부법관계는 국민의 권리의무와 직접 관계가 없으며, 단지 행정조직 내부사이의 법률관계를 의미한다. 이처럼 내부법관계는 행정의 내부적 관계를 정한 법으로, 행정조직법이 그 예라고 하겠다.

2. 行政組織法·行政作用法·行政救濟法

행정법 분야는 행정조직법, 행정작용법, 행정구제법이라는 세 개의 큰 카테고리로 이루어져 있다.

행정이 다양한 작용(활동)을 행하기 위해서는 우선 행정조직이 필요하다. 이를 뒷받침하는 법이 행정조직법이다. 행정조직법의 중심테마는 '누가 행정을 행하는가.'라는 것이다. '행정을 행하는 자'를 행정주체라고 하는데, 국가와 지방자치단체가 그것이다. 따라서 행정조직법의 주요 쟁점은 국가와 지방자치단체의 인적, 물적 조직(공무원, 공물) 및 조직을 지배하는 법 원리이다. 행정조직법은 국가, 지방자치단체, 기타 행정주체의 존립 근거를 부여하고, 이에 따라 행정주체가 설치해야 할 행정기관의 명칭, 권한, 기관 상호간의 관계를 정하고 있다.

다음으로 행정조직 위에 행정활동(작용)이 전개되는데, 그 근거를 정하는 법이 행정작용법이다. 행정작용법의 중심테마는 '행정은 무엇을 행하는 것인가'라는 것이다. 즉, 행정작용법은 행정조직이 해야 할 행정의 내용을 정한 법이다. 따라서 행정작용법은 행정법관계 가운데 최대의 관심사로 행정과 국민과의 관계를 규정하는 것으로 국민의 권리와 의무에 직접 관련되는 외부법관계를 규율하는 법이다. 이 같은 행정작용법은 그 내용이 다양한데, 행정입법, 행정계획, 행정행위, 행정지도, 행정계약, 행정강제, 행정벌과 같은 다양한 행정작용의 유형을 규율한다.

행정작용법은 행정주체에게 국민의 권리와 의무를 변동시키는 권한을 부여하고 있어, 위법한 행정작용으로 권리의무를 변동시킨 경우에는 오히려 국민으로부터 행정에 대해 반작용이 제기된다. 이처럼 행정활동에 의해 불이익을 받은 국민이 행정에 대하여 대항하는 수단이 필요한데 이의 근거를 정한 법이 행정구제법이다. 행정구제법은 그 제도적 장치로 행정상 손해전보(손실보상과 국가배상)와 행정쟁송(행정심판과 행정소송)제도를 갖추고 있다.

3. 一般行政法과 特別行政法

일반행정법이란 행정조직의 일반적인 개념과 원칙, 절차와 실체를 포함한 행정작용의 일반원칙 등 모든 개별행정법 영역에 표준적인 규율·원칙·개념 등을 공통적·유형적·개괄적으로 파악한 행정법을 말한다.

특별행정법이란 사항적·지역적·인적 관점에서 파악된 공행정의 개별 행정작용영역의 법을 말한다. 이에는 지방자치법, 경찰법, 공무원법, 경제행정법, 세법 등이 있다.

제3절   行政法의 特性(特色)

Ⅰ. 槪說

 행정법은 단일법전이 존재하지는 않지만 행정법을 지배하는 공통의 원리가 있기 때문에 통일적인 법체계를 갖추고 있다.

Ⅱ. 規定 內容上 特性

1. 行政主體의 優越性

 행정주체가 우월한 지위에서 국민에 대하여 명령·강제하며, 행정행위의 경우 공정력과 자력강제권 등이 인정된다.

2. 公益優先性

 행정법은 일반사법과 달리 공익과 사익의 조화를 도모하여 전체로서 공익목적의 실현을 기한다.

3. 集團性과 平等性

 행정법은 다수인을 규율 대상으로 하므로 행정객체 상호간의 법적 평등을 보장해야 한다.

Ⅲ. 規定 形式上 特性

1. 成文性

 행정법은 국민의 권리의무에 관한 사항을 일방적으로 규율하는 경우가 많으므로 국민으로 하여금 장래의 예측가능성을 보장하고 법적 안정을 기하기 위해 성문의 형식을 취함이 원칙이다.

2. 形式의 多樣性

 행정법의 법형식은 법률, 법규명령, 행정규칙, 조례, 규칙 등 다양하다.

Ⅳ. 規定 性質上 特性

1. 劃一·强行性

 행정법은 다수의 국민을 상대로 공익의 실현을 위하여 획일·강행적으로 규율하고 있기 때문에 당사자의 의사에 의해 법의 적용을 배제할 수 없음이 원칙이다.

2. 技術性

행정법은 이념성이 농후한 헌법과 달리 행정목적을 실현하기 위한 수단의 성격이 강하다. 최근 행정법의 기술성은 비판을 받고 있는데 헌법이 정한 목적의 구체적 실현을 강조하는 '헌법의 집행법'으로서의 성격이 강조되고 있다.27)

3. 命令規定性

행정법은 효력규정(능력규정)보다는 명령규정(단속규정)을 원칙으로 하고 있어 행위의 효력에 영향 없음이 원칙이다.

4. 裁量性

행정법은 규율대상인 행정작용에 관해 행정청에 대하여 기속적 의무를 부과하지 않고 폭넓은 재량권을 주고 있다.

제4절 우리나라 行政法의 基本原理

헌법은 국가의 형태, 국가의 목표, 국가의 조직, 국가와 국민간의 관계 등에 관한 기본원칙을 규율하는 최고의 근본 법질서이므로 국가법질서의 한 부분영역인 행정법도 당연히 헌법이 정하는 원칙을 따라야 한다. 우리 헌법상 행정에 대한 기본원칙으로 ① 지방분권주의, ② 민주행정주의, ③ 실질적 법치주의, ④ 복지국가주의, ⑤ 사법국가주의를 들 수 있다.

I. 地方分權主義

헌법 제117조 제1항은 지방자치제도의 보장을 선언하고 있는데, 우리 헌법재판소는 지방자치제도가 민주정치의 요체이며 국민주권주의와 자유민주주의의 이념구현에 크게 이바지할 수 있다고 판시하고 있다.

■ 헌법재판소 1991. 3. 11. 선고 91헌마21 결정
[입헌민주국가의 실현과 지방자치제도의 중요성]
지방자치제도라 함은 일정한 지역을 단위로 일정한 지역의 주민이 그 지방주민의 복

---

27) O. Mayer : 헌법은 사라져도 행정법은 남아 있다(기술성 강조).
　　 F. Werner : 구체화된 헌법으로서의 행정법(이념성 강조).

리에 관한 사무·재산관리에 관한 사무·기타 법령이 정하는 사무(헌법 제117조 제1항)를 그들 자신의 책임하에서 자신들이 선출한 기관을 통하여 직접 처리하게 함으로써 지방자치행정의 민주성과 능률성을 제고하고 지방의 균형있는 발전과 아울러 국가의 민주적 발전을 도모하는 제도이다. 지방자치는 국민자치를 지방적 범위 내에서 실현하는 것이므로 지방시정에 직접적인 관심과 이해관계가 있는 지방주민으로 하여금 스스로 다스리게 한다면 자연히 민주주의가 육성·발전될 수 있다는 소위 '풀뿌리 민주주의'를 그 이념적 배경으로 하고 있는 것이다.

공업화·도시화·국제화의 추세가 가속되어 가고 있는 오늘날 우리나라처럼 국토도 협소하고 언어·풍속·문화·생활양식 등도 지방에 따라 현저한 차이가 없는 단일민족국가에서는 오히려 중앙집권의 강화가 바람직하다는 견해도 없지 않지만 지방자치제도는 현대 입헌민주국가의 통치원리인 권력분립 및 통제·법치주의·기본권보장 등의 제원리를 주민의 직접적인 관심과 참여 속에서 구현시킬 수 있어 바로 자율과 책임을 중시하는 자유민주주의 이념에 부합되는 것이므로 국민(주민)의 자치의식과 참여의식만 제고된다면 권력분립원리의 지방차원에서의 실현을 가져다 줄 수 있을 뿐 아니라(지방분권) 지방의 개성 및 특징과 다양성을 국가전체의 발전으로 승화시킬 수 있고, 나아가 헌법상 보장되고 있는 선거권·공무담임권(피선거권) 등 국민의 기본권의 신장에도 크게 기여할 수 있는 제도라고 할 것이다.

이와 같이 지방자치제도는 민주정치의 요체이며 현대의 다원적 복합사회가 요구하는 정치적 다원주의를 실현시키기 위한 제도적 장치로서 주민의 자발적인 참여·협조로 지역 내의 행정관리·주민복지·재산관리·산업진흥·지역개발·문화진흥·지역민방위 등(헌법 제117조 제1항, 지방자치법 제9조 참조) 그 지방의 공동관심사를 자율적으로 처결해 나간다면, 국가의 과제도 그만큼 감축되는 것이고, 주민의 자치역량도 아울러 배양되어 국민주권주의와 자유민주주의 이념구현에 크게 이바지할 수 있는 것이다.

민주주의의 본질은 국가권력의 형성 및 그 행사에 있어서 그 근거를 국민적 합의에 두는 것이므로 지방자치가 진실로 민주정치의 발전에 기여할 수 있기 위하여서는 우선 무엇보다도 지방의회의 구성이 당해 지역주민 각계각층의 의견이 민주적이고도 합리적으로 수렴된 유루(遺漏)없는 합의에 의하여 이루어질 수 있도록 제도화되어야 하는 것이다.

Ⅱ. 民主行政主義

현행헌법은 대한민국이 민주국가임을 규정하고 있다. 민주주의란 이념적으로는 자유와 평등을, 형태적으로는 치자(治者)와 피치자(被治者)가 동일함을 내용으로 하는 정치원리이다. 헌법은 행정의 영역에서 민주주의원리를 실현하기 위하여 여러 규정을 두고 있다. 즉 ① 국민의 공복으로서의 공무원제도보장, ② 행정결정 과정에의 국민의 참여 보장,

③ 행정의 공개·투명성 보장 규정 등을 들 수 있다.

행정의 공개는 국민이 행정에 참여하고 행정에 책임을 묻는 것을 전제로 이루어지는 것이다. 행정에의 참여 및 행정의 공개와 관련하여 공공기관의정보공개에관한법률, 행정절차법이 제정되기에 이르렀다.

> **■ 헌법재판소 1989. 9. 8. 선고 88헌가6 결정**
> 우리 헌법의 전문과 본문의 전체에 담겨있는 최고 이념은 국민주권주의와 자유민주주에 입각한 입헌민주헌법의 본질적 기본원리에 기초하고 있다. 기타 헌법상의 제원칙도 여기에서 연유되는 것이므로 이는 헌법전을 비롯한 모든 법령해석의 기준이 되고, 입법형성권 행사의 한계와 정책결정의 방향을 제시하며, 나아가 모든 국가기관과 국민이 존중하고 지켜가야 하는 최고의 가치규범이다.
>
> **■ 헌법재판소 1990. 4. 2. 선고 89헌가113 결정**
> 자유민주적 기본질서라 함은 모든 폭력적 지배와 자의적 지배 즉 반국가단체의 일인독재내지 일당독재를 배제하고 다수의 의사에 의한 국민의 자치, 자유·평등)의 기본원칙에 의한 법치주의적 통치질서를 말한다. 구체적으로는 기본적 인권의 존중, 권력분립, 의회제도, 복수정당제도, 선거제도, 사유재산과 시장경제)를 골간으로 한 경제질서 및 사법권의 독립 등 이 이를 구현하기 위한 제도이다.

Ⅲ. 實質的 法治主義

실질적 법치국가란 정의의 이념에 근거하여 정의를 추구하는 국가를 말하고, 형식적 법치국가란 국가가 국민의 자유와 권리를 제한하거나, 국민에게 새로운 의무를 부과하는 때에는 국회가 제정한 법률에 의하거나 법률에 근거가 있어 모든 국가권력 행사가 법률로써 예측하는 것이 가능한 국가를 말한다.

우리 헌법상 법치주의원리는 기본권 보장규정(헌법 제2장), 권력분립원리에 관한 규정(헌법 제40조, 제66조 제④항, 제101조 제①항), 포괄적 위임입법금지에 관한 규정(헌법 제75조, 제95조), 사법심사제도(헌법 제107조) 등을 통해 나타나고 있다.

한편, 행정의 영역에서 법치주의는 법치행정의 문제로 다루어진다. 법치행정문제는 행정의 법률적합성의 원칙(行政의 法律適合性의 原則)으로 다루어지고 있다(이에 관해서는 뒤에서 구체적으로 살펴보기로 한다). 법치행정의 원리상 행정은 당연히 법률에 적합한 것이어야 한다. 이러한 행정의 법률적합성의 원칙은 공권력 앞에서 개인을 보호하기 위한 법치행정의 주된 내용을 구성하는 원칙으로서 전체 공행정은 합헌적 법률에 따라야 함을 의미한다. 행정의 법률적합성의 원칙은 법률의 우위의 원칙과 법률의 유보의 원칙으로 구성된다.

■ 헌법재판소 1992. 2. 25. 선고 90헌가69, 91헌가5, 90헌바3 결정
[조세법률주의의 헌법적 의의]
　헌법 제38조는 "모든 국민은 법률이 정하는 바에 의하여 납세의 의무를 진다."라고 규정하고, 제59조는 "조세의 종목과 세율은 법률로 정한다."라고 규정하였는데 위 두 개의 규정은 조세행정에 있어서의 법치주의(조세법률주의)를 선언하는 규정이다. 조세행정에 있어서의 법치주의 적용은 조세징수로부터 국민의 재산권을 보호하고 법적 생활의 안전을 도모하려는데 그 목적이 있는 것으로서, 과세요건법정주의와 과세요건명확주의를 그 핵심적 내용으로 하는 것이지만 오늘날의 법치주의는 국민의 권리·의무에 관한 사항을 법률로써 정해야 한다는 형식적 법치주의에 그치는 것이 아니라 그 법률의 목적과 내용 또한 기본권보장의 헌법이념에 부합되어야 한다는 실질적 법치주의를 의미하며 헌법 제38조, 제59조가 선언하는 조세법률주의도 이러한 실질적 법치주의를 뜻하는 것이므로 비록 과세요건이 법률로 명확히 정해진 것일지라도 그것만으로 충분한 것이 아니고 조세법의 목적이나 내용이 기본권보장의 헌법이념과 이를 뒷받침하는 헌법상의 제원칙에 합치되지 아니하면 아니 된다.

Ⅳ. 福祉國家主義

　우리 헌법은 사회복지국가를 지향하고 있다. 여기서 사회복지국가란 사회국가와 복지국가의 복합개념이다. 우리 헌법은 각인에게 최소한의 인간다운 삶을 보장할 뿐만 아니라 동시에 모든 국민의 생활조건을 좀 더 향상된 단계로 이끌어가는 것을 국가의 임무로 하고 있다.

　이와 관련하여 헌법은 먼저 ① 모든 국민의 인간다운 삶의 보장을 선언하고(헌법 제34조 제①항), 이의 실현을 위해 ② 사회의 안전, 경제적 약자의 보호와 관련하여 사회보장, 공공목적 실현을 위한 국가권력의 적극적 참여를 요구하는 사회복지의 증진을 국가의 의무로 규정하며(제34조 제②항), ③ 개인의 경제상의 자유와 창의를 존중하고, 아울러 그것의 본질적인 부분을 훼손하지 않는 범위 내에서 사경제(私經濟)에 대한 국가의 합리적인 개입을 규정해 놓고 있다(헌법 제9장).

　사회복지국가의 요청은 필연적으로 다양한 행정수단을 요구하고, 이것은 행정의 확대를 가져오게 된다. 현대국가의 이러한 경향을 행정국가화라고 하는데, 이러한 행정국가화 현상에 대한 합리적인 통제책의 마련이 현대행정법의 과제가 되고 있다.

■ 헌법재판소 1996. 4. 25. 선고 92헌바47 결정

　우리나라 헌법상의 경제질서는 사유재산제를 바탕으로 하고 자유경쟁을 존중하는 자유시장경제질서를 기본으로 하면서도 이에 수반되는 갖가지 모순을 제거하고 사회복지·사회정의를 실현하기 위하여 국가적 규제와 조정을 용인하는 사회적 시장경제질서로서의 성격을 띠고 있다.

　즉, 절대적 개인주의·자유주의를 근간으로 하는 자본주의사회에 있어서는 계약자유의 미명 아래 "있는 자, 가진 자"의 착취에 의하여 경제적인 지배종속관계가 성립하고 경쟁이 왜곡되게 되어 결국에는 빈부의 격차가 현격해지고, 사회계층간의 분화와 대립갈등이 첨예화하는 사태에 이르게 됨에 따라 이를 대폭 수정하여 실질적인 자유와 공정을 확보함으로써 인간의 존엄과 가치를 보장하도록 하였는바(헌법재판소 1989. 12. 22. 선고 88헌가13 결정 참조), 이러한 절대적 개인주의·자유주의를 근간으로 하는 초기 자본주의의 모순 속에서 소비자·농어민·중소기업자 등 경제적 종속자 내지는 약자가 그들의 경제적 생존권을 확보하고 사회경제적 지위의 향상을 도모하기 위하여 결성한 자조조직이 협동조합이고, 우리 헌법도 "국가는 농·어민과 중소기업의 자조조직을 육성하여야 하며, 그 자율적 활동과 발전을 보장한다."는 규정을 둠으로써(헌법 제123조 제5항) 국가가 자발적 협동조합을 육성하여야 함을 명문으로 규정하고 있다.

V. 司法國家主義

　행정사건도 일반법원에서 담당한다. 1998년 행정법원의 신설, 행정심판전치주의의 폐지로 사법국가성이 강화되었다.

제5절　法治行政의 原理(法律에 의한 行政의 原理)

I. 序說

1. 意義

　법치행정의 원리란 법치주의(인권보장을 목적으로 모든 국가작용은 법에 기하여 행해져야 한다는 원리)의 행정면에서의 표현으로 행정권도 법의 기속을 받고 법을 준수하여야 하며, 위법한 행정작용에 대해서는 사법심사를 통해 국민의 기본권이 보장되어야 한다는 원칙을 말한다.

2. 歷史的·理念的 背景

(1) 自由主義的 基礎

　법치주의는 국가권력에 대한 불신을 전제로 한다. 법치주의는 국민의 자유권의 보장과 법에 의한 국가권력의 제한을 통하여 국민의 자유와 재산을 도모하기 때문에 자유주의 국가의 요청과 부합된다. 이는 역사적으로 절대왕정에 대항하여 나타난 권력분립사상을 배경으로 한다. 즉 법률에 의한 행정의 원리는 권력분립정신이 행정법에 나타난 투영물이다.

(2) 民主主義的 基礎

오늘날 민주주의국가에서 국민의 대표기관인 국회가 제정하는 법률은 국민의 일반의사의 표현이며 법률에 의한 통치는 국민에 의한 통치를 의미한다. 이는 자의적 행정을 막기 위해 국민으로 하여금 예측가능성을 확보하여 법적안정성을 기하자는 것이다. 즉 행정에 대한 민주적 통제수단으로서 의회제정의 법이 요청된 것이다.

(3) 法에 대한 信賴

법치주의는 법에 대한 신뢰를 기초로 한다. 법에 대한 국민의 신뢰는 법의 정당성에 기초한다.

3. 現代行政에서의 位相

하지만 오늘날 급부행정의 증대, 입법의 골격화, 행정입법의 증대로 법치주의의 위기론이 대두되고 있다.

오늘날 소위 특별행정법관계에도 법치행정원리가 일반적으로 적용되고 행정입법의 증대에 따라 행정입법에 대한 법률의 법규창조력이 중시되고 있으며, 합헌적 법률의 우위에 의한 위헌법률심사제가 제도적 정착되었고 법률유보의 범위가 확대되면서(본질사항유보설 등의 등장) 실질적 법치주의가 보편화 되었다.

Ⅱ. 法系에 따른 差異(類型)

1. 大陸法系 - 獨逸의 法治主義

O. Mayer는 법치주의의 내용으로 ① 법률의 법규창조력(의회제정법만이 국민의 권리의무에 관한 사항을 정할 수 있다.) ② 법률의 우위(행정의 모든 행위는 법률에 위반되어서는 안된다.) ③ 법률의 유보(행정권의 발동에는 법률의 근거를 요한다.)를 거론하였는데, 이때의 법치주의는 의회에서 제정된 법률이기만 하면 내용적 타당성이 확보되는 것으로 인정하는 형식적 법치주의에 그쳤다.

그러나 이 같은 형식적 법치주의는 나치시대를 거치면서 그 한계를 드러내게 되었다. 즉 ① 법률의 법규창조력은 행정권에서도 독립명령 등의 방식에 의한 광범위한 행정입법이 인정되었고, ② 내용은 관계없이 형식과 절차만 부합하면 법률에 위반하지 않는다는 법률의 우위는 히틀러시대 행정권이 의회입법권에 대해 백지수권을 받음으로써 법에 의한 독재가 가능해졌으며, ③ 법률유보의 원칙과 관련하여 침해유보설이 통설이다 보니 국민의 권리·의무사항 외에는 법률의 근거가 없어도 된다는 문제점이 제기되었다. 이에 제2차 세계대전 이후 법률에 의한 독재의 반성으로 실질적법치주의 이념이 대두되었다.

2. 英美法系

영미의 법의 지배(Rule of Law)는 판례법, 자연적 정의에 근거한 실질적 법치주의를 의미한다. A.V. Dicey는 Rule of Law를 ① 법의 절대적 우위(국민은 일반법원에 의하여 확립된 법에 의해서만 구속된다는 것, 즉 자의의 배제에 의한 정당한 법(regular law)의 지배), ② 법적 평등원칙(행정기관도 일반사인과 마찬가지로 보통법에 구속되고, 일반법원의 재판을 받아야 한다는 것), ③ 인권에 관한 헌법원칙(일반법원이 개인의 권리에 관하여 결정하는 판결의 결과(result of judicial decisions)라는 것) 등 3원칙으로 설명하고 있다.

이처럼 법의 절대적 우월을 강조함으로써 행정권의 재량축소를 가져왔고 법앞의 평등을 강조하여 누구든지 일반법원에서 평등하게 재판을 받을 권리가 있다는 것을 천명하였으며 헌법원칙은 법적안정성과 인권보장을 위한 법원판결의 산물이라고 함으로써 성문법 외에 불문법을 가미하였다.

Ⅲ. 法의 支配의 意味

'인(人)의 지배'가 아닌 '법의 지배'에는 두 가지 뜻이 담겨져 있는데, 하나가 영미법(특히 영국법)에서 말하는 법의 지배(rule of law)이며, 다른 하나는 대륙법(특히 독일법)에서 말하는 법률의 지배(Herrschaft des Gesetzes)이다.[28]

영미법에 있어서 법의 지배라고 하는 경우 그 법은 주로 판례법을 의미하고, 독일법계에서 법이라고 하는 경우 그것은 1차적으로 법률(Gesetz), 즉 국민대표기관인 국회의 심의를 거쳐 제정된 법을 의미한다.

다만 '법의 지배'와 관련하여 양 체계에 있어서 공통점이 있다면, 그것은 법이 공권력에 우선하며, 따라서 공권력은 법에 위반해서는 안 된다는 점이다. 즉 법의 우위(Vorrang des Rechts, supremacy of law)의 원칙을 채택하고 있는 점에 있어서는 양자가 일치하고 있다. 반면 법률의 유보(Vorbehalt des Gesetzes), 공법과 사법의 구분 등에

---

28) 법률의 지배와 법의 지배에 대한 자세한 내용은, 김남진, 「법률의 지배와 법의 지배 : 독일형 법치주의와 미국형 법치주의」(고시연구, 1997. 4), 48~50쪽 참조.

있어서 양 법체계사이에 차이가 있다.

  그런데 문제는 독일형 법치주의의 변화, 즉 흔히 말하는 형식적 법치주의로부터의 실질
적 법치주의로의 전환이 영미형 법치주의의 수용을 통해 이루어졌는가 하는 점이다. 독
일이 제2차 대전 후 기본법(基本法)의 제정 등을 통해 실질적 법치주의를 채택·시행하고 있
는 것은 사실이나, 그것이 역사와 전통을 달리 하는 영미의 법의 지배원리를 수용한 것은 아
니다.29)그것은 예컨대, 1946년에 제정된 미국의 행정절차법(Administrative Procedure
Act)과 1976년에 제정된 독일의 행정절차법(Verwaltungsverfahrensgesetz)의 내용이
확연히 다르다는 데서 알 수 있다.30)

Ⅳ. '法에 의한 行政'의 意味

1. 法에 의한 '行政'의 意義 및 形式

  행정법에 있어서 '법의 지배'라고 하는 경우 공권력행사로서의 행정작용이 법에 의해야
함을 의미한다. 여기서 법에 의한 행정에서 행정이란 무엇인가를 설명하기 위해 교과서
등에서는 행정을 형식적 또는 조직적 의미의 행정과 실질적 의미의 행정으로 나눠 설명
하고 있음은 앞에서 본바와 같다. 행정이라는 것이 간단히 정의할 수 없을 정도로 많은
특징을 지니고 있는 것과 마찬가지로, 행정 또한 명령, 계획, 행정행위(처분), 확약, 계
약, 사실행위, 비공식 행정작용31)등 다양한 행위형식을 통해서 행해진다.

2. 法에 의한 行政에서 '法'의 意味

  행정은 공법으로서의 행정법에 의해 행해져야 한다. 여기서 공법으로서의 행정법이란
어떠한 법인가? 이는 행정법의 법원에서 구체적으로 살펴보기로 한다.

  오늘날 행정법(특히 성문법)은 헌법의 집행법이며 구체화된 헌법이라는 점이 강조되고
있다.32) '행정법은 구체화된 헌법이다'라는 말은, 행정법을 통해서 국가가 지향하는 공
통적 목표인 동시에 헌법이념인 민주적기본질서가 현실화되어야 함을 강조하기 위한 것

---

29) 金南辰, 37쪽.
30) 金南辰, 443쪽 이하 참조.
31) 金南辰, 『비공식행정작용』(고시계 1989.8), 89쪽 이하 ; 徐元宇, 『비정식적 행정작용에 대한 법
    적 통제』(고시연구, 1989.9), 23쪽 이하.
32) 이는 '헌법은 사라지나, 행정법은 남아있다(Verfassugsrecht vergeht, Verwaltungsrecht
    besteht)'라는 Otto Mayer의 행정법관과는 정반대의 것을 의미한다. 당시 독일은 제1차 세계
    대전의 패배로 인하여 군주제가 폐지되고 바이마르헌법에 의한 공화제가 탄생한 직후의 시점에
    있었다. 따라서 구 헌법은 사라졌으나 구 헌법하의 행정법은 여전히 남아있다는 것이 Mayer의
    명제가 의미하는 것이었으나, 나아가 헌법에 비해서 정치적 변동에 둔감하다고 하는 행정법의 성
    격을 잘 나타내 주고 있는 것으로 풀이되었다.

이다.

행정법은 성문법주의를 취하고 있다. 이에 행정법의 흠결을 보충하는 방법으로 행정법의 일반원칙, 유추해석 등이 거론되고 있다.

3. 法에 의한 行政에서 '依한다'는 意味와 程度

(1) 法에 '依한다'는 意味

행정이 법에 '의한다'는 것은 두 가지 의미를 가지는데, 그 하나가 법우위의 원칙이며, 다른 하나가 법률유보의 원칙이다. 전자는 행정은 법에 위반되어서는 안 된다는 것을 의미하고, 후자는 행정권의 행사는 법률에 근거가 있어야 한다 또는 법률에 의한 수권이 있어야 한다는 것을 의미한다.

위 두 원칙 가운데 법우위의 원칙에 대해서는 별 이론(異論)이 없으나 법률의 유보에 관해서는 많은 이론이 제시되고 있다. 侵害留保說·新(또는 擴張된)侵害留保說·社會留保說·本質事項留保說·議會留保說 등의 주장이 그것이다.

(2) 法에 '依한다'는 程度

행정이 법에 '의한다'에서 법에 의하는 정도가 문제된다. 종래 법에 의하는 정도에 따라 행정작용(특히 행정행위)을 기속행위와 재량행위로 구분하고 재량행위를 다시 기속재량행위와 자유재량행위로 나누어 사법심사에 있어서 위법과 부당의 문제로 귀착되었으나, 오늘날에는 재량행위에도 한계가 있어 그것을 위반하면 위법이 된다고 법이 명시하고 있어(행정소송법 제27조) 자유재량·기속재량의 구분은 무의미하다. 오늘날에는 무엇을 할 수도 안할 수도 있는 재량(복수 행위간의 선택의 자유)을 의미하는 결정재량(Entschliessungsermessen)과 수단·방법에 있어서의 선택의 자유를 의미하는 선택재량(Auswahlermessen)의 구분이 의미가 있다.33) 이에 따라 재량권의 영으로의 수축(Ermessensschurumpfung auf Null), 無瑕疵裁量行使請求權(Anspruch auf fehlerfreie Ausubung des Ermessens), 行政介入請求權(Auspruch auf behor dliche Einschreiten) 등 현대행정법학의 새로운 문제들이 거론되고 있다.

V. 法治行政의 內容

1. 法律의 法規創造力

국민의 권리, 의무에 관한 규율은, 의회가 정립한 형식적 법률만이 법규로서 구속력을 가지며 법률이외의 행정입법도 법률이 위임한 범위 안에서 타당하다는 것이다.

---

33) 前者를 ob(or)에 관한 裁量인데 대하여 後者를 wie(now)에 관한 裁量이라고 말하기도 한다.

여기서 법규는 그 존재형식을 불문하고 일반적으로 국민의 권리, 의무에 관한 사항에 대해 규율하는 일반적 규율을 의미한다. 입법권이 국회에 속한다는 것(헌법 제40조), 법규명령의 발령에 법률의 근거를 요하는 것(헌법 제75조, 제95조)은 법률의 법규창조력을 전제로 한 것이다.

오늘날에는 의회 제정법률 외에 행정법의 일반원칙이나 관습법도 법규성을 가지며 심지어 행정규칙도 법규성이 인정되는 경우34)가 있고, 예외적이기는 하나 긴급재정경제명령, 긴급명령 같이 법률적 효력을 가지는 명령을 행정권이 발할 수 있는 경우도 있다.

2. 法律優位의 原則

법률우위의 원칙이란 헌법이 정하는 절차에 따라 국회에서 제정된 형식적 의미의 법률은 헌법을 제외한 그 밖의 모든 국가의사에 우월하고, 행정은 법률에 위반할 수 없으며, 이때 법률은 그 내용 또한 헌법에 합치되는 것이어야 한다는 원칙을 말한다. 법률우위의 원칙은 소극적 의미의 법률적합성의 원칙이라고도 하는데, 실질적 법치주의 확립의 전제가 되며, 모든 행정영역에 예외 없이 적용된다.

따라서 행정법은 헌법의 구체화 법이므로 헌법에 종속되기 때문 행정의 합헌적 법률에의 종속성(행정활동의 범위에 관한 원칙)을 의미하는 것이며, 위헌법률심사제도와 행정소송제도는 합헌적 법률우위의 원칙을 담보하기 위한 것이다.

법률우위의 원칙에 반하는 행정작용은 하자의 정도에 따라 무효 또는 취소의 대상이 된다. 그리고 위반행위로 개인에게 손해가 발생하면 국가나 지방자치단체는 손해배상책임을 지게 된다.

3. 法律留保의 原則

(1) 序說

1) 法律留保原則의 意義

법률유보의 원칙(Der Vorbehalt des Gesetzes)이란 행정작용에는 기본적으로 법률의 근거를 필요로 한다는 원칙을 말한다. 이는 헌법에서 규정하고 있는 ① 민주주의의 원칙, ② 법치국가의 원칙, ③ 기본권보장조항 등에서 나오는 원칙이다. 즉 법률유보의 원칙은 국민의 자유와 권리를 보장하기 위하여 행정권의 발동을 국민의 의사를 대표하는 의회가 제정한 법률에 근거하여 '人의 支配'가 아닌 '法의 支配'를 실천시키기 위한 원리이다.

이와 같은 법률유보의 원칙은 적극적으로 행정기관이 행위를 할 수 있게 하는 법적 근

---

34) 이 책 288쪽 이하 참조.

거의 문제이기 때문에 소극적으로 기존 법률의 침해를 금하는 법률우위의 원칙보다 그 중요성이 더하다고 하겠다.

2) '法律'의 範圍

여기에서 '法律'의 범위는 국회에서 법률제정의 절차에 따라 만들어진 형식적 의미의 법률을 의미하는 것이 원칙이다. 따라서 국회의 의결을 거치지 않은 명령이나 불문법원으로서의 관습법이나 판례법은 법률이 아니다.

다만, 최근에는 국법형식의 일종인 예산도 있다는 점에서 '법률' 범위를 형식적 법률에 한정하지 않고 그 범위를 완화시켜 예산, 국회의 의결, 법규명령, 자치법규 등도 경우에 따라서는 법률에 포함시키는 견해가 있다.

이와 같이 법률의 범위를 완화하려는 경향은 議會留保(Parlamentsvorbehalt)와 行政留保(Verwaltungsvorbehalt)의 개념등장과 궤를 같이 하는 것이라 할 수 있으나, 예산이 일반국민을 구속하는 것이 아니라는 점, 정부의 수입·지출의 권한과 의무는 예산 자체에 의하는 것이 아니라 별도로 법률에 의한다는 점에서 예산을 작용법적 근거로 보는 접근방법에는 문제가 있다.[35]

(2) 學說의 整理

헌법은 여러 부분에서 법률의 근거를 요하는 규정을 두고 있으나(예 ; 기본권 제한, 납세의무, 국방의무, 교육제도 등) 법률의 유보의 원칙이 어느 범위까지 적용되어야 하는가에 관해서는 규정하는 바가 없다. 법률유보의 원칙의 적용범위에 관한 학설은 종래에는 국민의 자유와 재산권을 침해하거나 의무를 부과하는 등 침익적 행정작용에 법률의 수권을 필요로 한다고 보는 侵害留保說이 통설이었으나 최근에는 실질적 법치주의의 확립에 따라 그 범위가 점차 확대되는 경향이 있으며, 학설도 侵害留保說, 新侵害留保說, 社會留保說, 全部留保說, 重要事項留保說 등으로 나뉘어 있다.

1) 侵害留保說
① 意義

침해유보는 군주와 시민사이에 대립하던 입헌군주제를 배경으로 한다. 즉 군주의 집행권으로부터 개인의 자유에 대한 제한은 국민대표의 동의 즉 법률의 형식에 의할 것을 요구하였다. 침해유보설은 행정은 법의 기계적 집행이 아니고 독자적으로 공익목적을 추구할 수 있는 자율적 작용임을 전제로 한 것으로[36], 국민의 권리·의무와 연관되는 권력

---

35) 金鐵容, 26쪽.

행정은 법률의 근거를 요하고, 비권력적 급부행정이나 권리의무와 직접 관계없는 것은 법률의 근거를 요하지 않는다(O. Mayer).

이처럼 侵害留保說은 행정활동의 자율성을 전제로 행정작용 가운데 국민의 권익(자유나 권리)을 침해·제한하거나 의무를 부과하게 되는 침해행정(不利益的·權力的 作用)에 법률의 근거를 필요로 하는 것으로 본다. 따라서 授益的 行政作用의 경우에는 법률의 근거를 요하지 않는다.

② 評價

侵害留保說은 부담적 행정작용에 대해서만 법률의 근거를 요하는 것으로 보고 있는데, 이는 시민계급과 구세력 간의 이해타협의 산물인 擬似立憲君主制(입헌군주국가)의 유물이며(G. Jesch), 국민의 자유와 재산권을 침해하는 규범을 법규로 이해하였던 역사적·습속적 법규개념을 바탕으로 하고 있다는 점(F. Ossenbühl)에서 비판을 받는다.

현대 복지국가에 와서는 행정작용의 중점이 권력행정에 있는 것이 아니라 비권력적 급부행정을 중심으로 전개되고 있기 때문에 侵害留保說을 가지고는 현대행정에서 법률유보의 범의를 제대로 설명하기 어렵게 되었다. 따라서 의회민주주의의 발전에 따라 모든 영역에 헌법효력이 미치며 급부행정의 비중이 확대되고 있는 현대 민주적 법치사회에서 侵害留保說은 낡은 이론으로 평가받고 있다(H. Maurer). 비록 국민에게 침해를 주지 않는 급부행정에 있어서도 자의적인 수익행위가 행정부에 용납될 경우 국민의 평등권 침해가 되고 국가의 자원배분이라는 점에서 국회가 행정부에 대해 통제할 필요성이 제기되기 때문이다. 다만, 侵益的 行政作用의 경우 법률유보의 최소한의 요청으로서 언제나 형식적 법률의 근거를 요하는 것으로 보는 학설의 의의는 여전히 설득력을 지니고 있다.

2) 新侵害留保說
① 意義

新侵害留保說은 원칙적으로는 侵害留保說의 입장을 취하면서도 행정영역별로 그 적용범위를 달리 보는 견해이다. 즉 특별행정법관계에 있어서도 구성원의 자유와 권리를 침해하기 위하여서는 법률의 수권을 필요로 하기 때문에 법률유보를 긍정하지만, 급부행정 영역에서는 법률유보가 필수적인 것은 아니라고 본다.

侵害留保說에서의 법률은 국회에서 제정한 형식적 법률을 의미하지만, 新侵害留保說에서는 법률의 범위를 형식적 법률에 한정하지 않고 조직법이나 예산을 포함시키고 있다. 다만 금전적 급부의 경우 예산에 근거가 없을 때에는 법률에 의한 수권을 요하는 것으로

---

36) 洪井善, 75쪽.

본다. 따라서 급부행정의 근거법이 제정되어 있지 않는 경우에도 행정권은 조직법이나 예산 등에 근거하여 급부행정적 활동을 전개하는 것이 가능하다.

② 評價

新侵害留保說은 법률유보에서 그 법률의 범위를 완화시켜 논리를 전개하고 있는 점에서 다른 학설과 구별되지만, 다른 학설이 모두 형식적 법률을 전제로 하여 法律留保의 原則의 적용범위를 설명하고 있음에 비추어 新侵害留保說은 법률유보의 적용범위를 설명하는 학설로서는 그 설득력이 약하다는 비판을 면하기 어렵다.

3) (全面的)全部留保說
① 意義

全部留保說은 행정의 모든 영역에 법률에 의한 수권을 요하는 것으로 보는 견해이다. 이 설은 권력행정이든 비권력행정이든 또는 부담적행정이든 수익적행정이든 불문하고 행정작용이 있는 모든 경우에 법률의 수권(작용법상의 근거)을 요구한다.

② 論據

全部留保說은 현대의 민주적·법치적 헌법구조를 배경으로 이른바 '법으로부터 자유로운 행정영역'의 관념을 부정하여 모든 공행정은 행정권의 자율에 맡길 것이 아니라 의회의 민주적 통제의 대상이 되어야 한다는 점을 논거로 한다(G. Jesch). 즉 전부유보설의 이론적 근거는 국민주권주의와 의회민주주의에 있다. 의회는 포괄적 법정립권을 가지며, 법치국가원리상 모든 국가작용은 법에 근거해야 하고, 평등원칙상 행정이 법에 근거할 때 행정기관의 자의는 방지되며, 행정작용의 적법성은 모든 행정이 법률적 수권에 근거할 때 담보될 수 있다는 것이다.

③ 評價

全部留保說은 법치주의의 실현이라는 관점에서 보면 가장 이상적인 견해라고 할 수 있으나, 현대국가는 복리기능의 수행을 위한 책무가 증대하고, 복잡하고 유동적인 행정현실에 임기응변적으로 대처하여야 하기 때문에 행정의 탄력적인 대응을 필요로 한다. 그런데 모든 행정작용에 대하여 전부 법률의 수권을 요구하게 되면 행정은 가변적인 행정현실에 탄력적으로 대응하지 못하게 되어 행정목적을 실현시킬 수 없게 되므로 全部留保說은 행정현실을 도외시한 공론(空論)이라는 비판을 면하기 어렵다.[37]

---

37) 石琮顯, 43쪽.

군주제의 붕괴이후 의회가 최고기관화 되고 이것이 전부유보의 근거가 된다고 하나 행정부 또한 헌법제정권력인 국민에 의해 제정된 권력인 점에서 민주적 정당성을 갖는 결과 단순한 법령의 집행자에 불과하다고 봄은 문제이며(F. Ossenbühl), 법률유보가 전체 급부행위까지 확대된다고 하는 경우 오히려 입법자의 입법이 없는 한 규범의 결여로 국민에 급부를 제공하지 못하는 경우가 발생할 수 있으므로 집행부의 활동영역을 좁히는 결과가 되어 국민에 대한 위험한 선물(Danaergeschenk)이 될 수 있다.38)

4) 社會(的)留保說(給付行政留保說)
① 意義

오늘날 헌법상 생활권을 보장하고 있고 이에 따라 국가는 국민의 생존배려도 그 활동영역에 속하는바 전통적인 침해행정이외에 급부행정에도 법률 유보원칙이 적용되어야 한다는 견해이다. 즉 社會留保說은 침해행정뿐만 아니라 급부행정 중에서 기본권에 관계되는 특히 생활배려행정 내지 사회보장행정(공급행정·사회행정)에 법률에 의한 수권을 요하지만 그밖에 급부행정은 그것을 요하지 않는다고 보는 견해이다.39)

더 나아가 사회유보설을 다시 권리성을 띤 복리행정과 그렇지 못한 복리행정으로 구분하여 사회적유보설과 급부행정유보설로 나누어 설명하는 견해도 있다.40)이 이론에 의하면 사회적유보설은 권리성을 띤 사회보장행정에는 법률유보의 원칙이 적용되어 법률의 근거가 필요하다고 하고, 급부행정유보설은 급부행정의 권리성에 의한 구별 없이 급부행정전반에 걸쳐서 법률의 근거를 요한다는 입장이다.

② 論據

社會留保說은 현대 복지국가의 급부행정도 국민이 부담하는 조세에 의해 조달되는 이상 국회가 제정하는 법률이 정한 기준에 따라 공정하고 합목적적으로 지급되어야 한다는 점, 현대행정의 복잡성은 침해행정과 급부행정이 혼재해서 양자를 엄밀하게 구별할 수 없다는 점, 자의적이고 불공평한 급부나 급부의 거부는 헌법의 평등원칙에 반하고 급부를 받을 권리의 침해와 실질적으로 같은 의미를 지닐 수 있어 사회국가이념의 실현을 위하여 공정한 급부활동을 보장하기 위해서는 법률로 규율하여야 한다는 점을 그 논거로 한다. 즉 급부행정에 법률의 수권을 긍정함으로써 국가의 급부의무의 실현을 보장할 수 있으며, 아울러 급부의 내용, 절차, 기준에 관한 입법적 규율을 통하여 국민의 급부받을 권리가 제도적으로 보장된다는 것이다.

---

38) 洪井善, 76쪽
39) 韓堅愚, 73쪽.
40) 卞在玉, 『行政法講義(Ⅰ)』(博英社, 1998), 98쪽 ; 韓堅愚, 71쪽.

③ 評價

社會留保說은 급부행정에 법률의 수권을 요구하기 때문에 급부행정이 법률의 수권 없이 예산·조직법규·행정규칙 등에 의거하여 행해져 온 전래에 비추어 그에 관한 법률을 제정할 때까지 그 중단이 불가피하게 되어 오히려 역효과를 초래할 수 있을 뿐만 아니라 현실을 무시한다는 점, 급부행정까지 입법을 요구함은 입법권의 비대화를 초래할 우려가 있다는 점, 급부행정의 경우 예산, 법률우위의 원칙, 기본권 규정 등에 의한 통제가 가해지고 있는 점에서 문제가 있다.[41]

5) 重要事項留保說(本質事項留保說, 段階的留保說, 段階化·個別化理論, 本質性理論)
① 意義

행정활동 중 국민 등에게 영향을 미치는 본질사항은 반드시 법률의 근거를 필요로 하지만, 비본질사항에 대해서는 법률의 근거 없이도 행정권을 발동할 수 있다는 견해로 독일 연방헌법재판소의 판례를 통해 형성되었다. 重要事項留保說은 종래의 특별권력관계에 있어서 법률유보의 적용문제와 관련하여 성립한 학설로서 특별권력관계의 규율에 있어서도 본질적 사항은 반드시 법률에 직접 규정하여야 한다는 견해이다.[42]

본질적이고 중요한 사항은 의회에서 직접 심의, 결정하여야지 다른 기관에 위임하여서는 안 된다는 점에서 議會留保說[43]과 연결된다.

② 評價

이 설은 권력적 행정작용의 경우에는 부담적 행위이든 수익적 행위이든 엄격한 법률유보의 원칙의 적용을 긍정하면서 비권력적 행정작용의 경우에는 행정작용의 실질적 기반의 차이에 따라 법률의 수권의 요부(要否)·정도에 관하여 개별적·단계적으로 정하여야 하는 것으로 본다. 급부행정의 영역에서 법률의 수권없이 자금교부를 한 경우에 위법한 행정작용임을 긍정하면서도 그 위법한 급부활동에 대하여 잠정적으로 관습법으로서 그 효력을 인정하거나 예산에만 의거한 급부활동을 유효한 것으로 보는 등 탄력성이 있다는 점에 重要事項留保說의 장점이 있다.

다만 重要事項留保說은 규율대상이 중요사항인지의 여부를 기준으로 법률유보의 적용 범위를 정하고 있으나, 그 기준의 설정에 관한 구체적 설명이 없고 그 기준설정이 애매하다는 점에서 문제가 있다. 즉 본질적인 것과 비본질적인 것과의 구별이 어렵다는 단점

---

41) 石琮顯, 44쪽.
42) 柳至泰, 51쪽 ; 洪準亨,『행정법총론』(한울아카데미, 1997), 62쪽.
43) 의회유보는 법률유보사항 가운데 위임이 금지된 사항을 의회에 유보하는 것을 의미한다. 그러나 이에 의하여 의회의 과잉부담, 입법의 질적 저하가 문제점으로 대두된다.

이 있다.. 이 설의 특징은 법적 근거의 필요성 여부를 개인의 기본권실현문제와 결부시키고 있다는 점에서 적어도 국민의 자유와 권리를 침해하는 행정작용에는 반드시 법률의 근거가 요구된다는 점만은 분명하다.

6) 權力行政留保說

당해 행정작용이 침익적인가 수익적인가를 가리지 않고 행정권의 일방적 의사에 의하여 국민의 권리, 의무를 결정하게 되는 모든 일방적 행위(권력행정 + 비권력행정 중 일방적 행위)에는 법률의 근거가 필요하다는 것이다.44)비권력적 행위인 급부행정, 공법상 계약, 행정지도, 행정계획 등은 법률의 수권을 요하지 않는다는 것으로 현대 급부행정의 중요성을 무시하고 있다는 비판을 받는다.

7) 小結

위에서 법률유보의 범위에 관한 학설을 살펴보았지만, 그 어느 학설도 명쾌한 기준을 제시하지 못하고 있다. 따라서 일률적으로 법률유보의 범위를 정하기보다는 각 행정 분야의 내용이나 기능, 국민의 법적지위나 이익과의 관계 등을 고려하여 단계적·개별적으로 판단하여야 할 것이다. 특히 비권력적 행정의 영역에서는 행정작용의 실질적 기반의 차이에 따라 법률의 수권의 요부(要否)·정도에 관하여 개별적·단계적으로 정하는 것이 바람직하다. 법률유보를 논함에 있어서 행정작용의 성질이 침해적인 것인가 급부적인 것인가, 본질적인 것인가 하는 시각에서만 논할 것이 아니라 실정헌법의 규정, 권력분립주의, 국민의 권익보장 등 좀 더 다각적인 관점에서 그 문제를 보아야 하며, 아울러 수권의 형식 및 정도도 고려되어야 할 것이다.45)

(3) 判例

> ■ 헌법재판소 2008. 2. 28. 선고 2006헌바70 결정
> 가. 수신료의 법적 성격
> (1) 수신료는 공영방송사업이라는 특정한 공익사업의 소요경비를 충당하기 위한 것으로서(방송법 제56조) 일반 재정수입을 목적으로 하는 조세와 다르다. 또, 텔레비전방송을 수신하기 위하여 수상기를 소지한 자에게만 부과되어 공영방송의 시청가능성이 있는 이해관계인에게만 부과된다는 점에서도 일반 국민·주민을 대상으로 하는 조세와 차이가 있다. 그리고 '한국방송공사의 텔레비전방송을 수신하는 자'가 아니라 '텔레비전

---

44) 朴鈗炘, 47쪽.
45) 金南辰, 42~43쪽.

방송을 수신하기 위하여 수상기를 소지하는 자'가 부과대상이므로 실제 방송시청 여부와 관계없이 부과된다는 점, 그 금액이 공사의 텔레비전방송의 수신정도와 관계없이 정액으로 정해져 있는 점 등을 감안할 때 이를 공사의 서비스에 대한 대가나 수익자부담금으로 보기도 어렵다.

따라서 수신료는 공영방송사업이라는 특정한 공익사업의 경비조달에 충당하기 위하여 수상기를 소지한 특정집단에 대하여 부과되는 특별부담금에 해당한다고 할 것이다(헌법재판소 1999. 5. 27. 선고 98헌바70 결정 참조).

(2) 한편, 2001. 12. 31. 법률 제6589호로 제정된 부담금관리기본법은 제3조에서 "부담금은 별표에 규정된 법률의 규정에 의하지 아니하고는 이를 설치할 수 없다."라고 규정하고, 별표에서는 방송법 제37조에 의한 '방송발전기금징수금'만을 열거하고 있을 뿐 수신료는 규정하고 있지 않다. 그러나 어떤 공과금이 조세인지 아니면 부담금인지는 단순히 법률에서 그것을 무엇으로 성격 규정하고 있느냐를 기준으로 할 것이 아니라, 그 실질적인 내용을 결정적인 기준으로 삼아야 하며(헌법재판소 2004. 7. 15. 선고 2002헌바42 결정 참조), 부담금관리기본법 부칙 제3조에서 별표에 규정되지 아니한 기존부담금에 관한 경과조치를 두어 별표에 규정되지 아니한 부담금의 존재를 예정하고 있으므로, 수신료가 부담금관리기본법상 부담금으로 규정되어 있지 않다 하더라도 여전히 수신료는 부담금에 해당한다 할 것이다.

나. 법률유보원칙 위반 여부

(1) 헌법은 법치주의를 그 기본원리의 하나로 하고 있으며, 법치주의는 행정작용에 국회가 제정한 형식적 법률의 근거가 요청된다는 법률유보를 그 핵심적 내용으로 하고 있다. 그런데 오늘날 법률유보원칙은 단순히 행정작용이 법률에 근거를 두기만 하면 충분한 것이 아니라, 국가공동체와 그 구성원에게 기본적이고도 중요한 의미를 갖는 영역, 특히 국민의 기본권실현에 관련된 영역에 있어서는 행정에 맡길 것이 아니라 국민의 대표자인 입법자 스스로 그 본질적 사항에 대하여 결정하여야 한다는 요구까지 내포하는 것으로 이해하여야 한다(이른바 의회유보원칙). 그런데 입법자가 형식적 법률로 스스로 규율하여야 하는 사항이 어떤 것인가는 일률적으로 획정할 수 없고 구체적 사례에서 관련된 이익 내지 가치의 중요성, 규제 내지 침해의 정도와 방법 등을 고려하여 개별적으로 결정할 수 있을 뿐이나, 적어도 헌법상 보장된 국민의 자유나 권리를 제한할 때에는 그 제한의 본질적인 사항에 관한 한 입법자가 법률로써 스스로 규율하여야 할 것이다(헌재 1999. 5. 27. 98헌바70, 판례집 11-1, 633, 644 참조).

(2) 이와 관련하여 헌법재판소는 98헌바70 사건에서 수신료의 금액에 대하여 국회의 결정 내지 관여를 배제한 채 한국방송공사로 하여금 결정하도록 한 구 한국방송공사법 제36조 제1항이 법률유보원칙에 위반하여 헌법에 합치되지 아니한다는 결정을 하면서 수신료와 관련하여 법률유보의 원칙상 반드시 법률로 규율하여야 할 사항에 대하여 판시한 바 있다. 즉, <u>수신료는 국민의 재산권보장의 측면에서나 한국방송공사에게 보장</u>

된 방송자유의 측면에서나 국민의 기본권 실현에 관련된 영역에 속하고, 그 중 수신료의 금액, 수신료 납부의무자의 범위, 수신료의 징수절차는 수신료 부과·징수의 본질적인 요소이며 따라서 입법자가 스스로 결정하여야 할 사항이라고 판시하였다(헌재 1999. 5. 27. 98헌바70 결정 참조).

현행 방송법이 위 98헌바70 결정에서 판시한 수신료 부과·징수의 본질적인 요소들을 모두 규율하고 있는지 살펴보면 첫째, 위 헌법불합치 결정의 취지에 따라 수신료의 금액은 한국방송공사의 이사회에서 심의·의결한 후 방송위원회를 거쳐 국회의 승인을 얻도록 규정하고 있으며(제65조), 둘째, 수신료 납부의무자의 범위를 '텔레비전방송을 수신하기 위하여 수상기를 소지한 자'로 규정하고(제64조 제1항), 셋째, 징수절차와 관련하여 가산금 상한 및 추징금의 금액, 수신료의 체납 시 국세체납처분의 예에 의하여 징수할 수 있음을 규정하고 있다(제66조). 따라서 수신료의 부과·징수에 관한 본질적인 요소들은 방송법에 모두 규정되어 있다고 할 것이다.

다만 방송법은 한국방송공사가 지정하는 자 등에게 징수업무를 위탁할 수 있도록 규정하고 있고(방송법 제67조 제1항, 제2항), 방송법 시행령에서는 징수업무를 위탁받은 자는 자신의 고유업무와 관련된 고지행위와 결합하여 징수업무를 할 수 있는 것으로 규정하고 있는바(방송법 시행령 제43조 제2항), 앞서 본 바와 같이 수신료의 금액, 납부의무자의 범위, 징수절차에 관하여 방송법에 기본적인 내용이 규정되어 있는 이상 징수업무를 한국방송공사가 직접 수행할 것인지 제3자에게 위탁할 것인지, 위탁한다면 누구에게 위탁하도록 할 것인지, 위탁받은 자가 자신의 고유업무와 결합하여 징수업무를 할 수 있는지는 징수업무 처리의 효율성 등을 감안하여 결정할 수 있는 사항으로서 국민의 기본권제한에 관한 본질적인 사항이 아니라 할 것이다.

■ 헌법재판소 2011. 8. 30. 선고 2009헌바128,148(병합) 결정

(1) 도시 및 주거환경정비법(2006. 5. 24. 법률 제7960호로 개정된 것) 제2조, 구 도시 및 주거환경정비법(2005. 3. 18. 법률 제7392호로 개정되고, 2008. 2. 29. 법률 제8852호로 개정되기 전의 것) 제28조 제1항, 도시 및 주거환경정비법(2009. 2. 6. 법률 제9444호로 개정된 것) 제28조 제7항 소정의 동의요건 조항이 사업시행인가 신청 전에 얻어야 하는 토지등소유자의 동의요건을 '정관등'에 위임함으로써 도시환경정비사업을 토지등소유자가 시행하는 경우에는 자치규약이 정하는 바에 따라 토지등소유자의 동의를 얻도록 한 것이 법률유보 내지 의회유보 원칙에 위반되는지 여부에 관하여 본다.

(2) 헌법은 법치주의를 그 기본원리의 하나로 하고 있으며, 법치주의는 행정작용에 국회가 제정한 형식적 법률의 근거가 요청된다는 법률유보를 그 핵심적 내용의 하나로 하고 있다. 그런데 오늘날 법률유보원칙은 단순히 행정작용이 법률에 근거를 두기만 하면 충분한 것이 아니라, 국가공동체와 그 구성원에게 기본적이고도 중요한 의미를 갖는 영역, 특히 국민의 기본권실현에 관련된 영역에 있어서는 행정에 맡길 것이 아니

라 국민의 대표자인 입법자 스스로 그 본질적 사항에 대하여 결정하여야 한다는 요구까지 내포하는 것으로 이해하여야 한다(이른바 의회유보원칙). 입법자가 형식적 법률로 스스로 규율하여야 하는 그러한 사항이 어떤 것인가는 일률적으로 획정할 수 없고, 구체적 사례에서 관련된 이익 내지 가치의 중요성, 규제 내지 침해의 정도와 방법 등을 고려하여 개별적으로 결정할 수 있을 뿐이나, 적어도 헌법상 보장된 국민의 자유나 권리를 제한할 때에는 그 제한의 본질적인 사항에 관한 한 입법자가 법률로써 스스로 규율하여야 할 것이다. 헌법 제37조 제2항은 "국민의 모든 자유와 권리는 국가안전보장·질서유지 또는 공공복리를 위하여 필요한 경우에 한하여 법률로써 제한할 수 있다."고 규정하고 있는바, 여기서 "법률로써"라고 한 것은 국민의 자유나 권리를 제한하는 행정작용의 경우 적어도 그 제한의 본질적인 사항에 관한 한 국회가 제정하는 법률에 근거를 두는 것만으로 충분한 것이 아니라 국회가 직접 결정함으로써 실질에 있어서도 법률에 의한 규율이 되도록 요구하고 있는 것으로 이해하여야 한다(헌법재판소 1999. 5. 27. 선고 98헌바70 결정 참조).

(3) 도시정비법상 조합이 사업을 시행하는 경우에는 토지등소유자로부터 조합설립의 동의를 받는 등 관계 법령에서 정한 요건과 절차를 갖추어 관할 행정청으로부터 조합설립인가를 받음으로써 사업시행자의 지위를 얻게 되는 반면, 토지등소유자가 사업을 시행하는 경우에는 이 사건 동의요건 조항에 의해 자치규약이 정하는 바에 따라 토지등소유자의 동의를 얻어 사업시행인가를 신청하는 단계에서 사업시행자가 구체적으로 드러나고 관할 행정청으로부터 사업시행인가를 받음으로써 사업시행자의 지위를 얻게 된다(도시정비법 제28조 제1항, 같은 법 시행령 제41조 제2항 제3호, 같은 법 시행규칙 제9조 제1항).

그런데 도시정비법상의 사업시행자는 정비구역 내에서 독점적·배타적인 사업시행권을 가지는 사업주체일 뿐 아니라 관할 행정청의 감독 아래 정비구역 안에서 정비사업을 시행하는 목적 범위 내에서 법령이 정하는 바에 따라 일정한 행정작용을 행하는 행정주체로서의 지위를 갖는다.

따라서 토지등소유자가 도시환경정비사업을 시행하는 경우 사업시행인가 신청시 필요한 토지등소유자의 동의는 개발사업의 주체 및 정비구역 내 토지등소유자를 상대로 수용권을 행사하고 각종 행정처분을 발할 수 있는 행정주체로서의 지위를 가지는 사업시행자를 지정하는 문제로서 그 동의요건을 정하는 것은 토지등소유자의 재산권에 중대한 영향을 미치고, 이해관계인 사이의 충돌을 조정하는 중요한 역할을 담당한다. 그렇다면 사업시행인가 신청시 요구되는 토지등소유자의 동의정족수를 정하는 것은 국민의 권리와 의무의 형성에 관한 기본적이고 본질적인 사항으로 법률유보 내지 의회유보의 원칙이 지켜져야 할 영역이다.

사업시행자를 지정한다는 면에서 같은 성격을 가지는 조합설립인가에 대해서는 조합설립인가 신청시 필요한 동의정족수에 관해 도시정비법에서 명문으로 규정(제16조 제1항)하고 있는 점을 보아도 토지등소유자가 사업시행인가를 신청하기 위해 얻어야 하는 동의정족수는 자치규약에 정할 것이 아니라 입법자가 스스로 결정하여야 할 사항이라 할 것이다.

입법자는 2009. 2. 6. 법률 제9444호에 의하여 도시정비법 제28조 제7항을 신설하여 도시환경정비사업을 토지등소유자가 시행하고자 하는 경우 사업시행인가 신청 전에 얻어야 하는 토지등소유자의 동의정족수를 법률에 명문으로 규정하였는바, 이는 이 사건 동의요건 조항이 토지등소유자 사업시행방식에 대하여 동의정족수를 법률에 규정하지 않고 자치규약에 정하도록 한 데 대한 반성적 고려가 포함된 것이라고 보인다.

따라서 사업시행인가 신청에 필요한 동의정족수를 자치규약에 정하도록 한 이 사건 동의요건 조항은 법률유보 내지 의회유보원칙에 위배된다.

■ 대법원 2007. 10. 12. 선고 2006두14476 판결

법률이 공법적 단체 등의 정관에 자치법적 사항을 위임한 경우에는 헌법 제75조가 정하는 포괄적인 위임입법의 금지는 원칙적으로 적용되지 않는다고 봄이 상당하고, 한편 법률이 자치적인 사항을 정관에 위임한 경우 원칙적으로 헌법상의 포괄위임입법금지 원칙이 적용되지 않는다 하더라도 그 사항이 국민의 권리·의무에 관련되는 것일 경우에는 적어도 국민의 권리·의무에 관한 기본적이고 본질적인 사항은 국회가 정하여야 할 것이다(헌법재판소 2006. 3. 30. 선고 2005헌바31 결정 참조).

위 법리 및 관계 법령의 내용에 비추어 살펴보면, 도시정비법상 사업시행자에게 사업시행계획의 작성권이 있고 행정청은 단지 이에 대한 인가권만을 가지고 있으므로 사업시행자인 조합의 사업시행계획 작성은 자치법적 요소를 가지고 있는 사항이라 할 것이고, 이와 같이 사업시행계획의 작성이 자치법적 요소를 가지고 있는 이상, 조합의 사업시행인가 신청시의 토지 등 소유자의 동의요건 역시 자치법적 사항이라 할 것이며, 따라서 개정 도시정비법 제28조 제4항 본문이 사업시행인가 신청시의 동의요건을 조합의 정관에 포괄적으로 위임하고 있다고 하더라도 헌법 제75조가 정하는 포괄위임입법금지의 원칙이 적용되지 아니하므로 이에 위배된다고 할 수 없다.

그리고 조합의 사업시행인가 신청시의 토지 등 소유자의 동의요건이 비록 토지 등 소유자의 재산상 권리·의무에 영향을 미치는 사업시행계획에 관한 것이라고 하더라도, 그 동의요건은 사업시행인가 신청에 대한 토지 등 소유자의 사전 통제를 위한 절차적 요건에 불과하고 토지 등 소유자의 재산상 권리·의무에 관한 기본적이고 본질적인 사항이라고 볼 수 없으므로 법률유보 내지 의회유보의 원칙이 반드시 지켜져야 하는 영역이라고 할 수 없고, 따라서 개정 도시정비법 제28조 제4항 본문이 법률유보 내지 의회유보의 원칙에 위배된다고 할 수 없다.

(4) 議會留保

議會留保의 原則이란 헌법상의 법률제정기관인 의회가 직접 법률로 규율해야 하는 영

역 내지 사항과 명령에 위임할 수 있는 사항을 구별하면서 법률사항인 경우에는 반드시 의회가 형식적 법률로써 규율하여야 한다는 원칙을 말한다. 다만 헌법에서 國會立法의 原則에 대한 예외로서 인정하고 있는 委任立法의 경우(헌법 제75조, 제96조)에는 議會 留保의 원칙의 적용이 없다.

議會留保事項은 현행 헌법에서 반드시 법률로써 규정할 것을 명시하고 있는 개별적 법률유보의 경우와 헌법 제37조 제2항의 일반적 법률유보의 경우가 있다. 개별적 법률유보의 예로는 공무원의 신분과 정치적 중립성(제7조 제②항), 정당의 보호(제7조 제③항), 신체의 자유(제12조 제①항) 재산권의 보장과 제한(제23조), 선거권 및 공무담임권(제24조, 제25조), 청원권(제26조), 공무원의 불법행위와 배상책임(제29조) 등이 있다.

Ⅵ. 法治行政原理의 保障

우리나라 헌법조항에서 실질적 법치주의의 본질적 구성요소와 구현방법이 규정되어 있는 경우로는, 헌법 전문, 평등원칙(제11조), 인신의 자유(제12조 제①항), 경제질서의 기본원칙(제119조 제①항), 적정한 소득 분배(제119조 제②항), 인간다운 생활을 할 권리(제34조 제①항), 권력분립주의(제40조, 제66조 제④항, 제101조 제①항), 포괄적 위임입법의 금지(제75조), 위헌법률심사제(제107조 제①항), 명령·규칙의 사법심사(제107조 제②항) 등을 찾을 수 있다.

1. 行政救濟制度의 確立

행정통제·행정구제는 법치행정원리를 담보하기 위한 장치인 동시에 법치행정원리의 구성요소의 하나이다.

2. 行政節次法의 制定

행정에 대한 절차적 규제의 강화를 위해 행정절차법이 제정되었는데, 이는 적법절차의 원리를 실현하고 행정과정에 국민참여를 보장하여 행정결정의 공정성·투명성·신뢰성을 확보하고 국민의 권익을 보호하기 위해 법치국가원리를 행정법의 영역에 구체화한 것이다.

3. 기타 法治行政의 具現

그밖에 법률의 위헌심사·헌법소원제도, 국회의 국정감사권, 위임입법의 통제, 사법적 심사와 법치주의의 제한적 적용으로 특별권력관계의 변용된 모습에서 법치행정의 구현을 엿볼 수 있다.

Ⅶ. 法律에 의한 行政의 原理의 例外와 限界

종래 행정법이론은 모든 행정활동의 법률적합성 그리고 이를 어떻게 보장할 것인가에 관심을 두어왔으나 법률로부터 자유로운 行政의 영역이 대두되면서 그 한계가 여러 곳에서 노출되게 되었다. 內在的 限界와 外在的 限界로 구분할 수 있는데 전자는 法律에 의한 행정의 원리를 중심으로 행정법이론 자체가 예외로서 설정한 것이며, 후자는 현대 사회의 행정활동의 질적·양적 변화에 따라 법률에 의한 행정의 원리 그 자체가 충분한 대응능력을 갖추지 못함으로써 초래된 한계이다.

1. 例外

법치행정 적용상 문제점이 나타나는 영역은 행정법관계를 內部關係와 外部關係로 나눠 생각할 때, 행정의 內部關係에서 特別權力關係論과 行政立法論이, 行政의 外部關係에서 侵害留保理論과 自由裁量論 등이 그것이다.

(1) 特別權力關係

특별권력관계이론은 특정한 범위 내에서 포괄적 지배권을 인정하는 것으로서 법치주의의 배제를 특징으로 한다. 그러나 오늘날에는 수정론의 등장과 더불어 사법적 심사폭이 확대되고 있다.

(2) 裁量行爲

재량행위는 행정청에 광범위한 형성의 자유가 인정되는 영역이다. 따라서 행위의 일탈·남용이 아닌 한 사법적 심사영역에서 제외됨이 일반적이었다. 오늘날에 있어서는 어떠한 행위도 최소한의 기속은 받는다는 점에서 완전한 재량권을 가진다고 보기는 어렵다.

2. 法律留保의 限界

法律留保의 限界 문제는 입법기관이 어디까지 규율할 수 있는지의 여부와 어느 정도까지 규율하여야 하는지의 여부의 문제이다. 이러한 한계는 憲法上의 限界와 事物構造上의 限界로 구분할 수 있다. 헌법상의 한계로는 통치행위와 行政留保의 문제가 있으며, 事物構造上의 限界는 규율대상의 전문성 또는 비친숙성 등에서 오는 한계이다.

(1) 憲法上의 限界
1) 統治行爲
통치행위는 그 성질상 사법면책특권을 향유해 왔다. 따라서 이 이념 하에서는 법치주의가 예외일 수밖에 없다. 그러나 오늘날 통치행위의 개념이 점차 축소화되고 있고, 또 그 한계성이 인정되기 때문에 법치주의 테두리안의 행위로 보아야 할 것이다.

2) 行政留保

行政留保(Verwaltungsvorbehalt)의 개념은 서독에서 행정의 고유영역의 인정을 긍정하는 입장에서 정립된 것으로,[46] 행정권이 입법권에 의한 제한을 받지 않고 스스로 규율할 수 있는 행정의 고유영역을 의미한다. 행정유보를 긍정하게 되면 그 범위 내에서 법률유보의 적용이 없기 때문에 행정유보는 곧 법률유보의 한계를 의미하게 된다. 따라서 행정유보는 어디까지나 의회의 간섭이 미치지 않는 행정영역에 한하여 인정될 수 있는 것이다. 예컨대 앞서 본 법률유보의 범위에 대한 重要事項留保說에 의할 경우, 국민의 기본권에 관한 중요한 상항을 반드시 법률로 규율해야 하겠지만 이와 반대로 중요하지 않은 사항에 대한 규범적 규율은 행정이 행할 수 있게 된다.

(2) 事物構造上의 限界

사물구조상의 한계는 행정현실의 가변성 또는 전문성, 기술성 때문에 입법기관이 행정이 필요로 하는 규범적 규율을 제대로 행하기 어려운 영역 또는 규율하더라도 제대로 하지 못하여 흠결이 많게 되는 영역에서 다음과 이유에서 거론할 수 있다.

1) 立法에 있어서 行政府의 役割 增大

오늘날 행정의 복잡 다양화와 전문화로 의회는 단순한 입법의 경로로서만 기능을 할 뿐 실제적인 입법은 주로 행정부를 중심으로 이루어진다. 행정입법의 증대, 행정계획 등 비공식적 행정작용의 등장, 행정재량의 확대 등이 그 예이다. 그리고 행정규칙 특히 특별명령, 재량준칙 등의 법규성 인정 여부도 문제되고 있다.

2) 權益의 實質的 保護를 위한 限界

법률에 의한 행정의 원리에는 機能的 限界가 존재하고, 이 원리의 철저한 적용만으로도 구제될 수 없는 국민의 이익이 行政過程上 존재하게 된다. 즉 信賴保護, 法的 安定의 保護, 또는 公平의 實現이 중시되어 법률에 의한 행정의 원리의 수정을 불가피하게 하는 요인이 된다.

행정행위의 취소제한론(행정행위가 취소원인인 위법이 있으면 취소해야 하지만 취소하는 것이 상대방의 보다 큰 이익을 침해하는 경우에는 취소할 수 없다)은 전자를 중시하

---

46) 李鳴九, 『行政의 留保』(고시연구 1986.3), 55쪽 이하.

여 법률적합성 원리와 충돌될 수는 있으나 신뢰보호의 원칙이 법치주의와 모순되는 것으로 볼 수는 없고, 損失補償論(適法한 行政活動임에도 불구하고 그로 인하여 私人에게 생긴 損失을 타인과의 公平을 기한다는 관점에서 재산을 전보하려는 것이다)은 후자를 중시한 것이다.

제6절 行政法의 法源

Ⅰ. 槪說

1. 法源의 意義

문자 그대로 법원[47])이란 법의 연원(sources of law)을 의미한다. 따라서 행정법의 법원이란 행정법의 뿌리가 되는 것은 무엇인가 하는 것이다. 행정법에서의 법원문제는 행정조직법, 행정작용법, 행정구제법이 말하는 법이란 무엇인가 하는 것이다. 행정법의 법원이란 행정권이 준수하여야 할 행정법의 인식근거를 의미한다.

행정법의 법원은 성문법원과 불문법원의 두 가지로 크게 나눈다. 즉, 헌법, 법률, 명령, 조약 및 국제법규, 지방자치단체의 조례·규칙을 성문법원이라고 하고, 관습법, 판례법, 조리법을 불문법원이라고 한다.

2. 行政法의 成文法主義

국민의 법적 지위를 명확히 하고 법적 안정성을 도모하며, 행정작용의 획일적·공정한 수행으로 법 앞의 평등과 행정의 민주화를 실현하기 위하여 행정법은 원칙적으로 성문법의 형식을 취한다. 행정작용은 국민의 권리·의무를 변동시키므로 그 근거가 되는 법은 명확한 형식으로 정하여야 할 필요가 있다. 따라서 행정법의 법원은 성문법원이 원칙이며, 불문법은 보충적 기능을 담당하는 것이다. 불문법국가인 영미에서도 행정법에 관하여는 성문법주의를 택하고 있다.

3. 行政法의 法典化

행정법은 ① 행정법의 규율대상의 광범위성과 유동성, ② 행정법의 전문성·기술성, ③

---

47) 법원의 의미는 철학적 법원(법의 효력이나 구속성의 근원으로서 법의 타당근거를 의미함), 형식적 법원(경험적으로 인식할 수 있는 모든 것 즉 법의 인식근거로서의 법을 의미함), 실질적 의미의 법원(법의 적용에 있어 법으로 인식할 수 있는 모든 것 즉 법의 인식근거로서의 법을 의미함) 등 여러 가지가 있는데 행정법의 법원은 법의 인식근거로서의 행정법의 법원이 문제되는 것이다.

행정법의 짧은 역사로 인해 통일적 법전이 존재하지 않는다. 하지만 독일연방행정절차법, 우리나라의 행정절차법과 같이 행정법의 법전화 노력이 진행되고 있다.

4. 不文法에 의한 補完

다만 끊임없이 변동하는 행정 대상에 전문적·기술적으로 대처하기 위하여, 예외적이기는 하나 불문법원(不文法源)의 역할도 무시할 수 없다. 불문법은 성문법의 흠결상태를 보완하는 기능뿐만 아니라 헌법적 원리, 법의 일반원리로서 실질적 법치주의의 구현에 기여한다.

Ⅱ. 成文法源

1. 憲法

헌법은 국가의 최고의 법규이며, 국가의 기본법이다. 헌법은 행정의 조직·작용·통제·구제에 관한 기본사항을 정하고 있으며, 그런 의미에서 행정법의 최고법원이자 기본법원이다.

2. 法律

가장 중요한 행정법의 성문법원은 법률이다. 국회의 의결에 의해 제정되는 성문법의 형식을 법률이라고 한다. 성문법의 제정은 입법기관인 국회의 전속사항이다. 입헌국가에서 법률은 가장 중요한 법원이지만 오늘날 위임입법의 증대 경향을 보이고 있다.

3. 條約 및 國際法規

조약이라는 것은 국가와 국가 간의 약속이다. 그리고 일반적으로 승인된 국제법규란 우리나라가 당사국이 아닌 조약으로서 국제사회에서 일반적으로 그 규범성이 승인된 것과 국제관습법을 말한다. 이러한 조약과 국제법규는 본래 국제법상의 법 형식을 이루고 있지만 헌법은 조약과 국제법규의 효력을 국내법과 동일하게 인정하고 있으므로(헌법 제6조 제①항) 그것이 국내행정에 관한 사항을 포함하고 있을 때에는 그 범위에서 행정법의 법원이 된다.

조약, 국제법규와 국내법이 충돌한 경우 양자의 효력관계가 문제되는데, 이에 관하여 국제법과 국내법을 전혀 별개의 법질서로 보아 각각 별도의 효력을 가진다는 二元論과 양자를 하나의 법질서로 보아 통일적으로 해결하려는 一元論이 대립하고 있으며, 一元論은 다시 국제법우위설, 국내법우위설, 동위설 등으로 나뉜다. 어찌되었든 국내법으로 수용된 조약과 국제법규와 국내법과의 효력관계는 법단계구조하에 신법우선의 원칙, 특별법우선의 원칙 등에 의해 그 효력의 우열을 판단하여야 할 것이다.

■ 대법원 1986. 7. 22. 선고 82다카1372 판결
[국제항공운송 관계에 적용될 법규]
 국제항공운송에 관한 법률관계에 대하여는 일반법인 민법에 대한 특별법으로서 우리 정부도 가입한 1955년 헤이그에서 개정된 바르샤바협약(이하 개정된 바르샤바협약이라 한다)이 우선 적용되어야 한다.
 개정된 바르샤바 협약 제1조 제2항에서 사용하고 있는 용어인 '체약국'이란 개념은 바르샤바협약과 헤이그 의정서에 모두 가입한 국가는 물론, 대한민국과 같이 바르샤바협약에는 가입하지 않고 있다가 헤이그 의정서에 가입함으로써 바르샤바협약에 가입한 효력이 발생한 국가와 바르샤바협약에는 가입하였으나 헤이그 의정서에는 아직 가입하지 아니한 국가를 모두 포함하는 것으로 보아야 한다.

---

4. 命令

 예외적으로 행정기관에도 입법권이 부여되고 있는데 행정기관에 의하여 정립되는 법규, 즉 법규명령을 명령이라고 부른다. 그리고 이 명령과 위의 법률을 합하여 법령이라고 부른다.
 행정법의 법원이 되는 명령의 형식에는 긴급명령(헌법 제76조), 독립명령, 위임명령(법률의 위임에 기초하고 있는 명령), 집행명령(법률실시의 세목을 정하는 명령)이 있다.
 행정규칙의 법원성에 대하여는 행정규칙의 법규성을 부인하면서 행정규칙의 법원성도 부인하는 견해,48) 일정 유형의 행정규칙의 법규성을 인정하면서, 행정규칙의 법원성을 인정하는 견해,49) 행정규칙의 법규성을 부인하면서, 법원성의 개념을 광의로 보아 행정규칙의 법원성을 인정하는 견해50)로 나뉘는데, 법원의 개념을 법의 인식근거로 이해하는 한 셋째 견해가 타당할 것이다.

5. 自治法規

---

48) 金道昶, 『一般行政法論(上)』(靑雲社, 1992),152쪽 ; 朴均省, 『行政法論(上)』(博英社, 2003), 42쪽 ; 洪準亨, 67쪽.
49) 李尙圭, 『新行政法論(上)』(法文社, 1993),139, 308쪽.
50) 姜求哲, 79쪽 ; 金南辰, 63쪽 ;柳至泰, 31쪽 ; 朴鈗炘, 71쪽 ; 朴鍾局, 『新行政法論』(法志社, 1999), 73쪽 ;石琮顯, 68쪽 ; 李鳴九, 『新行政法原論』(大明出版社, 1998), 52쪽 ; 千炳泰, 『行政法總論』(三英社, 2000), 62쪽 ; 韓堅愚, 27쪽 ; 洪井善, 89쪽.

　자치법규는 국가법(국가가 제정하는 법)에 대응하는 법 개념이며, 지방자치단체가 자치권에 기초하여 주체적으로 제정하는 법 형식을 말한다. 헌법은 이를 조례라고 총칭한다. 자치법규에는 조례와 규칙, 교육규칙이 있다. 조례는 지방자치단체가 의회의 의결에 의해 단체사무에 관하여 제정하는 자치법의 형식이고, 규칙은 지방자치단체의 장, 즉 시·도지사가 그 권한에 속하는 사무에 관하여 제정하는 법 형식을 가리킨다. 이러한 자치법규는 상위법을 위반하여서는 아니 된다.

■ 대법원 2007. 12. 13. 선고 2006추52 판결
[조례와 법령과의 관계]
　지방자치법 제22조, 제9조 제1항, 구 지방자치법(2007. 5. 11. 법률 제8423호로 전문 개정되기 전의 것) 제9조 제1항, 제15조, 행정규제법 제4조 제3항에 의하면 지방자치단체는 그 고유사무인 자치사무와 개별법령에 의하여 지방자치단체에 위임된 단체위임사무에 관하여 자치조례를 제정할 수 있지만 그 경우라도 주민의 권리제한 또는 의무부과에 관한 사항이나 벌칙은 법률의 위임이 있어야 하며(대법원 2004. 6. 11. 선고 2004추41 판결, 대법원 2006. 10. 12. 선고 2006추38 판결 참조), 기관위임사무에 관하여 제정되는 이른바 위임조례는 개별법령에서 일정한 사항을 조례로 정하도록 위임하고 있는 경우에 한하여 제정할 수 있으므로(대법원 1999. 9. 17. 선고 99추30 판결, 대법원 2000. 5. 30. 선고 99추85 판결 참조), 주민의 권리제한 또는 의무부과에 관한 사항이나 벌칙에 해당하는 조례를 제정할 경우에는 그 조례의 성질을 묻지 아니하고 법률의 위임이 있어야 하고 그러한 위임 없이 제정된 조례는 효력이 없다.
　한편, 지방자치단체의 조례는 그것이 자치조례에 해당하는 것이라도 법령에 위반되지 않는 범위 안에서만 제정할 수 있어서 법령에 위반되는 조례는 그 효력이 없지만(지방자치법 제22조 및 위 구 지방자치법 제15조), 조례가 규율하는 특정사항에 관하여 그것을 규율하는 국가의 법령이 이미 존재하는 경우에도 조례가 법령과 별도의 목적에 기하여 규율함을 의도하는 것으로서 그 적용에 의하여 법령의 규정이 의도하는 목적과 효과를 전혀 저해하는 바가 없는 때, 또는 양자가 동일한 목적에서 출발한 것이라고 할지라도 국가의 법령이 반드시 그 규정에 의하여 전국에 걸쳐 일률적으로 동일한 내용을 규율하려는 취지가 아니고 각 지방자치단체가 그 지방의 실정에 맞게 별도로 규율하는 것을 용인하는 취지라고 해석되는 때에는 그 조례가 국가의 법령에 위반되는 것은 아니라고 보아야 할 것이다(대법원 1997. 4. 25. 선고 96추244 판결, 대법원 2006. 10. 12. 선고 2006추38 판결 참조).

■ 대법원 2006. 9. 8. 선고 2004두947 판결
　헌법 제117조 제1항은 "지방자치단체는 주민의 복리에 관한 사무를 처리하고 재산을 관리하며, 법령의 범위 안에서 자치에 관한 규정을 제정할 수 있다."고 규정하고 있고,

구 지방자치법 제15조는 "지방자치단체는 법령의 범위 안에서 그 사무에 관하여 조례를 제정할 수 있다. 다만, 주민의 권리제한 또는 의무부과에 관한 사항이나 벌칙을 정할 때에는 법률의 위임이 있어야 한다."고 규정하고 있는바, 법률이 주민의 권리의무에 관한 사항에 관하여 구체적으로 아무런 범위도 정하지 아니한 채 조례로 정하도록 포괄적으로 위임하였다고 하더라도, 행정관청의 명령과는 달라, 조례도 주민의 대표기관인 지방의회의 의결로 제정되는 지방자치단체의 자주법인 만큼 지방자치단체가 법령에 위반되지 않는 범위 내에서 주민의 권리의무에 관한 사항을 조례로 제정할 수 있는 것이다(대법원 1991. 8. 27. 선고 90누6613 판결, 헌법재판소 1995. 4. 20. 선고 92헌마264, 279 결정 참조).

따라서 구 하천법 제33조 제4항이 부당이득금의 금액과 징수방법 등에 관하여 구체적으로 범위를 정하지 아니한 채 포괄적으로 조례에 위임하고 있고, 위 법률규정에 따라 이 사건 징수조례가 부당이득금의 금액과 징수방법 등에 관하여 필요한 사항을 구체적으로 정하였다 하여, 위 법률규정이 포괄위임금지의 원칙에 반하는 것으로서 헌법에 위반된다고 볼 수 없다.

Ⅲ. 不文法源

1. 慣習法

(1) 意義

관습법은 사실인 관습과 구별할 필요가 있다. 사실인 관습이란 계속 반복하여 행하여진 결과과 사람들이 행위를 할 때에 따르게 되는 일정한 양식으로 법적 확신을 얻지 못한 것을 의미한다. 이러한 관습이 민중에 의해 지지되고, 법으로까지 올라가는 경우 관습법이 성립하는 것이다. 오랜 관행이 법적확신을 얻음으로서 성립된 법규범을 말한다.

즉 관습법이란 국민 사이에 장기적·계속적 관행이 반복되고 그 관행이 국민 일반의 법적 확신을 얻어 법적 규범으로 승인된 것을 말하며(法的確信說), 이때 국가의 승인은 필요없다는 게 통설·판례이다.

■ 대법원 1983. 6. 14. 선고 80다3231 판결
관습법이란 사회의 거듭된 관행으로 생성한 사회생활규범이 사회의 법적 확신과 인식에 의하여 법적 규범으로 승인 강행되기에 이른 것을 말하고, 사실인 관습은 사회의 관행에 의하여 발생한 사회생활규범인 점에서는 관습법과 같으나 다만 사실인 관습은 사회의 법적 확신이나 인식에 의하여 법적 규범으로서 승인될 정도에 이르지 않은 것을 말한다.

(2) 法源性

행정작용의 근거를 정하는 법, 즉 행정법의 법원은 성문법이어야 하는 것이 원칙이나, 성문법이 제정되거나 정비될 수 없는 영역에서는 관습법이 성립할 가능성을 부정할 수 없다. 따라서 관습법은 성문법을 보충하는 한도 내에서 행정법의 법원으로 인정되는 것이다. 따라서 관습법의 법원성 인정에 학설이 일치하고 있다.

(3) 效力

관습법의 제정법에 대한 효력과 관련하여 보충적 효력설과 개폐적 효력설이 나뉜다.

1) 補充的 效力說(補完的 效力說)

관습법은 성문법이 없는 경우에만 보충적으로 적용된다는 입장이다. 즉 관습법은 제정법에 대하여 열후적, 보충적 효력을 갖는다고 한다.(다수설)

2) 改廢的 效力說(獨自的 效力說)

관습법과 성문법의 동위적 효력을 인정할 수 있으므로 관습법은 성문법을 개폐하는 효력까지도 지닌다고 한다.51)

■ 대법원 1983. 6. 14. 선고 80다3231 판결
[관습법과 사실인 관습의 차이]
　관습법은 바로 법원으로서 법령과 같은 효력을 갖는 관습으로서 법령에 저촉되지 않는 한 법칙으로서의 효력이 있는 것이며 이에 반하여 사실인 관습은 법령으로서의 효력이 없는 단순한 관행으로서 법률행위의 당사자의 의사를 보충함에 그치는 것이다.

[관습법과 사실인 관습의 주장입증책임]
　일반적으로 볼 때 법령과 같은 효력을 갖는 관습법은 당사자의 주장 입증을 기다림이 없이 법원이 직권으로 이를 확정하여야 하나 이와 같은 효력이 없는 사실인 관습은 그 존재를 당사자가 주장 입증하여야 한다고 파악할 것이나 그러나 사실상 관습의 존부자체도 명확하지 않을 뿐만 아니라 그 관습이 사회의 법적 확신이나 법적 인식에 의하여 법적 규범으로까지 승인된 것이냐 또는 그에 이르지 않은 것이냐를 가리기는 더욱 어려운 일이므로 법원이 이를 알 수 없을 경우 결국은 당사자가 이를 주장 입증할 필요에 이르게 될 것이다.

[사실인 관습의 효력범위]

---

51) 金東熙, 48쪽 ; 金鐵容, 39쪽.

사실인 관습은 사적 자치가 인정되는 분야 즉 그 분야의 제정법이 주로 임의규정일 경우에는 법률행위의 해석기준으로서 또는 의사를 보충하는 기능으로서 이를 재판의 자료로 할 수 있을 것이나 이 이외의 즉 그 분야의 제정법이 주로 강행규정일 경우에는 그 강행규정 자체에 결함이 있거나 강행규정 스스로가 관습에 따르도록 위임한 경우 등 이외에는 법적 효력을 부여할 수 없다.

[관습법의 효력]
 가족의례준칙 제13조의 규정과 배치되는 관습법의 효력을 인정하는 것은 관습법의 제정법에 대한 열후적, 보충적 성격에 비추어 민법 제1조의 취지에 어긋나는 것이다. 가족의례준칙 제13조의 규정과 배치되는 사실인 관습의 효력을 인정하려면 그와 같은 관습을 인정할 수 있는 당사자의 주장과 입증이 있어야 할 뿐만 아니라 이 관습이 사적 자치가 인정되는 임의규정에 관한 것인지 여부를 심리·판단하여야 한다.

(4) 種類
1) 行政先例法
 훈령 등 따른 행정사무처리 관행처럼 행정청의 선례가 장기적으로 반복되어 시행됨으로써 국민의 법적 확신을 얻은 것을 말한다. 행정절차법(제4조 제②항)이나 국세기본법(제18조 제③항)은 행정선례법의 존재를 명문으로 인정하고 있다.

 ■ 대법원 1954. 6. 19. 선고 4285행상20 판결
 행정법의 법원은 헌법, 법률, 명령 등의 성문법외에 불문법으로는 재판례, 행정선례, 관습법, 조리 등을 들 수 있는데 그 중 행정선례라 함은 행정기관에 있어서 실제로 처리한 사건이 선례로서 존중되어 법규로서의 효력을 가지게 된 것으로 재판례의 경우와 동일하게 처리되는 것이 통설이다.

 ■ 대법원 2003. 9. 5. 선고 2001두7855 판결
[국세기본법 제18조 제3항 소정의 비과세관행의 성립 요건]
 국세기본법 제18조 제3항에 규정된 비과세관행이 성립하려면, 상당한 기간에 걸쳐 과세를 하지 아니한 객관적 사실이 존재할 뿐만 아니라, 과세관청 자신이 그 사항에 관하여 과세할 수 있음을 알면서도 어떤 특별한 사정 때문에 과세하지 않는다는 의사가 있어야 하며, 위와 같은 공적 견해나 의사는 명시적 또는 묵시적으로 표시되어야 하지만 묵시적 표시가 있다고 하기 위하여는 단순한 과세누락과는 달리 과세관청이 상당기간의 비과세 상태에 대하여 과세하지 않겠다는 의사표시를 한 것으로 볼 수 있는 사정이 있어야 한다(대법원 2000. 1. 21. 선고 97누11065 판결, 대법원 2002. 11.

8. 선고 2001두4849 판결, 대법원 1985.3.12. 선고 84누398 판결(과세할 수 있는 어느 사항에 대하여 비록 장기간에 걸쳐 과세하지 아니한 상태가 계속되었다 하더라도 그것이 착오로 인한 것이라면 그와 같은 비과세는 일반적으로 납세자에게 받아들여진 국 세행정의 관행으로 되었다 할 수 없다) 참조).

2) 民衆的 慣習法

민중적 관습법은 공법관계에 관한 관행이 민중 사이에서 장기적으로 계속됨으로써 다수의 국민에 의해 인식되었을 때 성립한다. 공물의 이용관계에서 볼 수 있으며 판례상 인정된 것으로는 입어권, 하천용수권, 유수사용권 등이 있다.

■ 대법원 1989. 7. 11. 선고 88다카14250 판결(관행에 따른 입어권)
수산업법 제40조(입어의 관행) 제1항은 '공동어업의 어업권자는 종래의 관행에 의하여 그 어업장에서 어업하는 자의 입어를 거절할 수 없다'고 규정함으로써 일정한 공유수면에서 공동어업권이 면허되기 전부터 오랫동안 관행에 따라 어업을 하여온 자는 공동어업권이 설정되더라도 계속 어업을 할 수 있다고 보호하고 있는 바, 이는 결국 일정한 공유수면에서의 관행에 따른 어업은 위 규정에 의하여 보호되는 이익으로서 그 이익은 공동어업권자에게 대하여 주장하고 행사할 수 있을 뿐만 아니라 이를 다투는 제3자에 대하여는 그 배제를 청구하거나 그에 따른 손해배상을 청구할 수 있는 권리라고 해석하는 것이 관행에 따른 어업자를 보호하는데 있어 적절하다고 할 것이다.

■ 대법원 1994. 3. 25. 선고 93다45701 판결
구 수산업법(1990. 8. 1. 법률 제4252호로서 개정되기 전의 것) 제40조 소정의 입어의 관행이라 함은 어떤 어업장에 대한 공동어업권 설정 이전부터 어업의 면허 없이 당해 어업장에서 오랫동안 계속 수산동식물을 채포 또는 채취함으로써 그것이 대다수 사람들에게 일반적으로 시인될 정도에 이른 것이라 할 것이다(대법원 1969. 3. 31. 선고 69다173 판결 참조).

■ 대법원 1998. 4. 14. 선고 95다15032, 15049 판결(관행어업권)
구 수산업법(1990. 8. 1. 법률 제4252호로 전문 개정되기 전의 것) 제40조 제1항 소정의 관행어업권은 같은 법 제8조, 제24조에 의하여 공동어업 등의 면허에 의하여 인정되는 어업권과 같이 일정한 공유수면을 전용하면서 그 수면에서 배타적으로 수산동식물을 채포(採捕) 또는 채취할 수 있는 독점적인 권리라기보다는 단지 타인의 방해를 받지 않고 일정한 공유수면에 출입하면서 수산동식물을 채포 또는 채취할 수 있는 권리에 지나지 않는 것이다.

■ 대법원 1968. 1. 23. 선고 66다1995 판결(관습상의 유수전용권)

공유하천의 유수는 법령으로 그 사용을 금지하거나, 제한하지 않는 이상 누구든지 타인의 권리를 침해하지 않는 한도에서 자유로이 사용할 수 있다할 것이므로, 종래 관개하여 옴으로서 관습상 취득한 전용 유수사용권은 관개의 필요를 충족하는 정도에 한정할 것이고, 이 정도를 초과하는 부분에는 그 전용권이 미치지 아니한다 할 것이며, 그 관개의 정도는 관개하여온 몽리면적을 기준으로 하여야 할 것이요, 전용권을 취득할 당시의 몽리면적을 전용권자가 임의로 확대할 경우 확대한 몽리면적에 대하여는 확대한때부터 다시 관계하는 관습으로 말미암아 새로운 전용권을 취득하였다고 보기 이전에는 그 확대한 부분에는 종래의 전용권을 주장할 수 없다고 봄이 상당하다 할 것이다.

■ 대법원 1972. 3. 31. 선고 72다78 판결(용수권)

농지소유자들이 수백년 전부터 공유하천에 보를 설치하여 그 연안의 논에 관개를 하여 왔고 원고도 그 논 중 일부를 경작하면서 위 보(洑)로부터 인수(引水)를 하여 왔다면, 공유하천으로부터 용수를 함에 있어서 하천법 제25조에 의하여 하천관리청으로부터 허가를 얻어야 한다고 하더라도 그 허가를 필요로 하는 법규의 공포시행 전에 원고가 위 화덕상 언(둑)에 의하여 용수할 수 있는 권리를 관습에 의하여 취득하였음이 뚜렷하므로 위 하천법에 관한 법규에도 불구하고 그 기득권이 있다.

2. 判例法

(1) 意義

어떤 법률문제(사건)에 관한 후의 재판의 선례가 되는 법원의 법률적 판단, 즉 판례가 그 뒤의 재판을 구속할 때 판례는 법원으로 인정된다. 이렇게 이루어진 법원을 판례법이라고 한다. 이처럼 판례법이란 법원의 판결과 선례가 법규범처럼 행정사건의 해석운용의 기준, 해결준거로 국민과 행정청이 법으로 인식·작용하는 것을 말한다.

판례는 행정법원(行政法源)을 구체화하고 그 의미를 명확히 하고, 관습법의 존재와 내용을 분명하게 한다. 따라서 판례도 불문법의 일종으로서의 효력을 가지며, 특히 대법원의 판례는 변경의 요건을 엄격히 하고 있으므로, 법원으로서의 안정성이 보장되고 있다. 현재 법원조직법에 의하면 대법원이 판례를 변경할 경우 3분의 2이상의 찬성이 있어야 가능하도록 되어 있다.

(2) 判例法 形成領域

행정법의 경우 통칙적 규정의 결여로 학설과 판례가 중요한 역할을 담당하고 있다. 성문법의 흠결이나 불비, 또는 해석문제에 있어 판례법의 인정여부는 논의될 수밖에 없고,

성문법이 결여되어 있는 경우와 실정법이 일반조항이나 불확정개념을 사용하고 있는 경우 판례가 형성될 수밖에 없다.

(3) 法源性

영미법 계통의 국가에서는 '선례구속(先例拘束)의 원칙'에 따라 판례법이 1차적 법원으로 법적 구속력을 가진다.

영국이나 미국에서는 상급법원이 어떤 법률문제에 대해 판결을 내린 뒤에는 그 상급법원이나 다른 하급법원에서 동일한 법률문제에 대해 이전의 판례와 다르게 판결할 수 없다. 직접 적용할 판례가 없는 경우에는 비슷한 사건의 판례로부터 유추하여 판결한다.

이에 대해 대륙법 계통의 국가는 입법기관이 제정한 성문법만을 법원으로 인정함으로써 선례구속성원칙의 불채택으로 법원성 인정여부가 문제되고 판결은 해당 사건에 대해서만 구속력을 지닌다. 한국에서도 법적으로는 판례의 구속력이 보장되지 않는다. 법원조직법에서 상급법원의 판단은 해당 사건에서만 하급법원에 기속력을 지닌다고 규정하는 한편,52) 대법원에서 종전의 판례를 변경하려면 대법관 전원의 3분의 2 이상의 합의가 있어야 한다고 엄격한 절차를 규정하고 있다(제7조 제③항 제ⅲ호). 이를 두고 판례를 법원으로 인정할 것인가에 대해 적극설53)과 소극설54)의 대립이 있지만, 실제로는 같은 종류의 사건에 대한 재판에서 같은 취지의 판결이 내려질 것이기 때문에 하급법원에서는 대법원에서 파기될 가능성이 명백한 판결을 내리기는 어렵기 때문에 판례는 사실상의 구속력을 지닌다. 법률상 상급법원의 판결은 당해사건에 한하여 하급심을 기속하는 효력이 있으나 대법원의 판결의 사실상의 구속력으로 판례의 법원성이 인정되고 있다.

한국에서는 영국·미국과 같이 판례의 구속성 원칙이 인정되지 않으나, 장기에 걸쳐 계속 되풀이된 판례는 법적확신설에 의하여 관습법의 일종인 판례법으로서 법원성을 가지게 된다.

3. 條理

(1) 意義

조리라는 것은 사물의 본성, 사물의 본질적 법칙 내지는 일반사회의 정의감에 비추어 반드시 그러하여야 할 것이라고 인정되는 것을 말한다. 성문법원이나 관습법, 판례법 그리고 위헌결정 등이 존재한다면 법관은 그에 따라서 판단을 하면 된다.

---

52) 법원조직법 제8조: 상급법원의 재판에 있어서의 판단은 당해사건에 관하여 하급심을 기속한다.
53) 朴鈗炘, 79쪽 ; 卞在玉, 59~60쪽.
54) 金南辰, 67~68쪽 ; 石琮顯, 73쪽 ; 韓堅愚, 32쪽 ; 洪準亨, 70쪽.

(2) 機能

1) 最後의 補充的 法源

문제는 어느 사건에 적용할 법원이 없는 경우에 법관은 어떻게 할 것인가 하는 것이다. 법관이 법의 흠결을 이유로 하여 재판을 거부할 수는 없다는 것이다. 그러므로 성문법원도 불문법원도 존재하지 않을 때에는 법관은 입법자 혹은 사회 일반인으로서 마땅히 그러해야 할 조리에 기초하여 판결할 수 있다. 조리의 법원성 여부가 문제되나 이처럼 다른 법원이 존재하지 아니하는 경우 조리는 법관이 판단할 수 있는 최후의 근거가 되며, 이런 의미에서 최후의 보충적인 법원이 되는 것이다.

> ■ 대법원 2003. 1. 10. 선고 2000다70064 판결
> 섭외적 사건에 관하여 적용될 외국법규의 내용을 확정하고 그 의미를 해석함에 있어서는 그 외국법이 그 본국에서 현실로 해석·적용되고 있는 의미·내용대로 해석·적용되어야 하는 것인데, 소송과정에서 적용될 외국법규에 흠결이 있거나 그 존재에 관한 자료가 제출되지 아니하여 그 내용의 확인이 불가능한 경우 법원으로서는 법원(法源)에 관한 민사상의 대원칙에 따라 외국 관습법에 의할 것이고, 외국 관습법도 그 내용의 확인이 불가능하면 조리에 의하여 재판할 수밖에 없다.

2) 行政法 解釋의 基本原理

조리법의 내용은 영구불변한 것이 아니고 시대와 사회의 변화에 따라 변동하는 것으로 평등원칙, 신의성실 원칙, 비례원칙, 신뢰보호 원칙, 과잉급부금지 원칙 등이 일반적으로 열거되고 있다.

(3) 性質 및 效力

대부분의 조리위반은 위헌·위법이 된다.

> ■ 대법원 1990. 8. 28. 선고 89누8255 판결
> 자유재량에 있어서도 무제한의 재량권은 인정할 수 없는 것이고 그 범위의 넓고 좁은 차이는 있다고 하더라도 법령의 규정뿐만 아니라 관습법 또는 일반적 조리에 의한 일정한 한계가 있는 것으로서 위 한계를 벗어난 재량권의 행사는 위법하다고 하지 않을 수 없다(대법원 1968. 6. 18. 선고 68누35 판결 참조).

(4) 結語

뒤에서 언급할 행정법의 일반법원칙을 종래 조리라는 관념에 내용적으로 관습법과 판례법에 속하지 않는 행정법의 모든 불문법원리를 포괄적으로 포함하는 것으로 파악하였으나, 오늘날 독립된 불문법원으로 자리매김하고 있다. 이에 따라 행정법의 제3의 불문법원은 조리 대신에 독일행정법에서와 같이 포괄적 관념으로서의 행정법의 일반원칙이라는 용어를 사용하는 것이 바람직할 것이다.

제7절 行政法의 一般原則

I. 問題의 提起

법치국가사상의 대두와 함께 행정영역에서도 법률에 의한 행정의 원리가 자리 잡게 되었고, 국가의 임무도 종전의 경찰행정에서 복지행정으로 다양화함에 따라 국민들의 행정에의 참가가 늘어나고 실질적 법치주의의 구현을 위한 국민의 권리구제제도가 마련되게 되었다.

하지만 아직까지 전통적인 행정행위 개념을 중심으로 이론구성이 되어왔던 것이 사실이고 점차 국민의 권리구제에 충실을 기하기 위해 개인이 추구하는 사익이 공익의 보장보다 큰 경우가 등장하게 되고 오늘날 기본권 확대화 경향에 맞춰 새로운 기준을 설정하고 이를 모색할 필요가 있다고 하겠다.

그래서 종래 헌법적 차원에서 논해지던 여러 원칙들이 행정법의 일반원칙으로 거론되고 있는데, 행정법의 모든 영역에 타당한 법의 일반원칙을 행정법의 일반원칙이라 한다. 過剩禁止의 原則 내지 比例의 原則, 信賴保護의 原則, 平等의 原則, 行政의 自己拘束의 原則, 不當結付禁止의 原則, 신의성실의 원칙, 권리남용금지의 원칙 등이 그것이다.

II. 平等의 原則

1. 序說

(1) 意義

특별히 합리적 사유가 존재하지 않는 한 행정작용을 함에 있어서 행정기관은 상대방인 국민을 공평하게 대우해야 한다는 원칙을 말한다.

> ■ 헌법재판소 1996. 11. 28. 선고 96헌가13 결정
> 헌법 제11조 제1항의 평등의 원칙에 있어서 평등이라 함은 일체의 차별적 대우를 부정하는 절대적 평등을 의미하는 것이 아니라 입법과 법의 적용에 있어서 합리적 근거 없이 차별을 하여서는 아니 된다는 상대적 평등을 의미하므로, 합리적 근거가 있는 차

별 내지 불평등은 평등의 원칙에 반하는 것이 아니라 할 것이다. 또한 합리적 근거가 있는 차별인지의 여부는 그 차별이 인간의 존엄성 존중이라는 헌법원리에 반하지 아니하면서 정당한 입법목적을 달성하기 위하여 필요하고도 적정한 것인가를 기준으로 판단하여야 할 것이다(헌법재판소 1994. 2. 24. 선고 92헌바43 결정 참조).

■ 헌법재판소 2003. 6. 26. 선고 2002헌가14 결정
신상공개가 되는 청소년 대상 성범죄를 규정한 법률조항의 의미와 목적은 성인이 대가관계를 이용하여 청소년의 성을 매수하는 등의 행위로 인하여 야기되는 피해로부터 청소년을 보호하려는데 있는 것이고, 이에 비추어 볼 때 청소년 대상 성범죄와 그 밖의 일반 범죄는 서로 비교집단을 이루는 '본질적으로 동일한 것'이라고 단언하기는 어려우며, 나아가 그러한 구분기준이 특별히 자의적이라고 볼 만한 사정이 없다.
또한 청소년 대상 성범죄자 가운데 공개대상에서 제외되는 경우는 그 행위의 대상이나 형태에 있어서 청소년 성매수 행위의 공범적 성격의 것들로서 행위불법성의 차이 등을 고려한 것으로 보이므로, 청소년 대상 성범죄자 중 일부 범죄자의 신상이 공개되지 않는다 하더라도 그러한 차별입법이 자의적인 것이라거나 합리성이 없는 것이라고 단정하기 어렵다.
신상공개제도로 인하여 기본권 제한상의 차별을 초래하나, 그 입법목적과 이를 달성하려는 수단간에 비례성을 벗어난 차별이라고 보기 어렵고, 달리 평등권을 침해한 것이라고 볼 수 없다.

(2) 區別槪念

평등원칙의 구체적인 적용으로 나타나는 것이 뒤에서 볼 행정의 자기구속의 원칙이다.

2. 機能과 適用領域

(1) 機能

법원의 심사권이 미치지 않는 행정결정에 대하여 평등원칙 등을 매개로 하여 사법권이 그곳에 미칠 수 있게 하여 주는 다리 역할, 행정의 재량권의 한계를 지우는 기능, 재량준칙이 갖는 외부적 효력을 사실적·간접적인데서 법적·직접적인 것으로 전환시키는 역할을 한다.

(2) 適用領域

재량영역에 적용된다.

> ■ 대법원 1999. 8. 20. 선고 99두2611 판결
> 사립학교 교원인 피징계자에게 징계사유가 있어 징계처분을 하는 경우 어떠한 처분을 할 것인가는 원칙적으로 징계권자의 재량에 맡겨져 있는 것이므로, 그 징계처분이 위법하다고 하기 위하여서는 징계권자가 재량권을 행사하여 한 징계처분이 사회통념상 현저하게 타당성을 잃어 징계권자에 맡겨진 재량권을 남용한 것이라고 인정되는 경우에 한한다고 할 것이고, 그 징계처분이 사회통념상 현저하게 타당성을 잃은 처분이라고 하려면 구체적인 사례에 따라 직무의 특성, 징계의 사유가 된 비위사실의 내용과 성질 및 징계에 의하여 달성하려는 목적과 이에 수반되는 제반 사정을 참작하여 객관적으로 명백히 부당하다고 인정되는 경우라야 한다. 같은 정도의 비위를 저지른 자들 사이에 있어서도 그 직무의 특성 등에 비추어, 개전의 정이 있는지 여부에 따라 징계의 종류의 선택과 양정에 있어서 차별적으로 취급하는 것은, 사안의 성질에 따른 합리적 차별로서 이를 자의적 취급이라고 할 수 없는 것이어서 평등원칙 내지 형평에 반하지 아니한다.

3. 根據

(1) 法的 根據

법적 근거로 헌법 제11조 제1항, 제31조, 제32조 제4항, 제36조 제1항, 제41조, 제67조와 남녀고용평등법, 행정소송법 제27조 등을 들 수 있다.[55]

(2) 理論的 根據

모든 사람의 평등한 취급을 내용으로 하는 평등의 원칙이 그 이론적 근거이다.

4. 構成要件

(1) 비교의 대상이 되는 1회 이상의 행정선례가 존재하여야 한다.
(2) 재량준칙에만 인정된다. 법령해석규칙은 법원의 해석권한이 우선이기 때문에 인정되지 않는다.

5. 效果

평등원칙은 헌법적 효력을 가지기 때문에 이에 위반한 경우 무효가 된다.

---

[55] 평등원칙이 헌법 제11조에 직접 명시된 법원칙인지(李尙圭, 135쪽), 동조의 기본이념으로부터 도출되는 불문법원리인지(金東熙, 56쪽)에 대해 견해가 나뉜다.

■ 대법원 2004. 6. 25. 선고 2002다51555 판결

교직원인 피징계자에게 사립학교법상의 징계사유가 있어 징계처분을 하는 경우, 어떠한 처분을 할 것인가는 징계권자의 재량에 맡겨진 것이고, 다만 징계권자가 재량권의 행사로서 한 징계처분이 사회통념상 현저하게 타당성을 잃어 징계권자에게 맡겨진 재량권을 남용한 것이라고 인정되는 경우에 한하여 그 처분을 위법하다고 할 수 있고, 교직원에 대한 징계처분이 사회통념상 현저하게 타당성을 잃었다고 하려면 구체적인 사례에 따라 징계의 원인이 된 비위사실의 내용과 성질, 징계에 의하여 달성하려고 하는 목적, 징계 양정의 기준 등 여러 요소를 종합하여 판단할 때에 그 징계 내용이 객관적으로 명백히 부당하다고 인정할 수 있는 경우라야 하고, 징계권의 행사가 임용권자의 재량에 맡겨진 것이라고 하여도 공익적 목적을 위하여 징계권을 행사하여야 할 공익의 원칙에 반하거나 일반적으로 징계사유로 삼은 비행의 정도에 비하여 균형을 잃은 과중한 징계처분을 선택함으로써 비례의 원칙에 위반하거나 또는 합리적인 사유 없이 같은 정도의 비행에 대하여 일반적으로 적용하여 온 기준과 어긋나게 공평을 잃은 징계처분을 선택함으로써 평등의 원칙에 위반한 경우에 이러한 징계처분은 재량권의 한계를 벗어난 처분으로서 위법한 것이고(대법원 2003. 1. 24. 선고 2002두9179 판결 참조), 그러한 판단을 함에 있어서는 피징계자의 평소의 소행, 근무성적, 징계처분 전력 이외에도 당해 징계처분사유 전후에 저지른 징계사유로 되지 아니한 비위사실도 징계양정에 있어서의 참고자료가 될 수 있는 것이며(대법원 1998. 5. 22. 선고 98다2365 판결 참조), 수 개의 징계사유 중 일부가 인정되지 않으나 인정되는 다른 일부 징계사유만으로도 당해 징계처분의 타당성을 인정하기에 충분한 경우에는 그 징계처분을 그대로 유지하여도 위법하지 아니하다 할 것이다(대법원 2002. 9. 24. 선고 2002두6620 판결 참조).

■ 대법원 1997. 2. 25. 선고 96추213 판결

조례안이 지방의회의 감사 또는 조사를 위하여 출석요구를 받은 증인이 5급 이상 공무원인지 여부, 기관(법인)의 대표나 임원인지 여부 등 증인의 사회적 신분에 따라 미리부터 과태료의 액수에 차등을 두고 있는 경우, 그와 같은 차별은 증인의 불출석이나 증언거부에 대하여 과태료를 부과하는 목적에 비추어 볼 때 그 합리성을 인정할 수 없고 지위의 높고 낮음만을 기준으로 한 부당한 차별대우라고 할 것이어서 헌법에 규정된 평등의 원칙에 위배되어 무효이다.

■ 대법원 2007. 10. 29. 선고 2005두14417 전원합의체 판결

구 개발제한구역의 지정 및 관리에 관한 특별조치법(2005. 1. 27. 법률 7383호로 개정되기 전의 것) 제20조 제1항은, 개발제한구역 내에서 토지의 형질변경허가 또는 토지의 형질변경을 수반하는 허가를 받은 자에 대하여 개발제한구역 훼손부담금(이하

'훼손부담금'이라 한다)을 부과하도록 하고, 제23조 제1항에서 훼손부담금은 개발제한구역이 소재하고 있는 시·군 또는 자치구의 개발제한구역 외의 동일지목에 대한 개별공시지가의 평균치에서 허가대상토지의 개별공시지가를 공제한 금액의 100분의 150의 범위 안에서 대통령령이 정하는 비율에 허가대상토지의 면적을 곱하여 산정한다고 규정하고 있으며, 이에 따라 같은 법 시행령(2006. 6. 15. 대통령령 제19532호로 개정되기 전의 것) 제35조 제1항 제2호 (다)목에서는 공익시설 중 전기공급시설, 가스공급시설, 유류저장 및 송유설비(이하 '전기공급시설 등'이라 한다)에 대하여 훼손부담금의 부과율을 100분의 20으로 정하고 있는 반면, 같은 항 제3호에서는 집단에너지공급시설을 포함한 다른 공익시설들(같은 항 제1호 및 제2호에서 규정하고 있는 공익시설은 제외)에 대하여 훼손부담금의 부과율을 100분의 100으로 정하고 있는바, 이러한 훼손부담금은 개발제한구역 내의 시설 등의 설치로 발생하는 토지형질변경에 대하여 구역 내·외의 토지가격 차액에 상당하는 경제적 부담을 부과함으로써 개발제한구역 내로의 입지 선호를 제거하여 개발제한구역의 훼손을 억제하고, 개발제한구역의 관리를 위한 재원을 확보하는 데에 그 제도적 취지가 있는 것이다(대법원 2004. 10. 15. 선고 2003두13243 판결, 헌법재판소 2007. 5. 31. 선고 2005헌바47 결정 참조).

그런데 집단에너지공급시설과 전기공급시설 등은 모두 다수의 사용자에게 에너지를 공급하여 생활의 편의를 충족시키는 역할을 하는 공익시설들로서 에너지를 수송하는 시설들이 그 주요 부분을 차지하고 있고, 이러한 시설들은 개발제한구역이 도시 주위를 둘러싸고 띠 형태로 지정되어 있어서 도시 지역 밖에서 안으로 혹은 그 반대방향으로 에너지를 공급하기 위해서는 개발제한구역을 통과해야 하는 경우가 많아 개발제한구역 밖의 토지에 대한 입지 선택이 가능한 학교 등 다른 공익시설들과는 그 사정이 다르며, 또한 위와 같은 시설들의 설치는 주로 배관을 지중에 매설한 후 그 지표면을 다시 원상복구시키는 방식으로 이루어지는 것이어서, 다른 공익시설들에 비해 개발제한구역에 대한 훼손의 정도가 크지 않기 때문에(특히 이 사건의 경우처럼 기존 도로를 따라 그 지하에 열수송관을 매설하고 지표를 다시 도로로 원상복구시키는 경우에는 더욱 그러하다), 앞서 본 훼손부담금의 제도적 취지상 다른 공익시설들보다 훼손부담금의 부과율을 낮게 정할 필요가 있는 것이며, 이러한 점에서는 집단에너지공급시설과 전기공급시설 등의 사이에 아무런 차이가 없다.

그뿐만 아니라, 집단에너지공급시설과 전기공급시설 등은 공급하는 물질(에너지)만 다를 뿐, 그 설치공사의 내용과 방법이나 그에 관한 기술적 측면의 규제 내용 등이 동일하거나 유사하고, 그 외 도로법 등 다른 각종 행정법규에서도 점용료나 원인자부담금 등의 산정·부과 및 감면 등에서 같게 취급하고 있는 등 사실상의 차이도 찾아보기 어렵다.

헌법 제11조 제1항에 근거를 둔 평등원칙은 본질적으로 같은 것을 자의적으로 다르게 취급함을 금지하는 것으로서, 법령을 적용할 때뿐만 아니라 입법을 할 때에도 불합리한 차별취급을 하여서는 안 된다는 것을 뜻하는바, 앞서 본 사정을 종합하여 보면, 위 시행령 제35조 제1항 제3호에서 집단에너지공급시설에 대한 훼손부담금의 부과율을 전기공급시설 등에 대한 훼손부담금의 부과율인 100분의 20의 다섯 배에 이르는 100분의 100으로 정한 것은, 피고들이 상고이유에서 주장하는 것처럼 집단에너지공급시설과 전기공급시설 등의 사이에 그 공급받는 수요자가 다소 다를 수 있음을 감안한다 하더라도, 부과율에 과도한 차등을 둔 것으로서 합리적 근거 없는 차별에 해당한다.

따라서 위 시행령 제35조 제1항 제3호 중 집단에너지공급시설에 관한 부분은 헌법상 평등원칙에 위배되어 무효이고, 그러한 이상 원고에게 위 규정에 따라 산정된 훼손부담금을 부과한 피고의 이 사건 처분도 위법하다 할 것이다.

■ 대법원 2006. 2.. 24.자 2006아1(2005두15007) 결정

직장가입자와 지역가입자 사이에는 소득 파악률, 소득신고의 방법, 소득결정방법, 보험료 부과대상소득의 발생시점 등에서 근본적인 차이가 있고, 특히 직장가입자의 소득은 거의 전부 파악되는 데 반하여, 지역가입자의 소득은 일부분밖에 파악되지 않는다는 점에서 현저한 차이가 있으므로, 이처럼 차이가 있는 직장가입자와 지역가입자의 보험료부담의 형평을 확보하기 위하여 국민건강보험법 제62조 제3항, 제4항, 제63조 제1항, 제4항, 제64조 제1항은 직장가입자의 경우에는 표준보수월액을, 지역가입자의 경우에는 부과표준소득을 기준으로 보험료를 산정하도록 규정함으로써 직장근로자의 경우에는 소득만을 기준으로 하고, 소득 파악이 어려운 지역가입자의 경우에는 소득뿐만 아니라 재산, 생활수준, 직업, 경제활동참가율 등 다양한 변수를 참작한 추정소득을 기준으로 하도록 하는 것인바, 이러한 차별취급은 경제적 능력에 따른 부담의 원칙에 입각하고 있고, 지역가입자와 직장가입자의 본질적인 차이를 고려하여 그에 상응하게 보험료의 산정을 달리 하도록 한 것이므로 헌법상의 평등권을 침해하는 것이라 할 수 없다(헌법재판소 2003. 10. 30. 선고 2000헌마801 결정 참조).

건강보험의 문제를 시장경제의 원리에 따라 사보험에 맡기면 상대적으로 질병발생위험이 높거나 소득수준이 낮은 사람들은 보험에 가입하는 것이 매우 어렵거나 불가능하게 되어, 국가가 소득수준이나 질병위험도에 관계없이 모든 국민에게 동질의 의료보장을 제공하고자 하는 목적을 달성할 수 없으므로, 국민건강보험법 제5조, 제31조 제1항, 제2항, 제62조 제1항, 제3항, 제4항은 원칙적으로 전 국민을 강제로 보험에 가입시키고 경제적 능력에 비례하여 보험료를 납부하도록 함으로써 의료보장과 동시에 소득재분배 효과를 얻고자 하는 것이므로 국가가 국민을 강제로 건강보험에 가입시키고 경제적 능력에 따라 보험료를 납부하도록 하더라도 위 보험제도가 재산권을 침해하는 것으로 볼 수도 없다(헌법재판소 2003. 10. 30. 선고 2000헌마801 결정 참조).

Ⅲ. 行政의 自己拘束의 法理

1. 序說

(1) 意義

행정권의 행사에 있어서 행정청은 상대방에 대하여 동종사안에 있어서 제3자에게 행한 결정에 구속된다는 것, 즉 같은 사안에서 이미 제3자에게 행한 결정과 같은 결정을 상대방에게도 하도록 행정청이 스스로 구속을 받는다는 원칙을 의미한다.

재량처분에 있어 그 재량권의 행사에 있어 관행이 형성되어 있는 경우에는 처분청이 그를 정당화하는 특별한 사유가 없음에도 불구하고 당해 관행과 다른 불리한 처분을 하는 것은 헌법상의 원칙 또는 행정법의 일반원리로서의 평등원칙에 반하는 것으로 위법한 처분이 된다고 본다.

(2) 區別概念

1) 行政의 他者拘束과 區別

他者拘束이란 법률에의 구속을 의미하며 이는 법률 적합성의 원리에 입각한다. 그러나 자기구속은 행정청이 자기가 정한 규율인 행정규칙에 자신 스스로가 구속된다는 점에서 자신의 선행행위에 대한 구속으로서 행정의 안정성과 관계가 있다.

2) 行政行爲의 拘束力과 區別

자기구속원리는 동종사안의 비교문제이고, 제3자에게 행한 결정의 기준에 대한 구속이다. 그러나 행정행위의 구속력은 당해사실에 한정된 구속력을 의미하는 것으로서, 구체적이고 특정적인 것으로서 기준변경문제가 발생하지 않는다.

3) 行政契約이나 確約

행정계약이나 확약에 의한 구속은 그 내용과 범위가 개별적·구체적이나, 자기구속은 동종사안 모두에 적용되는 일반적·추상적 구속이라는 점에서 양자는 차이가 있다.

(3) 機能과 適用領域

1) 行政의 自己拘束과 行政裁量

법률로부터 자유로운 행정영역, 행정의 재량영역 즉 법률 스스로가 행정에 재량여지를 부여하고 있는 사안은 본래 행정의 독자적 영역으로서 법원의 심사권이 미치지 않지만 평등원칙 등을 매개로 하여 사법권이 그 영역에 미칠 수 있게 하여 주는 교량 또는 전환규범으로서의 기능을 하는 것이 행정의 자기구속법리이다. 이에 따라 국민의 권리가 보호되고 행정의 재량권 행사에 대한 사후적 사법통제 기능을 한다.

2) 行政의 自己拘束과 行政規則

재량권행사의 기준을 행정규칙으로 정해놓은 경우에 행정청은 자기가 정립한 기준에 구속을 받는다. 원래 행정규칙은 행정의 내부에서만 효력을 가지고 외부적 효력을 가지지 않는 것인데, 평등원칙을 매개로 외부적 효력을 가질 때가 있는바 이 때 행정규칙의 법규로의 전환기능, 즉 행정규칙이 법규적 성질을 갖게 되는 계기가 된다.

2. 根據(法理의 可能性)

(1) 實定法的 根據

일반적 실정법적 근거는 없으나 굳이 찾으라면 행정절차법, 국세기본법 제18조 제3항을 들 수 있다.

(2) 理論的 根據

1) 信賴保護 내지 信義則에 根據하는 見解[56]

행정기관이 행정규칙을 정립하여 시행하는 경우 특정 상대방이 자기에게도 당해 행정규칙이 적용될 것을 신뢰하고 그것이 보호가치가 있는 경우에는 행정기관이 행정규칙을 적용하지 않는 것은 신뢰보호원칙에 위반하여 위법하다는 견해이다.

2) 平等原則에 根據하는 見解

행정의 자기구속의 법리는 평등의 원칙에서 나오며 평등의 원칙이 재량준칙에 적용되면 자기구속의 법리가 생긴다는 것이다. 왜냐하면 동일한 사안에서 합리적인 사유없이 상이한 결정을 한다면, 그것은 불합리한 차별, 즉 평등위반을 뜻하는 것이기 때문이다.(다수설)

(3) 檢討

보다 신중한 행정(행정의 통일성 유지)과 국민의 권익구제를 위해서 자기구속의 법리를 인정하는 것이 옳겠고, 그 근거는 평등원칙에서 찾아야 할 것이다. 신뢰보호의 원칙은 행정청과 상대방간에 구체적인 접촉이나 교섭이 없는 경우에는 적용될 수 없어서 모든 경우를 포섭하지 못하는 한계가 있다.

3. 成立要件

(1) 裁量領域

---

56) 李尙圭, 136쪽.

이 원칙은 행정청이 스스로 준칙을 정립할 수 있는 재량영역이어야 한다. 따라서 재량 준칙이 적용되는 영역이라야 하고 법령해석규칙이 적용되는 영역에서는 인정되지 않는 다. 기속행위의 경우 법령에 의한 외부로부터의 구속을 받기 때문에 적용되지 않는다.

(2) 行政先例 또는 行政規則의 存在

행정기관에게 시행착오를 통한 시정의 기회를 주기위해 비교대상이 되는 1회 이상의 행정선례 또는 행정관행이 존재해야 한다. 행정선례의 필요여부와 관련하여 행정의 자 기구속의 법리가 적용되기 위해서는 행정규칙이 적용된 행정선례가 존재하여야 한다는 견해(行政先例必要說)[57]와 행정선례가 존재하지 않는 경우라 하더라도 행정규칙은 그 자체에서 자기구속을 예정하고 있는 것이므로 행정규칙을 예기관행(豫期慣行)으로 보아 행정규칙 자체의 효력으로서 대외적 효력을 인정하고자 하는 견해(行政先例不要說)로 갈리고 있지만, 후자는 행정규칙이 일반적으로 법규화되어 재량영역을 부당하게 축소하 고 권력분립원칙에도 반한다고 할 것이다.

(3) 行政規則(裁量準則)의 適法性

자기구속은 종래의 동종 사안에 있어서의 행정결정이 적법한 경우에만 성립한다. 행정 의 하자반복을 요구한다는 그 자체가 위법이므로 위법의 평등한 대우는 인정되지 않는 다. 다만 위법한 경우 신뢰보호원칙으로 해결가능하다.

(4) 同一한 事實關係

자기구속은 법적으로 동일한 사실관계 즉 동종 사안을 전제로 한다. 관행을 적용받아 온 상대방은 신뢰보호의 문제이고 제3자에게 행한 관행을 새로운 사안에 적용받고자하 는 상대방의 경우는 자기구속의 문제이다.

(5) 관행을 변경할 정당한 사유가 없을 것

관행은 재량영역이므로 변경이 가능하지만 평등원칙에 위배되는 한도에서는 변경이 불 가능하다. 그리고 관행을 변경할 합리적 이유가 있는 경우에는 변경이 가능하기 때문에 자기구속의 법리가 적용되지 않는다.

4. 自己拘束法理의 限界

---

57) 韓堅愚교수는 행정선례필요설을 취하면서 행정규칙에 있어 예기관행을 인정하고 이것이 선례로 평가될 수 있다는 입장을 취하고 있다(同, 40쪽).

(1) 위법행위와 행정의 자기구속의 법리

평등원칙설에 의할 경우 불법에 대한 평등을 요구할 수 없으므로 위법에서는 그 적용이 배제된다.

(2) 자기구속법리와 행정규칙의 법규성

원칙적으로 행정규칙은 법규가 아니어서 국민에 대하여 직접적인 효력을 갖지 않는다. 따라서 재량영역에서 행정청이 행정규칙(규범해석준칙, 재량준칙)을 정립하여 시행하는 경우 행정청이 행정규칙을 위반하여도 위법이 아니다. 그러나 예외적으로 평등원칙에 의하여 국민에 대한 관계에서 동종 사안에 대하여는 당해 행정규칙이 정하는 바에 따라 동일하게 행정활동을 하여야 할 자기구속을 받는다. 요컨대 상대방인 국민도 행정청에 대하여 제3자에게 적용한 행정규칙에 따라 동일한 수익을 주장하고 이에 위반한 처분을 한 경우, 평등원칙 위배를 이유로 위법을 주장할 수 있다.58)

■ 헌법재판소 1990. 9. 3. 선고 90헌마13 결정

이른바 행정규칙은 일반적으로 행정조직 내부에서만 효력을 가지는 것이고 대외적인 구속력을 갖는 것이 아니다. 다만, 행정규칙이 법령의 규정에 의하여 행정관청에 법령의 구체적 내용을 보충할 권한을 부여한 경우, 또는 재량권 행사의 준칙인 규칙이 그 정한 바에 따라 되풀이 시행되어 행정관행이 이룩되게 되면 평등의 원칙이나 신뢰보호의 원칙에 따라 행정기관은 그 상대방에 대한 관계에서 그 규칙에 따라야 할 자기구속을 당하게 되는 경우에는 대외적인 구속력을 가지게 된다.

■ 대법원 1993. 6. 29. 선고 93누5635 판결59)

식품위생법시행규칙 제53조에서 별표 15로 식품위생법 제58조에 따른 행정처분의 기준을 정하였다고 하더라도, 이는 형식은 부령으로 되어 있으나 그 성질은 행정기관 내부의 사무처리준칙을 규정한 것에 불과한 것으로서, 보건사회부장관이 관계행정기관 및 직원에 대하여 그 직무권한행사의 지침을 정하여 주기 위하여 발한 행정명령의 성질을 가지는 것이지 식품위생법 제58조 제1항의 규정에 의하여 보장된 재량권을 기속하는 것이라고 할 수는 없고, 대외적으로 국민이나 법원을 기속하는 힘이 있는 것은 아니므로60) 식품위생법 제58조 제1항에 의한 처분의 적법여부는 위 규칙에 적합한 것인가의 여부에 따라 판단할 것은 아니고 위 법 규정 및 그 취지에 적합한 것인가의 여부에 따라 판단하여야 할 것이다(대법원 1991. 5. 14. 선고 90누9780 판결 참조).

---

58) 朴鈗炘, 85쪽.
59) 이 판결에 대한 평석은 金東熙, 「大衆飲食店 營業停止處分取消와 行政의 自己拘束原則 - 大法院 93年 6月 29日 宣告 93누5635 判決」(法律新聞 第2287號, 1994. 2.), 15쪽 참조.
60) 법규명령 형식의 행정규칙에 대하여 실질설적 태도를 보이고 있다.

행정청이 수익적 행정처분을 취소하거나 중지시키는 경우에는 이미 부여된 국민의 기득권을 침해하는 것이 되므로 비록 취소 등의 사유가 있더라도 취소권 등의 행사는 기득권의 침해를 정당화할 만한 중대한 공익상 필요 또는 제3자의 이익보호의 필요가 있는 때에 한하여 상대방이 받는 불이익과 비교·교량하여 결정하여야 하고 그 처분으로 인하여 공익상 필요보다 상대방이 받게 되는 불이익 등이 막대한 경우에는 재량권의 한계를 일탈한 것으로서 그 자체가 위법임을 면치 못한다.

식품위생법시행규칙 제53조에 따른 별표 15의 행정처분기준은 행정기관 내부의 사무처리준칙을 규정한 것에 불과하기는 하지만, 위 규칙 제53조 단서의 식품 등의 수급정책 및 국민보건에 중대한 영향을 미치는 특별한 사유가 없는 한 행정청은 당해 위반사항에 대하여 위 처분기준에 따라 행정처분을 함이 보통이라 할 것이므로, 만일 행정청이 이러한 처분기준을 따르지 아니하고 특정한 개인에 대하여만 위 처분기준을 과도하게 초과하는 처분을 한 경우에는 일응 재량권의 한계를 일탈하였다고 볼 만한 여지가 충분하다.

■ 헌법재판소 2007. 8. 30. 선고 2004헌마670 결정

행정규칙이라도 재량권행사의 준칙으로서 그 정한 바에 따라 되풀이 시행되어 행정관행을 이루게 되면, 행정기관은 평등의 원칙이나 신뢰보호의 원칙에 따라 상대방에 대한 관계에서 그 규칙에 따라야 할 자기구속을 당하게 되는바, 이 경우에는 대외적 구속력을 가진 공권력의 행사가 된다.

지방노동관서의 장은, 사업주가 이 사건 노동부 예규 제8조 제1항의 사항을 준수하도록 행정지도를 하고, 만일 이러한 행정지도에 위반하는 경우에는 연수추천단체에 필요한 조치를 요구하며, 사업주가 계속 이를 위반한 때에는 특별감독을 실시하여 제8조 제1항의 위반사항에 대하여 관계 법령에 따라 조치하여야 하는 반면, 사업주가 근로기준법상 보호대상이지만 제8조 제1항에 규정되지 않은 사항을 위반한다 하더라도 행정지도, 연수추천단체에 대한 요구 및 관계 법령에 따른 조치 중 어느 것도 하지 않게 되는바, 지방노동관서의 장은 평등 및 신뢰의 원칙상 모든 사업주에 대하여 이러한 행정관행을 반복할 수밖에 없으므로, 결국 위 예규는 대외적 구속력을 가진 공권력의 행사가 된다.

나아가 위 예규 제4조와 제8조 제1항이 근로기준법 소정 일부 사항만을 보호대상으로 삼고 있으므로 청구인이 주장하는 평등권 등 기본권을 침해할 가능성도 있다. 그렇다면 이 사건 노동부 예규는 대외적인 구속력을 갖는 공권력행사로서 기본권침해의 가능성도 있으므로 헌법소원의 대상이 된다 할 것이다.

■ 대법원 2009. 12. 24. 선고 2009두7967 판결

상급행정기관이 하급행정기관에 대하여 업무처리지침이나 법령의 해석적용에 관한 기준을 정하여 발하는 이른바 행정규칙이나 내부지침은 일반적으로 행정조직 내부에서만

효력을 가질 뿐 대외적인 구속력을 갖는 것은 아니므로 행정처분이 그에 위반하였다고 하여 그러한 사정만으로 곧바로 위법하게 되는 것은 아니고, 다만 재량권 행사의 준칙인 행정규칙이 그 정한 바에 따라 되풀이 시행되어 행정관행이 이루어지게 되면 평등의 원칙이나 신뢰보호의 원칙에 따라 행정기관은 그 상대방에 대한 관계에서 그 규칙에 따라야 할 자기구속을 받게 되므로, 이러한 경우에는 특별한 사정이 없는 한 그에 위반하는 처분은 평등의 원칙이나 신뢰보호의 원칙에 위배되어 재량권을 일탈·남용한 위법한 처분이 된다(대법원 2009. 3. 26. 선고 2007다88828, 88835 판결 참조).

⑶ 다른 결정을 할만한 합리적 이유

종래 동종 사안에서 행한 결정과 다른 결정을 하는 것이 객관적으로 납득할 만한 합리적 이유가 있고, 다른 결정을 하는 것이 종래의 동종 사안에서의 결정의 반복에 의한 법적 안정성보다 더 중요하고 신뢰보호의 원칙에 반하지 않는 경우에는 종래의 결정과 다른 행정결정도 적법하다.

5. 效果

행정의 자기구속은 적극적인 경우 이행청구권을 발생시키고, 소극적인 경우에는 불평등배제청구권, 즉 차별금지의무만이 인정된다. 그리고 행정의 자기구속법리를 위반하면 위법하기 때문에 행정쟁송 및 손해배상청구소송 제기가 가능하다.

Ⅳ. 比例의 原則(過剩禁止의 原則 ; 過剩措置禁止의 原則)

1. 序說

⑴ 意義

1) 狹義

행정주체가 구체적인 목적 실현을 함에 있어서 그 목적과 수단 사이에는 합리적인 비례관계 유지되어야 한다는 것을 말한다. 다시 말해 행정목적의 실현을 위한 행정작용의 발동과 그 구체적 수단의 선택에 있어서 달성하고자하는 공익과 이로 인해 제한되는 개인의 권리사이에 일정한 비례관계가 존재하도록 해야 한다는 원칙(상당성의 원칙)이다.

2) 廣義

比例原則이란 행정의 목적과 그 목적을 실현하기 위한 수단과의 관계에서 그 수단은 목적을 실현하는 데에 적합하고(적합성의 원칙) 또한 최소침해를 가져오는 것이어야 할 뿐만 아니라(필요성의 원칙, 최소침해의 원칙), 아울러 그 수단의 도입으로 인해 생겨나는 침해가 의도하는 이익·효과를 능가하여서는 아니 된다(협의의 비례원칙, 상당성의 원칙)는 원칙을 말한다.

■ 대법원 1997. 9. 26. 선고 96누10096 판결

 행정주체가 택지개발 예정지구 지정 처분과 같은 행정계획을 입안·결정하는 데에는 비록 광범위한 계획재량을 갖고 있지만 행정계획에 관련된 자들의 이익을 공익과 사익 사이에서는 물론, 공익 상호간과 사익 상호간에도 정당하게 비교·교량하여야 하고 그 비교·교량은 비례의 원칙에 적합하도록 하여야 하는 것이므로, 만약 이익형량을 전혀 하지 아니하였거나 이익형량의 고려대상에 포함시켜야 할 중요한 사항을 누락한 경우 또는 이익형량을 하기는 하였으나 그것이 비례의 원칙에 어긋나게 된 경우에는 그 행정계획은 재량권을 일탈·남용한 위법한 처분이다. 또 여기서 비례의 원칙(과잉금지의 원칙)이란 어떤 행정목적을 달성하기 위한 수단은 그 목적달성에 유효·적절하고 또한 가능한 한 최소침해를 가져오는 것이어야 하며 아울러 그 수단의 도입으로 인한 침해가 의도하는 공익을 능가하여서는 아니 된다는 헌법상의 원칙을 말하는 것인데, 어떠한 지역의 토지들을 토지구획정리사업법에 의한 구획정리의 방식이나 택지개발촉진법에 의한 택지개발의 방식 또는 도시계획법에 의한 일단의 주택지조성의 방식 중 어느 방식으로 개발할 것인지의 여부는 각 방식의 특성, 당해 토지들의 입지조건이나 개발 당시의 사회·경제적 여건, 사업의 목표 등 각각의 특성에 따라 결정하여야 할 것이다.

---

(2) 機能(登場背景)

 비례원칙은 19세기 후반 독일에서 경찰행정과 같은 침익적 행정에서 재량에 대한 통제원리(경찰권의 한계론)로 성립하였다. 그것이 점차 확대되어 오늘날에는 위헌법률심사의 기준으로 그 역할이 크다. 또한 비례원칙은 일반적·추상적인 법률의 적용을 구체적 경우에 완화해 개별적 정의를 실현하는 여과장치의 기능을 수행한다.

2. 根據(比例原則의 可能性)

(1) 理論的 根據

 법치주의, 정의·형평의 관념상 당연하다.

(2) 實定法的 根據

 비례원칙은 헌법 제37조 제2항[61], 행정소송법 제27조, 경찰관직무집행법 제1조 제2항, 행정대집행법 제2조 등에서 규정되고 있다.

■ 헌법재판소 1997. 9. 25. 선고 96헌가16 결정
 헌법 제37조 제2항에 의하면 국민의 기본권을 법률로써 제한하는 것이 가능하다고 하더라도 그 본질적인 내용을 침해할 수 없고 또한 과잉금지의 원칙에도 위배되어서는 아니 되는 바, 과잉금지의 원칙이라 함은 국민의 기본권을 제한함에 있어서 국가작용의 한계를 명시한 것으로서 목적의 정당성·방법의 적정성·피해의 최소성·법익의 균형성 등을 의미하며 그 어느 하나에라도 저촉이 되면 위헌이 된다는 헌법상의 원칙을 말한다.

3. 內容
 행정처분시 아래 세 가지 요건이 모두 고려되어야 한다.

(1) 適合性의 原則
 행정기관이 취하는 조치 또는 수단은 행정목적달성에 적합해야 한다는 것으로(목적의 정당성, 수단의 상당성 내지 방법의 적절성), 수단이 목적달성에 적합한가(객관적 관련성)는 이미 알려져 있는 수단 또는 이론에 비추어 그 적합성 여부가 심사될 필요가 있다. 이미 취해진 조치가 부적합함이 사후에 판명된 경우 당해 조치의 중지, 이미 취해진 조치의 원상회복을 명할 수 있고, 원상회복이 불가능할 경우에는 이미 발생한 결과의 완화를 위해 노력하여야 한다. 여기서 뒤에서 볼 부당결부금지의 원칙이 파생된다.

(2) 必要性의 原則(最少侵害의 原則)
 행정목적 달성에 적합한 다수의 수단이 있는 경우 국민에게 가장 적은 부담을 주는 수단을 선택해야 한다는 것이다. 최소 침해를 가져오는 수단의 선택으로 피해를 최소화 하여야 한다(피해의 최소성).
 독일의 많은 주 경찰법에서는 대체수단의 제공을 명문화하고 있는데, 예컨대 행정청이 건물주에게 어떤 건물의 수리를 명했으나, 건물주가 동 건물의 철거를 대안으로 제의한 경우와 같이 행정청이 의무자에게 어떤 행위 또는 급부를 명한 경우에 상대방의 대안이 적합성의 원칙을 충족하는 한 그것을 받아들이는 것이 타당하다.

(3) 相當性의 原則(狹義의 比例의 原則)
 행정기관이 조치를 취함에 따른 불이익이 그 조치로 인해 발생하는 이익보다 큰 경우에

---

61) 헌법 37조 2항 : 국민의 모든 자유와 권리는 필요한 경우에 한하여 법률로써 제한할 수 있으며…

는 그 조치를 취해서는 안 된다는 것이다.

공익상의 필요와 침해되는 법익사이의 이익형량, 수단의 행사에서의 비례를 유지하여 행정조치로 인한 불이익이 그것에 의하여 초래되는 이익보다 커서는 아니 된다(법익의 균형성).

■ 헌법재판소 2003. 6. 26. 선고 2002헌가14 결정
(가) 제한되는 기본권
헌법 제10조 제1문은 "모든 국민은 인간으로서의 존엄과 가치를 가지며, 행복을 추구할 권리를 가진다."고 규정하고 있는데, 이 조항이 보호하는 인간의 존엄성으로부터 개인의 일반적 인격권이 보장된다(헌법재판소 1990. 9. 10. 선고 89헌마82 결정 ; 헌법재판소 1991. 9. 16. 선고 89헌마165 결정 참조).
또한 헌법 제17조는 "모든 국민은 사생활의 비밀과 자유를 침해받지 아니한다."고 규정하고 있다.
신상공개제도는 국가가 개인의 신상에 관한 사항 및 청소년의 성매수 등에 관한 범죄의 내용을 대중에게 공개함으로써 개인의 일반적 인격권을 제한하며, 한편 사생활의 비밀에 해당하는 사항을 국가가 일방적으로 공개하는 것이므로, 이는 일반적 인격권과 사생활의 비밀의 자유를 제한하는 것이라 할 것이다.

(나) 과잉금지 원칙의 내용
이러한 권리와 자유의 제한은 그 제한의 목적과 방법 등에 있어서 헌법 제37조 제2항에서 규정한 과잉금지 내지 비례의 원칙에 어긋나서는 아니된다.
과잉금지의 원칙은 국가가 국민의 기본권을 제한하는 내용의 입법활동을 함에 있어서 준수하여야 할 기본원칙 내지 입법활동의 한계를 의미하는 것으로서, 국민의 기본권을 제한하려는 입법의 목적이 헌법 및 법률의 체제상 그 정당성이 인정되어야 하고(목적의 정당성), 그 목적의 달성을 위하여 그 수단이 효과적이고 적절하여야 하며(수단의 적합성), 입법권자가 선택한 기본권 제한의 조치가 입법목적달성을 위하여 설사 적절하다 할지라도 보다 완화된 형태나 수단을 모색함으로써 기본권의 제한은 필요한 최소한도에 그치도록 하여야 하며(피해의 최소성), 그 입법에 의하여 보호하려는 공익과 침해되는 사익을 비교형량할 때 보호되는 공익이 더 커야 한다(법익의 균형성)는 헌법상의 원칙이다(헌법재판소 1990. 9. 3. 선고 89헌가95 결정 참조).

(다) 입법목적의 정당성 위배 여부
신상공개제도의 입법목적은 해당 범죄인의 신상과 범죄행위를 일반에게 공개함으로써 어린이나 청소년 대상 성범죄행위에 대하여 일반 국민에게 경각심을 주어 유사한 범죄를 예방하고, 이를 통하여 청소년을 보호하기 위한 것이다.
법 제정 당시 성인들이 청소년의 성을 매수하는 범죄의 규모나 증가추세가 매우 심각

한 양상이었고, 청소년에 대한 성범죄가 청소년의 성장에 미치는 중대한 해악에 대한 인식부족과 때마침 인터넷과 같은 매체의 급속한 발달과 맞물려 도덕성의 심각한 해이현상을 일으켰고, 더 이상 성인이나 청소년들의 도덕성에만 그 개선을 기대할 수 없는 지경에 이르러 법적 제재장치를 통하여 예방될 필요성이 대두되었다.

청소년들의 성을 매수하는 등의 행위는 비록 그들의 형식상 동의에 의한 것이라 해도 정신적 판단력이 약하고 금전적 유혹에 빠지기 쉬운 청소년들에게 있어서는 그것이 진정한 동의에 해당된다고 보기 어려울 뿐 아니라, 그들의 정신과 육체 등의 건전한 성장에 중대한 해악을 주게 된다. 이러한 행위는 돈이면 무엇이든 가능하고 돈을 위해서라면 청소년의 성매매도 할 수 있다는 매우 위험한 배금주의의 표상으로서, 공동체의 사회적 규칙과 법질서에서 심히 벗어나 우리사회의 근본적 도덕성을 타락시키고 선조들이 가꾸어 온 전통문화를 훼손하므로 이에 대한 적극적인 대처를 하지 않고 방치하였을 때는 우리 사회가 타락한 사회로 변할 수 있다는 점에서 매우 우려할 만한 것이다.

입법자는 이러한 사회적 병폐현상에 대처하여 장차 국가의 장래를 책임지게 될 우리의 청소년들을 보호하고 우리 사회의 성문화에 대한 최소한의 도덕성을 지키기 위하여 그와 같은 입법을 한 것으로 볼 것이다.

그렇다면 이러한 입법목적은 헌법 제37조 제2항의 공공복리를 위하여 필요한 것으로서 그 정당성이 인정된다.

(라) 수단의 적합성 위배 여부

신상공개제도가 그러한 입법목적을 달성하기 위한 가장 효과적이고 적절한 수단에 해당하는지는 의문의 여지가 없지 않으나, 상식적으로 볼 때 해당 범죄인의 신상을 대중에게 공개하는 제도는 일반 성인들에게 미성년자 성매수자가 되지 않도록 하는 위하적 내지 예방적 효과를 줄 것이라는 점을 인정할 수 있으므로, 신상공개제도는 과잉금지원칙에서 요구되는 수단의 적합성을 갖춘 것이라 볼 것이다.

오늘날 성매매 등 아동에 대한 성착취 문제는 전세계의 관심사가 되고 있고 여러나라에서 신상공개제도와 유사한 새로운 입법수단을 마련하고 있는바, 1989년 유엔 ′아동권리조약(Convention on the Right of the Child)′은 조약체결국이 아동을 성매매나 기타 성적 착취행위로부터 보호할 의무를 규정한 바 있고(제34조), 한편 1996년 스웨덴 스톡홀름에서 개최된 ′상업적 성착취에 대항하는 제1차 세계 대회′에서는 참가국들이 상업적 성착취의 희생자가 되는 아동의 수를 감소시키는 등의 조치를 향후 5년 이내에 개발할 것을 선언하였다.

미국의 경우 성범죄자들로 하여금 직접 관할 당국에 주기적으로 자신의 성명, 주소, 직장, 유죄판결 내용을 등록하게 하며 등록자들은 사진과 지문까지 찍고 그러한 내용들은 인터넷에 공개되고(알래스카주의 경우), 대만의 경우에도 아동및소년성교역방제조례(兒童及少年性交易防制條例, 2000. 11. 8. 수정 공포된 것)에 의하면, 18세 이상의 자가 대가를 받고 아동(12세 미만자)이나 소년(18세 미만자)과 성교 혹은 외설행위, 그 밖에 동법상 아동이나 소년의 성(性)에 관련된 범죄행위를 한 경우에는 형사판결 확정 후 주관기관이 범죄자의 이름과 사진 그리고 판결요지를 공고하도록 규정하고 있다(제34조).

이러한 입법례는 종래의 형벌이나 보안처분 등의 형사제재 수단만으로는 아동과 청소년의 성을 보호하기 위한 입법목적을 달성하기 불충분하다는 것을 반영하는 것이고, 이는 청소년 성매수 범죄와 그 피해자의 특수성에 기인하는 것이라 볼 수 있다.

한편 현행 제도는 얼굴이나 사진 등 공개대상자에 대한 구체적인 정보를 제공하는 것도 아니고 성매수의 상대방인 청소년을 차단하는 효과도 없어 범죄예방의 효과가 없다는 지적이 있으나, 이 제도의 목적 자체가 이른바 메간법의 경우와 같이 출소한 성범죄자로부터 잠재적인 피해자와 지역사회를 보호하기 위해 정보제공을 한다는 구체적이고 특정적인 것이라기 보다는 청소년의 성을 매수하는 행위의 해악과 심각한 문제점을 계도함으로써 청소년의 성을 보호, 구제하여 궁극적으로 청소년의 인권을 보장하고 이들이 건전한 사회구성원으로 성장할 수 있도록 한다는 보다 일반적 차원에서의 청소년 성매수 범죄의 방지에 있고, 신상공개제도가 일반인으로 하여금 청소년 대상 성범죄의 충동을 억제하게 하는 효과가 있다고 할 것이므로 수단의 적합성이 인정되는 것이다.

(마) 피해의 최소성 위배 여부

이 문제를 살펴봄에 있어서는 신상공개제도가 우리 사회에서 심각하게 황폐화되고 있는 청소년의 성을 보호하기 위한 것이라는 앞서 본 바와 같은 극히 중요한 입법목적에 기인한 것인 점을 주목할 필요가 있다.

구체적으로 위와 같은 청소년 성 보호라는 중대한 입법목적을 효과적으로 달성함에 있어 신상공개제도 외에 명백히 덜 제한적인 다른 수단이 있는지 살펴본다.

앞서 보았듯이 형벌이나 보안처분만으로는 그 입법목적을 달성하는데 충분하다고 하기 어렵고, 가령 청소년 대상 성범죄자의 치료나 효율적 감시체계 확립, 청소년에 대한 선도 등의 정책을 생각해 볼 수 있으나, 청소년 대상 성범죄자에 대한 전문적인 교정 인력의 부족 등 물적·인적 시설이 미비하고, 청소년들의 성에 대한 지나친 개방적 사고와 배금주의적 행태, 성을 상품화하는 잘못된 소비풍조, 어른들의 왜곡된 성의식 등 사회문화적 부문에서의 보다 근본적이고 전반적인 개선에는 많은 시간과 노력이 걸리므로, 현재 증가하고 있는 청소년 대상 성범죄를 예방하기 위해서는 신상공개제도와 같은 입법적 수단이 불필요하다고 단정할 수 없는 것이다.

또한 행정당국이나 경찰당국에 범죄자의 명단을 등록케 하고, 지역주민 등의 요청에 의해서 정보를 공개하는 경우를 상정해 보면, 이러한 방법의 실효성을 달성하기 위해서는 지역주민들에게 해당 범죄자에 대한 상세한 정보가 알려져야 하고 이를 위해서는 관보나 인터넷 이상으로 쉽게 접근할 수 있는 신문이나 방송과 같은 공개수단이 선택될 필요가 있다고 보여지는데, 이러한 제도가 현행 제도보다 명백히 덜 침해적이라고 보기 어렵다.

뿐만 아니라 법 제20조 제3항은 신상공개 결정에 있어서 공개대상자 및 대상 청소년의 연령, 범행동기, 범행수단과 결과 등을 감안하여 공개대상자 및 그 가족 등에 대한 부당한 인권침해가 없도록 할 것을 규정하고 있고, 후술하듯이 하위 법령에 의하면 신상공개 대상자로 선정된 자에 대하여 의견진술기회가 부여되는 등 신상공개제도로 인한 당사자의 불이익을 최소화하기 위한 장치를 마련하고 있다.

그렇다면 신상공개제도가 달리 다른 입법수단이 있음에도 불구하고 해당 범죄인들의 기본권을 더 제한하는 것이라고 단정할 수 없고, 가능한 여러가지 수단 가운데 무엇이 보다 덜 침해적이라고 보기 어려운 상황에서 어떠한 수단을 선택할 것인가는 입법자의 형성의 권한 내라 할 것이므로, 신상공개제도는 피해의 최소성 원칙에 어긋나지 아니한다.

(바) 법익의 균형성 위배 여부

성인에 의한 청소년의 성매수 행위는 앞서 언급하였듯이 빠른 속도로 확산되며, 그러한 범죄행위는 청소년의 정신적, 육체적, 사회적 성장에 평생 치유 될 수 없는 심각한 위험을 줄 수 있다.

신상공개제도는 범죄자 본인을 처벌하려는 것이 아니라, 현존하는 성폭력위험으로부터 사회 공동체를 지키려는 인식을 제고함과 동시에 일반인들이 청소년 성매수 등 범죄의 충동으로부터 자신을 제어하도록 하기 위하여 도입된 것으로서, 이를 통하여 달성하고자 하는 '청소년의 성보호'라는 목적은 우리 사회에 있어서 가장 중요한 공익의 하나라고 할 것이다.

이에 비하여 청소년 성매수자의 일반적 인격권과 사생활의 비밀의 자유가 제한되는 정도를 살펴보면, 법 제20조 제2항은 "성명, 연령, 직업 등의 신상과 범죄사실의 요지"를 공개하도록 규정하고 있는바 이는 이미 공개된 형사재판에서 유죄가 확정된 형사판결이라는 공적 기록의 내용 중 일부를 국가가 공익 목적으로 공개하는 것으로 공개된 형사재판에서 밝혀진 범죄인들의 신상과 전과를 일반인이 알게 된다고 하여 그들의 인격권 내지 사생활의 비밀을 침해하는 것이라고 단정하기는 어렵다.

또한, 신상과 범죄사실이 공개되는 범죄인들은 이미 국가의 형벌권 행사로 인하여 해당 기본권의 제한 여지를 일반인보다는 더 넓게 받고 있다. 청소년 성매수 범죄자들이 자신의 신상과 범죄사실이 공개됨으로써 수치심을 느끼고 명예가 훼손된다고 하면서 법적 구제를 요청할 경우, 이들의 인격과 사생활도 보호되어야 하지만, 그 보장 정도에 있어서 일반인과는 차이를 둘 수밖에 없는 것이다. 현행법상 유죄로 확정된 범죄인에게 선거권을 제한하는 등 다른 기본권의 제한이 일반인보다 더 넓게 가능하다면, 특정 성범죄에 있어서는 인격권과 사생활의 비밀의 자유도 그것이 본질적인 부분이 아닌 한 넓게 제한될 여지가 있다고 보아야 한다.

그렇다면 청소년 성매수자의 일반적 인격권과 사생활의 비밀의 자유가 제한되는 정도가 청소년 성보호라는 공익적 요청에 비해 크다고 할 수 없으므로 법익의 균형성 원칙에 어긋나지 않는다.

(사) 결 론

 법 제20조 제2항 제1호상의 신상공개제도는 해당 범죄인들의 일반적 인격권, 사생활의 비밀의 자유를 헌법 제37조 제2항의 과잉금지의 원칙에 위배하여 침해한 것이라 할 수 없다.

■ 헌법재판소 1992. 12. 24. 선고 92헌가8 결정

 국가작용 중 특히 입법작용에 있어서의 과잉입법금지의 원칙이라 함은 국가가 국민의 기본권을 제한하는 내용의 입법활동을 함에 있어서 준수하여야 할 기본원칙 내지 입법활동의 한계를 의미하는 것으로서, 국민의 기본권을 제한하려는 입법의 목적이 헌법 및 법률의 체제상 그 정당성이 인정되어야 하고(목적의 정당성), 그 목적의 달성을 위하여 그 방법이 효과적이고 적절하여야 하며(방법의 적정성), 입법권자가 선택한 기본권제한의 조치가 입법목적달성을 위하여 설사 적절하다 할지라도 보다 완화된 형태나 방법을 모색함으로써 기본권의 제한은 필요한 최소한도에 그치도록 하여야 하며(피해의 최소성), 그 입법에 의하여 보호하려는 공익과 침해되는 사익을 비교·형량할 때 보호되는 공익이 더 커야한다(법익의 균형성)는 법치국가의 원리에서 당연히 파생되는 헌법상의 기본원리의 하나인 비례의 원칙을 말하는 것이다. 이를 우리 헌법은 제37조 제1항에서 "국민의 자유와 권리는 헌법에 열거되지 아니한 이유로 경시되지 아니한다." 제2항에서 "국민의 모든 자유와 권리는 국가안전보장, 질서유지 또는 공공복리를 위하여 필요한 경우에 한하여 법률로써 제한할 수 있으며, 제한하는 경우에도 자유와 권리의 본질적인 내용을 침해할 수 없다."라고 선언하여 입법권의 한계로서 과잉입법금지의 원칙을 명문으로 인정하고 있으며 이에 대한 헌법위반여부의 판단은 헌법 제111조와 제107조에 의하여 헌법재판소에서 관장하도록 하고 있다.

 형사소송법 제93조 등의 구속취소와 이에 대한 검사의 즉시항고절차 등을 비교하거나 상급심에서도 필요에 따라 재구속할 수 있는 형사소송법상의 관계규정 등을 아울러 검토하여 보면 형사소송법 제331조 단서 규정(무죄, 면소, 형의 면제, 형의 선고유예, 형의 집행유예, 공소기각 또는 벌금이나 과료를 과하는 판결이 선고된 때에는 구속영장은 효력을 잃는다. 단 검사로부터 사형, 무기 또는 10년 이상의 징역이나 금고의 형에 해당한다는 취지의 의견진술이 있는 사건에 대하여는 예외로 한다.)은 기본권제한 입법의 기본원칙인 목적의 정당성, 방법의 적절성, 피해의 최소성, 법익의 균형성의 원칙에도 반하는 것이므로 헌법상의 과잉입법금지의 원칙에 위배된다.

■ 대법원 2007. 7. 12. 선고 2006두4554 판결

 부동산 실권리자명의 등기에 관한 법률(이하 '부동산실명법'이라 한다)은 원칙적으로

부동산에 관한 물권을 명의신탁약정에 의하여 명의수탁자의 명의로 등기하는 것을 금지하고(제3조), 이를 어길 경우 그 명의신탁약정과 그에 기한 물권변동을 무효로 하며(제4조), 부동산 실권리자명의 등기의무를 위반한 자에 대하여 과징금·이행강제금의 행정적 제재(제5조, 제6조)와 아울러 형사적 제재(제7조)를 가할 수 있도록 규정하고 있다.

위와 같이 부동산실명법이 조세포탈이나 법령위반의 목적 유무를 떠나 모든 명의신탁을 금지하고 그 위반자를 행정적·형사적 제재대상으로 삼고 있다 하더라도, 헌법 제119조 제1항의 자본주의적 시장경제질서 및 제10조의 행복추구권에 내재된 사적자치 원칙의 본질에 반하거나 헌법 제23조 제1항의 재산권보장 원칙의 본질을 침해하는 것이라 할 수 없고, 나아가 부동산에 관한 권리를 실체적 권리관계에 부합하도록 등기하게 함으로써 투기·탈세·탈법행위 등을 방지하고 부동산 거래의 정상화와 부동산 가격의 안정을 도모하고자 하는 입법목적이 정당하고 그 입법목적을 달성하기 위한 수단도 적절하며, 현재 상태에서는 위 입법목적을 달성하기 위하여 명의신탁의 효력을 부인하고 행정적·형사적 제재를 가하는 방법이 불가피하고, 명의신탁자는 궁극적으로 소유권을 이전받거나 부당이득의 법리에 의하여 금전적인 반환을 받는 구제방법을 가지고 있어 부동산실명법에 의하여 달성되는 공익에 비하여 제한받는 기본권의 정도가 과하다고 볼 수 없으므로, 헌법 제37조 제2항의 과잉금지 원칙에 위반된다고 볼 수 없다(헌법재판소 2001. 5. 31. 선고 99헌가18 결정 참조).

그리고 부동산실명법 제5조에 규정된 과징금은 그 취지와 기능, 부과의 주체와 절차 등에 비추어 행정청이 명의신탁행위로 인한 불법적인 이익을 박탈하거나 부동산실명법상의 실명등기의무의 이행을 강제하기 위하여 의무자에게 부과·징수하는 것일 뿐 그것이 헌법 제13조 제1항에서 금지하는 국가형벌권 행사로서의 처벌에 해당한다고 할 수 없으므로 부동산실명법에서 형사처벌과 아울러 과징금의 부과처분을 할 수 있도록 규정하고 있다 하더라도 이중처벌금지 원칙에 위반한다고 볼 수 없고, 나아가 그 과징금의 금액에 관하여도 행정청이 과징금을 부과할 당시에 명의신탁관계가 있으면 부과하는 날 현재의 부동산 가액, 과징금을 부과받은 날 이미 명의신탁관계가 종료되었거나 실명등기를 하였으면 명의신탁관계 종료시점 또는 실명등기시점의 부동산 가액, 위반기간, 조세를 포탈하거나 법령에 의한 제한을 회피할 목적으로 하였는지 여부 등을 고려하여 부동산 가액의 100분의 30에 해당하는 금액의 범위 안에서 각 부과하도록 하고 있으므로 비례원칙에 반하는 과잉제재라 할 수 없다.

따라서 부동산실명법의 위 각 규정이 사적자치의 원칙, 평등의 원칙, 과잉금지의 원칙 및 이중처벌금지의 원칙 등에 위반되어 헌법에 위반된다고 볼 수 없다.

4. 適用領域

앞서 본대로 경찰법영역에서 발달한 원칙으로 오늘날 행정의 모든 영역으로 확대되었다.

(1) 裁量權 行使의 限界(재량통제의 원리)

행정청에게 일정한 판단권이 부여되어 있는 경우 판단의 합리성의 판단기준으로 작용한다. 재량행위인 경우 재량을 그르친 경우에도 원칙적으로는 부당한 행정이나 비례원칙 위반의 경우는 위법한 행정이 된다. 이처럼 비례원칙은 재량권남용의 법리의 중심적인 지위를 차지하고 있다. 특히 행정대집행의 가부, 징계처분의 선택, 허가처분의 취소 등에 있어서 권한남용의 판단기준(재량행위의 통제원리 기능)으로 널리 쓰이고 있다.

■ 대법원 2002. 9. 24. 선고 2002두6620 판결
[징계처분에 있어서 재량권 남용 여부의 판단 기준]
공무원인 피징계자에게 징계사유가 있어 징계처분을 하는 경우 어떠한 처분을 할 것인지는 징계권자의 재량에 맡겨진 것이고, 다만 징계권자가 그 재량권의 행사로서 한 징계처분이 사회통념상 현저하게 타당성을 잃어 징계권자에게 맡겨진 재량권을 남용한 것이라고 인정되는 경우에 한하여 그 처분을 위법한 것이라 할 것이고, 공무원에 대한 징계처분이 사회통념상 현저하게 타당성을 잃었다고 하려면 구체적인 사례에 따라 징계의 원인이 된 비위사실의 내용과 성질, 징계에 의하여 달성하려고 하는 행정목적, 징계 양정의 기준 등 여러 요소를 종합하여 판단할 때에 그 징계 내용이 객관적으로 명백히 부당하다고 인정할 수 있는 경우라야 하며(대법원 1997. 11. 25. 선고 97누14637 판결 참조), 수 개의 징계사유 중 일부가 인정되지 않더라도 인정되는 다른 일부 징계사유만으로도 당해 징계처분의 타당성을 인정하기에 충분한 경우에는 그 징계처분을 유지하여도 위법하지 아니하다 할 것이다(대법원 1991. 11. 22. 선고 91누4102 판결 참조).

■ 대법원 1995. 9. 26. 선고 95누6069 판결
운전면허의 취소 여부가 행정청의 재량행위라 하여도 오늘날 자동차가 대중적인 교통수단이고 그에 따라 대량으로 자동차운전면허가 발급되고 있는 상황이나 음주운전으로 인한 교통사고의 증가 및 그 결과의 참혹성 등에 비추어 볼 때, 음주운전으로 인한 교통사고를 방지할 공익상의 필요는 매우 크다 아니할 수 없으므로, 음주운전 내지 그 제재를 위한 음주측정 요구의 거부 등을 이유로 한 자동차운전면허의 취소에 있어서는 일반의 수익적 행정행위의 취소와는 달리 그 취소로 인하여 입게 될 당사자의 개인적인 불이익보다는 이를 방지하여야 하는 일반예방적인 측면이 더욱 강조되어야 할 것이고, 특히 당해 운전자가 영업용 택시를 운전하는 등 자동차 운전을 업으로 삼고 있는 자인 경우에는 더욱 그러하다.

(2) 附款의 限界

■ 대법원 1997. 3. 11. 선고 96다49650 판결
　수익적 행정행위에 있어서는 법령에 특별한 근거규정이 없다고 하더라도 그 부관으로서 부담을 붙일 수 있으나, 그러한 부담은 비례의 원칙, 부당결부금지의 원칙에 위반되지 않아야만 적법하다고 할 것이다. 기록에 의하면, 원고의 이 사건 토지 중 2,791㎡는 자동차전용도로로 도시계획시설결정이 된 광1류6호선에 편입된 토지이므로, 그 위에 도로개설을 하기 위하여는 소유자인 원고에게 보상금을 지급하고 소유권을 취득하여야 할 것임에도 불구하고, 소외 인천시장은 원고에게 주택사업계획승인을 하게 됨을 기화로 그 주택사업과는 아무런 관련이 없는 토지인 위 2,791㎡를 기부채납 하도록 하는 부관을 위 주택사업계획승인에 붙인 사실이 인정되므로, 위 부관은 부당결부금지의 원칙에 위반되어 위법하다고 할 것이다.

(3) 取消·撤回의 制限

　행정행위가 국민에게 권리나 이익을 부여하는 이른바 수익적 행정행위의 철회(취소)에 있어서는 행정청이 잘못하여 위법 또는 부당하게 철회하면 상대편이나 제3자의 기득권을 침해하고 법률생활의 안정을 해치게 되어 결국 행정상 법률관계에 있어서의 국민의 신뢰를 저버리게 된다. 수익적 행정행위의 철회는 그 자유가 제한되어 철회해야만 하는 공익상필요와 국민의 기득권익을 비교·형량하여 전자가 후자를 압도할 경우에만 허용된다고 할 것이다.

■ 대법원 1993. 5. 27. 선고 93누2803 판결
　행정청의 허가, 면허, 인가, 특허 등과 같은 수익적 행정처분을 취소하거나 중지시키는 경우에는 취소 등의 사유가 있다고 하더라도 취소권 등의 행사는 기득권의 침해를 정당화할 만한 중대한 공익상의 필요 또는 제3자의 이익보호의 필요가 있는 때에 한하여 상대방이 받는 불이익과 비교·교량하여 결정하여야 하고, 그 처분으로 인하여 공익상의 필요보다 상대방이 받게 되는 불이익 등이 막대한 경우에는 재량권의 한계를 일탈한 것으로서 위법임을 면치 못한다.

■ 대법원 1997. 10. 14. 선고 96누14944 판결
　행정청이 수익적 행정처분을 취소할 때에는 비록 취소 등의 사유가 있더라도 이를 취소하여야 할 공익상의 필요와 그 취소로 인하여 당사자가 입게 될 기득권과 신뢰보호 및 법률생활의 안정의 침해 등을 비교·교량한 후 공익상의 필요가 당사자가 입을 불이익을 정당화할 만큼 강한 경우에 한하여 취소할 수 있다(대법원 1994. 10. 11. 선고 93누22678 판결 참조).

인근 주민들이 반대한다거나 사무실 등의 면적이 협소하다는 사정만으로는 액화석유가스판매사업자의 현 사업소가 공공의 안전과 이익을 저해한다고 볼 수 없고, '인근 주민의 동의'는 부관상 의무의 불이행은 애당초 사업개시 신고의 수리를 유보할 수 있는 사유에 불과하며, 허가기준 미달 사항도 그다지 중하지 아니한 점, 그리고 위 사업자가 사업허가를 받은 이후 현재에 이르기까지 사업을 할 수 없었던 사정, 그것과 관련한 각 소송의 경위, 결과 등에 비추어 볼 때, 관할 구청장의 당해 사업허가 취소처분은 공익상의 필요와 그로 인하여 위 사업자가 입을 불이익과의 사이에 형평을 잃어 재량권의 범위를 일탈한 위법한 처분이라고 본 사례.

(4) 事情判決과 假救濟

■ 대법원 1967. 5. 2. 선고 67누24 판결
위법한 행정처분의 효력을 유지하는 자체가 사리상 당연히 공공의 복리를 저해하는 것이 되는 것이라 할 것이므로, 구 행정소송법 제12조를 적용하여 소위 사정판결을 하기 위하여는, 위법한 처분을 취소하지 아니하고 방치함으로써 발생하는 공익침해의 정도보다, 위법처분을 취소함으로써 발생하는 새로운 공익침해의 정도가 월등하게 큰 경우 예를 들면 처분이 위법이기는 하나, 이미 집행되어 버렸고, 그로 말미암아, 다수의 관계인 사이에 새로운 사실상태, 법률관계가 형성되어, 이를 뒤엎으므로 말미암은 손해가 심대하고, 이에 비하면 위법한 처분으로 불이익을 받은 자의 손해의 정도는 비교적 근소하며, 또 딴 방법으로 실질적으로, 그 손해를 보충할 수 있다고 인정되는 경우에 한한다 할 것이다.

■ 대법원 2000. 2. 11. 선고 99두7210 판결
[사정판결을 하기 위한 요건인 '현저한 공공복리 부적합'에 대한 판단 기준]
위법한 행정처분을 존치시키는 것은 그 자체가 공공복리에 반하는 것이므로 행정처분이 위법함에도 불구하고 이를 취소하는 것이 현저히 공공복리에 적합하지 아니하다고 인정하여 사정판결을 함에 있어서는 극히 엄격한 요건 아래 제한적으로 하여야 할 것이고, 그 요건인 현저히 공공복리에 적합하지 아니한가의 여부를 판단함에 있어서는 위법·부당한 행정처분을 취소·변경하여야 할 필요성과 그로 인하여 발생할 수 있는 공공복리에 반하는 사태 등을 비교·교량하여 그 적용 여부를 판단할 것이다(대법원 1999. 3. 9. 선고 98두18565 판결 참조).

(5) 警察權發動의 限界

경찰권 발동의 조건과 정도는 질서유지의 필요와 정도에 비례하여 그 사이에 사회통념상 적당하다고 인정되는 비례가 인정되지 않으면 안 되는바, 이를 질서비례의 원칙이라 한다.

(6) 給付行政의 限界(過剩給付禁止의 原則)

급부행정에 있어서 비례원칙은 급부는 급부목적에 적합한 상태에 있는 자에게만 적합한 방법으로 행해져야 하고, 또 필요하고 적절한 범위 내의 급부만 주어질 것을 요구한다.

(7) 公用侵害의 原因인 '公共必要'의 要件充足 與否

손실보상에 있어 공공필요의 요건 충족여부를 검토하는데 하나의 원칙으로 작용한다.

> ■ 대법원 1987. 9. 8. 선고 87누395 판결
> 공용수용은 공익사업을 위하여 타인의 특정한 재산권을 법률의 힘에 의하여 강제적으로 취득하는 것이므로 수용할 목적물의 범위는 원칙적으로 사업을 위하여 필요한 최소한도에 그쳐야 한다.

(8) 行政計劃에서의 衡量命令理論

> ■ 대법원 1996. 11. 29. 선고 96누8567 판결
> 행정계획이라 함은 행정에 관한 전문적·기술적 판단을 기초로 하여 도시의 건설·정비·개량 등과 같은 특정한 행정목표를 달성하기 위하여 서로 관련되는 행정수단을 종합·조정함으로써 장래의 일정한 시점에 있어서 일정한 질서를 실현하기 위한 활동기준으로 설정된 것으로서, 도시계획법 등 관계 법령에는 추상적인 행정목표와 절차만이 규정되어 있을 뿐 행정계획의 내용에 대하여는 별다른 규정을 두고 있지 아니하므로 행정주체는 구체적인 행정계획을 입안·결정함에 있어서 비교적 광범위한 형성의 자유를 가진다고 할 것이지만, 행정주체가 가지는 이와 같은 형성의 자유는 무제한적인 것이 아니라 그 행정계획에 관련되는 자들의 이익을 공익과 사익 사이에서는 물론이고 공익 상호간과 사익 상호간에도 정당하게 비교·교량하여야 한다는 제한이 있는 것이고, 따라서 행정주체가 행정계획을 입안·결정함에 있어서 이익형량을 전혀 행하지 아니하거나 이익형량의 고려 대상에 마땅히 포함시켜야 할 사항을 누락한 경우 또는 이익형량을 하였으나 정당성·객관성이 결여된 경우에는 그 행정계획결정은 재량권을 일탈·남용한 것으로서 위법하다.

■ 대법원 1997. 9. 26. 선고 96누10096 판결

[계획재량과 비례의 원칙]

택지개발 예정지구 지정처분은 건설교통부장관이 법령의 범위 내에서 도시지역의 시급한 주택난 해소를 위한 택지를 개발·공급할 목적으로 주택정책상의 전문적·기술적 판단에 기초하여 행하는 일종의 행정계획으로서 재량행위라고 할 것이므로 그 재량권의 일탈·남용이 없는 이상 그 처분을 위법하다고 할 수 없다(대법원 1993. 10. 8. 선고 93누10569 판결 참조). 그런데 행정주체가 이 사건 처분과 같은 행정계획을 입안·결정하는 데에는 비록 광범위한 계획재량을 갖고 있지만 행정계획에 관련된 자들의 이익을 공익과 사익 사이에서는 물론, 공익 상호간과 사익 상호간에도 정당하게 비교·교량하여야 하고 그 비교·교량은 비례의 원칙에 적합하도록 하여야 하는 것이므로, 만약 이익형량을 전혀 하지 아니하였거나 이익형량의 고려대상에 포함시켜야 할 중요한 사항을 누락한 경우 또는 이익형량을 하기는 하였으나 그것이 비례의 원칙에 어긋나게 된 경우에는 그 행정계획은 재량권을 일탈·남용한 위법한 처분이라 할 것이다(대법원 1996. 11. 29. 선고 96누8567 판결 참조). 또 여기서 비례의 원칙(과잉금지의 원칙)이란 어떤 행정목적을 달성하기 위한 수단은 그 목적달성에 유효·적절하고 또한 가능한 한 최소침해를 가져오는 것이어야 하며 아울러 그 수단의 도입으로 인한 침해가 의도하는 공익을 능가하여서는 아니된다는 헌법상의 원칙을 말하는 것인데, 어떠한 지역의 토지들을 토지구획정리사업법에 의한 구획정리의 방식이나 택지개발촉진법에 의한 택지개발의 방식 또는 도시계획법에 의한 일단의 주택지조성의 방식 중 어느 방식으로 개발할 것인지의 여부는 각 방식의 특성, 당해 토지들의 입지조건이나 개발당시의 사회·경제적 여건, 사업의 목표 등 각각의 특성에 따라 결정하여야 할 것이다(대법원 1993. 7. 16. 선고 92누12148 판결 참조).

5. 違反의 效果 및 權利救濟

헌법적 원리이므로 비례의 원칙에 위반하면 그 효과는 위헌·위법이다. 위법한 행정작용에 대해 권리구제를 받기위해 행정쟁송·국가배상청구·결과제거청구소송 등이 가능하다.

■ 대법원 1985. 11. 12. 선고 85누303 판결

행정청이 면허취소의 재량권을 갖는 경우에도 그 재량권은 면허취소처분의 공익목적 뿐만 아니라 공익침해의 정도와 그 취소처분으로 인하여 개인이 입게 될 불이익을 비교교량하고 그 취소처분의 공정성을 고려하는 등 비례의 원칙과 평등의 원칙에 어긋나지 않게끔 행사되어야 할 한계를 지니고 있고 이 한계를 벗어난 처분은 위법하다고 볼 수밖에 없다.

V. 不當結付禁止의 原則

1. 序說

(1) 意義

不當結付禁止의 原則이란 행정작용과 사인이 부담하는 급부는 부당한 내적 관련을 가져서는 아니 되고 또한 상호 결부되어서는 아니 된다는 원칙을 말한다. 즉 행정기관이 행정작용을 함에 있어서 그것과 실체적 관련성이 없는 반대급부와 결부시켜서는 안 된다는 원칙이다(객관적 관련성).

> ■ 대법원 2009. 2.. 12. 선고 2005다65500 판결
> 부당결부금지의 원칙이란 행정주체가 행정작용을 함에 있어서 이와 실질적인 관련이 없는 상대방의 의무를 부과하거나 그 이행을 강제하여서는 아니 된다는 원칙을 말한다.

(2) 有用性(機能)

행정작용의 양적·질적 확대에 따라 국민의 행정에의 의존은 심화되고 따라서 행정청이 결부시키는 행정수단이나 급부에 일정한 한계가 필요하게 되었다. 이처럼 이 원칙은 행정목적을 달성하기 위한 수단이 다양해짐에 따라 그 수단의 선택이나 급부에 일정한 한계를 설정하려는 의도에서 구성된 이론이다.

2. 根據(不當結付禁止原則의 可能性과 自由性)

부당결부금지의 원칙은 법치국가원리(법적안정성. 행정의 예측가능성)와 과잉금지원칙(비례원칙 중 적합성), 자의금지의 원칙에서 나온다. 부당결부는 침익적이므로 실정법적 근거와 조직법적 근거가 필요하다.

3. 成立要件

(1) 行政機關의 公權力의 行使

행정청의 공권력 행사 기타 실질적 관련이 없는 사항과 관계되는 모든 고권적 조치에 적용된다.

(2) 相對方의 反對給付(義務負擔)

공권력행사가 상대방의 반대급부와 결부될 것을 요한다.

(3) 兩者사이에 實體的 關聯性의 不存在

1) 原因的 關聯性

수익적 행정행위와 불이익한 부담사이에 직접적인 인과관계가 있어야 한다. 즉 수익적 행정행위를 발령하기 때문에 부관을 부가하는 것이 가능하고 또한 부관을 부과하는 것이 필요한 경우이어야 한다.

2) 目的的 關聯性

특히 부관의 경우 당해 행정행위의 목적의 범위내이야 한다. 목적적 관련성을 판단함에 있어서는 행정기관이 당해 부관을 부과할 수 있는 부관의 부과권한을 갖고 있는지 여부 및 근거법규의 해석을 통한 주된 행정행위의 수권목적 도출이 필요하다.

4. 適用領域

(1) 公法上 契約에서의 反對給付

공법상 계약을 체결할 때 행정청이 계약당사자에게 반대급부의 의무를 지우는 경우(토지매각을 조건으로 하는 수도공급계약)에는 그 반대급부는 행정청의 계약상 급부와 실질적인 관련성을 가지고 있어야 한다. 반대급부는 ⅰ)일정목적에 합치되어야 하고 ⅱ)행정청에 있어 공공임무수행에 기여해야 하며 ⅲ)제반사정을 결부시켜볼 때 상당해야 하고 ⅳ)행정청의 급부와 실질적으로 관련성을 가질 것을 요구한다(독일 연방행정절차법).

(2) 附款에 의한 反對給付

행정청이 행정행위를 하면서 상대방에게 불이익한 의무를 과하는 부관을 붙이는 경우(토지형질변경허가시의 공공용지부담이나 기부채납) 부관은 그 성질상 허가된 어업의 본질적 효력을 해하지 않는 한도의 것이어야 하고 근거법령 및 당해 행정행위의 목적 실현과 관련성이 있어야 한다. 수익적 행정행위에서 부관은 비례의 원칙, 부당결부금지의 원칙에 위배돼서는 안 되기 때문에 법령상 규정되어 있는 내용이나 효력을 행정청이 임의로 제한하거나 조건을 붙일 수 없다. 따라서 부관의 행정행위의 목적에의 부합 정도에 따라 부관의 위법성 주장 문제가 제기될 것이다.

■ 대법원 1997. 3. 11. 선고 96다49650 판결
[수익적 행정행위에 부관으로서 적법하게 부담을 붙일 수 있는 한계]
 수익적 행정행위에 있어서는 법령에 특별한 근거규정이 없다고 하더라도 그 부관으로서 부담을 붙일 수 있으나, 그러한 부담은 비례의 원칙, 부당결부금지의 원칙에 위반되지 않아야만 적법하다. 지방자치단체장이 사업자에게 주택사업계획승인을 하면서 그

주택사업과는 아무런 관련이 없는 토지를 기부채납 하도록 하는 부관을 주택사업계획 승인에 붙인 경우, 그 부관은 부당결부금지의 원칙에 위반되어 위법하다.

■ 대법원 2010. 1. 28. 선고 2007도9331 판결

구 기부금품모집금지법(1995. 12. 30. 법률 제5126호로 전문 개정되기 전의 것) 제4조는 공무원은 여하한 명목의 기부금도 모집할 수 없다고 규정하고 있고, 1995. 12. 30. 전문 개정된 구 기부금품모집규제법 제5조도 국가 또는 지방자치단체 및 그 소속 기관과 공무원은 기부금품의 모집을 할 수 없고, 비록 자발적으로 기탁하는 금품이라도 원칙적으로 이를 접수할 수 없다고 규정하고 있는데, 이러한 규정들은 기부행위가 공무원의 직무와 사이에 외관상 대가관계가 없는 것으로 보이더라도 사실상 공권력의 영향력에 의한 것이거나 또는 그러한 의심을 자아내는 경우가 있음을 경계하여 직무 관련 여부를 묻지 아니하고 이를 금지함으로써 공무의 순수성과 염결성이 훼손되지 않도록 함에 그 취지가 있는바, 하물며 직무와 사이에 대가관계가 인정되는 기부행위라면 이는 결코 허용되어서는 아니 된다 할 것이다.

뿐만 아니라, 공무원이 인·허가 등 수익적 행정처분을 하면서 상대방에게 그 처분과 관련하여 이른바 부관으로서 부담을 붙일 수 있다 하더라도, 그러한 부담은 법치주의와 사유재산 존중, 조세법률주의 등 헌법의 기본원리에 비추어 비례의 원칙이나 부당결부금지의 원칙에 위배되지 않아야만 적법한 것인바(대법원 1997. 3. 11. 선고 96다49650 판결 참조), 행정처분과 부관 사이에 실제적 관련성이 있다고 볼 수 없는 경우 공무원이 위와 같은 공법상의 제한을 회피할 목적으로 행정처분의 상대방과 사이에 사법상 계약을 체결하는 형식을 취하였다면 이는 법치행정의 원리에 반하는 것으로서 위법하다고 보지 않을 수 없다.

(3) 實效性確保手段으로서의 結付

행정법상의 의무자가 의무를 이행하지 않음으로써 그 의무이행을 확보하기 위해 제재적·강제적 수단을 사용하는 경우에는 행정법상의 의무와 제재적·강제적 수단 간에는 실질적 관련성이 있어야 한다.

1) 供給拒否 : 建築法 제69조 제2항(허가, 승인취소, 시정명령 불이행시 건축물의 전기 등 공급중단)
2) 官許事業의 許可制限 : 國稅徵收法 제7조(국세체납자에 대해 관허사업 허가제한)
3) 名單의 公表 : 청소년의성보호에관한법률 제20조 제2항 제1호, 공직자윤리법 제8조의 2 제1항, 국세징수사무처리규정 제66조

■ 헌법재판소 2003. 6. 26. 선고 2002헌가14 결정

[신상공개의 시기·기간·절차 등에 관한 사항을 대통령령에 위임한 청소년의성보호에관한법률 제20조 제5항]

신상공개제도는 범죄자 본인을 처벌하려는 것이 아니라, 현존하는 성폭력위험으로부터 사회 공동체를 지키려는 인식을 제고함과 동시에 일반인들이 청소년 성매수 등 범죄의 충동으로부터 자신을 제어하도록 하기 위하여 도입된 것으로서, 이를 통하여 달성하고자 하는 '청소년의 성보호'라는 목적은 우리 사회에 있어서 가장 중요한 공익의 하나라고 할 것이다.

이에 비하여 청소년 성매수자의 일반적 인격권과 사생활의 비밀의 자유가 제한되는 정도를 살펴보면, 법 제20조 제2항은 '성명, 연령, 직업 등의 신상과 범죄사실의 요지'를 공개하도록 규정하고 있는바, 이는 이미 공개된 형사재판에서 유죄가 확정된 형사판결이라는 공적 기록의 내용 중 일부를 국가가 공익 목적으로 공개하는 것으로 공개된 형사재판에서 밝혀진 범죄인들의 신상과 전과를 일반인이 알게 된다고 하여 그들의 인격권 내지 사생활의 비밀을 침해하는 것이라고 단정하기는 어렵다.

또한, 신상과 범죄사실이 공개되는 범죄인들은 이미 국가의 형벌권 행사로 인하여 해당 기본권의 제한 여지를 일반인보다는 더 넓게 받고 있다. 청소년 성매수 범죄자들이 자신의 신상과 범죄사실이 공개됨으로써 수치심을 느끼고 명예가 훼손된다고 하더라도 그 보장 정도에 있어서 일반인과는 차이를 둘 수밖에 없어, 그들의 인격권과 사생활의 비밀의 자유도 그것이 본질적인 부분이 아닌 한 넓게 제한될 여지가 있다.

그렇다면 청소년 성매수자의 일반적 인격권과 사생활의 비밀의 자유가 제한되는 정도가 청소년 성보호라는 공익적 요청에 비해 크다고 할 수 없으므로 결국 법 제20조 제2항 제1호의 신상공개는 해당 범죄인들의 일반적 인격권, 사생활의 비밀의 자유를 과잉금지의 원칙에 위배하여 침해한 것이라 할 수 없다.

5. 違反의 效果 및 權利救濟

부당결부금지의 원칙은 권한법정주의와 권한남용금지의 원칙에 근거를 둔 법률적 효력을 가진다는 견해(법률적효력설)도 있으나, 헌법재판소는 이 원칙을 헌법적 원칙으로 보고 있으므로 이 원칙의 위반은 위헌·위법이다.(헌법적효력설) 공권력의 행사와 반대급부 사이에 실질적인 관련성이 없는 반대급부조건은 위법이다. 따라서 이 원칙에 위반한 법률은 위헌심판 및 헌법소원의 대상이 될 것이고 위법한 부관부 행정행위는 원칙적으로 취소소송의 대상이 될 것이며(부관이 무효이고 행정행위의 중요부분이면 전체가 무효가 될 것이다), 위법한 공법상의 계약은 무효가 된다.

Ⅵ. 信賴保護原則

1. 序說

 현대복지국가에서는 행정기능이 확대되어 행정의 국민생활에 대한 관여도가 높아지고 이에 따라 국민의 권리의무에 관한 사항을 규율하는 행정법령도 양적으로 복잡다기하여 그 개폐도 적지 않다. 위와 같은 상황에서 국민은 행정을 담당하는 행정기관의 법령해석이나 행동을 신뢰하고 행동할 수밖에 없는 것이다. 이에 일정한 요건에 부합하는 경우 행정기관의 언동에 대한 국민의 신뢰를 보호하여야 한다는 원칙이 행정법상 신뢰보호의 원칙으로 자리 잡게 되었다. 독일의 경우에는 이러한 원칙이 20세기 초 이래 학설·판례로 등장하여 1976년 연방행정절차법, 조세통칙법 등에 제도화됨으로써 법의 일반원칙으로 확립되었으며 영미법상 금반언의 법리(estoppel)[62]도 이와 같은 취지라고 할 것이다.

 종래 신뢰보호의 원칙은 주로 행정행위의 취소권 제한과 관련하여 논의되어왔고 법원의 판결도 위법한 수익적 행정행위의 취소[63]나 적법한 수익적 행정행위의 철회[64]에 있어서 하나의 기준으로 작용되어 왔다.

 하지만 오늘날 행정은 국민의 생존배려가 국가의 우선적과제가 되면서 현대 사회복지국가에 있어서는 법률적합성의 원칙 이외에 신뢰보호원칙이 중요한 법원칙의 하나로 등장하게 되었다.

 행정법상 신뢰보호의 원칙이라 함은, 국민이 행정기관의 언동(명시적 언동·묵시적 언동 포함)의 정당성 또는 존속성에 대하여 신뢰한 경우 그 신뢰가 보호받을 가치가 있는 한, 그 신뢰를 보호해 주어야 하는 원칙이라고 일단 정의할 수 있다.

2. 根據(信賴保護의 可能性)

(1) 理論的 根據

 이와 같은 신뢰보호원칙의 이론적 근거와 관련해서는 다양한 이론이 주장되고 있다.

---

62) 영미법상 금반언의 법리(estoppel)는 fair play의 원칙으로 소송법상 원칙에 불과하다. 즉 일방 당사자가 전에 주장한 바 있고 타방 당사자가 이를 신뢰한 경우에 그 일방 당사자가 종전의 그의 주장과 모순되는 주장하는 것은 금지된다는 원칙이다.

63) 행정청이 수익적 행정처분을 취소할 때에는 비록 취소 등의 사유가 있더라도 이를 취소하여야 할 공익상의 필요와 그 취소로 인하여 당사자가 입게 될 기득권과 신뢰보호 및 법률생활의 안정의 침해 등을 비교·교량한 후 공익상의 필요가 당사자가 입을 불이익을 정당화할 만큼 강한 경우에 한하여 취소할 수 있다(대법원 1997. 10. 14. 선고 96누14944 판결 ; 대법원 1994. 10. 11. 선고 93누22678 판결 ; 대법원 1993. 6. 29. 선고 93누5635 판결 ; 대법원 1993. 5. 27. 선고 93누2803 판결).

64) 대법원 1984. 11. 13. 선고 84누269 판결.

1) 信義則說

독일연방행정법원의 미망인사건(Witwen Urteil)65)에서 채택된 이론으로 행정기관은 성실하게 적법한 행정작용을 하여야 할 의무를 지며, 상대방이 이것을 적법하다고 믿고 신뢰한다면 이것이 바로 Treu und Glauben(신의·성실)으로서 이후에 행정기관은 해당 행정작용의 위법을 이유로 그 존재효력을 부정할 수 없고 만약 부정한다면 행정기관은 상대방의 신뢰를 저버린 것으로서의 신의성실에 반한다는 것이다.

2) 法的 安定性說

국가작용에 의하여 창설된 법적관계는 국가기관 스스로가 그 안정성을 확보함으로써 그에 대한 국민의 신뢰가 보호된다는 이론이다.66)

3) 社會國家原理說

자유주의적·시민적 법치국가로부터 사회적 법치국가로 변천함에 따라 수익적 행정행위, 특히 급부행위에 있어서는 법률의 우위가 법적안정성의 원리에 의하여, 법률에 의한 실체적 정의가 고권적 행위의 적법성에 대한 신뢰의 보호에 의하여 대치된다고 한다. 따라서 위법한 행정행위에 대한 신뢰도 보호되어야 하기 때문에 그 취소는 제한된다는 것이다.67)

4) 基本權說

① 包括的 自由權을 根據로 하는 見解

Bonn기본법 제2조에서 규정하고 있는 인격의 자유로운 발전조항을 근거로 이미 주어진 행동의 가능성을 사후에 제한 받는 것은 제2조 위반의 위헌이라는 것이다〔E.Grabitz〕.

---

65) BVerWGE 9, 251ff. 이 사건은 동베를린에 거주하던 공무원의 과부(원고)가 서베를린에 이주하면 미망인부조금(Witwengeld)을 받을 수 있다는 관계 행정기관(Berlin Senator)의 교시를 믿고 서베를린에 이주하여 문제의 부조금을 받아 오던 중, 1년 후 피고 행정청이 원고의 청구권은 기일의 요건을 충족하지 않았으므로 인하여 이미 실권된 것이라 하여 원고에 대하여 부조금의 반환을 청구함으로써 발단된 것이다. 연방행정법원은 이 사건에서 신의성실의 원칙을 채용하여 다음과 같이 원고의 청구를 인용하였다. 즉 "위법한 행정행위를 취소할 수 있음은 법치국가사상 및 법치행정의 구속원칙에 비추어 당연시된다. 그러나 공법까지도 지배하고 있는 신의성실의 원칙에 반하는 처분(취소)은 위법이다. 신의성실의 원칙은 수익자가 결정의 적법성을 신뢰할 만한 합리적인 이유가 있는 때에는 신뢰보호의 관점에서 원칙적으로 일단 확정되어 지급된 부양금의 반환청구에는 반대하는 것이다. 더욱이 본건의 경우에는 신의칙은 장래에 향한 지불정지에 대하여도 반대한다."라고 판시하였던 것이다.
66) 韓堅愚, 43쪽.
67) 石琮顯, 57쪽.

② 財産權의 特殊한 形態라는 見解

신뢰보호에 의한 급부청구권의 보호를 Bonn 기본법 제14조상의 재산권보장에 의한 형태로써 설명한다〔W.Schmidt〕.

5) 獨自性說

신뢰보호원칙은 헌법에서 유래하지 않는 그 자체로서 독립된 독자적 법사상이며, 보충적 법원칙이라고 하는 견해이다.

(2) 實定法的 根據

현행법상으로는 국세기본법이 "세법의 해석 또는 국세행정의 관행이 일반적으로 납세자에게 받아들여진 후에는 그 해석 또는 관행에 의한 행위 또는 계산은 정당한 것으로 보며, 새로운 해석 또는 관행에 의하여 소급하여 과세되지 아니한다."(제18조 제③항)고 규정하여 신뢰보호의 원칙을 성문화하고 있으며, 행정절차법 제4조 제2항은 "행정청은 법령 등의 해석 또는 행정청의 관행이 일반적으로 국민들에게 받아들여진 때에는 공익 또는 제3자의 정당한 이익을 현저히 해할 우려가 있는 경우를 제외하고는 새로운 해석 또는 관행에 의하여 소급하여 불리하게 처리하여서는 아니 된다."고 규정하여 위 원칙을 명기하고 있다.

■ 대법원 1985. 4. 23. 선고 84누593 판결
 구 국세기본법(1984. 8. 7 법률 제3746호로 개정되기 전의 것) 제18조 제2항은 세법의 해석 또는 국세행정의 관행이 일반적으로 납세자에게 받아들여진 후에는 그 해석 또는 관행에 의한 행위 또는 계산은 정당한 것으로 보며 새로운 해석 또는 관행에 의하여 소급하여 과세되지 아니한다고 규정하고 있는바, 여기에서 세법의 해석 또는 국세행정의 관행이 일반적으로 납세자에게 받아들여진 것이라고 함은 특정납세자가 아닌 불특정한 일반납세자에게 그와 같은 해석 또는 관행이 이의없이 받아들여지고 납세자가 그 해석 또는 관행을 신뢰하는 것이 무리가 아니라고 인정될 정도에 이른 것을 말한다고 할 것이다.

■ 대법원 2003. 9. 5. 선고 2001두10837 판결
 신의성실의 원칙이나 국세기본법 제18조 제3항 소정의 소급과세금지의 원칙은 합법성의 원칙을 희생하여서라도 납세자의 신뢰를 보호함이 정의에 부합하는 것으로 인정되는 특별한 사정이 있을 경우에 한하여 적용된다고 할 것이고, 그 조항에서의 일반적으로 납세자에게 받아들여진 세법의 해석 또는 국세행정의 관행이란 비록 잘못된 해석 또는 관행이라도 특정납세자가 아닌 불특정한 일반납세자에게 정당한 것으로 이의없이

받아들여져 납세자가 그와 같은 해석 또는 관행을 신뢰하는 것이 무리가 아니라고 인정될 정도에 이른 것을 말하고, 단순히 세법의 해석기준에 관한 공적 견해의 표명이 있었다는 사실만으로 그러한 해석 또는 관행이 있다고 볼 수는 없는 것이며, 그러한 해석 또는 관행의 존재에 대한 입증책임은 그 주장자인 납세자에게 있다고 할 것이다(대법원 1992. 9. 8. 선고 91누13670 판결, 대법원 2002. 2. 8. 선고 2000두1652 판결, 대법원 2002. 10. 25. 선고 2002두172 판결 참조).

(3) 檢討

① 신의칙설은 당사자간의 계약 등 구체적 관계를 전제로 한다. ② 사회국가원리설은 불평등해서 위법한 급부의 배제를 요청하는 법원리이고, ③ 기본권설은 위법한 수익처분을 신뢰보호를 이유로 존속시키는 것의 논거는 될 수 없다. ④ 독자성설은 신뢰보호원칙을 헌법원칙의 하나로 보지 않는다. 법치국가원리는 법률적합성의 원칙과 법적 안정성의 원리로 구성되어 있는바, 신뢰보호원칙은 법치국가원리의 내용 중의 하나인 법적 안정성을 근거로 인정된다고 하겠다.

헌법재판소와 대법원은 신뢰보호원칙을 법적안정성 내지 법치국가원리에서 그 근거를 찾는 것 같다(헌법재판소 2000. 8. 31. 선고 2000헌바6 결정, 대법원 2006. 11. 16. 선고 2003두12899 전원합의체판결).

3. 信賴保護原則의 適用要件

(1) 適用 前提條件

이 같은 신뢰보호원칙의 적용전제조건으로 학설은 보통 행정기관의 선행조치(신뢰기초), 선행조치의 존속에 대한 신뢰, 보호가치 있는 신뢰, 행정기관과 관계자 사이의 계약, 기타 구체적 관계의 존재(수익자의 신뢰행위), 행정조치에 대한 신뢰와 수익자의 행위와의 인과관계, 선행조치에 반하는 행정작용의 존재 등이 제시되고 있다.

1) 行政機關의 先行措置

신뢰보호원칙이 적용되어 관계자의 신뢰가 보호되기 위해서는 우선 신뢰의 대상인 선행조치가 존재하여야 하는데, 즉 행정청의 견해표명이 있어야 한다. 여기서 선행조치는 법령, 규칙, 계획, 합의, 약속, 권고 기타 적극적 및 소극적 언동을 포함하는 것으로, 행정청의 견해표명은 반드시 명시적일 필요는 없고 묵시적인 견해표명으로도 족하다고 하겠다.

행정상 법률관계에 있어서 특정의 사항에 대해 신뢰보호의 원칙상 처분청이 그와 배치되는 조치를 할 수 없다고 할 수 있을 정도의 행정관행이 성립되었다고 하려면 상당한 기간에 걸쳐 그 사항에 대해 동일한 처분을 하였다는 객관적 사실이 존재할 뿐만 아니라 처분청이 그 사항에 관해 다른 내용의 처분을 할 수 있음을 알면서도 어떤 특별한 사정 때문에 그러한 처분을 하지 않는다는 의사가 있고 이와 같은 의사가 명시적 또는 묵시적으로 표시되어야 한다.68)따라서 행정청이 단순히 착오로 어떠한 처분을 계속한 경우에는 행정관행이 성립되었다고 볼 수 없어 처분청이 추후 오류를 발견하여 합리적인 방법으로 변경하는 것은 신뢰보호의 원칙에 위배되지 않는다고 할 것이다.

　이러한 행정청의 견해표명이 있었는지의 여부를 판단하는데 있어서는 반드시 행정조직상의 형식적인 권한분장에 구애될 것은 아니고 담당자의 조직상의 지위와 임무, 당해 언동을 하게 된 구체적 경위 및 그에 대한 상대방의 신뢰가능성에 비추어 실질에 의하여 판단하여야 할 것이다.69)왜냐하면, 이는 합법성(법률적합성)을 희생해서라도 관계자의 신뢰를 보호함이 정의·형평에 부합하는 것으로 인정되는 특별한 사정이 있는 경우에 적용되는 것이기 때문이다.

■ 공적견해 부정판례

1) 대법원 2008. 6. 12. 선고 2007두23255 판결

〔과세관청이 납세의무자에게 부가가치세 면세사업자용 사업자등록증을 교부하거나 고유번호를 부여한 행위〕

　국세기본법 제15조, 제18조 제3항의 규정에 의한 신의성실의 원칙이 적용되거나 비과세의 관행이 성립되었다고 보기 위해서는 장기간에 걸쳐 어떠한 사항에 대하여 과세하지 아니하였다는 객관적 사실이 존재할 뿐만 아니라, 과세관청 자신이 그 사항에 대하여 과세할 수 있음을 알면서도 어떤 특별한 사정에 의하여 과세하지 않는다는 의사가 있고, 이와 같은 의사가 대외적으로 명시적 또는 묵시적으로 표시되어야 하지만 묵시적 표시가 있다고 하기 위하여는 단순한 과세누락과는 달리 상당기간의 불과세 상태

---

68) 대법원 1993. 6. 11. 선고 92누14021 판결.
69) 대법원 1997. 9. 12. 선고 96누18380 판결(신뢰보호원칙의 적용요건의 하나인 행정청의 공적 견해표명이 있었는지의 여부를 판단하는 데 있어 반드시 행정조직상의 형식적인 권한분장에 구애될 것은 아니고 담당자의 조직상의 지위와 임무, 당해 언동을 하게 된 구체적인 경위 및 그에 대한 상대방의 신뢰가능성에 비추어 실질에 의하여 판단하여야 한다.) ; 대법원 1996. 1. 23. 선고 95누13746 판결(신의성실의 원칙 내지 금반언의 원칙은 합법성을 희생하여서라도 납세자의 신뢰를 보호함이 정의, 형평에 부합하는 것으로 인정되는 특별한 사정이 있는 경우에 적용되는 것으로서 납세자의 신뢰보호라는 점에 그 법리의 핵심적 요소가 있는 것이므로, 위 요건의 하나인 과세관청의 공적 견해표명이 있었는지의 여부를 판단하는 데 있어 반드시 행정조직상의 형식적인 권한분장에 구애될 것은 아니고 담당자의 조직상의 지위와 임무, 당해 언동을 하게 된 구체적인 경위 및 그에 대한 납세자의 신뢰가능성에 비추어 실질에 의하여 판단하여야 한다.) ; 대법원 1995. 6. 16. 선고 94누12159 판결.

에 대하여 과세하지 않겠다는 의사표시를 한 것으로 볼 수 있는 사정이 있어야 하는 바, 부가가치세법상의 사업자등록은 과세관청으로 하여금 부가가치세의 납세의무자를 파악하고 그 과세자료를 확보케 하려는 데 입법 취지가 있는 것으로서, 이는 단순한 사업사실의 신고로서 사업자가 소관 세무서장에게 소정의 사업자등록신청서를 제출함으로써 성립되는 것이고, 사업자등록증의 교부는 이와 같은 등록사실을 증명하는 증서의 교부행위에 불과한 것으로 과세관청이 납세의무자에게 부가가치세 면세사업자용 사업자등록증을 교부하였다고 하더라도 그가 영위하는 사업에 대하여 부가가치세를 과세하지 아니함을 시사하는 언동이나 공적인 견해를 표명한 것으로 볼 수 없으며(대법원 2003. 5. 30. 선고 2001두4795 판결 등 참조), 시행령 제8조 제2항에서 정한 고유번호의 부여도 과세자료의 효율적 처리를 도모하기 위한 것에 불과한 것이므로, 과세관청이 납세의무자에게 고유번호를 부여한 경우에도 마찬가지라 할 것이다.

2) 대법원 2006. 6. 9. 선고 2004두46 판결
[개발이익환수에 관한 법률에 정한 개발사업을 시행하기 전에, 행정청이 민원예비심사에 대하여 관련부서 의견으로 '저촉사항 없음'이라고 기재하고, 이후에 개발부담금부과처분을 한 경우]
　개발이익환수에 관한 법률에 정한 개발사업을 시행하기 전에, 행정청이 토지 지상에 예식장 등을 건축하는 것이 관계 법령상 가능한지 여부를 질의하는 민원예비심사에 대하여 관련부서 의견으로 개발이익환수에 관한 법률에 '저촉사항 없음'이라고 기재하였다고 하더라도, 이후의 개발부담금부과처분에 관하여 신뢰보호의 원칙을 적용하기 위한 요건인, 개인에 대하여 신뢰의 대상이 되는 공적인 견해표명을 한 것이라고는 보기 어렵다.

3) 대법원 2005. 4. 28. 선고 2004두8828 판결
　폐기물관리법령에 의한 폐기물처리업 사업계획에 대한 적정통보와 국토이용관리법령에 의한 국토이용계획변경은 각기 그 제도적 취지와 결정단계에서 고려해야 할 사항들이 다르다는 이유로, 폐기물처리업 사업계획에 대하여 적정통보를 한 것만으로 그 사업부지 토지에 대한 국토이용계획변경신청을 승인하여 주겠다는 취지의 공적인 견해표명을 한 것으로 볼 수 없다.

4) 대법원 1998. 9. 25. 선고 98두6494 판결
　도시계획구역 안에서의 폐기물처리시설의 결정기준 및 설치기준 등을 규정하고 있는 도시계획법 제2조 제1항 제1호 (나)목, 제16조, 도시계획시설기준에관한규칙 제126조 내지 제128조 및 폐기물관리법령은 도시계획구역 안에서의 토지형질변경의 허가기준을 규정하고 있는 도시계획법 제4조 제1항, 도시계획법시행령 제5조의2 및 토지의형질변경등행위허가기준등에관한규칙 제4조 제1항과 각기 규정대상 및 입법취지를 달리

하고 있으므로, 일반적으로 폐기물처리업 사업계획에 대한 적정통보에 당해 토지에 대한 형질변경허가신청을 허가하는 취지의 공적 견해표명이 있는 것으로는 볼 수 없다고 할 것이고, 더구나 토지의 지목변경 등을 조건으로 그 토지상의 폐기물처리업 사업계획에 대한 적정통보를 한 경우에는 위 조건부적정통보에 토지에 대한 형질변경허가의 공적 견해표명이 포함되어 있었다고 볼 수 없다.

2) 先行措置의 正當性 또는 存續性에 대한 信賴

그리고 수익자는 행정기관의 선행조치의 정당성 또는 존속성에 대하여 신뢰했어야만 한다.

3) 信賴의 保護價値性(保護價値 있는 私人의 信賴)

행정청의 견해표명이 정당하다고 신뢰한데 대하여 그 개인에게 귀책사유가 없어야 한다. 선행조치의 정당성·존속성에 대한 보호가치 있는 신뢰가 있어야 한다. 그 신뢰는 취소로 인한 공익과의 형량에서 보호가치가 있어야한다. 따라서 수익적 행정처분을 받음에 있어 관계자가 사술 등 부정한 수단을 사용하였다든지[70] 행정행위의 위법성을 인식했거나 수익자의 중대한 과실로 인하여 인식하지 못하였을 경우에는 보호가치 있는 신뢰는 존재하지 않는다.[71] 다시 말해 관계자가 신뢰하게 된데 대해 관계자에게 책임질 수 있는 사유, 즉 귀책사유가 없어야 한다.[72]

수익자의 신뢰는 독일 행정절차법 제48조 제2항 제3문에서 열거한 것처럼 ① 수익자가

---

70) 대법원 1982. 7. 27. 선고 81누67 판결(허위의 부지증명 및 건물용도변경증명을 첨부하여 신청한 영업허가처분은 수익자의 사술에 의하여 이루어진 것인 이상 수익자가 이에 근거하여 상당한 재산을 투자하고 사업을 시행하고 있다하여도 이를 취소할 수 있는 것이다) ; 대법원 1995. 1. 20. 선고 94누6529 판결(수익적 행정처분이 상대방의 허위, 기타 부정한 방법으로 인하여 행하여졌다면 상대방은 그 처분이 그와 같은 사유로 인하여 취소될 것임을 예상할 수 없었다고 할 수 없으므로, 이러한 경우에 까지 상대방의 신뢰를 보호하여야 하는 것은 아니다) ; 대법원 1985. 5. 28. 선고 84누327 판결(행정청이 수익자의 사위방법에 의하여 착오로 면허자격이 있는 것으로 오인하고 이에 터 잡아 면허처분을 한 경우, 그 면허처분은 하자있는 처분이 되므로 행정청이 그를 이유로 스스로 취소할 수 있다할 것이고, 이 경우에 사위의 방법으로 면허를 얻은 사람은 그 이익이 위법하게 취득되었음을 알아 그 취소가능성도 예상하고 있었을 터이므로, 그 자신이 위 행정행위에 대한 신뢰이익을 원용할 수 없음은 물론 행정청이 이를 고려하지 아니하였다 하더라도 재량권의 남용이 논의될 여지가 없다고 함이 신의칙과 공평의 원칙에 비추어 타당하다).

71) 이상철, 「行政法上의 信賴保護原則」(金南辰教授停年記念論文集 『現代公法學의 再照明』, 고려대학교법학연구소, 1997), 24쪽.

72) 보호가치 없는 신뢰를 수익자의 주관적 책임(수익자의 사기·강박·증뢰 등 부정한 방법으로 수익적 행정행위가 발해졌을 때), 수익자의 객관적 책임(수익자 등이 제시한 잘못된 또는 불완전한 신고에 의해 행정행위 등이 행해진 경우)으로 나눠 설명하기도 한다.

행정행위를 사기, 강박, 증뢰를 통하여 행하게 한 경우, ② 수익자가 행정행위를 부당하거나 불충분한 진술을 통하여 행하게 한 경우, ③ 수익자가 행정행위의 위법성을 알았거나 중대한 부주의로 인식할 수 없었던 경우에는 보호가치가 없다고 하겠다.

■ 대법원 1995. 1. 20. 선고 94누6529 판결

수산업법 제35조 제1호의 규정에서 말하는 '허위 기타 부정한 방법으로 어업의 면허를 받은 경우'라고 함은 정상적인 절차에 의하여는 어업의 면허를 받을 수 없는 경우임에도 불구하고 위계 기타 사회통념상 부정이라고 인정되는 모든 행위를 사용하여 면허를 받은 경우를 뜻하는 것으로서 적극적 및 소극적 행위를 사용한 경우를 모두 포함한다.

수익적 처분이 있으면 상대방은 그것을 기초로 하여 새로운 법률관계 등을 형성하게 되는 것이므로, 이러한 상대방의 신뢰를 보호하기 위하여 수익적 처분의 취소에는 일정한 제한이 따르는 것이나, 수익적 처분이 상대방의 허위 기타 부정한 방법으로 인하여 행하여졌다면 상대방은 그 처분이 그와 같은 사유로 인하여 취소될 것임을 예상할 수 없었다고 할 수 없으므로, 이러한 경우에까지 상대방의 신뢰를 보호하여야 하는 것은 아니라고 할 것이다.

■ 대법원 2003. 7. 22. 선고 2002두11066 판결

행정처분의 성립과정에서 그 처분을 받아내기 위한 뇌물이 수수되었다면 특별한 사정이 없는 한 그 행정처분에는 직권취소사유가 있는 것으로 보아야 할 것이고, 이러한 이유로 직권취소하는 경우에는 처분 상대방측에 귀책사유가 있기 때문에 신뢰보호의 원칙도 적용될 여지가 없다 할 것이며, 다만 행정처분의 성립과정에서 뇌물이 수수되었다고 하더라도 그 행정처분이 기속적 행정행위이고 그 처분의 요건이 충족되었음이 객관적으로 명백하여 다른 선택의 여지가 없었던 경우에는 직권취소의 예외가 될 수 있을 것이지만, 그 경우 이에 대한 입증책임은 이를 주장하는 측에게 있다고 할 것이다.

■ 대법원 2002. 11. 8. 선고 2001두1512 판결

행정청의 행위에 대한 신뢰보호 원칙의 적용요건으로서 '행정청의 견해표명이 정당하다고 신뢰한 데에 대하여 그 개인에게 귀책사유가 없어야 한다'는 요건에서 말하는 귀책사유라 함은 행정청의 견해표명의 하자가 상대방 등 관계자의 사실은폐나 기타 사위의 방법에 의한 신청행위 등 부정행위에 기인한 것이거나 그러한 부정행위가 없다고 하더라도 하자가 있음을 알았거나 중대한 과실로 알지 못한 경우 등을 의미한다고 해석함이 상당하고, 귀책사유의 유무는 상대방과 그로부터 신청행위를 위임받은 수임인 등 관계자 모두를 기준으로 판단하여야 한다.

그런데 문제는 보호가치있는 신뢰의 판단기준의 설정이다. 대법원은 '귀책사유'라는 용어를 사용하고 있는데, 그 기준은 이익형량이라고 보아야 할 것이다. 즉, 행정처분이 학자들이 주장하는 전제조건이나, 대법원 판결이 제시하는 요건을 충족하는 경우라고 하더라도 행정청이 앞서 표명한 공적인 견해에 반하는 행정처분을 함으로써 달성하려는 공익이 행정청의 공적견해표명을 신뢰한 개인이 그 행정처분으로 인하여 입게 되는 이익의 침해를 정당화할 수 있을 정도로 강한 경우에는 신뢰보호의 원칙을 들어 그 행정처분이 위법하다고 할 수는 없을 것이다.

구체적 개별사례에 있어서 이익형량을 하는 데는 수익자에 대한 취소의 이행, 일반과 제3자를 위한 취소불가, 행정행위의 종류와 성립형식, 위법성의 정도, 행정행위가 행해진 이후 경과된 시간, 보조목적의 공익성 달성 여부 등이 고려되어야 한다.[73)]

❖ 信賴保護原則에 違背되지 않는다고 判示한 例

▣ 대법원 1999. 3. 9. 선고 98두19070 판결

[식품위생법상 영업허가를 받기 위한 물적 시설요건을 갖추었으나 그 물적 시설이 건축관련 법규에 위반되는 경우]

식품위생법 제24조 제1항, 제21조 제1항 제3호, 같은법시행규칙 제20조 〔별표 9〕 업종별시설기준 제8항의 각 규정에 의하면, 식품접객업의 영업허가를 받기 위하여 갖추어야 할 영업장·조리장·화장실 등과 같은 여러 물적 시설에 관한 시설기준을 규정하고 있는바, 여기서 말하는 시설기준은 그 대상이 되는 물적 시설이 당연히 건축관련 법규에 적합할 것을 전제로 하는 것이므로, 식품접객업의 영업허가를 신청한 당해 건축물이 하천법 제45조 소정의 허가를 받지 아니한 무허가 건물이라고 한다면, 비록 그 건물이 식품위생법이 규정하는 물적 시설요건을 갖추었다고 하더라도 적법한 식품접객업의 영업허가를 받을 수 없다.

▣ 대법원 1998. 11. 13. 선고 98두7343 판결

근래 날로 심해지고 있는 각종 환경오염과 자연 파괴로 인한 국민건강 및 환경상의 위해를 예방하여 모든 국민이 건강하고 보다 쾌적한 환경에서 생활할 수 있게 하는 것은 국가나 지방자치단체의 의무인 동시에 모든 국민의 당연한 권리이자 의무이며, 또한 한번 파괴된 환경은 그 회복에 막대한 시간과 비용이 소요되는 점을 감안하여 보면, 불허가 처분에 의하여 행정청이 달성하려는 주변의 환경·풍치·미관 등의 공익이 그로 인하여 개인이 입게 되는 불이익을 정당화할 만큼 강하다는 이유로 한려해상국립공원지구 인근의 자연녹지지역에서의 토석채취허가가 법적으로 가능할 것이라는 행정청의 언동을 신뢰한 개인이 많은 비용과 노력을 투자하였다가 불허가처분으로 상당한 불이익을 입게 된 경우

---

73) 이상철, 前揭論文, 34~38쪽.

■ 대법원 1992. 12. 8. 선고 92누13813 판결

행정청이 관광호텔에 대한 관광숙박업 사업계획 승인시 부대시설에 대한 사업계획을 포함하여 승인하였다 하더라도 개개의 부대시설의 영업에 대하여는 관계법령이 정하는 바에 따라 그 허가조건을 갖추어 각 소관 행정청으로부터 별도의 영업허가를 받아야 하는 것으로 호텔 내에서의 투전기업소신규허가신청을 불허한 경우

■ 대법원 1992. 5. 26. 선고 91누10091 판결

행정청이 환지확정 되기 이전의 종전토지에 대하여 건축허가를 한 바 있지만 토지소유자가 지상건물을 철거하고 새로이 건축허가신청을 하자 행정청이 환지확정된 대지의 건축허가신청을 반려한 경우

■ 대법원 1997. 9. 26. 선고 96누10096 판결

기초자치단체의 특정지구가 도시계획구역 또는 어떤 지역·지구·구역으로 지정되거나 어떤 도시계획시설로 지정됨으로써 어떠한 행위제한이 가해질지 여부는 광역자치단체장과 기초자치단체장의 도시계획(변경)결정·고시 및 지적승인·고시에 의하여 비로소 확정되는 것이므로, 건설교통부장관이 기초자치단체 도시기본계획을 승인하였다는 것만으로는 아직 지역주민들에게 장차 도시계획이 확정되면 건축제한 등이 해제되어 재산권 행사상 제약을 받지 않게 되리라고 하는 신뢰를 주었다고 볼 수 없을 뿐 아니라, 택지개발촉진법 제2조 제3호에 의하면, 택지개발예정지구는 원래 도시계획구역과 그 주변지역에서 지정하게 되어 있어 건설교통부장관이 도시계획구역 내에 있는 기초자치단체의 특정지구를 택지개발 예정지구로 지정한 것이 자신이 한 기초자치단체 도시기본계획의 승인에 반하는 것이라고 할 수도 없어서 당해 처분은 신뢰보호의 원칙에 위배되지 않는다.

❖ 信賴保護原則에 違背된다고 判示한 例
■ 대법원 1997. 9. 12. 선고 96누18380 판결

종교법인이 도시계획구역 내 생산녹지로 답인 토지에 대하여 종교회관 건립을 이용목적으로 하는 토지거래계약의 허가를 받으면서 담당공무원이 관련 법규상 허용된다하여 이를 신뢰하고 건축설계를 하는 등 건축 준비를 하였으나 그 후 당해 지방자치단체장이 다른 사유를 들어 토지형질변경허가신청을 불허가한 경우(비록 지방자치단체장이 당해 토지형질변경허가를 하였다가 이를 취소·철회하는 것은 아니라 하더라도 지방자치단체장이 토지형질변경이 가능하다는 공적 견해표명을 함으로써 이를 신뢰하게 된 당해 종교법인에 대하여는 그 신뢰를 보호하여야 한다는 점에서 형질변경허가 후 이를 취소·철회하는 경우를 유추·준용하여 그 형질변경허가의 취소·철회에 상당하는 당해 처분으로써 지방자치단체장이 달성하려는 공익 즉, 당해 토지에 대하여 그 형질변경을 불허하고 이를 우량농지로 보전하려는 공익과 위 형질변경이 가능하리라고 믿은 종교

법인이 입게 될 불이익을 상호 비교·교량하여 만약 전자가 후자보다 더 큰 것이 아니라면 당해 처분은 비례의 원칙에 위반되는 것으로 재량권을 남용한 위법한 처분이라고 봄이 상당하다.)

■ 대법원 1998. 5. 8. 선고 98두4061 판결
  폐기물처리업에 대하여 사전에 관할관청으로부터 적정통보를 받고 막대한 비용을 들여 허가요건을 갖춘 다음 허가신청을 하였음에도 다수 청소업자의 난립으로 안정적이고 효율적인 청소업무의 수행에 지장이 있다는 이유로 한 불허가 처분의 경우

■ 대법원 2000. 2. 25. 선고 99두10520 판결
  운전면허 취소사유에 해당하는 음주운전을 적발한 경찰관의 소속경찰서장이 사무착오로 위반자에게 운전면허정지처분을 한 상태에서 위반자의주소지 관할 지방경찰청장이 위반자에게 운전면허취소처분을 한 것은 선행처분에 대한 당사자의 신뢰 및 법적 안정성을 저해하는 것으로서 허용될 수 없다고 한 사례

   4) 關係者의 信賴에 起因한 處理(處理保護)
 수령한 금전을 이미 소비한 경우, 흠 있는 건축허가를 믿고 건축에 이미 착수한 경우 등과 같이 행정기관의 조치를 신뢰하여 그 상대방이 일정한 조치를 한 경우에만 인정된다.

   5) 因果關係
 행정기관의 선행조치와 이를 신뢰하고 그 신뢰에 의거한 상대방의 조치 사이에 인과관계가 있어야 한다.

   6) 先行措置에 反하는 行政作用의 存在
 행정기관이 상대방의 신뢰를 저버리는 행정작용이 있어야 하고 그로 인해 상대방의 권익침해가 있어야 한다.

(2) 判例立場
 대법원은 信賴保護의 原則의 적용요건으로 "일반적으로 행정상의 법률관계에 있어서 행정청의 행위에 대하여 신뢰보호의 원칙이 적용되기 위하여는, 첫째 행정청이 개인에 대하여 신뢰의 대상이 되는 공적인 견해표명을 하여야 하고, 둘째 행정청의 견해표명이 정당하다고 신뢰한 데에 대하여 그 개인에게 귀책사유가 없어야 하며, 셋째 그 개인이 그 견해표명을 신뢰하고 이에 상응하는 어떠한 행위를 하였어야 하고, 넷째 행정청이 그

견해표명에 반하는 처분을 함으로써 그 견해표명을 신뢰한 개인의 이익이 침해되는 결과가 초래되어야 하며, 마지막으로 위 견해표명에 따른 행정처분을 할 경우 이로 인하여 공익 또는 제3자의 정당한 이익을 현저히 해할 우려가 있는 경우가 아니어야 하는바, 둘째 요건에서 말하는 귀책사유라 함은 행정청의 견해표명의 하자가 상대방 등 관계자의 사실은폐나 기타 사위의 방법에 의한 신청행위 등 부정행위에 기인한 것이거나 그러한 부정행위가 없다고 하더라도 하자가 있음을 알았거나 중대한 과실로 알지 못한 경우 등을 의미한다고 해석함이 상당하고, 귀책사유의 유무는 상대방과 그로부터 신청행위를 위임받은 수임인 등 관계자 모두를 기준으로 판단하여야 한다.″74)고 판시하고 있다.

> ■ 대법원 2008. 1. 17. 선고 2006두10931 판결
> 일반적으로 행정상의 법률관계에 있어서 행정청의 행위에 대하여 신뢰보호의 원칙이 적용되기 위하여는, 첫째 행정청이 개인에 대하여 신뢰의 대상이 되는 공적인 견해표명을 하여야 하고, 둘째 행정청의 견해표명이 정당하다고 신뢰한 데에 대하여 그 개인에게 귀책사유가 없어야 하며, 셋째 그 개인이 그 견해표명을 신뢰하고 이에 기초하여 어떠한 행위를 하였어야 하고, 넷째 행정청이 위 견해표명에 반하는 처분을 함으로써 그 견해표명을 신뢰한 개인의 이익이 침해되는 결과가 초래되어야 하는바, 어떠한 행정처분이 이러한 요건을 충족하는 때에는 공익 또는 제3자의 정당한 이익을 현저히 해할 우려가 있는 경우가 아닌 한 신뢰보호의 원칙에 반하는 행위로서 위법하다(대법원 1999. 3. 9. 선고 98두19070 판결, 대법원 2006. 6. 9. 선고 2004두46 판결 참조). 한편, 행정청의 공적 견해표명이 있었는지의 여부를 판단함에 있어서는, 반드시 행정조직상의 형식적인 권한분장에 구애될 것은 아니고, 담당자의 조직상의 지위와 임무, 당해 언동을 하게 된 구체적인 경위 및 그에 대한 상대방의 신뢰가능성에 비추어 실질에 의하여 판단하여야 하고(대법원 1997. 9. 12. 선고 96누18380 판결 참조), 그 개인의 귀책사유라 함은 행정청의 견해표명의 하자가 상대방 등 관계자의 사실은폐나 기타 사위의 방법에 의한 신청행위 등 부정행위에 기인한 것이거나 그러한 부정행위가 없더라도 하자가 있음을 알았거나 중대한 과실로 알지 못한 경우 등을 의미한다고 해석함이 상당하고, 귀책사유의 유무는 상대방과 그로부터 신청행위를 위임받은 수임인 등 관계자 모두를 기준으로 판단하여야 한다(대법원 2000. 11. 8. 선고 2001두1512 판결 참조).

---

74) 대법원 2002. 11. 8. 선고 2001두1512 판결 ; 대법원 2001. 11. 9. 선고 2001두7251 판결 ; 대법원 2001. 9. 28. 2000두8684 판결 ; 대법원 2000. 8. 18. 선고 98두2713 판결 ; 대법원 1999. 5. 25. 선고 99두1052 판결 ; 대법원 1999. 3. 9. 선고 98두19070 판결 ; 대법원 1998. 11. 13. 선고 98두7343 판결 ; 대법원 1998. 9. 25. 선고 98두6494 판결 ; 대법원 1998. 5. 8. 선고 98두6494 판결 ; 대법원 1998. 5. 8. 선고 98두4061 판결.

4. 適用領域

 행정법상 신뢰보호원칙의 구체적 적용 예로는 취소 및 철회의 제한, 조세법상의 적용, 확약, 계획변경, 실권, 공법상 계약, 소급입법의 금지 등을 생각할 수 있듯이 행정법의 모든 분야에 미친다.

(1) 收益的 行政行爲의 取消·撤回

 위법한 수익적 행정행위의 취소와 관련하여 독일연방행정절차법에 의하면 그에 의거하여 일정한 금전급부나 가분적 현물급부가 있는 경우, 수익을 받은 자가 그 존속을 신뢰하였고 그 신뢰가 취소에 의한 공익과 비교·형량하여 보호가치가 있는 것으로 인정되는 때에는 그 취소가 원칙적으로 부정된다(존속보호). 그리고 기타의 수익적 행정행위의 경우 취소를 인정하되 그로 인한 손해를 보상하도록 되어 있다(보상보호).

> ❖ 수익적 행정처분을 취소할 수 있는 경우
> ■ 대법원 1986. 2. 25. 선고 85누664 판결
> 행정행위를 한 처분청은 그 행위에 하자가 있는 경우에 별도의 법적 근거가 없더라도 스스로 이를 취소할 수 있는 것이며, 다만 그 행위가 국민에게 권리나 이익을 부여하는 이른 바 수익적 행정행위인 때에는 그 행위를 취소하여야 할 공익상 필요와 그 취소로 인하여 당사자가 입을 기득권과 신뢰보호 및 법률생활 안정의 침해 등 불이익을 비교·교량한 후 공익 상 필요가 당사자의 기득권침해 등 불이익을 정당화 할 수 있을 만큼 강한 경우에 한하여 취소할 수 있다고 보아야 할 것이다.
>
> ■ 대법원 1996. 10. 25. 선고 95누14190 판결
> [수익적 행정처분의 하자가 당사자의 사실은폐나 기타 사위의 신청행위에 기인하는 경우, 그 처분의 취소를 위하여 이익형량이 필요한지 여부(소극)]
> 행정처분에 하자가 있음을 이유로 처분청이 이를 취소하는 경우에도 그 처분이 국민에게 권리나 이익을 부여하는 수익적 처분인 때에는 그 처분을 취소하여야 할 공익상의 필요와 그 취소로 인하여 당사자가 입게 될 불이익을 비교교량한 후 공익상의 필요가 당사자가 입을 불이익을 정당화할 만큼 강한 경우에 한하여 취소할 수 있는 것이지만, 그 처분의 하자가 당사자의사실은폐나 기타 사위의 방법에 의한 신청행위에 기인한 것이라면 당사자는 그 처분에 의한 이익이 위법하게 취득되었음을 알아 그 취소가능성도 예상하고 있었다고 할 것이므로, 그 자신이 위 처분에 관한 신뢰이익을 원용할 수 없음은 물론 행정청이 이를 고려하지 아니하였다고 하여도 재량권의 남용이 되지 아니한다.

(2) 確約

確約이라 함은, 行政廳이 국민에 대한 관계에서 自己拘束을 할 意圖로서 將來에 향하여 일정한 作爲 또는 不作爲를 約束하는 意思表示를 말한다. 확약에 관한 법률문제의 핵심은 행정기관이 이미 발표한 확약의 내용에 반하는 결정을 후에 할 수 없다는, 즉 확약의 구속성에 있다. 확약이 일단 효력을 발생하게 되면 그의 취소, 철회에 있어 상대방의 신뢰보호의 관점에서 그 제한을 받게 된다. 이처럼 확약의 취소 제한 근거, 즉 확약의 구속성은 신뢰보호의 원칙에서 찾아야 할 것이다.

(3) 行政法上의 失權

실권의 법리는 행정청이 행정행위의 위법상태를 장기간 묵인·방치함으로써 개인이 당해 행위의 존속을 신뢰하게 된 경우에는 행정청이 이후 그 위법성을 이유로 당해 행위를 취소할 수 없다는 법리이다

> ❖ 失權의 法理
> 공법상의 권리를 알고도 장기간 행사하지 않고 방치한 경우에 그를 행사할 수 없게 되는 것을 말한다. 행정청이 위법상태를 장기간 묵인, 방치함으로서 개인이 당해 법상태의 존속을 신뢰한 경우 취소권은 소멸한다. 실권 또는 실효의 법리는 법의 일반원리인 신의성실의 원칙에 바탕을 둔 파생원칙으로 공법관계 가운데 관리관계는 물론 권력관계에도 적용된다.
>
> ■ 대법원 1988. 4. 27. 선고 87누915 판결
> [실권 또는 실효의 법리의 의미]
> 실권 또는 실효의 법리는 법의 일반원리인 신의성실의 원칙에 바탕을 둔 파생원칙인 것이므로 공법관계 가운데 관리관계는 물론이고 권력관계 에도 적용되어야 함을 배제할 수는 없다 하겠으나 그것은 본래 권리행사의 기회가 있음에도 불구하고 권리자가 장기간에 걸쳐 그의 권리를 행사 하지 아니하였기 때문에 의무자인 상대방은 이미 그의 권리를 행사하지 아니할 것으로 믿을 만한 정당한 사유가 있게 되거나 행사하지 아니할 것으로 추인케 할 경우에 새삼스럽게 그 권리를 행사하는 것이 신의성실의 원칙에 반하는 결과가 될 때 그 권리행사를 허용하지 않는 것을 의미한다.
> 1975. 12. 31 법률 제2805호로 전면 개정 공포된 현 행정서사법 부칙 제2항이 이 법 시행 당시 종전의 규정에 의하여 허가받은 행정서사는 그 업무분야에 따라 각각 이 법에 의한 일반 또는 해사에 관한 행정서사의 허가를 받은 것으로 본다고 규정하고 있으나 이는 신·구법상 행정서사로 될 수 있는 자격요건이 다르지만 이미 구법에 의하여 적법하게 그 허가를 받은 자는 신법하에서도 그대로 그 자격을 인정하여 준다는 취지에 불과한 것이지 소론처럼 같은 규정이 구법상의 무자격자에게 허가를 내준 법률상하

자가 있었더라도 신법에 의한 허가를 받은 것으로 본다는 취지는 아니다.

현 행정서사법 제8조 제2호에는 같은 법상의 자격이 없음이 판명된 때에는 허가관청이 그 허가를 취소할 수 있도록 규정하고 있어 위에서 본 부칙규정에 의하여 신법하에서도 그 자격을 인정받고 있던 원고에게 그가 실은 구법하에서도 무자격자인데 착오로 자격자인줄 잘못알고 허가를 내주었음이 판명되었다 하여 그에 따라 한 피고의 처분이 법률불소급의 원칙에 반한 위법한 처분이라고 볼 수도 없다.

이 사건에 관하여 보면 원고가 허가 받은 때로부터 20년이 다되어 피고가 그 허가를 취소한 것이기는 하나 피고가 취소사유를 알고서도 그렇게 장기간 취소권을 행사하지 않은 것이 아니고 1985. 9. 중순에 비로소 위에서 본 취소사유를 알고 그에 관한 법적처리방안에 관하여 다각도로 연구검토가 행해졌고 그러한 사정은 원고도 알고 있었음이 기록상 명백하여 이로써 본다면 상대방인 원고에게 취소권을 행사하지 않을 것이란 신뢰를 심어준 것으로 여겨지지 않으니 피고의 처분이 실권의 법리에 저촉된 것이라고 볼 수 있는 것도 아니다.

그리고 허가 등과 같이 상대방에게 이익을 주는 행정행위에 있어서는 취소원인이 존재한다는 이유만으로 취소할 수는 없고 취소하여야 할 공익상의 필요와 취소로 인하여 당사자가 입을 불이익을 비교·교량하여 취소여부를 결정하여야 하나 이 사건에서 행정서사의 허가를 받을 자격이 없는 원고가 행정청의 착오로 그 허가를 받았다가 그 후 그것이 드러나 허가 취소됨으로써 입게 되는 불이익보다는 자격 없는 자에게 나간 허가를 취소하여 공정한 법 집행을 함으로써 법질서를 유지시켜야 할 공익상의 필요가 더 크다 할 것이다.

■ 대법원 1992. 2. 28. 선고 91다28221 판결
실효의 법리란 본래 권리 행사의 기회가 있음에도 불구하고 권리자가 장기간에 걸쳐 그의 권리를 행사하지 아니하였기 때문에 의무자인 상대방은 그가 권리를 행사하지 아니할 것으로 믿게 되고 그렇게 믿는 데 있어 정당한 사유가 있거나, 권리를 행사하지 아니할 것으로 추인되는 경우에 새삼스럽게 그 권리를 행사하는 것이 신의칙에 반하는 결과가 되어 그 권리 행사를 허용하지 아니하는 것을 말한다.(대법원 1988. 4. 27. 선고 87누915 판결 ; 대법원 1991. 7. 26. 선고 90다15488 판결 참조).

(4) 計劃保障
행정계획의 존속을 사인이 신뢰하였을 때 행정청이 사후에 그 계획을 변경·폐지하는 경우 그 사인의 보호문제가 대두되는데, 소위 계획보장청구권과 관련하여 논의되고 있다.

(5) 法令의 改正과 信賴保護原則

■ 대법원 2007. 10. 29. 선고 2005두4649 전원합의체 판결
[법령의 개정에서 신뢰보호원칙이 적용되어야 하는 이유 및 신뢰보호원칙의 위배 여부
  를 판단하는 방법]
 법령의 개정에 있어서 신뢰보호원칙이 적용되어야 하는 이유는 어떤 법령이 장래에도
그대로 존속할 것이라는 합리적이고 정당한 신뢰를 바탕으로 국민이 그 법령에 상응하
는 구체적 행위로 나아가 일정한 법적 지위나 생활관계를 형성하여 왔음에도 국가가
이를 전혀 보호하지 않는다면, 법질서에 대한 국민의 신뢰는 무너지고 현재의 행위에
대한 장래의 법적 효과를 예견할 수 없게 되어 법적 안정성이 크게 저해되기 때문이라
할 것이고, 이러한 신뢰보호는 절대적이거나 어느 생활영역에서나 균일한 것은 아니고
개개의 사안마다 관련된 자유나 권리, 이익 등에 따라 보호의 정도와 방법이 다를 수
있으며, 새로운 법령을 통하여 실현하고자 하는 공익적 목적이 우월한 때에는 이를 고
려하여 제한될 수 있다고 할 것이므로, 이 경우 신뢰보호 원칙의 위배 여부를 판단하
기 위해서는 한편으로는 침해받은 이익의 보호가치, 침해의 중한 정도, 신뢰가 손상된
정도, 신뢰침해의 방법 등과 다른 한편으로는 새 법령을 통해 실현하고자 하는 공익적
목적을 종합적으로 비교·형량하여야 할 것이다(대법원 2006. 11. 16. 선고 2003두
12899 전원합의체 판결, 대법원 2007. 11. 16. 선고 2005두8092 판결 참조).

■ 대법원 2009. 9. 10. 선고 2008두9324 판결
 행정처분은 그 근거 법령이 개정된 경우에도 경과규정에서 달리 정함이 없는 한 처분
당시 시행되는 개정 법령과 그에 정한 기준에 의하는 것이 원칙이고, 그 개정 법령이
기존의 사실 또는 법률관계를 적용대상으로 하면서 국민의 재산권과 관련하여 종전보
다 불리한 법률효과를 규정하고 있는 경우에도 그러한 사실 또는 법률관계가 개정법령
이 시행되기 이전에 이미 완성 또는 종결된 것이 아니라면 이를 헌법상 금지되는 소급
입법에 의한 재산권 침해라고 할 수는 없으며, 그러한 개정 법령의 적용과 관련하여서
는 개정 전 법령의 존속에 대한 국민의 신뢰가 개정 법령의 적용에 관한 공익상의 요
구보다 더 보호가치가 있다고 인정되는 경우에 그러한 국민의 신뢰를 보호하기 위하여
그 적용이 제한될 수 있는 여지가 있을 따름이다(대법원 1995. 11. 21. 선고 94누
10887 판결, 대법원 2000. 3. 10. 선고 97누13818 판결, 대법원 2009. 4. 23. 선
고 2008두8918 판결 참조). 그리고 이러한 신뢰보호의 원칙 위배 여부를 판단하기
위해서는 한편으로는 침해받은 이익의 보호가치, 침해의 중한 정도, 신뢰가 손상된 정
도, 신뢰침해의 방법 등과 다른 한편으로는 개정 법령을 통해 실현하고자 하는 공익적
목적을 종합적으로 비교·형량하여야 한다(대법원 2006. 11. 16. 선고 2003두12899
전원합의체 판결 참조).
 구 조세특례제한법 부칙 제1조, 제2조 제1항의 규정에 의하면, 개정 법률 시행 전에
이미 과세요건이 완성된 법인세액의 감면분까지 소급하여 그 혜택을 박탈하는 것도 아

니다. 그렇다면, 정책적·잠정적·일시적 조세우대조치라 할 한시적 법인세액 감면제도를 시행하다가 구 조세특례제한법 제2조 제3항을 신설하면서 법인세액 감면 대상이 되지 아니하는 업종으로 변경된 기업에 대하여 아무런 경과규정을 두지 아니하였다고 하여, 구 조세특례제한법 제2조 제3항이 헌법상의 평등의 원칙, 재산권의 보장, 과잉금지의 원칙, 신뢰보호의 원칙 등에 위반된다고 할 수 없다(헌법재판소 1995. 3. 23. 선고 93헌바18, 31 결정, 헌법재판소 2006. 12. 28. 선고 2005헌바59 결정 참조).

5. 信賴保護原則의 限界

(1) 信賴保護原則과 法治國家原理의 衝突

 신뢰보호의 원칙이 법치국가의 원리와 충돌하는 경우 행정의 법률적합성과 법적안정성의 관계가 문제된다.

 이에 대하여, 법률적합성우위설, 동위설, 이익형량설(이익교량설 ; 비교형량설)등 대립이 있으나 신뢰보호의 원칙이 현대행정국가의 전개상황에 따라 국민의 권익을 보호하기 위해 출현한 원칙이라는 점을 고려할 때, 경우에 법률적합성이나 법적 안정성 중 무엇을 앞세울 것인가는 적절한 비교형량으로 해결되어야 할 것이다. 법률적합성원칙(법치주의)의 실현에 대한 공익(적법상태 실현의 공익성)과 당해 선행조치의 존속에 대한 관계자의 사익(행정 작용의 존속에 대한 신뢰)을 비교·형량하여 결정해야 할 것이다.

■ 대법원 2000. 2. 25. 선고 99두10520 판결
 운전면허 취소사유에 해당하는 음주운전을 적발한 경찰관의 소속 경찰서장이 사무착오로 위반자에게 운전면허정지처분을 한 상태에서 위반자의 주소지 관할 지방경찰청장이 위반자에게 운전면허취소처분을 한 것은 선행처분에 대한 당사자의 신뢰 및 법적 안전성을 저해하는 것으로서 허용될 수 없다.

■ 대법원 1987. 9. 8. 선고 87누373 판결
 구 도로교통법(1980. 12. 31. 개정 법률 제3346호) 제65조에 의하면 관할관청은 운전면허를 받은 자가 동조 제2호 내지 제6호에 해당하는 위반행위를 하였을 때에는 그 운전면허를 취소하거나 그 효력을 정지(1년 이내)하는 행정처분을 할 수 있도록 규정하고 있는바, 위와 같은 행정처분은 그 성질상행정청의 재량행위에 속하는 것이므로(대법원 1984. 1. 31. 선고 83누451 판결 참조) 피고가 이 사건 운전면허를 취소하는 행정처분을 함에 있어서는 그 위반행위의 정도를 감안하여 운전면허를 취소하고자 하는 공익목적과 그 취소처분에 의하여 원고가 입게 될 불이익을 비교·형량하여야 할 것이다.
 택시운전사가 1983. 4. 5 운전면허 정지기간 중의 운전행위를 하다가 적발되어 형사

처벌을 받았으나 행정청으로부터 아무런 행정조치가 없어 안심하고 계속 운전업무에 종사하고 있던 중 행정청이 위 위반행위가 있은 이후에 장기간에 걸쳐 아무런 행정조치를 취하지 않은 채 방치하고 있다가 3년여가 지난 1986. 7. 7에 와서 이를 이유로 행정제재를 하면서 가장 무거운 운전면허를 취소하는 행정처분을 하였다면75) 이는 행정청이 그간 별다른 행정조치가 없을 것이라고 믿은 신뢰의 이익과 그 법적 안정성을 빼앗는 것이 되어 매우 가혹할 뿐만 아니라 비록 그 위반행위가 운전면허취소 사유에 해당한다 할지라도 그와 같은 공익상의 목적만으로는 위 운전사가 입게 될 불이익에 견줄 바 못 된다 할 것이다.

(2) 公益

공익 또는 제3자의 정당한 이익을 해할 우려가 없어야 한다.

■ 대법원 1998. 11. 13. 선고 98두7343 판결
 일반적으로 행정상의 법률관계에 있어서 행정청의 행위에 대하여 신뢰보호의 원칙이 적용되기 위하여는, 첫째 행정청이 개인에 대하여 신뢰의 대상이 되는 공적인 견해표명을 하여야 하고, 둘째 행정청의 견해표명이 정당하다고 신뢰한 데에 대하여 그 개인에게 귀책사유가 없어야 하며, 셋째 그 개인이 그 견해표명을 신뢰하고 이에 어떠한 행위를 하였어야 하고, 넷째 행정청이 위 견해표명에 반하는 처분을 함으로써 그 견해표명을 신뢰한 개인의 이익이 침해되는 결과가 초래되어야 하고, 어떠한 행정처분이 이러한 요건을 충족할 때에는, 공익 또는 제3자의 정당한 이익을 해할 우려가 있는 경우가 아닌 한, 신뢰보호의 원칙에 반하는 행위로서 위법하게 된다고 할 것이므로, 행정처분이 이러한 요건을 충족하는 경우라고 하더라도 행정청이 앞서 표명한 공적인 견해에 반하는 행정처분을 함으로써 달성하려는 공익이 행정청의 공적 견해표명을 신뢰한 개인이 그 행정처분으로 인하여 입게 되는 이익의 침해를 정당화할 수 있을 정도로 강한 경우에는 신뢰보호의 원칙을 들어 그 행정처분이 위법하다고는 할 수 없다(대법원 1999. 3. 9. 선고 98두19070 판결 참조).

(3) 信賴保護의 原則과 行政法規의 遡及效 禁止

 행정법규의 소급효를 허용하는 것은 관계인의 신뢰보호를 위태롭게 한다. 그러나 소급적용을 하더라고 국민의 기득권을 침해하지 않고 오히려 권리 이익을 부여하거나, 불이익 또는 고통을 제거하는 경우에는 소급적용도 신뢰보호원칙의 취지에 비추어 허용된다.

---

75) 운전면허취소처분의 법적 성질은 수익적 행정행위의 철회로 보아야 할 것이다.

이러한 소급효금지는 이미 과거에 완성 종료된 사실 또는 법률관계를 규율의 대상으로 하는 이른바 진정소급효에만 적용되고, 이미 과거에 시작했지만 아직 완성·종료되지 않고 진행과정에 있는 사실 또는 법률관계를 규율의 대상으로 하는 이른바 부진정소급효의 경우에는 당사자의 신뢰보호보다 입법자의 입법형성권이 우선되기 때문에 소급적용금지원칙의 적용이 없는 것이 보통이나, 이 경우에도 신구관계를 조정하기 위해 보통 경과규정이 법령에서 두어진다고 하는 견해와[76] 부진정소급효의 원칙적 금지 및 예외적 허용이 타당하며 이 경우 의문의 소지가 있기 때문에 통상 법령의 부칙에 경과조치를 두어 입법적으로 이를 해결하고 있다는 견해,[77] 원칙적으로 부진정소급효의 경우에는 신뢰보호의 원칙에 어긋나지 않으나 진정소급효와 부진정소급효의 구별은 법기술적인 기준에 의한 것일 뿐 절대적인 구별은 아니며 구체적 사안에서 개인의 법적 안정과 행정의 법률적합성의 실체적 비교교량이 요구되므로 법령이나 행정행위를 통한 부진정소급효의 경우에도 개인의 신뢰를 침해하는 것이 얼마든지 가능하다는 견해[78]가 대립된다.

■ 헌법재판소 2001. 2. 22. 선고 98헌바19 결정
[새로운 입법이 신뢰보호의 원칙을 위배한 것인지 여부를 판단하기 위한 기준]
 새로운 입법이 신뢰보호의 원칙을 위배한 것인지 여부를 판단하기 위하여는 침해받은 이익의 보호가치, 침해의 정도, 신뢰의 손상 정도, 신뢰침해의 방법 등을 새 입법이 목적으로 하는 공익과 종합적으로 비교·형량하여야 한다.
 사업시행자가 국가 또는 지방자치단체로부터 인가 등을 받아 개발사업을 시행한 결과 개발사업 대상토지의 지가가 상승하여 정상지가 상승분과 투입된 비용을 초과하는 개발이익이 생긴 경우, 그 일부는 불로소득적인 이익이므로 그 보호가치가 그다지 크지 않은 반면, 인구에 비하여 국토가 좁은 상황에서 토지에 대한 투기를 방지하고 토지의 효율적인 이용을 촉진함을 목적으로 하는 개발부담금제도의 공익적 가치는 매우 중요하다.
 이 사건 청구인이 개발사업을 시행하기 전에도 이미 국토이용관리법에 의하여 개발사업시행자의 개발부담금납부의무가 존재하였지만, 단지 동법에 의하여 그 시행이 유보되고 있었을 뿐이므로 개발부담금의 미부과(未賦課)에 대한 신뢰가 실제로는 개발부담금 부과의 계속적 유보에 대한 기대 정도에 불과하여 그 보호가치가 크다고 할 수 없다.
 개발이익환수에관한법률 시행 전에 사업에 착수한 경우에는 착수한 때부터 동법 시행일까지의 기간에 상응하여 안분되는 개발이익부분을 동법 제8조의 부과기준에서 제외함으로써 동법 시행 전에 사업을 시작한 자의 신뢰이익을 기본적으로 부과대상에서 제외하고 있으므로 동법 시행 전에 개발사업에 착수한 사업시행자에 대하여도 개발부담

---

76) 朴鈗炘, 91쪽.
77) 韓堅愚, 61쪽.
78) 金性洙, 110쪽.

금을 부과함으로써 그러한 사업자가 지니고 있던 개발부담금의 미부과에 대한 신뢰가 손상된다 하여도 그 손상의 정도 및 손해는 비교적 크지 않음에 반하여 이로써 달성하려고 하는 공익은 훨씬 크므로 이와 같은 신뢰의 손상은 신뢰보호의 원칙에 위배되는 것이 아니다.

(4) 存續保護

보호대상이 재산권인 경우 보상의 범위와 관련하여 다툼이 있으나 보상보호(재산권에 갈음하는 보호)를 원칙으로 하고 존속보호(재산권 그 자체의 보호)는 예외적으로 인정하는 것이 타당할 것이다.[79]

(5) 事情變更

신뢰보호의 구속력은 상황의 변화에 따라 배제될 수 있다.

(6) 무효인 행정행위

신뢰보호가 문제되지 않는다.

■ 대법원 1987. 4. 14. 선고 86누459 판결
 임용당시 공무원임용결격사유가 있었다면 비록 국가의 과실에 의하여 임용결격자임을 밝혀내지 못하였다 하더라도 그 임용행위는 당연무효로 보아야 하고, 국가가 공무원임용결격사유가 있는 자에 대하여 결격사유가 있는 것을 알지 못하고 공무원으로 임용하였다가 사후에 결격사유가 있는 자임을 발견하고 공무원임용행위를 취소함은 당사자에게 원래의 임용행위가 당초부터 당연무효이었음을 통지하여 확인시켜 주는 행위에 지나지 아니하는 것으로 보아야 하므로 당연무효의 임용행위임을 확인시켜주는 의미에서 당초의 임용처분을 취소함에 있어서는 신의칙 내지 신뢰의 원칙을 적용할 수 없고, 그러한 의미의 취소권은 시효로 소멸되는 것도 아니다.

■ 대법원 1989. 4. 11. 선고 87다카131 판결
 학생에 대한 학교의 편입학허가, 대학교졸업인정, 대학원입학, 공학석사학위 수여 등이 그 자격요건을 규정한 교육법 제111조, 제112조, 제115조에 위반되어 무효라면 이와 같은 당연무효의 행위를 학교법인이 취소하는 것은 그 편입학허가 등의 행위가 처음부터 무효이었음을 당사자에게 통지하여 확인시켜주는 것에 지나지 않으므로 여기에 신의칙 내지 신뢰의 원칙을 적용할 수 없고 그러한 뜻의 취소권은 시효로 인하여

---

79) 이에 반대하는 견해(강구철, 105쪽 ; 홍정선 107쪽)도 있다.

소멸하지도 않으며 그와 같은 자격요건에 관한 흠은 학교법인이나 학생 또는 일반인들에 의하여 치유되거나 정당한 것으로 추인될 수 있는 성질의 것도 아니다.

 교육법 제1조, 제108조 및 제74조 등에 의하면 대학교수에게는 항상 누구에게나 사표가 될 품성과 자질은 물론 대학생에게 지도적 자격을 도야시켜야 할 고도의 윤리성도 함께 갖출 것을 요구하고 있으므로 오랫동안 교수직에 있었다거나 학술적인 공헌이 크더라도 학력을 속여 편입학허가 등을 받았다면 그 취소가 신의칙에 위반된다고 할 수 없고, 당사자로서도 그것이 위법하게 이루어진 것임을 알고 있어 언젠가는 취소될 것도 예상하고 있었을 터이므로 학교법인이 미리 그와 같은 흠을 발견하지 못하였다거나 오랜 시간이 흐른 후 취소에 이르렀음을 탓하여 신뢰의 이익을 원용할 수도 없다.

6. 違反의 效果와 救濟

 신뢰보호의 원칙에 반하는 행정작용은 위법하나, 당연무효는 아니다. 따라서 상대방은 국가배상, 행정쟁송 등을 통해 권리구제를 받을 수 있을 것이다.

▣ 대법원 1999. 3. 9. 선고 98두19070 판결
 일반적으로 행정상의 법률관계 있어서 행정청의 행위에 대하여 신뢰보호의 원칙이 적용되기 위하여는, 첫째 행정청이 개인에 대하여 신뢰의 대상이 되는 공적인 견해표명을 하여야 하고, 둘째 행정청의 견해표명이 정당하다고 신뢰한 데에 대하여 그 개인에게 귀책사유가 없어야 하며, 셋째 그 개인이 그 견해표명을 신뢰하고 이에 어떠한 행위를 하였어야 하고, 넷째 행정청이 위 견해표명에 반하는 처분을 함으로써 그 견해표명을 신뢰한 개인의 이익이 침해되는 결과가 초래되어야 하며, 어떠한 행정처분이 이러한 요건을 충족할 때에는, 공익 또는 제3자의 정당한 이익을 현저히 해할 우려가 있는 경우가 아닌 한, 신뢰보호의 원칙에 반하는 행위로서 위법하게 된다고 할 것이다 (대법원 1998. 5. 8. 선고 98두4061 판결, 대법원 1998. 11. 13. 선고 98두7343 판결 참조).

---

7. 小結

 행정청이 자기의 과거 언동에 반하는 주장을 함으로써 그 과거언동을 신뢰한 상대방의 이익을 해치는 일이 허용되지 않는다고 함은, 그것을 신뢰보호의 원칙이라고 부르든 禁反言法理라고 부르든 그 근저에는 正義의 이념이 깔려있다고 할 것이다.

원래 禁反言法理은 실정법상 형식적으로는 적법하게 인정되는 행위임에도 불구하고 개별적·구체적 사정아래에서 이를 행하는 것이 법의 근저를 이루는 정의의 이념에 반한다

는 데서 이를 행하는 것이 허용되지 않는다는 법리이다.

법률상의 규정을 형식적으로 관철하는 것보다 사실상의 행정작용을 신뢰한데 대해 아무런 탓할 점이 없는 성실·선량한 국민의 신뢰이익을 보호하는 것이 공익보다 더 강하게 요청되는 경우가 있음을 부정할 수는 없을 것이다. 행정청의 행정작용이 법률의 근거에 의해서 행하여졌다고 해서 항상 적법성이 담보되는 것은 아니다.

공평을 지향하고 신뢰보호라는 구체적 타당성을 확보하기 위해서는 앞으로 다양하고 복잡한 행정작용으로 인해 권리침해를 받은 경우 그 비교형량에 의해 공익보다 사익을 더 강하게 보호하여야 할 필요성이 있는 경우에는 신뢰보호의 원칙이나 비례의 원칙 등 행정법의 일반원칙이 원고적격을 확대하는 잣대로 자리매김을 하여야 할 것이다. 이처럼 신뢰보호의 원칙은 정의의 이념이 법치국가원칙을 통하여 실질화, 구체화 된 것이라고 할 수 있어 실질적 법치주의를 실현하는 초석이 될 수 있다고 하겠다.

Ⅶ. 信義誠實의 原則·權利濫用禁止의 原則

신의성실의 원칙과 권리남용금지의 원칙은 사법에서 발달한 원칙(민법 제2조 제①,②항)이지만 공법의 영역에도 적용된다. 국세기본법 제15조, 행정절차법 제4조 제1항(행정청은 직무를 수행함에 있어서 신의에 따라 성실히 수행하여야 한다.) 등의 규정에서 찾아 볼 수 있다.

> ■ 대법원 1992. 5. 26. 선고 92다3670 판결
> 일반적으로 권리의 행사는 신의에 좇아 성실히 하여야 하고 권리는 남용하지 못하는 것이므로 권리자가 실제로 권리를 행사할 수 있는 기회가 있었음에도 불구하고 상당한 기간이 경과하도록 권리를 행사하지 아니하여 의무자인 상대방으로서도 이제는 권리자가 권리를 행사하지 아니할 것으로 신뢰할 만한 정당한 기대를 가지게 된 다음에 새삼스럽게 그 권리를 행사하는 것이 법질서 전체를 지배하는 신의성실의 원칙에 위반하는 것으로 인정되는 결과가될 때에는 이른바 실효의 원칙에 따라 그 권리의 행사가 허용되지 않는다고 보아야 할 것이다.

> ■ 대법원 1985. 4. 23. 선고 84누593 판결
> [조세법률관계에 있어서 과세관청의 행위에 대하여 신의성실의 원칙이 적용되기 위한 요건]
> 신의성실의 원칙은 자기의 언동을 신뢰하여 행동한 상대방의 이익을 침해하여서는 안 된다는 것을 의미하여, 일반적으로 조세법률관계에서 과세관청의 행위에 대하여 신의성실의 원칙이 적용되는 요건으로서는 첫째로, 과세관청이 납세자에게 신뢰의 대상이 되는 공적인 견해표명을 하여야 하고 둘째로, 과세관청의 견해표명이 정당하다고 신뢰

한데에 대하여 납세자에게 귀책사유가 없어야 하며 셋째로, 납세자가 그 견해표명을 신뢰하고 이에 따라 무엇인가 행위를 하여야 하고 넷째로, 과세관청이 위 견해표명에 반하는 처분을 함으로써 납세자의 이익이 침해되는 결과가 초래되어야 한다는 점을 들 수 있으며, 이러한 요건을 모두 충족할 때에는 과세관청의 처분은 신의성실의 원칙에 위반되는 행위로서 위법하다고 보게 되는 것이다.

■ 대법원 1997. 3. 20. 선고 95누18383 전원합의체 판결
[조세소송에서의 신의성실의 원칙의 적용 기준]
 조세소송에서의 신의성실의 원칙의 적용은 조세소송 절차법과 관련한 적용 및 실체법과 관련한 적용으로 나누어 볼 수 있고 조세소송의 절차법과 관련한 적용은 민사소송에서의 그것과 특별히 구분된다 할 수 없을 것이지만, 조세법률주의에 의하여 합법성의 원칙이 강하게 작용하는 조세 실체법과 관련한 적용은 사적자치의 원칙이 지배하는 사법에서보다는 제약을 받으며 합법성을 희생하여서라도 구체적 신뢰보호의 필요성이 인정되는 경우에 한하여 비로소 적용된다고 할 것이다. 더구나 납세의무자가 과세관청에 대하여 자기의 과거의 언동에 반하는 행위를 하였을 경우에는 세법상 조세감면 등 혜택의 박탈, 신고불성실·기장불성실·자료불제출가산세 등 가산세에 의한 제재, 각종 세법상의 벌칙 등 불이익처분을 받게 될 것이며, 과세관청은 실지조사권을 가지고 있는 등 세법상 우월한 지위에서 조세과징권을 행사하고 있고, 과세처분의 적법성에 대한 입증책임은 원칙적으로 과세관청에 있는 점 등을 고려한다면, 납세의무자에 대한 신의성실의 원칙의 적용은 극히 제한적으로 인정하여야 하고 이를 확대해석하여서는 안 될 것이므로(대법원 1996. 9. 10. 선고 95누7239 판결, 대법원1993. 6. 8. 선고 92누12483 판결 참조), 납세의무자의 배신행위를 이유로 한 신의성실의 원칙의 적용은 그 배신행위의 정도가 극히 심한 경우가 아니면 허용하여서는 안 될 것이다.
 따라서 신의성실의 원칙과 동열시되거나 한 적용례로 통용되는 금반언의 원칙을 적용함에 있어서도 객관적으로 모순되는 행태가 존재하고 그 행태가 납세의무자의 심한 배신행위에 기인하였으며 그에 의하여 야기된 과세관청의 신뢰가 보호받을 가치가 있는 것이어야 할 것이다.80)

---

80) 대법원 2011.7.21. 선고 2010두23644 전원합의체 판결(구 소득세법(2006. 12. 30. 법률 제8144호로 개정되기 전의 것, 아래에서는 '구 소득세법'이라고 한다) 제4조 제1항은 거주자의 소득을 종합소득, 퇴직소득, 양도소득, 산림소득으로 구분하면서 그 중 양도소득을 '자산의 양도로 인하여 발생하는 소득'(제3호)이라고 규정하고 있다. 이와 같이 양도소득세는 자산의 양도로 인한 소득에 대하여 과세되는 것이므로, 외관상 자산이 매매·교환·현물출자 등(아래에서는 '매매 등'이라고 한다)에 의하여 양도된 것처럼 보이더라도, 그 매매 등의 계약이 처음부터 무효이거나 나중에 취소되는 등으로 효력이 없는 때에는, 양도인이 받은 매매대금 등은 원칙적으로 양수인에게 원상회복으로 반환되어야 할 것이어서 이를 양도인의 소득으로 보아 양도소득세의 과세대상으로 삼을 수 없음이 원칙이다.
 그러나 구 소득세법 제88조 제1항 본문은 " 제4조 제1항 제3호 및 이 장에서 '양도'라 함은 자산에 대한 등기 또는 등록에 관계없이 매도, 교환, 법인에 대한 현물출자 등으로 인하여 그 자산이

제8절 行政法의 效力

행정법의 효력이란 행정법이 갖는 구속력을 말하는 바, 이것은 시간적 효력범위·지역적 효력범위, 인적 효력범위의 3가지 관점에서 문제된다.

I. 時間的 效力

성문법은 헌법과 법령이 정하는 바에 따라 공포일 또는 그 후의 일정한 날(시행일)로부터 효력을 발생한다. 그런데 법령에 특별한 규정이 없는 한, 법령은 공포한 날로부터 20일이 경과한 날로부터 효력을 발생한다(소급금지의 원칙 제13조, 지방자치법 제19조 제7항).

1. 效力發生時期

법령의 효력발생시기는 공포일과 시행일에 의하여 결정된다. 법령은 특별한 규정이 없으면 '공포한 날'로부터 20일을 경과함으로써 효력 발생한다.

유상으로 사실상 이전되는 것을 말한다."라고 규정하고 있을 뿐 자산이 유상으로 이전된 원인인 매매 등 계약이 법률상 유효할 것까지를 요구하고 있지는 않다. 한편 매매 등 계약이 처음부터 국토의 계획 및 이용에 관한 법률(아래에서는 '국토계획법'이라고 한다)이 정한 토지거래허가를 배제하거나 잠탈할 목적으로 이루어진 경우와 같이, 위법 내지 탈법적인 것이어서 무효임에도 불구하고 당사자 사이에서는 그 매매 등 계약이 유효한 것으로 취급되어 매도인 등이 그 매매 등 계약의 이행으로서 매매대금 등을 수수하여 그대로 보유하고 있는 경우에는 종국적으로 경제적 이익이 매도인 등에게 귀속된다고 할 것이고 그럼에도 그 매매 등 계약이 법률상 무효라는 이유로 그 매도인 등이 그로 인하여 얻은 양도차익에 대하여 양도소득세를 과세할 수 없다고 보는 것은 그 매도인 등으로 하여금 과세 없는 양도차익을 향유하게 하는 결과로 되어 조세정의와 형평에 심히 어긋난다.

이러한 점 등을 종합적으로 고려하면, 국토계획법이 정한 토지거래허가구역 내의 토지를 매도하고 그 대금을 수수하였으면서도 토지거래허가를 배제하거나 잠탈할 목적으로 매매가 아닌 증여가 이루어진 것처럼 가장하여 매수인 앞으로 증여를 원인으로 한 이전등기까지 마친 경우 또는 토지거래허가구역 내의 토지를 매수하였으나 그에 따른 토지거래허가를 받지 아니하고 이전등기를 마치지도 아니한 채 그 토지를 제3자에게 전매하여 그 매매대금을 수수하고서도 최초의 매도인이 제3자에게 직접 매도한 것처럼 매매계약서를 작성하고 그에 따른 토지거래허가를 받아 이전등기까지 마친 경우에, 그 이전등기가 말소되지 아니한 채 남아 있고 매도인 또는 중간의 매도인이 수수한 매매대금도 매수인 또는 제3자에게 반환하지 아니한 채 그대로 보유하고 있는 때에는 예외적으로, 매도인 등에게 자산의 양도로 인한 소득이 있다고 보아 양도소득세 과세대상이 된다고 봄이 상당하다.

이와 달리, 위와 같은 예외적인 경우에도 자산의 양도에 해당하지 아니하여 그로 인한 소득이 양도소득세 과세대상이 되지 아니한다는 취지로 판시한 대법원 1997. 3. 20. 선고 95누18383 전원합의체 판결, 대법원 2000. 6. 13. 선고 98두5811 판결 등의 견해는 이 판결의 견해에 저촉되는 범위에서 이를 변경한다.)

부칙에서 효력발생시기를 정하는 방법으로는 ①공포일부터 시행하는 방법, ② "공포 후 ○개월부터 시행한다."로 되어 있는 경우, ③ 시행일을 직접 정한 경우가 있는데, 예컨대, "공포 후 3개월부터 시행한다."로 되어 있는 경우 관보게재일이 2002년 12월 12일이라면 2002년 12월 13일 0시부터 기산하여 2003년 3월 12일 24시부터 시행이 되는 것이다.

(1) 公布

① 법률·명령·조약의 공포는 관보 또는 신문에 게재하는 행위를 말한다.(법령등공포에 관한법률 제11조 제①항)
② 조례·규칙의 공포는 당해 지방자치단체의 공보나 신문에 게재하거나 게시판에 게시하는 행위를 말한다.(지방자치법 제19조 제⑧항)
③ 국회의장이 대통령의 법률안거부권행사로 인하여 재의결된 법률을 공포할 경우에는 서울특별시에서 발행하는 2개 이상의 일간신문에 게재하여야 한다.

(2) 法令의 公布日

법령등공포에관한법률의 규정에 공포일은 그 법령 등을 게재한 '관보 또는 신문이 발행된 날'로 한다라고 규정하고 있으나 '공포한 날'의 의미와 관련하여 ① 최초구독가능시설, ② 관보일자영시설, ③ 인쇄완료시설, ④ 발송절차완료시설, ⑤ 최초지방분포시설, ⑥ 최종지방분포시설 등 학설의 대립이 있다. 판례는 공포일은 법령이 관보에 게재되어 그 관보가 중앙보급소에 도달하여 일반인이 볼 수 있는 시점을 공포일로 보고 있다.
예컨대 관보게재일이 만일 12월 12일이라면 공포일이 12월 12일이 아니라 중앙보급소에 도달하여 일반국민이 볼 수 있는 상태로 보기 위해서는 초일을 불산입하여 12월 13일 0시로 본다.

■ 대법원 1970. 7. 21. 선고 70누76 판결
1969. 5. 19. 대통령령 제3938호로서 개정되어 공포한 날부터 시행하기로 되어 있는 '관세법 제28조 제1항 제10호의 규정에 의한 물품지정의 건 중 개정의 건'이 1969. 5. 19.자의 관보에 수록되어 있기는 하나 그 관보의 인쇄와 정부간행물 판매쎈타에의 배치 및 지방보급소 발송의 각 일자가 모두 1969. 5. 21.이었다면 법령 등 공포에 관한 법률 제12조의 규정에 따라 위 대통령령 제3938호의 시행일은 1969. 5. 21.이었다.
공포한 날부터 시행하기로 한 법령 등의 시행일은 그 법령이 수록된 관보의 발행일자가 아니고 그 관보가 정부간행물 판매쎈타에 배치되거나 관보취급소에 발송된 날이다.

▣ 대법원 1969. 11. 25. 선고 69누129 판결

구 광업법 시행령(1952. 7. 8 대통령령 제654호) 3조에 광업에 관한 명령 또는 그 요지를 관보에 게재한 날이라 함은 결국 수신인이 그 게재내용을 알 수 있는 상태에 놓인 것을 전제로 하는 것으로 보아야 할 것임으로 단순히 그 통지내용되는 사항을 관보에 게재한 날을 가리키는 취지가 아니고 그 게재된 관보를 수신인을 포함한 일반인이 열람할 수 있는 상태에 놓인 때를 말한다고 보아야 할 것이므로 구 광업법 시행령3조에 규정하고 있는 관보게재일이란 관보발행일자를 뜻하는 것이 아니고 송달문서의 내용을 게재한 관보가 인쇄된 뒤 전국의 각 관보 보급소에 발송배포되어 이를 일반인이 열람 또는 구독할 수 있는 상태에 놓이게 된 최초의 시기를 뜻한다.

(3) 施行日

법령과 조례·규칙은 그 시행일에 관하여 특별한 규정이 없는 한 공포한 날부터 20일을 경과함으로써 효력을 발생한다(헌법 제53조 제⑦항).

2. 效力消滅時期

한시법의 경우에는 그 기한이 도래함으로써 당연히 효력이 소멸한다. 그 밖의 경우에는 당해 법규 또는 그와 동위·상위의 법규에 의한 명시적 개폐가 있거나 또는 그와 저촉되는 동위·상위의 후법(後法)의 제정에 의하여 효력을 상실한다.

▣ 대법원 1997. 2. 28. 선고 96도2247 판결

수입 냉동감자에 대한 유통기한 표시기준은 구 식품위생법시행규칙(1995. 8. 31. 보건복지부령 제10호로 개정되기 전의 것) 제5조 [별표2]에서 규정하고 있었으나 위 규정들은 법령의 개정으로 폐지되고, 냉동감자에 대한 유통기한의 규정도 그 이후 시행된 보건복지부의 개정고시에 의하여 자율화하도록 변경되었는바, 이러한 법령의 개정은 법률이념의 변천으로 종래의 규정에 따른 처벌 자체가 부당하다는 반성적 고려에서 비롯된 것이라기보다는 국내외 제반 여건의 변화에 따른 식품의 안정성 제고와 양질의 식품개발 촉진 및 국제간의 조화를 기하기 위하여 정책적으로 취하여진 조치에 불과한 것이라고 보이므로, 이와 같이 식품의 유통기한 표시기준이 자율에 맡겨지게 되었다 하더라도 그 이전에 범한 식품위생법위반행위에 대한 가벌성이 소멸되는 것은 아니다.

3. 遡及禁止의 原則

법령은 원칙적으로 그 법령의 효력발생일 이전에 완성된 사항(공포·시행 전의 사실)에

소급하여 적용될 수 없는 바, 이를 소급금지의 원칙 또는 불소급의 원칙이라 부른다.

불소급의 원칙은 진정(眞正)소급효의 금지를 의미한다. 진정소급이라도 관계자에게 유리한 법령은 소급적용이 가능하다. 즉 진정소급입법이 허용되는 경우는 ① 국민이 소급입법을 예상할 수 있었거나 법적상태가 불확실하고 혼란스러워 보호할 만한 신뢰이익이 적은 경우, ② 소급입법에 의한 당사자의 손실이 없거나 아주 경미한 경우, ③ 신뢰보호의 요청에 우선하는 심히 중대한 공익상의 사유가 소급입법을 정당화하는 경우를 들 수 있다.

■ 헌법재판소 1999. 7. 22. 선고 97헌바76, 98헌바50·51·52·54·55(병합) 결정

[진정소급입법과 부진정소급입법의 구별 및 그 허용 여부]

소급입법은 새로운 입법으로 이미 종료된 사실관계 또는 법률관계에 작용케 하는 진정소급입법과 현재 진행 중인 사실관계 또는 법률관계에 작용케 하는 부진정소급입법으로 나눌 수 있는바, 부진정소급입법은 원칙적으로 허용되지만 소급효를 요구하는 공익상의 사유와 신뢰보호의 요청 사이의 교량과정에서 신뢰보호의 관점이 입법자의 형성권에 제한을 가하게 되는데 반하여, 기존의 법에 의하여 형성되어 이미 굳어진 개인의 법적 지위를 사후입법을 통하여 박탈하는 것 등을 내용으로 하는 진정소급입법은 개인의 신뢰보호와 법적 안정성을 내용으로 하는 법치국가원리에 의하여 특단의 사정이 없는 한 헌법적으로 허용되지 아니하는 것이 원칙이고, 다만 일반적으로 국민이 소급입법을 예상할 수 있었거나 법적 상태가 불확실하고 혼란스러워 보호할 만한 신뢰이익이 적은 경우와 소급입법에 의한 당사자의 손실이 없거나 아주 경미한 경우 그리고 신뢰보호의 요청에 우선하는 심히 중대한 공익상의 사유가 소급입법을 정당화하는 경우 등에는 예외적으로 진정소급입법이 허용된다.

진정소급의 경우와 달리 부진정소급은 허용된다.

⁂ 不眞正遡及效

■ 헌법재판소 2001. 2. 22. 선고 98헌바19 결정

개발이익환수에관한법률 부칙 제2조(1993. 6. 11. 법률 제4563호로 개정된 것)는 동법이 시행된 1990. 1. 1. 이전에 이미 개발을 완료한 사업에 대하여 소급하여 개발부담금을 부과하려는 것이 아니라 동법 시행 당시 개발이 진행 중인 사업에 대하여 장차 개발이 완료되면 개발부담금을 부과하려는 것이므로, 이는 아직 완성되지 아니하여 진행과정에 있는 사실관계 또는 법률관계를 규율대상으로 하는 이른바 부진정소급입법에 해당하는 것이어서 원칙적으로 헌법상 허용되는 것이다.

■ 대법원 2000. 3. 10. 선고 97누13818 판결

 행정처분은 그 근거 법령이 개정된 경우에도 경과 규정에서 달리 정함이 없는 한 처분 당시 시행되는 개정 법령과 그에서 정한 기준에 의하는 것이 원칙이고, 그 개정 법령이 기존의 사실 또는 법률관계를 적용대상으로 하면서 국민의 재산권과 관련하여 종전보다 불리한 법률효과를 규정하고 있는 경우에도 그러한 사실 또는 법률관계가 개정 법률이 시행되기 이전에 이미 완성 또는 종결된 것이 아니라면 이를 헌법상 금지되는 소급입법에 의한 재산권 침해라고 할 수는 없으며, 그러한 개정 법률의 적용과 관련하여서는 개정 전 법령의 존속에 대한 국민의 신뢰가 개정 법령의 적용에 관한 공익상의 요구보다 더 보호가치가 있다고 인정되는 경우에 그러한 국민의 신뢰보호를 보호하기 위하여 그 적용이 제한될 수 있는 여지가 있을 따름이다.

 그리고 시행일 이전부터 계속 진행되고 있는 사실에의 신법적용은 가능하다. 행정처분은 처분당시 시행중인 법령의 기준에 의함이 원칙이므로 인·허가 신청 후 법령이 개정되는 경우 개정법령에 의하여 허가여부를 결정해야 한다. 부칙에 구법을 적용하도록 하는 경과규정이 없는 한 종전법령을 적용해서는 아니 된다.

 따라서 행정청이 정당한 이유 없이 처리기간을 늦춘 사이 관계법령이 개정된 경우에는 부적법하다. 구체적 허가기준을 정하도록 위임받은 시행령이 아직 만들어지지 않은 경우 개정·시행 때까지 허가신청에 대한 처리를 보류한 것은 정당한 이유에 해당된다고 할 것이다.

■ 대법원 1995. 4. 25. 선고 93누13728 판결
[계속된 사실이나 새 법령 시행 후에 발생한 부과요건 사실에 대하여 새 법령을 적용하는 것이 소급입법금지의 원칙에 저촉되는지 여부]
 소급입법금지의 원칙은 각종 조세나 부담금 등을 납부할 의무가 이미 성립한 소득, 수익, 재산, 행위 또는 거래에 대하여 그 성립 후의 새로운 법령에 의하여 소급하여 부과하지 않는다는 원칙을 의미하는 것이므로, 계속된 사실이나 새로운 법령 시행 후에 발생한 부과요건 사실에 대하여 새로운 법령을 적용하는 것은 위 원칙에 저촉되지 않는다.(대법원 1990. 2. 27. 선고 89누3557 판결 ; 대법원 1990. 8. 28. 선고 90누3300 판결 ; 대법원 1990. 10. 16. 선고 90누2406 판결)
 따라서 법 부칙 제2조 전단에서 이 법 시행당시 제5조의 규정에 의한 개발사업부과 대상사업 중 사업시행이 완료되지 아니한 사업도 이 법의 적용을 받는다라고 하여 법 시행 전에 착수한 개발사업에 대해서도 개발부담금을 부과하도록 규정하고 있다 하더라도 그 후단에서 이 경우 이 법의 시행일을 당해 개발사업의 착수시점으로 본다라고 하여 법령의 시행 후에 발생한 개발이익에 대해서만 개발부담금을 부과하도록 규정함으로써 개발부담금 납부의무자의 재산권 보장과 법이 추구하는 목적달성과의 조화를

꾀하고 있는 이상, 위 규정이 소급입법금지의 원칙에 위반되는 규정이라 할 수 없다.

Ⅱ. 地域的 效力

1. 原則

 행정법규는 그 법규의 제정권자의 권한이 미치는 지역적 범위 내에서만 효력을 갖는다. 예컨대 대통령령은 전국에 효력을 가지나, 자치법규는 당해 지방자치단체에서만 효력을 갖는다.

2. 例外

(1) 國際法上 治外法權 地域

 국제법상 치외법권을 가지는 외교사절이 사용하는 토지나 외국군대가 주둔한 시설 등이 이에 해당한다.

(2) 法令이 領土內의 一部 地域 안에만 適用되는 境遇

 자유무역지역의지정등에관한법률, 폐광지역개발지원에관한특별법 등에서 규정하고 있다.

Ⅲ. 對人的 效力

 속지주의원칙에 의거하여 행정법규는 당해 지역 안에 있는 모든 사람에 적용된다. 자연인·법인·내국인·외국인을 불문하므로 외국에 있는 내국인에게도 적용된다. 다만 치외법권을 가진 자, 미합중국 군대 구성원은 우리의 행정법의 적용을 받지 아니한다.

제3장 行政上 法律關係

제3장 行政上 法律關係

제1절 概說

행정법도 법이라는 이름을 가진 이상 그 규율의 대상은 법률관계이다. 이것을 행정상 법률관계라고 한다. 법률관계는 생활관계 중 법에 의해 규율되는 권리의무관계이다. 따라서 행정상 법률관계는 행정주체가 당사자가 되는 모든 법률관계의 총칭으로 행정과 관련된 당사자간의 권리의무관계를 의미하는데, 종래의 공·사법 적용여부에 따라 행정상 사법관계와 행정상 공법관계(행정법관계)로 보통 나누어진다.

일반적으로 행정상 법률관계 중 경찰권의 발동이나 조세의 부과·징수와 같은 공법관계는 행정주체가 우월한 의사의 주체로서 법률관계를 맺는 경우이다. 따라서 공법원리가 적용되고, 문제가 된 법률관계에 대한 다툼이나 구제는 행정쟁송의 대상이 된다.

그리고 행정상 법률관계는 다시 국가나 지방자치단체 등의 행정주체 상호간의 관계 및 그 기관 상호간의 관계인 '조직법적 관계'와 행정주체와 그 상대방인 사인과의 관계인 '작용법적 관계'로 나눌 수 있다.

제2절 行政上 法律關係의 類型

Ⅰ. 公法關係와 私法關係

1. 序說

(1) 公法의 存立根據

종래에는 행정권의 특권적 지위를 보장하려는 정치적 이데올로기 산물이었으나 오늘날에는 행정상 법률관계가 사인간의 법률관계와 성질을 달리한다는 법기술적 이유에 공법의 존립근거가 있다.

(2) 制度的 區別

대륙법계는 이원적 법체계를 갖추어 공·사법의 구별이 확립되었으나 영미법계에서는 일원적 법체계로 공·사법을 구별하지 않았다. 여기서 문제되는 공법과 사법의 구별은 선험적·추상적 또는 유형적 구분이 아니라 실정제도상의 경험적·구체적 구분의 문제이다.

2. 問題點

뒤에서 보는 바와 같이 공법과 사법의 근원은 유럽이고 대륙법계 국가와 그 계보에 속하는 국가들은 공법과 사법을 구별하고 있다. 그 중심적 테마는 왜 공법과 사법을 구별하는가(구별의 실익과 의미). 양자를 구별 할 때 어떠한 '척도'에 따를 것인가(구별의 기준)하는 문제이다.

Ⅱ. 公法과 私法의 區別

1. 沿革

공법(ius publicum)이 사법(ius privatum)의 구별은 로마법에 기원을 가지고 있으며, 중세유럽에 계수 되었으며, 우리나라는 일본의 식민지 시대의 영향으로 계수 되었다. 로마법을 계수하지 아니하였던 영국과 미국에서는 공무원도 시민과 같은 법(common law)에 따라야 한다고 생각하였다. 그 결과 영미에서는 유럽과 같은 행정법원(특별법원)은 존재하지 아니하였으며, 따라서 공법과 사법을 구별해야 한다는 의식도 적었다. 다만 최근 영미에서도 위임입법, 행정절차, 사법심사를 중심으로 행정법의 연구가 진행되고 있고, 영국에서는 EU법과의 관계를 중시하고 있다.(유럽법원(Court of Justice of the European Community)의 판례는 기본적으로 공법과 사법을 구별하는 입장을 취하고 있다).

공법과 사법의 문제에 있어서 획기적 의미를 갖는 것은 19세기 초 프랑스의 국참사원(Conseil d'Etat)과 19세기 후반 독일에 설치된 행정법원(Verwaltungsgerichtshof)이다. 왜냐하면 일반법원(사법권을 갖는 법원)과는 별개로 행정법원(행정권을 갖는 법원)이 설치되자 양자의 재판관할을 명확히 해야 할 필요가 있었기 때문이다. 그 때 공법과 사법의 구별이 재판관할을 결정하는 기준(사법사건은 사법법원으로, 공법사건은 행정법원으로)이 되었던 것이다. 그리고 행정법원의 판례의 축적은 점차 행정행위(l'acte administratif, Verwaltungsakt)라는 개념을 형성시켜 이 개념을 주축으로 한 공법이론 체계로서의 행정법학을 탄생시켰다.

우리나라의 경우 전통적인 행정법이론들은 행정소송법의 존재, 소멸시효의 문제 등과 관련하여 공법과 사법을 구별하는 이익이 있다고 보았다. 이에 대하여 소송상의 문제에서 실체법상의 문제를 논하는 것은 본말이 전도된 것이며, 전통이론이 예시하는 실체법상의 문제는 공법·사법의 제도상의 구별을 전제로 하지 아니하더라도 설명이 가능하다는 비판이 있다.

물론 공법과 사법은 전혀 양립할 수 없는 다른 법체계로 이해하는 것은 타당하지 못하다. 행정법학과 사법학의 범위를 결정하는 관점에서 후자에 의해 커버되지 않는 행정에 특유한 법 현상을 설명하기 위해 공법을 이해하는 것이 필요하다. 우리나라의 경우 행정법원과 특허법원이 특별법원의 형태로 설치되었으므로, 이에 대응하는 새로운 이론전개가 필요할 것이다.

2. 區別의 必要性(實益)

공법과 사법의 구별이 필요한 것은 ① 우리의 제도상 소송에는 행정소송과 민사소송이 있으며, ② 법인에는 공법인과 사법인이 있으며, ③ 우리의 법체계에는 공익을 중심으로 하는 법과 사익의 조절을 중심으로 하는 법이 있기 때문이다. 공·사법의 구별은 ⅰ) 행정법학의 대상 획정 내지 성격규정 ⅱ) 행정상의 법관계 내지 행정활동에 대한 적용법규의 결정 ⅲ) 쟁송수단의 결정을 가능하게 한다.

(1) 實體法上의 必要性 – 適用法規의 決定基準
구체적 법률관계에 적용할 법규나 법원칙을 결정하기 위한 기준으로 필요하다.

(2) 節次法上의 必要性 – 裁判管轄과 訴訟節次의 決定基準
공법과 사법을 구별하는 논의의 실익은 법원의 이원체제에서 찾는다. 우선 19세기 프랑스에서는 본래의 법원(사법재판소)과는 별개의 행정법원이 설치되고, 이것이 19세기 후반 독일에 계수 되었다. 그 이유는 시민계급(혁명세력)과 법원의 보수성이라는 역사성에서 출발하고 있다. 법원에 두 종류의 제도가 있게 되자 재판관할을 결정하는 기준이 필요하게 된다. 그 때 공법사건은 행정법원에, 사법사건은 사법법원에 배분하기 위하여 공법과 사법의 구별기준이 중요한 의미를 지니게 되었다.

오늘날에도 공법과 사법의 구별실익은 재판관할 및 소송절차, 행정강제에 있다. 행정주체가 사인의 자격으로 사법상 재산권의 주체로 하는 매매, 임대차, 도급 등으로 이에 대한 사항은 민사소송으로 분쟁을 해결해야 한다. 판례는 국유재산의 매각·임대는 사법관계로 보고 있으나 행정재산의 사용료부과, 귀속재산 매각·임대는 공법관계로 보고 있다. 공공성과 윤리성이 강한 경우 공법관계로 보고 있는 듯하다.

3. 區別에 대한 다툼

(1) 區別否認說(公·私法一元論)
1) 純粹法學派
공법관계도 법률관계인 점(양당사자간의 권리 의무관계를 규율하는 점)에서 사법관계와 본질적 차이가 없고 법적으로는 국가도 하나의 권리의 주체에 지나지 않는다. 다만 공법관계에 있어서 국가의사에 잉여가치가 인정되는데 불과하다는 설이다(Kelsen, Merkl).

2) 市民法的 公法論

공법과 사법은 각각 고유한 원리를 가진 이질적이고도 상호독립적인 법체제로 볼 것이 아니라 공법은 시민사회의 자기완결적인 시민법의 체계를 전제로 하고 그것과의 기본적 동질성을 가지면서 시민법을 수정 또는 보충하는 특별법적 성격으로 이해하여야 한다. 따라서 공법과 사법을 다르게 법적 취급할 것인지의 여부는 입법정책의 문제이다.

(2) 區別肯定說(區別認定說)

구별긍정설이 오늘날 다수설이다. 이에 대한 구체적 내용은 뒤의 구별기준에서 보기로 한다.

4. 區別基準

(1) 主體說

1) 舊主體說

법률관계의 주체가 누구인가에 주목하는 학설이다. 이 견해에 따르면 양자가 사인 또는 사적 단체인 경우에는 사법이고, 그 일방 또는 쌍방이 국가 또는 공공단체인 경우에는 공법이라는 것이다. 즉 공법은 국가 등 행정주체를 적어도 일방당사자로 하는 법률관계를 규율하고, 사법은 사인 상호간의 법률관계를 규율한다고 한다.

그러나 이 설에 의하면 사법에 의한 행정이 이루어지고 있는 점(예를 들면, 사인의 공법행위, 공공단체 상호간의 계약)을 설명할 수 없다는 데 문제가 있다.

2) 新主體說(歸屬說, 特別法說, 法規說, 修正된 主體說)

이는 권리의무의 귀속주체를 기준으로 하여 공법은 공권력의 擔荷者(담당자, 귀속주체)에 대해서만 권리의무를 귀속시키고, 사법은 누구에게나 권리의무를 귀속시킨다고 한다.

이는 공권력 주체로서의 행정주체를 전제로 하나 구체적 법률관계에서 국가 등의 행정주체가 공권력 주체로서의 지위를 가지는가 여부는 관계법규가 공법인지 여부에 의하여 비로소 결정된다는 점에서 비판받고 있다.

(2) 權力說(性質說, 支配(關係)說, 從屬說, 服從說)

법률관계의 성질에 주목하는 학설이다. 대등관계 내지 비권력관계를 규율하는 법을 사법이라고 하며, 상하관계·지배복종관계 내지 권력관계를 규율하는 법을 공법이라고 보는 입장이다.

그러나 오늘날 중요시되고 있는 급부행정의 영역은 기본적으로 비권력관계이지만 공익상의 이유에서 순수한 사법관계와는 다른 특수한 규율을 하는 경우(예를 들면, 국유재산의 관리관계)를 권력설은 설명할 수 없다.

(3) 利益說(目的說)

법의 보호목적에 주목하는 학설이다. 개인적 이익(사익)을 보호하는 법이 사법이고, 공공의 이익(공익)을 보호하는 법이 공법이라고 보는 입장이다.

그러나 공익과 사익의 구별이 불분명하고 법이 양자 모두를 보호의 목적으로 하고 있는 경우(예 : 토지수용)도 있다는 점에서 이익설의 타당성에 의문이 제기되고 있다.

(4) 生活(關係)說

법이 규율하는 생활관계를 기준으로 하여 공법은 정치적 생활관계를 규율하고 사법은 민사적 생활관계를 규율한다고 한다.

(5) 折衷說

권력설과 이익설을 병용하여 공법을 정의하려는 입장이 나타나게 되었는데, 이를 절충설이라고 한다.

그 대표적인 학설은 공법관계를 권력관계(지배관계)와 관리관계(서비스 제공관계)로 나누어, 전자를 본래적인 공법관계, 후자를 전래적인 공법관계로 부른다. 본래적 공법관계는 국가나 지방공공단체가 공권력의 주체로서 국민에 대립하는 것이며, 세금의 징수, 토지수용, 건축이나 교통의 규제가 그 예이다.

이에 반하여 전래적인 공법관계는 국가나 지방공공단체가 재산권의 주체로서 국민과 대등한 입장에서 경제활동을 행하는 경우로서 공기업의 경영이나 공물의 관리 등이 이에 포함된다.

따라서 본래적인 공법관계는 권력설에 의하여, 전래적 공법관계는 이익설에 의하여 공법관계가 된다고 설명한다.

(6) 複數基準說

위와 같은 각각의 학설은 나름대로 공법과 사법의 구별기준을 제시하고 있지만 완벽하지는 못하다. 오늘날 행정활동의 다양성에 비추어 하나의 기준에 의해 공법과 사법을 구별하는 것은 어렵고, 공사법 관계의 구분은 논리 필연의 소산이 아니고 각국에 특유한 정치적·현실적 고려의 소산이며 어떠한 이론에도 경계선상의 문제는 남으므로 종합적으로 고려하여 문제의 법이 공법인지 사법인지를 판단하여야 할 것이다.

국가적·공익적·윤리적·지배적 규율의 성질을 가진 법은 공법, 개인적·사익적·경제적·평등적 규율의 성질을 가진 법은 사법이라고 할 수 있다.

5. 公法과 私法의 交錯과 融合

(1) 交錯

1) 公·私法混合關係

공기업의 계속적 이용관계가 그 예이다.

2) 公法的 行爲에 의해 私法的 效果를 發生시키는 境遇

토지수용으로 토지소유권의 취득, 광업허가 또는 어업면허로 사권인 광업권 또는 어업권이 발생하는 경우 등이 그 예이다.

3) 公法的 行爲가 私法的 法律行爲의 要素가 되는 境遇

특허기업의 양도에 행정청의 인가, 비영리법인의 설립인가 또는 공익사업의 양도인가와 같이 일정한 사법적 법률행위의 효력이 행정청의 인가에 의존하는 경우 등이 그 예이다.

4) 公法에 의해 私法上의 行爲에 一定한 制限이 加해지는 境遇

영업, 건축 관계법규에 의한 단속, 각종 영업이 경찰법에 의하여 제한을 받는 경우 등이 그 예이다.

(2) 融合

공·사법 구별의 상대화는 공·사법융화현상을 가져왔고 이는 중간법적 성격을 띤 사회법 영역에서 두드러진다.

Ⅲ. 行政組織法的 關係와 行政作用法的 關係

1. 行政組織法的 關係

행정조직법적 관계는 상하행정청간의 관계, 대등행정청간의 관계인 행정조직 내부관계와 국가와 지방자치단체, 지방자치단체 상호간, 국가와 공공단체, 공공단체 상호간 등 행정주체 상호간의 관계로 구분할 수 있다.

(1) 行政組織內部關係

상급행정청과 하급 행정청간의 권한의 위임, 지휘·감독관계, 대등한 행정청간의 협의·사무의 위탁관계 등이 행정조직 내부관계에 속하는데, 이들 관계는 권리의무관계가 아니기 때문에 이들 관계에서 일어나는 분쟁은 법률상의 쟁송에 해당되지 않아 지방자치법 제98조, 제159조 등과 같이 특별한 규정이 없는 한 법원에 제소할 수 없다.

행정기관의 결정이 오로지 행정기관의 내부적 사무처리절차인 경우 또는 행정기관의 공권력행사가 아직 외부에 표시되지 않고 내부적인 의사결정의 단계에 머무르고 있는 경우에는 원칙적으로 사인의 권리의무에 직접 영향을 주지 않기 때문에 행정처분이라 할 수 없고, 따라서 항고소송의 대상이 되지 아니한다.

이하 판례에 나타난 행정처분을 하기 위한 내부적 절차에 지나지 않아 행정처분이 아니기 때문에 항고소송의 대상이 되지 아니하는 사례를 살펴보면, ① 도로교통법시행규칙의 운전면허행정처분기준에 따른 벌점부과 및 사고기록처분(대법원 1994. 8. 12. 선고 94누2190 판결 ; 대법원 1994. 9. 13. 선고 94누6611 판결), ② 주택개량재개발사업과 관련하여 관리처분계획인가를 위하여 시에서 하는 토지 등 가격평가(서울고등법원 1994. 8. 19. 선고 93구24027 판결), ③ 법인세법에 의한 익금가산 처분이나 인정상여 결정(대법원 1989. 7. 25. 선고 87누902 판결), 과세관청의 내부적인 상속세액의 감액경정결정(대법원 1992. 12. 22. 선고 92누5508 판결) 등과 같은 課稅處分의 先行的 節次로서 행하는 課稅標準의 決定, ④ 제2차 납세의무자 지정통지·지정처분(대법원 1983. 5. 10. 선고 83누95 판결 ; 대법원 1995. 9. 15. 선고 95누6632 판결), ⑤ 국세환급금 및 국세가산금 결정(대법원 1989. 6. 15. 선고 88누6436 전원합의체판결) 등이 있다.

종래 대법원원은 과세관청의 소득처분에 따른 소득금액변동통지의 처분성을 부인하였으나, 대법원 2006. 4. 20. 선고 2002두1878 전원합의체 판결로 판례를 변경하여 "과세관청의 소득처분과 그에 따른 소득금액변동통지가 있는 경우 원천징수의무자인 법인은 소득금액변동통지서를 받은 날에 그 통지서에 기재된 소득의 귀속자에게 당해 소득금액을 지급한 것으로 의제되어 그 때 원천징수하는 소득세의 납세의무가 성립함과 동시에 확정되고, 원천징수의무자인 법인으로서는 소득금액변동통지서에 기재된 소득처분의 내용에 따라 원천징수세액을 그 다음달 10일까지 관할 세무서장 등에게 납부하여야 할 의무를 부담하며, 만일 이를 이행하지 아니하는 경우에는 가산세의 제재를 받게 됨은 물론이고 형사처벌까지 받도록 규정되어 있는 점에 비추어 보면, 소득금액변동통지는 원천징수의무자인 법인의 납세의무에 직접 영향을 미치는 과세관청의 행위로서, 항고소송의 대상이 되는 조세행정처분이라고 봄이 상당하다."라고 판시하고 있다.

(2) 行政主體相互間의 關係

국가의 지방자치단체에 대한 보조금(補助金)·교부금(交付金) 교부 등 급부관계, 지방자치단체 상호간의 협의·사무위탁 등이 행정주체 상호간의 관계에 해당한다.

항고소송의 대상이 되는 행정처분은 행정청의 공법상의 행위로서 특정사항에 대하여 법규에 의한 권리의 설정 또는 의무의 부담을 명하거나 기타 법률상의 효과를 직접 발생하게 하는 등 국민의 구체적인 권리의무에 직접 관계가 있는 행위를 말하는 바, 行政機關 相互間의 行爲란 상급행정기관의 하급행정기관에 대한 승인, 동의, 지시 등은 행정기관 상호간의 내부행위로서 국민의 권리의무에 직접 영향을 미치는 것이 아니므로 항고소송의 대상이 되는 행정처분에 해당한다고 볼 수 없다.[81]

행정기관 상호간의 행위, 즉 행정기관상호간의 협의·동의(예컨대, 시장·군수 등의 건축허가에 대한 소방서장의 소방법 제8조에 의한 동의)·촉탁(예컨대, 행정청의 등기관청에 대한 등기의 촉탁), 상급행정기관의 하급행정기관에 대한 동의·승인·지시·통달, 하급행정기관의 상급행정기관에 대한 진달(進達; 행정처분의 신청을 경유청을 거쳐서 할 때에 경유청이 처분청에 의견을 붙여서 신청서를 이송하는 것)·신청·보고 등의 각 행위는 내부행위로서 국민의 권리의무에 법률적 영향을 미치지 아니하므로 취소소송의 대상이 되지 않고, 이에 기하여 외부에 대하여 행하여진 구체적인 행위를 다투어야 한다.

이처럼 행정기관 상호간의 인가, 승인, 동의, 지시, 촉탁, 통지 등의 행위는 국민에 대하여 행하여지는 것이 아니어서 행정소송의 대상이 되지 않는다.[82]

행정청의 내부적 행위로서 항고소송의 대상이 되는 행정처분이라고 할 수 없다고 하여 판례상 인정된 행정기관 상호간의 행위 사례는 다음과 같다. 즉 ① 행정기관 상호간의 협의·동의·촉탁의 예로, 과학기술처장관의 주무부장관에 대한 국산신기술제품 보호기간에 관한 요청(대법원 1989. 9. 12. 선고 88누12028 판결), 외환은행장이 수입허가유효기간 연장승인을 하고자 할 때에 하는 상공부장관과의 협의(대법원 1971. 9. 14. 선고 71누99 판결), ② 상급행정기관의 하급행정기관에 대한 동의·승인·지시·통달의 예로, 경제

---

81) 대법원 1997. 9. 26 선고 97누8540 판결.
82) 대법원1980. 9. 9. 선고 80누308 판결.
　오늘날 많이 논의되고 있는 情報公開와 관련하여 일본의 경우 예컨대 어떤 행정기관 A가 행정기관 B에 제출한 문서에 대하여 B가 시민에게 개시(開示) 결정한 경우에 A가 그의 취소를 구하는 소송을 제기함에 대하여 재판소는 여기서의 분쟁은 행정기관 상호간의 행정 내부적 분쟁이고, 재판소가 해결해야 할 법률상 쟁송에 해당하지 않는다고 판시하고 있다(那覇地方裁判所 1995(平成 7). 3. 28. 行集 46卷 2·3號, 346쪽 ; 福岡高等裁判所那覇支院 1996(平成 8). 9. 24. 行集 47卷 9號, 808쪽).

기획원장관이 정부투자기관관리기본법 제21조에 의한 예산편성지침 통보(대법원 1993. 4. 12. 선고 93두2 결정 ; 대법원 1993. 9. 14. 선고 93누9163 판결),83) 교육부장관이 내신성적 산정기준의 통일을 기하기 위해 대학입시기본계획의 내용에서 내신성적 산정기준에 관한 시행지침을 마련하여 시·도 교육감에게 통보한 행위(대법원 1994. 9. 10. 선고 94두33 결정),84) 독점규제및공정거래에관한법률 제71조에 의한 공정거래위원회의 고발 조치(대법원 1995. 5. 12. 선고 94누13794판결), 구 토지구획정리사업법 제7조 제1항 소정의 건설교통부장관의 지방자치단체 등에 대한 토지구획정리사업의 시행명령(대법원 1996. 12. 23. 선고 95누17700 판결), ③ 하급행정기관의 상급행정기관에 대한 진달·신청·통보의 예로, 교육공무원법상 총학장의 대학교원임용제청과 철회(대법원 1989. 6. 27. 선고 88누9640 판결 ; 대법원 1991. 6. 25. 선고 91다1134 판결 ; 대법원 1993. 7. 27. 선고 93누2209 판결 ; 대법원 1993. 7. 27. 선고 93누2315 판결)85) 등이 있다.

2. 行政作用法的 關係

 전통적인 견해에 따르면 행정작용법적 관계를 소위 三分說에 따라 권력관계, 관리관계, 국고관계로 나눠 설명하기도 하고 행정법관계(공법관계)와 행정상 사법관계(국고관계)

---

83) 政府投資機關管理基本法 제21조의 규정에 따른 경제기획원 장관의 정부투자기관에 대한 예산편성지침통보는 정보투자기관의 경영합리화와 정부투자의 효율적 관리를 도모하기 위한 것으로서 그에 대한 감독작용에 해당할 뿐 그 자체만으로는 직접적으로 국민의 권리, 의무가 설정, 변경, 박탈되거나 그 범위가 확정되는 등 기존의 권리상태에 어떤 변동을 가져오는 것이 아니므로 이를 행정소송의 대상이 되는 행정처분이라고 할 수 없다.

84) 교육부장관이 내신성적 산정기준의 통일을 기하기 위해 대학입시기준계획의 내용에서 내신성적 산정기준에 관한 시행지침을 마련하여 시·도교육감에게 통보한 것은 행정조직 내부에서 내신성적 평가에 관한 내부적 심사기준을 시달한 것에 불과하며, 각 고등학교에서 위 지침에 일률적으로 기속되어 내신성적을 산정할 수밖에 없고 또 대학에서도 이를 내신성적으로 인정하여 입학생을 선발할 수밖에 없는 관계로 장차 일부 수험생들이 위 지침으로 인해 어떤 불이익을 입을 개연성이 없지는 아니하나, 그러한 사정만으로서 위 지침에 의하여 곧바로 개별적이고 구체적인 권리의 침해를 받은 것으로서는 도저히 인정할 수 없으므로, 이를 항고소송의 대상이 되는 행정처분으로 볼 수 없다.

85) 교육공무원법 제25조 제1항에 의하면 교수, 부교수는 총장, 학장의 제청으로 문교부장관을 거쳐 대통령이 임명하고, 조교수는 총장, 학장의 제청으로 문교부장관이 임용하도록 규정되어 있는데, 이 규정에 따라 총장, 학장이 임용절차에 대하여 하는 임용제청이나 그 철회는 행정기관 상호간의 내부적인 의사결정 과정의 하나일 뿐, 그 자체만으로는 직접적으로 국민의 권리·의무가 설정, 변경, 박탈되거나 그 범위가 확정되는 등 기존의 권리상태에 어떤 변동을 가져오는 것이 아니므로 이를 행정소송의 대상이 되는 행정처분이라고 할 수는 없다. 교육법상 대학교수 등에게는 고도의 전문적인 학식과 교수능력 및 인격 등을 갖춘 것을 요구하고 있어서 임용기간이 만료되면 임용권자는 이와 같은 여러 가지 사정을 참작하여 재임용 여부를 결정할 수 있어야 할 필요성도 있다 할 것이므로 대학교수 등의 임용에 관한 위 규정들이 반드시 학문의 자유를 규정한 헌법 제22조에 위반되는 것이라고도 할 수 없다.

로 나눈 뒤 전자를 다시 권력관계와 관리관계로 나누어 설명하기도 한다.

여기서는 종래의 관리관계는 공법과 사법이 혼재하여 규율하는 관계이고 국고관계는 사법이 규율하는 법관계라고 하는 견해에는 따르지 않고, 다만 설명의 편의상 이 모두를 아울러 권력관계, 관리관계, 국고관계로 나눠 일단 설명하되 행정작용법적 관계를 소위 二分說에 따라 권력관계와 비권력관계로 나누고 관리관계와 국고관계의 구별은 개별적·구체적 관계를 규율하는 법이 공익실현이라는 행정목적을 위한 것이냐의 여부에 따라 그때그때 판단하여야 할 것이다.86)

따라서 행정청의 행위가 行政處分인지, 私法行爲인지의 區別은 일률적으로 말할 수는 없고, 그 행위의 구체적 유형마다 방법, 내용, 법적성질, 분쟁해결에 관한 특별규정의 존부 등 여러 가지 점을 종합적으로 검토하여 결정하여야 할 것이다.87)

(1) 權力關係

권력관계란 국가 등 행정주체가 우월적 지위에서 국민에 대해 일방적으로 명령·강제하거나, 일방적으로 법률관계를 발생(형성)·변경·소멸시키는 본래적 의미의 공법관계(예 ; 경찰처분, 조세부과, 공용부담)를 말한다. 따라서 행정주체가 권력관계의 지위에서 행한 행정행위에는 公定力, 執行力, 不可爭力 등 특별한 효력이 인정된다. 사법적용이 안된다는 점에서 사법관계와 근본적으로 다르고, 불복절차로 항고쟁송이 마련되어 있다.

판례에 의하면, 辨償金賦課處分에 대하여 이는 관리청이 공권력을 가진 우월적 지위에서 행하는 것으로 보아 그 처분성을 인정하고 있다. 즉, 국유재산법 제51조 제1항, 제2항, 지방재정법 제87조 제1항에 의한 국·공유재산의 관리청이 무단점유자에 대하여 행하는 변상금부과처분은 순수한 사경제 주체로서 행하는 사법상의 법률행위라 할 수 없고 관리청이 공권력을 가진 우월적 지위에서 행하는 것으로 항고소송의 대상이 되는 행정처분이 된다.88)

---

86) 관리관계와 국고관계의 구별과 관련하여 개괄적구별설(관리관계는 원칙적으로 사법관계이지만 공익실현이라는 행정목적 달성에 제1의적 의의를 인정하여 사법적 규율과 다른 법적 취급을 인정하고 있는 경우에는 공법관계라고 하고, 국고관계는 언제나 사법관계이며 비록 사법적 규율과 다른 법적 취급을 인정하고 있는 경우라도 그것은 사법의 특별법인 特別私法에 불과하다고 한다.)과 개별적구별설(개별적판단설 ; 비권력관계에 관하여 어느 정도 사법규정과 다른 특별한 규정을 제정하여 사법규정의 적용을 배제할 것인가는 입법정책에 의하여 결정되기 때문에 포괄적 개념으로서 관리관계와 국고관계라는 개념을 인정할 필요는 없고 권력관계에 대비되는 비권력관계 전반에 걸쳐 그 개별적·구체적인 관계를 규율하는 법이 공법법규인지, 아니면 사법법규인지 결정하면 된다고 한다.)의 다툼이 있다. 이에 대한 자세한 설명은 朴鈗炘, 119~120쪽 참조.
87) 朴圭河, 「抗告訴訟의 對象으로서의 行政處分의 範圍」(考試硏究, 1987. 8), 120쪽.
88) 대법원 1988. 2. 23. 선고 87누1046, 1047 판결(변상금부과는 국·공유재산의 무단점유자에 대하여 사용, 수익허가 또는 대부 등을 받은 경우에 납부하여야 할 사용료 또는 대부료 상당액 이외에도 그 징벌적 의미에서 국가측이 일방적으로 그 2할 상당액을 추가하여 징수하도록 하고 있고

■ 대법원 1961. 10. 5. 선고 4292행상6 판결

 행정 주체로서의 관청이 공권력의 주체로서 즉 우월적인 의사주체로서 국민에 대하는 경우는 물론 단순한 경제적 활동의 주체로서 국민에 대하는 경우라 하여도 그것이 공공적 성질을 대유하여 공공의 복지와 밀접한 관계를 가지고 있는 때에는 이를 사사로운 국민상호간의 관계와 동일시 할 수는 없는 것이다. 전자의 관계 특히 공권력의 주체로서 국민에 대하는 관계에 있어서는 대등한 사사로운 국민상호간의 경제적 이해를 조정함을 목적으로 하는 사법이 전면적으로 그대로 적용될 수는 없고 국가공익의 실현을 우선적으로 하는 특수성을 고려하여 특수한 법규나 법 원칙이 인정되어야 할 것이다. 소송에 있어서 일반 민사사건과 구별하여 특수하게 취급하고 있는 소이도 실로 이에 있는 것이다.

■ 대법원 1992. 4. 14. 선고 91다42197 판결

 국유재산법 제51조 제1항에 의한 국유재산의 무단점유자에 대한 변상금 부과는 대부나 사용, 수익 허가 등을 받은 경우에 납부하여야 할 대부료 또는 사용료 상당액 외에도 그 징벌적 의미에서 국가측이 일방적으로 그 2할 상당액을 추가하여 변상금을 징수토록 하고 있으며, 그 체납시에는 국세징수법에 의하여 강제징수토록 하고 있는 점 등에 비추어 보면, 그 부과처분은 관리청이 공권력을 가진 우월적 지위에서 행하는 것으로써 행정처분이라고 보아야 하고, 그 부과 처분에 의한 변상금 징수권은 공법상의 권리로서 사법상의 채권과는 그 성질을 달리하므로, 국유재산의 무단점유자에 대하여 국가가 민법상의 부당이득금 반환청구를 하는 경우 국유재산법 제51조 제1항이 적용되지 않는다.

■ 대법원 2001. 12. 14. 선고 2000두86 판결

 구 국유재산법시행령(2000. 7. 27. 대통령령 제16913호로 개정되기 전의 것) 제56조 제4항은 변상금부과 징수의 주체, 납부고지서에 명시하여야 할 사항, 납부기한 등의 절차적 규정에 관하여 가산금의 부과절차에 관한 위 시행령 제31조 제2항 내지 제4항을 준용하고 있음이 분명한바, 국유재산 무단 점유자에 대하여 변상금을 부과함에

 변상금을 체납하는 경우에는 국세징수법에 의하여 강제징수하도록 하고 있어 이러한 점들에 비추어 보면 국·공유재산의 관리청이 그 무단점유자에 대하여 하는 변상금부과처분은 순전히 사경제주체로서 행하는 사법상의 법률행위라 할 수 없고 이는 관리청이 공권력을 가진 우월적 지위에서 부과하는 행정처분이라 할 것이다) ; 대법원 1990. 11. 27. 선고 90누5740(판결지방자치단체가 그 소유토지의 무단점유자에 대하여 변상금액을 산출·결정한 다음 위 변상금을 납부하라는 통지를 하였다면 이는 형식상 지방재정법 제87조 제1항에 의한 변상금의 납부통지라고 보아야 할 것인바, 이 변상금 납부통지를 단순히 무단점유에 대한 부당이득금의 반환을 구하는 최고의 의미밖에 없다든가 행정처분이 아닌 사법상의 법률행위라고 할 수는 없고 이 역시 행정처분성을 인정하여야 할 것이다.).

있어서 그 납부고지서에 일정한 사항을 명시하도록 요구한 위 시행령의 취지와 그 규정의 강행성 등에 비추어 볼 때, 처분청이 변상금 부과처분을 함에 있어서 그 납부고지서 또는 적어도 사전통지서에 그 산출근거를 밝히지 아니하였다면 위법한 것이고, 위 시행령 제26조, 제26조의2에 변상금 산정의 기초가 되는 사용료의 산정방법에 관한 규정이 마련되어 있다고 하여 산출근거를 명시할 필요가 없다거나, 부과통지서 등에 위 시행령 제56조를 명기함으로써 간접적으로 산출근거를 명시하였다고는 볼 수 없다(대법원 2000. 10. 13. 선고 99두2239 판결 참조).

(2) 管理關係(非權力行政關係, 單純高權行政關係)

관리관계란 행정주체가 공권력의 주체로서가 아니라 공물의 관리, 영조물·공기업의 경영, 회계 등과 같이 사업 또는 재산의 관리주체로서 공공복리의 실현을 위해 개인과 맺는 법률관계를 의미하는 것으로서, 주로 공공복리를 증진시키기 위한 급부행정의 영역에서 많이 발견된다. 관리관계는 당사자의 관계가 비권력성(대등성)을 가진다는 점에서 권력관계와 차이가 있고, 공법적 효과가 발생한다는 점에서 사법관계와 차이가 있으나, 성질상 사인의 행위와 유사하여 본질적 차이는 없다. 관리관계는 공행정작용으로서 공공복리 실현과 밀접한 관련을 갖기 때문에 그 한도 내에서 특별한 공법적 규율을 받지만 그 밖에는 일반적으로 사법의 적용을 받는다.

지금까지 관리관계란 공공의 복리증진을 위한 작용으로서 국고관계 이외의 것을 말한다고 설명하여 왔는데 사실상 명확한 구별이 곤란하다. 이런 점에서 우리나라의 대부분 학자는 행정사법(行政私法)을 소개는 하고 있지만 사실상 관리관계와 동일시하고 있다. 즉 양자는 실질적 내용에 있어 서로 명확히 구분하기 어렵고 많은 점에서 유사하므로 구분할 필요가 없다고 한다.[89]

❖ 行政私法

Ⅰ. 序說

1. 意義

사법에 의해 행정과제를 직접적으로 수행하는 경우, 이를 규율하는 법이 일정한 공법원리에 의해 제한·수정받는, 즉 공법과 사법이 혼재하는 법상태나 법영역을 말한다. 행정사법은 원칙적으로는 사법에 의하여 규율되나 동시에 일정한 공법규정 내지는 공법원리에 의한 제한·수정을 받게 되는 관계로 형식적의미의 국고행위[90]라고도 한다.

---

89) 柳至泰, 23쪽 ; 洪井善, 136쪽. 柳至泰교수는 독일식개념인 행정사법과 일본식개념인 관리관계의 용어가 서로 검토되지 않은 채 중복적으로 사용하고 있다는 점에서 연유한다고 한다.

90) 광의의 국고행위를 협의의 국고행위와 형식적의미의 국고행위로 나눠 전자를 행정주체가 엄격한 의미의 국고 또는 사경제주체로서 사인과 대하는 작용(예:사무용품구입, 국유잡종재산대부 또는

2. 登場背景

행정주체의 행위형식은 그 선택에 있어 자유지만 공행정의 활동이 사법상의 수단·형식을 이용할 경우 공익실현을 위한 행정의 특수성 때문에 공법원리에 의해 제한·수정될 필요성도 있다.

3. 論議의 前提

행정사법을 논의하기 위해서는 ① 국가임무에는 공적인 것과 그렇지 않은 영역이 있다, ② 행정주체에게는 행위형식의 선택의 자유가 있다는 점이 전제되어야 한다.

II. 認定與否

행정사법이론은 독일의 H.J.Wolff에 의하여 창안된 이래 그 개념이나 인정문제에서 논란이 되고 있다. 우리나라에서는 행정사법의 관념을 긍정하는 것이 다수설[91]이지만, "…행정주체의 사법적 관계도 행정사법(Verwaltungsprivatrecht)관계로 파악하여 공행정의 영역에 포함하려는 주장도 있으나, 행정사법의 관념에는 극복하여야 할 많은 문제가 있다"[92]라고 함으로써 행정사법은 공법적 규율을 받는 관리관계와 같다고 하면서 행정사법에 관하여 부정적 태도를 취하는 견해도 있다.

관리관계는 공법관계임을 전제로 하나 행정사법이론은 대상이 사법관계임을 전제로 한다는 점에서 구별되고, 행정사법은 사법의 형식이지만 공익을 실현하므로 공법적 기속을 받는다는 점에서 행정사법의 관념을 긍정하여야 할 것이다.

III. 適用領域

적용영역과 관련하여 견해가 갈린다.

1. 領域의 區別을 基準으로 하는 見解

사법형식으로 행정과제를 직접적으로 수행하는 경우에만 행정사법을 적용시키려는 견해이다. 사법형식의 행정활동은 활동의 내용 또는 과제에 따라 행정의 사법상 보조작용, 행정의 영리적 활동과 사법형식에 의한 행정과제의 직접적 수행으로 분류되는데 그 가운데 세 번째 영역이 행정사법의 적용영역이라고 한다.

행정사법개념의 창시자인 볼프는 사법형식의 행정작용 가운데 급부행정 및 자금조성 등을 통한 유도행정(Lenkungsverwaltung)의 영역에서, 사법이 자유권, 평등원칙, 과잉금지원칙과 같은 기본권규정에 의한 기속을 받게 되는 의미의 행정사법이 적용되는 것으로 보았고, 그 밖의 사법형식의 행정작용, 즉 협의의 국고작용(사법상 보조작용)이나 영리경제활동에는 행정사법이 적용되지 않는 것으로 보았다. 우리나라의 경우

매각행위)으로서 완전히 사법에 의해 규율된다고 한다.
91) 姜求哲, 499쪽 ; 金南辰, 431~434쪽 ; 朴鈗炘, 28쪽.
92) 李尙圭, 99쪽.

행정사법의 개념을 ① 주로 복리행정의 분야에서 문제되는 영역이며 ② 사법형식으로 행정이 이루어지고 ③ 직접적으로 행정과제를 수행하는 활동이며 ④ 일정한 공법적 규율을 받는데 있다고 설명하거나93) 행정사법의 '적용영역'으로 급부행정과 경제지도행정에 대해서만 설명하는 입장94)도 이와 같은 경향으로 볼 수 있다.

2. 特別한 國家的 힘의 作用을 基準으로 하는 見解
　그러나 오늘날 행정의 '領域'이라는 기준보다는 국가(행정)의 힘이 강하게 작용하는 곳이라는 '質'의 기준을 통해서 행정사법의 적용범위를 정하려는 경향이 강해지고 있다. 행정사법의 적용 여부는 사법형식에 의한 행정과제의 직접적 수행의 구별이라는 기준에 의해서가 아니라 '특별한 국가적 힘'이 작용하고 있는 경우인가 아닌가라는 실질적 기준을 적용하는 개별적으로 그것을 결정해야 한다는 것이다.95)

Ⅳ. 私法原理의 修正 및 制限
1. 公法規定에 의한 授權
　행정주체는 일정한 행정작용을 사법형식에 의해 수행할 수 있으나 이는 당해 작용에 대해 행정주체에게 공법규정에 의한 선택가능성이 부여되어 있는 경우에만 가능하다. 따라서 경찰행정, 조세행정 등에는 행정사법이 적용될 여지가 없다.

2. 憲法原理에 의한 制限
　기본권 규정은 사인 상호간에도 간접적으로 적용된다는 헌법이론(기본권의 제3자효)에 비추어 보더라도 사법형식에 의한 공행정작용은 헌법상의 기본권 규정 내지 헌법원칙에 의한 제한을 받는다.

3. 私法上 契約原理의 修正
(1) 公法上 制限
　행정주체의 계약강제, 해약의 제한, 계속적 경영의무가 인정되는 경우 등 일정한 공법적 제한이 가능하다.

(2) 意思表示에 관한 法理의 修正
　전기수도공급계약 등의 경우 개별적인 계약이 없거나 행위능력이 결여되어 있거나 착오가 있어도 계약관계가 유효하게 성립될 수 있다. 예컨대, 우편법상 무능력자의 행위를 능력자의 행위로 간주하는 규정(제10조)이 있다.

---

93) 金道昶, 204쪽.
94) 金東熙, 77쪽.
95) 金南振, 433쪽 ; 姜求哲, 501쪽 ; 卞在玉, 114쪽.

V. 法律關係의 性質과 權利救濟

행정사법에 관한 법적 분쟁이 생겼을 경우에 재판관할을 결정하는 데 있어서 실익이 있기 때문에 행정사법의 성질이 공법적인가 사법적인가 하는 문제가 제기될 수 있다. 즉, 행정사법을 공법적인 것으로 보는 경우에는 그에 관한 법적 분쟁은 공법상의 권리관계에 관한 당사자소송으로 해결하여야 할 것이고, 행정사법을 사법적인 것으로 보는 경우에는 그에 관한 법적 분쟁은 민사소송으로 해결하여야 할 것이다.

이에 관하여 공법적 규율을 받는 한도 내에서는 공법관계이므로 공법을 적용하여야 한다는 입장에서 행정사법을 공법적인 것으로 보는 견해96)도 있지만, 이는 일정한 범위에서 공법적 규율을 받기는 하지만 그 본질에 있어서는 사법이라는 점에서 행정사법의 성질을 사법적인 것으로 보는 것이 타당할 것 같다.

공법적 구속을 받는다고 사법이 공법으로 변하는 것은 아니기 때문에 행정사법에 관한 법적분쟁은 민사소송에 의하여야 할 것이다.

(3) 行政上 私法關係(國庫作用關係)

행정주체가 사인과 대등한 지위에서 사경제적 활동을 하는 경우가 있는데, 이를 행정상의 사법관계라고 한다. 즉 행정상 사법관계는 행정주체가 사인과 대등한 지위에 서서 사경제 주체로서 경제적 활동을 하며, 특별한 공공성도 띠지 않는 법률관계이다. 이러한 사법행위(私法行爲)는 사법(私法)에 의한 규율을 받고, 그에 관한 법률상의 분쟁은 민사소송의 대상이 된다. 사법관계에 있어서도 국가 등은 국민을 위하여 활동하는 것이기 때문에 그에 대하여는 공정성 담보의 견지에서 일정한 제한과 규제가 가해지지만 당해 행위의 사법행위로서의 성질을 변질시키는 것은 아니다. 예컨대, 국유잡종재산의 매각·대부·임대, 물자구입계약, 물품공급계약(조달행정), 각종공사의 도급계약, 국채·국고수표 발행, 공기업자와 이용자의 관계 등에서 찾아 볼 수 있다.

이처럼 행정의 사법적 보조작용(행정지원사무인 조달행정)과 행정의 영리경제적 활동 (국영광산, 은행)은 (狹義)國庫作用으로서 사법이 적용된다. 소위 행정사법은 사법형식에 의한 행정목적의 직접 수행작용으로서 공법적 규율도 가능하다는 점에서 약간의 차이가 있다.

■ 대법원 1961. 10. 5. 선고 4292행상6 판결

행정주체가 경제적 활동의 주체로서 활동할 때에도 공공의 복지와 밀접한 관계가 있는 공적인 행위로서가 아니라 다시 말하면 사사로운 국민상호간의 경제적 활동과 조금도 차이가 없는 경우에는 그 성질상 사법이 전면적으로 그대로 적용되어야 할 것이다.

---

96) 金道昶, 403쪽.

행정주체가 물품의 매매계약을 하며 건축청부 계약을 체결하고 국유재산을 매각하는 것 등 그 예라 할 것이다.

■ 대법원 1999. 11. 26. 선고 98다47245 판결
구 공공용지의취득및손실보상에관한특례법에 의하여 공공용지를 협의취득한 사업시행자가 그 양도인과 사이에 체결한 매매계약은 공공기관이 사경제주체로서 행한 사법상 매매이다.(대법원 1999. 3. 23. 선고 98다48866 판결, 대법원 1998. 5. 22. 선고 98다2242, 2259 판결 참조)

■ 대법원 1999. 6. 22. 선고 99다7008 판결
[국가의 철도운행사업과 관련하여 발생한 사고로 인한 손해배상청구에 관하여 적용될 법규(공무원의 직무상 과실을 원인으로 한 경우=민법, 영조물 설치·관리의 하자를 원인으로 한 경우=국가배상법)]
국가 또는 지방자치단체라 할지라도 공권력의 행사가 아니고 단순한 사경제의 주체로 활동하였을 경우에는 그 손해배상책임에 국가배상법이 적용될 수 없고 민법상의 사용자책임 등이 인정되는 것이고 국가의 철도운행사업은 국가가 공권력의 행사로서 하는 것이 아니고 사경제적 작용이라 할 것이므로, 이로 인한 사고에 공무원이 간여하였다고 하더라도 국가배상법을 적용할 것이 아니고 일반 민법의 규정에 따라야 하므로, 국가배상법상의 배상전치절차를 거칠 필요가 없으나(대법원 1997. 7. 22. 선고 95다6991 판결, 대법원 1970. 7. 28. 선고 70다961 판결 참조), 공공의 영조물인 철도시설물의 설치 또는 관리의 하자로 인한 불법행위를 원인으로 하여 국가에 대하여 손해배상청구를 하는 경우에는 국가배상법이 적용되므로 배상전치절차를 거쳐야 한다(필자 주 : 현재는 전치절차가 임의화 되었다).

행정청의 행위일지라도 공권력의 주체로서가 아니라 단순히 사경제주체로서 국민과 대등한 관계에서 경제적 활동을 할 때에는 사인 상호간의 관계와 마찬가지로 일반사법이 적용되고 이에 관한 다툼은 민사소송으로 다뤄지는데 이와 같은 내용의 사법행위는 행정처분이 아니다.

1) 行爲의 主體面에서 處分性을 否認한 境遇
公法人과 그 任職員과의 內部關係와 같이 행위의 주체면에서 행정청이 아닌 사인의 행위 내지는 사인간의 법률관계로 보아 행정처분성을 부인한 사례는 다음과 같다.
이에는 ⅰ) 공무원및사립학교교직원의료보험관리공단직원의 근무관계(대법원 1993. 11. 23. 선고 93누15212 판결), ⅱ) 사립학교 교원에 대한 학교법인의 해임처분(대법

원 1993. 2. 12. 선고 92누13707 판결),97)iii) 서울특별시지하철공사의 임원과 직원의 근무관계 및 위 공사사장의 소속직원에 대한 징계처분(대법원 1989. 9. 12. 선고 89누2103 판결),98)iv) 주한미군한국인직원의료보험조합직원의 근무관계 및 위 조합의 직원에 대한 징계면직처분(대법원 1987. 12. 8. 선고 87누884 판결),99)v) 세무사징계위원회의 세무사등록취소의 징계의결 및 그 통고(대법원 1983. 2. 8. 선고 81누314 판결),100)vi) 한국조폐공사의 소속직원에 대한 파면행위(대법원 1978. 4. 25. 선고 78다414 판결)101)등이 있는 데, 이와 같이 공법인과 그 임직원과의 내부법률관계나 내규 등이 정하는 바에 따라 자체적으로 행하는 행위는 기본적으로 사법관계로서 항고소송의 대상이 아니다.

2) 行爲의 性質上 處分性을 否認한 境遇

행정청의 행위이나 대법원이 그 행위의 성질상 사법상의 권리의무관계로 보아 처분성을 부인한 경우를 살펴보기로 한다.

① 國有 등 財産의 處理關係

국·공유 잡종재산의 매각, 임대 등에 관한 행정청의 행위는 국가 등이 사경제주체로서 상대방과 대등한 위치에서 행하는 사법상의 계약에 불과하고 이를 둘러싼 분쟁은 민사소송으로 처리하여야 한다고 한다.

이런 맥락에서 대법원이 民事訴訟으로 본 具體的인 事例는, i) 임대국유재산지상의

---

97) 사립학교 교원은 학교법인 또는 사립학교 경영자에 의하여 임면 되는 것으로서 사립학교 교원과 학교법인의 관계를 공법상의 권력관계라고는 볼 수 없으므로 사립학교 교원에 대한 학교법인의 해임처분을 취소소송의 대상이 되는 행정청의 처분으로 볼 수 없고, 따라서 학교법인을 상대로 한 불복은 행정소송에 의할 수 없고 민사소송절차에 의할 것이다.

98) 서울특별시지하철공사의 임원과 직원의 근무관계의 성질은 지방공기업법의 모든 규정을 살펴보아도 공법상의 특별권력관계라고는 볼 수 없고 사법관계에 속할 뿐만 아니라, 위 지하철공사의 사장이 그 이사회의 결의를 거쳐 제정된 인사규정에 의거하여 소속직원에 대한 징계처분을 한 경우 위 사장은 行政訴訟法 제13조 제1항 본문과 제2조 제2항 소정의 행정청에 해당되지 않으므로 공권력 발동주체로서 위 징계처분을 행한 것으로 볼 수 없고, 따라서 이에 대한 불복절차는 민사소송에 의할 것이지 행정소송에 의할 수는 없다.

99) 주한미군한국인 직원의료보험조합직원의 근무관계는 사법행위에 속하는 것이므로 동 조합직원에 대한 위 조합의 징계면직처분은 항고소송의 대상이 되는 행정처분이 아니고 사법상의 법률행위라고 보아야 한다.

100) 세무사 징계위원회의 징계의결 자체가 독자적으로 외부에 대하여 직접 징계실시의 효력을 발생하거나 위 징계위원회 위원장의 징계의결 통고를 재무부장관이 한 행정처분으로 볼 수 있다는 취지의 규정이 없다.

101) 한국조폐공사법 제2장 임원과 직원에 관한 전 규정에 의하면 동 공사 직원의 근무관계는 사법관계에 속하고 따라서 그 직원의 파면행위도 행정행위가 아니고 사법상의 행위이다.

건물철거(대법원 1975. 4. 22. 선고 73누215 판결), ii) 정부가 은닉된 국유재산을 발견·신고한 자에 대하여 보상금을 결정, 지급하는 것(대법원 1982. 6. 22. 선고 81누389 판결), iii) 국유임야를 대부하거나 매각하는 행위(대법원 1983. 8. 23. 선고 83누239 판결 ; 대법원 1993. 12. 7. 선고 91누11612 판결), iv) 공유재산매각신청을 거부한 서울특별시장의 행위(대법원 1984. 4. 10. 선고 83누621 판결), v) 공유수면매립협약 및 그 해제(대법원 1984. 6. 12. 선고 82누356 판결), vi) 하천법 제78조의 규정에 의하여 건설부장관 또는 그 권한을 위임받은 기관이 폐천 부지를 양여하는 행위(대법원 1988. 5. 10. 선고 87누1219 판결), vii) 매수대금을 완납한 귀속재산의 양수인으로부터 다시 양수한 者에 대한 관재기관의 매수인명의변경 승인행위나 그 취소행위(대법원 1989. 10. 24. 선고 87누788 판결),[102] viii) 국유재산법 제31조, 제32조 제3항, 산림법 제75조 제1항의 규정 등에 의하여 국유잡종재산에 관한 관리·처분의 권한을 위임받은 기관이 국유잡종재산을 대부하는 행위 및 국유잡종재산에 관한 대부료의 납부고지(대법원 1993. 12. 7. 선고 91누11612 판결 ; 대법원1993. 12. 21. 선고 93누13735판결 ; 대법원 1995. 5. 12. 선고 94누5281 판결[103] ; 대법원 2000. 2. 11. 선고 99다61675 판결[104]), ix) 지방재정법 시행령 제83조의 규정에 따라 기부채납 받은

---

102) 1964. 12. 31. 이전에 매매계약이 체결된 歸屬財産(不動産)에 관하여 관계당국이 매수인으로부터 권리를 양도받은 사람과 갱신계약을 체결하여 매수인의 명의가 양수인으로 변경되고 양수인이 매각대금을 완납한 경우 그 소유권은 등기를 필요로 하지 아니하고 자동적으로 양수인에게 이전하는 것이고, 그 후 양수인으로부터 위 부동산을 양수한 자의 신청에 의하여 관재기관이 국유재산매매갱신계약을 체결하여 그 매수인의 명의를 신청인으로 변경하는 것을 승인하였더라도 이는 관재기관이 국유재산이 아닌 위 부동산에 관하여 구 국유재산법시행령(77. 6. 13. 大統領令 제8598호) 부칙 제4조를 유추 적용하여 국유재산매매갱신계약이란 이름으로 양수인 명의의 소유권이전등기를 생략하고 바로 신청인에게 소유권이전등기를 경료하여 주겠다는 의사표시를 한 것에 불과하므로, 위 매수인명의변경 승인행위나 그에 대한 취소행위는 모두 사경제주체로서의 행위에 해당하고 공권력을 가진 우월적 지위에서 행하는 행정처분이 아니어서 행정소송의 대상이 될 수 없다.

103) 행정처분이라 함은 행정청이 행하는 구체적 사실에 관한 법집행으로서의 공권력의 행사 또는 그 거부와 그 밖에 이에 준하는 행정작용을 의미하는 것인바, 국유재산법(1994.1.5. 법률 제4698호로 개정되기 전의 것) 제31조 제3항, 같은법시행령(1993.3.6. 대통령령 제13869호로 개정되기 전의 것) 제33조 제2항의 규정에 의하여 국유잡종재산에 관한 관리 처분의 권한을 위임받은 기관이 국유잡종재산을 대부하는 행위는 국가가 사경제주체로서 상대방과 대등한 위치에서 행하는 사법상의 계약이지 행정청이 공권력의 주체로서 상대방의 의사 여하에 불구하고 일방적으로 행하는 행정처분이라고 볼 수 없는 것이고, 국유잡종재산에 관한 사용료의 납입고지 역시 사법상의 이행청구에 해당하는 것으로서 이를 항고소송의 대상이 되는 행정처분이라고 할 수 없는 것이다(대법원 1993. 12. 7. 선고 91누11612 판결; 대법원 1993. 12. 21. 선고 93누13735 판결 참조).

104) 국유재산법 제31조, 제32조 제3항, 산림법 제75조 제1항의 규정 등에 의하여 국유잡종재산에 관한 관리 처분의 권한을 위임받은 기관이 국유잡종재산을 대부하는 행위는 국가가 사경제 주체로서 상대방과 대등한 위치에서 행하는 사법상의 계약이고, 행정청이 공권력의 주체로서 상대방

공유재산을 무상으로 기부자에게 사용을 허용하는 행위 및 기부자가 기부 채납한 부동산을 일정기간 무상사용한 후에 한 사용허가기간연장신청을 거부한 행정청의 행위(대법원 1994. 1. 25. 선고 93누7365 판결) 등이 있다.

이처럼 국가 또는 지방자치단체가 사인과 대등한 지위에서 행하는 행위, 예컨대 국·공유 등 재산의 매각·처분, 임대·대부, 사용허가 및 그 취소행위 등은 지방재정법 또는 국유재산법상 여러 가지 제한 규정이 있을 지라도 그 본질은 사경제주체로서 하는 사법상의 법률행위이고 따라서 이러한 행위는 항고소송의 대상이 되지 않고 이에 관한 법적 쟁송은 민사소송에 속한다고 할 것이다.

② 保險契約關係

수출보험제도가 보험이라는 기술적인 형태를 채용하고 있는 이상, 수출보험법상의 행정적인 규제·감독관계가 아닌 수출보험계약에 따른 보험자와 보험계약자 사이의 법률관계는 그 성질상 공법상의 권리의무관계라 할 수 없고, 통상의 보험에 있어서와 마찬가지로 보험계약관계라고 하는 사법상의 권리의무관계로 파악하여야 할 것이고, 따라서 한국수출보험공사의 보험료미지급행위도 행정소송의 대상이 되는 공법상의 처분(拒否處分)으로 볼 것은 아니고, 민사소송의 대상이 되는 사법상의 채무이행의 거절이라고 보는 것이 옳을 것이다.105)

③ 寄附採納

국가 또는 지방자치단체는 때로 개인으로부터 무상으로 공공시설용 토지 또는 공공시설의 소유권이나 사용권을 증여받거나 무상으로 공공시설의 건축용역을 제공받기도 한다. 이와 같이 개인이 국가나 지방자치단체에게 공공시설용 토지 또는 공공시설 등을 무상으로 양도하고 국가나 지방자치단체가 이를 양수하여 국·공유재산으로 하는 것을 통상 寄附採納이라고 한다.

기부채납은 개인이 국가 또는 지방자치단체에게 그 소유재산을 국·공유재산으로 증여

의 의사 여하에 불구하고 일방적으로 행하는 행정처분이라고 볼 수 없으며, 국유잡종재산에 관한 대부료의 납부고지 역시 사법상의 이행청구에 해당하고, 이를 행정처분이라고 할 수 없다{대법원 1995. 5. 12. 선고 94누5281 판결(구 국유재산법(1994. 1. 5. 법률 제4698호로 개정되기 전의 것) 제31조 제3항, 구 국유재산법시행령(1993. 3. 6. 대통령령 제13869호로 개정되기 전의 것) 제33조 제2항의 규정에 의하여 국유잡종재산에 관한 관리 처분의 권한을 위임받은 기관이 국유잡종재산을 대부하는 행위는 국가가 사경제 주체로서 상대방과 대등한 위치에서 행하는 사법상의 계약이지 행정청이 공권력의 주체로서 상대방의 의사 여하에 불구하고 일방적으로 행하는 행정처분이라고 볼 수 없고, 국유잡종재산에 관한 사용료의 납입고지 역시 사법상의 이행청구에 해당하는 것으로서 이를 항고소송의 대상이 되는 행정처분이라고 할 수 없다.) 참조}.
105) 대법원 1993. 11. 23. 선고 93누1664 판결.

하는 기부의 의사표시를 하고, 국가 또는 지방자치단체는 이를 승낙하는 채납의 의사표시를 함으로써 성립하는 사법상의 증여계약의 성질을 가진다.106)

기부채납에 관한 근거규정은, 국유재산법 제9조, 같은 법 시행령 제5조와 지방재정법 제75조, 같은 법 시행령 제82조가 있는데, 기부채납을 둘러싼 법적 분쟁은 민사소송으로 해결하여야 한다.

다만 "공유재산의 관리청이 하는 행정재산의 사용·수익에 대한 허가는 순전히 사경제주체로서 행하는 사법상의 행위가 아니라 관리청이 공권력을 가진 우월적 지위에서 행하는 행정처분이라고 보아야 할 것인바, 행정재산을 보호하고 그 유지·보존 및 운용 등의 적정을 기하고자 하는 지방재정법 및 그 시행령 등 관련 규정의 입법 취지와 더불어 잡종재산에 대해서는 대부·매각 등의 처분을 할 수 있게 하면서도 행정재산에 대해서는 그 용도 또는 목적에 장해가 없는 한도 내에서 사용 또는 수익의 허가를 받은 경우가 아니면 이러한 처분을 하지 못하도록 하고 있는 구 지방재정법(1999. 1. 21. 법률 제5647호로 개정되기 전의 것) 제82조 제1항, 제83조 제2항 등 규정의 내용에 비추어 볼 때 그 행정재산이 구 지방재정법 제75조의 규정에 따라 기부채납 받은 재산이라 하여 그에 대한 사용·수익허가의 성질이 달라진다고 할 수는 없다."107)라고 판시함으로써 기부채납 받은 행정재산에 대한 공유재산관리청의 사용·수익허가의 법적 성질은 행정처분이라는 것이다.

같은 맥락에서 대법원108)은 도로부분 지하에 지하도와 지하상가 등 시설을 만든 후 그

---

106) 대법원 1996. 11. 8. 선고 96다20581 판결.
   朴均省 敎授는 기부채납의무에 따라 행하는 기부채납의 이행을 민법상의 증여행위로 보는 것은 타당하지 않으며, 기부채납의 이행은 공법상의 의무인 기부채납의무의 단순한 이행행위로 보아야 한다고 한다(「20세기 행정법 분야의 주요 판례의 소개와 해설」(人權과 正義, 통권 제284호, 2000. 4), 56쪽).

107) 대법원 2001. 6. 15. 선고 99두509 판결.

108) 구 지방재정법시행령(1978. 12. 26. 大統領令 제9224호로 개정되기 전의 것) 제71조는 '행정재산으로 할 목적으로 기부를 채납한 공유재산은 그 용도에 사용하지 아니하는 기간 중 이를 무상으로 그 기부인 또는 그 상속인 기타의 포괄승계인에게 사용을 허용할 수 있다. 다만, 무상사용기간은 기부채납된 재산의 가액을 연간 임대료액으로 제한 연수를 초과할 수 없다'고 규정하고, 구 서울특별시도로점용료징수조례시행규칙(1979. 2. 26. 서울특별시규칙 제1793호로 개정되기 전의 것) 제4조 제2항은 공익을 위한 사업에 민간자본을 유치하여 시설투자를 하였을 경우에는 투자자에게 점용을 허가할 수 있다고 규정하는 한편, 그의 제6조는 '도로점용의 허가기간은 1년 이내로 한다. 다만, 다음의 경우에는 상당기간 동안 점용을 허가할 수 있다'고 하면서 그의 제1호로 '제4조 제2항에 의한 점용허가기간은 투자액과 점용료가 상계되는 연한'이라고 규정하고 있는바, 이러한 규정 및 같은 내용의 현행 지방재정법시행령 제83조 제1항 등의 취지는 행정청이 공유재산의 기부자 등에게 당해 재산의 무상사용을 허용할 수 있다는 뜻이지 반드시 무상사용을 허용하여야 한다는 것은 아니며(대법원 1992. 9. 8. 선고 91누8173 판결), 또한 이와 같은 규정들이 행정청이 기부자에 대하여 기부채납된 재산의 가액을 연간 임대료액으로 나눈 연수 혹은 투자액과 점용료가 상계되는 연한에 이를 때까지 그 공유재산의 사용을 許可하여야 할

시설 일체를 기부하고 도로점용허가를 받아 그 허가기간동안 도로부분을 점용하고 나서 자신의 점용허가기간이 투자액과 점용료의 상계연한에 미치지 못하였다는 이유를 내세워 다시 점용허가 신청을 하였다 하더라도 행정청이 그 기부자에 대하여 투자액과 점용료가 상계되는 연한에 이를 때까지의 기간 동안 도로점용의 허가를 하여야 할 법령상의 의무를 부담하는 것은 아니라고 판시하고 있는 바, 이 역시 기부채납 받은 지하도상가 무상사용기간연장신청에 대한 거부처분의 항고소송 대상성을 전제로 한 것으로 보인다.

④ 還買權行使

환매권이란 공익사업 또는 공공사업 기타 공공목적으로 수용, 징발매수, 협의매수 등의 방법에 의해 공익사업 주체 등에 의해 취득된 토지 등이 당해 사업의 폐지, 변경, 기타의 사유로 불필요하게 되거나 또는 원래의 공익목적에 공용되지 아니한 경우에 원래의 피수용자 등 원토지소유자가 일정한 요건아래 그 소유권을 다시 회복할 수 있는 권리를 말한다. 還買權의 性質에 관해 學說[109]은 公權說과 私權說의 對立이 있다. 私權說은 환매는 행정청이 수용을 해제하는 것이 아니고 전적으로 환매권자의 이익을 위하여 수용목적물을 다시 취득하는 권리이므로 사권이라는 것이다. 이에 반해 公權說은 환매제도는 공법상 원인에 의하여 야기된 법적 상태를 원상으로 회복하는 수단이므로 공권이라는 것이다.

이에 대해 판례[110]는 환매권은 원소유자가 환매권의 행사에 의하여 일방적으로 사법상 매매를 성립시키고 공용수용 해제처분을 요하지 아니하므로 사권으로 보고 있다.

공권인지 사권인지여부는 그 발생원인에 의해 판단해서는 안 되고 그 실질이 무엇이냐에 따라 결정하여야 할 것이므로, 환매권은 환매권자의 이익을 위해 일방적 의사표시에

의무를 부담한다는 뜻이라고 해석할 수도 없고, 舊 社會間接資本施設에대한民間資本誘致促進法(1998. 12. 31. 법률 제5624호 社會間接資本施設에대한民間投資法으로 전문 개정되기 전의 것)이 적용되기 위해서는 같은 법이 시행될 때에 그 사업이 진행 중이고, 같은 법이 정하는 민자유치사업심의위원회의 심의를 거치는 등 절차를 거쳐야 하는 것이므로(1994. 8. 3. 법률 제4773호로 제정될 당시의 부칙 참조) 이러한 요건을 갖추지 못한 기부자에게 같은 법이 적용될 여지는 없고, 더욱이 같은 법에 의하더라도 무상사용기간은 주무관청이 결정하게 되어 있으므로(제23조 제2항) 행정청이 그 법률에 의하여 앞서 본 바와 같은 의무를 부담한다고 볼 수도 없으며, 그 외에 행정청이 그러한 의무를 부담한다고 볼 만한 법령상의 근거가 없고, 또한 도로법 제40조 제1항에 의한 도로점용허가신청이 있는 경우 행정청은 그 자신의 재량에 의하여 점용허가 여부를 결정할 수 있는 것이고, 도로점용허가를 신청한 자가 도로의 지하에 지하도 및 상가 등 시설을 만들어 이를 기부한 자라는 사정만으로는 도로점용허가 여부의 결정이 기속행위로 된다거나 행정청이 그 기부자에게 도로점용의 허가를 하여야 할 의무를 부담하게 된다고 할 수도 없다(대법원 2001. 2. 23. 선고 99두7425 판결).

109) 金裕煥, 「還買權의 法理 : 判例理論의 分析과 檢討」(人權과正義 제251호, 1997. 7), 97~110쪽.
110) 대법원 1987. 4. 14. 선고 86다324판결 ; 대법원 1992. 4. 24. 선고 92다4673 판결.

의해 성립하는 매매의 실질을 가지는 것으로서 사권이라고 보아야 할 것이다. 이 문제는
환매권의 인정근거111)로 보통 거론되고 있는 원토지소유자의 특별한 가치감정에 대한
구제조치나 공평의 원칙에서 보거나, 설사 환매권을 "헌법상 재산권보장으로부터 도출
되는 것으로서 헌법이 보장하는 재산권의 내용에 포함되는 권리"112)라고 보더라도 그
결과는 마찬가지라고 하겠다. 따라서 환매권행사를 둘러싼 법적분쟁은 항고소송의 대상
이 되지 않는다고 하겠다.

⑤ 租稅 過·誤納還給

종래 국세기본법 제51조 및 제52조에 의한 국세환급금 및 국세환급가산금 결정에 관한
규정은 이미 납세의무자의 환급청구권이 확정되어 있는 국세환급금 및 가산금에 대하여
내부적 사무처리 절차로서 과세관청의 환급절차를 규정한 것에 지나지 않고 그 규정에
의한 국세환급금(가산금포함)결정에 의하여 비로소 환급청구권이 확정되는 것은 아니므
로, 국세환급금결정이나 이 결정을 구하는 신청에 대한 환급거부결정 등은 납세의무자
가 갖는 환급청구권의 존부나 범위에 구체적이고 직접적인 영향을 미치는 처분이 아니
어서 항고소송의 대상이 되는 처분이라고 볼 수 없다고 하였으나,113) 대법원은 판례를
변경하여 당사자소송에 따라야 한다고 하였다.

■ 대법원 2013. 3. 21. 선고 2011다95564 전원합의체 판결
　부가가치세법 제17조 제1항은 "사업자가 납부하여야 할 부가가치세액은 자기가 공급
한 재화 또는 용역에 대한 세액(이하 '매출세액'이라 한다)에서 다음 각 호의 세액(이

---

111) 木村 實, 「買受權」(行政法の爭點), 272~273쪽.
112) 헌법재판소 1995. 10. 26. 선고 95헌바22 결정.
113) 대법원 1990. 2. 13. 선고 88누6610 판결 ; 대법원 1997. 10. 10. 선고 97다264 판결 ; 대법
　　원 2001. 10. 26. 선고 2000두7520 판결(구 국세기본법(2000. 12. 29. 법률 제6303호로 개
　　정되기 전의 것) 제51조 제1항, 구 부가가치세법(1998. 12. 28. 법률 제5585호로 개정되기
　　의 것) 제24조 제1항, 구 부가가치세법시행령(1998. 12. 31. 대통령령 제15973호로 개정되기
　　전의 것) 제72조 각 규정은 정부가 이미 부당이득으로 그 존재와 범위가 확정되어 있는 과오납
　　부액이나 환급세액이 있는 때에는 납세자의 환급신청을 기다릴 것 없이 이를 즉시 반환하는 것
　　이 정의와 공평에 합당하다는 법리를 선언하고 있는 것이므로, 이미 존재와 범위가 확정되어 있
　　는 과오납부액이나 환급세액은 납세자가 부당이득의 반환을 구하는 민사소송으로 그 환급을 청
　　구할 수 있다고 할 것이나, 과세관청이 납세자가 당초에 신고한 과세표준 또는 납부세액이나 환
　　급세액에 누락·오류가 있다고 하여 구 부가가치세법(1998. 12. 28. 법률 제5585호로 개정되기
　　전의 것) 제21조 제1항 등에 의하여 환급세액을 줄이거나 납부세액을 증액하는 경정결정을 한
　　경우에는 당초의 신고에 의하여 발생한 조세채무의 확정력은 더 이상 유지될 수 없는 것이라 할
　　것이므로 납세자가 위와 같은 과세관청의 경정결정에 대하여 불복하여 당초 신고한 환급세액을
　　지급받기 위하여는 경정결정에 대한 취소소송을 제기하는 방법에 의하여야 할 것이다(대법원
　　1996. 4. 12. 선고 94다34005 판결, 대법원 1996. 9. 6. 선고 95다4063 판결 참조).

하 '매입세액'이라 한다)을 공제한 금액으로 한다. 다만 매출세액을 초과하는 매입세액은 환급받을 세액(이하 '환급세액'이라 한다)으로 한다."고 규정하면서, 제1호에서 '자기의 사업을 위하여 사용되었거나 사용될 재화 또는 용역의 공급에 대한 세액'을, 제2호에서 '자기의 사업을 위하여 사용되었거나 사용될 재화의 수입에 대한 세액'을 들고 있고, 제24조 제1항은 "사업장 관할 세무서장은 각 과세기간별로 그 과세기간에 대한 환급세액을 대통령령으로 정하는 바에 따라 사업자에게 환급하여야 한다."고 규정하고 있다. 한편 이러한 위임에 따른 부가가치세법 시행령 제72조 제1항은 " 법 제24조 제1항에 규정하는 환급세액은 각 과세기간별로 그 확정신고기한 경과 후 30일 내에 사업자에게 환급하여야 한다."고 규정하고 있고, 제4항은 " 법 제24조에 따라 환급되어야 할 세액은 법 제18조·제19조 또는 이 영 제73조 제4항에 따라 제출한 신고서 및 이에 첨부된 증빙서류와 법 제20조에 따라 제출한 매입처별세금계산서합계표, 신용카드매출전표 등 수령명세서에 의하여 확인되는 금액에 한정한다."고 규정하고 있다.

이와 같이 부가가치세법령이 환급세액의 정의 규정, 그 지급시기와 산출방법에 관한 구체적인 규정과 함께 부가가치세 납세의무를 부담하는 사업자(이하 '납세의무자'라 한다)에 대한 국가의 환급세액 지급의무를 규정한 이유는, 입법자가 과세 및 징수의 편의를 도모하고 중복과세를 방지하는 등의 조세 정책적 목적을 달성하기 위한 입법적 결단을 통하여, 최종 소비자에 이르기 전의 각 거래단계에서 재화 또는 용역을 공급하는 사업자가 그 공급을 받는 사업자로부터 매출세액을 징수하여 국가에 납부하고, 그 세액을 징수당한 사업자는 이를 국가로부터 매입세액으로 공제·환급받는 과정을 통하여 그 세액의 부담을 다음 단계의 사업자에게 차례로 전가하여 궁극적으로 최종 소비자에게 이를 부담시키는 것을 근간으로 하는 전단계세액공제 제도를 채택한 결과, 어느 과세기간에 거래징수된 세액이 거래징수를 한 세액보다 많은 경우에는 그 납세의무자가 창출한 부가가치에 상응하는 세액보다 많은 세액이 거래징수되게 되므로 이를 조정하기 위한 과세기술상, 조세 정책적인 요청에 따라 특별히 인정한 것이라고 할 수 있다(대법원 1992. 11. 27. 선고 92다20002 판결, 대법원 2011. 1. 20. 선고 2009두13474 전원합의체 판결 참조).

따라서 이와 같은 부가가치세법령의 내용, 형식 및 입법 취지 등에 비추어 보면, 납세의무자에 대한 국가의 부가가치세 환급세액 지급의무는 그 납세의무자로부터 어느 과세기간에 과다하게 거래징수된 세액 상당을 국가가 실제로 납부받았는지 여부와 관계없이 부가가치세법령의 규정에 의하여 직접 발생하는 것으로서, 그 법적 성질은 정의와 공평의 관념에서 수익자와 손실자 사이의 재산상태 조정을 위해 인정되는 부당이득 반환의무가 아니라 부가가치세법령에 의하여 그 존부나 범위가 구체적으로 확정되고 조세 정책적 관점에서 특별히 인정되는 공법상 의무라고 봄이 타당하다.

그렇다면 납세의무자에 대한 국가의 부가가치세 환급세액 지급의무에 대응하는 국가에 대한 납세의무자의 부가가치세 환급세액 지급청구는 민사소송이 아니라 행정소송법 제3조 제2호에 규정된 당사자소송의 절차에 따라야 한다.

　그럼에도 이와 달리 부가가치세 환급세액의 지급청구가 행정소송이 아닌 민사소송의 대상이라고 한 대법원 1996. 4. 12. 선고 94다34005 판결, 대법원 1996. 9. 6. 선고 95다4063 판결, 대법원 1997. 10. 10. 선고 97다26432 판결, 대법원 2001. 10. 26. 선고 2000두7520 판결 등과 국세환급금의 환급에 관한 국세기본법 제51조 제1항의 해석과 관련하여 개별 세법에서 정한 환급세액의 반환도 일률적으로 부당이득반환이라고 함으로써 결과적으로 부가가치세 환급세액의 반환도 부당이득반환이라고 본 대법원 1987. 9. 8. 선고 85누565 판결, 대법원 1988. 11. 8. 선고 87누479 판결 등을 비롯한 같은 취지의 판결들은 이 판결의 견해에 배치되는 범위 내에서 이를 모두 변경하기로 한다.

　조세의 과·오납이 부당이득이 되기 위해서는 납세 또는 조세의 징수가 실체법적으로나 절차법적으로 전혀 법률상의 근거가 없거나 과세처분의 하자가 중대하고 명백하여 당연 무효이어야 하고, 과세처분의 하자가 단지 취소할 수 있는 정도에 불과할 때에는 과세관청이 이를 스스로 취소하거나 항고소송절차에 의하여 취소되지 않는 한 그로 인한 조세의 납부가 부당이득이 된다고 할 수 없다.

　행정처분이 아무리 위법하다 하여도 그 하자가 중대하고 명백하여 당연 무효라고 보아야 할 사유가 있는 경우를 제외하고는 아무도 그 하자를 이유로 무단히 그 효과를 부정하지 못하는 것으로, 이러한 행정행위의 공정력은 판결의 기판력과 같은 효력은 아니지만 그 공정력의 객관적 범위에 속하는 행정행위의 하자가 취소사유에 불과한 때에는 그 처분이 취소되지 않는 한 처분의 효력을 부정하여 그로 인한 이득을 법률상 원인 없는 이득이라고 말할 수 없다.114)

　조세과오납금환급청구권이 공권인지 여부에 대하여는 논란이 있으나 조세부과처분이 당연 무효임을 전제로 하여 이미 납부한 세금의 반환을 청구하는 것은 사경제적 견지에서 인정되는 형평을 기하기 위한 제도인 민사상의 부당이득반환청구권에 기한 것이라 할 것이므로 이는 사권(私權)으로 보아야 할 것이고, 이 경우 납세자는 부당이득의 법리에 따라 민사소송으로써 국가를 상대로 환급금반환청구의 소를 제기하여야 한다.

　또한 국세징수법 제21조에 규정된 가산금은 과세권의 행사와 조세채권의 실현을 용이하게 하기 위하여 세법에 규정된 의무를 정당한 이유 없이 위반한 납세자에게 부과하는 일종의 행정상 제재로, 국세를 납부기한까지 납부하지 않으면 과세관청의 확정 절차 없이 당연히 발생하고 그 액수도 확정되는 것이어서 과세관청이 납세고지를 하면서 납기일까지 납부하지 아니하면 납기일 후에는 가산금 얼마를 징수하게 된다는 취지를 고지

---

114) 대법원 1994. 11. 11. 선고 94다28000 판결.

하는 것만으로는 항고소송의 대상인 어떤 처분이 있다고 할 수 없다. 다만 납부기한 이후 과세관청이 독촉장에 의하여 납부를 독촉함으로써 징수절차에 나아갔을 경우 가산금 납부독촉은 징수처분으로서 항고소송의 대상이 된다.115)

 일반적으로 국세 징수법에 의하면 조세 채권이 확정된 경우 이를 실현하기 위한 모든 행위를 광의의 징수처분이라고 하는데 여기에는 납세고지, 독촉 및 채납처분 등이 포함된다. 國稅徵收法上의 督促은 이행지체에 빠져있는 조세채무의 이행을 촉구하는 협의의 징수처분으로 그 자체가 하나의 독립된 처분이다. 하지만 독촉이 체납처분의 전제가 되는 징수처분이 아닌 경우에는 이미 발생한 납세의무를 전제로 한 민법상의 최고에 불과하여 국민의 권리의무에 직접 영향을 미치는 것이 아니므로 처분성을 인정할 수 없게 된다. 이와 같은 취지에서 대법원은 "구 의료보험법(1994. 1. 7. 법률 제4728호로 전문 개정되기 전의 것, 이 법은 2001. 5. 24. 법률 제6474호 의료급여법으로 전면 개정되었음) 제45조, 제55조, 제55조의2의 각 규정에 의하면, 보험자 또는 보험자단체가 사기 기타 부정한 방법으로 보험급여비용을 받은 의료기관에게 그 급여비용에 상당하는 금액을 부당이득으로 징수할 수 있고, 그 의료기관이 납부고지에서 지정된 납부기한까지 징수금을 납부하지 아니한 경우 국세체납절차에 의하여 강제 징수 할 수 있는바, 보험자 또는 보험자단체가 부당이득금 또는 가산금의 납부를 독촉한 후 다시 동일한 내용의 독촉을 하는 경우 최초의 독촉만이 징수처분으로서 항고소송의 대상이 되는 행정처분이 되고 그 후에 한 동일한 내용의 독촉은 체납처분의 전제요건인 징수처분으로서 소멸시효 중단사유가 되는 독촉이 아니라 민법상의 단순한 최고에 불과하여 국민의 권리의무나 법률상의 지위에 직접적으로 영향을 미치는 것이 아니므로 항고소송의 대상이 되는 행정처분이라 할 수 없다"116)고 판시한 바 있다.

제3절 行政法關係의 特殊性

 행정법관계의 특수성은 어디에서 오는 것인가. 그것은 행정법관계에 내재된 고유한 성질에서 나오는 것은 아니며, 행정법의 특수성을 감안하여 실정법이 인정한 것이라는 입장이 통설이다.

 행정법관계의 특수성이 행정법에 고유한 성질이라고 주장한 견해는 과거 왕권을 중심으로 한 역사적 경험과 관련되어 있으나, 오늘날에는 공익(국가안전보장 혹은 질서유지 등)이나 당사자의 특수성(민사관계와는 달리 많은 국민을 상대해야 함)을 위해 법(헌

---

115) 대법원 1996. 4. 26. 선고 96누1627 판결.
116) 대법원 1999. 7. 13. 선고 7누119 판결.

법)이 인정한 것이라고 본다.

Ⅰ. 法律適合性

법치주의의 원칙상 행정행위는 앞서 본대로 합헌적 법률에 적합하여야 한다.

Ⅱ. 行政主體의 優越性

1. 公定力

행정주체의 의사는 비록 그 성립에 하자가 있더라도, 그것이 중대하고 명백하여 당연무효가 아닌 한, 권한있는 기관에 의하여 취소될 때까지는 일단 구속력이 있는 것으로 통용되는 힘을 말한다.

2. 確定力(存續力)

행정주체행위의 불가쟁성이다. 즉 행정상 법률관계를 다툴 수 있다고 해도 일정기간이 경과한 후에는 쟁송이 불가능하다는 원칙이다. 그리고 행정행위의 하자는 취소 또는 철회할 수 있음이 원칙이나 일정한 경우 법률생활의 안정 및 당사자의 신뢰보호를 위하여 행정청 자신이라도 이를 취소·변경할 수 없는 효력을 가진다.

3. 强制力(自力執行力)

행정주체 의사의 강제성이다. 이와 관련한 법률로는 국세징수법이나 행정대집행법을 들 수 있다.

Ⅲ. 權利義務의 相對性

행정법관계에서는 권리가 의무라는 상대적 성질을 가지는 경우가 많아 권리의무의 이전의 제한, 포기의 제한, 보호의 특수성, 대행의 금지 등 특수성이 인정된다.

Ⅳ. 權利救濟의 特殊性

사법관계는 민사소송 절차에 의하지만 공법관계는 행정소송의 절차에 의한다. 이는 헌법에서 그 근거를 규정하고 있다.

제4절 行政法關係의 當事者

I. 槪說

 행정법관계의 당사자란 행정법상 권리·의무의 주체, 즉 법효과의 궁극적 귀속자를 의미하는데, 행정주체와 행정객체로 나뉘어 설명할 수 있다.

II. 行政主體

1. 意義

 행정법관계에 있어서 국가·공공단체 등과 같이 행정권을 행사하고, 그의 법적효과가 궁극적으로 귀속되는 당사자를 행정주체라고 한다. 예외적으로 행정권한을 위임받은 사인이 그 범위 내에서 행정주체가 되는 경우도 있다. 이런 행정주체는 사인 등의 행정객체보다 우월한 지위를 가진다.
 행정주체와 구별하여야 할 개념으로 행정기관이 있다. 행정주체는 스스로의 이름으로 행정권을 행사하고 그의 법적효과가 자기에게 귀속되는 데 대해, 행정기관은 행정주체를 위해 일정한 권한을 행사하고 그 법적 효과는 기관이 아니라 행정주체에 귀속하는 점에서 차이가 있다.

 ■ 대법원 1992. 11. 27. 선고 92누3618 판결
  행정청에는 처분 등을 할 수 있는 권한이 있는 국가 또는 지방자치단체와 같은 행정기관뿐만 아니라 법령에 의하여 행정권한의 위임 또는 위탁을 받은 행정기관, 공공단체 및 그 기관 또는 사인이 포함되는바, 특별한 법률에 근거를 두고 행정주체로서의 국가 또는 지방자치단체로부터 독립하여 특수한 존립목적을 부여받은 특수한 행정주체로서 국가의 특별한 감독 하에 그 존립목적인 특정한 공공사무를 행하는 공법인인 특수행정조직 등이 이에 해당한다.

---

2. 行政主體의 種類

(1) 國家

 국가는 독립된 법인격을 가지는 행정주체(시원적 행정주체)로서 국가의 행정권한은 대통령을 정점으로 국가행정조직을 통해 행사되는데, 국가를 위해 실제로 행정사무를 담당·수행하는 기관을 행정기관이라 한다.

(2) 公共團體

1) 地方自治團體

  지방자치단체는 국가의 영토의 일부를 자기구역으로 하여 그 구역 내의 모든 주민에 대하여 국법이 인정하는 한도에서 일반적인 공공사무를 처리함을 목적으로 지배권을 행사하는 단체이다.

2) 公共組合(公法上의 社團法人)

  공공조합은 한정된 특수한 사업을 수행하기 위하여 일정한 자격을 가진 사람에 의해 구성된 공법상의 사단법인을 말한다. 즉 '인적'결합체에 법인격이 부여된 것을 말한다.

  ① 개발사업을 목적으로 하는 것(토지구획정리조합117), 재개발조합118), 농지개량조합119), 산림계산림조합 등)
  ② 동업자의 이익증진을 목적으로 하는 것(상공회의소, 변호사회, 의사회, 약사회 등)
  ③ 공제사업을 목적으로 하는 것(의료보험조합120), 건설공제조합, 한국교직원공제회 등)
  ④ 경제적 목적의 조합(상공회의소, 중소기업협동조합, 농업협동조합 축산업협동조합, 수산업협동조합 등)

3) 營造物 法人

  영조물 법인은 법인격을 취득한 특정한 공적 목적에 계속적으로 봉사하도록 정해진 인적·물적 수단의 종합체, 즉 영조물(Anstalt)을 의미한다. 영조물은 이용자는 있으나 구성원이 없다는 점에서 공공조합과 다르다. 행정요원과 물적 수단의 조직적 결합체로 그의 목적에 따르는 일정한 행정임무를 수행하며 공법상의 법인격을 취득한다. 한국방송공사, 서울대학교병원, 적십자병원, 과학기술원, 한국기술검정공단 등이 그것이다.

4) 公法上 財團(公財團)

  공법상 재단이라 함은 재단설립자에 의해 출연된 재산을 관리하기 위해 설립된 공공단체를 말한다. 공재단의 경우 수혜자는 있으나 구성원이나 이용자가 없다. 공재단의 예로는 한국학술진흥재단, 한국정신문화연구원 등이 있다.

---

117) 대법원 1965. 6. 22. 선고 64누106 판결.
118) 헌법재판소 1997. 4. 24. 선고 96헌가3, 96헌바70 결정.
119) 대법원 1966. 12. 6. 선고 66다2015 판결), 농지개량조합(대법원 1977. 7. 26. 선고 76다3022 판결 ; 대법원 1995.6.9. 선고 94누10870 판결 ; 헌법재판소 2000. 11. 30. 선고 99헌마190 결정.
120) 대법원 1988. 3. 22. 선고 87다카1509 판결 ; 대법원 1993. 12. 10. 선고 93누12619 판결.

(3) 公務受託私人

공무수탁사인이란 국가 등 행정주체로부터 자신의 이름으로 공행정사무(공적인 업무)를 처리할 수 있는 권한을 부여받은 사인(자연인 또는 법인)을 말한다. 이처럼 일정한 범위에서 자기의 이름으로 독자적으로 공권력을 행사할 수 있도록 공권력이 부여된 사인도 그 한도에서 행정주체의 지위를 갖는다.[121]

수탁사인은 본래의 행정주체는 아니고 전래적인 행정주체가 되며, 수탁사인의 행위는 국가의 행위와 같은 효과를 발생시킨다. 항공기운항안전법에 의해 경찰권을 갖는 운항중인 항공기의 기장, 선원법에 의해 경찰권을 갖는 항해중인 선박의 선장, 원천징수의무자, 사인(私人)인 기업자(起業者), 별정우체국장, 사립대학장(학위수여) 등이 그 예이다.

■ 대법원 1990. 3. 22. 선고 89누4789 판결
[소득세법상의 원천징수의무자]
원천징수하는 소득세에 있어서는 납세의무자의 신고나 과세관청의 부과결정이 없이 법령이 정하는 바에 따라 그 세액이 자동적으로 확정되고, 원천징수의무자는 소득세법 제142조 및 제143조의 규정에 의하여 이와 같이 자동적으로 확정되는 세액을 수급자로부터 징수하여 과세관청에 납부하여야 할 의무를 부담하고 있으므로, 원천징수의무자가 비록 과세관청과 같은 행정청이라 하더라도 그의 원천징수행위는 법령에서 규정된 징수 및 납부의무를 이행하기 위한 것에 불과한 것이지, 공권력의 행사로서의 행정처분을 한 경우에 해당되지 아니한다(대법원 1983. 12. 13. 선고 82누174 판결 ; 대법원 1984. 2. 14. 선고 82누177 판결 참조).[122]

Ⅲ. 行政客體 - 私人

행정주체에 의한 공권력행사의 상대방을 행정객체라 한다. 행정객체는 私人이 원칙이나 예외적으로 공공단체도 국가에 대하여 행정객체가 될 수 있다. 국가는 항상 행정주체일 뿐 행정객체는 될 수 없다.

제5절 行政法關係의 內容

Ⅰ. 序說

---

121) 일정한 범위의 권한을 부여받은 행정기관에 불과하며 행정주체는 공권을 수여한 국가 또는 공공단체 자신이라고 보는 견해도 있다(김도창, 220쪽 ; 변재옥, 117쪽).
122) 조세원천징수의무자의 공무수탁사인성을 부정하고 있다.

행정법관계의 내용은 행정법관계의 당사자가 가지는 공권과 공의무로 구성되는데, 이것은 사법상 권리와 의무에 대칭되는 개념이다. 행정법관계를 행정주체면에서 살펴보면 국가적 공권과 국가적 공의무로, 행정객체면에서 보면 개인적 공의무와 개인적 공권으로 나눠 볼 수 있다. 공권과 공의무란 행정법관계의 당사자가 행정법관계에서 가지는 권리와 의무를 말한다. 그리고 이러한 공권과 공의무는 법률이 정하는 바에 따라 행정청의 일방적인 의사에 의해 권리의무의 득실변경이 생긴다는 점에 그 특색이 있다.

Ⅱ. 公權

1. 意義

권리의 본질과 관련하여 권리를 '직접 자기의 이익을 위하여 주장할 수 있는 법적인 힘'이라고 이해하는 법력설(法力說)에 따를 때, 공권이란 행정법관계에 있어서 권리주체가 직접 자기의 일정한 이익을 위하여 주장할 수 있는 법적인 힘으로서 법의 보호를 받는 이익이라고 일단 정의할 수 있다.

일방의 권리가 성립하기 위해서는 그에 상응하는 타방의 법적의무가 전제되어야 한다. 그러나 법적의무가 존재한다하여 바로 그에 상응하는 권리가 성립한다는 것은 아니다. 행정의 본질은 공익의 실현작용이며, 행정법규는 전적으로 공익목적만을 위하여 행정청에 의무를 부과하는 경우도 많은 데, 이 경우 행정주체에게 법적의무는 부과되어 있으나, 그에 상응하는 사인의 권리는 성립하지 않는다.

2. 沿革

공권은 연혁적으로 보면 19세기말 C.F.V.Gerber의 '공권론'을 효시로 논의가 시작된 이래 20세기 초 G.Jellinek를 거쳐 O.Bühler에 의해 공권에 대한 이론적 체계가 확립되었다.

3. 公權의 種類

(1) 國家的 公權

국가적 공권이란 국가, 공공단체 등 행정주체가 우월한 의사주체로서 그 상대방인 사인 또는 단체에 대하여 가지는 권리를 말한다. 국가적 공권은 그 목적에 따라 조직권, 재정권, 형벌권, 경찰권, 복리행정권 등으로, 권리내용에 따라 하명권(下命權 ; 명령권), 형성권, 강제권 등으로 나눌 수 있다. 이러한 국가적 공권은 권한의 성격이 강하다.

(2) 個人的 公權

개인적 공권이란 개인 또는 단체가 국가 또는 공공단체 등에 대하여 일정한 행위를 요구할 수 있도록 개인에게 부여되어 있는 법적인 힘을 말한다. 개인적 공권은 主觀的 公權으로 불리기도 한다. 개인적 공권이란 학문상 용어이며, 실정법상 용어는 아니다. 헌법적 권리로서 자유권, 생활권(수익권), 참정권 등이 있고[123], 행정법상으로는 무하자재량행사청구권, 행정개입청구권 등이 논의되고 있다.

4. 公權의 特殊性

(1) 國家的 公權의 特殊性

국가적 공권의 경우 행정주체가 우월한 지위에서 갖는 지배권으로서의 성질을 갖기 때문에 자율성(법률 또는 행정행위에 기한 권리주체가 권리내용을 스스로 결정), 자력집행성(자력강제성), 제재성(행정벌)이 인정되고, 이에 기한 행위에는 공정력, 강제력, 확정력 등의 특수한 효과가 인정된다.

(2) 個人的 公權의 特殊性

1) 處分制限性(不融通性)

① 移轉의 制限

개인적 공권의 경우 이전이 제한된다. 즉 개인적 공권의 경우 일신전속적 성격 때문에 또는 법률의 규정에 의해 양도·상속 등 이전이 제한된다. 전자의 예로는 선거권이 있고, 후자의 예로는 국가배상법 제4조에 의한 배상받을 권리의 양도금지, 생활보호법 제29조에 의한 보호받을 권리의 양도금지, 공무원연금법 제32조에 의한 연금청구권의 양도금지 등이 있다. 손실보상청구권, 하천의 사석(沙石)채취권의 경우와 같이 공익적 목적은 없고 순전히 사익적인 채권적·경제적 성질의 공권은 양도, 압류의 제한이 없다. 토지수용을 통한 공권적 침해를 당한 경우에 국가에 대해 사인이 가지는 손실보상청구권은 순전히 국가에 대해 보상금을 탈수 있는 공권에 불과해 공익적 성질이 거의 없고, 하천점용허가(특허)로 인해 하천의 사석채취권을 건설업자가 가지는 경우, 공익적 성질이 있다고 하기는 곤란하기 때문에 양도와 압류의 대상이 된다.

개인적 공권의 이전이 제한되는 결과 그에 대한 압류가 제한되거나(민사집행법 제246조 제1항 제4호에 의한 급여채권의 압류제한) 금지되는 경우(공무원연금법 제32조에 의한 연금청구권의 압류금지, 민사집행법 제246조 제1항 제3호에 의한 병(兵)의 급료의 압류금지)가 있다.

---

123) 옐리네크의 지위이론에 따라 기본권의 종류인 자유권, 수익권, 참정권을 행정법상의 개인적 공권의 종류로 설명하는 것이 대부분 교과서의 내용이다.

② 抛棄의 制限

 주로 공권은 포기가 제한되나(선거권, 봉급청구권, 고소권, 소권 등) 경제적 가치를 내용으로 하는 공익에 영향이 없는 공권(손실보상청구권, 공무원여비, 국회의원세비 등)은 포기가 가능하다. 공권의 포기는 권리의 불행사와는 구별되는데, 투표행사의 자유, 제소의 자유가 있기 때문에 포기가 제한되는 공권이라도 불행사는 가능하다.

▣ 대법원 1998. 12. 23. 선고 97누5046 판결
[석탄산업법시행령 제41조 제4항 제5호 소정의 재해위로금의 법적 성질 및 당사자의 합의로 포기할 수 있는지 여부(소극)]
 재해위로금은 국내의 석탄수급상황을 감안하여 채탄을 계속하는 것이 국민경제의 균형 발전을 위하여 바람직하지 못하다고 판단되는 경제성이 없는 석탄광산을 폐광하는 한편 그 광산에서 입은 재해로 인하여 전업 등에 특별한 어려움을 겪게 될 퇴직근로자를 대상으로 국가정책 차원에서 통상의 재해보상금에 추가하여 지급하는 지원금의 성격을 갖는 것이므로(대법원 1993. 10. 12. 선고 93누13209 판결, 대법원 1997. 5. 30. 선고 95다28960 판결 참조), 석탄산업법시행령 제41조 제4항 제5호 소정의 재해위로금 청구권은 개인의 공권으로서 그 공익적 성격에 비추어 당사자의 합의에 의하여 이를 미리 포기할 수 없다.

▣ 대법원 1995. 9. 15. 선고 94누4455 판결
 행정소송에 있어서 소권(訴權)은 개인의 국가에 대한 공권이므로 당사자의 합의로써 이를 포기할 수 없는 것이고(대법원 1961. 11. 2.선고 4292행상60 판결 참조), 인가 허가 등 행정처분에 대응하여 인·허가를 받는 개인이 제출하는 각서의 의미, 내용을 해석함에 있어서는 행정청이 우월적 지위에 있는 공법관계의 특성, 각서 문언의 내용, 그와 같은 각서가 제출된 동기와 경위, 그에 의하여 달성하려고 하는 목적, 당사자의 진정한 의사 등을 종합적으로 고찰하여 사회정의와 형평의 이념에 맞도록 합리적으로 해석하여야 할 것이다.
 이 사건 도시계획(도시공원조성)사업의 1차사업허가에 따른 허가조건을 충실히 이행하고 기간 내에 잔여지역에 대한 2차사업허가신청을 하지 아니할 때에는 공원관리권의 박탈 또는 공원시설의 폐쇄 등 어떠한 조치를 하여도 아무런 이의가 없으며 그 강제집행에 따른 어떠한 손해에 대하여도 피고에게는 민사상 책임이 없다는 취지의 각서(이 사건 도시계획(도시공원조성)사업의 허가처분에 대응하여 원고가 처분청인 피고에게 제출한 위 각서는 1차공원조성사업의 성실한 이행과 소정의 기간 내에 2차공원조성사업의 허가신청을 하겠다고 다짐하는 것)가 있음을 이유로 원고에게 이 사건 처분을 다툴 소의 이익이 없다고 하는 논지는 개인적 공권인 국민의 소권을 제한 또는 박탈하는 부당한 결과를 초래하게 될 우려가 있는 주장으로서 채용할 수 없다.

③ 代行 또는 委任의 制限(非代替性)

민법과 달리 대리권 행사가 제한되는 경우가 많다(예 ; 의사면허나 운전면허 등 수험이나 병역이 대리되지 않는 경우, 선거관련법에 의한 선거권의 대행의 금지).

2) 保護의 特殊性

그리고 다툼이 있는 경우 민사소송이 아니라 행정소송법상 당사자 소송에 의해야 한다. 특례가 인정되는 경우 국가로부터 특전·부담 받는 경우도 있다(예 ; 특허기업자의 특전).

3) 消滅時效制度의 特殊性

소멸시효의 경우도 공법상 금전채권은 민법의 규정이 아니라 예산회계법과 지방재정법의 적용을 받는다. 즉 민법보다는 권리를 행사할 수 있는 기간이 짧다(시효의 단기성).

5. 行政法關係에서 私人의 公權

(1) 區別槪念

1) 反射的 利益

① 意義

공권이란 공법관계에 있어서 개인이 직접 자기의 일정한 이익을 위해 국가 등에 대하여 일정한 행위를 요구할 수 있도록 관계법규에 의해 부여된 법적인 힘을 말하며, 반사적 이익은 행정법규가 공익적 견지에서 행정주체에 대해 일정한 의무를 부과하고 있는 결과 그 반사적 효과로서 개인이 향유하는 이익이기는 하나, 법의 보호를 받지 못하는 이익을 말한다. 관계법규가 전적으로 공익목적만을 위한 것인 때, 사인이 받는 이러한 이익은 공익적 견지에서 행정주체에 제한 또는 의무를 부과한 반사적 효과로서의 이익에 불과하다. 이러한 반사적 이익의 특징은 법의 보호를 받지 못하는 이익으로 소송을 통한 구제를 받지 못한다는 데 있다.

따라서 권리와 반사적 이익의 구별기준은 법상으로 행정쟁송수단을 통하여 특정개인의 이익의 보호가 인정되는가의 여부에 있다고 하겠다.

> ❖ 反射的 利益의 類型
> (1) 영업허가 등에 관한 법적 규제(건수제한, 거리제한 등)로 인하여 수허가자가 누리는 사실상의 독점적 이익(예 ; 영업이익)
> (2) 특정인에 대한 법적규제(예 ; 건축법 소방법상의 위생 안전 등 공공질서를 위한 건축규제)로 인하여 제3자(인근주민)가 받는 이익
> (3) 철도 기타 공기업이용자가 받는 이익, 도로 공원과 같은 공물의 설치로 인한 일반

　　　사용을 통해 이용자의 이익(예 ; 도로통행, 공원산책)
 (4) 특정인과 관계없는 지역개발조치(예 ; 관광휴양지역과 같은 용도지역의 지정)에
　　　의하여 받는 이익
 (5) 법이 타인에게 의무를 부여하고 있는 결과로써 누리는 이익(예 ; 의사의 환자진료
　　　거부금지와 진료이익)

② 區別의 必要性(實益)

 개인적 공권과 반사적 이익은 원래 실체법상의 구별이다. 하지만 양자의 구별실익이 주
로 문제되는 것은 소송제도와의 관계에 있다. 다시 말해 행정쟁송에 의한 구제가능성 여
부 즉, 원고적격(법률상이익)의 인정여부에 있다.

③ 區別의 基準

 개인적 공권과 반사적 이익의 구별기준은 관계법규의 목적이다. 여기서 '관계법규'란 공
익목적을 위해 행정주체에게 일정한 작위·부작위를 발생시키는 실정법규, 즉 처분의 직
접적인 근거법규를 말하나, 그 외에 환경영향평가를 규정하는 환경영향평가법과 같은
것도 '관계법규'에 포함된다. 그러한 관계법규가 공익의 보호와 함께 사익의 보호도 목적
으로 하고 있다고 해석되면 개인적 공권이 성립한다.

④ 檢討

 대법원 판례에 의하면 행정소송법 제12조 법률상이익은 구체적인 권리뿐만 아니라 법
적으로 보호되는 이익도 포함하는 것으로 해석한다. 이 경우 법적으로 보호되는 이익이
란 법률에 의해 보호되는 직접적이고 구체적인 이익이어야 하고, 공익보호의 결과로 국
민일반이 공통적으로 가지는 추상적·평균적 이익이나 반사적 이익과 같이 간접적이거나
사실적 경제적 이해관계를 갖는데 불과한 경우는 포함되지 않는다고 한다.
 대법원은, 구 해상운송사업법(현 해운법)124) 및 구 자동차운수사업법(현 여객자동차
운수사업법)125) 등 각종 사업법에 의한 사업면허에 대한 기존업자의 이익을 경업자소
송에 있어서 소의 이익을 인정하였고, 구 도시계획법(현 도시및주거환경정비법)과 건축
법상 주거의 안녕과 생활환경보호를 위한 주민의 이익을 인인(隣人)소송에 있어서 소의
이익으로 인정하였다.126) 행정처분 관계법규가 공익보호와 아울러 사적 이익의 보호도

---

124) 대법원 1969. 12. 30. 선고 69누106 판결.
125) 대법원 1974. 4. 9. 선고 73누173 판결.
126) 대법원 1975. 5. 13. 선고 73 누 96,97 판결 ; 대법원 1983. 7. 12. 선고 83누59 판결.

목적으로 하고 있는 것으로 해석하려는 노력을 엿볼 수 있다.

2) 保護利益(法律上 利益)

여기서 行政訴訟法 제12조의 '法律上利益'이 具體的으로 무엇을 意味하는지에 대하여 견해가 갈리고 있다. 즉 법률상이익을 권리와 상이한 개념으로 보는 입장과 권리와 동일한 개념으로 보는 입장이 그것이다. 전자의 경우 법률상이익을 권리와 법률상보호이익을 내포하는 개념으로 이해한다. 이 견해는 법률상 보호이익을 종래와 같은 의미의 권리는 아니지만 단순한 반사적 이익이라고도 할 수 없는 이익, 말하자면 행정소송을 통해 구제되어야 할 이익이란 의미로 사용하고 있다.127) 이 견해는 '法律上利益 = 權利(公權) + 法律上 保護利益'으로 도식화할 수 있다.

후자의 입장은, 권리는 본래 법의 보호를 받는 이익을 의미하며 그런 의미에서 반사적 이익과 구별되므로 공권과 법률상보호이익은 다만 표현의 차이에 불과하다고 한다.128) 이 견해는 법률상이익과 권리(공권)를 구별할 필요 없이 권리(공권)에 포함하여 이해하는 것으로 '權利(公權) = 法律上利益'으로 도식화할 수 있다.

행정청의 의무의 존재와 사익보호성만 갖추면 권리는 성립하는 것이라고 새기게 되면 권리개념이나 법률상보호이익의 개념은 동일한 것이라고 하면서, 공권개념의 확대라는 사적과정을 고려한다면, 전통적 의미의 권리를 협의의 권리로, 전통적 의미의 권리와 법률상 보호이익의 관념을 합하여 확대된 권리개념 내지 광의의 권리개념으로 관념하는 것도 의미 있다고 주장하는 학자도 있다.129)

권리란 '법에 의해 보호되는 이익'을 의미하는바, 이러한 의미에서 법의 보호밖에 놓이는 이익인 반사적 이익과 구별되고, 보호규범의 존재는 행정의 직접 상대방을 위해서나 제3자를 위해서나 권리(공권)가 성립하기 위한 요소로서 직접 상대방이 행정주체에 대하여 가지는 권리와 제3자가 가지는 권리(법률상 보호이익) 모두 권리(공권)인 점에서는 동일한 것이며, 국민의 권리구제의 확대는 굳이 법률상 보호이익이라는 새로운 개념을 도입하지 않더라도 공권의 범위를 확대해 가는 이론구성을 통해 달성할 수 있다 할 것이어서 법률상이익은 법에 의해 보호되는 이익으로서의 권리를 뜻한다고 하겠다.

보호법익은 법률상 보호되는 이익으로 개인적 공권의 성립요소의 하나이다. 개인적 공

---

127) 金道昶, 240쪽 ; 李尙圭, 195~197쪽.
　　石琮顯 敎授는 과거에는 법률상 보호이익을 準權利라고 부르면서 권리와 보호이익을 구별하였으나, 지금은 권리의 개념을 좁은 의미의 권리와 넓은 의미의 권리로 구별하고 보호이익을 넓은 의미의 권리로 보고 있다(同, 101쪽).
128) 姜求哲, 153~154쪽 ; 金南辰, 106쪽 ; 金東熙, 88쪽 ; 柳至泰, 96쪽 ; 洪準亨, 『행정구제법』, 한울아카데미, 2001), 567쪽.
129) 朴鈗炘, 148쪽 ; 石琮顯, 101쪽 ; 洪井善, 153쪽.

권이 성립하기 위해서는 공법상 강행법규가 국가 기타 행정주체에게 행위의무를 부과할 것과 관련 법규가 사익보호를 목적으로 하는 것이어야 할 것을 필요로 한다. 법률상 보호되는 이익의 판단에는 관련 법규범이 기준이 되는데, 관련보호규범이 개인의 이익보호도 목적으로 한다면 그 이익은 법률상 보호이익이 된다.[130]

객관적 법규가 개인의 이익의 보호도 의도하는가의 판단은 전체 법질서와의 고려 아래 이루어져야 하며, 법규가 개인의 이익에 봉사하도록 규정된 것인가에 대한 판단의 시점은 법규의 성립시가 아니라 법규를 판단하는 시점이다.[131] 일반적으로 단순한 영업기회, 경제적·정치적 이익, 단순한 지리상의 이점 등은 법률상이익에 해당하지 아니한다.

3) 保護價値 있는 利益
이는 법과 무관한 가치로 입법자가 가지는 개념이다. 이에 대해 다수의 학설은 권리구제를 부정하고 있다.

(2) 成立要件
1) 公權成立의 3要素 - O. Bühler(뷜러)의 公權論
O. Bühler는 1955년의 論文에서 "公權이란, 法律行爲 또는 個人의 利益을 보호하기 위하여 發해진 强行法規에 근거하여 國家에 무엇을 요구하거나 어떤 행위가 허용되도록 行政에 대하여 주장할 수 있는 臣民의 國家에 대한 地位를 말한다."고 하고, 法規가 公權을 성립시키기 위해서는, 첫째로 그것이 强行的 性格을 가져야 한다, 둘째로 그 法規가 공익만이 아니라 개인 또는 一定한 人的범위의 個別的利益의 만족을 위해 發해져야 한다, 셋째로 그 法規는 受益者가 그것을 주장(訴求)할 수 있는 效果와 함께 발해져야 한다는 법규의 강행법규성, 사익 보호성, 법력 부여성의 기준을 제시하였다.

① 强行法規의 存在(强行法規性)
강행법규에 의한 행정주체에 의무가 부과되어야 한다. 이것은 그 법규의 적용에 있어 자유재량이 배제된다는 것을 의미한다.

② 私的 利益의 保護(法規의 私益保護目的性)

---

130) 법률상이익의 기초개념인 공권이론과 관련하여 獨逸의 保護規範說과 그 최신 이론 경향에 대하여는, 李相千, 「行政訴訟에 있어서의 訴의 利益」, 『辯護士』(26)(서울地方辯護士會, 1996. 1), 151쪽 이하 참조. 이 논문에서 新公權理論으로 ① W. Henke의 事實上의 侵害行爲說, ② M. Zuleg의 基本權充塡說, ③ K. Redeker의 計劃擔保請求權說, ④ H. Bauer의 多極的法關係의 統合要素로서의 公權理論 등을 소개하고 있다.
131) 洪井善, 158쪽, 810쪽.

법규가 단순한 공익의 실현을 목적으로 하는 경우에는 개인적 공권이 성립되지 않는다.

③ 利益貫徹 意思力(法上의 힘)의 存在(國家에 대한 請求權能 賦與性)

개인의 이익을 소송을 통하여 관철시킬 수 있는 법상의 힘이 부여되어 재판청구권이 있어야 한다.

2) 2要素論의 擡頭

O, Bühler(뷜러)의 공권론은 열기주의하에서만 의미가 있는 것이라고 하면서, 독일기본법 제19조 제4항 제1문이 "누구든지 공권력에 의하여 자기의 권리를 침해받은 자에게는 제소의 길이 열려져 있다."규정하고 있음을 들어 위 3요소 중 제3의 요소는 필요없다는 것이다.

3) 小結

헌법 제27조가 국민의 재판청구권을 보장하고 행정소송법 제12조, 제19조가 개괄주의를 채택하고 있으므로 개괄주의 하에서는 의사력의 존재는 당연한 전제로 인정된다 할 것이어서 별도로 파악할 필요 없게 된다.

⑶ 個人的 公權의 成立

1) 法律의 規定에 의한 成立

법률에서 ① 국가 또는 그 밖의 행정주체에게 행위의무를 부과하고, ② 그 관련규정이 오로지 공익의 실현만을 목표로 하는 것이 아니라 개인의 이익의 만족에도 기여하도록 정해져 있다면 관련 사인은 개인적 공권을 갖게 된다. 여기서 말하는 관련 사인이란 행위의 상대방만을 말하는 것이 아니라 제3자일 수도 있다는 점이다.

■ 대법원 2001. 7. 27. 선고 99두2970 판결

구 자연공원법 등 관련법령의 관련 규정에 의하면, 국립공원 집단시설지구개발사업의 조성면적이 10만㎡ 이상인 경우에는 환경영향평가대상사업에 해당하므로 환경부장관이 집단시설지구 내 시설물기본설계 변경승인처분 등을 함에 있어서는 반드시 자연공원법령 및 환경영향평가법령 소정의 환경영향평가를 거쳐서 그 환경영향평가의 협의내용을 사업계획에 반영시키도록 하여야 하므로 자연공원법령뿐 아니라, 환경영향평가법령도 위 변경승인처분 등에 직접적인 영향을 미치는 근거 법령이 된다고 볼 수밖에 없고, 환경영향평가에 관한 위 자연공원법 및 환경영향평가법령상의 관련 규정의 취지는 집단시설지구개발사업으로 인하여 직접적이고 중대한 환경피해를 입으리라고 예상

되는 환경영향평가대상지역 안의 주민들이 개발 전과 비교하여 수인한도를 넘는 환경 침해를 받지 아니하고 쾌적한 환경에서 생활할 수 있는 개별적 이익까지도 이를 보호하려는 데에 있다 할 것이므로, 위 주민들이 위 변경승인처분과 관련하여 갖고 있는 위와 같은 환경상의 이익은 주민 개개인에 대하여 개별적으로 보호되는 직접적·구체적인 이익이라고 보아야 할 것이다.

2) 憲法에 의한 成立

헌법규정은 강령적·정책적·선언적·추상적 성격을 강하게 가지기 때문에 헌법이 직접 구체적으로 인정하는 개인적 공권을 제시하기는 어렵다. 이에 헌법상 기본권에 의한 개인적 공권의 성립여부가 문제되는 것이다. 헌법상 기본권도 그것이 구체적 내용을 가지고 있어 법률에 의해 구체화되지 않아도 직접 적용될 수 있는 경우에는 재판상 주장될 수 있는 개인적 공권으로 보아야 할 것이다. 헌법재판소는 알 권리는 표현의 자유에서, 접견권은 인간의 존엄과 가치 및 행복추구권에서 직접 도출되는 구체적인 권리로 인정한 바 있다.

⁝ 헌법에 의한 공권의 성립여부

(1) 인정사례

■ 헌법재판소 1989. 9. 4. 선고 88헌마22 결정

'알 권리'는 민주국가에 있어서 국정의 공개와도 밀접한 관련이 있는데 우리 헌법에 보면 입법의 공개(제50조 제1항), 재판의 공개(제109조)에는 명문규정을 두고 행정의 공개에 관하여서는 명문규정을 두고 있지 않으나, '알 권리'의 생성기반을 살펴볼 때 이 권리의 핵심은 정부가 보유하고 있는 정보에 대한 국민의 알권리 즉, 국민의 정부에 대한 일반적 정보공개를 구할 권리(청구권적 기본권)라고 할 것이며, 또한 자유민주적 기본질서를 천명하고 있는 헌법 전문과 제1조 및 제4조의 해석상 당연한 것이라고 봐야 할 것이다. '알 권리'의 법적 성질을 위와 같이 해석한다고 하더라도 헌법 규정만으로 이를 실현할 수 있는가 구체적인 법률의 제정이 없이는 불가능한 것인가에 대하여서는 다시 견해가 갈릴 수 있지만, 본건 서류에 대한 열람·복사 민원의 처리는 법률의 제정이 없더라도 불가능한 것이 아니라 할 것이고, 또 비록 공문서 공개의 원칙보다는 공문서의 관리·통제에 중점을 두고 만들어진 규정이기는 하지만 정부공문서 규정 제36조 제2항이 미흡하나마 공문서의 공개를 규정하고 있는 터이므로 이 규정을 근거로 해서 국민의 알권리를 곧바로 실현시키는 것이 가능하다고 보아야 할 것이다.

이러한 관점에서 청구인의 자기에게 정당한 이해관계가 있는 정부 보유 정보의 개시(開示) 요구에 대하여 행정청이 아무런 검토 없이 불응하였다면 이는 청구인이 갖는 헌법 제21조에 규정된 언론 출판의 자유 또는 표현의 자유의 한 내용인 '알 권리'를 침해

한 것이라 할 수 있으며, 그 이외에도 자유민주주의 국가에서 국민주권을 실현하는 핵심이 되는 기본권이라는 점에서 국민주권주의(제1조), 각 개인의 지식의 연마, 인격의 도야에는 가급적 많은 정보에 접할 수 있어야 한다는 의미에서 인간으로서의 존엄과 가치(제10조) 및 인간다운 생활을 할 권리(제34조 제1항)와 관련이 있다 할 것이다.

■ 대법원 1992. 5. 8. 선고 91누7552 판결
[구속된 피고인 또는 피의자의 타인과의 접견권의 성격(=헌법상의 기본권)]
 (접견권은 헌법상 기본권의 범주에 속하는 것이다), … 만나고 싶은 사람을 만날 수 있다는 것은 인간이 가지는 가장 기본적인 자유 중의 하나로서, 이는 헌법 제10조가 보장하고 있는 인간으로서의 존엄과 가치 및 행복추구권 가운데 포함되는 헌법상의 기본권이라 할 것이며, 형사소송법 제89조 및 제213조의2가 규정하고 있는 구속된 피고인 또는 피의자의 타인과의 접견권은 위와 같은 헌법상의 기본권을 확인하는 것일 뿐 형사소송법에 의하여 비로소 피고인 또는 피의자의 접견권이 창설되는 것이라고 볼 수 없다.

■ 대법원 1999. 9. 21. 선고 97누5114 판결
[정보공개청구권의 인정 근거]
 국민의 알 권리, 특히 국가정보에의 접근의 권리는 우리 헌법상 기본적으로 표현의 자유와 관련하여 인정되는 것으로 그 권리의 내용에는 일반 국민 누구나 국가에 대하여 보유·관리하고 있는 정보의 공개를 청구할 수 있는 이른바 일반적인 정보공개청구권이 포함되고, 이 청구권은 공공기관의정보공개에관한법률(1996. 12. 31. 법률 제5242호)이 1998. 1. 1. 시행되기 전에는 사무관리규정(1991. 6. 19. 대통령령 제13390호로 제정되어 1997. 10. 21. 대통령령 제15498호로 개정되기 전의 것) 제33조 제2항과 행정정보공개운영지침(1994. 3. 2. 국무총리 훈령 제288호)에서 구체화되어 있었다. 한편 행정정보공개운영지침은 공개대상에서 제외되는 정보의 범위를 규정하고 있으나, 국민의 자유와 권리는 법률로써만 제한할 수 있으므로, 이는 법률에 의하지 아니하고 국민의 기본권을 제한한 것이 되어 대외적으로 구속력이 없다.

(2) 부정사례
■ 헌법재판소 1991. 2. 11. 선고 90헌가27 결정
[중등교육에 대한 헌법상의 권리성]
 헌법상 초등교육에 대한 의무교육과는 달리 중등교육의 단계에 있어서는 어느 범위에서 어떠한 절차를 거쳐 어느 시점에서 의무교육으로 실시할 것인가는 입법자의 형성의 자유에 속하는 사항으로서 국회가 입법정책적으로 판단하여 법률로 구체적으로 규정할 때에 비로소 헌법상의 권리로서 구체화되는 것으로 보아야 한다.

■ 헌법재판소 1991. 7. 8. 선고 89헌마181 결정

[변호인 자신의 피구속자에 대한 접견교통권(接見交通權)이 헌법상 권리인지 여부]
  헌법상의 변호인과의 접견교통권은 체포 또는 구속당한 피의자·피고인 자신에만 한정되는 신체적 자유에 관한 기본권이고, 변호인 자신의 구속된 피의자·피고인과의 접견교통권은 헌법상의 권리라고는 말할 수 없으며 단지 형사소송법 제34조에 의하여 비로소 보장되는 권리임이 그친다.

3) 法規命令에 의한 成立

법규명령에 의한 개인적 공권의 성립문제는 법률의 규정에 의한 개인적 공권의 성립의 경우를 준하면 될 것이다.

4) 行政規則에 의한 成立

행정규칙은 원칙적으로 행정 내부적으로만 직접적인 구속력을 가질 뿐, 행정 외부적으로 구속력을 갖는 것은 아니다. 따라서 행정규칙은 원칙적으로 개인적 공권의 성립근거가 되지 못한다.

■ 대법원 1989. 12. 26. 선고 87누1214 판결
  서울특별시의 '철거민에대한시영아파트특별분양개선지침'은 서울특별시가 사업주체로 된 주택인 시영아파트를 공급함에 있어서 주택건설촉진법 제32조의 규정에 의하여 주택의 공급조건·방법 및 절차에 관하여 규정하고 있는 주택공급에관한규칙 제4조에 규정된 공급대상자 가운데 도시정비사업 등으로 인하여 주택이 철거된 가옥주로서 일정한 요건에 해당하는 자에게 위 시영아파트를 특별분양하는 혜택을 부여하도록 하는 서울특별시 내부에 있어서의 행정지침에 불과하며, 그 지침 소정의 자에게 공법상의 분양신청권이 부여되는 것은 아니라고 할 것이어서 서울특별시의 위 아파트에 대한 분양불허의 의사표시는 항고소송의 대상이 되는 신청거부의 행정처분으로 볼 수 없다.

5) 慣習法에 의한 成立

예외적이기는 하지만, 경우에 따라서는 관습법에 의해 개인적 공권이 인정되기도 한다(예 ; 수산업법 제40조의 입어권).

6) 公法上 契約에 의한 成立

공법상 계약도 계약의 일종이고, 계약은 쌍방 당사자의 합의에 의해 서로 권리·의무를 발생시키는 것이므로, 공법상 계약에 의해 공법상 권리로서 개인적 공권이 성립함은 물

론이다.

⑷ 公權의 擴大化 傾向(公權의 擴張과 法的 爭點)

오늘날에는 반사적 이익의 상대화와 권리의 확대경향과 맞물려 공권의 영역이 확대되고 個人의 地位가 强化되고 국민의 권리구제의 폭을 넓히려는 경향이 늘고 있으며, 이에 따라 종래의 단순한 반사적 이익으로 인정되던 것이 공권처럼 법에 의해 구제받는 폭이 늘어나고 있다. 다시 말하자면 국민의 입장에서 국가(행정)에 대하여 자신의 권리임을 주장하면서 보호를 주장하는 영역과 대상이 많아지고 있다는 의미이다.

1) 裁量의 收縮

종래 강행법규가 기속규정인 경우 원칙적으로 공권이 성립하고 재량규정인 경우에는 원칙적으로 개인적 공권이 설립되지 않았다. 그러나 오늘날에는 법규규정에 관계없이 공권의 확대로 재량규정에도 공권이 성립한다. 즉 행정주체의 행위가 재량행위인 경우에도 '裁量權의 0으로 收縮理論'을 통해 기속행위로 전환시킴으로써 공권의 성립을 인정하고 있다(裁量行爲의 羈束行爲化). 무하자재량행사청구권, 행정개입청구권은 재량규정에서도 공권성립의 가능성을 인정하는 법리이다.

2) 根據法規 · 關係法規의 合目的的 解釋

종래 전적으로 공익의 실현만을 목적으로 한다고 해석되던 법규를 공익보호와 아울러 사익보호도 목적하고 있는 것으로 해석하는 노력이 행해지고 있다. 공익규정 속에서 사익도 보호하고 있는 것으로 해석가능하면 공권의 성립이 가능하게 된다.

그래서 사익보호를 위한 명시적 법규의 내용 외에도 법규의 취지·목적을 고려한 목적론적 해석방법에 의해서 개인적 공권의 성립을 인정한다. 특히 건축법, 환경법, 경제법 분야에서 인근주민, 경쟁관계에 있는 자 등 제3자의 보호문제로 나타난다.

3) 公權成立의 2要素論의 擡頭

公權 成立의 3요소 중 의사력의 존재는 행정소송의 개괄주의를 취하는 국가에서는 독자적 의미를 상실함으로써 공권성립의 2요소로 족하다는 입장이 늘고 있다.

Ⅲ. 新種의 個人的 公權

참여를 통한 민주주의의 내실화, 기본권의 사전적·사후적 보장의 강화를 통한 법치주의의 심화, 개인의 권리의식의 강화, 그리고 권리 개념에 대한 새로운 인식과 더불어 과거에 비해 오늘날에는 일련의 개인적 공권이 행정법학자들의 큰 관심의 대상이 되고 있다. 이러한 권리의 예로 행정절차상 개인의 참여권, 무하자재량행사청구권, 행정개입 청구권, 정보청구권 등을 들 수 있다.

1. 無瑕疵裁量行使請求權

(1) 意義

무하자재량행사청구권은 재량행위의 경우 이에 대한 통제로서 등장하게 된 것으로, 행정청에게 재량이 인정되어 있는 경우 개인이 행정청에 대하여 재량권의 하자없는 행사(재량권 남용, 재량권 일탈, 재량권의 불행사)를 청구할 수 있는 공법상 권리를 말한다. 광의로는 개인이 선택재량과 결정재량을 가지고 있는 행정청에 대하여 재량권의 하자없는 행사를 청구할 수 있는 공법상의 형식적 권리(소극적·방어적 공권)를 의미하고, 협의로는 행정청이 결정재량권을 갖지 못하고 선택재량권만을 가지고 있는 경우(예 ; 개인 택시면허를 받을 수 있는 자격을 가진 수인이 면허를 신청한 경우 행정청이 그들 중 누군가에게 면허를 부여해야 하지만(즉 결정재량은 없지만) 누구에게 면허를 부여할 것인가는 재량에 맡겨져 있는 때(선택재량은 있는 경우) 이때 행정청이 누구에게도 면허를 부여하지 않고 있는 경우, 신청인은 자기에게 면허를 부여해 달라고 청구할 권리는 없지만 누군가에게 면허를 부여할 의무(결정의무)가 있음을 이유로 결정처분의 청구권을 가진다)에 있어서의 하자없는 재량행사청구권(적극적 공권)을 의미한다. 여기서는 주로 협의의 개념으로 사용하기로 한다.

(2) 法的 性質

1) 節次的 權利로 보는 見解(節次的 權利說)

무하자재량행사청구권은 행정청의 재량행사의 과정을 통제하는 절차적 권리이며 행정청에 대하여 일정한 작위 또는 부작위를 요구하는 실체적 내용을 가지는 권리는 아니라고 한다.132)

2) 形式的 權利로 보는 見解(形式的 權利說)

특정처분을 구하는 권리(실체적 권리)도 아니고 절차법상 의무이행을 요구하는 권리(절차적 권리)도 아니므로 단지 하자없는 재량행위를 구하는 권리라는 점에서 형식적 권리라 할 것이다.133)

---

132) 卞在玉, 144쪽.
133) 金南辰, 113쪽 ; 柳至泰, 76~77쪽 ; 洪準亨, 106쪽.

3) 節次的 혹은 形式的 權利라는 見解

무하자재량행사청구권은 재량권의 법적한계를 준수하면서 어떠한 처분을 할 것을 구하는데 그치고 특정처분을 구할 수 있은 권리는 아니라는 점에서 절차적 또는 형식적공권이라 한다.[134]

4) 實體法的 權利로서 形式的 權利라는 見解

무하자재량행사청구권은 현대행정의 발전에 다른 재량영역의 확대에 대응하여, 사법심사범위의 확대와는 별도로 실체법적공권의 내용을 더욱 확실하게 보호하기위하여 사전적으로 인정되는 청구권으로서, 실체법적권리로서 형식적(절차적)권리라 한다.[135]

(3) 認定與否

1) 學說

이 청구권은 독일의 학설·판례에 의해 성립·발전된 것으로 그 인정여부에 관하여는 학설상 다툼이 있다.

① 否定說

재량하자는 그 자체만으로 법규위반에 불과하며 그것이 바로 권리침해를 가져오는 것은 아니라고 한다. 부정설의 논거는 ⅰ) 현행법상 법적 근거가 없다, ⅱ) 민중소송화의 우려가 있다, ⅲ) 법원의 재량권 행사 개입으로 행정의 경직을 초래한다는 점을 들고 있다.

② 肯定說

ⅰ) 재량행위에 있어서도 그 행사에는 일정한 법적 한계가 있고 행정권은 그 한계를 준수할 법적 의무가 있다, ⅱ) 민중소송화의 우려가 없다는 점을 논거로 공권의 성립요건을 갖춘 경우에 한해 긍정한다.(다수설)

2) 判例

대법원은 검사임용거부처분취소소송과 관련하여 '응답의무'라는 표현을 사용하여 무하자재량행사청구권의 법리를 인정하고 있다. 행정청이 결정재량권을 갖지 못하고 선택재량권만을 가지고 있는 경우 개인에게 권리구제의 길을 열어주자는 데 그 의의가 있다.

---

134) 姜求哲, 163쪽 ; 金東熙, 95쪽.
135) 韓堅愚, 157쪽.

■ 대법원 1991. 2. 12. 선고 90누5825 판결

검사 지원자 중 한정된 수의 임용대상자에 대한 임용 결정은 한편으로는 그 임용대상에서 제외한 자에 대한 임용거부결정이라는 양면성을 지니는 것이므로 임용대상자에 대한 임용의 의사표시는 동시에 임용대상에서 제외한 자에 대한 임용거부의 의사표시를 포함한 것으로 볼 수 있고, 이러한 임용 거부의 의사 표시는 본인에게 직접 고지되지 않았다고 하여도 본인이 이를 알았거나 알 수 있었을 때에 그 효력이 발생한 것으로 보아야 한다.

검사의 임용 여부는 임용권자의 자유재량에 속하는 사항이나, 임용권자가 동일한 검사신규임용의 기회에 원고를 비롯한 다수의 검사 지원자들로부터 임용 신청을 받아 전형을 거쳐 자체에서 정한 임용기준에 따라 이들 일부만을 선정하여 검사로 임용하는 경우에 있어서 법령상 검사임용 신청 및 그 처리의 제도에 관한 명문 규정이 없다고 하여도 조리상 임용권자는 임용신청자들에게 전형의 결과인 임용 여부의 응답을 해줄 의무가 있다고 할 것이며, 응답할 것인지 여부조차도 임용권자의 편의재량사항이라고는 할 수 없다.

검사의 임용에 있어서 임용권자가 임용여부에 관하여 어떠한 내용의 응답을 할 것인지는 임용권자의 자유재량에 속하므로 일단 임용거부라는 응답을 한 이상 설사 그 응답내용이 부당하다고 하여도 사법심사의 대상으로 삼을 수 없는 것이 원칙이나, 적어도 재량권의 한계 일탈이나 남용이 없는 위법하지 않은 응답을 할 의무가 임용권자에게 있고 이에 대응하여 임용신청자로서도 재량권의 한계 일탈이나 남용이 없는 적법한 응답을 요구할 권리가 있다고 할 것이며, 이러한 응답신청권에 기하여 재량권 남용의 위법한 거부처분에 대하여는 항고소송으로서 그 취소를 구할 수 있다고 보아야 하므로 임용신청자가 임용거부처분이 재량권을 남용한 위법한 처분이라고 주장하면서 그 취소를 구하는 경우에는 법원은 재량권남용 여부를 심리하여 본안에 관한 판단으로서 청구의 인용 여부를 가려야 한다.

(4) 成立要件 및 內容

1) 成立要件

무하자재량행사청구권도 개인적 공권의 일종이므로 공권의 성립요건을 갖춰야 한다. 즉 강행법규성에 의한 행정청의 법적의무(재량권의 한계를 준수해야 할 의무)의 존재와 사익보호성(재량을 허용하고 있는 관계법규가 상대방의 사익도 보호하는 것으로 해석되어야 한다)을 충족하여야 한다.

2) 內容

특정처분을 구할 수 있는 권리는 아니며 종국처분의 형성과정에서 재량권의 법적한계를 준수하면서 어떠한 처분을 할 것을 구할 수 있을 뿐이다. 다만 재량권이 0으로 수축된 경우에는 형식적 청구권이 실체적 청구권으로 전화되어 행정개입청구권이 인정된다.

(5) 行使方法(行政救濟)

독일의 경우 의무이행소송으로 해결 할 수 있고, 우리나라의 경우 거부한 경우에는 의무이행심판(행정심판에 있어 재결청은 행위의 합법성뿐만 아니라 합목적성에 관한 심판권도 가지는 것이므로 재결청은 가장 합목적적으로 판단되는 재량결정의 의무를 처분청이 부과하는 내용의 의무이행심판 허용)·취소소송으로, 부작위인 경우에는 부작위위법확인소송으로 해결할 수 있을 것이다.

2. 行政介入請求權

(1) 意義

민주국가에서의 개인의 지위가 격상하면서 새롭게 등장한 개인적 공권의 하나이다.

이는 무하자재량행사청구권의 법리를 기초로 하여 독일에서 경찰권한의 위법한 불발동을 이유로 하는 국가배상소송에서 비롯되었던 바, 1960년 띠톱판결(Bandsägen Urteil)을 기회로 학설·판례를 통해 정착·발전된 개념으로서, 공해기업에 대한 개선명령이나 불량식품제조자에 대한 규제조치 등으로 제3자가 이익을 받게 되는 경우에서처럼 제3자는 다른 자에 대한 규제행위를 행정청에 청구할 수 있는가가 문제되는바 이를 행정개입청구권이라 한다.[136]

더 나아가 자기의 이익을 위해 자신을 생활보호대상자로 지정해 줄 것을 청구하거나 또는 이웃이 불법건축을 하여 일조권 등을 침해할 때 행정청이 이웃(제3자)에게 불법건축을 철거하라는 명령을 발동할 것을 청구하는 경우와 같이 행정권의 발동을 청구하는 권리를 (광의의)행정개입청구권이라 부르기도 한다.

---

136) ❖ 行政介入請求權의 概念에 대한 見解(行政行爲發給請求權과의 關係)
　　국내 다수설은 행정개입청구권과 행정행위발급청구권을 구분하여 전자는 타자에 대한 규제권발동의 청구이며, 후자는 직접 자기를 위한 수익처분발동청구권이라 본다. 그러나 ① 광의의 행정개입청구권은 행정권의 부작위(불행사)에 대하여 (자기나 타인에 대해) 행정권의 발동을 청구할 수 있는 일체의 권리로서 행정행위발급청구권과 협의의 행정개입청구권이 포함되는 것으로 보며, 협의로는 자기의 이익을 위해 타인에 대해 행정권의 발동을 청구할 수 있는 권리로 보는 견해(姜求哲, 159쪽 ; 金南辰, 115쪽 ; 洪井善, 172쪽), ② 자기나 타인에 대한 경우를 행정행위발급청구권, 제3자에 대한 경우를 행정개입청구권이라는 견해(朴鈗炘, 160~161쪽), ③ 자기에 대한 경우를 행정행위발급청구권, 제3자에 대한 경우를 행정개입청구권이라는 견해(石琮顯, 112쪽 ; 卞在玉, 148~149쪽(卞在玉교수는 양자를 묶어 행정권발동청구권이라 한다.) 등이 있다.

(2) 理論的 背景과 認定根據

종전에는 행정권발동여부가 행정청의 행정편의주의에 따라 행정청 스스로가 판단·선택할 문제일 뿐 아니라 비록 개인이 제3자에 대한 행정권의 발동으로 이익을 얻는다 하더라도 그러한 행위에 따른 이익은 반사적 이익으로 보아 행정권에 개입을 청구하는 권리는 인정될 수 없었다.(반사적 이익론)

그러나 종래의 반사적 이익이 법적보호이익으로 변하고 있고 또한 행정권의 발동여부도 행정청의 자유로운 판단에 일임할 수만은 없다는 인식이 등장하면서 기속행위는 물론이고 재량행위의 경우도 사인의 이익을 위해 행정권의 발동이 의무적이란 인식이 대두하고 이에 행정개입청구권의 개념이 등장한 것이다.[137]

이러한 행정개입청구권은 건축경찰법분야에서 무하자재량행사청구권과 재량권의 0으로의 수축법리가 적용된 결과 인정된 개인의 주관적 공권으로서 무하자재량행사청구권과 불가분의 관계를 맺고 있다.

이처럼 행정개입청구권은 行政便宜主義의 反省的 克服과 反射的 利益의 公權化(公權의 擴大)를 통해 등장한 것이다.

(3) 認定與否

1) 學說

① 否定說(消極說)

행정법의 목적은 공익실현이고 일부국민이 얻는 이익은 반사적 이익에 불과하므로 별도의 행정개입권은 인정될 수 없으며, 또한 행정편의주의의 입장에서 행정활동에 대한 법적 의무가 없다는 이유로 본 권리를 부인한다.

특히 행정개입청구권은 행정청의 위법한 부작위로 인한 실체적 권리의 침해에 대한 행정구제에 있는 것으로서 결국 행정청에 대한 부작위소송 및 그에 있어서의 소의이익문제에 귀착되므로 구태여 위법한 부작위만을 들어 행정개입청구권을 구성함은 불합리하다고 한다.

이처럼 행정개입청구권의 부인근거로 반사적 이익론과 행정편의주의를 들었다.

② 肯定說(積極說)

오늘날에는 반사적 이익이 보호법익화되고 있고, 재량권의 0으로의 수축이론이 확대되고 있으며, 행정편의 주의의 극대화에도 한계가 있으므로 행정개입청구권을 인정해야 한다고 한다. 또한 행정개입청구권이 현행 행정소송법에 위반되지 않으므로 행정개입청

137) 洪井善, 172~173쪽.

구권을 인정할 수 있다고 한다(통설·판례).

③ 小結

우리나라의 경우 행정개입청구권을 적극적으로 인정하고 있다고 보기는 어렵다. 그러나 행정청의 부작위로 말미암아 법률이 권한을 부여하고 있은 점 자체를 무의미하게 만들 수 있은 상태가 예상되는 경우까지 권한 불행사를 인정할 수는 없다. 이러한 경우에는 행정객체의 적극적인 청구를 인정할 필요가 있다.

2) 判例

① 獨逸의 띠톱事件 判決[138]

띠톱사건은 주거지역에 있는 석탄업소에서 사용하는 띠톱으로 인해 발생하는 먼지·소음으로 피해를 받던 이웃주민이 관계행정청에 건축경찰상 금지처분을 발령할 것을 구하였다. 관계행정청은 석탄업소의 조업이 관계법규에 위반되지 아니함을 이유로 이웃주민의 신청을 받아들이지 않았다. 베를린고등법원은 원고에게 관계행정청에 대하여 건축경찰법상 특정처분의 발령을 구하는 청구권이 없다고 판시하였다. 연방행정법원은 무하자재량행사청구권과 재량권의 영으로의 수축이론에 근거하여 원고의 청구를 인용하였다. 즉 흠없는 재량의 행사에는 다른 여러 가지 사정과 함께 방해 또는 위험의 정도와 중대성이 결정적 중요성을 가지므로 중대한 방해위험이 존재하는 경우에는 행정청의 불개입결정은 그것만으로도 재량의 남용이 된다고 판시하였다.

② 대법원 1971. 4. 6. 선고 71다124 판결

무장공비가 출현하여 가족구성원이 그 생명·신체 등을 위협받고 있던 경우에 다른 가족구성원이 경찰에 3차례나 출동을 요청하였음에도 불구하고 출동하지 않아 구성원이 사망하게 된 경우에 국가의 손해배상책임을 인정하였다.

(4) 法的 性質

1) 實體的 權利냐 節次的 權利이냐 問題

행정개입청구권이 실체적 권리냐 절차적 권리냐는 설이 나뉜다. 현재 우리나라의 유력설은 관계법상 개개의 수권규정으로부터 도출되어야 할 권리로 절차적 권리가 아닌 실체법적 권리(실체적 공권)로 본다.[139]

---

138) BVerwGE 11,95.
139) 韓堅愚교수는 절차적, 형식적 공권이라고 한다(同, 162∼163쪽).

2) 豫防的 權利性 與否

사전 예방적 성격(주로 기속적행위)과 사후 구제적 성격을 아울려 가진 사전·사후적 권리라고 봄이 일반적이다.

3) 無瑕疵裁量行使請求權的 側面의 內包

무하자재량행사청구권은 재량권 수축이론 통해 特定行爲 請求權으로 변할 수 있고 이는 곧 행정개입청구권의 형태로 변모한다.

(5) 成立要件

행정개입청구권을 일정의 공권으로 본다면 공권의 일반적 성립요건인 강행법규성, 사익보호성 등이 존재하여야 한다. 1) 행정개입청구권이 개인에게 인정되기 위해서는 원칙적으로 행정청에게 개입의무(규제권한의 행사의무, 행정권 발동의무)가 있어야 한다. 규제권한에 대한 재량이 인정되는 경우라도 이른바 재량권의 0으로의 수축이론에 의해 규제권발동의무가 있다고 볼 수 있다. 이러한 개입의무의 존재여부는 다른 수단 등에 의한 구제의 불가(보충성의 원칙), 중대한 위험이나 장해의 존재로 생명·신체의 위해 유무 등에 의하여 결정하여야 한다.140) 2) 私益保護性 즉 법률상 이익이 존재해야 한다. 즉, 행정권의 발동에 관한 법규가 공익 외에 사익도 보호하고 있어 다른 자에 대한 행정권발동으로 받는 이익이 반사적 이익이 아니고 법적이익으로 성립할 수 있는 것이어야 한다.

(6) 適用領域

행정개입청구권은 이론적으로는 모든 행정영역에서 인정될 수 있기 때문에 경찰 내지 질서행정에 국한하지 않는다. 하지만 이 권리는 위험방지 행정분야(위법건축물 규제행정, 환경보전행정, 소비자보호행정, 경찰행정 등)에서 주로 인정된다.

행정개입청구권은 기속행위 뿐만 아니라 재량행위에도 적용된다. 재량행위의 경우 원칙적으로 무하자재량행사청구권만 인정되지만 재량권이 0으로 수축하는 경우에는 무하자재량행사청구권은 행정개입청구권으로 전화되어 행정개입청구권이 인정된다.

1) 獨逸의 境遇

독일에서는 경찰법이나 질서행정법 영역에서 주로 인정하고 있다. 특히 경찰법상의 개괄적 수권조항과 관련하여 경찰개입청구권의 이름으로 논해지고 있다.

---

140) 공공질서에 대한 위해가 행정기관의 수인한도를 넘는 경우에 성립한다는 유해성 한계론과 위해와 법익침해와의 비교형량에 의한 개별적·구체적 검토에 의한다는 견해가 있다.

2) 우리나라의 境遇

우리나라 학설상 행정법의 전 영역에 걸쳐 인정하려는 경향이다. 주로 현대적 복지국가의 발전과 관계하여 논해 질 수 있다. 예를 들면, 환경규제행정영역과 관련하여 주거지역내 연탄공장 허가의 경우 생활방해를 받게 될 주민이 관할행정청에 필요조치를 청구하는 것은 일종의 행정개입 청구권이라 볼 수 있다.

(7) 實行方法(行政救濟)

행정개입청구권의 인정은 현대 민주복지국가에 있어 국민의 주체성과 법치국가의 완성을 가져오는 징표로 이해된다. 그러나 행정개입청구권의의 구체적 실현은 행정쟁송제도와 밀접한 관련성을 지닌다.

독일의 경우는 의무이행소송제의 인정결과 이를 효과적으로 실현할 수 있을 것이나 우리나라의 경우는 의무이행심판, 행정행위의 청구와 그에 따른 拒否處分에 대한 取消判決의 拘束力과 不作爲違法確認訴訟 등을 통해 그 실현이 가능할 것이다. 그러나 이러한 사례는 거의 없고 행정청의 권한 불행사를 이유로 한 국가배상청구는 인정한 예가 있다.

> ▣ 대법원 1980. 2. 26. 선고 79다2341 판결
> 지방자치단체 소유의 임야에 주민들이 무허가로 주택을 지어 살고 있더라도 그에 대하여 관리행정을 실시해 온 이상 그 자치단체로서는 주택가에 돌출하여 위험이 예견되는 자연암벽이 있으면 복지행정의 집행자로서 이를 사전에 제거하여야 할 의무가 있고, 그 의무를 해태한 부작위로 인하여 붕괴사고가 일어나서 주민들이 손해를 입었다면 이를 배상할 책임이 있다.

> ▣ 대법원 1998. 8. 25. 선고 98다16890 판결
> [경찰관이 경찰관직무집행법 제5조에 규정된 위험발생방지조치를 취하지 아니하였음을 이유로 국가배상책임을 인정한 사례]
> 경찰관직무집행법 제5조는 경찰관은 인명 또는 신체에 위해를 미치거나 재산에 중대한 손해를 끼칠 우려가 있는 위험한 사태가 있을 때에는 그 각 호의 조치를 취할 수 있다고 규정하여 형식상 경찰관에게 재량에 의한 직무수행권한을 부여한 것처럼 되어 있으나, 경찰관에게 그러한 권한을 부여한 취지와 목적에 비추어 볼 때 구체적인 사정에 따라 경찰관이 그 권한을 행사하여 필요한 조치를 취하지 아니하는 것이 현저하게 불합리하다고 인정되는 경우에는 그러한 권한의 불행사는 직무상의 의무를 위반한 것이 되어 위법하게 된다(대법원 1998. 5. 8. 선고 97다54482 판결, 대법원 1996. 10. 25. 선고 95다45927 판결 참조).
> 경찰관이 농민들의 시위를 진압하고 시위과정에 도로 상에 방치된 트랙터 1대에 대

하여 이를 도로 밖으로 옮기거나 후방에 안전표지판을 설치하는 것과 같은 위험발생 방지조치를 취하지 아니한 채 그대로 방치하고 철수하여 버린 결과, 야간에 그 도로를 진행하던 운전자가 위 방치된 트랙터를 피하려다가 다른 트랙터에 부딪혀 상해를 입은 사안에서 국가배상책임을 인정한 사례.

IV. 公義務

1. 意義

공의무란 공권에 대응한 개념으로서, 공익을 위하여 의무자의 의사에 가하여진 공법상의 구속을 말한다.

2. 公義務의 種類

공법상 구속인 공의무는 주체에 따라 국가적 공의무와 개인적 공의무, 내용에 따라 작위의무(예 ; 건축허가발령의무) · 부작위의무(예 ; 일정처분을 하지 아니할 의무) · 수인의무(예 ; 전염병예방접종의 수인의무) · 급부의무(예 ; 납세의무)등으로 구분할 수 있다.

(1) 國家的 公義務

개인적 공권에 대응하여 국가 등 행정주체가 개인에 대하여 부담하는 의무(예 ; 봉급지급의무)이다.

(2) 個人的 公義務

국가적 공권에 대응하여 개인이 국가 등 행정주체에 대하여 부담하는 의무(예 ; 수수료 납부의무)이다.

3. 公義務의 特殊性

(1) 移轉·抛棄의 制限

일신전속적 성질의 것이 많아서 이전이나 포기가 제한되나, 경제적 부담을 내용으로 하는 의무는 그렇지 않다.

(2) 强制의 特殊性

공의무의 불이행에 대하여는 행정권의 자력집행이 가능하다.

제6절 特別權力關係(特別行政法關係, 特別身分關係)

I. 序說

특별권력관계란 특별한 법적 원인에 의하여 성립되어 그 특별한 목적에 필요한 한도 내에서는 일방이 상대방을 포괄적으로 지배하고 상대방은 이에 복종함을 내용으로 하는 법률관계를 말한다.

일반적으로 '행정법관계＝일반권력관계＋특별권력관계'이해할 때, 특별권력관계는 일반권력관계에 대응하는 개념이다. 오늘날의 쟁점은 특수목적과 기본권의 조화문제이다.

II. 沿革

1. 傳統的 特別權力關係理論

(1) 登場背景

군주에 대하여 법률로부터 자유로운 영역을 통한 군주의 특권적 지위를 확보하기 위한 19C 독일의 입헌군주정(입헌군주국가)시대 국가법인체설(불침투성이론, P.Laband, O.Mayer, G.Jellinek)을 배경으로 타협의 산물로 등장하였다. 불침투성이론에서는 法의 개념을 '인격주체간의 상호간 의사의 범위를 정하여 주는 것'으로 이해하여 국가와 다른 주체간에는 법이 적용되나 국가내부에는 법이 침투할 수 없다는 것이다.

오토 마이어(O.Mayer)가 전통적 특별권력관계이론을 체계화하였는데, 그에 따르면 행정의 일정영역에서는 기본권이 효력을 갖지 못하고, 국가의 침해에 대해서도 다툴 수 없으며, 법에 의한 규율이 아니라 합목적성에 의해 규율되는, 따라서 시민에게는 강화된 종속이 요구되는 관계가 있는 바, 이를 특별권력관계라 불렀다. 그리고 그 예로서 학생의 재학관계, 공무원의 근무관계를 들었다. 달리 말한다면, 특별권력관계란 특별한 공행정 목적을 위해 특별한 법률상의 원인에 근거하여 성립되는 관계로서 권력주체가 구체적인 법률의 근거 없이도 특정 신분자를 포괄적으로 지배하는 권한을 가지고, 그 신분자는 이에 복종하는 관계로 이해되어 왔다고 하겠다.

(2) 內容

전통적 특별권력관계이론은 법률유보원칙 부적용, 기본권의 제한, 행정규칙의 비법규성, 사법불심사를 그 내용으로 한다. 특별권력관계의 핵심은 헌법영역에서 보면 기본권의 제한이고 행정법영역에서 보면 법률유보의 배제이다. 국가의 기본권 침해에 대해 당사자는 법원 등에 그 구제를 청구할 수 없고, 특별권력이 발동하는 행정규칙은 오로지 그 내부의 구성원만 규율대상으로 하고 외부의 국민에게는 적용되지 않는다.

2. 傳統的 理論의 批判과 動搖(理論의 再構成)

(1) 時代的(歷史的) 背景의 喪失

종래 입헌군주정에서 입헌민주정으로 바뀌면서 시대적 배경을 상실하였다.

(2) 不浸透性理論의 動搖

국가내부적 사항에 있어서도 인격주체상호간의 관계와 유사한 관계가 있음이 긍정됨에 따라 불침투성이론이 동요되기 시작했다. 특별권력관계에 있다고 인격주체로서의 지위가 상실되는 것이 아니라는 것이다.

특별권력관계부정론에 결정적 타격을 준 것은 독일 연방헌법재판소의 수형자의 경우에도 기본권과 법률적합성의 원칙이 제한없이 효력을 갖는다는 '수형자사건 판결'141)이다.

Ⅲ. 特別權力關係의 認定與否

1. 肯定說

(1) 絶對的 肯定說(絶對的 區別說)

특별권력관계와 일반권력관계의 본질적 차이인 특수목적을 긍정하면서 특별권력관계에서는 법치주의가 적용 되지 않는다고 한다.

(2) 制限的 肯定說(相對的 區別說)

특별권력관계와 일반권력관계의 본질적 차이를 부정한다. 단, 특별권력관계에 있어서 국민은 일반권력관계에서보다 복종이 강화된 특별한 지위에 서게 된다고 하면서 법치주의의 완화 적용을 주장한다. 법치주의의 사각지대로서 특별권력관계는 더 이상 존재하지 않으나 일반 시민과의 관계인 일반권력관계와는 특수한 영역이 있다는 것이다.

(3) 特別權力關係修正說

1) C.H.Ule의 基本關係·經營關係 區分論

Ule는 기본관계와 경영수행관계로 구분하여 기본관계(특별권력관계 자체의 성립, 변경, 종료 또는 당해 구성원의 법적 지위의 본질적 사항에 관한 법관계, 예컨대 공무원의 임명, 군인의 입대 등)는 사법심사가 가능하고, 경영수행관계(당해 관계구성원이 특별

---

141) 교도소 당국을 비난하는 내용의 편지를 발송하려던 수형자는 교도소내규에 의하여 편지를 압수당하자 관할 행정법원에 소송을 제기하였으나 패소하였다. 이에 연방헌법재판소에 제소한 결과, 헌법상의 기본권은 수형관계에 있어서도 타당하며 따라서 법률에 근거하지 않고서는 수형자의 기본권을 제한할 수 없다는 판결(BVerfG 1972.3.14. E33, 1.)

권력관계내부에서 가지는 직무관계 또는 영조물 관계에서 성립되는 경영수행적 질서와 관련된 법관계, 예컨대 공무원에 대한 직무명령, 군사훈련 등)은 사법심사가 불가하다는 것이다.

2) Erihsen의 制限的 特別關係論

특수목적을 고려하여 제한적으로 인정하자는 견해이다. 즉 일반적 권리의 제한을 전제로 하는 특별신분의 관계를 특성으로 하는 법률관계를 규정하고 있는 한 그러한 특별신분관계가 작용할 수 있도록 일정한 범위 내에서 자유공간을 인정하지 않을 수 없다는 견해이다. 일본에서 유력하게 거론되고 있는 부분사회이론이 이에 해당할 듯하다.

2. 否定說

(1) 一般的·形式的 否定說

특별권력관계에서도 법치주의가 전면적으로 적용된다고 한다. 그래야 실질적 법치주의가 실현된다는 것이다.

(2) 個別的·實質的 否定說

특별권력관계의 내용을 개별적·구체적으로 검토하여 관리관계 내지 일반권력관계로 분해(구분)·귀속시켜야 한다는 주장이다.

3. 檢討

"특별권력관계의 존재를 전적으로 부인하는 것은 기절한 사람을 죽은 줄 잘못 알고 조사를 읽는 것과 같다." "상대적 구별설은 소생의 가망없는 식물인간에 대한 미련"이라는 비판을 받고 있다. 하지만 실질적 법치주의를 지향하는 우리 헌법의 체계하에서 법적 근거 없이, 논리적으로 법으로부터 자유로운 영역을 인정하는 개념인 특별권력관계는 인정될 수 없다. 특별한 것도 법률에서 인정될 때에만 그 특수성이 인정될 수 있다. 이렇게 하여야만 헌법 제10조(인간의 존엄과 기본적 인권보장)와 헌법 제37조 제2항(기본권제한의 원리)은 의미를 가질 수 있다.

따라서 종래에 특별권력관계로 이해되어온 것은 '특별한 실정법'에 의해 규율되는 특별행정법관계로 대체되어야 할 뿐만 아니라, 뒤에서 보는 바와 같이 특별행정법관계에도 법치주의·기본권보장·사법심사가 전면적으로 적용되어야 한다.

Ⅳ. 成立과 消滅

1. 成立

(1) 法律의 規定에 의한 直接的 成立

직접 법률의 규정에 의해 성립하는 경우로는 수형자의 교도소 수감(행형법), 전염병환자의 강제입원(전염병예방법142)), 공공조합에의 강제가입(도시재개발법143)) 등이 있다.

(2) 相對方의 同意에 의한 成立

임의적 동의에 의해 공무원관계의 설정(공무원 임용), 국공립학교에 입학, 국공립도서관의 이용관계 등이 성립하고, 법률에 의한 의무적 동의에 의해 성립되는 경우로 학령아동의 초등학교입학 등을 들 수 있다.

2. 消滅

목적의 달성(예 ; 국공립학교의 졸업), 구성원의 탈퇴(예 ; 공무원의 사임), 일방적 해제(예 ; 학생의 퇴학처분, 공무원의 파면처분) 등에 의해 특별행정법관계가 소멸된다.

Ⅴ. 種類

1. 公法上의 勤務關係

공무원의 근무관계 등 국가·지방자치단체와 공무원의 관계, 군복무관계와 같이 포괄적 근무의무를 내용으로 한다.

2. 公法上의 營造物利用關係

영조물의 이용관계 중 윤리적·공공적 성격을 가진 이용관계로서, 예컨대 국공립대학교 재학관계, 전염병환자의 국립병원 이용관계, 교도소 재소관계 등이 있다. 하지만 국영철도 이용관계는 단순한 사법적·경제적 이용관계에 불과하다.

3. 公法上의 特別監督關係

국가 등과 특별한 법률관계 있음으로써 그 행위에 대해 국가로부터 특별한 감독을 받는 관계로, 예컨대 공공조합, 특허기업자, 공무수탁사인에 대한 국가의 감독관계 등을 들

---

142) 전염병예방법 제29조(격리환자) ① 제1종전염병환자는 전염병원, 격리병사, 격리소나 시장·군수·구청장이 지정하는 의료기관등 장소에 격리수용되어 치료를 받아야 한다.
143) 도시재개발법 제14조(조합원) 조합원은 조합이 시행하는 재개발구역안의 토지 등의 소유자와 그 지상권자로 하되 토지 등의 소유권과 지상권이 수인의 공유에 속하는 때에는 그 수인을 1인의 조합원으로 본다.

수 있다.

4. 公法上의 社團關係

공공조합과 그 조합원과의 관계이다.

■ 대법원 1995. 6. 9. 선고 94누10870 판결
[농지개량조합 직원의 근무관계의 성질]
　농지개량조합과 그 직원과의 관계는 사법상의 근로계약관계가 아닌 공법상의 특별권력관계이고, 그 조합의 직원에 대한 징계처분의 취소를 구하는 소송은 행정소송사항에 속한다.

■ 헌법재판소 2000. 11. 30. 선고 99헌마190 결정
　농지개량조합은 농지소유자의 조합가입이 강제되는 점, 조합원의 출자에 의하여 조합재산이 형성되는 것이 아니라 국가 등이 설치한 농업생산기반시설을 그대로 인수하는 점, 조합의 합병·분할·해산은 법정 사유로 제한되어 있는 점, 조합원은 그 자격을 상실하지 않는 한 조합에서 임의탈퇴할 수 없는 점, 탈퇴되는 경우에도 조합에 대한 지분반환청구는 허용되지 않는 점, 해산한 조합의 잔여재산은 조합원들에게 분배되지 아니하고 농지개량조합자립육성금고에 납입되는 점, 조합원들에게 조합비를 부과·징수하여 경비에 충당하나 그 징수절차가 지방세체납처분의 예에 의하고 이용료의 성격을 띠고 있는 점, 조합과 그 직원과의 관계는 공법상의 특별권력관계인 점, 주요사업인 농업생산기반시설의 정비·유지·관리사업은 농업생산성의 향상 등 그 조합원들의 권익을 위한 것만이 아니고 수해의 방지 및 수자원의 적정한 관리 등 일반국민들에게도 직접 그 영향을 미치는 고도의 공익성을 띠고 있는 점 등 농지개량조합의 조직, 재산의 형성·유지 및 그 목적과 활동전반에 나타나는 매우 짙은 공적인 성격을 고려하건대, 이를 공법인이라고 봄이 상당하므로 헌법소원의 청구인적격을 인정할 수 없다.

Ⅵ. 特別權力의 內容 및 그 限界

1. 內容

특별권력은 명령권과 징계권을 갖는다.

(1) 命令權

발동형식은 개별적·구체적 명령(직무명령) 또는 일반적·추상적 행정규칙·훈령·영조물규칙 등의 형식에 의한다.

(2) 懲戒權

상대방의 임의적 동의에 의해 특별권력관계가 성립된 경우 징계권은 동 관계로부터의 배제와 신분상 이익 박탈에 그쳐야 한다(재산상의 이익 박탈 불가).

2. 限界

특별권력은 그 특별권력관계의 성립 목적 달성을 위해 필요한 범위 내에서만 행사되어야 한다.

Ⅶ. 法治主義와의 關係

1. 法律留保의 原則

원칙적으로 적용되나, 특별권력관계의 그 성립 목적달성을 위해 필요한 한도 내에서 제한될 수 있다.

2. 基本權의 制限

기본권은 법률의 근거없이 제한되지 아니하나, 특별권력관계 설정목적상 합리적으로 인정되는 경우 예외적인 제한은 가능하다고 본다. 단, 헌법상 절대적 기본권으로 평가되는 기본권(예; 종교의 자유, 양심의 자유)은 어떠한 경우에도 제한할 수 없다.

3. 司法審査

(1) 學說

1) 全面的 否定說
특별권력관계긍정설에서 법규에 특별한 규정이 없는 한 사법심사는 불가능하다고 한다.

2) 制限的 肯定說
특별권력관계수정론에서 특별권력관계에서의 행위를 외부행위와 내부행위로 나누고, 외부행위만이 사법심사의 대상이 될 수 있다고 본다.

3) 全面的 認定說
특별권력관계부정설에서는 특별권력관계에서의 사법심사를 일반적으로 긍정한다.

(2) 判例

우리나라의 판례도 처음엔 특별권력관계상의 행위에 대하여 행정소송의 대상성을 부인하였으나,144) 나중에 내부행위와 외부행위의 구별 없이 위법한 특별권력관계상의 행위를 포괄적으로 행정소송사항으로 인정하고 있다.

즉, 대법원은 "특별권력관계에 있어서도 위법·부당한 특별권력(구청장의 동장 면직)의 발동으로 말미암아 권리를 침해당한 자는 行政訴訟法 제1조에 따라 그 위법·부당한 처분의 취소를 구할 수 있다"(대법원 1982. 7. 27. 선고 80누86 판결)고 판시하고 있다.

1) 退學處分의 行政處分性을 認定하고 있다.

> ▣ 대법원 1991. 11. 22. 선고 91누2144 판결
> 항고소송의 대상이 되는 행정처분이란 행정청이 행하는 구체적 사실에 관한 법집행으로서의 공권력의 행사 또는 그 거부와 그밖에 이에 준하는 행정작용을 말하는 것인바, 이 사건 퇴학처분은 국가가 설립·경영하는 교육기관의 하나인 서울교육대학의 교무를 통할하고 학생을 지도하는 지위에 있는 동 대학의 학장(피고)이 동 대학의 교육목적 실현과 학교의 내부질서유지를 위해 학칙위반자인 동 대학의 재학생인 원고에 대한 구체적 법집행으로서 국가공권력의 하나인 징계권을 발동하여 원고의 학생으로서의 신분을 일방적으로 박탈하는 국가의 교육행정에 관한 의사를 외부에 표시하는 것이므로 이는 위에서 말하는 행정처분임이 명백하다.

2) 受刑者의 接見制限은 違憲이다.

> ▣ 헌법재판소 1992. 1. 28. 선고 91헌마111 결정
> 행형법 제62조가 "미결수용자에 대하여 본법 또는 본법의 규정에 의하여 발하는 명령에 특별한 규정이 없는 때에는 수형자에 관한 규정을 준용한다."라고 규정하여 미결수용자(피의자, 피고인)의 변호인 접견(接見)에도 행형법 제18조 제3항에 따라서 교도관이 참여할 수 있게 한 것은 신체구속을 당한 미결수용자에게 보장된 변호인의 조력(助力)을 받을 권리를 침해하는 것이어서 헌법에 위반된다.

(3) 小結

종래 특별권력관계상의 행위는 원칙적으로 처분이 아니라고 하였으나, 오늘날에는 소의 이익이 인정되는 한 특별권력관계라는 이유만으로 처분성이 부인되지 않는다는 것이

---

144) 대법원 1952. 9. 23. 선고 4285행상3 판결.

다수견해이다.145) 즉, 소의 이익이 인정되는 한 어떤 행위가 특별권력관계에서의 행위라는 이유만으로 사법심사로부터 제외될 수 없다는 것이다.

다만 특별권력관계가 제대로 기능을 수행할 수 있게 하기 위한 범위에서 사법심사의 통제강도를 완화 내지 감소시킬 필요성은 인정해야 할 것이라고 주장하는 학자들도 있다.146)

일본에서는 지방의회, 국립대학의 경우와 같이 자율적인 법규범을 갖는 부분사회가 있다고 하면서 부분적 질서의 행위라 할지라도 인권의 제약은 당해 관계의 목적에 필요한 한도에 그쳐야 한다고 하고 , 그것이 일반 시민법적 질서와 직접적인 관계를 가지는 때(예컨대, 학생의 퇴학처분)에는 사법심사의 대상이 된다고 한다(소위 部分社會論).147)

우리 憲法은 제27조 제1항에서 국민의 기본권으로서 재판청구권을 보장하고 行政訴訟法은 제19조에서 모든 공법상의 권리관계에 관한 분쟁을 개괄적으로 행정소송사항으로 인정하고 있는 점에 비추어 볼 때 특별권력관계상의 행위도 전면적으로 항고소송의 대상이 된다고 함이 타당하다하겠다.

그리하여 오늘날에는 특별권력관계라는 용어 대신에 그 본질을 법 관계로 파악하여 특별법관계, 행정법상 특별관계, 또는 특별행정법관계로 표현하여야 한다는 견해도 있으나,148) 이 역시 전통적 특별권력관계론이 다른 이름을 가지고 다시 살아날 위험만 초래시킬 뿐이라는 지적도 있다고 하면서 행정청은 법규명령의 발령근거규정에 의해 그 범위 안에서만 법규명령을 발령할 수 있으므로 소위 特別命令(Sonderverordnung)149)도 이에 부합하면 법규명령인 것으로 특별명령은 허용될 수 없다고 한다.150)

---

145) 金南辰, 128쪽 ; 朴圭河, 152쪽 ; 李鳴九, 138~139쪽 ; 李尙圭, 226쪽 ; 洪井善, 145쪽 ; 趙龍鎬, 「抗告訴訟의 對象인 行政處分」(『行政訴訟에 관한 諸問題(上)』, 裁判資料 제67집, 法院行政處, 1995), 135쪽.
　　다만 박윤흔 교수는, 특별권력관계에서의 행위에 대한 사법심사의 범위는 외부관계와 내부관계를 구별하여 외부관계의 행위에만 미치고 내부관계에서의 행위에는 미치지 않는다고 본다(同, 190쪽).
146) 姜求哲, 181쪽 ; 金香基, 『行政法槪論』(三英社, 2001), 128쪽 ; 石琮顯, 133쪽
147) 藤田宙靖, 74쪽 ; 大橋洋一, 『行政法』(有斐閣, 2001), 40~42쪽 ; 塩野 宏, 『行政法Ⅱ』(有斐閣, 2001), 86쪽
　　最高裁判所, 1974(昭和 49). 7. 19. 判決(民集 28卷 5號 790쪽, 평석은 塩野 宏 外編, 『行政判例百選Ⅰ』, 40~41쪽 참조), 最高裁判所, 1954(昭和 29). 7. 30. 判決(民集 8卷 7號 1501쪽, 평석은 전게서, 50~51쪽 참조)
148) 金道昶, 264쪽 ; 柳至泰, 55쪽 ; 朴鈗炘, 184쪽 ; 朴鍾局, 197쪽 ; 李鳴九, 132쪽 ; 洪井善, 143~144쪽.
149) 특별행정법관계의 구성원을 수범자로하여 그 질서나 운영문제를 규율하는 일반·추상적 규정.
150) H. Maurer, a.a.O. §8 Rn.31, S.169.

제7절 行政法關係에 대한 私法規定의 適用(行政法의 欠缺의 補充)

Ⅰ. 序說

공법과 사법이 각각 독립된 별개의 법체계라는 전제로 인해, 각각 다른 영역에 속하는 법률관계에 따른 법이 적용될 수 있는가가 문제되는 것이다.

사법에 비하여 상대적으로 공법은 총칙적 규정의 부재(단일화된 법전의 부재), 법이론·법원리의 역사적 발전기간이 짧아 다양한 행정목적에 적합한 법형식이 미비하여 행정법은 완비된 법체계를 갖고 있지 않다. 이 때문에 행정법관계에서 구체적 사건에 따라서는 행정사건에 적용할 행정법규나 법원칙이 없는 경우도 나타난다(행정법의 흠결). 이러한 행정법의 흠결의 경우에 그 보충의 방법으로 사법규정의 적용과 공법규정의 유추해석의 형식으로 공법의 흠결의 보충가능성이 검토되는 것이다.

Ⅱ. 私法規定의 準用

1. 槪說

이는 공·사법 이원적 체계를 유지해 온 대륙법계에 고유한 문제이다. 우리법제는 공법관계와 사법관계를 구별하는 이원적 체계에 입각하고 있으며 또한 행정법은 단일법전으로 체계화되지 못하여 개별법상 규정이 흠결되어 있는 경우가 많고 또한 일반통칙적 규정도 없기 때문에 이러한 행정법의 흠결이나 공백이 있는 경우에 사법규정을 적용 내지 유추적용할 수 있느냐 하는 것이 문제된다.

(1) 私法의 適用

전통적인 견해에 따르면, 사법규정에는 일반법원리적 규정(예 ; 권리남용의 금지)·법기술적 규정(예 ; 기간계산의 방식)·이해조절적 규정(예 ; 매도인의 하자담보책임)이 있는데, 이중에서 일반법원리적 규정과 법기술적 규정은 공법관계(권력관계＋비권력관계)에 그대로 적용될 수 있지만, 이해조절적 규정은 권력관계에는 적용되기 곤란하나 비권력관계에는 직접 내지 유추적용이 가능하다고 한다.

명문규정에 의한 사법규정의 적용례는 국가배상법 제8조, 예산회계법제72조, 국세기본법제4조, 제54조 제2항을 들 수 있다.

(2) 명문규정이 없는 경우 準用與否에 대한 論議

1) 消極說(公法適用說)

O.Mayer를 중심으로 과거 관료법학파에서는 공법과 사법에 공통된 법제도는 존재하

지 않는다는 견지에서 이를 인정하지 않는다.

2) 直接適用說

공법관계와 사법관계의 본질적인 동일성을 강조하여 신의성실의 원칙과 같은 사법규정은 법의 일반원리에 관한 규정에 해당하기 때문에 사법규정의 공법관계에의 직접적인 적용을 인정하는 견해이다.

3) 類推適用說(概括的區別說)

공법관계에 대한 사법규정의 적용을 인정하되, 공법관계의 특수성을 인정하여 사법규정은 유추적용[151]되어야 한다는 견해이다(통설·판례). 즉 유추되는 사법규정의 성질과 유추적용하려는 공법관계의 성질을 검토하여 결정하자는 견해이다.

① 一般的 類推適用說

공법에서 반대하지 않는 한 유추적용 해야 한다는 것이다.

② 限定的 類推適用說

공법과 사법의 유사규정이 있거나 법령의 규정이 있는 경우에만 적용해야 한다는 입장이다.

4) 折衷說(個別決定說)

행정법관계의 성질, 내용, 기능 등을 개별적·구체적으로 판단하여 결정하는 것이 타당하다는 주장이다.[152]

5) 檢討

사법규정 중 법의 일반원리와 법기술적 약속으로서의 규정을 포함하는 일반법원리적 규정은 행정법관계 전체에 적용 또는 유추적용 될 수 있음이 원칙이고, 사법규정 중 기타 규정은 같은 성질의 법률관계는 같은 법으로 규율한다는 법언에 따라 비권력관계인 관리작용에 적용 또는 유추적용 될 수 있다고 본다.

(3) 私法規定適用의 範圍와 限界

---

151) 법의 문언을 그대로 적용하는 것이 아니라 법문에 내재된 기본원리를 적용한다는 뜻이다.
152) 姜求哲, 183쪽 ; 朴鈗炘, 175쪽.

1) 範圍

행정법 관계에서 사법규정의 적용이 가능한 영역은 일반법원리적 규정, 즉 신의성실의 원칙과 권리남용금지의 원칙(민법 제2조), 자연인(민법 제3조), 법인(민법 제31조), 물건(민법 제98조), 기간(민법 제155조 이하), 주소(민법 제18조), 사무관리(민법 제734조~제740조), 부당이득(민법 제741조~제749조), 불법행위(민법 제750조~제766조) 등을 들 수 있다. 이처럼 일반법원리적 규정은 다른 규정이 없으면 행정법관계에도 적용 또는 유추적용될 수 있다.

2) 限界

그리고 공법관계의 성질상 적용이 불가능한 영역으로는 권력관계(부대등한 법률관계)를 들고 있다. 물론 관리관계의 경우에는 사법관계로서 원칙적으로 사법이 적용된다.

일반원리적 규정이외의 사법규정, 예컨대 행위무능력, 의사표시(비진의표시·허위표시·사기·강박·착오)등은 행정행위에 적용되지 않고, 소멸시효의 기간, 주소의 복수주의153) 등의 경우 특별규정이 있다.

Ⅲ. 公法規定의 準用

1. 槪說

최근 공법규정의 준용이 거론되고 있는데, 행정법관계에 적용할 행정법규가 미비된 경우에는 먼저 헌법원칙(예 ; 법적 안정성, 신뢰보호, 기본권의 보호 등)의 적용이 고려되어야 하고, 아울러 사법규정에 앞서 공법규정의 유추해석이 동원되어야 할 것이라고 한다(예 ; 수용유사침해론).

과거에는 선진법(先進法)으로서의 사법을 후진법(後進法)인 행정법에 유추적용하는 문제만을 논의하는 것이 일반적인 경향이었으나 '행정법은 헌법의 집행법이다'라고 하는 점이 강조되는 것과 발맞추어 근래에는 헌법을 포함한 공법의 유추적용문제가 강조되는 추세에 있다.154)

2. 必要한 境遇

(1) 수용유사침해·수용적 침해에 대한 보상의 경우 헌법 제23조 제3항 등을 유추적용하여 보상청구권을 인정하여야 할 것이다.

(2) 행정행위의 효력유무가 아니라 손해배상 등의 전제로 처분의 위법성여부가 선결문

---

153) 주민등록법은 주민등록지를 공법관계의 주소로 보고 있다(제17조의 7).
154) 金南辰, 76~77쪽.

제로 되는 경우 행정소송법 제11조 제1항을 준용할 수 있을 것이다.

(3) 무효 등 확인 소송에도 행정소송법 제28조의 사정판결규정을 유추적용할 수 있을 것이다.

3. 判例

판례는 공법규정의 적용에 적극적인 입장을 보이고 있는 듯하다. 그 예로 하천법 부칙 제2조의 국유화로 인한 제외지의 소유자에 대한 보상규정이 흠결된 경우 하천법 제74조의 하천구역 등의 손실보상규정을 준용했으며, 국세기본법 제52조의 과오납관세환급금에 대한 환급가산금규정이 흠결된 경우 과오납국세환급금에 대한 환급가산금규정을 준용하여 각각의 흠결을 보충하고 있다.

■ 대법원 1992. 5. 22. 선고 91누12356 판결
[어업의 폐지에 따른 손실의 평가를 규정한 구 공공용지의취득및손실보상에관한특례법시행규칙 제25조의2 제1항을 토지수용으로 인한 낙농업의 폐지에 대한 손실평가의 경우에 유추적용할 수 있는지 여부(적극)]
구 공공용지의취득및손실보상에관한특례법시행규칙(1991. 10. 28. 건설부령 제493호로 개정되기 전의 것) 제24조는 영업폐지에 대한 손실평가에 관하여 규정하는 외에 낙농업과 같은 경우에 대하여는 따로 규정된 것이 없는데 그 성격상, 어업의 폐지에 따른 손실의 평가를 규정한 위 시행규칙 제25조의2 제1항을 토지수용으로 인한 낙농업의 폐지에 대한 손실평가의 경우에 유추적용할 수 있다.

■ 대법원 1998. 4. 14. 선고 95다15032, 15049 판결(관행어업권)
구 수산업법(1990. 8. 1. 법률 제4252호로 전문 개정되기 전의 것) 제40조 제1항 소정의 관행어업권은 같은 법 제8조, 제24조에 의하여 공동어업 등의 면허에 의하여 인정되는 어업권과 같이 일정한 공유수면을 전용하면서 그 수면에서 배타적으로 수산동식물을 채포(採捕) 또는 채취할 수 있는 독점적인 권리라기보다는 단지 타인의 방해를 받지 않고 일정한 공유수면에 출입하면서 수산동식물을 채포 또는 채취할 수 있는 권리에 지나지 않는 것이므로, 그러한 권리의 소멸에 따른 손실을 평가함에 있어서 일정한 공유수면을 전용하면서 그 수면에서 배타적으로 수산동식물을 채포 또는 채취할 수 있는 독점적인 권리인 같은 법 제8조, 제24조에 의하여 공동어업 등의 면허에 의하여 인정되는 어업권이 취소되는 경우에 대한 보상 방식을 유추적용할 수는 없고, 오히려 이는 실질상 같은 법 제22조 소정의 신고어업의 형태와 유사한 것이라고 볼 수 있으므로 이와 같은 권리의 소멸에 따른 손실을 평가함에 있어서도 신고어업의 보상에 관한 규정을 유추적용함이 상당한바, 당시의 구 수산업법령에 신고어업에 관한 손실보상 기준이 규정되어 있지 않았지만 구 공공

용지의취득및손실보상에관한특례법시행규칙(1988. 4. 25. 건설부령 제435호로 개정되어 1991. 10. 28. 건설부령 제493호로 개정되기 전의 것) 제25조의2 제1항은 신고어업을 하는 자가 공공사업의 시행으로 인하여 폐업 또는 휴업하는 경우의 손실액 산정 방식에 대하여 규정하고 있으므로, 이를 유추적용하여 그 손실액을 산정함이 상당하다.

■ 대법원 1987. 7. 21. 선고 84누126 판결
[하천법상 국유화된 제외지의 소유자에 대한 손실보상의 법적근거]
 하천법(1971. 1. 19 법률 제2292호로 개정된 것) 제2조 제1항 제2호, 제3조에 의하면 제외지는 하천구역에 속하는 토지로서 법률의 규정에 의하여 당연히 그 소유권이 국가에 귀속된다고 할 것인바 한편 동법에서는 위 법의 시행으로 인하여 국유화가 된 제외지의 소유자에 대하여 그 손실을 보상한다는 직접적인 보상규정을 둔 바가 없으나 동법 제74조의 손실보상요건에 관한 규정은 보상사유를 제한적으로 열거한 것이라기보다는 예시적으로 열거하고 있으므로 국유로 된 제외지의 소유자에 대하여는 위 법조를 유추적용하여 관리청은 그 손실을 보상하여야 한다.(대법원 1988. 12. 20. 선고 88누1059 판결 참조)

■ 대법원 1985. 9. 10. 선고 85다카571 판결
[구 관세법 시행당시 과오납관세의 환급에 있어서의 환급가산금의 지급여부 (적극)]
 구 관세법(1983. 12. 29 법률 제3666호로 개정되기 전의 것) 및 동법시행령(1983. 12. 29 대통령령 제11286호로 개정되기 전의 것)에는 과오납관세의 환급에 있어서 국세기본법 제52조 등과 같은 환급가산금(이자)에 관한 규정이 없으나, 부당하게 징수한 조세를 환급함에 있어서 국세와 관세를 구별할 합리적인 이유가 없고 과오납관세의 환급금에 대하여만 법의 규정이 없다 하여 환급가산금을 지급치 아니한다는 것은 심히 형평을 잃은 것이라 할 것이므로(따라서 현행관세법에는 환급가산금에 관한 규정을 신설하였다) 국세기본법의 환급가산금에 관한 규정을 유추적용하여 과오납관세의 환급금에 대하여도 납부한 다음날부터 환급가산금(이자)을 지급하여야 한다.

제4장 行政法上의 法律要件과 法律事實

제4장 行政法上의 法律要件과 法律事實

제1절 概說

행정상 법률요건이란, 행정법 관계의 발생·변경·소멸이라는 법률효과를 가져오는 사실을 총칭한다. 그리고 법률 사실이란 법률요건을 구성하는 개개의 사실을 의미한다.

공법상 사건(정신작용을 요건으로 하지 않는 법률요건과 법률사실)에는 자연적 사실(사망, 기간, 주소)과 사람의 사실행위(오물수거, 도로건설)가 있다. 이에 반해, 공법상 용태(정신작용이 필요한 법률요건과 법률사실)에는 외부적 용태(행위)와 내부적 용태(내심 ; 선의, 악의, 고의, 과실) 등이 있다.

사건과 용태의 구별은 정신작용(판단)을 필요로 하는 법률관계인지 여부에 있다.

Ⅰ. 意義

행정법관계의 발생·변경·소멸이라는 법률효과를 발생시키는 사실을 행정법상의 법률요건이라 하며, 법률요건을 구성하는 개개의 사실을 법률사실이라 한다.

Ⅱ. 種類

1. 行政法上의 事件

이는 사람의 정신작용을 요소로 하지 않는 행정법상의 법률사실이다.

(1) 自然的 事實

시간의 경과, 사람의 생사, 목적물 멸실 등이 이에 해당한다.

(2) 事實行爲

행정기관의 도로공사, 행정상의 강제집행, 행정상의 즉시강제, 행정지도, 사인의 거주행위, 공법상의 부당이득, 물건의 점유·소유 등이 이에 해당한다.

2. 行政法上의 容態

이는 사람의 정신작용을 요소로 하는 행정법상의 법률사실이다.

(1) 內部的 容態(內心)

외부에 표시되지 않은 정신상태로서 행정법적 효과를 발생하는 것(예; 고의·과실, 선의·악의)이다.

(2) 外部的 容態

사람의 정신작용의 발현인 거동으로서 행정법적 효과를 발생하는 것(예; 작위·부작위)이다.

제2절   行政法上의 事件

I. 時間의 經過

1. 期間

한 시점에서 다른 시점까지의 시간적 간격(길이)으로 특별한 규정이 없으면 민법에 의한다(민법 제155조, 행정절차법 제3조). 기간개념에는 시간적 간격의 출발점인 기산점과 종료시점인 만료점이 기본적 구성요소이다.

> ■ 대법원 1985. 4. 23. 선고 84누597 판결
> 국세기본법 제4조는 "이 법 또는 세법에 규정하는 기간의 계산은 이 법 또는 세법에 특별한 규정이 있는 것을 제외하고는 민법에 의한다."고 규정하고 있고, 국세기본법 또는 다른 세법에 국세심판결정 기간의 말일에 관한 규정이 없으므로 그에 관하여는 민법 제161조의 규정에 따라 기간의 말일이 공휴일에 해당한 때에는 기간은 그 익일로 만료한다.

(1) 期間의 起算點

기간을 시·분·초로 정한 경우에는 즉시로부터 기산하고, 기간을 일·주·년·월로 정한 경우 초일을 산입하지 않고 익일(翌日)로부터 기산한다(초일불산입의 원칙).

예외적으로 초일이 산입되는 경우로는 오전 0시부터 시작하는 기간(민법 제157조 단서), 연령계산(민법 제158조), 국회의 회기(국회법 제7조), 공소시효·구속기간(형사소송법 제66조 제①항155))이 있다.

(2) 期間의 滿了點

기간의 말일이 종료함으로써 만료된다. 다만, 그 기간의 말일이 공휴일인 때에는 그 익일에 만료된다.

(3) 期間의 逆算

초일불산입의 원칙에 따라 예컨대, '선거일 전 7일까지'라고 하면 초일인 선거일은 빼고 '선거일 전일을 초일로 하여 7일째가 되는 날까지'이고, 선거일이 3월 26일일 경우 선거일전 23일까지 공고하도록 되어 있으면 3월2일 자정까지 공고하면 된다.

2. 時效

(1) 意義

시효제도란 일정한 사실상태가 오랫동안 계속된 경우에, 진실한 법률관계가 어떤 것인가를 불문하고 계속된 사실상태를 존중하여 그를 법률적으로 보호함으로써 법률생활의 안정을 기하려는 제도이다. 시효에는 소멸시효(일정한 기간 동안 권리불행사의 상태가 계속된 경우에 권리자의 권리를 소멸시키는 제도)와 취득시효(권리를 행사하고 있는 것과 같은 외관이 일정한 기간 동안 계속된 경우에 권리취득의 효과를 발생시키는 제도)가 있다.

민법상 시효규정이 공법관계에도 적용되지만, 금전채권의 경우 소멸시효를 5년(예산회계법 제96조)으로, 관세징수권은 2년으로, 단기급여지급청구권은 1년으로 다르게 규정하고 있다. 판례는 민법상 기간이 타법보다 짧을 때에는 민법에 의하고 있다(대법원 2001. 4. 24. 선고 2000다57858 판결). 시효의 입증책임은 시효를 주장하는 자가 부담한다(상대적소멸설).

> ■ 대법원 1991. 7. 26. 선고 91다5631 판결
> 소멸시효에 있어서 그 시효기간이 만료되면 권리는 당연히 소멸하지만 그 시효의 이익을 받는 자가 소송에서 소멸시효의 주장을 하지 아니하면 그 의사에 반하여 재판할 수 없고, 그 시효이익을 받는 자는 시효기간 만료로 인하여 소멸하는 권리의 의무자를 말한다.

---

155) 형사소송법 제66조(기간의 계산) ① 기간의 계산에 관하여는 시로써 계산하는 것은 즉시부터 기산하고 일, 월 또는 연으로써 계산하는 것은 초일을 산입하지 아니한다. 단, 시효와 구속기간의 초일은 시간을 계산함이 없이 1일로 산정한다.

(2) 公法上 金錢債權의 消滅時效

소멸시효는 객관적으로 권리가 발생하고 그 권리를 행사할 수 있는 때부터 진행한다고 할 것이며 따라서 권리를 행사할 수 없는 동안은 소멸시효는 진행할 수 없다.

■ 대법원 1984. 12. 26. 선고 84누572 판결
[조세의 부과권이 소멸시효의 대상이 되는지 여부(적극)]
 국가의 조세채권은 법률, 또는 조례에 정하여진 과세요건의 충족에 의하여 법률상 당연히 성립하는 것이고(동법 제21조 참조) 세법의 절차에 따라 그 세액을 확정함으로써(동법 제22조 참조) 그것이 구체적으로 현실화되고 이 확정된 조세채권의 이행을 청구하고 나아가 강제적으로 추구하여 그 실현만족을 보게 된다. 이렇게 추상적으로 성립된 조세채권을 구체적으로 확정하는 국가의 권능을 부과권이라 하고 그 이행을 강제적으로 추구하는 권능을 징수권이라고 일반적으로 말하고 있다.
 그런데 위 제27조 제1항의 국세의 징수를 목적으로 하는 권리라 함은 궁극적으로 국세징수의 실현만 족을 얻는 일련의 권리를 말하는 것이므로 여기에는 위에서 본 소위 부과권 및 징수권을 다 포함하고 있다고 할 것이니 다른 특별한 규정이 없는 한 위 양자가 다같이 소멸시효의 대상이 된다고 할 것이다. 동법 제28조 1항이 시효중단 사유의 하나로 납세고지(부과처분)를 규정하고 있는데 만일에 부과권이 소멸시효의 대상이 아니라면 따라서 부과권의 시효 진행이 없을 것이니 납세고지라는 부과권의 행사에 의하여 진행 아니하던 시효가 중단된다는 기이한 현상이 나타나게 된다. 대법원도 부과권이 소멸시효의 대상이라는 취지를 수차 밝힌바 있다(대법원 1977. 4. 26 선고 75누37 ; 대법원 1982. 4. 27 선고 81누417 ; 대법원 1983. 5. 10 선고 82누167 ; 대법원 1984. 10. 23 선고 84누547 판결 참조. 이들 중에는 부과권과 징수권을 혼용한 흠은 있다).

[소멸시효가 진행할 수 없는 '권리를 행사할 수 없는 때'의 의미]
 소멸시효제도는 어떤 권리를 행사할 수 있음에도 불구하고 일정기간 그 권리행사를 아니하면 권리소멸의 효과가 생기는 것이다. 그러므로 소멸시효는 객관적으로 권리가 발생하고 그 권리를 행사할 수 있는 때부터 진행한다고 할 것이며 따라서 권리를 행사할 수 없는 동안은 소멸시효는 진행할 수 없다고 할 것이다. 권리를 행사할 수 없는 때라 함은 그 권리행사에 법률상의 장애사유 예하면 기간의 미도래나 조건불성취 등이 있는 경우를 말하는 것이지 사실상 그 권리의 존재나 권리행사 가능성을 알지 못하였거나 알지 못함에 있어서의 과실유무 등은 시효진행에 영향을 미치지 아니한다고 해석된다.

■ 대법원 1992. 12. 22. 선고 92다28822 판결
 소멸시효는 권리를 행사할 수 있는 때로부터 진행하며 여기서 권리를 행사할 수 있는 때라 함은 권리행사에 법률상의 장애가 없는 때를 말하므로 정지조건부권리의 경우에

는 조건 미성취의 동안은 권리를 행사할 수 없는 것이어서 소멸시효가 진행되지 않는 것이다.

■ 대법원 1991. 7. 26. 선고 91다5631 판결
[소멸시효의 주장과 그 주장을 할 수 있는 자]
 소멸시효에 있어서 그 시효기간이 만료되면 권리는 당연히 소멸하는 것이지만 그 시효의 이익을 받는 자가 소송에서 소멸시효의 주장을 하지 아니하면 그 의사에 반하여 재판할 수 없는 것이고, 그 시효이익을 받는 자는 시효기간만료로 인하여 소멸하는 권리의 의무자를 말한다고 할 것이다(대법원 1979. 6. 26. 선고 79다407 판결, 대법원 1980. 1. 29. 선고 79다1863 판결, 대법원 1991. 3. 27. 선고 90다17552 판결 참조).

1) 時效期間

 다른 법률에서 5년보다 짧게 규정한 경우 외에는 5년(예산회계법제96조, 지방재정법제69조)이다.

■ 대법원 1995. 2. 28. 선고 94다42020 판결
[지방자치단체의 비금전채무 이행불능으로 인하여 사인이 그 지방자치단체에 대하여 갖는 손해배상청구권에 지방재정법 소정의 소멸시효기간이 적용되는지 여부]
 지방재정법 제69조에 의하면 금전의 지급을 목적으로 하는 지방자치단체의 권리나 지방자치단체에 대한 권리로서 시효에 관하여 다른 법률에 특별한 규정이 없는 것은 5년간 이를 행사하지 아니하면 소멸시효가 완성한다고 규정하고 있는바, 이 취지는 그 금전급부의 발생원인이 공법상의 것이든 사법상의 것임을 가리지 아니하고 지방자치단체의 권리나 동 단체에 대한 권리는 다른 법률에 이보다 짧은 기간의 소멸시효의 규정이 있는 경우 외에는 모두 소멸시효기간을 5년으로 한다는 것이다(대법원 1977. 12. 13. 선고 77다1048 판결 참조).
 한편, 지방자치단체가 사인에 대하여 부담하는 본래의 채무가 금전의 지급을 목적으로 하는 것이 아니라서 위 지방재정법 소정의 5년의 소멸시효기간이 적용되는 경우가 아니라고 하더라도, 일단 본래의 채무가 지방자치단체의 귀책사유에 의하여 이행불능 상태(채무의 이행이 불능이라는 것은 단순히 절대적, 물리적으로 불능인 경우가 아니고, 사회생활에 있어서의 경험법칙 또는 거래상의 관념에 비추어 볼 때 채권자가 채무자의 이행의 실현을 기대할 수 없는 경우를 말하는 것이다.)에 이르게 되면 채권자인 사인은 채무자인 지방자치단체에 대하여 손해배상을 청구할 수 있고, 이러한 손해배상청구권이 금전의 지급을 목적으로 하는 이상 위 지방재정법 소정의 5년의 소멸시효기간이 적용된다고 할 것이다.
 지방자치단체에 대한 금전채권이 사법상의 거래에서 발생한 경우 또는 지방자치단체

에 대한 손해배상청구권이 지방자치단체의 비금전채무의 이행불능으로 인하여 발생한 경우에는 민법 소정의 10년의 소멸시효기간이 적용되어야 한다는 소론 주장은 독자적인 견해에 불과하다.

2) 時效의 中斷
국가의 납입고지는 시효중단의 효력이 있다(예산회계법 제98조, 지방재정법 제71조).

■ 대법원 1987. 1. 20. 선고 86누346 판결
[과세처분이 확정판결에 의하여 취소된 경우 그 부과처분에 의하여 발생한 국세부과징수권의 시효중단의 효력]
국세에 대하여 그 부과징수권의 소멸시효 기간 5년이 경과되기 전에 부과처분이 있었다면 이에 의하여 소멸시효의 진행은 중단되었다 할 것이고, 그 시효중단의 효력은 후에 그 부과처분이 취소되어도 없어지는 것은 아니다.

■ 대법원 1987. 3. 10. 선고 85누959 판결
소멸시효의 중단은 소멸시효의 기초가 되는 권리의 불행사라는 사실상태와 맞지 않는 사실이 생긴 것을 이유로 소멸시효의 진행을 차단케 하는 제도인 만큼 납세고지에 의한 국세징수권자의 권리행사에 의하여 이미 발생한 시효중단의 효력은 그 부과처분이 취소되었다 하여 사라지지 않는다.

(3) 公物의 取得時效
1) 부정설(판례)
공물은 명시적으로 공용폐지가 없는 한 취득시효의 대상이 되지 못한다. 다만 국유잡종재산은 공물이 아니므로 취득시효의 대상이 된다.

2) 제한적 시효취득설
융통성이 인정되는 범위에서 인정되나 그 후에도 공공목적에 제공되어야 한다.

3) 완전시효취득설
평온·공연하게 점유되고 공물관리자도 그대로 방치한 때에는 묵시적 폐지가 있었던 것으로 인정되어 시효취득을 인정하는 입장이다.

❖ 공물의 시효대상 여부 및 입증책임

■ 대법원 1994. 3. 22. 선고 93다56220 판결

[행정재산이 취득시효의 대상이 되기 위한 요건]

 행정재산은 공용이 폐지되지 않는 한 사법상 거래의 대상이 될 수 없으므로 취득시효의 대상이 되지 않는다.

[행정재산이 본래의 용도에 사용되지 않고 있으면 용도폐지의 의사표시가 있는 것으로 볼 수 있는지 여부]

 공용폐지의 의사표시는 명시적이든 묵시적이든 상관이 없으나, 적법한 의사표시가 있어야 하고, 행정재산이 사실상 본래의 용도에 사용되지 않고 있다는 사실만으로 용도폐지의 의사표시가 있었다고 볼 수는 없으며(대법원 1982. 12. 14. 선고 80다236 판결, 대법원 1983. 6. 14. 선고 83다카181 판결, 대법원 1993. 7. 27. 선고 92다49973 판결 참조), 원래의 행정재산 이 공용폐지 되어 취득시효의 대상이 된다는 사실에 대한 입증책임은 시효취득을 주장하는 자에게 있다.

 피고시가 피고시 소유의 이 사건 대지를 피고시가 운영하던 중앙도매시장의 부지로 지정하였다면 특별한 사정이 없는 한 이는 피고시가 공용개시의 의사표시를 한 것으로 그때부터 이 사건 대지는 행정목적을 위하여 공용되는 행정재산이 되었다고 보아야 할 것이고, 이 사건 대지가 일단 행정재산으로 지정된 이상 피고시의 공용폐지의 의사표시가 없는 한 본래의 용도에 사용되지 않고 있다는 사실만으로는 그 공물로서의 성격을 상실하는 것은 아니라 할 것이며, 따라서 이 사건대지가 취득시효의 대상이 된다고 하기 위하여는 이 사건 대지가 본래의 용도인 중앙도매시장의 부지로 사용되지 않고 있다는 사실만으로는 부족하고, 나아가 피고시의 공용폐지의 의사표시가 있었다는 사실이 인정되어야 하고 이점에 대한 입증은 시효취득을 주장하는 원고가 이를 하여야 하는 것이다.

■ 대법원 2010. 11. 25. 선고 2010다58957 판결

 일제하 토지조사사업 당시의 관계 법령에 의하면, 토지조사사업 당시 지목이 도로로 조사되었으나 지번이 부여되지 아니하였을 뿐만 아니라 소유권의 조사가 이루어져 토지조사부에 등재되거나 토지대장에 등록되지도 않았던 토지는 당시의 현황에 따라 도로로 이용되고 있던 국유의 공공용재산이었다고 보아야 하고, 1945. 8. 9. 이전에 조선총독부 소관으로 있던 국유재산은 대한민국 정부수립과 동시에 국가 고유의 권원에 의하여 당연히 국유가 된다(대법원 2009. 12. 10. 선고 2006다11708 판결 참조).

 나아가 국유재산법 제7조 제2항은 "행정재산은 민법 제245조에도 불구하고 시효취득의 대상이 되지 아니한다"라고 규정하고 있으므로, 국유재산에 대한 취득시효가 완성되기 위해서는 그 국유재산이 취득시효기간 동안 계속하여 행정재산이 아닌 시효취득

의 대상이 될 수 있는 일반재산이어야 한다(대법원 2009. 12. 10. 선고 2006다 19528 판결 등 참조). 또 행정재산이 기능을 상실하여 본래의 용도에 제공되지 않는 상태에 있다 하더라도 관계 법령에 의하여 용도폐지가 되지 아니한 이상 당연히 취득시효의 대상이 되는 일반재산이 되는 것은 아니고, 공용폐지의 의사표시는 묵시적인 방법으로도 가능하나 행정재산이 본래의 용도에 제공되지 않는 상태에 있다는 사정만으로는 묵시적인 공용폐지의 의사표시가 있다고 볼 수도 없다(위 대법원 2006다 11708 판결 참조).

■ 대법원 1998. 11. 10. 선고 98다42974 판결
〔행정재산이 본래의 용도에 제공되지 않는 상태에 있다는 사정만으로 당연히 취득시효의 대상인 잡종재산이 되는지 여부(소극)〕
 행정재산이 기능을 상실하여 본래의 용도에 제공되지 않는 상태에 있다 하더라도 관계 법령에 의하여 용도폐지가 되지 아니한 이상 당연히 취득시효의 대상이 되는 잡종 재산이 되는 것은 아니다.

[관재당국이 착오로 행정재산을 다른 재산과 교환하였다는 사정만으로 적법한 공용폐지의 의사표시가 있다고 볼 수 있는지 여부(소극)]
 공용폐지의 의사표시는 묵시적인 방법으로도 가능하나 행정재산이 본래의 용도에 제공되지 않는 상태에 있다는 사정만으로는 묵시적인 공용폐지의 의사표시가 있다고 볼 수 없으며, 또한 공용폐지의 의사표시는 적법한 것이어야 하는바, 행정재산은 공용폐지가 되지 아니한 상태에서는 사법상 거래의 대상이 될 수 없으므로 관재당국이 착오로 행정재산을 다른 재산과 교환하였다 하여 그러한 사정만으로 적법한 공용폐지의 의사표시가 있다고 볼 수도 없다(대법원 1997. 8. 22. 선고 96다10737 판결, 대법원 1996. 5. 28. 선고 95다52383 판결 참조).

■ 대법원 2000. 2. 25. 선고 99다54332 판결
[도로가 행정재산이 되기 위한 요건 및 토지의 지목이 도로이고 국유재산대장에 등재되어 있다는 사정만으로 그 토지가 도로로서 행정재산에 해당하는지 여부(소극)]
 국유재산법상의 행정재산이란 국가가 소유하는 재산으로서 직접 공용, 공공용, 또는 기업용으로 사용하거나 사용하기로 결정한 재산을 말하는 것이고, 그 중 도로와 같은 인공적 공공용 재산은 법령에 의하여 지정되거나 행정처분으로써 공공용으로 사용하기로 결정한 경우, 또는 행정재산으로 실제로 사용하는 경우의 어느 하나에 해당하여야 비로소 행정재산이 되는 것인데, 특히 도로는 도로로서의 형태를 갖추고, 도로법에 따른 노선의 지정 또는 인정의 공고 및 도로구역 결정·고시를 한 때 또는 도시계획법 또는 도시재개발법 소정의 절차를 거쳐 도로를 설치하였을 때에 공공용물로서 공용개시행위가 있다고 할 것이므로, 토지의 지목이 도로이고 국유재산대장에 등재되어 있다

는 사정만으로 바로 그 토지가 도로로서 행정재산에 해당한다고 할 수는 없다

■ 대법원 1999. 4. 9. 선고 98다34003 판결
[빈지(濱地)가 성토 등을 통하여 사실상 빈지로서의 성질을 상실하였으나 용도폐지되
지 않은 경우, 시효취득의 대상인 잡종재산이 되는지 여부(소극)]
　빈지는 만조수위선으로부터 지적공부에 등록된 지역까지의 사이를 말하는 것으로서 자
연의 상태 그대로 공공용에 제공될 수 있는 실체를 갖추고 있는 이른바 자연공물이고,
성토 등을 통하여 사실상 빈지로서의 성질을 상실하였더라도 국유재산법령에 의한 용도
폐지를 하지 않은 이상 당연히 시효취득의 대상인 잡종재산으로 된다고 할 수 없다.

■ 헌법재판소 1991. 5. 13. 선고 89헌가97 결정
　국유잡종재산은 사경제적 거래의 대상으로서 사적자치의 원칙이 지배되고 있으므로
시효제도의 적용에 있어서도 동일하게 보아야 하고, 국유잡종재산에 대한 시효취득을
부인하는 동규정은 합리적 근거 없이 국가만을 우대하는 불평등한 규정으로서 헌법상
의 평등의 원칙과 사유재산법 보장의 이념 및 과잉금지의 원칙에 반한다.

3. 除斥期間

　제척기간이란 일정한 권리에 대하여 법률이 정한 존속기한(불변기간)을 의미한다. 제
척기간은 행정심판 및 소송제기기간에 적용되고 있다. 이 제도는 법률관계의 불안정을
신속히 제거하기 위한 것으로 제척기간의 특징은 시효중단과 정지제도가 없다는 점에
있다. 따라서 일정기간이 경과하면 당연히 그 효력은 소멸된다. 제척기간은 재산적 권리
이외의 권리에 주로 적용되고 있다. 우편법시행령은 제척기간 30일, 혹은 60일로 매우
짧게 규정하고 있다.

Ⅱ. 住所·居所

1. 住所

　주소란 생활의 근거되는 곳으로(민법) 공법상의 주소는 주민등록법에 의한 주민등록지
를 의미한다.
　주민등록법156)은 주소의 이중등록을 금지함으로써 주소복수주의를 채택 하고 있지 않
다. 즉, 행정법상 주소는 단수주의이다. 따라서 30일 이상 거주의사가 있으면 주민등록

---

156) 제17조의7(주민등록자의 지위 등) ① 다른 법률에 특별한 규정이 없는 한 이 법에 의한 주민등
　　록지를 공법관계에 있어서의 주소로 한다. 제10조(신고사항) ② 누구든지 제1항의 신고를 이중
　　으로 할 수 없다.

을 해야 한다. 이에 반해 민법상 주소는 '생활의 근거가 되는 곳'을 의미한다. 즉 복수주의를 채택(민법 제18조 제2항)하고 있다.

2. 居所

사람이 다소의 기간 동안 계속하여 거주하는 장소로서, 그 장소와의 밀접도가 주소만 못한 곳을 말한다.

제3절 公法上의 行爲

Ⅰ. 公法行爲

1. 意義

공법행위란 행정법관계에서 국가 등 행정주체와 사인간의 행위로서, 공법적 효과를 발생·변경·소멸시키는 행위형식이다.

2. 分類

⑴ 主體에 따른 分類

1) 行政主體의 公法行爲

행정주체가 행정목적을 실현하려는 행정법상의 행위로 권력행위와 비권력적 행위로 구분된다.

2) 私人의 公法行爲

사인의 공법행위란 공법관계에서 사인이 공법적 효과를 발생·변경·소멸시키는 일체의 행위를 의미한다.

⑵ 意思表示의 數에 따른 分類

1) 單獨行爲

1개의 의사표시로써 하나의 법적 효과를 발생시키는 행위이다(예; 행정행위).

2) 雙方行爲

2이상 의사표시의 합치로써 하나의 법률효과를 발생시키는 행위이다(예; 공법상 계약, 공법상 합동행위).

3) 合成行爲

다수의 공동의 의사표시로 1개의 의사가 구성되는 행위이다(예; 합의제기관의 의결행위, 지방의회 의결, 투표).

Ⅱ. 私人의 公法行爲

1. 序說

(1) 意義

오늘날 민주화의 경향, 행정기능의 확대경향은 사인의 행정과정에의 참여기회와 폭의 확대를 가져와 사인에게 국가기관으로서의 지위, 독자적인 인격주체로서의 지위가 인정되면 행정법관계에서도 사인이 행정과정에 참여할 수 있어야 하는 것은 당연하다. 사인의 공법행위란 공법관계에 있어서 사인의 법적 행위로서 공법적 효과를 발생·변경·소멸시키는 일체의 행위를 의미한다.

(2) 論議 背景과 機能

오늘날의 행정에 있어서 사인은 단순한 행정객체가 아닌 행정의 상대방으로서 행정의사의 결정과정에 적극적으로 참여할 수 있는 법적 지위가 인정되기 때문이다. 이에 따라 행정의 민주화, 행정의 적정화를 기할 수 있다.

(3) 區別槪念

공정력 등과 같은 행정행위의 우월적인 효과는 발생하지 않는다는 점에서 행정행위(행정주체의 행위)와 구별되고, 객관성·형식성·외관성을 그 특색으로 하는 점에서 사적자치, 사법적 효과를 발생시키는 사법행위와 구별된다.

이처럼 사인의 공법행위는 법적안정성 및 법률관계의 명확성 등의 요청에 의해 정형성을 띠며 그 효과도 법규에 의해 정하여지는 것이 보통이므로 사법행위에 관한 규정이 당연히 적용되는 것은 아니다.

2. 種類

(1) 私人의 地位를 基準으로 한 分類

1) 機關構成者로서의 行爲

투표 등이 그 예이다.

2) 行政의 相對方(行政客體)으로서의 行爲

신고, 영업허가신청, 행정심판의 제기, 소송제기, 수험행위 등이 그 예이다.

(2) 法的 效果의 完成與否에 의한 分類

1) 自足的(自己完結的) 公法行爲

사인의 어떠한 행위가 그 행위 자체만으로 일정한 법적 효과를 가져 올 때, 이를 자족적 공법행위라 한다(예 ; 선거시 투표, 혼인·이혼·출생·사망의 신고). 자기 완결적 공법행위, 자체 완성적(自體完成的) 사인의 공법행위 등으로 부르기도 한다.

2) 行政要件的 公法行爲(行政行爲 등의 動機 또는 要件的 行爲)

사인의 어떠한 행위가 특정행위의 전제요건을 구성하기도 하는바(예 ; 특허·허가의 신청, 입대지원, 청원·소청, 행정심판의 제기), 이를 행정요건적(行政要件的) 공법행위라 한다. 행정요건적 공법행위를 행정행위 등의 동기 또는 요건적 행위, 행위요건적 공법행위, 행위요건적 사인의 공법행위 등으로 부르기도 한다.

수리를 요하는 신고에 있어서 수리는 그 자체가 독립적인 행정행위의 하나이므로, 그 신고는 행정요건적 사인의 공법행위에 해당한다.

3. 私人의 公法行爲의 內容

(1) 申請

1) 申請의 意義

행정주체에 대해 일정한 행위를 청구하는 사인의 의사표시이다. 법적 의미로는 신청권이 존재하는 자에 의한 신청만을 의미한다. 따라서 신청권이 없는 자의 신청은 법적의미로서 신청이 아니므로 받아들여질 수 없다(예컨대, 국립대학학생이 학비감면대상이 아님에도 불구하고 감면신청을 한 경우). 신청권자 아닌 자의 신청행위는 단순한 희망의 표시인 사실행위에 불과하다.

2) 申請의 對象

① 雙方的 行政行爲에 있어 行政廳에 當該 行爲를 請求하는 境遇

신청은 일정한 행정행위를 요구하는 의사표시로서 신청의 대상은 대부분 행정행위이다. 즉 인가, 허가, 특허, 등록신청의 경우는 대부분 신청을 요건으로 한다.

② 公法上 契約에서의 請約行爲

공법상 계약은 공법적 효과의 발생을 목적으로 하는 반대당사자의 의사의 합치이다. 이는 계약이므로 청약과 승낙이라는 두개의 의사가 필요하다. 이 경우 거의 대부분은 사인이 청약하고 행정주체가 승낙하는바, 여기서 사인의 의사표시가 바로 실정법상 신청에 해당한다.

③ 行政廳의 法的·事實的 判斷을 請求하는 行爲

넓은 의미의 행정심판을 청구하는 행위도 신청에 속한다. 즉 청원, 행정심판법상 청구, 개별법상 이의신청, 조사신청 등이다.

(2) 同意·承諾

1) 申請과의 異同

동의는 신청과 그 본질이 같다. 다만 누가 먼저 요구하느냐에 따라 차이가 있을 뿐이다. 즉 국민이 요구하면 신청, 국가가 요구하고 국민이 하는 것은 동의이다.

2) 同意를 要하는 것

공무원 임명동의(국가 등이 필요에 의해 요구(채용계획에 의한 시험의 시행)가 있고 시험합격 후에도 임용을 거부할 수 있으니까 이른바 동의에 해당한다.), 행정행위의 요건으로서의 동의·승낙, 행정계약에 있어서의 승낙 등이다.

(3) 申告

1) 序言

행정법상 신고는 상대방인 사인이 행정청에 대하여 일정한 사실이나 법률관계를 통지함으로서 공법상의 효과를 발생하는 사인의 공법행위를 말한다. 이처럼 사인의 공법행위로서 신고란 공법관계에서 사인이 공법적 효과의 발생을 목적으로 하는 행위의 한 종류로서 신고를 말한다. 따라서 단순한 사실로서의 신고(예 ; 간첩신고)는 여기서 말하는 신고에 해당하지 아니한다.

일반적으로 신고는 형식적 요건을 갖추고 있는 한 신고서가 접수기관에 도달한 때에 그의 효력을 발생하므로 행정청의 수리를 필요로 하지 않는다. 行政節次法 제40조에서 전형적인 자기 완결적인 의미의 신고형태에 관하여 규정을 두고 있다. 즉 동 규정상의 규율대상이 되는 신고는 "법령 등에서 행정청에 대하여 일정한 사항을 통지함으로써 의무가 끝나는 신고"에 한정하고 있다. 행정법상 신고에는 이와 같은 典型的인 申告(수리를 요하지 아니하는 申告, 自己完結的 申告, 自足的 申告, 또는 自體完成的 申告라고 불리기도 한다)이외에 수리를 요하는 變形的 申告가 있다. 신고와 구별하여야 할 개념으로

申請이 있는데, 신고와 신청 모두 사인이 행정기관에 대하여 행하는 행위이지만 신청의 경우에는 처분에 대한 응답의무가 있는 반면 신고의 경우에는 원칙적으로 응답이 예정되어 있지 않다.157) 또한 신고의 경우에는 원칙적으로 형식적 요건에 대한 심사에 그치는 반면 신청의 경우에는 형식적 요건의 심사뿐만 아니라 실질적 요건의 심사를 할 수 있다는 점에서 차이가 있다.158)

앞서 본대로 전형적인 신고에 있어서는 수리행위가 필요하지 않고, 행정청은 수리여부의 결정에 있어 형식적 요건을 심사할 수 있을 뿐 실질적 심사를 할 수 없다고 하고 있다. 변형적 신고의 경우에는 그 수리여부에 관하여 행정청에 형식적 심사권뿐만 아니라 실체적 심사권이 허용된다.159) 따라서 양자의 판별기준은 관계법령의 규정내용(예컨대, 명문으로 수리규정을 두고 있는 경우, 행정청의 실체적 심사권을 인정하고 있는 경우에는 수리를 요하는 신고라고 할 것이다)과 신고행위의 성질을 고려하여 결정하여야 할 것이고 이에 의해서도 불분명한 경우에는 국민의 권익보호차원에서 자기완결적 신고로 판단하는 것이 타당하다고 하겠다.

2) 申告受理의 處分性

신고의 수리관념을 인정하지 아니하는 입장에서는 수리는 사실행위에 불과하다. 반면에 신고수리의 관념을 인정하는 입장에서는 그 법적 성질을 둘러싸고 논란이 있을 수도 있겠으나 일반적으로는 신고의 수리는 타인의 행위를 유효한 행위로 판단하고 법령에 의하여 처리할 의사로서 이를 수령하는 수동적 행위로서 준법률행위적 행정행위로 파악하고 있다. 전형적인 신고의 경우 신고수리는 단순한 접수 또는 도달을 의미하는 사실행위에 불과하다. 전형적 신고의 경우에는 앞서 본대로 그 자체로서 신고서가 행정청에 도달한 경우에 효력이 발생하고 수리를 필요로 하지 않는다. 즉 수리라는 관념이 개재될 여지가 없고, 설사 수리라는 개념을 인정하더라도 신고가 적법하게 도달하였다는 것을 확인하는 의미밖에 없다.

앞서 본 자기완결적 신고와 수리를 요하는 신고의 구별실익은, 먼저 수리개념을 인정할 것인가와 관련된다. 자기완결적 신고의 경우에는 접수적 의미를 가지므로 처분으로서의 신고수리가 되는 것은 아니다. 따라서 신고수리를 거부하였다 하더라도 그 신고서가 행정청에 제출되는 순간 그 효력이 발생하므로 당사자의 권리·의무에 아무런 영향을 미치지 않는 바, 이는 사실행위에 불과하고 처분성이 없어 취소소송의 대상이 되지 않는다고 보는 것이 통설적 입장이다.160) 이에 대하여 수리를 요하는 신고의 경우에는 신고수리

---

157) 金香基, 「行政法上 申請」(考試硏究, 1999. 12), 91쪽.
158) 芝池義一, 「行政手續法における申請·届出に關する一考察」(法學論叢, 139卷6號, 1996), 18쪽.
159) 金容燮, 「行政法上 申告와 受理」(判例月報 352호, 2000. 1), 41쪽.

도 처분성이 인정되어 제3자가 이를 다툴 수 있을 뿐더러 신고수리거부도 당사자의 법적이익에 영향을 미치기 때문에 처분성이 인정되는데 있다.[161]

우리의 대법원 판례도 신고수리 개념을 배제하지 아니하고 자기완결적인 신고의 경우에는 수리의 처분성을 부인하는 한편 변형된 신고의 경우에는 신고수리의 처분성을 인정하고 있다.

3) 申告의 種類
① 典型的 申告

대법원 판례상 나타난 경우로 자기완결적·전형적 신고로서 취소소송의 대상이 되는 처분성이 부인된 예의 유형을 살펴보면 다음과 같다.

ⅰ) 申告함으로써 단순히 義務가 終結되는 境遇

신고에 의하여 곧바로 법령에 정한 효과가 발생하는 경우, 예컨대 ① 醫院의 開設이나 移轉申告,[162] ② 體育施設 利用料 申告,[163] ③ 遊船業 經營申告와 그 變更申告,[164] ④

---

160) 이에 대해 自己完結的 申告의 경우에도 행정행위의 성질을 갖는다고 하면서 당연히 취소소송의 대상이 된다는 유력한 견해도 제기되고 있다. 그 논거로, 행정청의 절차행위에 불과한 수리와는 달리 수리거부는 법적효과(예방적 금지의 해제)의 발생을 직접적으로 저지하는 점에서 법적 행위라는 것이며, 허가유보부 예방적 금지의 경우 그 허가거부는 예방적·잠정적 금지를 종국시키는 것과 마찬가지로 신고유보부 예방적 금지에서의 신고의 수리거부 또한 예방적·잠정적 금지를 종국화시킨다는 의미에서 일종의 금지하명에 해당된다고 주장하고 있다(金南辰, 「건축신고반려조치의 법적 성질」(법률신문 제2942호, 2000. 12. 28) ; 金重權, 「建築法上의 建築申告의 問題點에 관한 小考」(저스티스 第34卷 第3號, 韓國法學院, 162~163쪽 ; 「行政法上의 申告와 관련한 判例의 問題點에 관한 小考」(人權과正義 제307호, 2002. 3), 116쪽).
161) 柳至泰, 95쪽 ; 洪井善, 201쪽.
162) 의료법에서 종합병원이나 병원과는 달리 의원, 치과의원, 한의원 등을 개설하거나 이를 이전 또는 그 개설에 관한 신고사항을 변경하고자 할 때에는 보건사회부령이 정하는 바에 의하여 도지사에게 신고하면 족한 것으로 규정하고 있으므로, 의원의 개설이나 그 개설 장소를 이전하는 신고를 받은 행정청이 그 신고를 실질적으로 심사하여 수리여부를 결정할 수 있는 규정이 없는 이상 행정청은 당연히 그 신고를 수리하여야 한다(대법원 1984. 12. 11. 선고 84도2108 판결 ; 대법원 1985. 4. 23. 선고 84도2953 판결).
163) 행정청에 대한 신고는 일정한 법률사실 또는 법률관계에 관하여 관계행정청에 일방적으로 통고를 하는 것을 뜻하는 것으로서 법에 별도의 규정이 있거나 다른 특별한 사정이 없는 한 행정청에 대한 통고로서 그치는 것이고 그에 대한 행정청의 반사적 결정을 기다릴 필요가 없는 것이므로, 舊 體育施設의 設置·利用에관한 法律 제18조(1994. 1. 7. 전문 개정되면서 이에 관한 신고제도가 없어졌음)에 의한 변경신고서는 그 신고자체가 위법하거나 그 신고에 무효사유가 없는 한 이것이 도지사에게 제출하여 접수된 때에 신고가 있었다고 볼 것이고, 도지사의 수리행위가 있어야만 신고가 있었다고 볼 것은 아니다(대법원 1993. 7. 6. 선고 93마635 결정).
164) 舊 遊船及渡船業法(1980. 1. 4. 법률 제3225호, 1993. 12. 27. 법률 제4610호 遊船 및 導船士業法으로 전문 개정되기 전의 것) 제3조 제1항, 제5항, 같은 법시행령(1982. 11. 3. 大統領令

溫泉發見者 名義變更165) 등은 행정청의 수리행위가 있다고 해도 그것은 행정사무의 편의를 위한 것으로 이해된다. 따라서 행정청이 신고를 거부하더라도 그 신고서가 행정청에 제출되는 순간 그 효력이 발생하므로 당사자의 권리의무에 아무런 영향을 미치지 않기 때문에 항고소송의 대상이 되지 아니한다고 하겠다. 설령 신고서를 수리한 행정청이 소정의 신고필증을 교부하도록 되어 있다하더라도 이는 신고사실의 확인행위로서 그와 같은 신고필증의 교부가 없다하여 신고의 효력을 부정할 수는 없다 할 것이다.166)

ii) 申告留保附 豫防的禁止의 境遇

 舊 住宅建設促進法 제38조 제2항 단서, 共同住宅管理令 제6조 제1항 및 제2항 共同住宅管理規則 제4조 및 제4조의 2의 각 규정들에 의하면, 공동주택 및 부대시설·복리시설의 소유자·입주자·사용자 및 관리주체가 건설부령이 정하는 경미한 사항으로서 신고대상인 건축물의 건축행위167)또는 용도변경168)을 하고자 할 경우에는 관계법령에 정해진

제10944호로 개정된 것) 제3조 제2항에 의하면 유선장의 경영신고와 그 신고사항의 변경신고는 모두 강학상 이른바 사인의 공법행위로서의 신고에 해당하고 그 신고를 받는 행정청은 위 법과 그 시행령 소정의 형식적(절차적)요건에 하자가 없는 한 이를 수리해야 한다(대법원 1988. 8. 9. 선고 86누889 판결 ; 대법원 1992. 5. 8. 선고 91누5655 판결).

165) 舊 溫泉法(1999. 1. 18. 법률 제5627호로 개정되기 전의 것) 제17조 제1항, 제2항, 제18조의 규정내용을 종합하면 온천지구 또는 온천공보호구역이 아닌 지역에서 온천을 발견한 자는 관할 시장·군수에게 이를 신고하여야 하고, 시장·군수가 수온·수량·수질 등을 검사한 결과 당해 온천이 개발·이용될 가능성이 있어 온천발견신고를 수리한 자에 대하여 토지의 굴착이나 온천의 이용을 우선하여 허가하거나 온천이용시설의 설치비용 중 일부를 보조 또는 융자 알선하는 등의 혜택을 부여할 수 있는바, 온천법령이 온천발견자의 지위승계나 명의변경에 관하여 아무런 규정을 두고 있지 아니할 뿐 아니라 온천의 탐사를 유인할 목적에서 舊 溫泉法 제17조 제2항의 규정에 의하여 당초의 온천발견신고가 수리된 자에게 부여되는 위 혜택의 성질상 발견된 온천공에 대한 권리의 양도 등에 수반하여 당연히 이전되는 것은 아니라고 해석되며, 온천관리대장에 온천발견자의 성명을 등재하는 행위는 행정사무집행상의 편의를 위한 것에 불과하여 이로써 당초 온천발견자의 온천발견신고에 대한 수리를 취소하고 새로운 온천발견신고를 수리하는 것과 같은 법률효과를 발생한다고 할 수 없으니 온천발견자 명의변경을 항고소송의 대상이 되는 공권력의 행사 또는 이에 준하는 행정작용으로 볼 수 없다 할 것이다(대법원 2000. 9. 8. 선고 98두13072 판결).

166) 洪井善, 199~200쪽.

167) 舊 住宅建設促進法 제38조 제2항 단서, 共同住宅管理令 제6조 제1항 및 제2항 共同住宅管理規則 제4조 및 제4조의 2의 각 규정들에 의하면, 공동주택 및 부대시설·복리시설의 소유자·입주자·사용자 및 관리주체가 건설부령이 정하는 경미한 사항으로서 신고대상인 건축물의 건축행위를 하고자 할 경우에는 그 관계법령에 정해진 적법한 요건을 갖춘 신고만을 하면 그와 같은 건축행위를 할 수 있고, 행정청의 수리처분 등 별단의 조처를 기다릴 필요가 없다고 할 것이며, 또한 이와 같은 신고를 받은 행정청으로서는 그 신고가 같은 법 및 그 시행령 등 관계법령에 신고만으로 건축할 수 있는 경우에 해당하는 여부 및 그 구비서류 등이 갖추어져 있는지 여부 등을 심사하여 그것이 법규정에 부합하는 이상 이를 수리하여야 하고, 같은 법규정에 정하지 아니한 사유를 심사하여 이를 이유로 신고수리를 거부할 수는 없다(대법원 1999. 4. 27. 선고 97

적법한 요건을 갖춘 신고만을 하면 그와 같은 건축행위를 할 수 있고, 행정청의 수리처분 등 별단의 조치를 기다릴 필요가 없다고 할 것이며, 설사 행정청이 위 신고를 수리하였다 하더라도 건축주는 물론이고 제3자인 인근 토지소유자나 주민들의 구체적인 권리의무에 직접 변동을 초래하는 행정처분이라 할 수 없다.

이처럼 일반적인 건축 관련법상의 신고는 통상적인 신고로서 행정청에 대한 사인의 일방적인 통지행위로서의 성질을 갖는다. 신고사항에 관하여는 건축을 하고자 하는 자가 적법한 요건을 갖춘 신고만 하면 건축을 할 수 있는 것이고, 행정청의 수리처분 등 별도의 조치를 기다릴 필요가 없는 것이고, 관계법상 행정청의 수리의무를 정한 규정이 없으므로 이는 사인의 행정청에 대한 일정한 사실·관념의 통지에 의하여 공법적 효과가 발생하는 행위를 의미하는 사인의 공법행위 중 自己完結的 公法行爲에 해당한다는 것이다.

따라서 신고수리행위에 대하여 다툴 수 없으나 만일 이와 같은 신고를 수리한 행위가 항고소송의 대상이 되는 행정처분이라고 하여 취소소송을 제기하여 오는 경우 법원으로서는 본안에 들어가 판단할 것이 아니라 부적합한 소로 각하하면 될 것이다. 다만 건축신고에 대한 행정청의 수리반려(거부)처분은 예방적금지의 해제라는 법적 효과가 발생하지 않기 때문에 그 권리구제를 위하여 그 취소소송의 제기를 허용하여 그 본안에서 적법여부를 심사하여야 할 것이다.

> ■ 대법원 2010. 11. 18. 선고 2008두167 전원합의체 판결
> 행정청의 어떤 행위가 항고소송의 대상이 될 수 있는지의 문제는 추상적·일반적으로 결정할 수 없고, 구체적인 경우 행정처분은 행정청이 공권력의 주체로서 행하는 구체적 사실에 관한 법집행으로서 국민의 권리의무에 직접적으로 영향을 미치는 행위라는 점을 염두에 두고, 관련 법령의 내용과 취지, 그 행위의 주체·내용·형식·절차, 그 행위

누6780 판결).

168) 舊 住宅建設促進法 제38조 제2항 단서 제1호, 舊 共同住宅管理令(1996. 6. 29. 大統領令 제15096호로 개정되기 전의 것)제6조 제1항 및 제2항〔별표2〕, 공동주택관리규칙 제4조의 각 규정들에 따르니, 그「별표2」에서 말하는 공동주택의 입주자 공유시설인 복리시설을 당초 사업계획에 다른 용도 이외의 용도에 사용하기 위하여 입주인 2/3이상의 동의를 받아 관할 행정관청에 신고하여야 하는 용도변경이라 함은 舊 住宅建設基準등에관한規程(1996. 6. 8. 大統領令 제15021호로 개정되기 전의 것)에 적합한 범위 안에서 복리시설인 어린이놀이터, 의료시설, 유치원, 주민운동시설, 노인정 등을 상호간에 용도 변경하는 것을 말하지 동일한 주민운동시설의 범위에 속하는 특정운동시설을 다른 종목의 운동시설로 바꾸는 것과 같은 사항은 이에 해당하지 아니한다. 따라서 공동주택입주민의 옥외운동시설에 속하는 테니스장을 역시 옥외운동시설에 속하는 배드민턴장으로 바꾸고 그 변동사실을 신고하여 관할시장이 그 신고를 수리한 경우, 그 용도변경은 구 주택건설촉진법상 신고를 요하는 입주자 공유인 복리시설의 용도변경에 해당하지 아니하므로 그 변동 사실은 신고할 사항이 아니고 관할시장이 그 신고를 수리하였다 하더라도 그 수리는 공동주택 입주민의 구체적인 권리의무에 아무런 변동을 초래하지 않는다고 할 것이어서 항고소송의 대상이 되는 행정처분이라고 볼 수 없다(대법원 2000. 12. 22. 선고 99두455 판결).

와 상대방 등 이해관계인이 입는 불이익과의 실질적 견련성, 그리고 법치행정의 원리와 당해 행위에 관련한 행정청 및 이해관계인의 태도 등을 참작하여 개별적으로 결정하여야 한다(대법원 1992. 1. 17. 선고 91누1714 판결, 대법원 2007. 6. 14. 선고 2005두4397 판결 참조).

그런데 구 건축법(2008. 3. 21. 법률 제8974호로 전부 개정되기 전의 것) 관련 규정의 내용 및 취지에 의하면, 행정청은 건축신고로써 건축허가가 의제되는 건축물의 경우에도 그 신고 없이 건축이 개시될 경우 건축주 등에 대하여 공사 중지·철거·사용금지 등의 시정명령을 할 수 있고(제69조 제1항), 그 시정명령을 받고 이행하지 아니한 건축물에 대하여는 당해 건축물을 사용하여 행할 다른 법령에 의한 영업 기타 행위의 허가를 하지 아니하도록 요청할 수 있으며(제69조 제2항), 그 요청을 받은 자는 특별한 이유가 없는 한 이에 응하여야 하고(제69조 제3항), 나아가 행정청은 그 시정명령의 이행을 하지 아니한 건축주 등에 대하여는 이행강제금을 부과할 수 있으며(제69조의2 제1항 제1호), 또한 건축신고를 하지 아니한 자는 200만 원 이하의 벌금에 처해질 수 있다(제80조 제1호, 제9조).

이와 같이 건축주 등으로서는 신고제하에서도 건축신고가 반려될 경우 당해 건축물의 건축을 개시하면 시정명령, 이행강제금, 벌금의 대상이 되거나 당해 건축물을 사용하여 행할 행위의 허가가 거부될 우려가 있어 불안정한 지위에 놓이게 된다. 따라서 건축신고 반려행위가 이루어진 단계에서 당사자로 하여금 반려행위의 적법성을 다투어 그 법적 불안을 해소한 다음 건축행위에 나아가도록 함으로써 장차 있을지도 모르는 위험에서 미리 벗어날 수 있도록 길을 열어 주고, 위법한 건축물의 양산과 그 철거를 둘러싼 분쟁을 조기에 근본적으로 해결할 수 있게 하는 것이 법치행정의 원리에 부합한다. 그러므로 이 사건 건축신고 반려행위는 항고소송의 대상이 된다고 보는 것이 옳다.

이와 달리, 건축신고의 반려행위 또는 수리거부행위가 항고소송의 대상이 아니어서 그 취소를 구하는 소는 부적법하다는 취지로 판시한 대법원 1967. 9. 19. 선고 67누71 판결, 대법원 1995. 3. 14. 선고 94누9962 판결, 대법원 1997. 4. 25. 선고 97누3187 판결, 대법원 1998. 9. 22. 선고 98두10189 판결, 대법원 1999. 10. 22. 선고 98두18435 판결169), 대법원 2000. 9. 5. 선고 99두8800 판결170) 등을 비롯한 같은

---

169) 구 건축법(1996. 12. 30. 법률 제5230호로 개정되기 전의 것, 이하 같다) 제9조 제1항에 의하여 신고를 함으로써 건축허가를 받은 것으로 간주되는 경우에는 건축을 하고자 하는 자가 적법한 요건을 갖춘 신고만 하면 행정청의 수리행위 등 별다른 조치를 기다릴 필요 없이 건축을 할 수 있는 것인바, 위와 같은 차고의 증축은 건축법 제9조 제1항에 규정된 신고사항에 해당하여 건축주인 참가인이 건축법에 의한 신고를 한 이상 참가인은 피고의 수리 여부에 관계없이 이 사건 토지 상에 차고를 증축할 수 있으므로, 피고가 참가인의 증축신고를 수리한 행위가 참가인은 물론 제3자인 원고 등의 구체적인 권리 의무에 직접 변동을 초래하는 행정처분이라고 할 수 없다.

170) 建築法 제9조 제1항 제5호, 같은 법 시행령 제11조 제2항 제1호의 규정에 의한 소규모건축물을 건축하고자 하는 자는 적법한 요건을 갖춘 신고만 하면 행정청의 수리처분 등 별단의 조치를 기다릴 필요 없이 건축을 할 수 있으므로, 위 건축신고에 대한 행정청의 반려조치는 국민의 구체적

취지의 판결들은 이 판결의 견해와 저촉되는 범위에서 이를 모두 변경하기로 한다.

　　iii) 申告納付方式의 租稅에 있어서 申告와 附加價値稅法上의 事業者登錄
　대법원은, "관세법 제17조 제2항은 1993. 12. 31. 법률 제4674호로 개정되기 전의 조항과는 달리, 세관장이 제1항의 규정에 의한 납세신고를 받은 때에는 수입신고서상의 기재사항과 그 법의 규정에 의한 확인사항 등을 심사한다고만 규정하였을 뿐 기재사항 등의 심사 후 납세의무자에게 신고 납부서를 교부한다는 부분을 삭제하였는바, 위 개정 조항은 관세의 원칙적인 부과·징수를 순수한 신고납세방식으로 전환한 것으로 보아야 할 것이므로, 그 시행일인 1994. 1. 1. 이후 납세의무자가 수입신고와 동시에 관세를 스스로 신고·납부한 경우에는 이를 개정 전의 경우와 같이 세관장의 부과처분에 기한 것이라고는 볼 수 없게 되었고, 이와 같은 신고납세방식의 조세에 있어서 관세관청이 납세의무자의 신고에 따라 세액을 수령하는 것은 사실행위에 불과할 뿐 이를 확인적 부과처분으로 볼 수 없다"[171]고 판시하여 납세자가 조세를 자진 신고 납부하는 경우 과세관청이 자진신고세액을 수납하는 행위는 단순한 사무적 행위이거나 사실행위로 보아 행정소송의 대상이 되지 않는다고 하여 소위 確認的 賦課處分의 理論[172]을 채용하고 있지 않다.
　이러한 입장이 세법학의 통설이나, 고지납부와 신고납부의 통일적인 이론구성을 위해 신고납부에도 행정청의 묵시적인 확인적 의사표시를 인정할 필요가 있다고 주장하는 학자도 있다.[173]
　부가가치세법상의 사업자등록은 과세관청으로 하여금 부가가치세의 납세의무자를 파악하고 그 과세자료를 확보하게 하려는데 입법취지가 있는 것으로서, 이는 단순한 사업사실의 신고로서 사업자가 소관 세무서장에게 소정의 사업자등록신청서를 제출함으로서 성립되는 것이고, 사업자등록증의 교부는 이와 같은 등록사실을 증명하는 증서의 교부행위에 불과한 것이며, 부가가치세법 제5조 제5항에 의하면 사업자가 폐업하거나 신규로 사업을 개시하고자 하여 사업개시일 전에 등록한 후 사실상 사업을 개시하지 아니하게 된 때에는 과세관청이 직원으로 이를 말소하도록 하고 있는데, 사업자등록의 말소 또

　　　인 권리의무에 직접 변동을 초래하는 것을 내용으로 하는 행정처분이라고 볼 수 없다.
171) 대법원 1996. 12. 6. 선고 95누11184 판결.
172) 이는 대법원 1970. 8. 31. 선고 70다1195 판결에서 처음 채용된 것으로, 납세의무자는 조세를 자진신고·납부하였고 과세관청은 납세의무자가 자진신고·납부한 조세를 수령만 하였을 뿐 별도로 납세고지서에 의한 통지를 한 일이 없음에도 불구하고 조세를 수령한 때에 과세처분이 있었다고 보는 이론인 데, 대법원 1990. 4. 13. 선고 87누642 판결 이후 여러 차례 판결에서 확인적 부과처분의 존재를 부인함으로써 종전의 판례를 실질적으로 변경하였다.
173) 洪井善, 「私人의 公法行爲로서 申告」(法政考試, 1996. 7), 38쪽 이하.

한 폐업사실의 기재일 뿐 그에 의하여 사업자로서의 지위에 변동을 가져오는 것이 아니라는 점에서 과세관청의 사업자등록 직권말소행위는 불복의 대상이 되는 행정처분으로 볼 수가 없다.174)

■ 대법원 2011. 1. 27. 선고 2008두2200 판결

 구 부가가치세법(2006. 12. 30. 법률 제8142호로 개정되기 전의 것, 이하 '법'이라 한다) 제5조 제1항은 "신규로 사업을 개시하는 자는 사업장마다 대통령령이 정하는 바에 의하여 사업개시일부터 20일 이내에 사업장 관할세무서장에게 등록하여야 한다. 다만, 신규로 사업을 개시하고자 하는 자는 사업개시일 전이라도 등록할 수 있다."고 규정하고, 제5항은 "사업자가 폐업하거나 제1항 단서의 규정에 의하여 등록한 후 사실상 사업을 개시하지 아니하게 되는 때에는 사업장 관할세무서장은 지체 없이 그 등록을 말소하여야 한다."고 규정하고 있다. 한편, 구 부가가치세법 시행령(2006. 2. 9. 대통령령 제19330호로 개정되기 전의 것, 이하 '시행령'이라 한다) 제7조 제1항, 제3항에 의하면, 법 제5조 제1항의 규정에 의하여 등록하고자 하는 사업자는 사업장마다 사업자의 인적사항, 사업자등록신청사유, 사업개시연월일 등을 기재한 사업자등록신청서를 관할세무서장에게 제출하여야 하고, 그 신청을 받은 세무서장은 사업자의 인적사항과 기타 필요한 사항을 기재한 사업자등록증을 신청일부터 7일 내에 신청자에게 교부하되, 사업장시설이나 사업현황을 확인하기 위하여 국세청장이 필요하다고 인정하는 경우에는 교부기한을 7일에 한하여 연장하고 조사한 사실에 따라 사업자등록증을 교부할 수 있다. 그리고 시행령 제7조 제4항에 의하면, 사업자가 법 제5조 제1항의 규정에 의하여 등록을 하지 아니하는 경우에는 관할세무서장이 조사하여 등록시킬 수 있다. 부가가치세법상의 위와 같은 사업자등록은 과세관청으로 하여금 부가가치세의 납세의무자를 파악하고 그 과세자료를 확보하게 하려는 데 제도의 취지가 있는바, 이는 단순한 사업사실의 신고로서 사업자가 관할세무서장에게 소정의 사업자등록신청서를 제출함으로써 성립하는 것이고, 사업자등록증의 교부는 이와 같은 등록사실을 증명하는 증서의 교부행위에 불과한 것이다. 나아가 법 제5조 제5항에 의한 과세관청의 사업자등록 직권말소행위도 폐업사실의 기재일 뿐 그에 의하여 사업자로서의 지위에 변동을 가져오는 것이 아니라는 점에서 항고소송의 대상이 되는 행정처분으로 볼 수 없다(대법원 2000. 12. 22. 선고 99두6903 판결 등 참조).

 이러한 점에 비추어 볼 때, 과세관청이 사업자등록을 관리하는 과정에서 위장사업자의 사업자명의를 직권으로 실사업자의 명의로 정정하는 행위 또한 당해 사업사실 중 주체에 관한 정정기재일 뿐 그에 의하여 사업자로서의 지위에 변동을 가져오는 것이 아니므로 항고소송의 대상이 되는 행정처분으로 볼 수 없다고 할 것이다.

---

174) 대법원 2000. 12. 22. 선고 99두6903 판결 ; 대법원 2000. 2. 11. 선고 98두2119 판결 ; 대법원 1993. 12. 10. 선고 93누17355 판결 ; 대법원 1988. 3. 8. 선고 87누156 판결.

2) 變形的　申告

② 變形的　申告

이러한 의미의 신고는 수리됨으로써 신고의 대상이 되는 행위에 대하여 일정한 지위가 허용되거나 영업행위 등을 할 수 있는 것을 말한다. 그리고 대법원이 수리를 요하는 변형적 신고라고 하여 그 처분성을 인정한 유형은 다음과 같다.

ⅰ)　地位承繼의　申告

허가는 허가권자가 허가신청자에게 경찰상 금지를 해제하는 행위이고 그 효과로서 피허가자는 허가영업을 경영할 수 있는 지위를 갖게 된다. 그리고 사인사이에 허가영업을 양도할 때에는 양도인이 갖는 피허가자로서의 지위는 당연히 양수인에게 승계되는 것이 아니다. 양도인이 갖는 피허가자로서의 지위가 양수인에게 승계되기 위해서는 허가청의 개입이 필요한 데, 그 개입수단으로 허가청의 승인 또는 허가청에의 신고가 있다.

식품위생법이나 액화석유가스의안전및사업관리법이 정하는 사업승계의 신고에 관한 판례의 입장으로 허가제가 행정규제완화의 흐름 속에 관계법상 신고제로 바뀌었으나 종래 허가요건이 그대로 신고요건으로 남아있고 이에 기해 사인의 신고가 요건불비시 행정청이 당해신고의 수리를 거부하는 바, 이 경우 신고제는 실질적으로 허가제와 같은 의미로 해석하여야 할 것이다.

영업자 지위승계와 관련하여 대법원 판결들의 취지175)도 지위승계의 신고에 있어서 신고의 수리가 양도인에 대한 사업허가의 취소처분과 양수인에 대한 새로운 면허권설정행

175) 食品衛生法 제25조 제3항에 의한 영업양도에 따른 지위승계신고를 수리하는 허가관청의 행위는 단순히 양도, 양수인 사이에 이미 발행한 사법상의 영업양도의 법률효과에 의하여 양수인이 그 영업을 승계 하였다는 사실의 신고를 접수하는 행위에 그치는 것이 아니라, 영업허가자의 변경이라는 법률효과를 발생시키는 행위라고 할 것이다. 따라서 일반유흥음식점의 영업이 사실상 양도, 양수되었지만 아직 승계신고 및 그 수리처분이 있기 이전에는 여전히 종전의 영업자인 양도인이 영업허가자이고, 양수인은 영업허가자가 되지 못한다고 할 것이어서 행정제재처분의 사유가 있는지 여부 및 그 사유가 있다고 하여 행하는 행정제재처분은 영업허가자인 양도인을 기준으로 판단하여 그 양도인에 대하여 행하여야 할 것이고, 한편 위와 같은 경우 양도인이 그의 의사에 따라 양수인에게 영업을 양도하면서 양수인으로 하여금 영업을 하도록 허락하였다면 그 양수인의 영업 중 발생한 위반행위에 대한 행정적인 책임은 영업허가자인 양도인에게 귀속된다고 보아야 할 것이다(대법원 1995. 2. 24. 선고 94누9146 판결), 舊 液化石油가스의 安全 및 事業管理法 제7조 제2항에 의한 사업양수에 의한 지위승계신고를 수리하는 허가관청의 행위는 단순히 양도, 양수자 사이에 발생한 사법상의 사업양도의 법률효과에 의하여 양수자가 사업을 승계하였다는 사실의 신고를 접수하는 행위에 그치는 것이 아니라 실질에 있어서 양도자의 사업허가를 취소함과 아울러 양수자에게 적법히 사업을 할 수 있는 법규상 권리를 설정하여 주는 행위로서 사업허가자의 변경이라는 법률효과를 발생시키는 행위이므로 허가관청이 같은 법 제7조 제2항에 의한 사업양수에 의한 지위승계신고를 수리하는 행위는 행정처분에 해당한다(대법원 1993. 6. 8. 선고 91누11544 판결)고 판시한 예가 있다.

위 또는 허가처분적 성격을 지닌다는 것이다. 영업자지위승계신고를 받은 허가청은 양수인도 허가요건을 계속 구비하고 있는가를 검토하여야 하므로, 영업자지위승계신고는 수리를 요하는 사인의 공법행위이다. 따라서 지위승계신고를 수리하는 허가관청의 행위는 단순히 양도·양수인 사이에 이미 발생한 사법상의 사업양도의 법률효과에 의하여 양수인이 그 영업을 승계하였다는 사실의 신고를 접수하는 행위에 그치는 것이 아니라, 영업허가자의 변경이라는 법률효과를 발생시키는 행위이다.

ii) 緩和된 許可로서의 申告

예컨대, 외국환거래법 제18조 소정의 자본거래의 신고, 식품위생법 제22조 소정의 영업신고, 농지법 제37조 소정의 농지전용신고와 같이 신고증(신고필증)의 발급을 전제로 하는 금지의 경우로서 수리에 의하여 사인의 부작위 의무의 해제라는 공법적 효과가 발생하는 경우 즉, 신고에 따른 행정청의 수리에 의하여 사인이 당해 행위를 적법하게 할 수 있게 되는 경우에는 신고제는 허가제와 유사한 의미를 가진다 할 것이다.176) 이는 행정규제의 완화과정에서 종래의 허가사항을 신고사항으로 전환한데 기인한다. 이때 신고의 수리행위는 행정행위에 해당하고, 한편 이 경우 신고수리의 거부도 행정처분에 해당한다.

■ 대법원 2009. 4. 23. 선고 2008도6829 판결
식품위생법과 건축법은 그 입법 목적, 규정사항, 적용범위 등을 서로 달리하고 있어서 식품접객업에 관하여 식품위생법이 건축법에 우선하여 배타적으로 적용되는 관계에 있다고는 해석되지 아니하므로, 식품위생법에 따른 식품접객업(일반음식점영업)의 영업신고요건을 갖춘 자라고 할지라도 그 영업신고를 한 당해 건축물이 건축법 소정의 허가를 받지 아니한 무허가 건물이라면 적법한 신고를 할 수 없다고 보아야 할 것이다(대법원 1991. 7. 12. 선고 90누8350 판결, 대법원 1993. 4. 27. 선고 93누1374 판결, 대법원 1999. 3. 9. 선고 98두19070 판결 참조).

신고의 수리를 내포하는 신고제의 경우, 이를 명령적 행정행위를 의미하는 금지해제로 이해할 것이 아니라 일정한 지위를 설정하는 형성적 내용의 허가로 보아 기본적으로 신고영업이 영업규제수단으로서 완화된 허가제로서의 기능을 한다고 하겠다.

iii) 登錄的 性格의 申告

建築物管理臺帳의 建築主 名義變更申告177)와 溫泉法 제17조 소정의 溫泉發見者의 申

---

176) 金東熙, 284쪽.

告, 漁業의 申告178) 등의 경우는 영업규제적 성격을 지니기 때문에 등록적 성격을 갖는 신고라고 하겠다.179)

먼저 건축법을 보면, 건축 중인 건축물의 양수인이 건축공사를 진행함에 있어 장차 건축주의 명의로 허가에 갈음하는 신고나 중간검사의 신청 등을 할 필요가 있는 경우도 있고, 건축공사를 완료한 날로부터 7일 이내에 준공신고를 하여야 함은 물론, 어떤 경우에는 처벌까지 받게 되어 있는 바, 허가대상 건물의 양수인이 자기 이름으로 위와 같은 신고를 하는 경우 시장·군수가 건축주의 명의가 다르다는 이유로 받아들이지 않게 되면 양수인은 건축공사를 계속하기 어렵게 되는 불이익을 입게 될 뿐만 아니라, 부동산등기법 제131조 제1호에 의하면 건축물관리대장 등본에 의하여 자기 또는 피상속인이 건축물관리대장에 등록되어 있는 것을 증명하는 자가 미등기건물의 소유권보존등기를 신청할 수 있도록 규정되어 있는데, 건축물관리대장은 준공검사를 한 후 건축허가관계서류를 근거로 작성되는 것이므로 양수인이 그의 명의로 소유권보존등기를 신청하려면 건축물관리대장에 기재된 건축주의 명의를 양수인명의로 변경할 필요가 있게 된다. 이처럼 건축주 명의변경 신고는 영업 규제적 성격을 지니기 때문에 등록적 성격을 갖는 신고라 할 것이어서 그 거부처분은 당연히 항고소송의 대상이 된다고 하겠다.

그리고 水産業法 제44조에 의하면, 신고어업의 경우 금지해제의 효과가 신고와 동시에

---

177) 건축주명의변경신고에 관한 舊 建築法 시행 규칙(1992. 6. 1. 건설부령 제504호로 개정되기 전의 것) 제3조의 2의 규정은 단순히 행정관청의 사무집행의 편의를 위한 것에 지나지 않는 것이 아니라, 許可대상건축물의 양수인에게 건축주의 명의변경을 신고할 수 있는 공법상의 권리를 인정함과 아울러 행정관청에게는 그 신고를 수리할 의무를 지게 한 것으로 봄이 상당하므로, 許可대상건축물의 양수인이 위 규칙에 규정되어 있는 형식적 요건을 갖추어 시장 군수에게 적법하게 건축주의 명의변경을 신고한 때에는 시장 군수는 그 신고를 수리하여야지, 실체적인 이유를 내세워 그 신고의 수리를 거부할 수 없다. 건축주명의 변경신고 수리 거부 행위는 행정청이 허가대상 건축물 양수인의 건축주 명의 변경 신고라는 구체적 사실에 관한 법집행으로서 그 신고를 수리하여야 할 법령상의 의무를 지고 있음에도 불구하고 그 신고의 수리를 거부함으로써, 양수인이 건축공사를 계속하기 위하여 또는 건축 공사를 완료한 후 자신의 명의로 소유권보존등기를 하기 위하여 가지는 구체적인 법적 이익을 침해하는 결과가 되었다고 할 것이므로, 비록 건축허가가 대물적 허가로서 그 허가의 효과가 허가 대상건축물에 대한 권리변동에 수반하여 이전된다고 하더라도, 양수인의 권리의무에 직접 영향을 미치는 것으로서 취소소송의 대상이 되는 처분이라고 하지 않을 수 없다(대법원 1992. 3. 31. 선고 91누4911 판결).
178) 어업의 신고에 관하여 유효기간을 설정하면서 그 기산점을 '수리한 날'로 규정하고, 나아가 필요한 경우에는 그 유효기간을 단축할 수 있도록 하고 있는 수산업법 제44조 제2항의 규정 취지 및 어업의 신고를 한 자가 공익상의 필요에 의하여 한 행정청의 조치에 위반한 경우에 어업의 신고를 수리한 때에 교부한 어업신고필증을 회수하도록 하고 있는 舊 水産業法施行令(1996. 12. 31. 大統領令 제15241호로 개정되기 전의 것) 제33조 제1항의 규정 취지에 비추어 보면, 수산업법 제44조 소정의 어업의 신고는 행정청의 수리에 의하여 비로소 그 효과가 발생하는 이른바 '수리를 요하는 신고'라 할 것이다(대법원 2000. 5. 26. 선고 99다37382 판결).
179) 朴均省, 『行政救濟法』(博英社, 2000), 292쪽 ; 同, 「行政法上 申告」(考試硏究, 1999. 11), 30쪽.

생겨나는 것이 아니라 신고수리한 날부터 발생한다. 즉 신고시점부터 수리시점까지 이른바 독일의 州建築法에서 볼 수 있는 대기기간을 둔 셈이다. 그리고 관할관청이 어업신고를 수리하면서 신고유효기간의 단축이나 공유수면매립구역에서의 조업구역제외 등을 할 수 있기 때문에 어업신고는 수리를 요하는 신고에 해당한다고 할 수 있다.180)

■ 대법원 2009. 6. 18. 선고 2008두10997 전원합의체 판결
 구 주민등록법(2007. 5. 11. 법률 제8422호로 전문 개정되기 전의 것, 이하 '주민등록법'이라 한다)에 의하면, 주민등록지는 각종의 공법관계에서 주소로 되고(제17조의 7 제1항), 주민등록전입신고를 한 때에는 병역법, 민방위기본법, 인감증명법, 국민기초생활 보장법, 국민건강보험법 및 장애인복지법에 의한 거주지 이동의 전출신고와 전입신고를 한 것으로 간주되어(제14조의2) 주민등록지는 공법관계뿐만 아니라 주민의 일상생활에도 중요한 영향을 미치므로, 이는 전입신고자의 실제 거주지와 일치되어야 할 필요성이 있다. 뿐만 아니라, 주민등록은 이중등록이 금지되는 점(제10조 제2항)과 아울러 시장·군수 또는 구청장(이하 '시장 등'이라 한다)은 전입신고 후라도 허위 신고 여부를 조사하여 사실과 다른 것을 확인한 때에는 일정한 절차를 거쳐 주민등록을 정정 또는 말소하는 권한을 가지고 있는 점(제17조의2) 등을 종합하여 보면, 시장 등은 주민등록전입신고의 수리 여부를 심사할 수 있는 권한이 있다고 봄이 상당하다.
 그런데 헌법 제14조는 모든 국민이 거주·이전의 자유를 가지고 있음을 규정하고 있고, 헌법 제37조 제2항은 그러한 자유를 국가안전보장·질서유지 또는 공공복리를 위하여 필요한 경우에 한하여 법률로써 제한할 수 있으나 그 경우에도 자유의 본질적 내용을 침해할 수는 없다고 규정하고 있다.
이러한 헌법 규정들의 취지에 비추어 보면, 비록 주민들의 거주지 이동에 따른 주민등록전입신고에 대하여 행정청이 이를 심사하여 그 수리를 거부할 수는 있다고 하더라도, 그러한 행위는 자칫 헌법상 보장된 국민의 거주·이전의 자유를 침해하는 결과를 초래할 수도 있으므로, 시장 등의 주민등록전입신고 수리 여부에 대한 심사는 주민등록법의 입법 목적의 범위 내에서 제한적으로 이루어져야 할 것이다. 한편 주민등록법은 시(특별시·광역시는 제외한다)·군 또는 구(자치구를 말한다)의 주민을 등록하게 함으로써 주민의 거주관계 등 인구의 동태를 상시로 명확히 파악하여 주민생활의 편익을 증진시키고 행정사무의 적정한 처리를 도모하는 데에 그 목적이 있고(제1조), 시장 등은 30일 이상 거주할 목적으로 그 관할 구역에 주소나 거소(이하 '거주지'라 한다)를 가진 자를 등록하여야 한다(제6조)고 규정하고 있다. 이러한 점들을 고려해 보면, 전입신고를 받은 시장 등의 심사 대상은 전입신고자가 30일 이상 생활의 근거로서 거주할 목적으로 거주지를 옮기는지 여부만으로 제한된다고 보아야 할 것이다.
 따라서 전입신고자가 거주의 목적 이외에 다른 이해관계에 관한 의도를 가지고 있는

---

180) 이 입장에서는 이런 경우를 부관으로 이해할 수 있겠으나, 금지해제를 저지하는 것으로 보아 어업금지하명으로 파악하는 견해도 있다(金重權, 前揭論文, 121쪽).

지 여부, 무허가건축물의 관리, 전입신고를 수리함으로써 당해 지방자치단체에 미치는
영향 등과 같은 사유는 주민등록법이 아닌 다른 법률에 의하여 규율되어야 할 것이고,
주민등록전입신고의 수리 여부를 심사하는 단계에서는 고려 대상이 될 수 없다.
　그러므로 주민등록의 대상이 되는 실질적 의미에서의 거주지인지 여부를 심사하기 위
하여 주민등록법의 입법 목적과 주민등록의 법률상 효과 이외에 지방자치법 및 지방자
치의 이념까지도 고려하여야 한다고 판시하였던 대법원 2002. 7. 9. 선고 2002두
1748 판결은 이 판결의 견해에 배치되는 범위 내에서 변경하기로 한다.

　　iv) 體育施設의 設置・利用에 관한 法律所定의 體育施設業申告
　體育施設의 設置・利用에관한 法律에 의하면 체육시설업은 등록체육시설업과 신고체육
시설업으로 나누어지고, 신고체육시설업을 하고자 하는 자는 체육시설업의 종류별로 같
은 법 시행규칙이 정하는 해당시설을 갖추어 소정의 양식에 따라 신고서를 제출하는 방
식으로 시・도지사에 신고하도록 규정하고 있으므로, 당구장업과 같은 체육시설업의 신
고는 자기완결적 신고로 보아야 한다는 견해도 있다.[181]
　그리고 學校保健法 소정의 정화구역 내에서 당구장업설치신고는 체육시설에 대한 신고
서가 행정청에 제출되어 접수되더라도 곧바로 體育施設의 設置・利用에관한 法律이 정
한 법적 효과가 발생하지 않고, 별도로 학교보건법이 규정한 대로 행정청의 승인이 있어
야 비로소 그 법적 효과가 발생하는 바, 이때의 승인행위는 실정법이 원칙적으로 유해적
행위를 금지한 것을 예외적인 경우에 이를 허용하는 것으로, 강학상 例外的承認에 해당
한다고 보아야 할 것이라고도 한다.[182]
　우선 學校保健法과 體育施設의 設置・利用에관한 法律과의 관계를 보기로 한다. 물론
위 양 법률은 그 입법목적을 달리 하므로 법률의 충돌이 생긴다.[183] 體育施設의 設置・

---

181) 朴均省, (救濟法),291쪽 ; 洪井善, 『行政法演習』(新潮社, 2001), 161쪽. 朴均省 敎授는 신고체
　　육시설이 학교보건법 제6조 소정의 학교환경위생정화구역 내에 속하는 경우 학교보건법 제6조
　　에 의한 별도의 신청에 의해 금지해제를 받아야 한다고 한다.
182) 李在華, 『行政法의 爭點』(文英社, 2000), 72쪽.
183) 學校保健法과 體育施設의 設置・利用에관한 法律은 그 입법목적, 규정사항, 적용범위 등을 서로
　　달리하고 있어서 당구장의 설치에 관하여 體育施設의 設置・利用에관한 法律이 學校保健法에 우
　　선하여 배타적으로 적용되는 관계에 있다고는 해석되지 아니하므로 體育施設의 設置・利用에관
　　한 法律에 따른 당구장업의 신고요건을 갖춘 자 할지라도 學校保健法 제5조 소정의 학교환경
　　위생정화구역 내에서는 같은 법 제6조에 의한 별도 요건을 충족하지 아니하는 한 적법한 신고를
　　할 수 없다고 보아야 한다(대법원 1991. 7. 12. 선고 90누8350 판결) ; 建築法과 體育施設의
　　設置・利用에관한 法律은 입법목적, 규정사항, 적용범위 등을 서로 달리하고 있어서 볼링장의
　　설치에 관하여 體育施設의 設置・利用에관한 法律이 建築法에 우선하여 배타적으로 적용되는 관
　　계에 있다고는 해석되지 아니하므로, 體育施設의 設置・利用에관한 法律에 따른 볼링장의 신고
　　요건을 갖춘 자라고 할지라도 그 볼링장을 설치하려고 하는 건물이 建築法 소정의 허가를 받지

利用에관한 法律에 의하면 당구장업과 같은 신고체육시설업의 경우 學校保健法의 준수를 신고요건으로 규정하고 있지도 않다. 더군다나 헌법재판소는 "學校保健法 제6조 제1항 제13호 '당구장'부분 중 교육법 제81조에 규정한 대학, 교육대학, 사범대학, 전문대학, 방송통신대학, 개방대학, 기술대학, 유치원 및 이와 유사한 교육기관에 관한 부분은 헌법에 위반된다"[184]고 판시하였고, 이어 1998. 12. 31. 법5618호로 學校保健法 제6조 제1항 12,13호를 개정하기에 이르렀다.

대법원은 당구장업소에 대한 체육시설업신고거부처분취소소송에서 같은 조건하에 있는 다른 당구장업소에 대하여 체육시설업신고가 수리된 적이 있다는 진술만 가지고 바로 취소소송의 대상인 거부처분이 재량권의 한계를 넘은 것이라는 주장으로 보기는 어렵다[185]고 판시하고 있는가 하면, 피고의 이 사건 체육시설업(볼링장업)거부처분은 항고소송의 대상이 되는 행정처분이다[186]라고 판시하고 있는 것 등에 비추어보면, 신고체육시설업의 경우 신고수리거부는 취소소송의 대상이 된다고 하겠다. 더 나아가 대법원은 "體育施設의 設置·利用에관한 法律 제10조, 제11조, 제22조, 같은 법 시행규칙 제8조 및 제25조의 각 규정에 의하면 체육시설업은 등록체육시설업과 신고체육시설업으로 나누어지고, 당구장업과 같은 신고체육시설업을 하고자 하는 자는 체육시설업의 종류별로 같은 법 시행규칙이 정하는 해당시설을 갖추어 소정의 양식에 따라 신고서를 제출하는 방식으로 시·도지사에 신고하도록 규정하고 있으므로, 소정의 시설을 갖추지 못한 체육시설업의 신고는 부적법한 것으로 그 수리가 거부될 수밖에 없고, 그러한 상태에서 신고체육시설업의 영업행위를 계속하는 것은 무신고행위에 해당할 것이지만, 이에 반하여 적법한 요건을 갖춘 신고의 경우에는 행정청의 수리처분 등 별단의 조처를 기다릴 필요 없이 그 접수시에 신고로서의 효력이 발생하는 것이므로 그 수리가 거부되었다고 하여 무신고영업이 되는 것은 아니다"[187]라는 취지로 판시하고 있지만 이로써 신고체육시설

아니하여 建築法을 위배하여 건축된 무허가건물이라면 적법한 신고를 할 수 없다고 보아야 할 것이다(대법원 1993. 11. 9. 선고 93누13483 판결).

184) 헌법재판소 1997. 3. 27 선고 94헌마196,225 결정.

185) 대법원 1991. 7. 12. 선고 90누8350 판결(체육시설의 설치·이용에 관한 법률에 기한 당구장설치신고를 학교보건법 적용지역이라는 이유로 거부한 사안에서, "학교보건법과 체육시설의 설치·이용에 관한 법률은 그 입법목적, 규정사항, 적용범위 등을 서로 달리하고 있어서 당구장 설치에 관하여 체육시설의 설치·이용에 관한 법률이 학교보건법에 우선하여 배타적으로 적용되는 관계에 있다고는 해석되지 아니하므로 체육시설의 설치·이용에 관한 법률에 기한 당구장업의 신고요건을 갖춘 자라 할지라도 학교보건법 §5 소정의 학교환경위생정화구역 내에서는 같은 법 §6에 의한 별도 요건을 충족하지 아니하는 한 적법한 신고를 할 수 없다. 당구장업소에 대한 체육시설신고 거부처분 취소소송에서 같은 조건하에 있는 다른 당구장업소에 대하여 체육시설신고가 수리된 적이 있다는 진술만 가지고 바로 취소소송의 대상인 거부처분이 재량권의 한계를 넘은 것이라고 볼 수 없다."고 판시하였다.

186) 대법원 1996. 2. 27. 선고 94누6062 판결.

업이 자기완결적신고로 대법원이 판단하고 있다고 속단할 수는 없다.

　體育施設의 設置·利用에관한 法律 제11조 제1항, 제27조, 제35조 제2항, 제42조 제2항 등 관련규정을 종합할 때 체육시설업신고의 성질을 자기완결적 신고와는 달리 일종의 신청으로서의 성질을 지니고 있다고 보아야 할 것이고, 이 경우 행정청의 의사가 필요하고 행정청은 응답의무가 있어 수리라는 확인적 성격의 수동적인 처분을 통하여 비로소 체육시설업의 영업이 가능하다고 보아야 할 것이다.[188]

　하지만 신고수리의 거부의 경우에는 법효과가 발생하지 않아 행정행위의 성질을 갖는다고 할 것이고, 물론 신고수리의 거부가 행정소송법 제2조 제1호상의 공권력행사의 거부에는 해당하지는 않을지라도 최소한 '그 밖에 이에 준하는 행정작용'에는 해당한다고 볼 수 있어 그 거부에 대하여는 항고소송의 제기를 허용하여야 할 것이다.

따라서 체육시설업의 신고도 그 신고가 거부된 경우에는 그 처분성을 인정하여야 할 것이다. 다만 적법한 신고여부는 거부처분취소소송에서 법원이 판단할 문제라고 본다.

　　ⅴ) 인·허가의제 효과를 수반하는 신고

　건축법 제14조 제2항에 의한 인·허가의제 효과를 수반하는 건축(신축)신고의 경우 행정청이 그 실체적 요건에 관한 심사를 한 후 수리여부를 결정할 수 있는 수리를 요하는 신고이다.

■ 대법원 2011. 1. 20. 선고 2010두14954 전원합의체 판결
〔다수의견〕　건축법은 제11조 제1항에서 건축물을 건축하거나 대수선하려는 자는 특별자치도지사 또는 시장·군수·구청장의 허가를 받아야 한다고 규정하고, 제14조 제1항에서 제11조에 해당하는 허가 대상 건축물이라 하더라도 일정 규모 이내의 건축물에 대하여는 미리 특별자치도지사 또는 시장·군수·구청장에게 신고하면 건축허가를 받은 것으로 본다고 규정하고 있다. 이와 같이 건축법이 건축물의 건축 또는 대수선에 관하여 원칙적으로 허가제로 규율하면서도 일정 규모 이내의 건축물에 관하여는 신고제를 채택한 것은, 건축행위에 대한 규제를 완화하여 국민의 자유의 영역을 넓히는 한편, 행정목적상 필요한 정보를 파악·관리하기 위하여 국민으로 하여금 행정청에 미리 일정한 사항을 알리도록 하는 최소한의 규제를 가하고자 하는 데 그 취지가 있다. 따라서 건축법 제14조 제1항의 건축신고 대상 건축물에 관하여는 원칙적으로 건축 또는 대수

---

187) 대법원 1998. 4. 24. 선고 97도3121 판결(체육시설의설치·이용에관한법률위반) ; 대법원 1993. 4. 27. 선고 93누1374 판결(체육시설의 설치·이용에 관한 법률에 기한 골프연습장 신고요건을 갖춘 자라도 골프연습장을 설치하려는 건물이 건축법상 무허가건물이라면 적법한 신고를 할 수 없다 할 것이므로, 원고가 무허가 건물에 골프연습장을 설치하겠다고 신고한데 대하여 관할행정청이 그 신고를 반려한 것은 정당하다.).
188) 金容燮, 前揭論文, 49쪽 ; 金香基, 前揭論文, 91쪽.

선을 하고자 하는 자가 적법한 요건을 갖춘 신고를 하면 행정청의 수리 등 별도의 조처를 기다릴 필요 없이 건축행위를 할 수 있다고 보아야 한다.

그러나 한편, 건축법 제11조 제5항(이하 '인·허가의제조항'이라고 한다)에서는 제1항에 따른 건축허가를 받으면 각 호(이하 '인·허가의제사항'이라고 한다)에서 정한 허가 등을 받거나 신고를 한 것으로 본다[국토의 계획 및 이용에 관한 법률(이하 '국토계획법'이라고 한다) 제56조의 규정에 의한 개발행위허가가 그 대표적인 예이다]고 규정하면서, 제14조 제2항에서는 인·허가의제조항을 건축신고에 준용하고 있고, 나아가 건축법 시행령 제11조 제3항, 제9조 제1항, 건축법 시행규칙 제12조 제1항 제2호에서는 건축신고를 하려는 자는 인·허가의제조항에 따른 허가 등을 받거나 신고를 하기 위하여 해당 법령에서 제출하도록 의무화하고 있는 신청서와 구비서류를 제출하여야 한다고 규정하고 있다.

건축법에서 이러한 인·허가의제 제도를 둔 취지는, 인·허가의제사항과 관련하여 건축허가 또는 건축신고의 관할 행정청으로 그 창구를 단일화하고 절차를 간소화하며 비용과 시간을 절감함으로써 국민의 권익을 보호하려는 것이지, 인·허가의제사항 관련 법률에 따른 각각의 인·허가 요건에 관한 일체의 심사를 배제하려는 것으로 보기는 어렵다. 왜냐하면, 건축법과 인·허가의제사항 관련 법률은 각기 고유한 목적이 있고, 건축신고와 인·허가의제사항도 각각 별개의 제도적 취지가 있으며 그 요건 또한 달리하기 때문이다. 나아가 인·허가의제사항 관련 법률에 규정된 요건 중 상당수는 공익에 관한 것으로서 행정청의 전문적이고 종합적인 심사가 요구되는데, 만약 건축신고만으로 인·허가의제사항에 관한 일체의 요건 심사가 배제된다고 한다면, 중대한 공익상의 침해나 이해관계인의 피해를 야기하고 관련 법률에서 인·허가 제도를 통하여 사인의 행위를 사전에 감독하고자 하는 규율체계 전반을 무너뜨릴 우려가 있다. 또한 무엇보다도 건축신고를 하려는 자는 인·허가의제사항 관련 법령에서 제출하도록 의무화하고 있는 신청서와 구비서류를 제출하여야 하는데, 이는 건축신고를 수리하는 행정청으로 하여금 인·허가의제사항 관련 법률에 규정된 요건에 관하여도 심사를 하도록 하기 위한 것으로 볼 수밖에 없다.

따라서 인·허가의제 효과를 수반하는 건축신고는 일반적인 건축신고와는 달리, 특별한 사정이 없는 한 행정청이 그 실체적 요건에 관한 심사를 한 후 수리하여야 하는 이른바 '수리를 요하는 신고'로 보는 것이 옳다.

[반대의견] 다수의견과 같은 해석론을 택할 경우 헌법상 기본권 중 하나인 국민의 자유권 보장에 문제는 없는지, 구체적으로 어떠한 경우에 수리가 있어야만 적법한 신고가 되는지 여부에 관한 예측 가능성 등이 충분히 담보될 수 있는지, 형사처벌의 대상이 불필요하게 확대됨에 따른 죄형법정주의 등의 훼손 가능성은 없는지, 국민의 자유와 권리를 제한하거나 의무를 부과하려고 하는 때에는 법률에 의하여야 한다는 법치행정의 원칙에 비추어 그 원칙이 손상되는 문제는 없는지, 신고제의 본질과 취지에 어긋나는 해석론을 통하여 여러 개별법에 산재한 각종 신고 제도에 관한 행정

법 이론 구성에 난맥상을 초래할 우려는 없는지의 측면 등에서 심도 있는 검토가 필요한 문제로 보인다. 그런데 다수의견의 입장을 따르기에는 그와 관련하여 해소하기 어려운 여러 근본적인 의문이 제기된다. 여러 기본적인 법원칙의 근간 및 신고제의 본질과 취지를 훼손하지 아니하는 한도 내에서 건축법 제14조 제2항에 의하여 인·허가가 의제되는 건축신고의 범위 등을 합리적인 내용으로 개정하는 입법적 해결책을 통하여 현행 건축법에 규정된 건축신고 제도의 문제점 및 부작용을 해소하는 것은 별론으로 하더라도, '건축법상 신고사항에 관하여 건축을 하고자 하는 자가 적법한 요건을 갖춘 신고만 하면 건축을 할 수 있고, 행정청의 수리 등 별단의 조처를 기다릴 필요는 없다'는 대법원의 종래 견해(대법원 1968. 4. 30. 선고 68누12 판결, 대법원 1990. 6. 12. 선고 90누2468 판결, 대법원 1999. 4. 27. 선고 97누6780 판결, 대법원 2004. 9. 3. 선고 2004도3908 판결 등 참조)를 인·허가가 의제되는 건축신고의 경우에도 그대로 유지하는 편이 보다 합리적인 선택이라고 여겨진다.

③ 所見

행정청이 신고의 형식적 요건에 흠결이 있다고 하여 수리를 거부하는 경우, 이에 대한 항고소송의 제기가능 여부가 문제 될 수 있다.

이에 대하여, 수리 개념이 불필요하다는 입장에서 권리구제를 신고의 존재 또는 부존재를 전제로 한 소송형식, 구체적으로는 신고의무이행확인을 구하는 공법상 당사자소송이나 무명항고소송으로서의 확인소송의 제기를 통하여 해결 할 수 있다는 견해도 있을 수 있으나,[189] 행정청이 신고의 수리를 거부 또는 반려하는 행위는 거부처분의 성질을 가진다고 할 것인바[190] 앞에서 본 거부처분에 대한 취소소송의 형식으로 소를 제기하여야할 것이다. 즉, 우리나라의 경우 신고서에 형식상의 흠결이 있을 때에는 지체 없이 보완을 요구할 수 있고, 신고인이 보완요구에 응하지 않을 경우 그 이유를 명시하여 신고서를 반려한다는 규정이 있으므로 이는 신고에 대한 거부처분으로 보아 그 취소를 구하는 항고소송을 제기할 수 있다고 할 것이다.[191]

자기 완결적인 신고의 경우 통설은 처분성을 부인하고 있지만, 자기 완결적 신고의 경우에도 신고접수거부에 의하여 당사자의 법적 지위를 불안정하게 하고 당사자의 권익침해가 발생할 수 있으므로 수리(접수)거부의 처분성을 인정하여야 한다는 견해도 있다.[192]

적법한 신고를 하였음에도 행정청이 의도적으로 접수를 거부하거나 반려하는 경우에는

---

189) 塩野 宏, 『行政法Ⅰ』(有斐閣, 2001), 262쪽.
190) 金東熙, 380쪽.
191) 柳至泰, 95쪽 ; 蔡羽槮, 「行政節次法에 있어서의 申告」(考試界, 1997. 7), 78쪽.
192) 金容燮, 前揭論文, 48쪽 ; 金重權, 前揭論文, 162~163쪽.

당사자의 권익구제차원에서 자기완결적 신고에 있어서도 그 수리(접수)거부의 처분성을 인정하는 것이 타당하다고 하겠다.

4. 私人의 公法行爲에 대한 適用法理

(1) 問題點

행정법상의 통칙규정은 없고 다만 개별법규에 특칙만 있다. 이러한 개별규정이 없는 경우 민법상의 규정을 직접 또는 유추적용할 것인가는 공법규정의 흠결에 대한 사법규정의 적용문제로 귀착한다.

(2) 個別的 檢討

1) 意思能力· 行爲能力

의사능력, 행위능력 등 성질상 허용되는 한 민법이 유추적용된다. 의사무능력자의 행위는 무효이고, 행위무능력자의 행위는 개별법규정이 있는 경우(우편법 제10조)외에는 민법규정의 유추적용이 가능하다.

2) 代理

특별한 규정이 없는 경우 일신전속성 여부에 의해 판단하는데, 행위의 성질상 일신전속적인 것이 아닌 한 대리는 인정된다. 따라서 병역의무, 수험행위, 투표행위, 사직원의 제출 등에서는 대리가 허용되지 않는다.

3) 行爲의 形式

요식성이 강해 법령, 내규 등에 의하여 일정한 서식을 요구하는 경우가 많다. 행정절차법 제17조 제1항 본문은 행정청에 대하여 어떠한 처분을 구하는 신청은 원칙적으로 문서로 하도록 규정하고 있다.

4) 意思表示의 效力發生時期

효력발생시기는 도달주의(민법 제111조)가 원칙이지만 행정법에서는 발신주의(국세기본법 제5조의 2)를 채택하기도 한다.

5) 意思의 欠缺·瑕疵있는 行爲의 效力

특별한 규정이 없는 한 민법의 규정이 준용된다. 물론 착오를 이유로 투표행위를 취소하는 경우와 같이 정형적·단체적 성질이 강해 민법준용이 배제되는 경우도 있다. 그리고 사인의 공법행위에 있어서는 표시주의가 원칙이다.

✝ 사인의 공법행위와 진의 아닌 의사표시의 무효에 관한 민법 규정의 적용여부

■ 대법원 2000. 11. 14. 선고 99두5481 판결

　일괄사표를 제출하였다가 선별수리하는 형식으로 의원면직되었다고 하더라도 공무원들이 임용권자 앞으로 일괄사표를 제출한 경우 그 사직원의 제출은 제출 당시 임용권자에 의하여 수리 또는 반려 중 어느 하나의 방법으로 처리되리라는 예측이 가능한 상태에서 이루어진 것으로서 그 사직원에 따른 의원면직은 그 의사에 반하지 아니하고, 비록 사직원제출자의 내심의 의사가 사직할 뜻이 아니었다 하더라도 그 의사가 외부에 객관적으로 표시된 이상 그 의사는 표시된 대로 효력을 발하는 것이며, 민법 제107조 제1항 단서의 비진의 의사표시의 무효에 관한 규정은 그 성질상 사인의 공법행위에 적용되지 아니하므로 원고의 사직원을 받아들여 원고를 의원면직처분한 것을 당연무효라고 할 수 없다

■ 대법원 1997. 12. 12. 선고 97누13962 판결

　공무원이 사직의 의사표시를 하여 의원면직처분을 하는 경우 그 사직의 의사표시는 그 법률관계의 특수성에 비추어 외부적·객관적으로 표시된 바를 존중하여야 할 것이므로, 비록 사직원제출자의 내심의 의사가 사직할 뜻이 아니었다고 하더라도 진의 아닌 의사표시에 관한 민법 제107조는 그 성질상 사직의 의사표시와 같은 사인의 공법행위에는 준용되지 아니하므로 그 의사가 외부에 표시된 이상 그 의사는 표시된 대로 효력을 발할 뿐만 아니라(대법원 1992. 8. 14. 선고 92누909 판결 ; 대법원 1994. 1. 11. 선고 93누10057 판결 참조), 원고가 사직서를 제출하면 그 당시 임용권자에 의하여 수리될 수밖에 없는 상황에 있었고 원고로서도 이를 충분히 예측할 수 있었음을 엿볼 수 있으므로 우선 사직원을 내더라도 그 신분을 유지시키겠다는 회유에 속아 그 사직서가 수리되지 아니할 것으로 오신하고 내심의 의사에 반하여 이를 제출한 것이라는 소론은 어느 모로 보나 받아들이기 어렵다.

　또한 그 사직서의 제출이 감사기관이나 상급관청 등의 강박에 의한 경우에는 그 정도가 의사결정의 자유를 박탈할 정도에 이른 것이라면 그 의사표시가 무효로 될 것이고 그렇지 않고 의사결정의 자유를 제한하는 정도에 그친 경우라면 그 성질에 반하지 아니하는 한 의사표시에 관한 민법 제110조의 규정을 준용하여 그 효력을 따져보아야 할 것이나, 감사담당 직원이 공무원에 대한 비리를 조사하는 과정에서 사직하지 아니하면 징계파면이 될 것이고 또한 그렇게 되면 퇴직금 지급상의 불이익을 당하게 될 것이라는 등의 강경한 태도를 취하였다고 할지라도 그 취지가 단지 비리에 따른 객관적 상황을 고지하면서 사직을 권고·종용한 것에 지나지 않고 그 공무원이 그 비리로 인하여 징계파면이 될 경우 퇴직금 지급상의 불이익을 당하게 될 것 등 여러 사정을 고려하여 사직서를 제출한 경우라면 그 의사결정이 의원면직처분의 효력에 영향을 미칠

하자가 있었다고는 볼 수 없다고 할 것이다(대법원 1995. 12. 5. 선고 95누12033 판결 참조).

6) 附款
사인의 공법행위에서는 부관(附款)을 붙일 수 없음이 원칙이다.

7) 撤回·補正
사인의 공법행위는 행정행위가 행하여질 때(법적효과가 완성될 때)까지는 자유로 철회·보정할 수 있다. 그러나 법률상 제한되는 경우도 있다(소장의 수정, 과세표준수정신고의 기한 제한)

5. 私人의 公法行爲의 效果
실체적 효과는 관련법규에 따라 다르다. 일반적으로 문제되는 것으로 행정청의 처리의무, 수정인가·허가 등의 가부 등이 논의되고 있다.

(1) 行政廳의 受理·處理義務
사인이 당해 행위에 대하여 청구권을 가지고 있는가의 여부에 따라 그 내용을 달리한다.

1) 當該行爲에 대한 請求權이 있는 境遇
① 羈束行爲인 境遇
행정청의 특정 처분을 할 의무가 인정된다.

② 裁量行爲인 境遇
무하자재량행사청구권이 문제되고, 신청의 내용이 제3자에 대한 행정권의 발동요구인 경우에는 행정개입청구권 등이 문제된다.

③ 處理期間을 遵守해야 한다.
이 경우 처리기간이 정해진 때에 그 기간 내에 상응한 행위를 하지 않은 경우 당해 법규의 규정 여하에 따라 위법한 부작위가 된다.
행정절차법에서는 처리기간의 사전공표나 처리기간의 1회 연장·통지 등을 규정하고 있다. 그리고 사인의 공법행위가 적법하고 유효한 경우에는 수리의무가 있다. 따라서 처

리기간이 경과한 경우 거부처분에 대한 의무이행심판이나 부작위거부처분에 대한 행정
상 쟁송을 제기할 수 있다.

④ 申請行爲에 흠(欠)이 있는 境遇

또한 신청행위에 흠이 있는 경우에도 그것만으로 당해 신청을 배척할 것이 아니라 그
흠이 보완될 수 있는 성질의 것이면 보완할 수 있는 기회를 상대방에게 부여한 후 신청
에 대한 처리방향을 결정하여야 한다.(대법원 1985. 4. 19. 선고 84누378 판결)

2) 當該行爲에 대한 請求權이 없는 境遇

행정청의 처리의무는 없으나, 이러한 경우에도 법상 그 처리결과를 사인에게 통지할 의
무 등은 인정될 수 있다.

⑵ 修正許可·認可의 可否(私人의 公法行爲에 대한 內容的 拘束力)

수정허가의 가능성에 관하여는 견해 대립되나, 수정인가는 보충행위로서 법률에 특별
한 규정이 있거나 당사자가 동의하는 경우 외에는 허용될 수 없다.

⑶ 私人의 公法行爲에 대한 形式的 拘束力

행정청으로부터 거부처분을 받은 경우에도 행정행위에 대하여 일사부재리의 효력은 없
으므로 재신청이 가능하다. 또한 선행 거부처분에 대한 불가쟁력과도 무관하다.

6. 私人의 公法行爲의 瑕疵

⑴ 通說

1) 私人의 公法行爲가 行政行爲의 單純한 動機일 境遇

그 흠결은 행정행위의 효력에 영향을 미치지 않는다. 다만 이러한 경우에도 사인의 공
법행위성을 인정할 수 있는지 의문이 제기되기도 한다.

2) 私人의 公法行爲가 行政行爲의 必要的 前提要件인 境遇

① 사인의 공법행위가 무효 또는 부존재인 경우 당해 행정행위도 무효이다. ② 사인의
공법행위에 단순한 흠이 있는 경우 행정행위의 취소 원인이 되는데 그친다. 물론 사인의
공법행위가 취소할 수 있는 행위인 경우에는 공정력 때문에 일단 유효하다. ③ 예외적으
로 공법상계약과 같은 경우 사인의 청약이나 승낙이 부존재할 경우 공법상 계약 자체가
불성립하거나 부존재일 듯하다.

(2) 少數說193)

원칙적으로는 법적안정성의 취지에서 취소사유이나 예외적으로 ⅰ) 법이 개별적으로 상대방 동의를 효력발생요건으로 규정한 경우(예: 공무원 임용), ⅱ) 동의에 의한 행정행위에 중대·명백한 하자가 있는 경우(예: 신청을 요하는 행정행위에 있어 명백한 신청의 결여), ⅲ) 행정행위가 공문서의 수교로 이루어지는데 그 수령을 거부하는 경우에는 무효라고 한다.

> ■ 대법원 1974. 8. 30. 선고 74누168 판결
> 행정관청에 대하여 특정사항에 관한 허가신청을 하도록 위임받은 자가 위임자명의의 서류를 위조하여 위임받지 아니한 하자있는 허가신청에 기하여 이루어진 허가처분은 무효다.

(3) 評價

통설은 사인의 공법행위가 행정행위의 필요적 전제요건인가의해 그 하자의 효과를 논하고, 소수설은 그 구별기준이 형식적이다.

Ⅲ. 公法上의 事務管理와 不當利得

1. 公法上의 事務管理

사무관리란 법률상의 의무 없이 타인의 사무를 관리하는 행위를 말한다. 공법상 사무관리의 가능성과 관련하여 예컨대 행정주체가 행하는 재해구조, 구조의 응원 및 행려병인(行旅病人)·사망인의 관리의 경우 이는 공법상 의무이므로 사무관리가 아니라는 견해도 있지만, 행정주체가 피관리자에게 의무를 지고 있는 것은 아니므로 공법상 사무관리로 봄이 다수설이다.

사무관리의 유형에는 ① 행정주체의 다른 행정주체를 위한 사무관리, ② 행정주체의 사인을 위한 사무관리, ③ 사인의 행정주체를 위한 사무관리, ④ 사인의 다른 사인을 위한 사무관리가 있는데, 공법상 사무를 수행하는 범위 안에서 ①, ②, ③의 경우가 공법상 사무관리 문제이다. ④는 사법상의 사무관리 문제이다.

2. 公法上의 不當利得

(1) 意義

---

193) 金南辰, 147~148쪽.

부당이득이란 '법률상 원인 없이' 타인의 재산 또는 노무로 인하여 타인에게 손해를 가하는 것을 말한다. 행정법 분야에서도 조세의 과·오납, 공무원의 봉급과수령, 착오에 의한 사유지의 국유지 편입 등과 같이 행정법 분야에서도 공법상 부당이득이 문제된다.

(2) 種類(類型)

1) 行政行爲에 의해 成立한 境遇

당해행위가 당연 무효이거나 후에 실효로 되거나 또는 권한있는 기관에 의하여 취소된 경우에 생긴다.

> ■ 대법원 1970. 11. 30. 선고 70다2171 판결
> 기업자가 관할 토지수용위원회에서 재결된 보상금을 그 수용시기까지 지급 또는 공탁하지 아니하면 특별한 사정이 없는 한 그 수용재결은 전부 효력을 상실하므로 수용대상토지를 점유사용 함은 불법점유로 된다.

2) 行政行爲에 의하지 않고 成立한 境遇

행정주체가 정당한 권원없이 타인의 토지를 도로에 편입한 경우가 이에 해당된다.

> ■ 대법원 1980. 7. 8. 선고 80다790 판결
> 피고시가 원고 소유인 대지를 법률상 원인없이 도로로 조성하여 점용 사용하고 있음을 이유로 원고가 피고에 대하여 위 대지에 대한 임료상당액의 반환을 구하는 경우에는 원고는 피고가 받고 있는 이득인 도로로서의 임료상당액 이외에 민법 제748조 제2항에 의하여 원고가 입고 있는 손해배상까지를 구하고 있는 것이라고 볼 수도 있으므로 피고시는 대지로서의 임료상당액을 원고에게 반환하여야 한다.

(3) 返還義務의 範圍

행정주체는 선의·악의를 불문으로 항상 전액을 반환하여야 한다. 반환이자의 지급은 명문의 있는 때(국세기본법 제52조)에 한해 가능하다(조세과오납반환의 경우는 이자를 붙인다).

(4) 請求權의 性質

私權說(판례)과 公權說(다수설)로 나뉜다.

> ■ 대법원 1995. 12. 22. 선고 94다51253 판결
>
> [개발부담금 부과처분이 취소된 경우, 그 과오납금에 대한 부당이득의 귀속 주체]
> 국가는 구 개발이익환수에관한법률(1993. 6. 11. 법률 제4563호로 개정되기 전의
> 것) 제5조에 의한 개발부담금 부과대상 사업이 시행되는 지역에서 발생되는 개발이익
> 을 개발부담금으로 징수하도록 되어 있고(제3조 제1항), 그 개발부담금의 부과·징수권
> 은 건설부장관에게 귀속되는 것이나(제14조), 건설부장관은 개발부담금의 부과·징수권
> 을 대통령령이 정하는 바에 따라 시장, 군수 또는 구청장에게 위임할 수 있도록 되어
> 있어, 그 위임규정인 같은법시행령 제21조 제1항 제1호의 규정에 따라 구청장이 개발
> 부담금 부과처분을 한 경우, 그와 같은 부과·징수는 위임에 의한 국가사무의 처리에
> 불과하여 부담금을 징수하였다 하더라도 원칙적으로 국가가 이로 인하여 이득을 얻는
> 것이지 지방자치단체가 그 이득을 얻는 것은 아니나, 같은 법 제4조 제1항이 징수된
> 개발부담금의 50%에 해당하는 금액을 개발이익 발생 토지가 속한 지방자치단체에 속
> 하도록 규정하고 있으므로, 그 부분에 한하여 지방자치단체에게 부당이득이 발생한다.
>
> [개발부담금 부과처분이 취소된 경우, 그 과오납금에 대한 부당이득반환 의무의 범위]
> 개발부담금 부과처분이 취소된 경우, 그 과오납금에 대한 부당이득반환청구권은 개발
> 부담금 부과처분의 취소로 개발부담금 채무가 소멸한 때에 확정되고 개발이익환수에관
> 한법률시행령 제17조 제3항에 의하여 비로소 발생하는 것은 아니므로, 그 징수자는
> 악의의 수익자로서 수령한 금원에 대하여 민법 소정의 연 5푼의 법정이자를 지급할 책
> 임이 있다.
>
> [개발부담금 부과처분이 취소된 경우, 부당이득으로서의 과오납금 반환을 구하는 소송
> 절차의 성격]
> 개발부담금 부과처분이 취소된 이상 그 후의 부당이득으로서의 과오납금 반환에 관한
> 법률관계는 단순한 민사 관계에 불과한 것이고, 행정소송 절차에 따라야 하는 관계로
> 볼 수 없다.

(5) 消滅時效
 특별한 규정(관세법 제25조 제3항 소정의 관세과오납금반환청구권은 2년)이 없으면 5
년이다.

(6) 救濟方法
 사권설에 의하면 법률에 특별한 규정이 없는 한 민사소송절차에 의하고, 공권설에 의하
면 행정소송인 당사자소송으로 제기하여야 할 것이다.

제2편 行政作用法

제1장 行政立法

제1장 行政立法

제1절 槪說

I. 행정입법의 필요성

형식적 법치주의 아래에서는 국민의 권리·의무에 관한 법규의 제정은 국민의 대표로 구성되는 의회에게 그 권한이 있음을 원칙으로 한다. 하지만 현대복지국가에 있어서 행정기능이 다양화되고 확대됨에 따라 의회의 입법만으로는 행정의 실효성을 거둘 수 없게 되었다. 따라서 오늘날 모든 국가는, ① 현대행정이 고도로 복잡하고 전문화·기술화됨에 따라 전문적·기술적 사항에 관한 규율은 오히려 행정부가 보다 능률적이다 ② 의회의 입법은 변화가 많은 행정 분야에서 臨機應變性, 伸縮性이 떨어진다 ③ 정치적 중립성을 보장할 수 있다 ④ 일반적인 법률규정으로는 지방별 또는 분야별 특수사정을 감안하기가 곤란하다는 등 입법의 신속, 법률의 대중화, 법률의 현실적응성의 필요에 의해 행정입법제도를 채택하고 있다.

II. 행정입법의 의의

이와 같은 行政立法은, 행정기관이 법조의 형식으로 장래에 향하여 적용되는 일반·추상적인 규정을 정립하는 작용 또는 그에 따라 정립된 규범으로 정의되고 있다. 行政立法[194]은 실정법상의 용어가 아니라 강학상의 용어로, 委任立法(delegated legislation), 從屬立法(subordinate legislation), 準立法(quasilegislation)[195]등으로 불리기도 한다.

어쨌든 행정입법은 형식적 측면에서는 행정작용의 하나이나 그 실질적인 측면에서는 입법작용인 셈이다. 이러한 행정입법은 보통 法規命令과 行政規則으로 나뉜다. 전통적 견해에 의하면 법규성의 유무에 따라서 법규명령과 행정규칙을 구별하였다. 즉 행정입법 중 법규성이 있는 것을 법규명령, 법규성이 없는 것을 행정규칙으로 분류하였다.[196]

[194) 行政立法이란 개념은 委任立法이라면 몰라도, 法規命令과 行政規則의 이질성에 대한 전통적인 행정법 체계에 입각하는 한 일종의 자기모순에 해당하는 것으로서 적절치 못한 용어법이라는 지적도 있다(洪準亨, 141쪽).

195) 미국에서는 행정기관에 의한 규칙제정(rulemaking)이 성질상으로는 입법적인 것이나(legislation in nature) 전적으로 입법은 아니라는(not exclusively legislative) 이유를 들어 準立法의 이름을 붙이고 있다(李尚圭, (英美法), 136쪽).

여기서 말하는 '法規'가 무엇을 의미하는지에 대해서는 여러 견해가 있을 수 있겠다.197) 법규는 일반적으로 법제도적의미의 법규개념과 법이론적 의미의 법규개념으로 나뉜다. 전자는 다시 19세기 독일 입헌군주정 아래에서 법규를 시민의 자유와 재산권을 침해하는 규범으로 이해하는 협의의 법규개념(歷史的·慣習的 法規概念)과 이를 현대적으로 수정, 확대하여 법규를 일반·추상적 규범으로 보는 광의의 법규개념(現代的·法治國家的 法規概念)으로 나눌 수 있다. 그리고 법이론적 의미의 법규개념은 인간의 외적 행동에 관한 성문·불문의 모든 일반·추상적 규범으로서 실정헌법 아래에서 사회적으로 타당한 모든 것을 총칭하는 최광의의 법규개념이다.198)

위와 같이 법규개념을 이해할 때, 여기서 말하는 '법규'는 앞서 본 법제도적 의미의 법규개념 중 현대적·법치국가적 법규개념을 의미한다고 하겠다.199)이런 의미에서 법규는 의회와 행정부 사이의 규범정립권한의 배분결정기능과 규범의 법적 구속성의 유무결정기능을 갖는다고 한다.

이에 대하여 "우리나라에 있어서도 법규개념은 외부법의 의미로 이해될 뿐 법규에 고유한 규율영역 곧 실체적 법규사항이 존재한다는 관념은 이미 극복되고 있다. 이러한 상황 아래에서 법규개념은 더 이상 법규명령과 행정규칙의 규율대상 사항의 기준이 될 수 없는 것이며 19세기적 제도적 의미는 거세되었다."고 주장하는 학자도 있다.200)

어느 학설에 의하든 법규명령의 법규성을 인정하는 데는 일치하고 있다.

Ⅲ. 행정입법의 과제

19세기에는 의회입법의 원칙이 강조되어 행정입법을 금기시하였으나 현대국가에서는 전문적·기술적 입법사항의 증대와 탄력 있는 행정의 필요성에 의해 행정입법이 증가하

---

196) 이에 대하여 "만일 법규명령과 행정규칙이 각각 고유한 형식으로 정립된 것이라면 …… 대통령령·총리령·부령의 형식으로 정립되는 행정입법은 법규명령, 고시·훈령의 형식으로 정립되는 행정입법은 행정규칙으로 구분하는 것이 …… 훨씬 간편하며 명확하다."고 하면서 법규명령형식이라고 할 것이 아니라 '대통령령, 총리령, 부령의 형식'이라는 용어를 사용하여야 할 것이며, 또한 행정규칙의 형식이라고 할 것이 아니라 '고시·훈령의 형식'이라는 용어를 사용하여야 할 것이라는 견해도 있다(金鐵容, 「行政規則論의 課題」(考試界, 1998. 11.), 60~61쪽).

197) Hartmut Maurer의 견해(Allgemeines Verwaltungsrecht, 11. Aufl.(München, 1997), §24 Rn.3 S.589~590)를 따라 법규(Rechtssatz)와 법규범(Rechtsnorm)을 구분하면서 법규개념을 상위개념으로 파악하여 법규 중 대외적 구속력이 인정되는 규범을 법규범으로 파악하는 견해도 있다(金容燮, 「法規命令形式의 制裁的 處分基準」(判例月報 통권340호, 1999. 1.), 32쪽).

198) 金道昶, 305쪽 ; 文尙德, 「法令의 授權에 관한 行政規則(告示)의 法的 性格과 그 統制」(행정법연구, 創刊號), 152~153쪽.

199) 金學世, 「法規命令과 行政規則」(判例研究 第13輯, 서울지방변호사회, 2000), 16~17쪽.

200) 金裕煥, 「法規命令과 行政規則의 區別基準」(考試界, 1998. 11.), 18쪽.

고 있다. 오늘날 법규명령의 양적인 증가와 질적인 중요성에 비추어 법치행정의 형해화
(形骸化)를 방지하고 국민의 권익보호를 위하여 법규명령에 대한 국회의 직접통제 수단
이나 추상적 규범통제제도의 도입을 적극적으로 검토할 필요가 있다.

제2절 法規命令

Ⅰ. 법규명령의 의의

1. 개념

法規命令이란 행정권이 정립하는 一般的·抽象的 命令으로서 法規로서의 性質을 가지는
規範을 말한다.201)이는 비록 행정부에 의하여 제정된 것이기는 하지만 法規로서의 性質
을 가지기 때문에 국가(법원 포함)와 국민에 대하여 對外的·一般的 拘束力을 가진다. 따
라서 법규명령에 위반된 처분은 위법하게 된다.

2. 法規命令과 行政規則의 區別

대법원 판례202)는 法規命令과 行政規則의 區別基準에 관하여, "법령의 규정이 특정 행
정기관에게 그 법령내용의 구체적인 사항을 정할 수 있는 권한을 부여하면서 그 권한행
사의 절차나 방법을 정하고 있지 아니한 관계로 수임 행정기관이 행정규칙의 형식으로
그 법령의 내용이 될 사항을 구체적으로 정하고 있다면, 그와 같은 행정규칙은 행정조직
내부에서만 효력을 가질 뿐 대외적인 구속력을 갖지 않는 행정규칙의 일반적 효력으로
서가 아니라 행정기관에 법령의 구체적 내용을 보충할 권한을 부여한 법령규정의 효력
에 의하여 그 내용을 보충하는 기능을 갖게 된다고 할 것이므로, 이와 같은 행정규칙은
비록 그 법형식이 행정규칙이라고 할지라도 당해 법령의 위임한계를 벗어나지 아니하는
한 그것과 결합하여 對外的인 拘束力을 가지는 法規命令으로서의 효력을 갖게 된다."고
판시함으로써 대체로 위와 같은 행정입법의 법적 성격을 판단함에 있어서 그 입법형식
보다는 규정내용을 중시하는 입장을 취하고 있는 것으로 보인다. 헌법재판소도 역시 같
은 판단기준을 정하고 있는 것으로 보인다.203)

---

201) 이와 같이 정의함이 통설적 입장이지만, 법령상의 수권에 근거하여 행정권이 정립하는 규범으로
서 국민과의 관계에서 일반구속적인 규범을 의미한다고 정의하는 학자도 있다(洪井善, 207쪽).
202) 대법원 1987. 9. 29. 선고 86누484 판결 ; 대법원 1995. 5. 23. 선고 94도2502 판결 ; 대법원
1998. 6. 9. 선고 97누19915 판결.
203) 헌법재판소 1992. 6. 26. 선고 91헌마25 결정(법령의 직접적인 위임에 따라 위임행정기관이 그
법령을 시행하는데 필요한 구체적 사항을 정한 것이면, 그 제정형식은 비록 법규명령이 아닌 고
시, 훈령, 예규 등과 같은 행정규칙이더라도 그것이 상위법령의 위임한계를 벗어나지 아니하는

따라서 행정규칙 형식의 규범도 상위법령의 위임을 받아 법규사항을 정하고 있다면 이를 법규명령이라고 볼 것이지만, 그 형식은 여전히 행정규칙이므로 법규명령 형식의 규범과는 달리 법령등의공포에관한법률이 정하는 바에 따라 이를 공포(관보게재)하여야만 그 효력이 발생하는 것은 아니다.204)이 점은 그 형식과 내용상으로 모두 행정규칙에 해당하는 규범의 경우205)와 다를 바 없다.

3. 法規命令과 委任法律과의 關係

일반적으로 법률의 위임에 의하여 그 효력을 갖는 법규명령의 경우 구(舊) 법률하에서는 위임근거가 없어 무효인 법규명령이었더라도 사후에 법률의 개정으로 인하여 위임근거가 부여되면 그 때부터는 유효한 법규명령이 되고, 반대로 구 법률의 위임에 의한 유효한 법규명령이 법 개정으로 인하여 위임근거가 없어지게 되면 그때부터 무효인 법규명령이 된다.206)

다만 법규명령 중 집행명령은 근거법령인 상위법령이 폐지되면 특별한 규정이 없는 이상 실효되지만, 상위법령이 개정됨에 그치는 경우에 개정법령과 모순·저촉되지 아니하고 개정된 상위법령의 시행에 필요한 사항을 규정하고 있는 이상, 그 집행명령은 상위법령의 개정에도 불구하고 당연히 실효되지 아니하고 개정법령의 시행을 위한 집행명령이 제정·발효될 때까지 여전히 그 효력을 유지한다.207)

Ⅱ. 법규명령의 종류

1. 법 형식에 따라

한, 상위법령과 결합하여 대외적인 구속력을 갖는 법규명령으로서 기능하게 된다) ; 헌법재판소 2004. 1. 29. 선고 2001헌마894 결정('청소년유해매체물의 표시방법'에 관한 정보통신부고시는 청소년유해매체물을 제공하려는 자가 하여야 할 전자적 표시의 내용을 정하고 있는데, 이는 정보통신망이용촉진및정보보호등에관한법률 제42조 및 동법시행령 제21조 제2항, 제3항의 위임 규정에 의하여 제정된 것으로서 국민의 기본권을 제한하는 것인바 상위법령과 결합하여 대외적 구속력을 갖는 법규명령으로 기능하고 있는 것이므로 헌법소원의 대상이 된다).
204) 대법원 1989. 10. 24. 선고 89누3328 판결.
205) 대법원 1997. 9. 26. 선고 97누8878 판결.
206) 대법원 1994. 5. 24. 선고 93누5666 전원합의체판결 ; 대법원 1995. 6. 30. 선고 93추113 판결 ; 대법원 1995. 6. 30. 선고 93추83 판결(일반적으로 법률의 위임에 의하여 효력을 갖는 법규명령의 경우, 구법에 위임의 근거가 없어 무효였더라도 사후에 법 개정으로 위임의 근거가 부여되면 그 때부터는 유효한 법규명령이 되나, 반대로 구법의 위임에 의한 유효한 법규명령이 법개정으로 위임의 근거가 없어지게 되면 그 때부터 무효인 법규명령이 되므로, 어떤 법령의 위임근거 유무에 따른 유효 여부를 심사하려면 법 개정의 전·후에 걸쳐 모두 심사하여야만 그 법규명령의 시기에 따른 유효·무효를 판단할 수 있다).
207) 대법원 1989. 9. 12. 선고 88누6962 판결.

(1) 대통령령

우리나라 헌법 제76조는 긴급사태에 대처하기 위한 대통령의 긴급입법권으로 대통령의 긴급명령·긴급재정경제명령을 인정하고 있다.

(2) 총리령·부령

헌법 제95조에 의하면 국무총리 또는 행정각부의 장은 소관 사무에 관하여 직권으로 총리령 또는 부령을 발할 수 있다.

(3) 중앙선거관리위원회규칙

중앙선거관리위원회는 법령의 범위 안에서 선거관리·국민투표관리 또는 정당사무에 관한 규칙을 제정할 수 있으며, 이 규칙은 법규명령이다.208)

(4) 감사원규칙

감사원규칙의 법적성질이 법규명령인가209), 행정규칙인가210)문제되나 다수설은 법규명령설에 입각하고 있다.

2. 효력(수권의 범위)에 따라

(1) 법률대위명령

법률적 효력을 갖는 명령을 법률대위명령(독립명령)이라고 하는데, 현행 헌법상 긴급재정경제명령, 긴급명령만이 인정되고 있다(헌법 제76조).

(2) 법률종속명령

1) 委任命令

상위법령의 具體的·個別的 授權에 의하여 위임받은 사항(국민의 권리·의무에 관한 사항은 법률로서 정하여야 한다는 법치주의의 이념에 비추어 볼 때, 법률이 행정권으로 하

---

208) 대법원 1996. 7. 12. 선고 96우16 판결(공직선거관리규칙은 중앙선거관리위원회가 헌법 제114조 제6항 소정의 규칙제정권에 의하여 공직선거및선거부정방지법에서 위임된 사항과 대통령·국회의원·지방의회의원 및 지방자치단체의 장의 선거의 관리에 필요한 세부사항을 규정함을 목적으로 하여 제정된 법규명령이라고 할 것이나, 1995. 6. 27. 실시한 제1회 전국동시지방선거를 위하여 중앙선거관리위원회가 각급 선거관리위원회에 배포한 '개표관리요령'은 개표관리 및 투표용지의 유·무효를 가리는 업무에 종사하는 각급 선거관리위원회 직원 등에 대한 업무처리지침 내지 사무처리준칙에 불과할 뿐 국민이나 법원을 구속하는 효력은 없다).

209) 姜求哲, 213쪽 ; 金南辰, 164쪽 ; 김동희, 134쪽 ; 柳至泰, 200쪽.

210) 石琮顯, 163쪽 ; 洪準亨, 281쪽.

여금 법규명령으로 제정할 수 있도록 위임한 사항은 주로 국민의 권리·의무에 관한 사항 즉 法規事項을 의미한다)을 정하는 명령을 말한다.

2) 執行命令

상위법령의 명시적·개별적 수권이 없이 직권으로(집행명령의 경우에 상위법령의 명시적·개별적 수권이 없이도 행정권이 직권으로 제정할 수 있음은 헌법 제75조, 제95조에서 명시하고 있다) 상위법령의 시행에 필요한 절차·형식을 정하는 명령을 말한다.

Ⅲ. 법규명령의 성립 및 효력요건

법규명령이 적법·유효하게 성립하여 효력을 발생하기 위해서는 다음 요건을 갖추어야 하는데, 이러한 요건의 불비는 위법으로서 재판통제가 된다.

1. 주체에 관한 요건

헌법 또는 법률에 의하여 정당한 권한을 가진 기관이 제정하여야 한다.

2. 절차에 관한 요건

법규명령은 법정절차를 거쳐 제정되어야 한다. 그 절차는 외부적 절차와 내부적 절차로 구분된다.

행정절차법은 외부적 절차로서 입법예고제와 관련하여 ① 행정상 입법예고대상(제41조), ② 예고방법(제42조), ③ 예고기간(제43조), ④ 의견제출 및 처리(제44조), ⑤ 공청회(제45조)를 규정하고 있다.

내부적 절차로는 대통령령은 사전에 관계부처와의 협의, 법제처의 심사와 국무회의의 심의를 거쳐야 하고, 총리령과 부령은 사전에 관계부처와의 협의, 법제처의 심사를 거쳐야 한다. 행정규제를 신설·강화하는 내용의 법규명령의 제정·개정에 있어서는 대통령 소속하에 설치된 규제개혁위원회의 심사를 받아야 한다(행정규제기본법 제10조 이하).

3. 형식에 관한 요건

법규명령은 조문의 형식으로 하고 누년 일련번호를 사용하여야 한다(사무관리규정시행규칙 제3조).

4. 근거 및 내용에 관한 요건

행정의 법률적합성의 원칙은 법규명령에도 적용된다. 위임명령은 상위법령의 수권이 있어야 하며 수권의 범위 내에서 제정되어야 하고, 집행명령은 위임 없이 직권으로 제정될 수 있다. 상위법령에 위반되는 법규명령은 위법하며, 법규명령의 내용은 실현가능한 것이어야 한다.

심화 법률에 근거 없는 대통령령의 효력

사무관리규정, 구 사법시험령, 보안업무규정, 민원사무처리규정 등과 같이 모법(母法)의 위임이 없는 대통령령의 경우 그 효력이 문제된다.

1. 학설
(1) 위헌설
헌법규정을 열거적으로 새기면서 헌법에 명시되어 있는 입법형식(법규명령)이 아니라고 한다.211)

(2) 법규명령설
헌법규정을 예시적으로 새기면서 국민에게 이익을 주는 작용의 부분에서는 그러한 규율이 합헌으로 인정될 수 있는 한 그에 근거한 국민의 권리도 인정할 수 있을 것이라고 한다. 예컨대 구 사법시험령은 법률유보원칙에 위배되어 위헌이지만 사무관리규정은 국민에게 수익적인 것이므로 독자적으로 제정이 가능하다고 한다.212)

(3) 행정규칙설
법률의 수권이 없으므로 행정규칙이라고 한다.213)

2. 판례(법규명령설)
일반적으로 국민은 국가기관에 대하여 기밀에 관한 사항 등 특별한 경우 이외에는 보관하고 있는 문서의 열람 및 복사를 청구할 수 있고, 구 정부공문서규정 제36조 제2항의 규정도 행정기관으로 하여금 일반국민의 문서열람 및 복사신청에 대하여 기밀 등의 특별한 사유가 없는 한 이에 응하도록 하고 있으므로 그 신청을 거부한 것은 위법하다(대법원 1989. 10. 24. 선고 88누9312 판결).

---

211) 朴均省, 141~142쪽.
212) 고영훈, 「法規命令論-몇 가지 문제점을 중심으로-」(인권과정의 통권 211호, 1994. 3.), 87~89쪽 ; 김용섭, 「법규명령론의 재검토」(법제 통권 제451호, 1995. 5.), 83쪽 이하.
213) 金南辰, 187쪽.

5. 효력발생

성립요건을 갖추어 성립된 법규명령은 시행됨으로써 효력을 발생하게 된다. 특별한 규정이 없는 한 공포한 날부터 20일을 경과함으로써 효력을 발생한다. 공포는 관보에 게재하는 방법에 의하며, 공포일은 관보가 발행된 날이다.

Ⅳ. 법규명령의 한계

1. 대통령의 긴급명령 및 긴급재정·경제명령의 한계

헌법에 정해진 요건과 한계 내에서 제정되어야 하고 국회의 동의를 얻어야 한다.

2. 위임명령의 한계

모법에서 수권 되지 아니한 입법사항에 대해서 규율할 수 없으며, 또한 모법의 위임취지에 어긋나지 않아야 한다.

(1) 포괄적 위임의 금지(위임범위)

국민의 권리·의무에 관한 사항은 법률로써 규정하여야 한다는 법치행정의 원리(국회입법의 원칙과 법률유보의 원칙)에 비추어 볼 때, 법률에 의한 수권은 개별적·구체적이어야 하며 원칙적으로 법률은 수권규정에서 행정입법의 목적·규율대상·범위 등을 명확히 규정하고 누구라도 행정입법에 의해 규율될 내용의 대강을 합리적으로 예측가능해야 한다. 그리고 그 예측가능성은 관련법조항 전체를 유기적·체계적·종합적으로 판단하여야 한다. 따라서 일반적·포괄적 백지식 위임은 권력분립의 원칙상 허용되지 않는다.

심화 위임입법의 한계 및 판단기준

■ 헌법재판소 2003. 7. 24. 선고 2002헌바82 결정
헌법 제75조는 "대통령은 법률에서 구체적으로 범위를 정하여 위임받은 사항과 법률을 집행하기 위하여 필요한 사항에 관하여 대통령령을 발할 수 있다"고 규정함으로써 위임입법의 근거를 마련함과 동시에 입법권의 위임은 '구체적으로 범위를 정하여' 하도록 하여 입법위임의 명확성을 요구하고 있다. 헌법 제75조는 행정부에 입법을 위임하는 수권법률의 명확성원칙에 관한 것으로서, 법률의 명확성원칙이 행정입법에 관하여 구체화된 특별규정이다. 법률의 명확성원칙은 '법률의 수권은 그 내용, 목적, 범위에 있어서 충분히 확정되고 제한되어 있어서 국민이 행정의 행위를 어느 정도 예측할 수 있어야 한다'는 것을 의미한다.

수권법률의 명확성의 정도에 대한 요구는 일반적으로 확정될 수 있는 성질의 것이 아니라, '규율하고자 하는 생활영역이 입법자로 하여금 어느 정도로 상세하고 명확하게 규정하는 것을 가능하게 하는가' 하는 규율대상의 특수성 및 수권법률이 당사자에 미치는 규율효과에 따라 다르다.

다양한 형태의 사실관계를 규율하거나 규율대상인 사실관계가 상황에 따라 자주 변화하리라고 예상된다면 규율대상인 사실관계의 특성을 고려하여 명확성에 대하여 엄격한 요구를 할 수 없다. 한편, 법률에 의한 기본권제한의 효과가 중할수록, 법률의 명확성에 대하여 보다 엄격한 요구를 해야 한다. 따라서 위임에 의하여 제정된 행정입법이 국민의 기본권을 침해하는 성격이 강할수록 보다 명확한 수권이 요구되며, 침해적 행정입법에 대한 수권의 경우에는 급부적 행정입법에 대한 수권의 경우보다 그 수권이 보다 명확해야 한다.

■ 헌법재판소 1997. 4. 24. 선고 95헌마273 결정

위임입법의 내용에 관한 헌법적 한계는 그 수범자가 누구냐에 따라 입법권자에 대한 한계와 수권법률에 의해 법규명령을 제정하는 수임자에 대한 한계로 구별할 수 있는 바, 국회가 법률에 의하여 입법권을 위임하는 경우에도 헌법에 위반하여서는 아니된다는 것이 전자의 문제이고, 법률의 우위원칙에 따른 위임입법의 내용적 한계는 후자에 속한다. 후자의 문제로서 위임명령의 내용은 수권법률이 수권한 규율대상과 목적의 범위 안에서 정해져야 하는데 이를 위배한 위임명령은 위법이라고 평가되며, 여기에서 모법의 수권조건에 의한 위임명령의 한계가 도출된다.

■ 헌법재판소 1995. 9. 28. 선고 93헌바50 결정

헌법 제75조에서 '법률에서 구체적으로 범위를 정하여 위임받은 사항에 관하여'라고 함은 법률 그 자체에 이미 대통령령으로 규정될 내용 및 범위의 기본적 사항이 구체적으로 규정되어 있어서 누구라도 당해 법률 그 자체에서 대통령령에 규정될 내용의 대강을 예측할 수 있어야 함을 의미하고, 그렇게 하지 아니한 경우에는 위임입법의 한계를 일탈한 것이라고 아니할 수 없다.

■ 헌법재판소 1996. 3. 28. 선고 94헌바42 결정

위임입법에 규정될 내용의 대강에 대한 예측가능성의 유무는 당해 특정조항 내지는 특정부분만을 가지고 판단할 것이 아니라 관련 법조항 전체를 유기적(有機的) 체계적(體系的)으로 종합·판단하여야 하며 각 대상법률의 성질에 따라 구체적·개별적으로 검토하여야 할 것이다.

■ 대법원 2004. 7. 22. 선고 2003두7606 판결

위임명령은 법률이나 상위명령에서 구체적으로 범위를 정한 개별적인 위임이 있을 때

에 가능하고, 여기에서 구체적인 위임의 범위는 규제하고자 하는 대상의 종류와 성격
에 따라 달라지는 것이어서 일률적 기준을 정할 수는 없지만, 적어도 위임명령에 규정
될 내용 및 범위의 기본사항이 구체적으로 규정되어 있어서 누구라도 당해 법률로부터
위임명령에 규정될 내용의 대강을 예측할 수 있어야 하나, 이 경우 그 예측가능성의
유무는 당해 위임조항 하나만을 가지고 판단할 것이 아니라 그 위임조항이 속한 법률
의 전반적인 체계와 취지·목적, 당해 위임조항의 규정형식과 내용 및 관련 법규를 유
기적·체계적으로 종합 판단하여야 하며, 나아가 각 규제 대상의 성질에 따라 구체적·개
별적으로 검토함을 요한다(대법원 2004. 1. 29. 선고 2003두10701 판결, 대법원
2002. 8. 23. 선고 2001두5651 판결 참조).

❖ 위임입법의 한계를 일탈한 경우

▣ 헌법재판소 1990. 10. 15. 선고 89헌마178 결정

 법무사법 제4조 제2항이 대법원규칙으로 정하도록 위임한 이른바 '법무사시험의 실시
에 관하여 필요한 사항'이란 시험과목·합격기준·시험 실시방법·시험 실시시기·실시횟수
등 시험실시에 관한 구체적인 방법과 절차를 말하는 것이지 시험의 실시여부까지도 대
법원규칙으로 정하라는 말은 아니다. 그럼에도 불구하고 법무사법시행규칙 제3조 제1
항은 "법원행정처장은 법무사를 보충할 필요가 있다고 인정되는 경우에는 대법원장의
승인을 얻어 법무사시험을 실시할 수 있다."라고 규정하였는바, 이는 법원행정처장이
법무사를 보충할 필요가 없다고 인정하면 법무사시험을 실시하지 아니해도 된다는 것
으로서 상위법인 법무사법 제4조 제1항에 의하여 청구인을 비롯한 모든 국민에게 부
여된 법무사자격 취득의 기회를 하위법인 시행규칙으로 박탈하고 법무사업을 법원·검
찰청 등의 퇴직공무원에게 독점시키는 것이 되며, 이는 결국 대법원이 규칙제정권을
행사함에 있어 위임입법권의 한계를 일탈하여 청구인이나 기타 법무사자격을 취득하고
자 하는 모든 국민의 헌법 제11조 제1항의 평등권과 헌법 제15조의 직업선택의 자유
를 침해한 것이다.

▣ 헌법재판소 1993. 5. 13. 선고 92헌마80 결정

 당구장 경영자인 청구인에게 당구장 출입문에 18세 미만자에 대한 출입금지 표시를
하게 하는 이 사건 심판대상규정은 법령이 직접적으로 청구인에게 그러한 표시를 하여
야 할 법적 의무를 부과하는 사례에 해당하는 경우로서, 그 표시에 의하여 18세 미만
자에 대한 당구장 출입을 저지하는 사실상의 규제력을 가지게 되는 것이므로 이는 결
국 그 게시의무규정으로 인하여 당구장 이용고객의 일정범위를 당구장 영업대상에서
제외시키는 결과가 된다고 할 것이고 따라서 청구인을 포함한 모든 당구장 경영자의
직업종사(직업수행)의 자유가 제한되어 헌법상 보장되고 있는 직업선택의 자유가 침해
된다. 체육시설의설치·이용에관한법률 및 동시행령에서 당구장영업에만 유독 18세 미

만자 출입금지표시 규정을 두어 영업의 대상범위에 일정한 제한을 가하는 것은 위 법률에 명시되어 있는 국회의 입법의지에 비추어 볼 때 합리적이라 하기가 어렵고 대국가적 기속성에 기인하는 입법에 있어서의 평등의 원칙에 대한 적합한 예외사유로 판단되기 어렵다. 당구장에 대한 출입규제 내지 봉쇄는 법률(또는 법률이 구체적으로 명확히 범위를 정하여 위임한 경우의 법규명령)에 의하여서만 비로소 가능하다고 할 것인바, 이 사건 심판대상규정은 모법의 위임이 없는 사항을 규정하고 있어 결국 위임의 범위를 일탈한 것이라고 하지 않을 수 없다.

◼ 헌법재판소 2004. 3. 25. 선고 2001헌마882 결정

 공립중등학교 교사 임용시험에 있어서 사범대 가산점과 복수·부전공 가산점은 적용대상에서 제외된 자의 공직에의 진입 자체를 가로막을 수 있는 점에서 그 공무담임권 제한의 성격이 중대하고, 서로 경쟁관계에 놓여 있는 응시자들 중 일부 특정 집단만 우대하는 결과를 가져오는 점에서 사전에 관련당사자들의 비판과 참여가능성이 보장된 공개적 토론과정을 통해 상충하는 이익간의 공정한 조정을 도모할 필요성이 절실하다. 그러므로 위 가산점들에 관하여는 법률에서 적어도 그 적용대상이나 배점 등 기본적인 사항을 직접 명시적으로 규정하고 있어야 했다. 그런데 피청구인(대전광역시 교육감)이 위 가산점 항목을 공고하게 된 법률적 근거라고 주장하는 교육공무원법 제11조 제2항에서는 단지 "…공개전형의 실시에 관하여 필요한 사항은 대통령령으로 정한다."라고만 할 뿐, 이 사건 가산점 항목에 관하여는 아무런 명시적 언급도 하고 있지 않다. 그러므로 위 가산점 항목은 결국 아무런 법률적 근거가 없다고 보아야 하고, 따라서 헌법 제37조 제2항에 반하여 청구인의 공무담임권을 침해한다고 할 것이다.

◼ 대법원 1996. 3. 21. 선고 95누3640 전원합의체 판결

 조세법률주의의 원칙상 과세요건은 엄격히 해석되어야 하고 일반적·포괄적인 위임입법은 금지되나, 법률규정 자체에 위임의 구체적 범위를 명확히 규정하고 있지 아니하여 외형상으로는 일반적·포괄적으로 위임한 것처럼 보이더라도, 그 법률의 전반적인 체계와 취지·목적, 당해 조항의 규정형식과 내용 및 관련 법규를 살펴 이에 대한 해석을 통하여 그 내재적인 위임의 범위나 한계를 객관적으로 분명히 확정될 수 있는 것이라면 이를 일반적·포괄적인 위임에 해당하는 것으로 볼 수는 없다고 할 것인데, 구 지방세법(1993. 6. 11. 법률 제4561호로 개정되기 전의 것) 제104조 제2호의2는 '중기'의 정의로 전단의 '중기관리법에 의한 중기'에 이어 후단에서 '내무부령이 정하는 중기'를 규정함으로써 '중기'라는 용어를 공통적으로 사용하고 있고, 중기의 정의·등록·형식승인 등 중기에 관한 모든 사항은 중기관리법이 규정하고 있는바, 중기관리법은 위와 같이 중기의 용도를 건설공사용으로 한정하고 있는 점을 종합하여 보면, 위 지방세법 제104조 제2호의2 후단의 '중기'란 구 중기관리법(1993. 6. 11. 법률 제4561호 건설기계관리법으로 전문 개정되기 전의 것)에 의한 '중기'의 개념을 차용한 것으로 보

여지고, 따라서 위 지방세법의 규정에서 내무부령으로 정할 수 있도록 위임한 중기의 범위는 중기관리법이 정의한 '건설공사에 사용할 수 있는' 기계류에 한정되는 것으로 해석되며 위 지방세법의 규정이 이와 같이 해석되는 이상, 이를 일반적·포괄적 위임규정에 해당한다고 할 수는 없다.

구 지방세법시행규칙(1993. 12. 31. 내무부령 제602호로 개정되기 전의 것) 제40조의2 중 중기의 범위를 구 중기관리법에서 정한 건설공사용 이외에 부두나 공항의 화물하역용, 광업용 기타 그 용도에 제한 없이 넓혀 규정한 부분은 모법의 위임범위를 넘어 과세대상을 확장한 것이어서 무효이다.

❖ 위임입법의 한계를 일탈하지 아니한 경우

■ 헌법재판소 1996. 3. 28. 선고 94헌바42 결정

위임입법에 규정될 내용의 대강에 대한 예측가능성의 유무는 당해 특정조항 내지는 특정부분만을 가지고 판단할 것이 아니라 관련 법조항 전체를 유기적(有機的)·체계적(體系的)으로 종합·판단하여야 하며 각 대상법률의 성질에 따라 구체적·개별적으로 검토하여야 할 것인바, 구 지방세법 제138조 제1항 본문의 취지를 감안하면, 같은 조 제1항 단서는 인구와 경제력의 집중효과가 없거나 아주 적은 업종에 종사하는 법인 또는 그 성질상 대도시내에 있지 않으면 그 기능을 발휘할 수 없거나 효과적인 활동을 할 수 없는 업종에 종사하는 법인, 대도시내에 있어야 할 것에 대한 공익적 요구가 현저히 큰 업종에 종사하는 법인 중에서 대통령령이 정하는 업종에 종사하는 법인에 대하여는 굳이 높은 세율의 등록세를 부과하지 아니하도록 하는 취지를 규정한 것이라고 이해될 수 있으므로, 위 단서는 대통령령에 위임되는 업종에 대하여 누구라도 그 종류와 범위의 대강을 예측할 수 있어 이를 가리켜 포괄위임입법금지(包括委任立法禁止)의 원칙이나 조세법률주의에 반한다고 할 수 없다.

(2) 본질적 사항(국회전속사항)의 위임금지

헌법의 명문규정이 있는 경우 예컨대, 국적취득요건(제2조 제①항), 재산권의 수용 및 보상(제23조), 행정각부의 설치(제96조) 등의 경우 이들 사항에 관해 적어도 그 기본적 내용은 법률로 정해져야 한다는 것을 의미한다. 이와 관련하여 중요사항유보설(본질성론) 내지 의회유보이론이 논의되고 있다.

■ 헌법재판소 2004. 3. 25. 선고 2001헌마882 결정

헌법 제75조는 입법의 위임은 구체적으로 범위를 정하여 해야 한다는 한계를 제시하고 있는바, 적어도 국민의 헌법상 기본권 및 기본의무와 관련된 중요한 사항 내지 본질적인 내용에 대한 정책 형성 기능만큼은 입법부가 담당하여 법률의 형식으로써 수행해야 하지, 행정부나 사법부에 그 기능을 넘겨서는 안 된다. 국회의 입법절차는 국민의 대표로 구성된 다원적 인적 구성의 합의체에서 공개적 토론을 통하여 국민의 다양한 견해와 이익을 인식하고 교량하여 공동체의 중요한 의사결정을 하는 과정이다. 일반국민과 야당의 비판을 허용하고 그들의 참여가능성을 개방하고 있다는 점에서 전문관료들만에 의하여 이루어지는 행정입법절차와는 달리 공익의 발견과 상충하는 이익간의 정당한 조정에 보다 적합한 민주적 과정이라 할 수 있다. 그리고 이러한 견지에서, 규율대상이 기본권적 중요성을 가질수록 그리고 그에 관한 공개적 토론의 필요성 내지 상충하는 이익간 조정의 필요성이 클수록, 그것이 국회의 법률에 의해 직접 규율될 필요성 및 그 규율밀도의 요구정도는 그만큼 더 증대되는 것으로 보아야 한다.

■ 대법원 1985. 2. 28. 선고 85초13 판결
 병의 복무기간은 국방의무의 본질적 내용에 관한 것이어서 이는 반드시 법률로 정하여야 할 입법사항에 속한다고 풀이할 것인바 육군본부 방위병 소집복무해제규정(육군규정 104-1) 제23조가 질병휴가, 청원휴가, 각종사고(군무이탈, 구속, 영창, 징역, 유계결근), 1일 24시간 이상 지각, 조퇴 한 날, 전속 및 보직변경에 따른 출발일자부터 일보변경 전일까지의 기간 등을 복무에서 제외한다고 규정하여 병역법 제25조 제3항이 규정하지 아니한 구속 등의 사유를 복무기간에 산입하지 않도록 규정한 것은 병역법에 위반하여 무효라고 할 것이다.

(3) 형벌법규(처벌규정) 위임여부와 위임의 범위
 죄형법정주의의 취지·내용에 반하지 않는 한도 내에서 위임이 가능하다. 헌법재판소에 따르면, ① 통상인의 판단능력을 기준으로 명확성이 요구되며, ② 처벌법규의 위임에 있어서는 특히 긴급한 필요가 있거나 미리 법률로 자세히 정할 수 없는 부득이한 사정이 있는 경우에 한정하여 법률에서 범죄구성요건은 처벌대상행위가 어떤 것이라고 이를 예측가능할 정도로 구체적으로 정하고 형벌종류 및 그 상한을 명확히 규정할 것을 요구한다.

 1) 처벌의 대상인 행위(범죄구성요건)
 법률이 일정한 구체적 기준을 정하여 처벌대상행위가 어떠한 것일 거라고 예측할 수 있을 정도로 위임하는 것은 허용된다.

 2) 처벌의 정도
 법률이 형벌의 상한을 정하여 위임하는 것은 허용된다.

심화 [죄형법정주의와 위임입법의 한계]

■ 대법원 1999. 2. 11. 선고 98도2816 전원합의체 판결

일반적으로 법률의 시행령은 모법인 법률에 의하여 위임받은 사항이나, 법률이 규정한 범위 내에서 법률을 현실적으로 집행하는 데 필요한 세부적인 사항만을 규정할 수 있을 뿐, 법률의 위임 없이 법률이 규정한 개인의 권리·의무에 관한 내용을 변경·보충하거나 법률에서 규정하지 아니한 새로운 내용을 규정할 수 없는 것이고, 특히 법률의 시행령이 형사처벌에 관한 사항을 규정하면서 법률의 명시적인 위임 범위를 벗어나 그 처벌의 대상을 확장하는 것은 헌법 제12조 제1항과 제13조 제1항에서 천명하고 있는 죄형법정주의의 원칙에도 어긋나는 것으로 결코 허용될 수 없다고 할 것인데, 총포·도검·화약류등단속법 제2조 제1항은 총포에 관하여 규정하면서 총에 대하여는 일정 종류의 총을 총포에 해당하는 것으로 규정하면서 그 외의 장약총이나 공기총도 금속성 탄알이나 가스 등을 쏠 수 있는 성능이 있는 것은 총포에 해당한다고 규정하고 있으므로, 여기서 말하는 총은 비록 모든 부품을 다 갖추지는 않았더라도 적어도 금속성 탄알 등을 발사하는 성능을 가지고 있는 것을 가리키는 것이고, 단순히 총의 부품에 불과하여 금속성 탄알 등을 발사할 성능을 가지지 못한 것까지 총포로 규정하고 있는 것은 아니라고 할 것임에도 불구하고 같은 법 시행령 제3조 제1항은 같은 법 제2조 제1항의 위임에 따라 총포의 범위를 구체적으로 정하면서도 제3호에서 모법의 위임 범위를 벗어나 총의 부품까지 총포에 속하는 것으로 규정함으로써, 같은 법 제12조 제1항 및 제70조 제1항과 결합하여 모법보다 형사처벌의 대상을 확장하고 있으므로, 이는 결국 위임입법의 한계를 벗어나고 죄형법정주의 원칙에 위배된 것으로 무효라고 하지 않을 수 없다.

■ 헌법재판소 1994. 7. 29. 선고 93헌가12 결정

헌법 제12조 제1항 후단은 "누구든지 …… 법률과 적법한 절차에 의하지 아니하고는 처벌·보안처분 또는 강제노역을 받지 아니한다."라고 규정하고, 헌법 제13조 제1항 전단은 "모든 국민은 행위시의 법률에 의하여 범죄를 구성하지 아니하는 행위로 소추되지 아니하며"라고 규정하여 죄형법정주의의 원칙을 선언하고 있다. 죄형법정주의는 자유주의, 권력분립, 법치주의 및 국민주권의 원리에 입각한 것으로서 무엇이 범죄이며 그에 대한 형벌이 어떠한 것인가는 반드시 국민의 대표로 구성된 입법부가 제정한 법률로써 정하여야 한다는 원칙을 의미한다. 그런데 아무리 권력분립이나 법치주의가 민주정치의 원리라 하더라도 현대국가의 사회적 기능증대와 사회현상의 복잡화에 따라 국민의 권리·의무에 관한 사항이라 하여 모두 입법부에서 제정한 법률만으로 다 정할 수는 없는 것이기 때문에 합리적인 이유가 있으면 예외적으로 행정부에서 제정한 명령에 위임하는 것을 허용하지 않을 수 없다.

그러나 법률의 위임은 반드시 구체적이고 개별적으로 한정된 사항에 대하여 행해져야

한다. 그렇지 아니하고 일반적이고 포괄적인 위임을 한다면 이는 사실상 입법권을 백지위임하는 것이나 다름없어 의회입법의 원칙이나 법치주의를 부인하는 것이 되고 행정권의 부당한 자의와 기본권행사에 대한 무제한적 침해를 초래할 위험이 있기 때문이다. 헌법 제75조도 "대통령령은 법률에서 범위를 정하여 위임받은 사항 ……에 관하여 대통령령을 발할 수 있다."라고 규정하여 위임입법의 근거와 아울러 그 범위와 한계를 제시하고 있는데, '법률에서 구체적으로 범위를 정하여 위임받은 사항'이라 함은 법률에 이미 대통령령으로 규정될 내용 및 범위의 기본사항이 구체적으로 규정되어 있어서 누구라도 당해 법률로부터 대통령령에 규정될 내용의 대강을 예측할 수 있어야 함을 의미한다(헌법재판소 1991. 7. 8. 선고 91헌가4 결정 참조). 특히 형벌법규의 위임에 있어서는 위임법률이 그 적용을 받는 국민에 대하여 범죄의 구성요건과 형벌의 예측가능한 구체적 내용을 규정하고 있어야 한다. 그러나 그 예측가능성의 유무는 당해 특정조항 하나만을 가지고 판단할 것은 아니고 관련 법조항 전체를 유기적·체계적으로 종합·판단하여야 하며, 각 대상법률의 성질에 따라 구체적·개별적으로 검토하여야 한다(헌법재판소 1994. 6. 30. 선고 93헌가15, 16, 17(병합) 결정 참조).

도시계획구역 안에서 '대통령령이 정하는 물건을 대통령령이 정하는 기간 이상 쌓아 놓는 행위'를 하고자 하는 자는 시장 또는 군수의 허가를 받아야 한다고 규정하고 있는 구 도시계획법 제4조 제1항 제2호 후단은 그 규제대상이 되는 물건과 기간을 대통령령에 위임할 합리적인 이유가 있고, 또한 같은 조항의 목적을 고려하면 위 규정에 의하여 대통령령에 규정될 물건이나 기간도 도시계획사업에 지장을 줄 수 있는 정도의 물건이나 기간으로서 대통령령에 위임된 부분의 대강을 국민이 예측할 수 있도록 위임법률에 구체적으로 정하여져 있다고 할 수 있으므로, 위임입법의 범위와 한계를 규정한 헌법 제75조에 위반되지 아니한다.

■ 대법원 2002. 11. 26. 선고 2002도2998 판결
사회현상의 복잡다기화와 국회의 전문적·기술적 능력의 한계 및 시간적 적응능력의 한계로 인하여 형사처벌에 관련된 모든 법규를 예외 없이 형식적 의미의 법률에 의하여 규정한다는 것은 사실상 불가능할 뿐만 아니라 실제에 적합하지도 아니하기 때문에, 특히 긴급한 필요가 있거나 미리 법률로써 자세히 정할 수 없는 부득이한 사정이 있는 경우에 한하여 수권법률(위임법률)이 구성요건의 점에서는 처벌대상인 행위가 어떠한 것인지 이를 예측할 수 있을 정도로 구체적으로 정하고, 형벌의 점에서는 형벌의 종류 및 그 상한과 폭을 명확히 규정하는 것을 전제로 위임입법이 허용되며, 이러한 위임입법은 죄형법정주의에 반하지 않는다(대법원 2000. 10. 27. 선고 2000도1007 판결).

■ 헌법재판소 1996. 2. 29. 선고 94헌마213 결정
형벌법규에 대하여도 특히 긴급한 필요가 있거나 미리 법률로서 자세히 정할 수 없는

부득이한 사정이 있는 경우에 한하여 수권법률(授權法律 ; 위임법률)이 구성요건의 점에서는 처벌대상인 행위가 어떠한 것일 거라고 이를 예측할 수 있을 정도로 구체적으로 정하고, 형벌의 점에서는 형벌의 종류 및 그 상한과 폭을 명확히 규정하는 것을 조건으로 위임입법이 허용되며 이러한 위임입법은 죄형법정주의에 반하지 않는다(헌법재판소 1991. 7. 8. 선고 91헌가4 결정 참조).

■ 헌법재판소 1995. 10. 26. 선고 93헌바62 결정

 죄형법정주의와 위임입법의 한계의 요청상 처벌법규를 위임하기 위하여는 첫째, 특히 긴급한 필요가 있거나 미리 법률로써 자세히 정할 수 없는 부득이한 사정이 있는 경우에 한정되어야 하며, 둘째, 이러한 경우일지라도 법률에서 범죄의 구성요건은 처벌대상행위가 어떠한 것일 것이라고 이를 예측할 수 있을 정도로 구체적으로 정하여야 하며, 셋째, 형벌의 종류 및 그 상한과 폭을 명백히 규정하여야 한다.
 구 주택건설촉진법 제32조 제1항은 구성요건상의 행위주체에 관하여 주택건설촉진법 제3조 제5호의 사업주체로서 사기업체의 경우에는 같은 법 제6조의 규정에 의하여 주택건설사업자로 등록한 자를 의미하고 있음을 명백히 하고 있으며, 위 규정에 의한 주택의 공급조건·방법·절차의 각 개념이 사전적으로도 비교적 구체적 의미를 갖는 것일 뿐만 아니라(주택에 관하여는 같은 법 제3조 제2호에 개념규정이 있다), 같은 법의 목적과 전체 내용에 비추어 보면 사업주체가 주택을 일반에 분양함에 있어서 지켜야 할 제반사항을 의미하고 있는 것이 분명하므로, 처벌대상행위에 대한 예측가능성이 충분히 기대되고, 한편 구 주택건설촉진법 제52조 제1항 제2호는 1년 이하의 징역 또는 500만원 이하의 형벌을 특정하여 위반행위에 대한 형벌의 종류 및 그 상한을 특정하고 있으므로, 죄형법정주의나 위임입법의 한계를 일탈한 것이라고 할 수 없다.

■ 헌법재판소 2000. 7. 20. 선고 99헌가15 결정

 법률에 의한 처벌법규의 위임은, 헌법이 특히 인권을 최대한 보장하기 위하여 죄형법정주의와 적법절차를 규정하고 법률에 의한 처벌을 강조하고 있는 기본권보장 우위사상에 비추어 바람직하지 못한 일이므로, 그 요건과 범위가 보다 엄격하게 제한적으로 적용되어야 한다(헌법재판소 1991. 7. 8. 선고 91헌가4 결정 ; 헌법재판소 1994. 6. 30. 선고 93헌가15등 결정 ; 헌법재판소 1997. 5. 29. 선고 94헌바22 결정 참조). 일반적으로 헌법에 의하여 위임입법이 용인되는 한계인, 법률에서 구체적으로 범위를 정하여 위임받은 사항이라 함은 법률에 이미 하위법령으로 규정될 내용 및 범위의 기본사항이 구체적으로 규정되어 있어서 누구라도 당해 법률로부터 하위법령에 규정될 내용의 대강을 예측할 수 있어야 한다는 것을 의미한다. 위임입법의 위와 같은 구체성 내지 예측가능성의 요구정도는 문제된 그 법률이 의도하는 규제대상의 종류와 성질에 따라 달라질 것임은 물론이고, 그 예측가능성의 유무를 판단함에 있어서는 당해 특정 조항 하나만을 가지고 판단할 것이 아니라 관련 법조항 전체를 유기적·체계적으로 종

합 판단하여야 하며, 각 대상법률의 성질에 따라 구체적·개별적으로 검토하여야 한다. 특히 처벌법규에 관하여는 앞에서 본 바와 같이 그 요건과 범위가 보다 엄격하게 제한적으로 적용되어야 하는 것이므로, 처벌법규의 위임은 특히 긴급한 필요가 있거나 미리 법률로써 자세히 정할 수 없는 부득이한 사정이 있는 경우에 한정되어야 하며 이러한 경우일지라도 법률에서 범죄의 구성요건은 처벌대상행위가 어떠한 것일 것이라고 예측할 수 있을 정도로 구체적으로 정하고 형벌의 종류 및 그 상한과 폭을 명백히 규정하여야 한다(헌법재판소 1991. 7. 8. 선고 91헌가4 결정 ; 헌법재판소 1995. 10. 26. 선고 93헌바62 결정 ; 헌법재판소 1997. 9. 25. 선고 96헌가16 결정 참조).

비록 형벌법규의 구성요건을 규정함에 있어서는 가치개념을 포함하는 일반적, 규범적 개념을 사용하지 않을 수 없지만, 범죄구성요건에 일반적, 규범적 개념을 사용하더라도 법률의 규정에 의하여 그 해석이 가능하고 또한 일반인이 금지된 행위와 허용된 행위를 구분하여 인식할 수 있어야 할 것이다(헌법재판소 1996. 8. 29. 선고 94헌바15 결정 참조). 그런데 일반적으로 '관리(管理)'란 개념의 사전적(辭典的) 의미는 통상 그 내연과 외포가 광범위한 것이며, 약국관리에 필요한 사항이란, 예를 들자면, 약국의 설비, 의약품의 저장 및 진열, 약국의 위생상태, 약국종업원에 관한 사항, 약국관리상 장부의 기록과 보관, 영업시간, 당국에 대한 보고의무 등 일반적으로 약국의 관리에 필요한 매우 넓은 범위의 사항이 포함될 것인데, 이 중에서도 구체적으로 어떠한 사항이 위반시 형사처벌을 받게 되는 '준수'사항으로 정하여 질 것인지는 약사법 제19조 제4항의 규정만으로는 쉽게 그 대강을 예측하기 어려운 것이다.

비록 이 사건 법률조항의 수범자(受範者)는 이 분야의 전문가인 영업허가를 받은 약사 또는 한약사로서 이들이 일반인들보다는 위임입법으로 규정될 준수사항을 더 잘 알 수 있는 지위에 있는 것은 사실이나, 앞에서 살펴 본 바와 같은 '약국관리'라는 개념 하에서 상정될 수 있는 많은 유형의 관리행위 중 구체적으로 어떠한 것이 보건복지부령으로 입법될 것인지를 예측하기 어려운 점은 약사, 한약사에게 있어서도, 다소간의 차이가 있을 뿐, 여전히 존재한다고 볼 것이다. 대구지방검찰청검사장은 약사의 경우 다른 직업보다도 고도의 윤리성과 전문성을 지니고 있으며 약사회를 통한 의사소통으로 어떠한 준수사항이 있고 어떠한 제재가 따른다는 것을 잘 알 수 있다고 주장하나, 앞에서 언급한 바와 같이 '약국관리'상 준수하여야 할 내용은 광범위하므로 당국이 특정 시기에 어떤 준수사항을 마련할지 구체적으로 그 대강을 예측하기는 어렵다고 할 것이며, 비록 약사회 등을 통하여 그 구체적 내용을 숙지할 수 있다고 하더라도 법률에 의한 수권에 의거한 명령의 내용이 어떠한 것이 될 수 있을 것인가를 예측가능한 것임을 요구하는 것은 "법규명령에 의하여 비로소가 아니라 그보다 먼저 그 수권법률의 내용으로부터 예견가능하여야 하는 것을 의미하는 것이므로"(헌법재판소 1993. 5. 13. 선고 92헌마80 결정 참조), 그러한 위임입법은 법률 자체로부터 장래 정립될 법규명령의 기본적 윤곽에 대한 예견가능성이 보장되지 않으면 안되는 것이다.

(4) 재위임의 문제

 수임입법주체가 수임된 위임명령권을 곧바로 전면적으로 재위임하는 것은 실질적으로 수권법의 위임내용을 변경하는 것으로서 허용되지 않는다. 다만 전면적 재위임이 아니라 위임받은 사항에 관해 대강의 규정을 한 다음 세부적 사항을 다시 하위명령에 위임하는 것은 가능하다.

■ 헌법재판소 2002. 10. 31. 선고 2001헌라1 결정

[재위임의 한계]

 법률에서 위임받은 사항을 전혀 규정하지 않고 모두 재위임하는 것은 '위임받은 권한을 그대로 다시 위임할 수 없다'는 복위임금지의 법리에 반할 뿐 아니라 수권법의 내용변경을 초래하는 것이 되고, 대통령령 이외의 법규명령의 제정·개정절차가 대통령령에 비하여 보다 용이한 점을 고려할 때 하위의 법규명령에 대한 재위임의 경우에도 대통령령에의 위임에 가하여지는 헌법상의 제한이 마땅히 적용되어야 할 것이다. 따라서 법률에서 위임받은 사항을 전혀 규정하지 아니하고 그대로 하위의 법규명령에 재위임하는 것은 허용되지 않으며 위임받은 사항에 관하여 대강(大綱)을 정하고 그 중의 특정사항을 범위를 정하여 하위의 법규명령에 다시 위임하는 경우에만 재위임이 허용된다(헌법재판소 1996. 2. 29. 선고 94헌마213 결정 참조).

■ 대법원 1995. 8. 22. 선고 94누5694 판결

[도시재개발법 제41조 소정의 관리처분계획인가 등 처분권한을 위임받은 시·도지사가 이를 구청장 등에게 재위임할 수 있는지 여부]

 도시재개발법 제8조, 같은 법 시행령 제58조 제1항 제12호에 의하면 건설부장관의 권한에 속하는 도시재개발법 제41조의 규정에 의한 관리처분계획의 인가 등 처분권한은 시·도시자에게 위임되었을 뿐 시·도지사가 이를 구청장, 시장, 군수에게 재위임할 수 있는 근거규정은 없으나, 정부조직법 제5조 제1항과 이에 기한 행정권한의위임및위탁에관한규정 제4조에 재위임에 관한 일반적인 근거규정이 있으므로, 시·도지사는 그 재위임에 관한 일반적인 규정에 따라 위임받은 위 처분권한을 구청장 등에게 재위임할 수 있다(대법원 1990. 2. 27. 선고 89누5287 판결 ; 대법원 1990. 7. 27. 선고 89누6846 판결 ; 대법원 1993. 3. 9. 선고 92누5294 판결 ; 대법원 1995. 7. 11. 선고 94누4615 전원합의체판결 참조).

[기관위임사무를 지방자치단체의 조례에 의하여 재위임할 수 있는지 여부]

 관리처분계획의 인가 등에 관한 사무는 국가사무로서 지방자치단체의 장에게 위임된 이른바 기관위임사무에 해당하므로, 시·도지사가 지방자치단체의 조례에 의하여 이를 구청장 등에게 재위임할 수는 없고, 행정권한의위임및위탁에관한규정 제4조에 의하여 위임기관의 장의 승인을 얻은 후 지방자치단체의 장이 제정한 규칙이 정하는 바에 따

라 재위임하는 것만이 가능하다.

서울특별시장이 건설부장관으로부터 위임받은 관리처분계획의 인가 등 처분권한을 행정권한의위임및위탁에관한규정 제4조에 의하여 규칙을 제정해서 구청장에게 재위임하지 아니하고, 서울특별시행정권한위임조례(1990. 10. 8. 서울특별시 조례 제2654호) 제5조 제1항 〔별표〕에 의하여 구청장에게 재위임하였다면, 서울특별시행정권한위임조례 중 위 처분권한의 재위임에 관한 부분은 조례제정권의 범위를 벗어난 국가사무(기관위임사무)를 대상으로 한 것이어서 무효이다.

(5) 조례위임

법률이 조례로 정하도록 위임하는 경우에 그 위임입법의 한계가 문제될 수 있는데, 판례는 일반적인 법규명령의 경우와는 달리 조례가 법규명령의 하위규범이면서도 자치입법임을 고려해 추상적·일반적·포괄적 위임의 금지가 완화된다고 한다.

■ 헌법재판소 2004. 9. 23. 선고 2002헌바76 결정

헌법 제117조 제1항은 "지방자치단체는 주민의 복리에 관한 사무를 처리하고 재산을 관리하며, 법령의 범위 안에서 자치에 관한 규정을 제정할 수 있다."고 규정하고, 지방자치법 제15조는 이를 구체화하여 "지방자치단체는 법령의 범위 안에서 그 사무에 관하여 조례를 제정할 수 있다. 다만, 주민의 권리제한 또는 의무부과에 관한 사항이나 벌칙을 정할 때에는 법률의 위임이 있어야 한다."고 규정하고 있다. 즉, 우리 헌법 제117조 제1항은 자치입법권의 수권규정으로 지방자치단체의 조례제정권을 보장하고 있고, 나아가 지방자치법은 개별 법률의 위임이 있는 경우에는 조례로써도 주민의 권리를 제한하거나 주민에게 의무를 부과하는 것은 가능함을 밝히고 있다.

그런데, 하수도법 제32조 제2항, 제5항은 지방자치단체(공공하수도관리청)에 공공하수도의 개축이나 공사와 관련한 원인자부담금을 부과할 수 있는 권한을 부여하고 있고, 그 방법이나 절차에 관하여 당해 지방자치단체에 별도의 조례제정권을 부여하고 있다. 따라서 이 사건 원인자부담금에 관한 조례는 헌법상의 자치입법권을 근거로 하여 개별 법률에서 구체적으로 위임한 조례제정권에 의거하여 제정된 것으로서 제정형식에는 문제가 없다.

지방자치단체는 헌법상 자치입법권이 인정되고, 법령의 범위 안에서 그 권한에 속하는 모든 사무에 관하여 조례를 제정할 수 있다는 점과 조례는 선거를 통하여 선출된 그 지역의 지방의원으로 구성된 주민의 대표기관인 지방의회에서 제정되므로 지역적인 민주적 정당성까지 갖고 있다는 점을 고려하면, 조례에 위임할 사항은 헌법 제75조 소정의 행정입법에 위임할 사항보다 더 포괄적이어도 헌법에 반하지 않는다고 할 것이다.

■ 대법원 1991. 8. 27. 선고 90누6613 판결

[법률의 포괄적 위임에 의한 지방자치단체의 조례제정권의 범위]

법률이 주민의 권리의무에 관한 사항에 관하여 구체적으로 아무런 범위도 정하지 아니한 채 조례로 정하도록 포괄적으로 위임하였다고 하더라도, 행정관청의 명령과는 달라, 조례도 주민의 대표기관인 지방의회의 의결로 제정되는 지방자치단체의 자주법인 만큼, 지방자치단체가 법령에 위반되지 않는 범위 내에서 주민의 권리의무에 관한 사항을 조례로 제정할 수 있는 것이다.

공유수면관리법 제7조와 같은 법 시행령 제12조의 규정에 의한 공유수면의 점용료 또는 사용료의 부과징수에 관하여 필요한 사항을 정함을 목적으로 제정된 서울특별시 공유수면점용료등징수조례(1988. 8. 2. 조례 제2369호로 개정된 것)가 공유수면을 수면의 형태대로 이용하는 경우와 이와는 달리 토지의 형태로 점용사용하는 경우로 구분하여, 후자의 경우에는 인근유사지의 지방세법의 규정에 의한 과세시가표준액을 기준으로 점용료를 산정 하도록 규정하였다면, 공유수면이라고 하더라도 그 용도, 기능, 지역여건, 위치, 환경, 이용 상황 등이 인근토지와 유사한 경우에는 인근유사지의 지방세법의 규정에 의한 과세시가표준액을 기준으로 그 점용료를 산정하게 하려는 취지로 해석되므로, 위 조례가 모법인 위 법이나 시행령에 위반되는 것이라고 볼 수 없다.

인근유사지의 과세시가표준액을 기준으로 하천의 점용료를 산정하도록 규정한 위 조례는 당해 공유수면에 대하여 과세시가표준액을 산정 할 수 있는 토지등급이 설정되어 있지 않은 경우에만 적용되는 것이 아니라, 당해 공유수면에 대하여 토지등급이 설정되어 있는 경우에도 적용되는 것으로 해석하여야 한다.

3. 집행명령의 한계

집행명령은 위임명령과 달리 법률·상위명령을 집행하기 위해 필요한 세부적 구체적 사항만 규정할 수 있으며, 상위법의 명시적 수권 없이도 발할 수 있으나 상위 법령의 한계 내에서 그 시행에 필요한 구체적 절차·형식·세부사항 등에 대해서만 규정할 수 있다. 따라서 새로운 법규사항을 정할 수 없고 원칙적으로 벌칙규정을 정할 수 없다.

Ⅴ. 법규명령의 하자

1. 문제점

하자있는 법규명령에 대해서도 행정행위의 하자이론에 따라 중대명백성에 기한 무효사유와 취소사유의 구별이 가능한가의 문제가 제기된다.214)

---

214) 朴均省 교수는 법규명령의 하자론에 의문을 제기하면서 위법한 법규명령의 효력을 일반적으로 논하기 보다는 위법한 법규명령이 구체적으로 어떠한 효력을 갖는지에 대하여 고찰하여야 한다고 한다(同, 154~157쪽).

2. 학설

(1) 긍정설

법규명령의 흠이 중대하고 명백한 경우에만 무효가 된다.215)

(2) 부정설

법규명령에 흠이 있는 경우에는 무효이며 무효와 유효의 중간단계인 취소할 수 있는 명령과 같은 것은 존재하지 않는다. 단 처분적 법규명령의 경우에는 예외적이다. 그 근거로 ① 처분적 법규명령 외에는 법규명령에 대한 취소소송이 원칙적으로 인정되지 않는점, ② 법령이 상하관계를 형성하고 있는 법단계구조상 규범의 세계에서는 상위규범에 위배되는 모든 법적행위는 무효로 보아야 하는 점 등을 들고 있다.216)

3. 판례

판례는 부정설의 입장에 있는 것으로 보인다. 법규명령이 법률의 위임 없이 제정되었으나 사후 근거법률이 마련된 경우 근거법률이 마련된 시점부터 유효하다고 한다.

> ▣ 대법원 1995. 6. 30. 선고 93추83 판결
> [법개정으로 위임근거 유무에 변동이 있는 법규명령의 유효 여부 판단기준]
> 일반적으로 법률의 위임에 의하여 효력을 갖는 법규명령의 경우, 구법에 위임의 근거가 없어 무효였더라도 사후에 법개정으로 위임의 근거가 부여되면 그때부터는 유효한 법규명령이 되나, 반대로 구법의 위임에 의한 유효한 법규명령이 법개정으로 위임의 근거가 없어지게 되면 그때부터 무효인 법규명령이 되므로, 어떤 법령의 위임 근거 유무에 따른 유효 여부를 심사하려면 법개정의 전 후에 걸쳐 모두 심사하여야만 그 법규명령의 시기에 따른 유효·무효를 판단할 수 있다.

VI. 법규명령의 소멸

1. 폐지

폐지는 법규명령의 효력을 장래에 향해 소멸시키는 행정권의 직접적·명시적 의사표시이다.

---

215) 朴鈗炘, 231~232쪽 ; 石琮顯, 168쪽 ; 李明九, 187쪽.
216) 姜求哲, 218쪽 ; 金南辰, 175쪽 ; 柳至泰, 203쪽 ; 洪井善, 218쪽 ; 洪準亨, 288쪽.

2. 실효

(1) 법정부관의 성취

기간의 도래 또는 해제조건의 성취에 의해 법규명령은 그 효력을 상실한다.

(2) 근거법령의 소멸

상위법령이 폐지되면 특별한 규정이 없는 한 집행명령은 실효된다. 다만 상위법령의 단순한 개정이 있는 경우에는 당연히 소멸되는 것은 아니고, 성질상 이와 모순, 저촉되지 않는 한 개정된 상위법령의 시행을 위한 집행명령이 제정·발효될 때까지 효력이 유지된다.

■ 대법원 1989. 9. 12. 선고 88누6962 판결
[상위법령이 개정된 경우 종전 집행명령의 효력 유무(적극)]
  상위법령의 시행에 필요한 세부적 사항을 정하기 위하여 행정관청이 일반적 직권에 의하여 제정하는 이른바 집행명령은 근거법령인 상위법령이 폐지되면 특별한 규정이 없는 이상 실효되는 것이나, 상위법령이 개정됨에 그친 경우에는 개정법령과 성질상 모순·저촉되지 아니하고 개정된 상위 법령의 시행에 필요한 사항을 규정하고 있는 이상 그 집행명령은 상위법령의 개정에도 불구하고 당연히 실효되지 아니하고 개정법령의 시행을 위한 집행명령이 제정·발효될 때까지는 여전히 그 효력을 유지한다.

---

(3) 상충되는 법령의 제정에 의한 간접적 폐지

Ⅶ. 법규명령에 대한 통제

1. 문제점

오늘날은 위임의 한계를 벗어나지 못하도록 통제하는 것만으로는 만족할 수 없고 이를 보안하기 위하여 행정입법절차를 마련하여 절차적 통제를 가함은 물론 이해관계인의 참여를 통한 민주화의 필요성이 절실하다.

(1) 입법적 통제(국회에 의한 통제)

1) 간접적 통제

입법권, 국정조사·감사권, 국무위원 해임건의, 탄핵소추, 예산심의권 등을 통한 통제 등을 들 수 있다.

 2) 직접적 통제

 법규명령의 성립·발효에 대한 승인 내지 동의권을 부여하거나 일단 유효하게 성립한 법
규명령의 효력을 소멸시키는 권한을 의회에 유보시키는 제도로, 독일의 동의권유보, 영
국의 의회 제출절차, 미국의 입법적 거부 등이 있다. 우리나라의 경우 국회법 제98조에
서 법규명령·행정규칙의 국회송부제도를 채택하고 있다.

(2) 사법적 통제

 1) 일반 법원에 의한 통제

  ① 위헌·위법명령 심사제도에 의한 통제

 우리나라 헌법 제107조는 "① 법률이 헌법에 위반되는 여부가 재판의 전제가 된 경우
에는 법원은 헌법재판소에 제청하여 그 심판에 의하여 재판한다. ② 명령·규칙 또는 처
분이 헌법이나 법률에 위반되는 여부가 재판의 전제가 된 경우에는 대법원은 이를 최종
적으로 심사할 권한을 가진다."라고 규정하고 있다.

 우리나라에서는 추상적 규범통제를 인정하지 아니하고, 법규명령에 대하여는 특정 법
규명령의 위헌·위법여부가 구체적 사건에 대한 재판의 전제가 된 경우에 법원이 이를
심리·판단하는 선결문제심리의 방식에 의한 具體的 規範統制만이 인정되고 있다. 이처
럼 법규명령에 하자가 있는 경우에는 구체적 규범통제의 방법으로 그의 효력을 간접적
으로 부인할 수 있을 뿐 직접 법규명령의 취소를 구하는 항고소송을 제기할 수 없음은
물론이다.

 위헌·위법으로 판명된 법규명령의 효력과 관련하여, 1설은 일반적으로 무효가 된다(對
世效를 갖는다)고 하고,217) 2설은 공식절차에 의하여 폐지되지 않는 한 형식적으로는
여전히 유효하며, 다만 대세효를 확보하기 위하여 명령·규칙의 위헌판결 등 공고제도
(행정소송법 제6조)가 존재하는 것이라고 한다.218)

  ② 행정구제제도에 의한 통제 - 法規命令의 處分性
   ⅰ) 학설
    ㉠ 소극설
 법규명령은 무효 또는 유효일 뿐 취소할 수 있는 명령이란 있을 수 없기 때문에 법규명
령 자체에 대한 항고소송은 허용되지 않는다고 한다.

217) 朴均省, 156~157쪽.
218) 金南辰, 180쪽 ; 金東熙, 143쪽.

ⓛ 적극설

법규명령도 쟁송법상의 처분개념에 포함될 수 있으나 소의 이익은 별도의 문제라고 한다.

ⓒ 절충설

구체적 규범통제의 원칙상 법규자체의 취소는 허용되지 아니하나, 처분적 법규명령의 경우는 취소소송이 허용된다고 한다.(다수설)

ii) 판례

일반적으로 법령에 대한 취소소송의 대상 가부의 문제는 사법권의 한계문제와 직결된다. 즉 법원조직법 제2조의 '法律의 爭訟'에 해당되는가가 문제이다. 일반·추상적인 행정입법은 불특정다수인을 상대로 행하여지며, 보통 권리침해의 추상적 가능성을 정한데 불과하고 그 자체만으로는 국민의 구체적·직접적인 권익을 침해하는 것이 아니기 때문에 행정입법이 항고소송의 대상이 되는가가 문제되는 것이다.

행정소송은 구체적 사건에 관한 법적 분쟁을 해결하기 위한 것이므로 구체적 사실에 대한 법집행행위만이 소송의 대상이 될 수 있을 뿐 일반적·추상적인 법령, 규칙, 조례 등은 그 자체로서 국민의 구체적인 권리 의무에 직접적인 변동을 초래하는 것이 아니므로 그 처분성이 인정되지 않는 것이 일반적이다.219)

헌법 제107조 제2항의 규정에 따르면 행정입법의 심사는 일반적인 재판절차에 의하여 구체적 규범통제의 방법에 의하도록 명시하고 있으므로, 당사자는 구체적 사건의 심판을 위한 선결문제로서 행정입법의 위법성을 주장하여 법원에 대하여 당해사건에 대한 적용여부의 판단을 구할 수 있을 뿐 행정입법 자체의 합법성의 심사를 목적으로 하는 독립한 신청을 제기할 수는 없다고 한다.220)

행정소송의 대상이 될 수 있는 것은 구체적인 권리의무에 관한 분쟁이어야 하고 일반적, 추상적인 법령 또는 내부적 내규이거나 내부적 사업계획 등 그 자체로서 국민의 구체적인 권리의무에 직접적인 변동을 초래케 하는 것이 아닌 것은 그 대상이 될 수 없다(대법원 1983. 4. 26. 선고 82누528 판결 ; 대법원 1987. 3. 24. 선고 86누656 판결)고 하여 판례는 법규명령을 취소소송의 대상이 되지 않는다고 보고 있다.

그리하여 자동차관리법시행규칙(1990. 11. 15. 교통부령 제938호, 대법원 1992. 3. 10. 선고 91누12639 판결), 풍속영업규제에관한법률시행규칙 제5조(1992. 6. 13. 내무

---

219) 대법원 1992. 3. 10. 선고 91누12639 판결 ; 대법원 1994. 9. 10. 고지 94두23 결정.
220) 대법원 1994. 4. 26. 고지 93부32 결정.
　　 이에 대해 행정소송의 대상에 관한 처분의 개념을 쟁송법적으로 이해할 것 같으면 법규명령에 대한 행정소송의 제기를 부정할 이유가 없다는 견해도 있다(韓堅愚, 441쪽).

부령 제566호로 개정되어 1993. 11. 20. 내무부령 제598호로 개정되기 전의 것. 대법원 1994. 4. 26. 고지 93부32 결정) 등에 대한 항고소송에서 그 대상성을 부인하였다.

그러나 법령이 구체적 집행행위의 개입 없이도 그 자체로서 직접 국민에 대하여 구체적 효과를 발생하여 특정한 권리의무를 형성케 하는 경우에는 행정처분에 해당한다고 볼 것이다. 부령이나 조례 등은 그 일반적·추상적 성격으로 인하여, 그 자체가 직접 항고소송의 대상은 되지 아니하는 것이 원칙이나, 이들 법규명령 중에는 구체적인 처분을 매개로 하지 아니하고도 직접적으로 국민의 권리·의무에 변동을 가져오는 것으로서의 이른바 處分的 法規命令(處分法規)도 있다. 이러한 처분법규는 그 실질적 내용은 행정처분의 성질을 가지는 것이므로, 그것은 항고소송의 대상으로서의 처분성이 인정된다고 보는 것이 학설의 일반적 입장이다.[221]

판례 역시 법령의 효력을 가진 명령이라도 그 효력이 다른 행정행위를 기다릴 것 없이 직접적으로 또 그 자체로서 국민의 권리 훼손 기타 이익침해의 효과를 발생하게 되는 성질의 것이라면 행정소송법상 처분이라고 보아야 할 것이라고 하였고,[222] 처분법률인 舊 國家保衛立法會議法 부칙 제4항 후단에 근거한 사무적 행위인 면직처분으로 권리의무에 직접적인 변동을 초래한 이상 그 행정처분성을 부정할 수 없다고 하였다.[223]

대법원 판례에 의하면, 형식상 일반적 추상적 규율인 법규범의 형식을 취하였더라도 실질상 그 내용이 '다른 행정행위를 기다릴 것 없이 직접적으로' 국민의 구체적인 권리의무에 영향을 미치는 경우에는 처분성을 인정할 수 있다는 것이다. 여기에서 그 내용이 추상적이냐 아니면 직접적, 구체적이냐 하는 것이 중요한 문제이지, 그 규율대상 또는 수범자가 불특정다수인을 상대로 하는 일반적인 것이냐 특정인을 상대로 하는 개별적인 것이냐는 중요한 문제가 되지 아니함을 알 수 있다. 즉 입법행위의 성질을 갖는 것이더라도 다른 한편으로 국민의 구체적인 권리의무에 직접적으로 법률적 변동을 일으키는 행위인 경우에는 처분성을 인정한다는 것이다.

법규명령을 제정 또는 개정할 법적 의무가 있음에도 불구하고 행정청이 합리적인 이유 없이 법규명령을 제정 또는 개정하지 않는 경우(行政立法不作爲)에 대하여 항고소송, 즉 부작위위법확인소송을 제기할 수 있을 것인가가 문제이다.

---

221) 姜求哲, 219쪽 ; 金東熙, 141쪽 ; 石琮顯, 171쪽 ; 李尙圭, (爭訟法), 317쪽 ; 芝池義一, (救濟法), 30쪽 ; 田中二郎 , 326쪽 ; 朴均省,「行政立法에 대한 司法的 統制」(考試界, 1996. 12), 83쪽.
222) 대법원 1954. 8. 19. 선고 4286행상37 판결(원래 대통령령은 법령의 효력을 가진 것으로서 행정소송법상 처분이라 볼 수 없다고 해석함이 타당할 것이므로, 그 내용의 적법여부를 논할 것 없이 행정소송의 목적물이 될 수 없을 것이다. 물론 법령의 효력을 가진 명령이라도 그 효력이 다른 행정행위를 기다릴 것 없이 직접적으로 국민의 권리훼손 기타 이익침해의 효과를 발생케 하는 성질의 것이라면 행정소송법상 처분이라고 보아야 할 것이요, 따라서 그에 관한 이해관계자는 그 구체적 관계사실과 이유를 주장하여 그 명령의 취소를 법원에 구할 수 있을 것이다.).
223) 대법원 1991. 6. 28. 선고 90누9346 판결 ; 대법원 1991. 6. 28. 선고 90누9353 판결.

이에 대해 우리나라 대법원은, "구체적 사건에 대한 법률상 분쟁을 법에 의하여 해결함으로써 법적 안정을 기하는 것이 행정소송이므로 부작위위법확인소송의 대상이 될 수 있는 것은 구체적 권리의무에 관한 분쟁이어야 하고 추상적인 법령에 관한 제정여부 등은 부작위위법확인소송의 대상성을 인정할 수 없다."(대법원 1992. 5. 8. 선고 91누11261 판결)고 판시하는 한편, 헌법재판소는 입법부작위에 대하여, "어떠한 사항을 법규로 규율할 것인가의 여부는 특단의 사정이 없는 한 입법자의 정치적, 경제적, 사회적 각종 고려 하에서 정하여지는 입법정책의 문제이므로, 국민이 국회에 대하여 일정한 입법을 해달라는 청원을 함은 별론으로 하고, 법률의 제정을 소구하는 헌법소원은 헌법상 기본권보장을 위하여 명시적인 위임입법이 있었음에도 입법자가 이를 방치하고 있거나 헌법해석상 특정인에게 구체적인 기본권이 생겨 이를 보장하기 위한 국가의 행위 내지 보호의무가 발생하였음에도 불구하고 국가가 아무런 입법조치를 취하지 않고 있는 경우가 아니면 원칙적으로 인정될 수 없다할 것이다."(헌법재판소 1992. 12. 24. 선고 90헌마174 결정 ; 헌법재판소 1994. 12. 29. 선고 89헌마2 결정)라고 하여 시사하는 바가 크다.

 반면 행정권의 입법의무가 인정되고 특정 국민에게 입법 청구권이 인정되는 경우에 행정입법부작위로 인한 구체적인 권리침해가 발생하는 경우에는 행정입법부작위에 대한 항고소송을 제기할 수 있다는 견해[224]도 있다.

▣ 대법원 1996. 9. 20. 선고 95누8003 판결
[조례가 항고소송의 대상이 되는 행정처분에 해당되는 경우]
 조례가 집행행위의 개입 없이도 그 자체로서 직접 국민의 구체적인 권리의무나 법적 이익에 영향을 미치는 등의 법률상 효과를 발생하는 경우 그 조례는 항고소송의 대상이 되는 행정처분에 해당하고, 이러한 조례에 대한 무효확인소송을 제기함에 있어서 행정소송법 제38조 제1항, 제13조에 의하여 피고적격이 있는 처분 등을 행한 행정청은, 행정주체인 지방자치단체 또는 지방자치단체의 내부적 의결기관으로서 지방자치단체의 의사를 외부에 표시한 권한이 없는 지방의회가 아니라, 구 지방자치법(1994. 3. 16. 법률 제4741호로 개정되기 전의 것) 제19조 제2항, 제92조에 의하여 지방자치단체의 집행기관으로서 조례로서의 효력을 발생시키는 공포권이 있는 지방자치단체의 장이다.

---

   iii) 所見

---
224) 朴均省, 174쪽.

앞서 본 여러 판례를 모아 보면, 특정 조례나 부령 등의 法規命令이 그 자체로서 직접 국민의 구체적인 권리·의무나 법적 이익에 영향을 미치는 것인지 여부는 구체적 판단을 요하는 것이기는 하나, 그러한 성격이 인정되는 경우에는 당해 조례나 부령 등은 행정처분의 성질을 가지는 것으로서 직접 항고소송의 대상이 될 수 있는 것임을 명시적으로 선언하고 있다. 따라서 처분적 성질을 가지는 조례나 법규명령에 대하여는 선결문제 심리 방식에 의한 간접적 통제가 아니라, 그에 대하여 직접 항고소송을 제기하여 이를 다툴 수 있는 것이라는 점에는 의문이 없다.

그러나 이 경우 위법한 처분법규의 효력 또는 이를 다투는 항고소송의 구체적 형태와 관련하여서는 의문이 제기될 수 있다.

위법한 법규명령은 원칙적으로 무효로 된다고 하는 학설의 일반적 입장225)에 의할 경우 처분적 법규명령도 형식은 법규명령으로 되어 있으므로, 그것이 위법한 경우에는 무효로 된다고 보아야 할 것이고, 따라서 이를 다투는 항고소송도 원칙적으로 무효확인소송이어야 한다는 결론에 도달할 수 있다. 그러나 당해 법규명령은 그 형식에도 불구하고 내용적으로는 행정처분으로서의 성질을 가지는 것으로서, 당해 명령은 항고소송의 대상성이 인정되는 것이다. 그러하다면 그 실질적 내용에 따라 당해 법규명령에 하자가 있는 경우에도 행정행위의 하자의 효과에 관한 일반 이론에 따라, 그것은 원칙적으로 취소할 수 있는 행위에 그치는 것이고, 그 하자가 중대·명백한 경우에만 예외적으로 무효로 된다고 볼 수도 있다. 이러한 관점에서는 당해처분 법규를 다투는 항고소송의 형식도 원칙적으로는 취소소송이 될 것이며, 예외적으로만 무효확인소송이 된다고 볼 수도 있다.226)

대법원은 앞에서 본 1954. 8. 19. 선고 53누37 판결에서는 "법령의 효력을 가진 명령이라도 그 효력이 다른 행정행위를 기다릴 것 없이 직접적으로 또 현실적으로 그 자체로서 국민의 권리훼손 기타 이익침해의 효과를 발생케 하는 성질의 것이라면 행정소송법상 처분이라 보아야 할 것이고, 따라서 그에 관한 이해관계자는 … 그 명령의 취소를 법원에 구할 수 있을 것"이라 하고 있다.

따라서 이 판결에 따르면 처분적 법규명령이 위법한 경우에도 그것은 원칙적으로 취소사유에 그친다는 결론에 도달할 수 있을지도 모른다. 그러나 무효인 행정행위 또는 처분에 대하여도 이른바 무효선언적 의미의 취소소송을 제기하여 이를 다툴 수도 있다고 보는 것이 판례의 입장이고 보면, 행정소송 실무상 의미는 있을지 몰라도 그 논의의 실익은 없다고 본다.

---

225) H. Maurer, a.a.O. §13 Rn.17, S.339.
226) 이와 관련하여 프랑스의 경우 越權訴訟(le contentieux de l'excés de pouvoir)이라고 해서 구체적 處分뿐만 아니라 法規命令(대통령령·총리령·부령·조례 등)도 行政行爲로서 그 대상이 되고 있으며 이 경우 극히 예외적으로 당연 무효인 행위에도 그 소송대상성이 인정되고 있다.

2) 헌법재판소에 의한 통제

① 수권법률에 대한 통제

위헌법률심사와 헌법소원이 있다.

② 법규명령 자체에 대한 통제(법규명령심판권의 포함여부)

헌법재판소는 법원의 재판을 제외한 공권력의 행사·불행사에 대한 헌법소원심판권을 가지는데, 이에 법규명령의 위헌성 여부에 대한 헌법소원심판권도 포함되는가에 대하여 견해가 나뉜다.

ⅰ) 학설

㉠ 적극설

명령·규칙이 국민의 기본권을 직접 침해하고 있는 경우에 그에 대한 헌법소원을 인정해야 하고, 헌법재판소법 제68조 제1항이 말하는 법원의 재판을 제외한 공권력의 행사 또는 불행사 속에는 법규명령 등이 당연히 포함되기 때문에 이에 대하여 헌법소원이 인정된다고 한다. 수권법률의 위헌심사와 관련하여, 수권범위의 일탈 여부 심사(중요사항유보설, 본질성이론)에는 위임입법 심사도 포함된다.(다수설)

㉡ 소극설

헌법(제107조 제①,②항)의 문리해석, 처분적 법규명령에 대한 행정소송이 인정된다는 점을 들어 소극적으로 해석한다.

ⅱ) 판례

헌법재판소는, 법규명령의 예는 아니지만 대법원규칙인 법무사법시행규칙, 체육시설의 설치이용에 관한 법률 시행규칙 제5조(당구장의 미성년자 출입금지 표시규정)에 대한 헌법소원에서 헌법상의 평등권, 직업선택의 자유를 침해하는 위헌·무효의 결정을 함으로써 적극설을 취하고 있다.

■ 헌법재판소 1990. 10. 15. 선고 89헌마178 결정
헌법 제107조 제2항이 규정한 명령·규칙에 대한 대법원의 최종심사권이란 구체적인 소송사건에서 명령·규칙의 위헌여부가 재판의 전제가 되었을 경우 법률의 경우와는 달리 헌법재판소에 제청할 것 없이 대법원이 최종적으로 심사할 수 있다는 의미이며, 명령·규칙 그 자체에 의하여 직접 기본권이 침해되었음을 이유로 하여 헌법소원심판을 청구하는 것은 위 헌법규정과는 아무런 상관이 없는 문제이다.

따라서 입법부·행정부·사법부에서 제정한 규칙이 별도의 집행행위(執行行爲)를 기다리지 않고 직접 기본권을 침해하는 것일 때에는 모두 헌법소원심판의 대상이 될 수 있는 것이다.

법무사법시행규칙 제3조 제1항은 법원행정처장이 법무사를 보충할 필요가 없다고 인정하면 법무사시험을 실시하지 아니해도 된다는 것으로서 상위법인 법무사법 제4조 제1항에 의하여 모든 국민에게 부여된 법무사 자격취득의 기회를 하위법인 시행규칙으로 박탈한 것이어서 평등권과 직업선택의 자유를 침해한 것이다.

■ 헌법재판소 1993. 5. 13. 선고 92헌마80 결정
[명령·규칙의 헌법소원의 대상성]

명령·규칙 그 자체에 의하여 직접 기본권이 침해되었을 경우에는 그것을 대상으로 하여 헌법소원심판을 청구할 수 있고, 그 경우 제소요건으로서 당해 법령이 구체적 집행행위를 매개로 하지 아니하고 직접적으로 그리고 현재적으로 국민의 기본권을 침해하고 있어야 한다.

당구장 경영자인 청구인에게 당구장 출입문에 18세 미만자에 대한 출입금지 표시를 하게 하는 이 사건 심판대상규정은 법령이 직접적으로 청구인에게 그러한 표시를 하여야 할 법적 의무를 부과하는 사례에 해당하는 경우로서, 그 표시에 의하여 18세 미만자에 대한 당구장 출입을 저지하는 사실상의 규제력을 가지게 되는 것이므로 이는 결국 그 게시의무규정으로 인하여 당구장 이용고객의 일정범위를 당구장 영업대상에서 제외시키는 결과가 된다고 할 것이고 따라서 청구인을 포함한 모든 당구장 경영자의 직업종사(직업수행)의 자유가 제한되어 헌법상 보장되고 있는 직업선택의 자유가 침해된다.

체육시설의설치·이용에관한법률 및 동시행령에서 당구장영업에만 유독 18세 미만자 출입금지표시 규정을 두어 영업의 대상범위에 일정한 제한을 가하는 것은 위 법률에 명시되어 있는 국회의 입법의지에 비추어 볼 때 합리적이라 하기가 어렵고 대국가적 기속성에 기인하는 입법에 있어서의 평등의 원칙에 대한 적합한 예외사유로 판단되기 어렵다.

당구장에 대한 출입규제 내지 봉쇄는 법률 또는 법률이 구체적으로 명확히 범위를 정하여 위임한 경우의 법규명령에 의하여서만 비로소 가능하다고 할 것인바, 이 사건 심판대상규정은 모법의 위임이 없는 사항을 규정하고 있어 결국 위임의 범위를 일탈한 것이라고 하지 않을 수 없다.

(3) 행정적 통제
1) 행정감독권에 의한 통제
상급행정청은 하급행정청의 법규명령의 기준·내용 등에 관해 시정지시를 하거나 폐지

를 명할 수 있다.

2) 절차적 통제(행정절차에 의한 통제)

구체적으로 행정절차법에 의한 행정상 입법예고절차, 행정규제기본법에 의한 중앙행정 기관의 장에 의한 규제영향분석과 자체심사제도(제7조) 및 규제개혁위원회에 의한 심사 (제10,12조), 국무회의의 심의, 관계기관의 협의 등이 있다.

3) 공무원의 법령심사권

일반적으로 공무원은 법규명령의 적법·유효성에 대한 심사권을 가지되, 그 적용배제권 을 가지지는 않는다고 한다.

(4) 국민에 의한 통제

공청회, 입법예고제(서면에 의한 의견제출), 청원, 압력단체 및 시민운동 등 간접적 수 단을 생각할 수 있다.

제3절 行政規則

I. 행정규칙의 의의

먼저 行政規則의 槪念定立을 살펴보기로 한다. 종래 通說的 見解에 의하면, 행정규칙은 행정조직 내부 또는 특별권력관계내부와 같은 행정내부관계에서 그 조직과 활동을 규율 하는 일반·추상적 규정으로 정의되고 있다.227) 이 의미의 행정규칙에는 특별권력관계에 서의 특별권력주체와 그 구성원 사이의 관계를 규율하는 규범과 행정조직 내부에서의 조직, 활동을 규율하는 규범이 포함되어 있다. 하지만 양자 모두 행정의 내부관계를 규 율한다는 점에서는 공통점이 있으나, 전자는 특별권력관계의 구성원으로서의 사람을 그 수범자로 하는 점에서, 행정조직 내부에서의 조직이나 업무처리의 절차, 기준 등에 관한 규정과는 그 성질을 달리하므로 오늘날 보통 이를 特別法規(特別命令)라고 하여 행정규 칙의 범주에서 제외하는 것이 지배적이다.

행정규칙은 근본적으로 실정법상의 개념이 아니고 강학상의 개념으로, 행정규칙의 정 의는 학자 간에 표현상 차이가 있다.

最近 학자들은 行政規則의 槪念을 多樣하게 定立하고 있는바 이를 분류하면 다음과 같

---

227) 金道昶, 324쪽 ; 尹世昌 外, 173쪽.

다. 첫째, 법규성 여부를 징표로 하여 행정규칙이란 행정기관이 법조의 형식으로 정립하는 일반적·추상적 규범으로서 내부효과만을 가질 뿐 대외적 구속력을 가지는 법규로서의 성질을 가지지 아니하는 행정입법이라고 하고,228)둘째, 위임여부를 징표로 행정기관이 하급행정기관에 대하여 법률의 수권 없이 그의 권한의 범위 내에서 발하는 일반적·추상적 규율이라고 하며,229)셋째로 행정조직 내부에서 상급행정기관이 하급행정기관에 대하여 그 조직이나 업무처리의 절차, 기준 등에 관하여 발하는 일반·추상적 규정이라고 정의내리고 있다.230)넷째로 법규성 여부와 위임여부를 동시징표로 행정기관이 법률의 수권 없이 자신의 권한 범위 내에서 발하는 비법규적 성질을 가진 일반·추상적 규율로서의 내부법이라고 정의 내리는가 하면,231)다섯째로 행정규칙을 행정기관 내부에 있어서 조직과 활동을 규율하기 위하여 행정권이 공법상 특별권력에 의하여 발하는 일반적·추상적 규정 또는 개별적·구체적 명령이라고 개념지기도 한다.232)

여기서는 행정규칙을 형식적으로 이해하여 고시·훈령·예규 등 행정조직 내부에서 상급행정기관이 하급행정기관에 대하여 그 조직이나 업무처리의 절차·기준 등에 관하여 발하는 일반적·추상적 규정이라고 일단 정의 내리기로 한다.

Ⅱ. 행정규칙의 성질(법규명령과의 구별)

행정규칙의 법규명령에 대한 구별을 논함에 있어서는 行政規則의 法規性이 종종 거론되고 있다.

行政規則의 內部的 效果에 관해서는 논란의 여지가 없다. 왜냐하면, 원래 행정규칙은 행정조직 내부에서 그 수명자(受命者)인 하급행정기관과 공무원을 구속하며 그 조직과 활동을 규율하는 것이기 때문이다. 한편 전통적 견해에 의하면 행정규칙의 효력은 내부적 효과에 국한하고 外部的 效果(一般的 拘束力), 즉 국민의 권리의무관계에서는 그 효력을 미치지 못하고 법원을 구속하는 재판규범성을 갖지 않는다고 보아왔다. 이처럼 법규명령과는 달리 行政規則의 法規性은 否認되어 온 것이 傳統的인 見解이다. 이에 따라 일반적으로 행정규칙은 법규성이 없으므로 행정기관이 사인에 대해 규칙위반의 불이익처분을 하여도 사인은 규칙위반을 이유로 다툴 수 없다고 이해되어 왔다. 따라서 행정내부적인 규율로서의 행정규칙은 사인의 권리와 의무를 발생시키는 것이 아니기 때문에 행정주체와 사인간의 법적 분쟁에 대한 재판에 있어서도 직접적으로 별 의미를 가지고

---

228) 金鐵容, 128쪽 ; 李鳴九, 188쪽 ; 趙淵泓, 326쪽 ; 南 博方 等編, 166쪽.
229) 金南辰, 182~183쪽 ; 金性洙, 343쪽 ; 朴鈗炘, 234쪽 ; 朴鍾局, 245쪽 ; 石琮顯, 398쪽 ; 李在華, 96쪽. 다만 특별권력관계내부도 포함시키는 학자들도 있다(金香基, 153쪽 ; 柳至泰, 207쪽).
230) 金東熙, 146쪽 ; 朴均省, 176쪽 ; 洪井善, 225쪽 ; 洪準亨, 307쪽.
231) 姜求哲, 225쪽 ; 金東建, 「大法院 判例에 비추어 본 法規命令과 行政規則」(考試界, 1998. 11), 42쪽.
232) 卞在玉, 205쪽 ; 韓堅愚, 446쪽.

있지 아니하였다.

 하지만 오늘날 특별권력관계론이 수정받고 있고 내부관계와 외부관계의 준별론도 상대화되고 있으며 법률유보의 이론도 역사적 산물이 되었다. 현대복지국가에서는 급부행정의 확대에 따라 앞서 본대로 법규개념도 확대 변화하였고 이러한 법규개념의 변화는 행정규칙의 외부적 효과의 면에서 나타나고 있는바,233) 이하 행정규칙의 법규성을 둘러싼 학자들의 견해와 판례의 태도를 살펴보기로 한다. 여기서 법규의 성질을 갖는다는 의미는 법률과 마찬가지로 법규범으로서 대외적 구속력이 있어 법원과 국민을 구속하는 기준이 된다는 의미이다.

1. 學說의 傾向

(1) 法規說

 행정규칙 중 오로지 행정조직 내부의 사항에 국한되고 대외적으로 아무 관계가 없는 것이 아닌 한 법규의 성질을 가지는 것이 있음을 인정하는 견해234)이다.

 그 근거로 ① 행정사무처리의 기준을 제시하는 행정명령은 그 규율을 받는 하급관청 및 공무원에게 준수의무가 주어지는 것이 틀림없는 일이기 때문에 당해 하급관청 또는 공무원은 그 행정명령에 따라 행정작용을 할 것이 기대되고 행정작용의 상대방인 국민은 결과적으로 그 행정명령의 영향을 면할 수 없다는 점235) ② 행정규칙이 장기간 계속되어 행정업무처리상의 기준으로서 관례화하게 되면 그것은 법률과 일체가 된다는 점236) ③ 국민의 권리보호의 견지에서 보다 실질적으로 파악하여야 한다는 점237) ④ 헌법이 행정권에 대하여 위임명령의 제정과 같은 입법권을 인정하고 있다는 점, 행정규칙이 직접적이든 간접적이든 국민의 권리의무에 많은 영향을 미친다는 점, 행정규칙에 대하여 사법심사의 대상이 되도록 하여 행정권의 남용을 억제하도록 할 필요성238) 등을 근거로 행정규칙의 법적 성격을 인정하여야 한다는 것이다.

 이와 관련하여, 洪井善 敎授는 행정규칙의 법적 성격은 모든 행정규칙에 대하여 일률적으로 말할 것이 아니라고 하면서 "법률의 수권에 근거하지 아니한 法律代位規則·法律補充規則의 경우에는 法規性(直接的인 外部的 拘束效)이 인정된다고 보아야 할 것이다."라고

---

233) 行政規則의 外部的 效果의 根據에 대해서는, 金容燮, 「行政規則의 對外的 拘束力」(法曹 通卷 제534호, 法學協會, 2001. 3.), 164~178쪽 ; 金香基, 「行政規則의 外部效果」(現代公法理論의 展開, 許永敏敎授華甲紀念論文集, 1993. 12.), 142~154쪽 각 참조.
234) 姜求哲, 232쪽 ; 柳至泰, 213~214쪽 ; 卞在玉, 211쪽 ; 李鳴九, 190~191쪽.
235) 李尙圭, 308쪽.
236) 徐元宇, 350쪽.
237) 趙龍鎬, 「個別公示地價의 諸問題」(司法論集 25輯, 法院行政處, 1994. 12.), 648~649쪽.
238) 趙文富, 「行政立法의 行政的 統制」(考試界, 1996. 12.), 66쪽.

하고, 韓堅愚 敎授는 行政規則을 個別化·類型化해서 行政規則의 法規性을 논하여야 한다
는 입장에서 "원칙적으로 행정규칙은 법규성이 없지만 국민의 권리·의무와 관련된 내용
을 담은 행정규칙은 법규적 효력을 가지는 것으로 파악하여야 한다."고 한다.239)

(2) 準法規說

오늘날 행정규칙이 대외적·대국민적 효과를 발생하고 있는 사실을 부인할 수 없음을
전제로 準法規, 法規에 가까운 性質 등의 표현으로 설명하는 학자도 있다.240)

그 설명방법에 있어 ① 헌법상의 평등원칙 또는 신뢰원칙을 구체화하기 위한 연결점,
준거점, 매개항이 된다는 점에서 사실상 법규에 가까운 법적 의미를 가진다241) ② 裁量
準則과 그에 준하는 성질을 가지는 法律代位的 規則에 대하여는 平等原則과의 結合에서
그 準法規性을 認定할 수 있다242)라고 하고 있다.

(3) 非法規說

일부 행정규칙의 대외적 효력을 인정하면서도 행정규칙의 법규성은 명백히 부인하는
입장이다.243)행정규칙의 하부기관에 대한 구속은 법적 구속이며 따라서 行政規則은 高
權的이고 一般的·抽象的인 規律이라는 意味에서 法規(Rechtssatz)이긴 하지만, 그 수
범자가 행정내부 기관일 뿐이고, 행정내부의 조직과 활동을 규율하기 때문에 內部法
(Innenrecht)이므로 행정규칙은 단지 그것이 반복되어 적용됨으로써 그에 상응하는
행정 관례가 성립되어 평등의 원칙에 근거한 '行政의 自己拘束의 法理'에 따라 外部效
(Aussenwir Kung)를 가지게 되며, 따라서 행정규칙은 외부법과는 달리 법원에 의해
해석·적용의 대상이 되는 않는다는 것이다. 즉, 행정규칙은 대국민과의 관계에서 裁判規
範이 되지 않는다고 한다.

이 견해는 행정규칙은 행정권 내부만 구속할 뿐 대외적으로 국민에 대해 직접적으로 구
속하는 효력이 없다는 점, 행정규칙의 외부적 효력은 직접적·법적 효력이 아니라 간접
적·사실적 효력에 불과하다는 점 등을 근거로 제시하고 있다.

239) 韓堅愚, 452~453쪽 ; 洪井善, 230쪽. 이들은 자신의 견해를 類型說이라고 명명하고 있다.
240) 朴均省, 198쪽.
241) 金道昶, 333쪽 ; 徐圭永, 「각종 處分의 基準이 되는 行政規則의 法的 性格」(行政訴訟에 관한 諸
　　問題(下), 裁判資料 第68輯, 法院行政處, 1995), 283~284쪽.
242) 金東熙, 166쪽.
243) 金南辰, 184쪽 ; 金香基, 155쪽 ; 朴鈗炘, 254~255쪽 ; 石琮顯, 176~177쪽 ; 崔世英, 「行政
　　規則의 法規性 認定與否」(判例月報 通卷178號, 1985. 7.), 61쪽. 다만 朴鈗炘 敎授는, 법이론
　　적 의미의 법규개념을 견지하면서 행정규칙도 내부법규로서 행정조직내부에서는 법적효력을 가
　　지는 법규범의 하나라고 주장한다(同, 255쪽).

2. 判例의 態度

우리 대법원은 원칙적으로 전통적 견해에 입각해서 행정규칙의 일반적 형식으로서의 訓令에 대하여 "훈령이란 행정조직내부에 있어서 그 권한의 행사를 지휘, 감독하기 위하여 발하는 행정명령으로서 訓令·例規·通牒·指示·告示·覺書 등 그 사용명칭여하에 불구하고 공법상의 법률관계 내부에서 준거할 준칙을 정하는데 그치고 대외적으로는 아무런 구속력도 가지는 것이 아니다."244)라는 입장으로, 行政規則의 法規性을 否認하고 있다.

다만, 재량처분으로서의 제재적처분의 기준을 정하는 대통령령인 시행령의 경우에는 그 법규성을 인정하고 있는데,245)그 예로는 주택건설촉진법 제7조 제2항의 위임에 터 잡아 행정처분의 기준을 정한 같은 법시행령 제10조의3 제1항 〔별표1〕(대법원 1997. 12. 26. 선고 97누15418 판결)246), 구 청소년보호법(1999. 2. 5. 법률 제5817호로 개정되기 전의 것) 제49조 제1항, 제2항에 따른 같은 법 시행령(1999. 6. 30. 大統領令 제16461호로 개정되기 전의 것) 제40조〔별표6〕의 위반행위의 종별에 따른 과징금처분기준(대법원 2001. 3. 9. 선고 99두5207 판결)247)등이 있다.

Ⅲ. 행정규칙의 형식

1. 법규명령 형식의 행정규칙

---

244) 대법원 1994. 1. 28. 선고 92구498 판결 ; 대법원 1990. 10. 16. 선고 90누4297 판결 ; 대법원 1983. 6. 14. 선고 83누54 판결.

245) 이에 대하여 규정형식상 대통령령으로 정해진 시행령상의 처분기준을 법규명령으로 본 결론에는 찬성하지만 대통령령이나 부령 모두 위임명령의 형식으로서 법규명령으로 보아야 한다고 전제하고 제재적 행정처분의 기준이 부령의 형식으로 되어있으면 행정규칙이고 대통령령으로 되어 있으면 법규명령이 되는 논리적 근거가 제시되어 있지 않다는 지적을 받고 있다(金南辰, 「處分基準으로서의 大統領令·部令등」(考試界, 1998. 6.), 170~171쪽 ; 金裕煥, 前揭論文, 24쪽 ; 劉尙炫, 「行政府에서 보는 行政規則論」(考試界, 1998. 11.), 39-40쪽 ; 최정일, 「行政規則의 法規性 문제를 또 생각하며」(法制, 1998. 6.), 67쪽 ; 洪井善, 「制裁的行政處分의 基準」(法制, 1998. 11.), 44쪽 ; 洪準亨, 「法規命令과 行政規則의 區別-制裁的 行政處分의 基準을 정한 施行規則·施行令의 법적 성질을 중심으로-」(법제, 1998. 8.), 51쪽).

246) 주택건설촉진법시행령 제10조의 3 제1항〔별표1〕은 법 제7조 제2항의 위임규정에 터 잡은 규정형식상 대통령령이므로 그 성질이 부령인 시행규칙이나 또는 지방자치단체의 규칙과 같이 통상적으로 행정조직 내부에 있어서의 행정명령에 지나지 않는 것이 아니라 대외적으로 국민이나 법원을 구속하는 힘이 있는 법규명령에 해당한다.

247) "위반행위의 종별에 따른 과징금처분기준은 법규명령이기는 하나 모법의 위임규정의 내용과 취지 및 헌법상의 과잉금지의 원칙과 평등의 원칙 등에 비추어 같은 유형의 위반행위라 하더라도 그 규모나 기간, 사회적 비난 정도, 위반행위로 인하여 다른 법률에 의하여 처벌받은 다른 사정, 행위자의 개인적 사정 및 위반행위로 얻은 불법이익의 규모 등 여러 요소를 종합적으로 고려하여 사안에 따라 적정한 과징금의 액수를 정하여야 할 것이므로 그 수액은 정액이 아니라 최고한도액이다"라고 판시하여 대통령령에서 규정된 제재적 처분기준이 법규명령의 성질을 갖는다고 하더라도 구체적인 내용결정은 기속적인 경우도 있을 수 있고, 재량적인 경우도 있을 수 있음을 시사하고 있다.

(1) 학설

행정규칙은 보통 고시·훈령·예규 등의 형식으로 정립되나, 때로는 大統領令, 總理令, 部令 등 法規命令의 形式으로 定立되는 境遇가 있는데 이 行政規則이 法規로서의 性質을 가지는가에 관하여 積極說과 消極說이 對立되고 있다. 즉, 형식상 법규명령 중에서 그 내용이 행정규칙인 경우 그 법적 성질이 문제된다. 그 논의의 실익은 국민이나 법원에 대한 대외적 구속력의 인정여부에 있다.

1) 積極說(形式說)[248]

그 내용을 불문하고 법규의 형식으로 규정된 경우 이는 법규명령으로 보아야 하고, 행정규칙의 고유한 사항이란 없다고 한다. 판례상 주로 문제되었던 침익적 처분의 기준은 직접 상대방의 권익을 제한하는 사항이므로 위임입법의 법리에 비추어 이를 행정규칙으로 보는 데에는 무리가 있으며 처분기준은 재량영역을 보다 합리적으로 한정하는 것으로서 행정청은 물론 국민이나 법원을 구속한다고 보는 것이 합리적이라는 것이다. 그 법규적 효력을 인정하되 적극적으로 명령규칙심사권을 발동하여 당해 처분기준의 합리성을 심사할 필요성이 있다는 것이다.

積極說은 그 論據로 ① 일반 공권력의 발동으로 정립된 법규명령은 그 내용이 국민의 자유와 재산에 직접 관계없는 사항이라도 법규의 형식으로 규정됨으로써 일반국민을 구속하게 되며 ② 형식적 기준에 따라 법규명령의 형식인 대통령령이나 부령 등으로 정하여진 이상 비록 그것이 행정규칙으로 정하여질 사항을 내용으로 하고 있다하더라도 대외적 구속력을 갖는다는 것이다.

2) 消極說(實質說)[249]

이는 행정규칙이 법규의 형식으로 제정되어도 행정규칙으로서의 성질이 변하는 것은 아니어서 일반국민이나 법원을 구속할 수는 없다고 보는 입장이다. 그 근거로는 ① 법률, 법규명령이 언제나 일반국민을 구속하지는 않는다 ② 내용상 행정규칙임이 명백한 때에는 행정규칙으로 보아야 한다 ③ 각종 침익적 행정처분의 기준을 정한 시행규칙의 법적 성질을 법규명령으로 보면 개별적 사정에 따른 구제가 불가능하게 되므로 이를 행정규칙

---

248) 金道昶, 324~325쪽 ; 金東熙, 154쪽 ; 朴圭河, 198쪽 ; 朴均省, 182~183쪽 ; 朴鈗炘, 246쪽 ; 卞在玉, 215쪽 ; 李尙圭, 310쪽 ; 洪準亨, 316쪽 ; 金元主, 「行政規則의 性質과 效力」(考試界, 1988. 6.), 53쪽 ; 金裕煥, 前揭論文, 26쪽 ; 崔世英, 前揭論文, 62쪽.

249) 姜求哲, 239쪽 ; 金鐵容, 131~132쪽 ; 柳至泰, 208~209쪽 ; 徐元宇, 349쪽 ; 李鳴九, 192~193쪽 ; 韓堅愚, 459쪽 ; 韓 敎授는 법규명령의 형식으로 된 행정규칙의 내용이 실질적으로 일반국민을 구속하는 것인지 여부에 따라서 법규명령 또는 행정규칙으로 보는 것이 타당하다고 하여 또 다른 절충설의 유형으로 분류할 수도 있겠으나 여기서는 소극설로 분류키로 한다.

으로 보아야 한다는 점 등을 든다.

消極說은 실질적 내용에 따라 그 규칙의 내용이 행정청 내의 사무처리준칙을 규정한 것은 비록 그것이 法規命令의 형식을 취하더라도 행정조직 내부에서 행정기관이나 직원을 구속함에 그치고 대외적으로 국민일반에 대하여는 拘束力을 갖지 못한다고 한다.

3) 折衷說250)

이는 문제된 규범의 법률의 수권존재여부를 구별하여 위임의 근거가 있는 경우에는 법규명령으로서의 성질을 인정하고 위임의 근거가 없는 경우에는 행정규칙으로서의 성질을 인정하여야 한다고 본다.

折衷說은 법규명령의 형식을 논함에 있어 헌법 제75조의 위임입법의 요건을 충족한 것인지의 여부를 검토하여야 한다고 하면서, 행정규칙이 법규명령의 형식으로 제정된 경우 그것이 법률의 수권을 결여한 경우에는 위헌무효가 되는 것으로 보아야 할 것이고 법규명령형식의 행정규칙이라도 위임입법의 요건을 갖춘 경우에는 그것은 형식적 의미의 법규명령으로 보아야 한다고 한다.

(2) 판례

행정처분의 기준을 설정하고 있는 部令에 대하여 대법원은 "규정형식상 부령인 시행규칙, 또는 지방자치단체의 규칙으로 정한 행정처분의 기준은 행정처분 등에 관한 사무처리기준과 처분절차 등 행정청 내의 사무처리준칙을 규정한 것에 불과하므로 대외적으로 국민이나 법원을 구속하는 힘이 없고, 그 처분이 위 규칙에 위배되는 것이라 하더라도 위법의 문제는 생기지 아니하고, 또 위 규칙에 정한 기준에 적합하다 하여 바로 그 처분이 적법한 것이라고도 할 수 없다."(대법원 1995. 10. 17. 선고 94누14148 전원합의체 판결)고 판시하여 소위 裁量準則에 대하여 그 法規性을 한결같이 否認하고 있다.

이는 행정청이 위반사항에 대하여 처분기준을 기계적 · 획일적으로 적용함으로써 생길 수 있는 불합리와 불평등을 제거하여 법의 규정 및 취지에 따라 행정처분의 당부를 가림으로써 국민의 권리구제에 만전을 기하겠다는 뜻으로 해석된다.

하지만 이에 대하여는 반대견해가 있다. 즉, 부령이라도 법률의 위임에 의한 위임명령은 법률위반 내지 위임범위를 벗어나지 않는 한 법률과 동일한 외부적 효력이 있고 부령 등의 재량준칙이 불합리하면 명령심사권을 행사하여 무효를 선언하면 된다는 것이다.251)

---

250) 金南辰, 187~188쪽 ; 金香基, 160쪽 ; 石琮顯, 181~182쪽 ; 洪井善, 227~228쪽.
251) 金南辰, 188쪽 ; 金東熙, 155~159쪽 ; 朴鈗炘, 247쪽 ; 白潤基, 「裁量準則上의 減輕規定에 對하여」(행정법원의 좌표와 진로, 서울행정법원, 1999), 393쪽.
     徐圭永 判事는 더 나아가 위임의 한계를 벗어난 법규명령은 무효이므로 법원은 그 법규명령에

어쨌든 우리나라 대법원은 처분기준의 법규성을 부인하여 처분기준에 따른 재량처분에 대하여 폭넓게 사법심사의 대상에 포함시키고 있다. 그리고 법원은 재량위반 여부가 문제된 경우 가능한 한 행정청의 판단을 최대한 존중하되 법규의 목적, 비례·평등의 원칙 등을 매개로 하여 사회통념 내지 조리에 비추어 법관의 양심상 용납할 수 없다고 인정되는 경우에 이를 재량권의 남용 내지는 일탈로 보아 위법판단을 내리고 있는 듯하다.

■ 法規命令形式의 行政規則의 法規性을 否認한 事例

① 舊 石油事業法 제13조 제3항에 기한 석유판매사업허가의 취소나 그 사업의 정지를 명하는 행정처분의 기준을 정한 舊 石油事業法施行規則(1988. 9. 10. 동력자원부령 제101호로 개정되기 전의 것) 제9조의 2 제1항 별표[1] 行政處分基準(대법원 1990. 4. 10. 선고, 90누271 판결, 대법원 1991. 4. 9. 선고 91누339 판결)

② 買入價格疏明時期에 관한 開發利益還收에 관한 法律 施行規則 제4조(대법원 1993. 5. 11. 선고 92누13677 전원합의체판결, 대법원 1994. 4. 12. 선고 92누10562 판결)

③ 1989. 4. 20. 건설교통부령 제905호인 自動車運輸事業法 제31조 등의 규정에 의한 사업면허의 취소 등의 처분에 관한 규칙(대법원 1996. 9. 6. 선고 96누914 판결[252], 대법원 1991. 11. 8. 선고 91누4973 판결, 대법원 1987. 4. 14. 선고 86누735 판결[253])

구속되지 않게 된다고 한다(同, 前揭論文, 279쪽).

한편 金裕煥 敎授는 행정규칙의 형식을 가진 규범의 외부법적 효력을 인정하기 위해서는 ① 상위법령의 위임근거가 있어야 한다. ② 다른 법령과의 모순·저촉이 없어야 한다. ③ 당해 행정규칙의 외부효를 승인할 수밖에 없도록 만드는 법의 흠결이 있어야 한다. ④ 당해규율의 내용은 어떠한 형태로든 수범자에게 고지되어야 한다는 요건을 갖춘 경우에 한한다고 주장하고 있다(同, 前揭論文, 26~27쪽).

252) 자동차운수사업법 제31조 등의 규정에 의한 사업면허의 취소 등의 처분에 관한 규칙은 행정기관 내부에서의 사무처리의 기준을 정한 행정명령으로서 국민이나 법원을 기속하는 법규명령의 성질을 가진 것으로 볼 수 없으므로, 자동차운송사업면허취소 등의 처분이 위 규칙에서 정한 기준에 적합한 것이라 하여 바로 그 처분이 적법한 것이라고는 할 수 없고(대법원 1990. 1. 25. 선고 89누3564 판결 참조), 또한 그 취소처분이 재량권의 한계를 벗어났는지를 판단함에 있어서는 자동차운수사업법 제31조에 의하여 달성하려고 하는 공익의 목적과 면허취소처분으로 인하여 상대방이 입게 될 불이익을 비교·교량하여 그 처분으로 인하여 공익상의 필요보다 상대방이 받게 될 불이익 등이 막대한 경우에는 재량권의 한계를 일탈했다고 볼 것이다(대법원 1988. 12. 20. 선고 88누2212 판결, 대법원 1991. 2. 12. 선고 90누4846 판결 참조).

253) 자동차운수사업법 제31조 등에 의한 사업면허의 취소 등의 처분에 관한 규칙은 교통부장관이 관계행정기관 및 직원에 대하여 그 직무권한행사의 지침으로 발한 행정조직내부에 있어서의 행정명령의 성질을 가지는 것이고 법규명령의 성질을 가진 것으로 볼 수 없으므로 자동차운송사업면허취소등의 처분이 위 규칙에 위배되어도 위법의 문제는 생기지 아니하고 또 위 규칙에 정한 기준에 적합한 것이라 하여 바로 그 처분이 적법한 것이라고도 할 수 없으며 그 처분의 적법여부는 위 규칙에 따라서가 아니라 자동차운수사업법의 규정 및 그 취지에 적합한 것인가의 여부

④ 공중위생법 제23조 제1항에 기한 처분의 기준을 설정한 보건복지부령인 公衆衛生法 施行規則 제41조 별표〔7〕 行政處分基準(대법원 1990. 6. 12. 선고, 90누1588 판결, 대법원 1991. 3. 8. 선고 90누6545판결, 대법원 1992. 12. 8. 선고 92누14199 판결254), 대법원 1992. 6. 23. 92누2851 판결255))

⑤ 食品衛生法 제58조 제1항에 기한 식품위생법시행규칙 제53조 소정의 별표〔15〕 行政處分基準(대법원 1991. 5. 14. 선고 90누9780 판결, 대법원 1991. 9. 24. 선고 91누5112 판결, 대법원 1992. 3. 31. 선고 91누5785 판결, 대법원 1993. 6. 29. 선고 93누5635 판결, 대법원1994. 10. 14. 선고 94누4370 판결, 대법원1995. 3. 28. 선고 94누6925 판결256), 대법원 1997. 11. 28. 선고 97누12952 판결)

⑥ 風俗營業의 規制에 관한 法律 施行規則 제8조 제1항 별표〔3〕 行政處分基準(대법원 1994. 4. 12. 선고 94누651 판결)

⑦ 醫療法 제53조의 3, 제53조 제1항에 따라 의사면허자격정지처분의 세부적인 기준을 정한 보건복지부령(대법원 1996. 2. 23. 선고 95누16318 판결257))

에 따라서 판단하여야 한다.

254) 공중위생법 제23조 제1항의 취지는 처분권자에게 영업자가 법에 위반하는 종류와 정도의 경중에 따라 제반사정을 참작하여 위 법에 규정된 것 중 적절한 종류의 것을 선택하여 합리적인 범위내의 행정처분을 할 수 있는 재량권을 부여한 것이라고 보아야 할 것이고, 이를 시행하기 위하여 마련된 공중위생법시행규칙 제41조는 형식은 부령으로 되어 있으나 그 성질은 행정기관 내부의 사무처리준칙을 규정한 것으로서 보건사회부장관이 관계행정기관 및 직원에 대하여 그 직무권한 행사의 지침을 정하여 주기 위하여 발한 행정명령의 성질을 가지는 것이지 위 법의 규정에 의하여 보장된 재량권을 기속하거나 대외적으로 국민이나 법원을 기속하는 힘이 있는 것도 아니므로 위법 제23조 제1항에 의한 처분의 적법여부는 위 규칙에 적합한 것인가의 여부에 따라 판단할 것이 아니고 법의 규정 및 그 취지에 적합한 것인가의 여부에 따라 판단하여야 한다고 할 것이다.

255) 공중위생법 제23조 제1항은 처분권자에게 영업자가 법에 위반하는 종류와 정도의 경중에 따라 제반 사정을 참작하여 위 법에 규정된 것 중 적절한 종류를 선택하여 합리적인 범위 내의 행정처분을 할 수 있는 재량권을 부여한 것이고 이를 시행하기 위하여 같은 법조 제4항에 의하여 마련된 공중위생법시행규칙은 형식은 부령으로 되어 있으나 그 성질은 행정기관 내부의 사무처리준칙을 규정한 것에 불과한 것으로서 같은 법 제23조 제1항에 의하여 보장된 재량권을 기속하거나 대외적으로 국민이나 법원을 기속하는 것은 아니다.

256) 구 식품위생법시행규칙(1993. 7. 3 보건사회부령 제910호로 개정되기 전의 것) 제53조에서 〔별표 15〕로 식품위생법 제58조에 따른 행정처분의 기준을 정하였다고 하더라도 이는 형식만 부령으로 되어 있을 뿐, 그 성질은 행정기관 내부의 사무처리준칙을 정한 것으로서 행정명령의 성질을 가지는 것이고, 대외적으로 국민이나 법원을 기속하는 힘이 있는 것은 아니므로 같은 법 제58조 제1항에 의한 처분의 적법 여부는 같은 법 시행규칙에 적합한 것인가의 여부에 따라 판단할 것이 아니라 같은 법의 규정 및 그 취지에 적합한 것인가의 여부에 따라 판단하여야 한다.

257) 의료법 제53조의3, 제53조 제1항에 의하면 의사면허자격정지처분의 세부 적인 기준은 보건복지부령으로 정하도록 되어 있으나 위 보건복지부령은 그 규정의 성질과 내용이 의사에 대한 면허자격정지처분의 세부적인 기준이라는 행정 청 내의 사무처리준칙을 규정하는 것에 불과하여 보건복지부장관이 관계 행정기관 및 그 직원에 대하여 그 직무권한 행사의 지침을 정하여 주기 위하여 발하는 행정조직 내부에 있어서의 행정명령의 성질을 가지는 것으로서 대외적으로 국민이

⑧ 道路交通法 제78조(1990. 8. 1. 법률 제4243호로 개정되기 전의 것)에 기한 道路
交通法 施行規則 제53조 제1항 소정의 별표〔16〕 운전면허행정처분기준(대법원
1991. 6. 11. 선고 91누2083 판결, 대법원 1991. 5. 10. 선고 91누1417 판결,
대법원 1991. 1. 15. 선고 90누7630 판결, 대법원 1990. 11. 13. 선고 90누
7517 판결, 대법원 1990. 10. 16. 선고 90누4297 판결, 대법원 1989. 11. 24.
선고 89누4055 판결, 대법원 1991. 2. 26. 선고 90누9186 판결, 대법원 1993.
2. 9. 선고 92누15253 판결)[258]

⑨ 建築士法施行規則 제22조의 건축사업무소 등록취소 및 건축사업무정지처분 등 기
준(대법원 1992. 4. 28. 선고 91누11940 판결[259])

⑩ 契約事務處理規則 제68조의2 제1항 별표 부정당업자의 입찰참가제한기준(대법원
1991. 11. 22. 선고 91누551 판결)

⑪ 사실상 사도의 평가기준을 정한 舊 公共用地의取得및損失補償에 관한 特例法 施行
規則(1995. 1. 7. 건설교통부령 제3호로 개정되기 전의 것) 제6조의2(대법원
1996. 8. 23. 선고 95누14718 판결)

⑫ 재요양의 인정요건을 정한 産業災害補償保險法施行規則 제15조(대법원 1997. 3.
28. 선고 96누18755 판결)

앞서 본 판례들을 종합하여보면, 그 형식의 여하에 불구하고 구체적인 규정의 내용 및
취지를 실질적으로 음미하여 행정규칙사항이 법규명령에 규정되어 있더라도 (소위 法規
命令形式의 行政規則) 그 실질적인 성질에 있어 행정규칙에 불과한 경우에는 그 법규성
을 부인하고, 훈령 등 행정규칙의 형식으로 규정되어 있더라도 그 내용이 법규사항이면
(소위 行政規則形式의 法規命令) 법규명령으로서의 효력을 인정한다는 취지로 이해할
수 있겠다. 행정규칙의 형식을 취했더라도 그 내용이 국민의 권리의무에 관계되는 실체
적 법규사항이고 법령의 위임을 받았으면 법규명령 중 위임명령으로 파악하고, 법령의
위임은 없지만 그 내용이 국민의 권리 의무에 영향을 미치는 절차적 법규사항인 경우에

나 법원을 기속하는 효력이 있는 것은 아니므로 의사면허자격정지처분의 적법 여부는 그 처분이
위 보건복지부령이 정하는 기준에 적합한지 여부에 따라 판단 할 것이 아니라 의료법의 규정과
취지에 적합한지 여부에 따라 판단하여야 한다. 따라서 의사면허자격정지처분이 의료법의 규정
과 취지에 적합하게 이루어진 이상 그 처분이 처분기준에 관한 위 보건복지부령이 제정되지 아
니한 상태에서 이루어졌다고 하여 그 처분이 위법하다고 할 수는 없다.

258) 이와 관련하여 金元主 敎授는 위 별표〔16〕은 法規命令으로 이해해야 한다고 주장하고 있다(金
元主,「法規命令과 行政規則 區別의 實益」(考試界, 1998. 11.), 5쪽 이하).

259) 건축사업무소 등록취소 및 건축사의 업무정지처분의 기준을 규정한 건축사법 시행규칙 제22조
는 행정청 내부의 사무처리준칙을 규정한 것에 불과한 것으로서 이는 건설부장관이 관계 행정기
관 및 직원에 대하여 그 직무 권한 행사의 지침으로 발한 행정조직 내부에 있어서의 행정명령의
성질을 가지는 것이고 대외적으로 국민이나 법원을 기속하는 효력이 없다.

는 법규명령 중 집행명령으로 파악하는 것 같다.

요컨대, 大法院은 行政立法의 法規性 有無에 대한 判斷基準을, 규율내용과는 관계없이 大統領令으로 規定된 境遇에는 法規性을 認定하지만, 部令의 形式으로 規定된 境遇에는 規律內容이 행정규칙으로 규정될 사항(裁量的 行政處分의 基準)인가 아니면 법규명령으로 규정될 사항인가에 따라 그 法規性 與否를 決定한다는 것으로 요약 할 수 있겠다.

(3) 所見

앞서 본대로, 행정규칙은 내부법규로서 행정 내부에서 효력이 인정되는데 그치므로 원칙적으로는 비법규적이다. 그러나 예외적으로 예컨대, 자기구속의 법리를 바탕으로 평등원칙 등을 매개로 하여 간접적으로 대외적 효력이 발생하는 경우와 중간 형태로 상위법령과 결합하여 대외적구속력이 인정되는 경우, 나아가 상위법령과 무관하게 수익적 행정영역에서 법규적 성질을 가지기 때문에 직접적으로 대외적구속력이 인정되는 경우에는 법규적 성격을 띤다고 하여야 할 것이다.

대법원 판례가 대통령령으로 정한 행정처분기준과 부령으로 정한 행정처분기준의 성격을 달리 판단하는 것은 불합리하다고 본다. 대통령령과 부령의 소관사항구분은 일반적으로 다른 부처와 정책조정을 거칠 필요가 있는 사항은 대통령령으로 규정하고, 그렇지 않은 경우에는 부령으로 규정한다는 원칙을 들 수 있으며, 법률의 위임범위를 벗어나지 아니하는 범위 내에서 정하여진 것이라면 대통령령으로 정하든 부령으로 정하든 같은 효력을 인정하여야 할 것이다. 헌법은 제75조에서 위임명령으로서의 大統領令에 관하여 규정하고 있고, 제95조에서는 위임명령으로서 總理令・部令에 관하여 규정하고 있으면서 이들 위임명령의 효력에 대해서는 달리 규정한 바 없으므로 대통령령인 관계법규 시행령에 법규성이 인정된다면, 부령인 관계법규 시행규칙에도 그 법규성이 인정되어야 할 것이기 때문이다.[260]

그러나 行政規則 중 法律補充的 行政規則의 境遇에는 例外的으로 直接的인 外部的 效果를 갖는다고 하겠다.[261] 즉, 법규범이 필요한 일정영역에 법규범이 없거나 법적 규율이 있어도 그것이 너무 일반적이어서 보충 또는 구체화의 과정이 필요한 경우에는 법규성을 갖는다고 보아야 할 것이다.

더 나아가 현대 행정에서 행정규칙이 수행하고 있는 기능의 중요성과 개인의 권리보호 측면에서 행정규칙에 대한 사법적 통제를 등한시 할 수 없다고 보여 지는 바, 행정규칙 그 자체를 직접 다투지 않고서는 도저히 구제를 받을 수 없는 특별한 사정이 있는 경우에는 행정규칙에 대해 직접 다툴 수 있도록 그 법규성을 인정함이 옳다고 본다.

---

260) 金東熙, 157쪽.
261) 洪井善, 233쪽.

2. 行政規則 形式의 法規命令(법규적 내용을 갖는 행정규칙)

원칙은 그 형식(행정규칙)에 따라 법규성이 없지만, 예외적으로 법규성을 인정한다. 즉 행정규칙 중 법령의 수권을 받아 그 규정과 결합하여 법규의 내용을 보충하는 성질을 갖는 행정규칙이 존재하는데 이경우의 법규성이 문제된다. 대부분의 학설과 판례는 법률 또는 상위명령의 구체적 위임이 있음을 근거로 법규명령(위임명령)으로 본다.262)

法律補充的 行政規則의 法規性에 대한 大法院의 立場은 다음과 같다. 즉 "상급행정기관이 하급행정기관에 대하여 업무처리지침이나 법령의 해석적용에 관한 기준을 정하여 발하는 이른바 행정규칙은 일반적으로 행정조직 내부에서만 효력을 가질 뿐 대외적인 구속력을 갖는 것은 아니지만, 법령의 규정이 특정행정기관에게 그 법령내용의 구체적 사항을 정할 수 있는 권한을 부여하면서 그 권한행사의 절차나 방법을 특정하고 있지 아니한 관계로 수임행정기관이 행정규칙의 형식으로 그 법령의 내용이 될 사항을 구체적으로 정하고 있는 경우, 그와 같은 행정규칙, 규정은 위에서 본 행정규칙이 갖는 일반적 효력으로서가 아니라, 행정기관에 법령의 구체적 내용을 보충할 권한을 부여한 법령규정의 효력에 의하여 그 내용을 보충하는 기능을 갖게 된다할 것이고, 따라서 이와 같은 행정규칙·규정은 당해 법령의 위임한계를 벗어나지 아니하는 한, 그것들과 결합하여 대외적인 구속력이 있는 법규명령으로서의 효력을 갖게 된다."(대법원 1998. 6. 9. 선고 97누19915 판결 ; 대법원 1995. 5. 23. 선고 94도2502 판결), "일반적으로 행정각부의 장이 정하는 고시라 하더라도 그것이 특히 법령의 규정에서 특정행정기관에게 법령내용의 구체적 사항을 정할 수 있는 권한을 부여함으로써 그 법령내용을 보충하는 기능을 가질 경우에는 그 형식과 상관없이 근거법령규정과 결합하여 대외적으로 구속력이 있는 법규명령으로서의 효력을 가지는 것이나 이는 어디까지나 법령의 위임에 따라 그 법령규정을 보충하는 기능을 가지는 점에 근거하여 예외적으로 인정되는 효력이므로 특정고시가 비록 법령에 근거를 둔 것이라고 하더라도 그 규정내용이 법령의 위임범위를 벗어난 것일 경우에는 위와 같은 법규명령으로서의 대외적 구속력을 인정할 여지는 없다."(대법원 1999. 11. 26. 선고 97누13474 판결 ; 대법원 1999. 7. 23. 선고 97누6261 판결 ; 대법원 1999. 6. 22. 선고 98두17807 판결)고 하고 있다.

이에 대하여 金南辰 敎授는 '對外的 效力(일반국민이나 법원을 기속하는 효력)'과 '法規的效力'을 동일시해서는 안 된다고 전제하고, 대법원이 '訓令은 행정명령으로서 대외적 구속력을 가지는 것은 아니다'라고 거듭 천명하면서도 '행정규칙이 …… 대외적 구속력이 있는 법규명령으로서의 효력을 갖게 된다'고 판시함으로써 법규명령과 행정규칙의 구

---

262) 朴均省 교수는 법치주의의 원칙상 법규명령제정권자는 헌법 또는 최소한 법률에서 정해지지 않는 한 인정할 수 없고 법규명령의 형식을 취하지 않고 법규명령의 제정절차를 거치지 않은 규범을 법규명령으로 볼 수 없기 때문에 행정규칙으로 보는 것이 타당하다고 한다(同, 187쪽).

분과 관련하여 혼란 내지 오해의 근원이 되고 있다고 지적하고,[263] 石琮顯 教授도 헌법 원리의 요청상 규범의 형식을 존중하여 법규명령형식은 법규명령으로 행정규칙형식은 행정규칙으로 보아야 한다고 하면서 "판례가 법규명령 형식의 행정규칙과 행정규칙 형식의 법규명령을 인정하고 있음으로 인하여 그 문제(필자 주; 행정규칙의 법적성질 규명의 문제)는 원점에 머물고 있으며, 이해에 혼란을 불러일으키는 원인이 되고 있는 것으로 보인다."[264]며 비판하고 있다.

이에 法律補充的 行政規則에 관한 大法院 判例를 具體的으로 檢討하여 보기로 한다.

"구 소득세법(1982. 12. 21. 법률 제3576호로 개정된 것) 제23조 제4항, 제45조 제1항 제1호에서 양도소득세의 양도차익을 계산함에 있어 실지거래가액이 적용될 경우를 대통령령에 위임함으로써 같은 법시행령(1982. 12. 31. 大統領令 제10977호로 개정된 것) 제170조 제4항 제2호가 위 위임규정에 따라 양도소득세의 실지거래가액이 적용될 경우의 하나로서 국세청장으로 하여금 양도소득세의 실지거래가액이 적용될 부동산투기억제를 위하여 필요하다고 인정되는 거래를 지정하게 하면서 그 지정의 절차나 방법에 관하여 아무런 제한을 두고 있지 아니하고 있어, 이에 따라 국세청장이 재산제세조사사무처리규정 제72조 제3항에서 양도소득세의 실지거래가액이 적용될 부동산투기억제를 위하여 필요하다고 인정되는 거래의 유형을 열거하고 있으므로, 이는 비록 위 재산제세조사사무처리규정이 국세청장의 훈령형식으로 되어 있다 하더라도 이에 의한 거래지정은 소득세법시행령의 위임에 따라 그 규정의 내용을 보충하는 기능을 가지면서 그와 결합하여 대외적 효력을 발생하게 된다 할 것이므로, 그 보충규정의 내용이 위 법령의 위임한계를 벗어났다는 등 특별한 사정이 없는 한, 양도소득세의 실지거래가액에 의한 과세의 법령상의 근거가 된다고 할 것이다."(대법원 1987. 9. 29. 선고 86누484 판결)라고 판시하였다.

이처럼 국세청장의 훈령인 재산제세조사사무처리규정 제72조 제3항(실지거래가액에 의하여 양도소득을 산정하여야 할 거래의 유형을 정한 부분)은 행정기관에 법령의 구체적 내용을 보충할 권한을 부여한 법령규정의 효력에 의하여 그 내용을 보충하는 기능을 갖게 된다고 할 것이고 따라서 이와 같은 행정규칙은 당해 법령의 위임한계를 벗어나지 아니하는 한 그것들과 결합하여 대외적인 구속력이 있는 법규명령으로서의 효력을 갖게 된다고 판시한 이래 국세청훈령에 관하여 같은 취지의 판결이 계속 나오고 있다.[265]

---

263) 金南辰, 「法規命令과 行政規則의 區別」(判例月報 339號, 1998. 12.), 35~36쪽.
264) 石琮顯, 「個別土地價格 등의 處分性과 個別土地價格合同調査指針의 法規性 與否」(判例月報 통권286호, 1994. 7.), 41~42쪽.
265) 대법원 1988. 3. 22. 선고 87누654 판결 ; 대법원 1989. 11. 14. 선고 89누5676 판결 ; 대법원 1990. 7. 27. 선고 90누3768 판결 ; 대법원 1992. 1. 21. 선고 91누5334 판결 ; 대법원 1996. 12. 23. 선고 95누18567 판결.

심화 행정규칙형식의 법규명령 인정사례

① 국세청장의 주세법 제8조 제1항, 제10조 제10호 및 같은 법 시행령 제14조의 위임에 따라 주류도매업의 면허신청서에 3개의 주류제조자와의 거래약정서 각 2부씩을 첨부하도록 정한 酒類都賣免許制度改善業務處理指針(대법원 1993. 2. 9. 선고 92누3953 판결, 대법원 1994. 4. 26. 선고 93누21668 판결)

② 구 식품위생법 제23조의 3 제4호(현행 식품위생법 제24조 제1항 제4호)의 위임에 따라 생수시판에 관한 보건사회부고시인 食品製造營業許可基準(대법원 1994. 3. 8. 선고 92누1728 판결)

③ 노인복지법 제13조 제2항, 같은 법 시행령 제17조, 제20조 제1항에 따라 보건사회부장관이 정한 1994년도 노인복지사업지침(대법원 1996. 4. 12. 선고 95누7727 판결)

④ 석유사업법 제9조 제1항, 제3항, 석유사업법시행령 제15조〔별표2〕의 각 규정에 따라 전라남도도지사의 전라남도주유소등록요건에관한고시(대법원 1998. 9. 25. 선고 98두7503 판결), 구 액화석유가스의안전및사업관리법(1999. 2. 8. 법률 제5829호로 개정되기 전의 것) 제3조 제2항, 같은 법 시행령(1999. 6. 30. 대통령령 제16450호로 개정되기 전의 것) 제2조 제4항에 따라 허가관청인 지방자치단체장이 제정한 액화석유가스 판매사업 허가기준에 관한 고시 (대법원 2002. 9. 27. 2000두7933 판결) , 석유사업법 제12조 제1항, 제2항, 주유소허가기준 중 거리기준에 관한 같은 법 시행령 제9조 제1항 〔별표1〕의 규정에 따라 주유소 상호간의 거리기준을 시·읍 지역은 500m 이상, 면 지역은 1,000m 이상이라고 규정하고 있는 석유판매업(주유소)허가기준고시(경상북도 고시 제1992-362호)(대법원 1995. 3. 10. 선고 94누8556 판결, 1996. 7. 12. 선고 96누5292 판결)

⑤ 주택건설촉진법 제7조 제2항의 위임에 터 잡아 행정처분의 기준을 정한 같은 법시행령 제10조의3 제1항 〔별표1〕(대법원 1997. 12. 26. 선고 97누15418 판결266))

그 이론적 근거에 대하여 위 국세청훈령을 行政規則의 一種으로서의 規範具體化 行政規則 (normkonkretisierende Verwaltungsvorschriften)으로 보는 견해(金南辰, 「規範具體化 行政規則論」(行政法의 基本問題), 192쪽), 상위법령의 명시적 수권에 기하여 발하여진 것이라는 점에서 실질적으로는 法規命令으로서의 委任命令으로 보는 견해(姜求哲, 239쪽 ; 金東熙, 170쪽 ; 柳至泰, 210쪽 ; 朴鈗炘, 249쪽 ; 石琮顯, 191쪽 ; 李尙圭, 295쪽 ; 洪準亨, 317쪽 ; 徐圭永, 前揭論文, 278쪽), 우리나라 헌법과 같은 경성헌법 아래서 국회입법원칙에 대한 예외로서의 입법형식은 헌법 자체에 명문으로 인정된 경우에 한한다고 전제하고 行政規則에 불과하다는 견해(金道昶, 311, 325쪽) 등이 있다.

266) 당해 처분의 기준이 된 주택건설촉진법시행령 제10조의3 제1항 〔별표 1〕은 법 제7조 제2항의 위임규정에 터잡은 규정형식상 대통령령이므로 그 성질이 부령인 시행규칙이나 또는 지방자치단체의 규칙과 같이 통상적으로 행정조직 내부에 있어서의 행정명령에 지나지 않는 것이 아니라 대외적으로 국민이나 법원을 구속하는 힘이 있는 법규명령에 해당한다고 할 것이다(대법원 1995. 10. 17. 선고 94누14148 판결 참조)고 판시하여 제재적 처분기준을 정한 것이라 해도 규정형식상 대통령령으로 되어있으면 법규명령이고 부령으로 되어 있으면 행정규칙이라고 보고

⑥ 구 공직선거관리규칙(1995. 12. 30. 중앙선거관리위원회규칙 제129호로 개정되기 전의 것, 대법원 1996. 7. 12. 선고 96우16 판결)

⑦ 구 청소년보호법(1999. 2. 5. 법률 제5817호로 개정되기 전의 것) 제49조 제1항, 제2항에 따른 같은 법 시행령(1999. 6. 30. 大統領令 제16461호로 개정되기 전의 것) 제40조〔별표6〕의 위반행위의 종별에 따른 과징금 처분기준(대법원 2001. 3. 9. 선고 99두5207 판결267))

⑧ 대외무역법시행령 제35조의 위임에 의한 상공부장관의 수입선다변화품목지정고시(대법원 1993. 11. 23. 선고 93도662 판결268))

⑨ 출입국관리법 제4조 제1항 제1호, 법무부령 제329호 출국금지업무처리규칙 제3조에 의한 법무부장관이 정한 출국금지기준(대법원 1992. 10. 9. 선고 91누10510 판결)

⑩ 구 공업배치 및 공장설립에 관한법률(1993. 8. 5. 법률 제4574호로 개정되기 전의 것) 제8조 제1항의 위임에 따라 공장입지의 기준을 정한 상공부 고시(대법원 1994. 12. 22. 선고 94누6413 판결, 대법원 2003. 9. 26. 선고 2003두2274 판결269), 대법원 2004. 5. 28. 선고 2002두4716 판결)

⑪ 국무총리훈령인 개별토지가격합동조사지침(1990. 4. 14. 국무총리훈령 제241호로 제정되어 1991.4.2. 국무총리훈령 제248호로 개정된 것)(대법원 1994. 2. 8. 선고 93누111 판결, 동 1995. 9. 15. 선고 95누6311 판결270))

있어 대통령령과 부령의 법적 성질과 효력을 차등화 하였다.

267) "구 청소년보호법(1999. 2. 5. 법률 제5817호로 개정되기 전의 것) 제49조 제1항, 제2항에 따른 같은 법 시행령(1999. 6. 30. 대통령령 제16461호로 개정되기 전의 것) 제40조〔별표 6〕의 위반행위의 종별에 따른 과징금처분기준은 법규명령이기는 하나 모법의 위임규정의 내용과 취지 및 헌법상의 과잉금지의 원칙과 평등의 원칙 등에 비추어 같은 유형의 위반행위라 하더라도 그 규모나 기간·사회적 비난 정도·위반행위로 인하여 다른 법률에 의하여 처벌받은 다른 사정·행위자의 개인적 사정 및 위반행위로 얻은 불법이익의 규모 등 여러 요소를 종합적으로 고려하여 사안에 따라 적정한 과징금의 액수를 정하여야 할 것이므로 그 수액은 정액이 아니라 최고한도액이다."라고 판시하여 대통령령에서 규정된 제재적 처분기준이 법규명령의 성질을 갖는다고 하더라도 구체적인 내용결정은 기속적인 경우도 있을 수 있고, 재량적인 경우도 있을 수 있음을 시사하고 있다.

268) 이는 앞서 본 바와 같이 法規命令의 性質을 갖는 行政規則이라도 그 立法形式은 여전히 行政規則이므로(法規命令이 아니므로) 그 立法形式에 관계된 사항에 있어서는 이를 단순한 行政規則과 구별할 필요가 없고 따라서 이러한 行政規則은 法規命令의 경우와는 달리 반드시 관보게재의 방법으로 이를 公布할 필요가 없다는 뜻으로 새겨야 할 것이다(金東建, 前揭論文, 47쪽).

269) 법령의 규정이 특정 행정기관에 그 법령내용의 구체적 사항을 정할 수 있는 권한을 부여하면서 그 권한 행사의 절차나 방법을 특정하고 있지 않은 관계로 수임 행정기관이 행정규칙의 형식으로 그 법령의 내용이 될 사항을 구체적으로 정하고 있는 경우에는, 그 행정규칙이 당해 법령의 위임한계를 벗어나지 않는 한, 그와 결합하여 대외적으로 구속력이 있는 법규명령으로서 효력을 가지는 것이므로, 산업자원부장관이 공업배치및공장설립에관한법률 제8조의 규정에 따라 공장입지의 기준을 구체적으로 정한 고시는 법규명령으로서 효력을 가진다.

270) 시장, 군수 또는 구청장의 개별토지가격결정은 관계법령에 의한 토지초과이득세, 택지초과소유부담금 또는 개발부담금 산정의 기준이 되어 국민의 권리나 의무 또는 법률상 이익에 직접적으

⑫ 구 독점규제및공정거래에관한법률(1999. 2. 5. 법률 제5813호로 개정되기 전의 것) 제3조의2 제1항 제2호 소정의 시장지배적지위남용행위의유형및기준(공정거래위원회 고시 제1997-12호) Ⅲ. 2. 나. (1), (2)호(대법원 2001. 12. 24. 선고 99두11141 판결)

⑬ 구 택지개발촉진법(2007. 4. 20. 법률 제8384호로 개정되기 전의 것) 제3조 제4항, 제31조, 같은 법 시행령 제7조 제1항 및 제5항에 따라 건설교통부장관이 정한 '택지개발업무처리지침'(택지 58540-647, 1995. 8. 10. 제정)(대법원 2008.3.27. 선고 2006두3742,3759 판결)

⑭ 산지관리법 제18조 제1항, 제4항, 같은 법 시행령 제20조 제4항에 따라 산림청장이 정한 '산지전용허가기준의 세부검토기준에 관한 규정'(2003. 11. 20. 산림청 고시 제2003-71호) 제2조 〔별표 3〕(바)목 가(대법원 2008. 4. 10. 선고 2007두4841 판결)

헌법재판소도 "법령의 직접적인 위임에 따라 위임행정기관이 그 법령을 시행하는데 필요한 구체적 사항을 정한 것이면, 그 제정형식은 비록 법규명령이 아닌 고시, 훈령, 예규 등과 같은 행정규칙이더라도 그것이 상위법령의 위임한계를 벗어나지 아니하는 한, 상위법령과 결합하여 대외적인 구속력을 갖는 법규명령으로서 기능하게 된다."(헌법재판소 1992. 6. 26. 선고 91헌마25 결정)고 확인한 바 있다.

自己拘束의 法理를 매개로 하여 行政規則의 對外的拘束力이 間接的으로 認定된 境遇에 대한 대법원의 직접적인 판례는 없으나 헌법재판소는 "행정규칙이 법령의 규정에 의하여 행정관청에 법령의 구체적 내용을 보충할 권한을 부여한 경우, 또는 재량권행사의 준칙인 규칙이 그 정한 바에 따라 되풀이 시행되어 행정관행이 이룩되게 되면, 평등의 원칙이나 신뢰보호의 원칙에 따라 행정기관은 그 상대방에 대한 관계에서 그 규칙에 따라야 할 자기구속을 당하게 되고, 그러한 경우에는 대외적인 구속력을 가지게 된다 할 것

로 관계되는 것으로서 행정소송법 제2조 제1항 제1호 소정의 행정청이 행하는 구체적 사실에 관한 법집행으로서의 공권력행사이므로 항고소송의 대상이 되는 행정처분에 해당한다.
개별토지가격합동조사지침(1990. 4. 14.국무총리훈령 제241호로 제정되어 1991. 4. 2. 국무총리훈령 제248호로 개정된 것) 제6조는 개별토지가격결정 절차를 규정하고 있으면서 그 중 제3호에서 산정된 지가의 공개 열람 및 토지소유자 또는 이해관계인의 의견접수를 절차의 하나로 규정하고 있는바, 위 지침은 지가공시및토지등의평가에관한법률 제10조의 시행을 위한 집행명령으로서 법률보충적인 구실을 하는 법규적 성질을 가지고 있는 것으로 보아야할 것이므로 위 지침에 규정된 절차에 위배하여 이루어진 지가결정은 위법하다고 할 것이지만, 한편 위와 같은 이해관계인에게의 의견진술 기회부여라는 절차는 위 지침 제6조 제5, 6호에서 그 밖에 토지평가위원회의 심의와 건설부장관의 확인 등 지가결정의 정당성을 담보하기 위한 다른 절차를 두고 있는 점에 비추어 지가결정행위의 정당성을 확보하기 위해 필수불가결한 절차로는 보여지지 아니하므로 그와 같은 절차위반의 하자가 있다 하여 지가결정처분 자체가 당연무효가 되는 것은 아니다.

이다. 그러나 이 사건 전라남도 교육위원회 인사관리원칙은 중등학교 교원 등에 대한 임용권을 적정하게 행사하기 위하여 그 기준을 일반적·추상적 형태로 제정한 조직 내부의 사무지침에 불과하므로, 그 변경으로 말미암아 청구인의 기본권이나 법적 이익이 침해당한 것은 아니다."(헌법재판소 1990. 9. 3. 선고 90헌마13 결정)라는 취지의 결정을 하여 自己拘束의 法理에 의한 對外的拘束力을 認定하고 있다.271)

日本의 경우, 行政規則은 재판규범이 되지 않는다는 전통적 이론이 전기를 맞고 있다고 전제하면서 行政의 自己拘束論에 根據하여 行政規則의 裁判規範性을 承認하는 立場도 있다.272)

그리고 급부행정 영역에서는 지침이 상위법의 수권에 따라 부령에 정해지지 않고 장관의 고시로 정하여 지더라도 상위법과의 결합 없이 직접 대외적 효력을 가진다고 헌법재판소는 밝히고 있다. 즉, 헌법재판소는 "이 사건 생계보호기준은 생활보호법 제5조 제2항의 위임에 따라 보건복지부장관이 보호의 종류별로 정한 보호의 기준으로서 일단 보호대상자로 지정이 되면 그 구분(거택보호대상자, 시설보호대상자 및 자활보호대상자)에 따른 각 그 보호기준에 따라 일정한 생계보호를 받게 된다는 점에서 직접 대외적 효력을 가지며, 공무원의 생계보호급여 지급이라는 집행행위는 위 생계보호기준에 따른 단순한 사실적 집행행위에 불과하므로, 위 생계보호기준은 그 지급대상자인 청구인들에 대하여 직접적인 효력을 갖는 규정이다."(헌법재판소 1997. 5. 29. 선고 94헌마33 결정)고 판시하고 있다.

이처럼 法律 補充的인 行政規則의 경우 對外的 拘束力이 認定된다는 것이다. 대법원이나 헌법재판소의 판례를 종합하여 보면, 상위법령의 결합에 기초하여 대외적구속력이 인정되려면 ① 상위 법령에 구체적 범위를 정한 위임이 있을 것 ② 근거 법령의 내용을 실질적으로 보충하는 기능을 가질 것을 요하고 행정규칙의 형식은 고시, 훈령, 예규, 지침 등 형식을 불문한다고 한다. 어찌되었든 법률의 내용이 지나치게 추상적·일반적이어서 그 보충 또는 구체화의 과정이 필요한 경우 이를 보충·구체화한 규칙에 한하여 대외적구속력을 갖는 법규성을 인정하자는 것으로 이해된다.

Ⅳ. 행정규칙의 종류

1. 형식에 따라(사무관리규정)

---

271) 학설상 이를 뒷받침하는 학자로는 洪井善(同, 239쪽) 등이 있다.
272) 大橋洋一, 288쪽.
　　하지만 독일의 H. Maurer교수는 행정규칙은 공포되어도 행정내부적인 것이지 사인에 대한 것은 아니므로 행정규칙에 의해 직접 보호받을 사인의 신뢰가 형성된다고 보기는 어렵기 때문에 행정규칙의 간접적인 내부적 구속효의 근거를 신뢰보호의 원칙에서 찾을 수는 없다고 한다 (a.a.O. §24. Rn.24. S.600).

(1) 훈령

상당히 장기간에 걸쳐 그 권한을 일반적으로 지휘·감독하기 위해 발하는 명령이다.

(2) 지시

상급기관이 직권 또는 하급기관의 문의에 의하여 개별적·구체적으로 발하는 명령이다.

(3) 예규

법규문서 이외의 문서로서 반복적 행정사무의 기준을 제시하는 것이다.

(4) 일일명령

당직·출장·시간외 근무 등 일일업무에 관한 명령이다.

2. 내용(기능)에 따라

(1) 조직규칙

組織規則(Organisatorische Vorschriften)이란 행정권 내부에서의 기관의 설치·조직·내부적 권한 분배·사무처리절차 등을 정하기 위하여 발하는 규칙이다. 여기에는 기구설치규범, 권한배분규범 및 절차규범 등이 있다.

조직규칙은 원칙적으로 법률에 의해 또는 법률에 근거하여 행해지므로 일반적으로 행정규칙의 외부효과의 문제로 다룰 것은 아니다.273)

현행 헌법도 "행정각부의 설치·조직과 직무범위는 법률로 정한다."(제96조)고 규정하고 있다. 따라서 행정규칙으로서의 조직규칙은 실정법으로서의 법률 및 위임명령이 제정되어 있지 아니한 분야 및 법령에 저촉되지 아니하는 범위 내에서만 제정·존립할 수 있다고 보아야 한다.

(2) 근무규칙

행정청의 하급기관이나 기관구성자인 공무원의 근무에 관한 규칙으로서 외부적 효력을 가지지 아니한다.

(3) 영조물규칙

영조물의 관리청이 그 조직·관리·사용 등을 규율하기 위한 규칙이다.

---

273) H. Maurer, a.a.O., §24 Rn.8 S.591.

(4) 행위통제규칙

1) 規範解釋規則(法令解釋規則)

規範解釋規則(Norminterpretierende Verwaltungsvorschriften)이란 法規範(法令)의 통일적인 해석과 적용, 특히 不確定法槪念의 적용에 있어 그 해석이나 적용방향을 확정하기 위하여 발하는 행정규칙이다.

이는 하급 행정기관에 의한 법의 해석, 적용에 있어 중요한 준거기준이 되고 통일적인 법적용을 보장하여 주는 기능을 하는 것이나, 직접적인 외부적 효력을 가지지 아니한다.

즉 이 행정규칙의 존재의의는, 행정내부에 있어서 규범의 해석을 통일하여 법집행을 합리화하고 담당공무원의 주관을 배제하는데 있고, 법률의 집행을 정형화하는데 있다.274)이런 점에서 규범해석규칙은 註釋書(Kommentar)의 역할도 하고 있다.

2) 裁量準則

裁量準則(Ermessensrichtlinien)이란 하급기관이 재량처분을 함에 있어 재량권행사의 일반적 방향을 제시하기 위하여 발하는 행정규칙을 말한다. 이처럼 재량준칙은 통일적이고 동등한 재량권 행사를 확보하기 위해 어떠한 방식으로 재량을 행사할 것인가를 정한 규칙으로 직접적인 외부적 효력을 가지지 아니한다.

재량준칙은 행정청에 재량권, 즉 독자적 판단권이 부여되어 있는 재량처분에 있어서 행정청이 그 행사에 관한 일반적 기준을 설정하는 것이기 때문에 첫째, 재량권 행사의 통일을 기하고 평등한 법집행을 확보하는 기능을 하고 둘째, 재량준칙은 재량권을 제한하여 자의적인 재량권행사를 방지할 수 있으며 셋째, 국민은 재량준칙을 통하여 재량권행사의 기준·방향을 미리 알게 됨으로써 국민의 행정에 대한 예측가능성을 확보해 주는 기능을 한다.

법률이 재량권을 인정하는 이유는 행정청이 행정처분을 내릴 때에 법률이 정한 범위 내에서 입법취지, 공익, 국민의 권리 등 제반사정을 참작하여 적절하고 합리적인 결정을 하여 구체적 타당성을 실현하기 위한 것이라고 할 수 있다. 따라서 재량준칙의 내용이 도식화되어 일률적인 처분을 하도록 정하는 등 지나치게 엄격하고 획일적인 내용을 담고 있을 때에는 오히려 역기능을 발생할 수도 있다. 그러므로 재량준칙의 규율은 평등성의 확보·통일적인 행정 운영이라는 면과 구체적 타당성이라는 면의 조화 가운데에서 찾아야 할 것이다.

3) 간소화규칙

---

274) H. Maurer, a.a.O., §24 Rn.9 S.592.

대량적 행정처분에 있어 그 획일적 처분기준을 설정하기 위하여 발하는 것으로, 우리 세법상 기본통칙이 이에 해당할 것이다.

(5) 法律代位(補充)的 規則

법적 규율이 필요함에도 불구하고 관계법령이 정하여져 있지 않거나 그 내용이 지나치게 일반적·추상적이어서 보충 내지 구체화의 과정이 필요한 경우에 이를 보충 또는 구체화가 필요한 경우에 발하는 행정규칙을 말하는데, 法律代替的 規則이라고도 한다.

법률대위(보충)적 규칙이 재량준칙과 근본적으로 다른 점은 이미 법률상 설정되어 있는 결정기준을 구체화하는 것에 그치는 것이 아니라 원초적으로 이를 설정한다는 점이다. 법률대위(보충)적 규칙은 직접적인 외부적 구속력을 갖는다고 설명되고 있다(즉 法規命令인 것이다).

규범해석 규칙·재량규칙의 구분이 법률요건·법률효과라는 법률의 규범구조에 착안한 것인데 대하여 법률대위적 규칙은 법규규정이 존재하지 않는 것을 이유로 구분하는 것이다.

法律代位的 規則은 법률이 존재하지 않아서 국가와 국민간의 법률관계를 시원적으로 규율하는 행정규칙으로서 관계법령이 정해지기까지 行爲統制規則의 기능을 발휘하는 의미를 가진다. 이와 같이 법률대위적 규칙은 '법률로부터 자유로운' 행정영역에서 법률의 공백을 메우기 위해 정립되는 행정규칙이기 때문에 法律留保理論과 밀접한 관련을 가진다. 여기서 '법률로부터 자유로운 행정영역'이란 법률이 애당초 존재하지 않거나 법률이 존재한다 하더라도 행정권의 발동근거만을 규정하고 행정권 발동의 요건이나 효과에 관해서 규정하고 있지 않은 행정영역을 말하며, 주로 급부행정영역에서 많이 발견된다.

심화 **規範具體化行政規則**

1. 의의

規範具體化行政規則(Normkonkretisierende Verwaltungsvorschriften)이란 법률의 규정이 지나치게 일반적이어서 그것을 보충 내지 구체화할 필요가 있는 경우 이를 보충 내지 구체화하는 행정규칙을 말한다. 즉, 고도의 전문성·기술성으로 인하여 그 내용을 법률에 직접 규율하지 못하고 당해 내용의 구체화 권한이 하위 행정기관에 일임되어 있는 경우에 상위규범(법률, 법규명령)을 시행하기 위하여 그 내용을 구체화하는 행정규칙을 의미한다. 이는 법률을 구체화하는 것이지만 단순한 법률의 시행을 위한 세칙적 사항만을 정하는 것이 아니고 법률을 보충하는 광범위한 형성적이고 포괄적인 판단을 내용으로 한다.

재량준칙은 ① 법률에 의하여 재량권이 부여된 경우에, ② 재량권행사의 통일을 기하기 위하여, ③ 재량권행사의 기준을 정하는 것인데 대하여, 이 규칙은 ① 법률이 지나치게 일반적으로 규정된 경우, ② 법률을 보충·구체화하기 위하여, ③ 법률의 내용을 구체화하는 것이다. 또한 규범구체화규칙은 법률은 있으나 그 내용이 불명확·불충분한 경우의 '補充法'을 의미한다는 점에서, 법률대위적 규칙이 법률이 없을 때 그 법률이 제정될 때까지 일시적인 '過渡期法(Ubergangszeitrecht)'의 의미를 지닌다는 점과 구별된다.

2. 성립배경

독일연방행정법원의 뒤에서 보듯 Wyhl판결을 계기로 정리된 법리로 독일에서는 고도의 전문성·기술성이 요구되는 제한된 영역에서만 인정하고 있다.

나아가 독일에서는 법률이 광범위한 일반조항 내지는 불확정개념을 가지고 있는 경우, 그리고 보건관계법, 노동보호법, 외교·국방, 산업구조조정정책 등에도 적용을 인정하는 견해가 유력하다.

3. 기능

規範具體化行政規則은 고도의 기술성·전문성을 지닌 행정영역에서 입법기관이 종국적인 규율을 포기하고 규범을 구체화하는 기능을 행정규칙에 부여하고 있는 경우에 그 수권의 범위 내에서 당해 규범을 구체화하는 것이라 할 수 있다. 행정권도 그 고유한 기능을 수행하기 위한 범위 내에서 법령의 수권의 범위를 벗어나지 않는 한도 내에서 법령의 補充權을 가지며, 이 보충권은 행정의 고유영역에 있어서의 法規定立權을 의미한다고 할 수 있다. 이러한 법규정립권의 범위 내에서 정립하는 행정규칙은 外部的效力을 가지는 '행정의 固有法(originares Administrativrecht)'으로서의 의의를 가지게 된다고 한다.[275]

4. 법적 성질

規範具體化行政規則은 원자력발전소 건설과 관련한 1985년 12월 19일 독일연방행정법원의 'Wyhl判決[276]에서 비롯되었다.

즉 원자력법상의 발전용 원자로 설치허가요건인 '방사성물질 등에 의한 인체·물건·공공의 재해방지에 지장이 없을 경우'를 구체화하는 연방 내무부장관의 '방사성이 있는 폐기(廢棄)의 방출 또는 하천에 있어서의 방사선노출에 관한 일반적 산정기준'의 대외적 법적 구속력을 인정하였다. 따라서 이 기준은 규범구체화행정규칙이고 법 규정에 정해진 한계 내에서 법원에 대하여 구속력이 있다고 한다. 그리하여 행정기관의 자의가 배제된 조사에 대해서는 법원은 그 적법성 여부만 심사할 수 있을 뿐 그 스스로의 판단으로 대체할 수 없다고 한다.

---

275) 石琮顯, 188쪽.
276) BVerwGE 72. 300.

독일연방행정법원의 위와 같은 판결이 있기 전까지는 이와 같은 행정규칙에 對外的 效力을 인정하지 않았으며, 단순히 '先取된 專門家鑑定(antizipiertes sachverstandigengutachten)' 정도로만 취급하여 그 해석여부를 법관의 自由心證에 맡기고 있었다.

5. 우리나라에서의 논의
(1) 긍정설
 이 견해는 국세청 훈령인 재산제세조사사무처리규정, 국무총리훈령인 개별토지가격합동조사지침에 대하여 법규명령으로의 대외적 효력을 인정한 판례를 규범구체화행정규칙을 인정한 것으로 평하고 있다.277)
 그리고 그 논거와 관련해서는 실질적고려설, 규범구체화수권설, 행정의 독자적기능영역설 등이 거론되고 있다.

(2) 제한적 긍정설
전문적·기술적 분야에서 그 내용을 사실상 법률에서 정하기가 어렵고 행정기관이 그것을 가장 합리적으로 정할 수 있는 경우에 법률의 뜻이 묵시적이기는 하지만 그 구체화를 행정기관에 위임한 것이 확실하다고 판단되는 때에만 한정적으로 인정하는 것이 타당하다고 한다.278)

(3) 부정설
 이 견해는 일단 규범구체화행정규칙 법리의 타당성 여부에 대해서는 유보적 태도 내지는 부정적 태도를 취하면서 위 판례는 당해 법리의 적용으로 볼 수 없다고 본다. 대법원 1987. 9. 29. 선고 86누484 판결은 규범구체화행정규칙의 법리에 따른 것이 아니고, 재산제세조사사무처리규정은 상위법령의 위임에 기하여 국세청장이 발한 것이므로 당해 규정이 대외적 효력을 갖는 것은 행정기관에 법령의 내용을 보충할 권한을 상위법령인 소득세법시행령 등에서 부여하였기에 그 효력이 인정되는 것으로 비록 훈령의 형식을 취하고 있으나 그 실질적 내용에 따라 위임명령으로서의 법규명령에 해당한다고 봄이 타당하다고 한다.279)
 독일에서도 규범구체화행정규칙은 기술법, 환경법 분야에 국한하는 것이 일반적 태도이며, 법리상으로도 법치주의, 권력분립주의 등의 관점에서 부정함이 타당하다고 한다.

(4) 소견
 판례280)에 의하면, 법령의 규정이 특정행정기관에게 그 법령내용의 구체적 사항을

---

277) 金南辰, 「規範具體化行政規則」(月刊考試, 1989. 11.), 222쪽.
278) 姜求哲, 236쪽 ; 朴鈗炘, 260쪽.
279) 金東熙, 170~171쪽 ; 石琮顯, 189쪽 ; 柳至泰, 215~216쪽.
280) 대법원 1987. 9. 29. 선고 86누484 판결 ; 대법원 1988. 3. 22. 선고 87누654 판결 ; 대법원 1988. 5. 10. 선고 87누1028 판결 ; 대법원 1990. 5. 22. 선고 90누639 판결 ; 대법원 1990.

정할 수 있는 권한을 부여하면서 그 권한행사의 절차나 방법을 특정하고 있지 아니한 관계로 수임행정기관이 행정규칙의 형식으로 그 법령의 내용이 될 사항을 구체적으로 정하고 있다면, 그와 같은 행정규칙은 행정규칙이 갖는 일반적 효력으로서가 아니라, 행정기관에 법령의 구체적 내용을 보충할 권한을 부여한 법령규정의 효력에 의하여 그 내용을 보충하는 기능을 갖게 된다고 할 것이므로 이와 같은 행정규칙은 당해 법령의 위임한계를 벗어나지 아니하는 한 그것과 결합하여 대외적인 구속력이 있는 법규명령으로서의 효력을 갖게 된다고 한다.

어쨌든 법률의 내용을 보충하고 구체화하는 것은 법률의 위임을 받아 법규명령으로 정하는 것이 타당하다고 하겠으나 법률에서 위임을 하고 있지 않은 경우라도 그것을 그대로 방치할 수는 없을 것이므로 상위법령의 수권을 벗어나지 않는 한 그 범위 내에서 규범구체화행정규칙을 인정할 수 있다고 본다.

Ⅴ. 행정규칙의 성립·발효요건

1. 주체에 관한 요건

이를 발할 권한이 있는 기관이 이를 받을 의무가 있는 기관에 대해 발해야 한다.

2. 내용에 관한 요건

그 내용이 상위법령이나 상급감독기관의 행정규칙에 반하지 않아야 하고 특정한 행정목적 달성에 필요한 한도 내에서 가능하고 명확해야 한다.

3. 절차에 관한 요건

절차에 관한 일반규정은 없으며, 법규명령과는 달리 행정규칙은 원칙적으로 공포를 요하지 않지만, 민원사무처리에관한법률 제9조에 의하면 행정자치부장관은 민원사무처리기준표를 작성해 매년 관보에 고시하도록 하고 있다.

■ 대법원 1997. 1. 21. 선고 95누12941 판결
[서울시가 정한 개인택시운송사업면허지침의 법적 성질(사무처리준칙)]

---

7. 27. 선고 90누3768 판결 ; 대법원 1990. 8. 10. 선고 90누2543 판결 ; 대법원 1992. 1. 21. 선고 91누5334 판결 ; 대법원 1994. 3. 8. 선고 92누1728 판결 ; 대법원 1995. 5. 23. 선고 94도2502 판결 ; 대법원 1995. 11. 14. 선고 92도496 판결 ; 대법원 1996. 4. 12. 선고 95누7727 판결 ; 대법원 1997. 5. 7. 선고 96누341 판결 ; 대법원 1998. 6. 9. 선고 97누19915 판결 ; 대법원 1999. 7. 23. 선고 97누6261 판결 ; 대법원 2002. 9. 27. 선고 2000두7933 판결 ; 대법원 2003. 9. 26. 선고 2003두2274 판결.

> 서울특별시가 정한 개인택시운송사업면허지침은 재량권 행사의 기준으로 설정된 행정청의 내부의 사무처리준칙에 불과하므로, 대외적으로 국민을 기속하는 법규명령의 경우와는 달리 외부에 고지되어야만 효력이 발생하는 것은 아니다(대법원 1997. 9. 26. 선고 97누8878 판결 참조).

4. 형식에 관한 요건

행정규칙의 경우 그 고유한 형식이 있는 것은 아니다.

Ⅵ. 행정규칙의 효력

1. 내부적 효력

공무원이나 행정기관이 행정규칙을 준수할 의무가 있고, 이를 위반한 경우에는 징계책임이나 징계벌을 받게 되는 법적효과가 발생하는데, 이 내부적 구속력을 내부적 효과라고 한다.

2. 외부적 효력

행정규칙의 外部效果란 행정조직의 외부에 있는 사인(私人) 및 법원에 대하여 행정규칙이 미치는 효력을 말한다. 외부효과의 중심문제는 특히 행정규칙의 裁判規範性과 관련되는 것이라 하겠다. 국민의 권리와 의무에 중요한 의미를 가지는 행정규칙(行爲統制規則)이 발하여지면 하급행정기관은 상급기관에 대한 복종의무를 지고 있는 결과로서 이를 집행하지 않을 수 없으며, 그 결과 행정규칙이 정한 법적 효과가 관계인(국민)에게 미치게 된다.

행정규칙의 외부적 효과 논쟁과 관련하여 크게 간접적인 외부적 효력을 갖는다고 보는 견해와 직접적인 외부적 효력을 갖는다고 보는 견해가 갈리고, 전자의 경우 그 근거에 대하여 平等原則說, 信賴保護說, 先取된 專門家鑑定說 등이 거론되고 있다.

한편 행정규칙의 외부효과의 문제는 행정규칙의 규율내용의 다의성으로 인하여 일률적으로 말하기 곤란하므로, 행정규칙의 유형에 따라 개별적으로 검토해야 할 문제이다.

(1) 組織規則

조직규칙은 실정법으로서의 법률 및 위임명령이 제정되어 있지 아니한 분야 및 법령에 저촉되지 아니하는 범위 내에서만 제정·존립할 수 있다고 보아야 할 것이기 때문에 이 경우 제한적이나마 조직규칙의 외부효과가 문제되는데, 여기서는 평등원칙이나 신뢰보호원칙 등을 원용할 필요도 없이 직접적으로 외부효과가 발생할 수 있다고 하겠다. 결국 행정조직의 어느 부분까지가 법률에서 규정하고 어느 부분이 행정권의 자율에 맡겨질 수 있는가 하는 문제는 *法律留保*의 문제라 하겠다.

(2) 規範解釋規則

 국민은 규범해석규칙에 구속되지 않고 행정의 규범해석에 부복이 있으면 법원에서 다툴 수 있다. 재판에서 법률의 해석은 '사법권의 고유한 영역'에 속하는 것으로서, 법관의 임무이고 법관이 최종적인 판단권을 가지기 때문에 규범해석규칙에 나타난 해석은 법원을 구속하지 않는다.

 설사 당해 규범해석규칙이 관계법령을 적정하게 해석한 것이라고 하더라도 그것은 다만 법령의 내용을 명확히 한 것에 그치는 것이고 그 자체에 고유한 법적 의미가 있는 것은 아니다. 따라서 관계자는 직접 법령에 의거하여 그 권리 등을 주장하면 되는 것이고 규범해석규칙을 원용할 필요는 없는 것이다.[281]

 요컨대 규범해석규칙은 행정의 내부영역에 제한되고, 그 준수여부는 그것을 적용하여 발령한 *行政行爲의 合法性·遵法性*에 결과적으로 아무런 영향을 미치지 않는다.[282]

(3) 裁量準則
1) 준법규설

 재량준칙에 대하여 평등원칙에 기한 행정의 자기구속원리에 의한 대외적인 간접적 외부효과를 인정하는 견해이다.[283] 원래 행정의 자기구속원리는 법률의 수권에 기한 *行政裁量*의 통제수단으로 발전된 것이다.[284]

 그런데 행정의 자기구속원리가 *行政慣行*에 착안한 경우에는, *裁量準則*이 단 일회의 적용으로 그치면 그것은 내용적으로는 *職務命令*과 같은 것이므로 그 외부효과의 문제는 논할 여지가 없다. 여기서 *裁量準則* 그 자체를 '豫期慣行(antizipierte Praxis)' 또는 '先取된 行政慣行'으로 보아 그 위반도 평등원칙에 반하는 것으로 설명하는 견해와 행정

---

281) 金東熙, 「行政規則의 法的 性質-理論·判例의 檢討-」(法學 제32권 1·2호, 서울대학교 법학연구소, 1991. 8.), 15쪽.
282) 대법원 1992. 5. 12. 선고 91누8128 판결(행정청 내부에서의 사무처리지침이 행정부가 독자적으로 제정한 행정규칙으로서 상위법규의 규정내용을 벗어나 국민에게 새로운 제한을 가한 것이라면 그 효력을 인정할 수 없겠으나, 단순히 행정규칙 중 하급행정기관을 지도하고 통일적 법해석을 기하기 위하여 상위법규 해석의 준거기준을 제시하는 규범해석규칙의 성격을 가지는 것에 불과하다면 그러한 해석기준이 상위법규의 해석상 타당하다고 보여지는 한 그에 따랐다는 이유만으로 행정처분이 위법하게 되는 것은 아니라 할 것이다).
283) 朴均省, 195쪽.
284) 大橋洋一, 288쪽.

조직 내에서의 복종의무에 따라 재량준칙과 관행은 일치할 것으로 추정되므로 원칙적으로 관행은 필요하지 아니하고 재량준칙의 위반 그 자체가 평등원칙의 위반이라고 설명하는 견해285)가 있다.

2) 법규설

裁量準則 그 자체의 직접적 외부효과를 승인하는 견해이다. 즉, 裁量準則은 행정의 고유한 영역에서 스스로를 구속하는 독자적인 法規定立權에 의하여 제정되며, 외부에 대하여 직접적 효력을 가지는 '시원적인 行政法(originares Administrativrecht)'이라고 한다.

이 견해는 의회만이 국가의 유일한 법정립자가 아니고 행정부도 일정한도의 고유한 입법권이 있다는 전제에 입각한 것으로서, 재량준칙은 행정권의 독자적 입법권에 기하여 재량권을 스스로 제한하기 위하여 정립된 법규로서, 그것은 법규명령과 같이 직접적인 對外的 效力을 가지는 것이라고 한다. 다만 재량준칙은 伸縮的 拘束力, 즉 특별한 경우에 있어 그 예외를 허용하는 구속이라는 점에서 엄격한 구속을 내용으로 하는 일반 법규와 구별된다고 한다.

생각건대 裁量準則의 直接的 外部效果를 승인하는 것은 法律留保에 의하지 아니한 행정권에 의한 法規創造力을 직접 인정하는 것이 되어 權力分立原則 및 法治主義라는 헌법원칙에 위배되는 문제를 발생한다고 본다.

(4) 法律代位規則

1) 準法規說

법률대위규칙은 재량준칙에 준하는 성질을 가지므로 평등원칙과의 결합에서 준법규성을 인정할 수 있다고 한다. 그 논거로 현행 헌법상 행정권에게 법규제정권을 인정하는 것은 문제가 있고, 필요한 법률이 존재하지 않는다는 것은 그 한도 안에서 행정권에게 재량권에 유사한, 아니 그 이상의 권한이 부여된 것으로 볼 수 있다는 것이다.286)

2) 法規說

법률대위규칙은 법률이 존재하지 않는 영역에 있어서, 즉 법률유보의 원칙이 적용되지 않는 행정영역에서의 법률의 공백을 메우기 위하여 제정된 것이므로 이 규칙은 직접적 대외적 효력을 가진다고 한다.287) 특히 국민의 권리·이익이 관련되는 분야에서 立法의

---

285) 朴均省, 195쪽.
286) 朴均省, 196쪽.
287) 金香基, 「행정규칙의 유형과 외부효과」(월간고시, 1994. 3.), 77~78쪽.

不在를 이유로 행정작용이 중단된다면 국민의 권익이 침해될 수도 있고, 따라서 입법이 보충될 때까지 잠정적으로 나마 행정권의 法規定立權을 인정해야 한다고 한다.

생각건대 법률대위규칙은 행정규칙에 의한 행정활동을 일정기간 유지하고 새로운 법률에 의한 규율로의 전환을 도모하기 위한 일시적인 기간인 과도기적 규범이라 할 수 있으며 이 기간에 있어서는 법률을 대체하는 규범이므로 法規類似의 효력을 인정해야 할 것이다.

VII. 행정규칙의 통제

1. 입법적 통제

중앙행정기관의 장은 훈령·예규·고시 등 행정규칙을 제정·개정 또는 폐지한 때에는 7일 이내에 이를 국회에 제출하도록 되어 있다(국회보고제, 국회법 제98조의2)

2. 행정적 통제

상급행정기관의 감독권, 행정절차에 의한 통제를 생각할 수 있다.

3. 사법적 통제

(1) 법원에 의한 통제

1) 行政規則의 處分性

위에서 본 바와 같이 종래 판례는 행정규칙은 법규성의 결여로 재판의 기준이 될 수 없을 뿐더러 행정규칙 그 자체는 처분성의 결여로 행정소송의 대상이 아니라고 하였다. 즉 "행정소송의 대상이 될 수 있는 것은 구체적인 권리·의무에 관한 분쟁이어야 하고 일반 추상적인 법령 또는 내부적 사무처리의 내규 또는 내부적 사업계획 등은 그 자체로서 국민의 구체적인 권리의무에 직접적인 변동을 초래케 하는 것이 아니므로 아직 소송의 대상이 될 수 없다."288)고 한다.

이처럼 위법한 행정규칙이 발하여져 사실상 국민의 불이익을 입었다 하더라도 국민은 직접 위법한 행정규칙을 대상으로 행정소송을 제기할 수 없으나, 위법한 행정규칙에 따라 행정기관이 국민에 대하여 일정한 처분을 하였을 경우 그 상대방은 당해 처분에 대해서만 행정소송을 제기할 수 있고 이를 다투는 행정소송에서 행정규칙의 위법을 주장할 수 있을 뿐이었다.289)

그러나 행정규칙자체가 국민의 권리·의무와 직접 관련되는 사항을 규정하고, 또한 그

---

288) 대법원 1994. 9. 10. 고지 94두33 결정.
289) 金鐵容, 139쪽 ; 金香基, 164쪽 ; 石琮顯, 193쪽.

러한 규칙에 의거 국민의 권익이 침해되고, 국민이 행정규칙 그 자체를 다투지 아니하고
는 도저히 구제를 받을 수 없는 특별한 사정이 있는 경우에는 행정규칙의 처분성을 인정
하여 그것을 직접 다투는 행정쟁송을 제기할 수 있다고 하겠다.[290]

2) 구체적 규범통제

위법한 행정규칙에 근거한 행정처분의 취소를 구하는 소송에서 선결문제 심리에 의한 간
접적 통제가 가능한가? 판례는 부정하지만, 행정규칙이 대외적 구속력을 가지는지 여부에
따라 직접적으로 국민의 권익을 침해하는 경우 간접통제가 가능하다고 볼 수 있다.[291]

(2) 헌법재판소에 의한 통제

행정규칙은 행정조직 내부의 문제이므로 원칙적으로 헌법소원의 대상이 되는 공권력행
사가 아니다. 하지만 행정규칙이 예외적으로 법규성을 가지는 경우에는 행정규칙이 직
접 국민의 기본권을 침해할 수 있어 헌법소원의 대상이 될 수도 있다.

> ■ 헌법재판소 1992. 10. 1. 선고 92헌마68,76 결정
> 국립대학인 서울대학교의 '94학년도 대학입학고사주요요강'은 사실상의 준비행위 내지
> 사전안내로서 행정쟁송의 대상이 될 수 있는 행정처분이나 공권력의 행사는 될 수 없
> 지만 그 내용이 국민의 기본권에 직접 영향을 끼치는 내용이고 앞으로 법령의 뒷받침
> 에 의하여 그대로 실시될 것이 틀림없을 것으로 예상되어 그로 인하여 직접적으로 기
> 본권 침해를 받게 되는 사람에게는 사실상의 규범작용으로 인한 위험성이 이미 현실적
> 으로 발생하였다고 보아야 할 것이므로 이는 헌법소원의 대상이 되는 헌법재판소법 제
> 68조 제1항 소정의 공권력의 행사에 해당된다고 할 것이며, 이 경우 헌법소원 외에
> 달리 구제방법이 없다.
>
> ■ 헌법재판소 1992. 6. 26. 선고 91헌마25 결정
> 법령의 직접적인 위임에 따라 위임행정기관이 그 법령을 시행하는데 필요한 구체적
> 사항을 정한 것이면, 그 제정형식은 비록 법규명령이 아닌 고시, 훈령, 예규 등과 같
> 은 행정규칙이더라도 그것이 상위법령의 위임한계를 벗어나지 아니하는 한, 상위법령
> 과 결합하여 대외적인 구속력을 갖는 법규명령으로서 기능하게 된다고 보아야 할 것인
> 바, 청구인이 법령과 예규의 관계규정으로 말미암아 직접 기본권침해를 받았다면 이에

---

290) 姜求哲, 246쪽 ; 朴均省, 200쪽 ; 朴鈗炘, 263쪽 ; 卞在玉, 212쪽 ; 趙淵泓, 347쪽 ; 千炳泰,
239쪽. 趙淵泓 敎授는 행정규칙자체의 구체적 처분성이 인정되는 경우를 ① 행정규칙 자체가 직
접 국민의 권익을 침해하는 경우 ② 위법한 행정규칙에 의거하여 행정행위가 행해진 경우 ③ 행
정규칙을 위반한 행정행위가 평등원칙 등에 위배되는 경우로 나누어 설명하고 있다.
291) 金東熙, 174쪽.

대하여 바로 헌법소원심판을 청구할 수 있다.

　법규정립행위(입법행위)는 그것이 국회입법이든 행정입법이든 막론하고 일종의 법률행위이므로 행위의 속성상 행위 자체는 한 번에 끝나는 것이고, 그러한 입법행위의 결과인 권리침해상태가 계속될 수 있을 뿐이라고 보아야 한다.

제2장 行政行爲

제2장 行政行爲

제1절 行政行爲의 槪念

I. 개설

행정과정에 있어서는 행정청이 일방적으로 국민에게 의무를 명하고 때로는 권리를 부여하며 기타 국민의 법적지위를 결정하는 권한이 법률에 의하여 행정청에게 부여되고 있어 이와 같은 權力的 行爲形式의 登場이 계약자유의 원칙을 기본으로 하는 시민법원리와는 다른 행정상 법률관계의 커다란 특색의 하나라고 할 수 있다.

1. 개념 성립의 연혁

역사적으로 行政行爲라는 用語가 誕生한 것은 19세기 초 프랑스의 l'acte administratif 이고, 다음으로 이 말이 19세기 중엽 독일에 이식되어 Verwaltungsakt라고 번역되었으며 다시 일본의 경우 明治 말기에서 大正 초기 행정법학에 계수되어 行政行爲라고 飜譯되었다.

이와 같은 행정행위의 개념을 역사적으로 볼 때 대륙법계의 제국에 있어서는 재판소의 이원제를 채택하고 있어 행정행위라고 하는 것은 사법재판소와의 관계에서 행정재판소의 재판관할을 확정한다고 하는 극히 실천적 기능을 가지고 있었다.

2. 개념정립의 실익

처분성의 인정기준을 살피기에 앞서, 行政行爲의 槪念定立의 實益과 行政行爲槪念의 再定立 必要性을 살펴보기로 한다.

전통적으로 행정법 이론에 있어서 行政行爲의 槪念定立의 實益은 실체법적으로 특수한 법적 효력이 인정된다는 점에 있고 쟁송법적으로는 항고소송의 대상이 된다고 하는 점에 있다고 한다.

먼저 실체법상으로 行政行爲에는 公定力,[292] 確定力, 强制力 등의 特殊한 效力이 인정

---

[292] 대법원은, 行政行爲의 公定力을 "행정행위가 하자가 있더라도 당연 무효가 아닌 한 권한 있는 기관에 의하여 취소될 때까지는 잠정적으로 유효한 것으로 통용되는 효력에 지나지 않는 것이다." (대법원 1993. 11. 9. 선고 93누14271 판결 ; 대법원 1994. 4. 12. 선고 93누21088 판결)라

된다는 점에서 논하여지는 행정행위개념의 실체법상 개념정립의 실익도 오늘날의 행정행위효력론의 관점에서 반드시 수긍되는 것만은 아니다.

첫째로 行政行爲의 公定力은 행정행위라는 행위 양식 자체에 본질적으로 부수되는 효력이라고 할 수 없고 取消訴訟의 排他的 管轄制度에 따른 反射的 效果에 불과한 것이며,293) 둘째로 行政行爲의 不可爭力294)도 행정행위의 효력으로 관념할 것이 아니라 判決의 效力 즉 判決의 形式的 確定力으로 이해하여야 할 것이고, 쟁송제기기간의 경과에 따른 不可爭力은 전형적인 행정쟁송제도의 반사적 효력이라는 것이고,295) 셋째로 強制力이나 不可變力은 행정행위 자체의 효력이라기보다는 법규에 의해 부여되거나 그밖에 다른 제도적 고려에 의해 특수한 몇몇 행정행위에 대해 외부적으로 부여되는 것이므로 그것의 부여대상이 반드시 강학상의 행정행위에 국한되어야 한다거나 행정행위전체에 이러한 효력이 부여된다고 주장할 아무런 논리필연적인 이유는 없다는 것이다.296)

요컨대, 학문상의 행정행위개념정립의 실익의 하나로 말하여지는 특수한 법적 효력이라는 것은 강학상의 행정행위자체의 고유한 속성으로부터 부여되는 것이라기보다 항고소송제도나 기타의 제도적 고려에 의해 법규나 법원리(法原理)로부터 부여되는 것이라고 할 것이다.297)

다음 쟁송법적으로, 현행 행정소송법에서의 처분개념은 반드시 전통적인 행정행위개념과 일치하는 것이 아닌 바, 항고소송대상의 인정기준으로서 행정행위개념정립의 실익도 없다. 결국 전통적 행정행위개념정립의 실익은 형해화(形骸化)되고 만 것이다.

생각건대, 취소소송의 대상을 실체법상 행정행위로 제한하고 그 외의 행정작용에 대하여는 다른 소송형식을 규정하여 국민의 권리구제를 보장할 것인지, 처분개념의 확대를 통해 취소소송의 탄력적 운용을 도모하여 국민의 권리구제를 보장할 것인지는 입법정책의 문제라고 할 것이다. 행정소송법이 독일과 달리 다양한 소송형태를 규정하지 않고 대신 행정심판법과 행정소송법에서 처분의 개념을 "행정청이 행하는 구체적 사실에 대한

고 판시하여 절차법적 효력으로 보고 있으며 민사소송에서 수소법원은 선결문제로서 행정행위의 위법성 여부에 대한 심사를 할 수 있다고 한다.

293) 金南辰, 301쪽 ; 朴鈗炘, 130~131쪽 ; 石琮顯, 316쪽 ; 李尙圭, 405쪽 ; 洪井善, 329쪽 ; 洪準亨, 221쪽 ; 塩野 宏, (Ⅰ), 116~117쪽 ; 藤田宙靖, 203쪽 ; 室井 力編, 140~142쪽.

294) 대법원은, 不可爭力의 의미에 대하여, "행정처분이나 행정심판 재결이 불복기간의 경과로 인하여 확정될 경우 그 확정력은 그 처분으로 인하여 법률상이익을 침해받은 자가 당해처분이나 재결의 효력을 더 이상 다툴 수 없다는 의미일 뿐, 더 나아가 판결에서 인정되는 기판력과 같은 효력이 인정되는 것은 아니어서 그 처분의 기초가 된 사실관계나 법률적 판단이 확정되고, 당사자들이나 법원이 이에 기속되어 모순되는 주장이나 판단을 할 수 없게 되는 것은 아니다."라고 판시하고 있다(대법원 1993. 8. 27. 선고 93누5437 판결).

295) 大橋洋一, 323쪽.

296) 卞在玉, 336쪽 ; 李尙圭, 410쪽 ; 千炳泰, 325쪽. 학자들은 이를 法規效力說이라고 한다.

297) 金裕煥, 「行政訴訟法上의 處分概念의 實體法的 意義」(公法研究 제24집 제2호, 1996. 6.), 213~214쪽.

법집행으로서의 공권력의 행사 또는 그 거부와 그밖에 이에 준하는 행정작용"이라고 정의하여 처분개념에 '公權力의 行使' 이외에 '그밖에 이에 준하는 行政作用'이라는 불확정개념을 포함시킨 것은, 현대 산업사회에 있어서의 행정작용의 적극화 및 행위형식의 다양화에 부응하여 행정쟁송사항을 확대함으로써 국민의 권리구제의 길을 넓히려는 것으로 보인다.298)

Ⅱ. 개념

1. 학설

 종래부터 講學上(學問上) 行政行爲는 最廣義299), 廣義300), 狹義301), 最狹義로 나뉘어 설명되고 있으나, 최협의의 행정행위의 개념이 우리나라의 통설적 입장이다.302)
最狹義의 行政行爲는 行政主體가 법아래서 具體的 事實에 대한 法執行으로서 하는 公權力의 發動으로서의 權力的·單獨的 公法行爲를 의미하는 바, 공법상계약 및 공법상합동행위는 제외된다.
 여기서는 강학상 행정행위라고 하면 통설적 견해303)에 따라 최협의의 의미로 사용키로 한다. 원래 행정행위의 개념이 행정재판의 대상을 정하기 위하여 정립된 것이라면, 행정행위에 대한 명문의 규정이 없고 행정소송형태가 다양화되지 못한 우리나라의 경우, 현대복지국가에 있어서 행정작용 행위형식의 다양화에 수반하여 행정행위의 개념을 재구성할 필요가 있는 것이다.

2. 입법례

 독일의 행정재판제도는 19세기 후반에 생성되었는데, 법률상 열거된 경우에 한하여 행정

---

298) 처분성의 확대가 반드시 권리구제에 더 유리한 것만은 아니라는 비판도 제시되고 있다. 즉 행정소송법상의 처분개념이 지나치게 넓고 애매하다고 비판하면서 본래 학문적 의미의 행정행위개념이 최소소송의 대상을 밝혀 보려는 의도에서 구성된 것이므로 양자를 구별할 이유가 없다고 하고, 獨逸 行政節次法 제35조의 행정행위 개념을 우리의 행정처분 해석에 참고할 것을 주장한다 (金南辰, 「取消訴訟의 對象」(行政法의 基本問題, 法文社, 1996), 575~584쪽 ; 愼保晟, 「行政行爲와 行政處分」(考試研究, 1984. 7), 49쪽).
299) 행정청이 행하는 일체의 행위.
300) 행정청의 공법행위.
301) 행정청이 구체적 사실에 관한 법집행으로서 행하는 공법행위.
302) 行政行爲의 最廣義에서 最狹義까지의 學說을 자세히 소개하는 문헌들에 의하면, '最廣義'는 G. Jellinek, R. Thoma 등의 學說이며, '廣義'는 P. Laband의, '狹義'는 W.Jellinek의, '最狹義'는 O. Mayer, H.J. Wolff, E. Forsthoff 등의 학설임을 소개하면서 最狹義가 통설임을 인정한다.
303) 千柄泰교수는 이를 '標準說'의 행정행위개념이라고 한다(同, 241쪽).

소송의 제기를 허용하는 이른바 열기주의(列記主義; Enumerationsprinzip)를 채택하고 있었다. 그러나 제2차 세계대전 후 독일의 行政裁判所法(Verwaltungsgerichtsordnung)이 1960. 1. 21. 제정되어 같은 해 4. 1.부터 시행되었는데, 行政裁判所法 제40조 제1항은 "비헌법적인 성질의 모든 공법상의 쟁송에 관하여는 행정소송을 제기할 수 있다. 다만, 연방법률이 명시적으로 그 쟁송을 어떤 다른 법원의 관할로 한 경우에는 예외로 한다. 주법률(州法律)도 또한 주법(州法)의 영역에 있어서의 공법상의 쟁송을 어떤 다른 법원의 관할로 할 수 있다"라고 규정하여, 소송유형의 여하를 불문하고 행정소송에 대해서는 행정재판소가 원칙적으로 모든 재판권을 가지게 되었다(概括主義).

獨逸 行政法上의 行政行爲槪念은 1976년에 제정된 行政節次法(Verwaltungsverfahrensgesetz)에 명문화되어 있는데 같은 법 제35조를 보면 "행정행위는 행정청이 공법의 영역에서 개별적 사항을 규율하기 위하여 행하여지며 또한 외부에 대하여 직접 법적 효과를 발생시키는 處分(Verfügung), 決定(Entscheidung), 기타 高權的 措置(Hoheitliche Massnahme)를 말한다. 一般處分(Allgemeinverfügung)은 일반적 징표에 의하여 특정되거나 특정될 수 있는 인적 범위를 대상으로 하는 행정행위 또는 물건의 공법적 속성 또는 공중에 의한 물건의 이용에 관한 행정행위를 말한다."고 규정하고 있다.

영미법계 국가에서는 보통법의 전통에 따라 법의 지배를 기본으로 하고 공법과 사법의 이원적 법체계가 인정되지 않음으로써 행정청의 행위도 사인의 법률행위와 같이 일반법원에서 보통법에 의한 심판의 대상이 되기 때문에 행정행위의 개념을 따로 정립할 필요가 없었다. 하지만 19세기에 들어서면서 행정기능의 확대에 따라 행정작용을 절차적으로 규제할 현실적인 필요에 직면하게 되었다. 여기서 행정절차 및 행정작용에 대한 사법심사와의 관계에서 일정한 범주의 행정작용을 행정처분이라는 개념으로 파악하게 되었던 바, 영미에서의 행정처분은 행정기관의 행위 가운데 사법적 내지 준사법적 성질의 것을 가리키게 되었다.

우리나라에 있어서는 독일과는 달리 行政處分(Verwaltungsverfügung)은 실정법상의 개념으로 강학상으로는 보통 行政行爲(Verwaltungsakt)라는 용어가 사용되고 있다.

Ⅲ. 행정행위와 행정쟁송법상의 처분

우리나라에서 통용되고 있는 行政行爲의 槪念은 독일에서 전래된 것으로 볼 수 있는데, 독일에서는 실정법에서도 行政行爲(Verwaltungsakt)라는 개념이 널리 사용되고 있다(行政節次法 제3조, 行政法院法 제42조 참조). 이에 비해 우리나라에서는 行政行爲는 學問的으로만 사용되고 있으며, 實定法上으로는 處分 또는 行政處分이라는 用語가 많이 사용되고 있다.

行政審判法은 "處分이라 함은 行政廳이 행하는 具體的 事實에 관한 法執行으로서의 公

權力의 行使 또는 그 拒否와 그밖에 이에 준하는 行政作用을 말한다."(제2조 제①항 제ⅰ호)고 정의하고, 行政訴訟法 역시 같은 처분개념을 받아들이는 동시에 그 處分과 行政審判에 대한 裁決을 합쳐 '處分 등'(제2조 제①항 제ⅰ호)이라고 정의하고 있다.

行政節次法도 행정심판법에서의 처분개념을 답습하여 "行政廳이 행하는 具體的 事實에 관한 法執行으로서의 公權力의 行使 또는 그 拒否와 기타 이에 준하는 行政作用"(제2조 제ⅱ호)으로 정의하고 있다. 이에 따라 강학상의 행정행위개념과 행정쟁송법에서의 처분개념을 동일한 것으로 볼 것인지, 아니면 다른 것으로 볼 것인지의 문제가 제기되었다. 앞서 본대로 현행 행정소송법은 '處分'의 개념을 광의로 정의하고 있어 먼저 행정청의 어떠한 행위를 행정소송법에서 취소소송의 대상이 되는 '處分'으로 볼 것이냐 하는 문제와 관련하여 학설과 판례를 살펴보기로 한다.

즉 行政審判法 및 行政訴訟法에 定義되어 있는 處分槪念을 그대로 行政行爲槪念으로 받아들이는 입장(實體法上槪念說)304)과 兩者가 一致되지 않는 것으로 보는 입장, 즉 爭訟法上의 處分이 學問上의(實定法上) 行政行爲보다 넓다고 보는 입장(爭訟法上槪念說)305)으로 크게 나누어져 있는 것이다.

우리나라 대법원 판례는 실체법상개념설 또는 쟁송법상개념설에 대한 명시적인 입장을 보이고 있지 않으나 대체로 실체법상개념설을 따르면서 국민의 권리구제측면에서 처분의 범위를 넓게 보려는 취지로 볼 수 있을 것 같다.

우리 판례는 기본적으로 實體法上槪念說에 立脚하고 있다고 볼 수 있으며, 특정행위에 대한 처분성 인정의 판단기준은 ① 공권력발동으로서의 행위이어야 한다는 것(公權力性), ② 국민에 대하여 권리설정 또는 의무부담을 명하며, 기타 법률상 효과를 발생하게 하는 행위라야 한다는 것(法的 效果性), ③ 국민의 권리·의무에 직접 관계가 있는 행위, 즉 행정의사를 구체화하기 위한 일련의 행정과정을 구성하는 행위 중에서 최종적으로 직접적 효과를 발생시키는 행위단계라야 하며, 당해 행위에 의하여 '일반적 추상적인 법상태의 변동'이 있는 것만으로는 부족하다는 것(紛爭의 成熟性)을 대전제로 하여, ④ 행정소송제도의 목적 또는 사법권에 의한 국민의 권리보호의 기능도 충분히 고려하여 합목적으로 판단해야 한다는 것이다.

---

304) 姜求哲, 872~876쪽 ; 金性洙, 165~166쪽, 804쪽 ; 柳至泰, 110쪽 ; 石琮顯, 200쪽 ; 愼保晟, 519~523쪽.

305) 金南辰, 208쪽, 775쪽 ; 金道昶, 359쪽 ; 金東熙, 671쪽 ; 金香基, 172쪽, 425쪽 ; 朴均省, (救濟法), 280~281쪽 ; 朴鈗炘, 915쪽 ; 朴鍾局, 298쪽, 899쪽 ; 卞在玉, 263쪽 ; 李鳴九, 228쪽, 696~697쪽 ; 李尙圭, 330쪽, 808쪽 ; 千炳泰, 247쪽, 252~253쪽 ; 韓堅愚, 798~799쪽 ; 芝池義一, 127쪽 ; 徐元宇, 「行政處分槪念小考」(『轉換期의 行政法理論』, 博英社, 1997), 541~545쪽 ; 趙龍鎬, 「抗告訴訟의 對象인 行政處分」(『行政訴訟에 관한 諸問題(上)』裁判資料 제67집, 法院行政處, 1995), 103쪽.

행정처분의 개념은 행정실체법과 행정소송법이 교차하는 장(場)이다. 처분의 개념을 확장하여 개인의 권리구제를 확대하려는 시도는 쟁송법상의 행정행위개념을 구체화시키는데 아직 성공하지 못하고 있으며, 여전히 담론(談論) 수준에 머물고 있는 실정이다. 처분성은 취소소송의 성질, 목적, 다른 소송과의 위치관계 및 공권력과의 관계와 행정행위의 공권력성, 협의의 소의 이익 등의 문제와 관련하여 확정될 문제인 바, 앞서 본 실체법상개념설이나 쟁송법상개념설은 그 내용상으로 상충된다 할지라도 취소소송의 목적실현의 관점에서 본다면 병립 가능할 뿐만 아니라 상보적이라고 할 것이다.306)

처분의 개념을 어떻게 구성할 것인가 하는 문제보다는 오늘날 다양한 행정의 행위형식에 걸맞게 그에 상응하는 행정 구제를 모색하는 것이 권리구제의 폭을 넓히는 것이라고 할 수 있다. 앞으로 기회가 있으면 국민의 권익구제를 위해 訴訟形態의 多樣化를 꾀하는 방향으로 行政訴訟法의 改定이 있었으면 좋겠다.

Ⅳ. 行政行爲의 槪念的 要素(徵表)

1. 개설

행정처분을 '행정청의 공법상의 행위로서 특정사항에 대하여 법규에 의한 권리의 설정 또는 의무의 부담을 명하거나 기타 법률상 효과를 발생하게 하는 등 국민의 구체적인 권리의무에 직접적 변동을 초래하는 행위'라고 판시한 판례307)를 토대로 행정행위를 행정청이 구체적 사실을 규율하기 위하여 공권력을 행사하여 국민의 구체적인 권리 또는 의무에 직접적인 변동을 초래하게 하는 공법상의 법률행위라고 일응 정의하면, 행정행위의 개념적 요소는 다음과 같다.

2. 行政廳의 행위

(1) 行政行爲는 行政廳의 行爲이다. 여기서 行政廳(Verwaltungsbehörde)의 의미와 관련하여 종래 통설은 행정소송법상의 행정청을 행정조직법상의 행정청에 권한의 위임을 받은 행정기관과 공공단체 및 그 기관 또는 사인이 포함된다고 하고 있다. 그리고 행정조직법상의 행정청을 행정주체의 의사를 결정하고 이를 외부에 표시할 수 있는 권한을 가진 행정기관, 즉 의사결정권과 의사표시권을 가진 행정기관으로 좁게 해석하고 있다.308)

하지만, 우리행정소송법상 처분이 행정행위뿐만 아니라 권력적 사실행위도 포함된다는 것이 학설·판례이므로, 행정소송법상 행정청의 개념을 정의함에 있어서 행정청을 의사

---

306) 洪準亨, (구제법), 535~536쪽.
307) 대법원 1995. 11. 21. 선고 95누9099 판결.
308) 이에 대하여 실질적·기능적 의미의 행정청이라는 개념을 쓰는 학자들(洪井善, 629쪽 ; 洪準亨, (救濟法), 548~549쪽 ; 石琮顯, 202쪽)도 있다.

표시기관으로 좁게 해석할 이유가 없다고 하겠다. 우리행정소송법은 항고소송 특히 취소소송의 대상을 행정행위로 한정하고 있지 않고 행정행위 이외의 행정작용도 항고소송의 대상인 처분으로 규정하고 있는 만큼 우리나라 행정소송법에서는 항고소송의 대상인 처분의 주체개념으로서의 행정청을 반드시 의사표시기관에 한정할 것이 아니라 널리 행정사무의 처리권한을 부여받은 모든 기관이 포함된다고 보는 것이 옳을 것이다.[309]
또 專決·代決규정에 의하여 의사표시권은 원권한청(原權限廳)에 유보된 채 의사결정권만이 다른 기관에 이전되는 소위 內部委任의 경우는 원권한청이 행정청이다.

■ 대법원 1995. 11. 28. 선고 94누6475 판결
[행정권한이 내부위임된 경우 권한행사의 방법]
 행정권한의 위임은 행정관청이 법률에 따라 특정한 권한을 다른 행정관청에 이전하여 수임관청의 권한으로 행사하도록 하는 것이어서 권한의 법적인 귀속을 변경하는 것이므로 법률이 위임을 허용하고 있는 경우에 한하여 인정된다 할 것이고, 이에 반하여 행정권한의 내부위임은 법률이 위임을 허용하고 있지 아니한 경우에도 행정관청의 내부적인 사무처리의 편의를 도모하기 위하여 그의 보조기관 또는 하급행정관청으로 하여금 그의 권한을 사실상 행사하게 하는 것이므로, 권한위임의 경우에는 수임관청이 자기의 이름으로 그 권한행사를 할 수 있지만 내부위임의 경우에는 수임관청은 위임관청의 이름으로만 그 권한을 행사할 수 있을 뿐 자기의 이름으로는 그 권한을 행사할 수 없는 것이다(대법원 1989. 3. 14. 선고 88누10985 판결, 대법원 1989. 9. 12. 선고 89누671 판결, 대법원 1992. 4. 24. 선고 91누5792 판결 참조).

 그러므로 의사결정권만을 가진 각종 징계위원회의 징계에 관한 의결은 항고소송의 대상이 될 수 없고, 의사표시권을 유보한 위임청의 행위만이 항고소송의 대상이 된다. 그리고 권한의 대리가 있는 경우에는 행정권한이 이전된 것이 아니므로 원래의 행정청이 행정청이다.

⑵ 行政訴訟法은 行政廳이라 함은 "법령에 의하여 행정권한의 위임 또는 위탁을 받은 행정기관, 공공단체 및 그 기관 또는 사인(公務受託私人 : Beliehene)이 포함된다."고 규정하고 있다(제2조 제②항).

---

309) 李元雨,「抗告訴訟의 對象인 處分의 槪念要素로서 行政廳」(『현대공법학의 과제』崔松和교수화갑기념논문집, 2002. 6.), 25~32쪽.
　　특히 이원우 교수는 행정조직법상의 행정청을 "행정권한을 독립적으로 수행하는 독립적 행정행위를 의미하며, 국가 또는 그밖에 다른 행정주체의 구성부분"으로 파악하고 있다(前揭論文, 27쪽).

 행정권한의 위임 또는 위탁310)을 받은 행정기관에는 보조기관(예 ; 차관·차장·국과장), 하급행정기관(예 ; 청장이나 외국장·특별시, 광역시의 동장)이 포함되고 공공단체에는 지방자치단체와 공공조합·영조물법인(예 ; 정부투자기관인 공사·재단) 등의 공법인이 포함되며, 공공단체의 기관에는 지방자치단체의 장이 포함된다. 또, 행정권한의 위임 또는 위탁을 받은 사인(공무수탁사인)에는 행정사무의 처리 권한이 부여된 사법인(私法人) 또는 자연인 등이 포함된다.

■ 대법원 1992. 11. 27. 선고 92누3618 판결
[피고적격의 행정청]
 항고소송은 행정청의 처분 등이나 부작위에 대하여 처분 등을 행한 행정청을 상대로 이를 제기할 수 있고 위 행정청에는 처분 등을 할 수 있는 권한이 있는 국가 또는 지방자치단체와 같은 행정기관뿐만 아니라 법령에 의하여 행정권한의 위임 또는 위탁을 받은 행정기관, 공공단체 및 그 기관 또는 사인이 포함되는바 특별한 법률에 근거를 두고 행정주체로서의 국가 또는 지방자치단체로부터 독립하여 특수한 존립목적을 부여받은 특수한 행정주체로서 국가의 특별한 감독 하에 그 존립목적인 특정한 공공사무를 행하는 공법인인 특수행정조직 등이 이에 해당한다 할 것이다.

 행정청은 원칙적으로 단독제의 기관이나 방송법 제21조상의 방송위원회, 독점규제및공정거래에관한법률 제37조 소정의 공정거래위원회, 교원지위향상을위한특별법 제7조 상의 교원징계위원회, 농지법 제47조 상의 농지관리위원회, 노동위원회법 제2조, 제6조에 의한 각종노동위원회(대법원 1968. 9. 17. 선고 68누151 판결 ; 대법원 1968. 11. 11. 선고 68두2 판결), 공익사업을위한토지등의취득및보상에관한법률 제49조, 제52조, 제53조에 의한 토지수용위원회 등과 같이 합의제행정기관도 있다.
 삼권분립의 원칙상 입법행위와 사법행위는 행정행위의 개념에서 제외되나 국회나 법원 등의 기관(예 ; 국회사무총장, 법원행정처장, 헌법재판소사무처장)도 그 소속직원의 임면 등 실질적 행정작용을 행하는 경우에는 그 한도에서 행정청의 지위를 가진다. 그리고 지방자치단체의 의결기관 즉 지방의회도 공법상의 효과의 발생을 목적으로 하는 의결을 하거나 처분을 하는 경우에는 행정청이 될 수 있다.

3. 法的 行爲

---

310) 위임행정청의 직접적인 지휘·감독 아래에 있지 아니하는 행정청이나 공공단체 또는 사인에 대한 권한의 위임을 특히 權限의 委託이라고 부른다.

행정행위는 行政廳의 法的 行爲이다. 여기서 법적행위는 행정청의 의사표시(法律行爲的行政行爲의 경우) 또는 이에 준하는 정신작용(판단, 인식, 관념 등)의 표시(準法律行爲的行政行爲의 경우)를 주된 요소로 하고 외부에 대하여 직접적인 법적 효과를 발생하는 행위를 말한다. 行政行爲가 法的 行爲임은 행정심판법이나 行政訴訟法이 '法執行으로서의'라고 규정하고 있는 것에 잘 나타나 있다. 行政行爲는 法的行爲이므로 事實行爲는 行政行爲가 아니다.

'직접적인 법적 효과를 발생하는 행위'라 함은 국민의 권리·의무를 형성(창설·변경·박탈)하거나 그 범위를 확정하는 등 기존의 권리상태를 변동시키거나 일반적인 법적 상태를 구체화하는 것을 말한다. 그리고 '법적 효과'는 실체법상의 권리의무에 한하지 않고 절차법상의 권리의무에 구체적으로 영향을 미치는 경우도 포함된다.[311]

■ 대법원 1994. 8. 12. 선고 94누2190 판결
[운전면허 행정처분처리대장상 벌점의 배점이 행정처분인지 여부]
 운전면허 행정처분처리대장상 벌점의 배점은 도로교통법규 위반행위를 단속하는 기관이 도로교통법시행규칙 별표 16의 정하는 바에 의하여 도로교통법규 위반의 경중, 피해의 정도 등에 따라 배정하는 점수를 말하는 것으로 자동차운전면허의 취소, 정지처분의 기초자료로 제공하기 위한 것이고 그 배점 자체만으로는 아직 국민에 대하여 구체적으로 어떤 권리를 제한하거나 의무를 명하는 등 법률적 규제를 하는 효과를 발생하는 요건을 갖춘 것이 아니어서 그 무효확인 또는 취소를 구하는 소송의 대상이 되는 행정처분이라고 할 수 없다.

■ 대법원 1998. 3. 27. 선고 97누20236 판결
[도로교통법시행규칙 제53조 제1항 [별표 16]상의 운전면허행정처분기준의 대외적 기속력 유무(소극) 및 벌점의 법적 성질]
 도로교통법시행규칙 제53조 제1항이 정한 [별표 16]의 운전면허행정처분기준은 관할 행정청이 운전면허의 취소 및 운전면허의 효력정지 등의 사무처리를 함에 있어서 처리기준과 방법 등의 세부사항을 규정한 행정기관 내부의 처리지침에 불과한 것으로서 대외적으로 국민이나 법원을 기속하는 효력이 없으므로, 자동차운전면허취소처분의 적법 여부는 위 운전면허행정처분기준만에 의하여 판단할 것이 아니라 도로교통법의 규정 내용과 취지에 따라 판단되어야 하며, 위 운전면허행정처분기준의 하나로 삼고 있는 벌점이란 자동차운전면허의 취소·정지처분의 기초자료로 활용하기 위하여 법규 위반 또는 사고야기에 대하여 그 위반의 경중, 피해의 정도 등에 따라 배점되는 점수를 말하는 것으로서, 이러한 벌점의 누산에 따른 처분기준 역시 행정청 내의 사무처리에 관한 재량준칙에 지나지 아니할 뿐 법규적 효력을 가지는 것은 아니다.

---

311) 金香基, 「行政處分의 槪念」(月刊考試, 1993. 7.), 100쪽.

도로교통법시행규칙 제53조 제1항 〔별표 16〕의 벌점에 관한 규정을 보면, 정지처분 개별기준에서 정하는 각 위반항목 별로 일정한 벌점을 배점하여 이를 누적한 다음 무위반·무사고기간 경과시에 부여되는 점수 등을 상계치로 뺀 점수를 '누산점수'로서 관리하고 그 누산점수에서 이미 처분이 집행된 벌점을 뺀 점수를 '처분벌점'으로 하여 처분의 기준으로 삼되, 취소처분 또는 정지처분의 개별기준을 적용하는 것이 현저하게 불합리한 경우에는 그 처분기준을 감경할 수 있다는 것이지, 각 위반 항목별로 규정된 점수가 최고한도를 규정한 것이라고 볼 만한 아무런 근거가 없다.

일반적으로 행정처분이 주체·내용·절차 및 형식이라는 내부적 성립요건과 외부에의 표시라는 외부적 성립요건을 모두 갖춘 경우에 행정처분이 존재한다고 할 수 있다.[312)]
그리고 행정청이 국민에 대하여 의사의 표시, 판단·인식·관념의 표시를 하였다 하더라도 그에 따른 법적인 일정한 효과가 발생하지 않는다면 이는 취소소송의 대상이 되는 행정처분이 아니다.

한편 오늘날과 같은 자동기계화시대에 있어서는 학생의 학교배정과 같은 자동기기(自動機器)를 통한 行政自動決定도 行政處分의 一種으로 보아야 할 것이다.[313)]

4. 공법행위

행정행위는 공법상의 행위이어야 하지만 그 효과가 반드시 공법적일 필요는 없다. 따라서 행정청의 법적 행위일지라도 私法行爲는 행정행위가 아니다.

5. 公權力의 行事

행정행위는 행정청의 공권력 행사작용이다. 행정청의 공권력 행사작용에서 '公權力'이란 대한민국의 공권력으로서 단독으로 또는 어느 기관을 통하여 대표되는 권력을 의미하며 이는 어떠한 형태로 수행되건 문제가 되지 아니한다. '行政廳이 행하는 구체적 사실에 관한 法執行으로서의 公權力의 행사'는 보통 積極行爲로서 행해진다. 그러나 許可

---

312) 대법원 1999. 8. 20. 선고 97누6889 판결.
313) 姜求哲, 339쪽 ; 金南辰, 427쪽 ; 金性洙, 406쪽 ; 金香基, 296쪽 ; 柳至泰, 267쪽 ; 朴圭河, 372쪽 ; 朴鈗炘, 308쪽 ; 石琮顯, 240쪽 ; 李鳴九, 433쪽 ; 趙淵泓, 438쪽 ; 韓堅愚, 557쪽 ; 洪準亨, 384쪽 ; 金重權, 「行政自動化節次에 관한 法的 考察」(고려대학교 博士學位論文, 1993), 280쪽 ;「行政自動機械決定의 法的性質 및 그의 能否」(公法硏究 第22輯 第3號, 韓國公法學會, 1994. 6.), 380쪽.
독일의 경우 행정절차법에 자동기계에 의한 행정자동결정에 관한 명문규정(제37조 제3항, 제4항, 제39조 제2항, 제28조 제1항, 제2항)을 두고 있어 이는 행정행위임을 전제로 한 것으로 보이며 이에 대한 자세한 내용은 Hartmut Maurer, a.a.O. §18 ff. S.438~446 참조.

의 拒否 같은 消極行爲도 그것이 '行政廳이 행하는 구체적 사실에 관한 法執行으로서의 公權力의 행사'로서의 성질을 가질 때 행정행위에 해당한다. 公權力行事의 拒否는 개인이 행정청에 대하여 일정한 공권력을 행사하여 줄 것을 신청할 경우에 그 신청에 따르는 공권력행사를 거부하는 것을 내용으로 하는 행정행위를 의미한다. 이처럼 작위·부작위를 불문하며 직접적인 국가권력의 작용뿐 아니라 간접적 국가권력의 작용도 포함된다.

따라서 행정청의 공권력 행사작용이란 행정청이 공권력의 소지자인 행정기관의 지위에서서 법의 집행으로 하는 권력적 활동을 의미하며, 행정청이 법에 의거하여 우월한 의사의 발동 기타의 공권력행사로서 개인에 대한 구체적인 사실에 관하여 권리의 설정 또는 의무의 부담을 명하거나 기타 법률상 효과를 발생케 하는 행위를 지칭한다. 그래서 행정청의 행위일지라도 우월한 공권력의 행사로서의 성질을 가지지 않는 공법상계약, 공법상합동행위 등은 처분이 아니다.

행정행위 가운데에는 상대방의 申請 또는 同意 등에 의거하여 행해지는 것이 있다. 그러나 상대방의 신청 또는 동의는 행정행위가 성립하고 효력을 발생하는데 필요한 요건의 하나에 지나지 않으며, 行政行爲 자체는 一方的 行爲로서 '公權力의 행사'라는 성질을 가진다. 이와 같이 行政行爲는 一方的 行爲인 점에서 雙方 간의 意思合致를 요소로 하는 公法契約과 구분된다.314)

6. 具體的事實에 관한 法執行行爲

행정처분은 행정청의 구체적 사실에 관한 법집행 행위이다. '法執行으로서의 公權力의 行使'는 法的秩序에 대한 變更 또는 影響을 주는 執行的 決定을 말한다.

대법원도 "행정처분은 적어도 그것이 공권력행사에 관한 행위인 점에 비추어 그 처분의 대상인 국민에 대하여 구체적 사실에 관하여 법적규제를 하려는 요건을 갖춘 행위"(대법원 1966. 10. 25. 선고 65누23 판결), "국민에 대하여 구체적으로 권리를 설정하거나 의무를 명하는 등 법률적 규제를 하려는 요건을 갖춘 행위"(대법원 1984. 5. 22. 선고 83누485판결), "권리·의무나 법적이익에 영향을 미치는 등 법률상효과"(대법원 1996. 9. 20. 선고 95누8003 판결)로 표현하고 있다. 따라서 인식을 위한 관념의 통지에 불과하고 법적인 규제를 하려는 성질의 것이 아닌 이상 행정처분이라고 할 수 없다.

(1) 개별적·구체적 규율

---

314) 公法契約이야말로 양 당사자 간의 의사합치를 요소로 하는 '雙方的 行爲'이다. 그렇기 때문에 비록 상대방의 申請이나 同意라는 意思表示를 요소로 하나, 行爲 자체는 一方的 行爲인 '申請 또는 동의를 요소로 하는 行政行爲'(동의에 의한 行政行爲)를 雙方的 行政行爲로 부르는 것은 부적절하다.

행정행위는 행정청이 법아래서 구체적 사실을 규율하기 위한 행위이다. 따라서 일반적·추상적인 규율을 행하는 명령은 특정범위의 사람을 대상으로 하는 경우에도 행정행위가 아니다. 여기서 규율이라 함은 법적효과의 발생을 의미한다.

어떤 행위가 입법행위인지 행정행위인지의 여부는 그 상대방이 일반적인지 개별적인지에 따라 결정할 것이 아니라 그 효과가 추상적(일반적)인지 구체적인지에 따라 결정할 것이다.315) 여기서 '구체적 사실'의 의미는 규율의 인적 범위가 개별적이고 규율대상이 구체적이라는 뜻이다. 개별성은 구체적 규율이 한사람 또는 개별적으로 규정되어 있거나 특정할 수 있는 인적 범위를 의미한다. 그리고 불확정한 다수의 사안에 계속적으로 적용되는 것을 추상적이라 하고, 시간적·공간적으로 특정한 사안에 적용되는 것을 구체적이라고 한다.316)

■ 대법원 1996. 9. 20. 선고 95누8003 판결
[조례가 항고소송의 대상이 되는 행정처분에 해당되는 경우 및 조례무효확인 소송의 피고적격(지방자치단체의 장)]
조례가 집행행위의 개입 없이도 그 자체로서 직접 국민의 구체적인 권리의무나 법적 이익에 영향을 미치는 등의 법률상 효과를 발생하는 경우 그 조례는 항고소송의 대상이 되는 행정처분에 해당하고, 이러한 조례에 대한 무효확인소송을 제기함에 있어서 행정소송법 제38조 제1항, 제13조에 의하여 피고적격이 있는 처분 등을 행한 행정청은, 행정주체인 지방자치단체 또는 지방자치단체의 내부적 의결기관으로서 지방자치단체의 의사를 외부에 표시한 권한이 없는 지방의회가 아니라, 구 지방자치법(1994. 3. 16. 법률 제4741호로 개정되기 전의 것) 제19조 제2항, 제92조에 의하여 지방자치단체의 집행기관으로서 조례로서의 효력을 발생시키는 공포권이 있는 지방자치단체의 장이다.
구 지방교육자치에관한법률(1995. 7. 26. 법률 제4951호로 개정되기 전의 것) 제14조 제5항, 제25조에 의하면 시·도의 교육·학예에 관한 사무의 집행기관은 시·도 교육감이고 시·도 교육감에게 지방교육에 관한 조례안의 공포권이 있다고 규정되어 있으므로, 교육에 관한 조례의 무효확인소송을 제기함에 있어서는 그 집행기관인 시·도 교육감을 피고로 하여야 한다.

■ 대법원 2004. 5. 12. 자 2003무41 결정
[고시가 항고소송의 대상이 되는 행정처분에 해당하기 위한 요건]
어떠한 고시가 일반적·추상적 성격을 가질 때에는 법규명령 또는 행정규칙에 해당할 것이지만, 다른 집행행위의 매개 없이 그 자체로서 직접 국민의 구체적인 권리의무나 법률관계를 규율하는 성격을 가질 때에는 행정처분에 해당한다고 할 것이다(대법원

---

315) 趙龍鎬, 前揭論文, 140쪽.
316) 金香基, 前揭論文, 106쪽.

2003. 10. 9.자 2003무23 결정 등 참조).

(2) 개별적·추상적 규율

행정청이 특정 범위의 사람에게 장래에 향하여 계속적으로 규율하기 위하여 일정한 조치를 취하는 경우가 있는데, 이 경우 수범자는 특정인이지만 규율내용은 장래의 불확정한 법률관계이므로 개별적·추상적 규율이라고 한다.

(3) 일반적·구체적 규율(일반처분)

1) 의의

구체적 사실과 관련하여 일응 불특정 다수인을 대상으로 하여 발하여지는 행정청의 단독적·권력적 규율행위(일반적·구체적 처분)이다. 일반처분은 일반적·구체적 규율을 하는 것인데, 일반적이라는 것은 인적규율대상이 불특정다수인을 말하는 것이고, 구체적이라 함은 시간과 공간상으로 특정된 경우에 일회적으로 적용됨을 의미한다.

2) 법적 성질

입법행위로 보는 견해, 입법행위와 집행행위의 중간영역에 속하는 것으로 보는 견해가 있으나 다수설은 행정행위의 한 유형으로 본다.

3) 종류

① 대인적 일반처분

구체적 사안과 관련하여 일반적 기준에 따라 결정되거나 결정될 수 있는 자를 대상으로 발하여지는 행정행위이다. 상대방의 불특정으로 일반적이나 그 범위는 일반적 기준에 따라 획정이 가능하고 법규명령과 달리 구체적 사안 또는 사건을 규율대상으로 한다.
특정기간, 특정장소에서의 집회행위의 금지조치, 일정시간 이후 통행금지의 예가 있다.

② 물건의 이용관계에 관한 규율행위로서의 일반처분(물적 행정행위)

사람의 권리·의무가 아닌 물건의 법적 성질자체를 그 규율내용으로 하는 것으로, 당해 물건에 관한 법적 규율의 내용에 따라 그 이용자의 권리·의무에 효과를 미치게 된다는 점에서 간접적으로 사람에게도 적용되는 것이다. 예컨대 도로의 공용개시행위, 주차금지구역 지정, 속도제한, 개별공시지가결정, 일정 유형문화재 국보지정 등이 있다.
물적 행정행위의 행정행위성 여부가 문제되나 독일연방행정절차법은 영조물 기타 공공시설의 이용에 관한 규율도 일반처분으로 규정하여 명문으로 행정행위성을 인정하고 있고, 우리나라 다수의 학자들도 강학상 행정행위로 인정하고 있다.

V. 행정행위의 기능

行政法에서의 行政行爲의 機能[317]을 實體法, 節次法, 執行法, 訴訟法 측면에서 살펴보기로 한다.

1. 行政行爲의 實體法的 機能

행정행위는 상대방에 대해 권리·의무를 발생·변경·소멸시키는 기능을 수행한다. 이와 같은 기능은 개별적인 경우에 일반·추상적 규율로서의 법률에 의하여 행해지므로 행정행위의 個別化·明確化 機能(Individualisierung und Klarstellungs funktion)이라고도 한다.

오토 마이어(O. Mayer)는 행정행위를 "행정에 속하는 관청이 개별적인 경우에 신민에 대해 무엇이 그에게 있어 법인가를 결정하여 선언하는 행위(ein der Verwaltung zugerohiger obrigkeitlicher Ausspruch der dem Untertanen gegenuber im Einzelfall bestimmt, was fur ihn rechtes sein soll)"로 정의하였는데, 이는 행정행위의 실체법적 기능을 가장 잘 표현해주고 있다고 하겠다.

2. 行政行爲의 節次法的 機能

우리나라의 경우도 행정절차법이 제정되어 시행되고 있는바, 이로써 행정절차는 행정행위, 특히 負擔的·不利益的 行政行爲에 있어서 중요한 역할을 담당하고 있는데 이들 절차적 규정이 수행하고 있는 기능(고지·청문·서류열람·이유부기 등)을 묶어서 행정행위의 절차적 기능(Verfahrensfunktion)이라고 부른다.

3. 行政行爲의 執行法的 機能(名義機能)

行政行爲의 執行法的 機能(Vollstreckungsfunktion)이라 함은 상대방에게 의무를 부과하는 침해 내지 간섭행정에 있어서 행정이 자력강제할 수 있는 권원 또는 명의를 행정행위가 제공하는 것을 말하는데, 이것을 名義機能(Titelfunktion)이라고 부르기도 한다.[318]

---

317) 行政行爲의 機能에 대한 자세한 것은, 愼保晟, 行政行爲의 機能(考試硏究, 1994. 7.), 122쪽 이하 참조.
318) 金南辰, 218쪽.

사인 상호간에 있어서는 자력구제가 금지되어 있다. 그에 반해 행정의 영역에서는 행정청이 건물의 철거명령을 내리고 상대방이 자진하여 철거하지 않는 경우에는 행정대집행법에 의해 대집행이라는 수단을 통해 스스로 철거한다. 또한 행정청이 조세부과처분을 하였는데 스스로 세금을 납부하지 않게 되면 행정청이 국세징수법에 의해 강제징수할 수 있게 되어 있다.

과거에는 行政行爲의 名義機能, 執行特權을 관료국가, 권위주의체제의 소산으로 보는 경향도 있었으나, 행정이 원활한 운용을 위해 현대국가에서도 불가결하다고 하겠다. 따라서 행정강제의 요건·절차를 정비하는 것은 국민에게도 예측 가능성과 법적 안정성을 제공하는 것이 된다.

4. 行政行爲의 爭訟法的 기능

行政審判法과 行政訴訟法은 처분 등에 대해서만 行政審判, 행정소송으로서의 抗告訴訟을 인정하고 있다. 이에 어떤 행정작용이 처분 등에 해당하는 경우에 한하여 행정심판과 항고소송을 제기하여 자기의 권리·이익을 구제받을 수 있는바, 이를 爭訟法的 機能(prozessrechtliche Funktion)이라고 한다.

제2절 行政行爲의 特性

Ⅰ. 개설

1. 法律行爲와의 구별

'行政行爲의 特性' 또는 '特殊性'을 살펴보기 전에 행정행위와 법률행위가 어떻게 다른 것인가에 대해 설명하기로 한다.

학자에 따라서는 사법상의 법률행위는 계약자유의 원칙에 따라 당사자의 자유의사를 출발점으로 하고, 원칙적으로 자유로운 의사합치에 의해 성립되는데 대하여, 행정행위는 법률이 명하는 바에 따르고 그를 구체화하는 것으로서…행정행위의 연원은 행정기관의 심리적 의사가 아니라 법률안에 구체화된 국가의사에서 찾아야 한다는 것을 강조하면서, 행정행위와 법률행위의 구체적인 차이점을 다음과 같이 지적한다.[319]

첫째, 법률행위에 관한 핵심규정인 의사표시에 관한 규정(민법 제107조 이하)은 원칙으로 행정행위에 적용되지 아니한다.

둘째, 행정행위는 사법상 법률행위의 내용을 규제하는 사법상의 강행법규에 원칙으로

---

319) 金南辰, 219쪽.

구속되지 않는다. 행정행위 내용의 적부는 근거 법규의 요건·목적 등에 비추어 판단해야 된다.

셋째, 행정행위에 의해 형성되는 개인의 지위는 원칙으로 계약법원리의 적용을 받지 아니한다. 예컨대, 공물사용허가의 철회는 행정행위의 철회의 법리에 의해 행해지고 계약의 해제·해지 등의 법리의 적용을 받지 않는다.

2. 判決과의 구별

행정행위와 판결은 양자 모두 구체적 사건에서 무엇이 법인가를 정하는 법인식행위의 성격을 가지지만, 행정행위는 아래와 같이 판결과 구별되는 상이점을 가지고 있다.[320]
① 판결은 법적 분쟁을 해결하는 구속적·최종적작용인데 대하여, 행정행위는 장래를 향한 사회형성적 작용의 성격이 강하다. ② 판결을 주관하는 법원은 제3자적 중립적 기관인데 대하여, 행정행위의 발령기관인 행정청은 사안의 결정권자인 동시에 당사자로서의 지위에 있다. ③ 판결은 언제나 법적 결정으로서의 성질을 가지는데 대하여, 행정행위에 있어서는 목적적 이익형량에 의한 결정도 가능하다. ④ 판결은 신청에 의한 피동적 행위인데 대하여, 행정행위는 일반적으로 능동적 행위이다. ⑤ 판결은 엄격한 절차를 거쳐서 행해지는데 대하여, 행정행위는 일반적으로 신속·합목적성이 우선이다. 다만 행정행위의 경우 근래에는 청문 등 사전절차가 정비되어 가는 추세에 있다. ⑥ 판결은 반드시 공개하여야 하나(헌법 제109조), 행정행위는 그렇지 않다.

Ⅱ. 행정행위의 특성

행정행위가 가지는 특성으로는 다음과 같은 것을 들 수 있다. 과거 행정행위에는 당연히 일정한 특성이 인정되는 양 설명되기도 하였으나, 오늘날 행정행위의 특성은 어디까지나 실정법에 의해 주어지는 것임이 강조되고 있다.

1. 法適合性(Rechtsmassigkeit)

행정행위는 합헌적 법률에 적합해야 하며, 특히 개인의 자유와 권리를 침해·제한하는 행정행위는 법률의 수권이 있어야만 행해질 수 있다.

근대법치국가에 있어서는 '법률에 의한 행정의 원리'라는 대원칙에 따르고 입법권이 일반적·추상적으로 규정한 법을 집행권이 개개 구체적인 경우에 적용하고 다시 이를 실력으로 강제하는 것으로 행정의 영역에 있어서 공권력의 발동행위가 행정행위인 만큼 법률에 적합하여야 함은 당연하다.

---

320) 金南辰, 219~220쪽.

2. 公定性(Selbstbezeugung)

행정행위는 비록 흠(瑕疵)이 있더라도 그것이 중대·명백하여 당연 무효가 아닌 한 권한을 가진 기관이 그것을 취소하기까지는 유효한 행위로서 존중되며, 상대방 등이 그 효력을 부인하기 위에서는 취소쟁송을 제기하여야 한다. 행정행위의 이와 같은 효력을 보통 公定力이라고 하며, 행정행위가 이와 같은 효력을 가지는 특성을 행정행위의 '公定性' 또는 '豫先的 有效性'이라고 한다.

이러한 행정행위의 공정성은 행정행위 그 자체에 고유하게 내재하는 특성이 아니라 일정한 정책목적하에 실정법규에 의하여 부여된 특성이다.

3. 實效性(Wikrsamkeit : 自力執行性)

이는 행정행위의 내용을 행정권 스스로 실현할 수 있는 성질을 가리키지만, 이에는 별도로 법률상의 근거가 필요하다는 것이 일반적 견해이다.

그러나 이러한 권능이 법률상 인정되고 있는 경우에는 그러한 권능의 행사는 상대방 국민이 그 행정행위에 대하여 行政審判이나 抗告訴訟을 제기한 경우라도 원칙적으로 아무런 방해를 받지 않는다(행정심판법 제21조, 행정소송법 제23조).

행정행위를 통해서 개인에게 의무가 부과되었음에도 불구하고 본인이 스스로 이행하지 않을 때에는 행정기관이 직접 실력을 행사하여 의무가 이행된 것과 같은 상태를 실현하며, 혹은 제3자로 하여금 그 의무를 이행케 한 다음에 비용을 징수하기도 한다. 이와 같은 제도를 行政上 强制執行이라고 하며, 내용상으로 ① 代執行 ② 直接强制 ③ 强制金(執行罰) ④ 强制徵收 등으로 나누어진다. 행정행위의 강제집행에 따르는 이와 같은 특색을 '行政行爲의 實效性'이라고 한다. 이는 행정행위에 당연히 내재하는 특성이 아니라, 어디까지나 行政代執行法, 國稅徵收法 등 실정법에 근거한 특성인 점에 유의할 필요가 있다.

이 밖에 행정행위에 의해 과해진 의무를 위반한 경우 行政罰 그 밖의 제재가 과해지기도 하는데, 광의로는 이와 같은 제재에 의한 의무준수의 담보까지 합하여 '行政行爲의 實效性'이라고도 한다.

4. 存續性(確定性)

行政行爲에 不可爭力(Unanfechtbarkeit, 形式的 存續力) 및 不可變力(Unwiderruflichkeit)이 인정되는 특성을 '行政行爲의 存續性 또는 確定性'이라고 한다.[321]

---

321) 과거에는 確定力(Rechtskraft)이라는 용어가 많이 사용되었으나, 오늘날에는 存續力(Bestandskraft)이라는 용어를 선호하는 경향이 있다(金南辰, 310쪽 ; 金性洙, 277쪽). 이것은 確定力은 원래 判決의 效力(특히 旣判力)을 가리키는 용어로서, 行政行爲와 판결의 이질성이 긍정되는 이상 用語를 달

　행정행위의 상대방인 국민은 행정심판이나 행정소송이라는 법적 수단으로 구제를 청할 수 있지만 이러한 구제수단의 강구에는 권리변동의 조기안정을 도모하기 위해 일정한 제척기간이 있어(행정심판법 제18조, 행정소송법 제20조) 이 법정기간을 경과하게 되면 당해 행정처분의 상대방은 그 처분의 위법을 주장할 수 없게 된다. 이처럼 법원의 행정심판청구기간이나 행정소송의 제기기간을 도과함으로써 당해 행정행위의 효과를 상대방인 국민이 더 이상 다툴 수 없게 되는 것은 바로 이 불가쟁성 때문이다.

　또 일정한 경우에는 행정행위에 대한 국민의 신뢰를 보호한다는 차원에서 행정청 자신이라고 하더라도 자신이 행한 행정행위를 임의로 취소하거나 변경하지 못한다. 이를 가리켜 行政行爲의 不可變性이라 한다. 그러므로 이 불가변성은 행정행위 가운데서도 특히 행정심판에 대한 裁決처럼 성질상 재판판결과 유사한 목적을 가진 것에 한정된다.322)

5. 行政救濟의 特殊性

　행정행위에 의하여 자기의 권리·이익을 침해받은 자는 행정심판·행정소송을 통해 권리구제를 받을 수 있다. 즉 민사소송이 아니라 행정쟁송을 통해 행정행위의 위법·부당·무효 등을 다툴 수 있게 되어 있는 점도 행정행위에 관련된 특성의 하나로 볼 수 있다. 또한 공무원의 위법한 직무행위를 통해서 손해를 받은 경우에는 국가배상법 제2조가 정한 바에 따라 국가 또는 지방자치단체에 대하여 손해배상을 청구할 수 있다. 그 한도에서 민법, 민사소송법 등의 적용이 배제되는데, 이러한 점도 행정행위에 관련된 특성(구제제도의 특수성)의 하나로 볼 수 있다. 이를 取消訴訟의 排他的 管轄이라고 한다. 공정성이나 불가쟁성과 같은 행정행위의 특성은 법제도적으로는 취소소송의 배타적 관할과 밀접한 관련을 가진다.

제3절　行政行爲의 種類

Ⅰ. 法律行爲的 行政行爲와 準法律行爲的 行政行爲323)

　행정행위를 법률행위적 행정행위와 준법률행위적 행정행위로 구분하는 것이 과연 타당

　리해야 한다는 自覺에서 비롯된다.
322) 藤田宙靖, 212쪽.
323) 행정행위의 내용에 따른 法律行爲的 行政行爲와 準法律行爲的 行政行爲의 구별은 사법상의 법률행위 개념을 유추하여 분류한 것으로 행정행위와 사법상의 법률행위는 성질상 이질성을 가지고 있다는 점에서 양자의 구별을 비판하는 견해(金南辰, 223쪽 ; 金性洙, 171~172쪽 ; 朴均省, 230~231쪽 ; 石琮顯, 210쪽 ; 洪準亨, 147쪽 ; 金南辰, 「準法律行爲的 行政行爲의 問題點-그의 解體를 主張하며」(考試硏究, 1992. 5.), 38쪽 이하 참조) ; 鹽野宏, (Ⅰ), 97~98쪽)이 있으나 여기서는 편의상 통설적 견해에 따르기로 한다.

하고 실익이 있는 것일까?

　전통적 견해에 따르면 行政行爲를 內容 또는 法律效果에 따라 크게 法律行爲的 行政行爲와 準法律行爲的 行政行爲로 나누고 前者를 다시 命令的 行政行爲(下命·許可·免除)와 形成的 行政行爲(特許·認可·代理)로 나누며, 確認·公證·通知·受理 등을 묶어서 準法律行爲的 行政行爲로 부르고 있고, 法律行爲的 行政行爲와 準法律行爲的 行政行爲의 구별의 實益을 주로 附款을 붙일 수 있는 행정행위인가 아닌가에서 찾는 듯하다.324)

　하지만 이에 대해서는 批判論도 만만치 않다. 즉 ① 행정법학에서 논해지고 있는 법률행위적 행정행위와 준법률행위적 행정행위의 구분이 민법학에서의 법률행위·준법률행위의 구분에서 유래하고 있지만 민법학에서도 법률행위·준법률행위의 구분에 대해 의문이 제기되고 있고325), ② 행정행위는 사법상의 법률행위처럼 사적자치의 원칙에 의한 개인의 자유로운 의사표시와는 달리, 공무원 자신의 개인적 의사가 아니라 법의 적용 및 집행을 위한 의사의 표시, 즉 법규에 구체화되어 있는 국가목적(公益)을 실현하는 의사로 행정행위의 효과가 법에 의해 부여된다는 점에서 차이가 없는 점326), ③ 附款의 可能性과 관련하여 준법률행위적 행정행위도 그것이 부관과 친하지 않지만 終期 정도는 붙일 수 있다는 점에서 어떠한 행정行爲에 부관을 붙일 수 있느냐 하는 문제는 개개의 행정행위의 성질에 비추어 결정되어야 하는 것으로서, 법률행위적 행정행위에는 부관을 붙일 수 있고 준법률행위적 행정행위에는 부관을 붙일 수 없다고 하는 것은 무리가 있다는 점 등에서 비판받고 있다.327)

Ⅱ. 기속행위와 재량행위

1. 裁量行爲의 槪念

　현행 행정소송법 제27조는 "행정청의 재량에 속하는 처분이라도 재량권의 한계를 넘거나 그 남용이 있는 때에는 법원은 이를 취소 할 수 있다."라고 규정하고 있다. 이는 행정청의 재량에 속하는 사항은 법원이 원칙적으로 그 당부(當否)에 관하여 심사할 수 없다는 법리를 선언한 것이다. 이에 따라 행정심판에서는 처분의 위법성은 물론 부당성에 대해서도 심판을 청구할 수 있으나 행정소송에서는 처분의 위법성에 대해서만 소를 제기할 수 있다.(행정심판법 제1조, 제4조, 행정소송법 제1조, 제4조 참조)

---

324) 金東熙, 233쪽. 그러나 金東熙 교수는 이 말에 이어 "그러나 양자를 구분하는 實益이 裁量性의 認定 또는 附款의 許容性의 여부에 있는 정도라면, 그것은 구체적 根據法規의 解釋의 문제일 뿐, 구태여 행정행위를 위의 二大範疇로 구분할 필요성까지는 없는 것인지도 모른다."(同, 234쪽)라고 記述하고 있다.
325) 李英俊, 民法變則, 143쪽.
326) 藤田宙靖, 183~186쪽.
327) 金南辰, 223쪽, 281쪽.

재량행위의 개념에 대한 인식은 학자들마다 차이를 보이고 있다. 그 갈래를 분류해 보면, ① "재량행위는 법규가 행정행위의 내용에 관하여 一義的으로 규정하지 아니하고 행정주체에 대하여 일정한 選擇이나 判斷의 餘地를 부여하고 있는 경우에 행정주체가 그의 選擇·判斷에 따라 하는 행정행위를 말한다. …재량행위는 法技術的인 요청에 따라 다시 羈束裁量과 自由裁量으로 나누어 보는 것이 보통이다."328) ② "法律이 행정청에 그 要件의 判斷 또는 效果의 決定에 있어 일정한 獨自的인 判斷權을 인정하고 있는 경우에는 당해 행위를 재량행위라 한다."329) ③ "복수행위 가운데 어느 것을 선택할 수 있는 자유가 인정되어 있는 경우를 말하며, 이에는 어떤 행정행위를 할 수도 있고 안할 수도 있는 경우인 결정재량 및 다수의 행정행위 중 어느 것을 해도 괜찮은 경우인 선택재량이 있다."330) 는 등이 있다.

 ①과 ②는 법정요건면에서는 존재하는 不確定法槪念과 처분상대방이 처하고 있는 사실 간의 포섭여부에 대한 판단까지 행정청의 재량(判斷裁量)으로 보고 있고, 재량이란 법이 허용하는 범위 내에서의 選擇自由를 의미하는 것으로 법정요건이 갖추어진 이후 구체적 사정에 따른 합목적적인 法定效果의 選擇權으로서의 裁量이 일반적·추상적 상황을 전제로 한 법률에 의해 비로소 인정된다는 점을 간과하고 있다. 무엇이 법인가를 판단하는 羈束裁量과 무엇이 공익목적 내지 행정목적에 보다 적합한 것인지를 판단하는 自由裁量으로 구별하는 종래의 判例331)와 一部學說은 不確定法槪念의 解釋과 適用은 法問

---

328) 李尙圭, 335~337쪽.

329) 金東熙, 248쪽 ; 柳至泰教授도 "행정법규가 多義的·不確定的으로 규정하고 있고, 이를 통하여 행정주체에게 행위요건의 判斷 또는 행위효과의 결정에 있어서 행정기관에게 많은 선택의 可能性이 부여하고 있는 경우의 行政行爲를 재량행위라고 한다."(同, 60쪽)고 하여 金東熙교수와 같은 취지에 있는 것으로 보인다.

330) 金南辰, 224쪽 ; 朴鈗炘, 332쪽 ; 鄭準鉉, 「裁量과 不確定法槪念」(成均館法學 10號, 成均館大學校 比較法研究所, 1999. 2.), 374쪽.

331) 대법원 1962. 4. 26. 선고 61누115 판결(법치국가에 있어서의 행정처분은 법의 근거에 의하여야 하고 법이 인정하는 범위 내에서만 할 수 있다 할 것이므로 결국 모든 행정처분은 넓은 의미에 있어서의 법에 기속된 행정처분이라 할 것이다 그러나 법에 기속된 처분에 있어서도 행정청은 적용하여야 할 법의 구성요건에 해당되는 사실유무를 조사하고 그 사실이 있다고 인정하는 경우에 있어서는 반드시 그 사실에 대하여 법을 적용하여서 일정한 처분을 하지 아니하면 아니되는 소위 기속처분이 있는바 이 경우에 있어서는 행정청은 무엇이 합목적 적이어야 함을 탐구하지 못하고 다만 무엇이 법이어야 함을 판단하는데 불과하며 이에 대하여 법은 단지 행정청으로서 지켜야할 일정한 준칙을 규정함에 불과하고 그 범위 내에서 행정청이 어떠한 행정처분을 어느 범위 내에서 하느냐함을 행정청의 재량에 일임함으로써 복잡하고도 다기한 사회현상에 따라 구체적 타당성에 적합하도록 처분케 하는 소위 자유재량 처분이 있는바 이 경우에 있어서는 무엇이 법이냐 함을 판단하기 보다는 무엇이 공익이며 어떻게 하는 것이 공익을 위함이요 합목적 적인가를 행정청의 자유재량에 의하여 결정케 하고 그 결정에 따라 일정한 처분을 하도록 하는 것이나 이와 같은 자유재량에 있어서도 무제한의 재량권은 인정 할 수 없고 그 범위의 넓고 좁은 차이는 있다 하더라도 일정한 범위의 한도가 있어야 할 것이며 그 한도는 법의규정 뿐 아니

題로서 司法府의 終局的인 判斷에 맡겨져 있지만 행정의 法解釋·適用에 寬容이 허용되는 영역이라는 점과 행정의 個別的·具體的 妥當性을 위해 法이 보장한 效果의 選擇權으로서의 裁量(當·不當의 問題)을 혼돈한 결과이다.

따라서 裁量行爲란 처분 상대방이 처하고 있는 사실과 법정요건이 상호 포섭관계에 있을 경우에 법에 의하여 인정되는 법정효과의 합목적적 선택권을 의미한다고 할 것이다. 즉 법정요건이 갖추어진 경우에 법이 정한 효과를 취한 것인지 여부에 관한 선택으로서의 決定裁量과 다양한 법적 효과간의 선택으로서의 選擇裁量으로 구별함이 옳을 듯하다.332)

2. 기속행위와 재량행위의 구별

(1) 구별의 실익(필요성)

1) 行政訴訟의 대상 여부

종래 행정소송은 위법한 처분만을 대상으로 하므로 합목적성의 대상인 재량행위는 사법심사의 대상이 되지 아니하는 것으로 보았기 때문에 기속행위와 재량행위의 구별이 행하여졌으나, 오늘날 재량행위라도 일탈·남용이 있으면 위법한 것으로 된다는 학설·판례333)를 입법적으로 받아들여 행정소송법 제27조가 "행정청의 재량에 속하는 처분이라도 재량권의 한계를 넘거나 남용이 있는 때에는 법원은 이를 취소할 수 있다."고 규정하고 있는 결과, 행정소송의 대상이 되는 행정행위인지 여부를 가리는 수단으로서 양자의 구별실익은 그만큼 적어졌다고 할 수 있다.334)

다만, 기속행위에 속하는 행정의 거부는 행정소송의 대상으로서의 처분성이 인정되나

라 관습법 또는 일반적 조리에 의하여 책정하여야할 것이다).

332) 金南辰, 227쪽 ; 朴均省, 243쪽. 金東熙 敎授는 재량행위를 기속재량과 공익(자유)재량으로 구분하는 것은 論理的 根據도 없고 또한 區別의 實益도 없다고 한다(同, 249~250쪽).

333) 대법원 1984. 1. 31. 선고 83누451 판결(행정청의 재량권은 복지행정의 확대 등 행정행위의 복잡 다기화에 따라 그 영역이 날로 넓어지는 추세에 있고 한편 국민의 권익을 아울러 보장하여야 하는 행정목적과 행정행위의 특성에 따라 재량권을 부여한 내재적 목적에 반하여 명백히 다른 목적을 위하여 행정처분을 하는 것과 같은 재량권의 남용이나 재량권의 행사가 그 법적 한계를 벗어나는 경우와 같은 재량권의 일탈은 그 재량권이 기속재량이거나 자유재량이거나를 막론하고 사법심사의 대상이 된다고 풀이하여야 할 것일 뿐만 아니라 그 행정행위가 기속행위인지 재량행위인지 나아가 재량행위라고 할지라도 기속재량인지 또는 자유재량에 속하는 것인지의 여부가 우선 객관적으로 명백하지 않고 또 행정행위의 전제가 되는 사실의 존부 확정과 그 상당성 및 적법성의 인정은 전혀 당해 행정청의 기능에 속하는 것으로 상대적으로 행정청의 재량권도 확대된다고 할 것이므로 어떤 행정처분의 기준을 정한 준칙 등을 그 규정의 형식이나 체제 또는 문언에 따라 이를 일률적으로 기속행위라고 규정지울 수는 없다고 할 것이다).

334) 姜求哲, 346쪽 ; 朴均省, 247쪽 ; 朴鐘局, 327~328쪽 ; 洪準亨, 159쪽.
行政訴訟法 제27조를 들어서 양자의 구별이 필요하다는 주장도 있으나(金南辰, 228쪽 ; 유상현, 196쪽), 재량의 일탈·남용여부는 본안판단을 통해서 가능하다는 점에서 위 조문은 재량을 却下對象이 아닌 本案審理의 對象으로 삼는다는 것을 밝힌 규정으로 보아야 할 것이다(請求棄却說).

행정의 재량에 속하는 사항에 대한 거부는 일반적으로 그 처분성을 인정받지 못한다는 점335)및 기속행위의 신청에 대하여는 상당한 기간 내에 아무런 답변이 없을 경우에는 이행심판 내지 부작위위법확인소송의 제기가 가능하나 재량행위에 대한 무응답의 경우에는 그러하지 아니하다는 점에서 양자의 구별실익은 상존한다고 할 것이다.

그리고 재량행위와 기속행위는 계쟁행위에 대한 사법심사의 방식, 즉 기속행위의 경우는 완전심사 및 판단대체방식을 취하고 재량행위의 경우는 제한심사방식을 취한다는 점에서도 구별실익이 있다.336)

■ 대법원 2001. 2. 9. 선고 98두17593 판결
[기속행위와 재량행위의 구분 기준 및 그에 대한 사법심사 방식]
  행정행위가 그 재량성의 유무 및 범위와 관련하여 이른바 기속행위 내지 기속재량행위와 재량행위 내지 자유재량행위로 구분된다고 할 때, 그 구분은 당해 행위의 근거가 된 법규의 체재·형식과 그 문언, 당해 행위가 속하는 행정 분야의 주된 목적과 특성, 당해 행위 자체의 개별적 성질과 유형 등을 모두 고려하여 판단하여야 하고, 이렇게 구분되는 양자에 대한 사법심사는, 전자의 경우 그 법규에 대한 원칙적인 기속성으로 인하여 법원이 사실인정과 관련 법규의 해석·적용을 통하여 일정한 결론을 도출한 후 그 결론에 비추어 행정청이 한 판단의 적법 여부를 독자의 입장에서 판정하는 방식에 의하게 되나, 후자의 경우 행정청의 재량에 기한 공익판단의 여지를 감안하여 법원은 독자의 결론을 도출함이 없이 당해 행위에 재량권의 일탈·남용이 있는지 여부만을 심사하게 되고, 이러한 재량권의 일탈·남용 여부에 대한 심사는 사실오인, 비례·평등의 원칙 위배, 당해 행위의 목적 위반이나 동기의 부정 유무 등을 그 판단 대상으로 한다.

---

2) 公權의 성립 여부
① 제1설
공권의 성립 여부는 기속행위, 재량행위 여부를 불문하고 각 행위의 근거법의 해석문제로서 양자의 구별과는 직접 관련이 없으므로 구별 실익이 없다고 한다.337)

---

335) 행정청이 국민의 신청에 대하여 한 거부행위가 항고소송의 대상이 되는 행정처분이 된다고 하기 위하여는 국민이 그 신청에 따른 행정행위를 하여 줄 것을 요구할 수 있는 법규상 또는 조리상의 권리가 있어야 하며 이러한 권리에 의하지 아니한 국민의 신청을 행정청이 받아들이지 아니하고 거부한 경우에는 이로 인하여 신청인의 권리나 법적 이익에 어떤 영향을 주는 것이 아니므로 그 거부행위를 가리켜 항고소송의 대상이 되는 행정처분이라고 할 수는 없다(대법원 1996. 5. 14. 선고 95누13081 판결).
336) 朴均省, 247쪽.
337) 金東熙, 254쪽 ; 朴均省, 248쪽 ; 洪準亨, 160쪽.

② 제2설

기속행위에서는 그 행위 의무에 따라 상대방에게 그러한 행위를 해 줄 것을 요구할 공권이 생길 수 있으나, 재량행위에 있어서는 무하자재량행사청구권(선택재량의 경우에만 인정) 이외에는 공권이 발생하지 않으므로 양자의 구별 실익이 있다고 한다.[338]

생각건대 어떠한 행정행위가 기속행위라는 것은 행정청의 의무이므로 상대방 국민이 권리를 갖기 위한 필요조건으로 되나 재량행위의 경우에는 행정이 합목적성의 효과결정권을 갖기 때문에 국민은 특정행위를 요구할 권리를 갖지 못한다. 그러나 '재량의 0으로 수축' 등이 있게 되면 재량행위도 기속행위화되기 때문에 그 구별실익은 반감된다고 할 것이다.[339]

3) 附款의 가능성 여부

종래 通說과 判例[340]는 재량에 대하여는 부관을 붙일 수 있으나 기속행위의 경우에는 부관을 붙일 수 없다고 한다. 종래의 통설에 의하더라도 법률의 명문수권규정이 있는 경우나 법률요건충족적부관이 가능하다는 것이고, 부관은 본체인 처분의 효과를 제한하는 기능뿐만 아니라 본체인 처분을 보충하는 기능도 갖는다는 측면에서 볼 때 기속행위에 대해서도 부관이 가능하다[341]고 할 수 있어 재량행위와 기속행위의 구별실익으로서 부관의 가부는 무의미하다고 하겠다.

4) 不可變力과의 關係

기속행위는 엄격한 법적기속으로 행정청이 이를 함부로 취소·변경할 수 없는 不可變力이 있으나 재량행위에는 存續力이 없으므로 사정변경에 의하여 취소·변경할 수 있다는

---

338) 姜求哲, 347쪽 ; 金南辰, 228쪽 ; 柳至泰, 61쪽 ; 韓堅愚, 216~217쪽.
339) 대법원 2004. 9. 23. 선고 2003다49009 판결(경찰은 범죄의 예방, 진압 및 수사와 함께 국민의 생명, 신체 및 재산의 보호 등과 기타 공공의 안녕과 질서유지도 직무로 하고 있고, 그 직무의 원활한 수행을 위하여 경찰관직무집행법, 형사소송법 등 관계 법령에 의하여 여러 가지 권한이 부여되어 있으므로, 구체적인 직무를 수행하는 경찰관으로서는 제반 상황에 대응하여 자신에게 부여된 여러 가지 권한을 적절하게 행사하여 필요한 조치를 취할 수 있는 것이고, 그러한 권한은 일반적으로 경찰관의 전문적 판단에 기한 합리적인 재량에 위임되어 있는 것이나, 경찰관에게 권한을 부여한 취지와 목적에 비추어 볼 때 구체적인 사정에 따라 경찰관이 그 권한을 행사하여 필요한 조치를 취하지 아니하는 것이 현저하게 불합리하다고 인정되는 경우에는 그러한 권한의 불행사는 직무상의 의무를 위반한 것이 되어 위법하게 된다).
340) 대법원 1995. 6. 13. 선고 94다56883 판결(일반적으로 기속행위나 기속적 재량행위에는 부관을 붙일 수 없고 가사 부관을 붙였다 하더라도 무효이다).
341) 金南辰, 228~229쪽 ; 柳至泰, 144쪽 ; 石琮顯, 247쪽. 姜求哲 교수는 재량의 문제는 사법심사의 한계의 관점에서, 부관의 문제는 행정목적의 추구라는 관점에서 별개로 검토할 성질의 것이므로 양자간에는 직접적 관련이 없다고 한다(同, 346쪽).

점에서 양자의 구별의 필요성을 찾는 견해342)가 있다. 그러나 不可變力의 유무는 법치국가원리와 관계에서 행위의 효과에 따라 판단해야 한다는 점 및 재량행위라 하더라도 수익처분의 경우에는 취소·철회가 자유로운 것은 아니라는 점에서 수긍하기 어렵다.343)

(2) 구별의 기준

재량권과 판단여지를 구별하지 않고 광의의 재량개념으로 일원적으로 이해할 경우 裁量行爲와 羈束行爲의 구별기준에 대하여는 다음과 같이 요건재량설, 효과재량설, 판단여지설 등 學說의 대립이 있으나, 여기서는 편의상 이에 대한 설명을 한 뒤 재량권과 판단여지를 구별하는 입장에서의 구별기준을 보충설명하기로 한다.344)

1) 학설

① 要件裁量說(法規裁量說)

ⅰ) 내용

법규의 행위요건 규정 방식 즉 어떠한 사실이 법정요건에 해당하는지 여부의 판단에 재량이 존재한다고 보고 재량은 법률요건에 대한 사실의 인정 및 인정된 사실이 법률요건에 해당되는지 여부에 관한 판단에 있어서만 인정될 수 있다는 견해이다. 즉, 법이 행정행위의 요건으로 終局目的이나 不確定槪念을 사용하고 있을 경우 또는 空白規定을 두고 있는 경우에는 재량이 존재하는 것으로 보며, 법이 종국목적 외에 개개의 행정활동에 특유한 직접적인 中間目的을 사용하고 있을 경우에는 당해 행정활동의 기준이 一義的으로 확정되어 羈束行爲를 인정한 것으로 본다.

ⅱ) 비판

이 견해에 대해서는 ① 법률문제인 요건인정을 재량문제로 보아 재량의 범위를 부당히

---

342) 尹世昌 外, 204쪽.

343) 朴鐘局, 329쪽.

344) 학자에 따라서는 裁量(Ermessen)과 判斷餘地(Beurteilungsspielraum)를 구별하여 고찰하고 판단여지가 인정되는 행정행위는 사법심사의 밖에 있다고 보기도 하지만(金南辰, 226쪽 ; 金性洙, 191~199쪽 ; 朴均省, 256~259쪽 ; 石琮顯, 262~263쪽 ; 洪井善, 281~285쪽 ; 洪準亨, 162, 169~175쪽), 또 다른 학자는 행정기관의 판단의 여지가 인정되는 경우에도 司法的審査는 전면 포기되는 것이 아니라 단지 그 심사의 범위 면에서만 제한되는 것에 불과하다고 하면서 심사사항으로 ① 행정기관에 의한 불특정개념해석의 정확성여부 ② 행정기관의 결정에 있어서 사전적으로 거쳐야 할 행정절차의 이행여부 ③ 행정기관의 결정의 토대가 된 구체적인 사실조사의 정확성 여부 ④ 행정기관의 결정에 있어서 일반적인 평가기준의 준수여부 ⑤ 이질적인 고려가 영향을 주었는지의 여부 ⑥ 그리고 헌법상으로 보장된 평등원칙의 위반 여부 등을 들고 있다(金東熙, 259~260쪽 ; 柳至泰, 462쪽 ; 韓堅愚, 225쪽 ; 柳至泰, 「行政訴訟에 있어서의 司法的審査의 限界」(考試硏究, 1989. 12.), 161~162쪽).

확대하고 있다는 점, ② 법이 종국목적을 나타내는 개념과 중간목적을 나타내는 다의적인 개념을 사용하는 경우에 그 구분이 불명확하다는 점, ③ 불확정개념은 법개념인 점에서 해석에 의해 확정할 수 있는 것이며, 사실인정에 있어 재량을 인정함은 곤란하다는 점, ④ 재량은 의사의 자유를 본질로 하여 인식행위인 불확정개념의 판단과는 무관하다는 점에서 비판을 받고 있다.

② 效果裁量說(性質說)

i) 내용
법에 특별한 규정이 있는 경우를 제외하고는 行政行爲의 性質(행정행위의 효과의 성질), 즉 收益的 行爲인가 負擔的 行爲인가에 따라 裁量行爲와 羈束行爲가 구별된다고 하는 입장이다. 즉 국민의 권리, 의무에 어떻게 영향을 미치는가에 따라 판단하는 바, 재량을 행정행위의 요건사실의 인정에 있는 것으로 보지 않고 어떠한 법률효과를 발생시킬 것인가의 법적 효과의 선택에서만 인정한다. 불확정개념도 재량개념이 아니라 경험칙에 입각한 해석에 의하여 객관적으로 확정할 수 있는 법개념으로 보아 불확정개념의 해석은 완전한 사법심사의 대상이 된다고 한다.

이에 따르면 재량행위는 국민을 위하여 새로운 권리를 부여하거나 기존의무를 해제하는 수익적 행정행위의 경우와 직접 국민의 권리·의무와 관계없는 행위이고, 기속행위는 국민에 대하여 권리를 제한, 박탈하거나 새로운 의무를 부과하는 행위라고 정의내릴 수 있다.

ii) 비판
이 견해에 대해서는 ① 급부행정의 영역에서 수익적 행정행위에 대한 요건이 일의적으로 규정되어 기속행위로 되는 예가 증가하고 있다는 점을 간과하고 있다는 점 ② 실정법상의 태도를 경시하고 있다는 점 ③ 불이익처분이라도 정치적, 행정적 책임이 수반되는 정책재량행위와 전문적 지식을 요하는 기술재량 등은 사법심사의 대상으로 하기 어렵다는 점을 간과하고 있다는 비판을 면하기 어렵다.

어떠한 행정행위가 수익적인가 아니면 부담적인가는 法治國家原理(法律留保原則)와 관련되는 것이지 裁量行爲性 여부를 판단하는 기준이 된다고는 할 수는 없다. 그리고 이러한 효과재량설에 의하게 되면 현행법상 각종 制裁的 處分을 정하고 있는 法律이 處分廳으로 하여금 요건사실에 탄력적으로 대응할 수 있도록 하기 위해 제재적 처분으로서의 불이익처분을 行政廳의 裁量으로 두고 있는 현실을 충분하게 설명하지 못하게 된다.

어떠한 행정행위가 수익적 행정행위인가 부담적 행정행위인가 하는 것은 기속행위와 재량행위를 구별하는 기준으로서가 아니라 취소·철회의 제한 및 취소소송의 대상여부를 논함에 있어 의미를 갖는 것이다345)는 점에 주목하여야 할 것이다.

③ 判斷餘地說

행정행위 요건상의 불확정개념에의 구체적 사건의 포섭관계는 특별한 사유(예컨대, 형사사건에서 요구되는 '합리적인 의심의 여지가 없는 입증'까지 요구하는 것은 아니나 '명백하고 확신을 갖게 하는 입증'으로 행정청의 불확정개념에 대한 해석과 확정된 사실간의 불합치를 부인할 만한 실체적 증거의 제시)가 없는 한 행정청의 전문적인 판단과 경험에 입각하여 '그렇게 할 수 밖에 없는' 법해석과 적용이 司法에 의하여 존중받는 것을 의미한다(選擇的 判斷權의 行使를 의미하는 것은 아니다). 이처럼 判斷餘地는 法官에게 전달될 수 없는 認識 및 經驗의 問題이며 해당 법률을 집행하는 행정기관의 法律事實에 대한 認識과 經驗은 行政廳의 終局的인 確定으로써 전달될 수 있을 뿐이며 법원은 특단의 사유가 없는 한 그 확정에 구속을 받는다고 할 것이다.

불확정개념의 해석과 적용면에 있어서 행정청의 판단여지를 인정하는 論據로는 非代替的 決定, 拘束的 價値評價, 豫測決定 및 形成的 決定 등이 제시되고 있는바, 그의 개략적인 내용은 다음과 같다.

ⅰ) 非代替的 決定

근무평정이나 면접시험 등과 같이 당시의 상황재현이 불가능하여 재판부가 확정사실과 불확정개념간의 포섭여부를 사후적으로 판단할 수 있는 판단근거를 가질 수 없음으로 인하여 인정되는 사법통제의 한계를 非代替的 決定이라고 한다.

ⅱ) 拘束的 價値評價

문화적 보호가치 있는 것 또는 음란물 등과 같이 구성요건면에 존재하는 예술적·문화적 불확정개념에 대해 권한있는 합의제행정기관이 내린 판단을 拘束的 價値評價라고 한다.

ⅲ) 豫測決定

법무부장관이 출입국관리법상 출국정지를 명할 수 있는 결정재량권을 갖게 되는 요건으로서 '국가의 이익을 해할 우려가 현저한 자'에 해당되는지 여부의 판단과 같은 것은 그 판단의 결과에 대해 해당 행정청이 궁극적인 책임을 지게 된다는 점에서 豫測決定이라고 한다.

---

345) 金南辰, 230쪽.

iv) 形成的 決定

행정계획에서와 같이 미래를 형성하는 행정의 영역에서 인정되는 것으로 법원의 통제와 친하지 아니한 形成의 自由를 의미한다.346)

이러한 형성적 결정은 불확정개념이 조건프로그램의 형식을 취하지 아니하고 목적프로그램의 형식을 취하고 있어 행정재량으로서의 '규범의 집행'이 아닌 계획재량으로서의 '법의 실현작용'으로 기능한다는 점에서 非代替的 決定이나 拘束的 價値評價 및 豫測決定과는 구별된다. 즉 '法律從屬的 作用으로서의 裁量行使'가 아닌 '自由롭게 形成되는 行政'을 의미한다. 소위 計劃裁量의 승인은 형성적 행정의 특수성을 인정하고 그 형성과제를 위하여 최소한의 形成의 自由를 보장하는 기능을 갖는다.

④ 근거법령을 중심으로 보는 견해(文言說)

관계법령규정의 문언을 일차적 기준으로 하되 그 문언만으로 판단하기 곤란한 경우에는 당해 행위의 성질과 근거법률의 취지, 목적 그리고 헌법상의 기본권과의 관련성 등을 고려하여 판단하여야 할 것이라고 한다. 이 견해는 재량권과 판단여지를 구별하는 입장에서 효과재량설을 보충하는 것이다.

문언상 ① '…하여야 한다' 또는 '하여서는 아니된다' 등으로 규정되어 있는 경우 그에 의거한 행정행위는 기속행위이고, ② '…할 수 있다'라고 규정되어 있는 경우 그에 의거한 행정행위는 재량행위라는 것이다. 그리고 ③ 법규정이 행정청의 권한에 관하여 간접적으로 규정하고 있는 경우(예 ; 영업을 하고자 하는 자는 대통령령이 정하는 바에 따라 영업의 종류별, 영업소별로 보건복지부장관, 서울특별시장, 광역시장, 도지사의 허가를 얻어야 한다)는 원칙적으로 기속행위라고 한다. 그러나 법령의 문리적 표현이 절대적 기준은 아니다. 즉 판례도 법령이 가능규정(…할 수 있다)의 문언형식을 취했더라도 그 규정의 취지를 중시하여 기속규정으로 판단하고 있다.

> ■ 대법원 1992. 6. 23. 선고 92추17 판결
> 사무관리규정(1991. 6. 19. 공포 대통령령 제13390호)에 의하면 지방자치단체의 기관을 포함한 행정기관의 사무관리를 그 적용범위로 하여(제2조), 행정기관이 공무상 작성, 시행 또는 접수한 모든 문서 등을 공문서로 규정한 다음(제3조 제1호), 문서를 보존하고 있는 행정기관은 행정기관이 아닌 자가 문서의 열람 또는 복사를 요청하는 때에는 비밀 또는 대외비로 분류된 문서이거나 특별한 사유가 있는 경우를 제외하고는

---

346) 계획재량이 인정되는 규범의 구조적 특색은 목적프로그램에 있으나, 行政裁量은 조건적 규범구조로 되어 있다는 점에서 양자를 구별하는 견해(金南辰, 386쪽 ; 朴均省, 259쪽 ; 石琮顯, 266~267쪽)와 양자는 서로 질적인 면에서는 차이가 없고 단지 재량의 인정범위(양적인 측면)에서만 차이를 가질 뿐이라는 견해(柳至泰, 75쪽 ; 韓堅愚, 479쪽)가 대립하고 있다.

이를 허가할 수 있도록(제33조 제2항) 규정하고 있다.

그러나 사무관리규정 제33조 제2항에 의한 행정기관의 정보공개허가 여부는 기밀에 관한 사항 등 특별한 사유가 없는 한 반드시 정보공개청구에 응하여야 하는 기속행위로서 행정기관에 대하여 정보공개에 관한 재량권을 부여하고 있다고 해석할 수는 없는 것이다(대법원 1989. 10. 24. 선고 88누9312 판결 참조).

2) 판례

① 원칙적으로 관련법령에 대한 종합적 판단을 전제로 하여 재량행위와 기속행위를 구분하는 입장으로 그 구별은 행위의 성질 그 자체에서 규정되는 것이 아니라 상대적이며 양적인 문제라는 점을 밝히고 있다.

쟁점 [기속행위와 재량행위의 구별 기준]

■ 대법원 1998. 9. 8. 선고 98두8759 판결
어느 행정행위가 기속행위인지 재량행위인지 나아가 재량행위라고 할지라도 기속재량행위인지 또는 자유재량에 속하는 것인지 여부는 이를 일률적으로 규정지을 수는 없는 것이고, 당해 처분의 근거가 된 규정의 형식이나 체제 또는 문언에 따라 개별적으로 판단하여야 할 것이다(대법원 1997. 12. 26. 선고 97누15418 판결, 대법원 1998. 4. 28. 선고 97누21086 판결 참조).

■ 대법원 2002. 8. 23. 선고 2002두820 판결
행정행위가 재량행위인지 여부는 당해 행위의 근거가 된 법규의 체제·형식과 그 문언, 당해 행위가 속하는 행정 분야의 주된 목적과 특성, 당해 행위 자체의 개별적 성질과 유형 등을 모두 고려하여 판단하여야 한다(대법원 2001. 2. 9. 선고 98두17593 판결 참조).

② 한편 우리나라 판례는 행정재량과 판단여지를 구분하지 않고 판단여지가 인정될 수 있는 경우 재량권이 있는 것으로 보는 듯하다. 判斷餘地를 裁量으로 誤認하고는 있으나 拘束的 價値評價의 例를 잘 보여주고 있다.

■ 대법원 1992. 4. 24. 선고 91누6634 판결
교과서검정이 고도의 학술상, 교육상의 전문적인 판단을 요한다는 특성에 비추어 보면, 교과용 도서를 검정함에 있어서 법령과 심사기준에 따라서 심사위원회의 심사를 거치고, 또 검정상 판단이 사실적 기초가 없다거나 사회통념상 현저히 부당하다는 등

현저히 재량권의 범위를 일탈한 것이 아닌 이상 그 검정을 위법하다고 할 수 없다.

■ 헌법재판소 2004. 8. 26. 선고 2002헌마107 결정

행정행위로서 시험출제업무를 담당하는 시험위원은 법령규정의 허용범위 내에서 어떠한 내용의 문제를 출제할 것인가, 어떤 유형의 문제를 출제할 것인가, 특정 문제유형을 어느 정도 출제할 것인가 등 시험문제의 구체적인 내용을 자유롭게 정할 수 있다고 할 것이다. 입법자가 사법시험 제1차 시험의 시험방법에 대하여 출제담당시험위원에게 요구하는 것은 논술형이나 면접이 아닌 선택형 또는 선택형과 일부 기입형을 요구하고 있을 뿐이고, 그 외 시험방법에 관한 구체적인 내용, 즉 시험의 난이도, 문항수, 문제유형, 출제비율, 배점비율, 시험시간, 출제범위 등은 시험위원들의 재량에 맡겨져 있다고 할 것이다.

■ 대법원 2009. 10. 15. 선고 2007두22061 판결

공인중개사 자격시험 객관식 문제의 출제에서, 법령규정이나 확립된 해석에 어긋나는 법리를 진정한 것으로 전제함으로써 법리상의 오류를 범하는 것은 재량권의 일탈 또는 남용으로서 위법한 것이 당연하고, 법리상의 오류를 범하지는 않았더라도 그 문항 또는 답항의 문장구성이나 표현용어의 선택이 지나칠 정도로 잘못되어 결과적으로 평균수준의 수험생으로 하여금 정당한 답항을 선택할 수 없게 만든 때에도 재량권의 일탈 또는 남용이라고 할 것이다. 그러나 법리상의 오류는 없고 문항 또는 답항의 일부 용어표현이 미흡하거나 부정확하지만 평균수준의 수험생으로서는 객관식 답안작성 요령이나 전체 문항과 답항의 종합·분석을 통하여 진정한 출제의도 파악과 정답 선택에 장애를 받지 않을 정도에 그친 때에는 특별한 사정이 없는한 그러한 잘못을 들어 재량권의 일탈 또는 남용이라고 하기 어렵다. 객관식 시험문제의 특성상 출제의도와 답항 선택의 지시사항은 시험문제 자체에서 객관적으로 파악·평가되어야 하고 특별한 사정도 없이 문언의 한계를 벗어나 임의로 출제자의 숨겨진 주관적 출제의도를 짐작하여 판단할 수는 없으나, 그것은 문항에 의하여 명시적으로만 결정되는 것이 아니라 문항과 답항에 대한 종합적 분석을 통하여 명시적·묵시적으로 진정한 출제의도와 답항선택에 관한 지시사항이 결정되는 것이므로, 수험생으로서는 위와 같은 명시적·묵시적 지시사항에 따라 문항과 답항의 내용을 상호 비교·검토하여 가장 적합한 하나만을 정답으로 골라야 한다.

■ 대법원 2008. 12. 24. 선고 2008두8970 판결

공무원 임용을 위한 면접전형에서 임용신청자의 능력이나 적격성 등에 관한 판단은 면접위원의 고도의 교양과 학식, 경험에 기초한 자율적 판단에 의존하는 것으로서 오로지 면접위원의 자유재량에 속하고, 그와 같은 판단이 현저하게 재량권을 일탈·남용하지 않은 한 이를 위법하다고 할 수 없다.

3) 小結

재량행위는 법에 의해 수권·제한된 행정의 선택의 자유로서 복수의 행동양식을 선택할 수 있는 행정의 가능성을 의미한다는 점에서 裁量은 法律效果面에 존재하고,[347] 불확정개념을 포함한 법률요건면에는 법적 문제만이 존재한다.

따라서 裁量이라 함은 결정의 국면에서 행정에 속하는 選擇可能性이 법령에 근거를 두고 있고 그 행위양식에 속하는 결정이 직접 행정과 국민간의 법률관계로 되는 경우인바, 法定效果에 관해 授權規定이 '할 수 있다'는 취지로 규정하고 있는 경우에는 裁量으로 보아야 할 것이고, 반대로 '하여야 한다'거나 '하여서는 아니 된다'는 취지로 규정한 경우에는 羈束行爲로 보아야 할 것이다.[348] 이러한 授權法의 趣旨는 해당 규정의 문언만으로 파악할 것은 아니고 헌법과의 관련 속에서 合憲的으로 파악하여야 할 것이다.[349]

그리고 재량은 법률효과의 선택면에 존재하는 것이고 司法審査의 對象이 되는 것은 선택적 效果의 決定이 具體的 事件과의 比例·平等原則 등에 반하지 않았는가 하는 데 있으나, 判斷餘地는 법정요건상의 不確定槪念과 확정된 事實間의 包攝面에서 인정되는 것으로 '명백하고 확신을 갖게 하는 입증'이 있는 한도에서 법원이 행정청의 法解釋·適用을 존중해주어야 한다는 法的인 問題[350]인 것으로 양자는 구별되어야 한다.[351]

> **⁑ 기속행위로 본 사례**
> ■ 대법원 2009. 9. 24. 선고 2009두8946 판결
> [건축허가]
> 건축허가권자는 건축허가신청이 건축법 등 관계 법규에서 정하는 어떠한 제한에 배치

---

347) 金南辰, 「委任命令은 法規命令이다」(法律新聞 2683호, 1998. 4. 6.) 14쪽.

348) 金南辰, 231쪽 ; 洪準亨, 162~163쪽.

349) 金南辰, 232쪽.

350) 判斷餘地論은 '법률요건면에 존재하는 불확정개념은 원칙적으로 전면적 司法審査의 대상이 되는 法槪念이다'라는 전제에서 출발한다.

351) 憲法裁判所는 出版社및印刷所의登錄에관한法律 제5조의2 제5호 등에 대한 違憲提請事件에서, '음란', '저속', '공중도덕', '사회윤리' 등의 개념이 막연하고 추상적이어서 명확성의 원칙에 반한다고 하나, 이들 규범적 구성요건 요소들은 시대와 장소에 따라 그 의미내용이 변천하는 것으로서 입법기술상 보다 명확하고 구체적인 표현이 사실상 불가능하다. 또한 법운용의 실태를 보더라도 이들 구성요건 요소의 판단은 담당공무원의 주관과 자의에 의하여 이루어지는 것이 아니라, 사회 각계의 저명한 문화관련 인사들로 구성된 공신력있는 한국간행물윤리위원회가 1970년 이래 계속된 심의결정례에 의하여 축적된 엄정한 심의기준에 따라 행하고 있고, 등록취소의 결정도 동 위원회의 건의사항을 검토한 뒤에 행해지고 있다. 이처럼 동 위원회와 법원이 음란성의 의미내용에 대하여 확고한 심의결정례와 판례를 구축하고 있기 때문에 법운용 과정에 행정청의 주관과 자의가 개입될 여지가 없으므로 이사건 법률조항이 이러한 개념들을 사용하고 있다고 하더라도 명확성 원칙에 반한다고 할 수 없다(헌법재판소 1998. 4. 30. 선고 95헌가16 결정)고 하여 拘束的 價値評價의 對象으로서 法解釋의 問題임을 명백히 하고 있다.

되지 않는 이상 당연히 같은 법조에서 정하는 건축허가를 하여야 하고, 중대한 공익상의 필요가 없는데도 관계 법령에서 정하는 제한사유 이외의 사유를 들어 요건을 갖춘 자에 대한 허가를 거부할 수는 없다(대법원 2003. 4. 25. 선고 2002두3201 판결, 대법원 2006. 11. 9. 선고 2006두1227 판결 참조).

■ 대법원 2000. 3. 24. 선고 97누12532 판결
[식품위생법상 음식점영업허가]
 식품위생법상 일반음식점영업허가는 성질상 일반적 금지의 해제에 불과하므로 허가권자는 허가신청이 법에서 정한 요건을 구비한 때에는 허가하여야 하고 관계 법령에서 정하는 제한사유 외에 공공복리 등의 사유를 들어 허가신청을 거부할 수는 없고, 이러한 법리는 일반음식점 허가사항의 변경허가에 관하여도 마찬가지이다.(대법원 1993. 5. 27. 선고 93누2216 판결 참조)

■ 대법원 1995. 4. 11. 선고 94누13442 판결
[공중위생법상의 위생접객업허가]
 공중위생법상의 위생접객업허가는 그 성질상 일반적 금지에 대한 해제에 불과하므로 허가권자는 허가신청이 법에서 정한 요건을 구비한 때에는 이를 반드시 허가하여야 하고, 다만 자신의 재량으로 공익상의 필요가 있는지를 판단하여 그 허가 여부를 결정할 수 있는 것이며, 그러한 경우에도 위 재량권은 허가를 제한하여 달성하려는 공익과 이로 인하여 받게 되는 상대방의 불이익을 교량 하여 신중히 행사되어야 한다.

■ 대법원 1996. 6. 28. 선고 96누3036 판결
[총포·도검·화약류등단속법상 화약류 판매업 및 저장소 설치 허가]

■ 대법원 1995. 11. 10. 선고 95누5714 판결
[주류판매업 면허]
 주류판매업 면허는 설권적 행위가 아니라 주류판매의 질서유지, 주세보전 의 행정목적 등을 달성하기 위하여 개인의 자연적 자유에 속하는 영업행위를 일반적으로 제한하였다가 특정한 경우에 이를 회복하도록 그 제한을 해제하는 강학상의 허가로 해석되므로 주세법 제10조 제1호 내지 제11호에 열거된 면허제한 사유에 해당하지 아니하는 한 면허관청으로서는 임의로 그 면허를 거부할 수 없다.

■ 대법원 1993. 2. 12. 선고 92누5959 판결
[광천음료수제조업허가]

■ 대법원 2000. 1. 28. 선고 97누4098 판결

[국유재산의 무단점유 등에 대한 변상금의 징수]
 국유재산의 무단점유 등에 대한 변상금징수의 요건은 국유재산법 제51조 제1항에 명백히 규정되어 있으므로 변상금을 징수할 것인가는 처분청의 재량을 허용하지 않는 기속행위이다(대법원 1998. 9. 22. 선고 98두7602 판결 참조).

❖ 재량행위로 본 사례
■ 대법원 1997. 11. 28. 선고 97누11911 판결
[공무원 임용을 위한 면접전형에 있어서 임용신청자의 능력이나 적격성 등에 관한 판단]
 공무원 임용을 위한 면접전형에 있어서 임용신청자의 능력이나 적격성 등에 관한 판단은 면접위원의 고도의 교양과 학식, 경험에 기초한 자율적 판단에 의존하는 것으로서 오로지 면접위원의 자유재량에 속하고, 그와 같은 판단이 현저하게 재량권을 일탈 내지 남용한 것이 아니라면 이를 위법하다고 할 수 없다.

■ 대법원 1990. 7. 13. 선고 90누2918 판결
[자동차운수사업법에 의한 자동차운송사업의 면허]
 자동차운수사업법에 의한 자동차운송사업의 면허는 특정인에게 권리를 설정하는 행위로서 법령에 특별히 규정된 바가 없으면 행정청의 재량에 속하는 것이고, 그 면허를 위하여 자동차운송사업자가 갖추어야 할 시설 등의 기준을 정하는 것 역시 법령에 특별히 규정된 바가 없으면 행정청의 재량에 속하는 것이라고 할 것인바, 행정청인 피고가 화물자동차의 지입차주 겸 운전자인 원고에 대하여 화물자동차운송사업의 면허에 관한 내인가를 함에 있어서, 면허기준으로 원고가 지입된 자동차와 차고 등의 운송사업시설을 갖추도록 정하고, 그와 같은 시설을 갖추었는지의 여부를 확인하기 위한 방법으로 원고로 하여금 위 자동차의 자동차등록원부상의 소유자(지입회사)가 작성한 자동차양도확인서의 사본 및 그의 인감증명서와 차고공동계약서 등을 제출하도록 정한 것은, 지입경영체제를 개선하기 위한 목적을 달성하기 위하여 필요하고도 적절한 조치라고 보여져서 재량의 목적이나 한계를 벗어난 것이라고 볼 수 없다.

■ 대법원 2002. 1. 22. 선고 2001두8414 판결
[여객자동차운수사업법에 따른 개인택시운송사업 면허]

■ 대법원 1998. 4. 24. 선고 97누1501 판결
[도시계획]
 도시계획은 도시정책상의 전문적·기술적 판단에 기초하여 도시의 건설·정비·개량 등과 같은 특정한 행정목표를 달성하기 위하여 서로 관련되는 행정수단을 종합·조정함으로써 장래의 일정한 시점에 있어서 일정한 질서를 실현하기 위한 활동기준을 설정하는 것으로서 재량행위라 할 것이므로 재량권의 일탈·남용이 없는 이상 그 도시계획결정을

위법하다고 할 수 없다.

■ 대법원 2007. 5. 10. 선고 2005두13315 판결
[주택건설사업계획의 승인 내지 사전결정]
 구 주택건설촉진법(2003. 5. 29. 법률 제6916호 주택법으로 전문 개정되기 전의 것, 이하 같다) 제33조에 의한 주택건설사업계획의 승인은 상대방에게 권리나 이익을 부여하는 효과를 수반하는 이른바 수익적 행정처분으로서 법령에 행정처분의 요건에 관하여 일의적으로 규정되어 있지 아니한 이상 행정청의 재량행위에 속하므로(대법원 2002. 6. 14. 선고 2000두10663 판결, 대법원 1998. 4. 24. 선고 97누1501 판결 참조), 이러한 승인을 받으려는 주택건설사업계획이 관계 법령이 정하는 제한에 배치되는 경우는 물론이고 그러한 제한사유가 없는 경우에도 공익상 필요가 있으면 처분권자는 그 승인신청에 대하여 불허가 결정을 할 수 있으며 (대법원 2005. 4. 15. 선고 2004두10883 판결 등 참조), 여기에서 말하는 '공익상 필요'에는 자연환경보전의 필요도 포함되는 것이다. 특히 산림의 훼손은 국토 및 자연의 유지와 수질 등 환경의 보전에 직접적으로 영향을 미치는 행위이므로, 법령이 규정하는 산림훼손 금지 또는 제한 지역에 해당하는 경우는 물론이고 금지 또는 제한 지역에 해당하지 않더라도 허가관청은 산림훼손허가신청 대상토지의 현상과 위치 및 주위의 상황 등을 고려하여 국토 및 자연의 유지와 환경의 보전 등 중대한 공익상 필요가 있다고 인정될 때에는 허가를 거부할 수 있고, 그 경우 법규에 명문의 근거가 없더라도 거부처분을 할 수 있다(대법원 2002. 10. 25. 선고 2002두6651 판결 참조).

■ 대법원 2002. 10. 25. 선고 2002두5795 판결
[도로점용허가]
 도로법 제40조 제1항에 의한 도로점용은 일반공중의 교통에 사용되는 도로에 대하여 이러한 일반사용과는 별도로 도로의 특정부분을 유형적·고정적으로 특정한 목적을 위하여 사용하는 이른바 특별사용을 뜻하는 것이고, 이러한 도로점용의 허가는 특정인에게 일정한 내용의 공물사용권을 설정하는 설권행위로서, 공물관리자가 신청인의 적격성, 사용목적 및 공익상의 영향 등을 참작하여 허가를 할 것인지의 여부를 결정하는 재량행위이다.

■ 대법원 2004. 5. 28. 선고 2002두5016 판결
[구 공유수면관리법상 공유수면의 점·사용허가]
 구 공유수면관리법(2002. 2. 4. 법률 제6656호로 개정되기 전의 것)에 따른 공유수면의 점·사용허가는 특정인에게 공유수면 이용권이라는 독점적 권리를 설정하여 주는 처분으로서 그 처분의 여부 및 내용의 결정은 원칙적으로 행정청의 재량에 속한다고 할 것이고, 이와 같은 재량처분에 있어서는 그 재량권 행사의 기초가 되는 사실인정에 오

류가 있거나 그에 대한 법령적용에 잘못이 없는 한 그 처분이 위법하다고 할 수 없다.

■ 대법원 2001. 7. 27. 선고 99두8589 판결
〔관광지조성사업의 시행허가〕

■ 대법원 2001. 7. 27. 선고 99두5092 판결
〔자연공원사업의 시행허가〕

■ 대법원 2002. 9. 24. 선고 2000두1713 판결
〔공정거래위원회의 독점규제및공정거래에관한법률위반행위자에 대한 과징금 부과처분〕
구 독점규제및공정거래에관한법률(1999. 2. 5. 법률 제5813호로 개정되기 전의 것)
제6조, 제17조, 제22조, 제24조의2, 제28조, 제31조의2, 제34조의2 등 각 규정을 종
합하여 보면, 공정거래위원회는 같은 법 위반행위에 대하여 과징금을 부과할 것인지
여부와 만일 과징금을 부과한다면 일정한 범위 안에서 과징금의 부과액수를 얼마로 정
할 것인지에 관하여 재량을 가지고 있다 할 것이므로, 공정거래위원회의 같은 법 위반
행위자에 대한 과징금 부과처분은 재량행위라 할 것이다.

■ 대법원 1993. 5. 14. 선고 92도2179 판결
〔총포·도검·화약류단속법 제12조 소정의 총포 등 소지허가〕
총포·도검·화약류 등 단속법령상 총포 등의 소지허가를 받을 수 있는 자격요건을 정
하고 있는 규정은 없으나, 관할 관청의 총포 등 소지허가가 총포·도검·화약류단속법
제13조 제1항 소정의 결격자에 해당되지 아니하는 경우 반드시 허가를 하여야 하는
기속행위라고는 할 수 없고, 같은 법 제13조 제2항의 규정에 비추어 관할 관청에 총
포 등 소지허가에 관한 재량권이 유보되어 있는 것이다.

■ 대법원 1992. 4. 10. 선고 91누7767 판결
〔토석채취허가 금지 또는 제한지역에 해당하지 아니하는 지역에서의 토석채취허가〕
산림 내에서의 토석채취허가는 산림법 제90조의2 제3항 소정의 금지 또는 제한구역
에 속하는 경우에는 허용되지 아니함은 물론이나 그에 해당하는 지역이 아니라 하여
반드시 허가하여야 하는 것으로 해석할 수는 없고 허가권자는 신청지내의 임황과 지황
등의 사항 등에 비추어 국토 및 자연의 보전 등의 중대한 공익상 필요가 있을 때에는
그 허가를 거부할 수 있다고 하여야 할 것이다.

■ 대법원 2008. 9. 11. 선고 2006두7577 판결
〔광업법에 정한 채광계획인가나 변경인가〕
구 광업법 소정의 채광계획인가나 변경인가는 행정청의 재량행위에 속한다고 할 것이

고, 채광계획의 내용의 합리성과 사업성 및 안정성의 측면이나 당해 채광계획이 수반할 수 있는 수질과 토양의 오염, 지하수의 고갈 등 환경 보전의 측면에서 중대한 공익상 필요가 있다고 인정할 때에는 이를 거부할 수 있으며, 이는 당해 채광계획에 나타난 사업의 내용, 규모, 방법과 그것이 환경에 미치는 영향 등 제반 사정을 종합하여 사회 관념상 공익 침해의 우려가 현저한지 여부에 의하여 판단할 수 있다(대법원 2000. 4. 25. 선고 98두6555 판결 참조).

■ 대법원 2003. 8. 19. 자 2003마803 결정
[집행법원의 일괄경매결정]

경매목적부동산이 2개 이상 있는 경우에 그것이 동일한 담보제공자에 귀속되는 한에 있어서는 분할경매로 할 것인지 또는 일괄경매로 할 것인지는 집행법원의 재량에 의하여 결정할 성질의 것이라고 할 것이지만, 그와 같은 집행법원의 자유재량은 제한이 없는 것이 아니고 토지와 그 지상건물이 동시에 매각되거나 토지와 건물이 하나의 기업시설을 구성하고 있는 경우 및 2필지 이상의 토지를 매각함에 있어서 분할매각에 의하여 일부 토지만 매각되면 나머지 토지가 맹지가 되어 값이 현저히 하락하게 될 경우와 같이 분할경매를 하는 것보다 일괄경매를 하는 것이 현저히 고가로 매각할 수 있다고 인정되는 경우 등 여러 개의 부동산의 위치, 형태, 이용관계 등을 고려하여 이를 일괄매수하게 하는 것이 알맞다고 인정되는 경우에는, 집행법원으로서는 일괄경매가 부당하다거나 일괄경매를 할 수 없다고 볼 사유가 없는 한 일괄경매의 방법에 의하여 경매절차를 진행하는 것이 타당할 것이고, 이것을 개별 부동산별로 분할경매하는 것은 재량권의 범위를 넘는 행위라고 할 것이다.

■ 대법원 2001. 4. 10. 선고 99다33960 판결
[행정행위로서의 시험출제업무에 있어서 문제 출제행위]

3. 재량권의 한계

大陸法系 國家에서 경찰국가시대의 군주권의 온존(溫存)과 산업자본의 후진성을 극복하기 위한 강력한 행정권의 필요라는 시대적 상황을 배경으로 행정재판소의 自由裁量不審理의 原則이 성립·발전되었다. 1875年의 오스트리아 行政裁判所設置法 第3條(행정관청의 자유재량에 따라 처리할 수 있는 사항은 그 한도 내에서는 행정재판소가 관할할 바가 아니다)를 효시로 대륙법계 여러 나라에서 自由裁量不審理의 原則을 입법화하였다. 英美法系 國家에서도 법원은 행정청의 재량에 속하는 행위에 대하여는 스스로 그 심사를 자제하는 태도를 판례법상 지켜 나오고 있으며 1946年의 美國行政節次法 第10條 제2항352)은 명문으로 행정청의 자유재량행위를 사법심사의 대상에서 제외하고 있다.

그러나 자유주의적 법치국가가 강조됨에 따라 자유재량행위라고 하여 당연히 행정소송의 대상에서 형식적으로 배제되는 행위유형이 되는 것은 아니라고 관념하게 되었다(自由裁量權限界理論의 形成).

대법원은 원칙적으로 위법의 문제가 발생하지 않는 자유재량을 전제로 하면서도 자유재량영역에서도 일정한 한계가 존재한다는 것을 명백히 하고 있고,353)또한 법령이 행정청에 자유재량권을 부여한 경우에도 그 재량은 결코 법으로부터 자유로운 상태에 있는 것이 아니기 때문에 법이 인정하는 재량권의 한계를 벗어난 경우에는 재량의 한계를 벗어난 경우에는 위법한 재량권의 행사로서 법원에 의한 법적 판단과 통제의 대상이 되어야 한다고 하였다.354)

裁量限界論이 확립된 현대에 있어서는 자유재량행위는 사법권의 행정권과의 관계에서의 권한분배로서의 의미를 갖는 것이 아니라, 그 심사의 한계영역으로서의 의의를 갖는 것이어서355) 소송의 대상에서 배제되는 행위유형으로 정립된 종래의 재량개념과는 준별하여 취급하는 것이 타당하다고 생각한다. 재량행위는 사법심사의 영역의 문제가 아니라 사법심사가 가능한 정도를 나타내는 심사범위의 문제라 하겠고 自由裁量行爲不審理原則도 이러한 관점에서 해석하는 것이 타당하다고 하겠다.356)

(1) 실정법의 규정

우리나라 行政訴訟法 제27조는 "行政廳의 裁量에 속하는 處分이라도 裁量權의 한계를

---

352) 美國行政節次法 제10조 제2항은 "행정관청의 행위가 법에 의하여 행정관청의 재량에 속하는 경우를 제외하고……"라고 규정하여 裁量不審理原則을 규정하고 있다.

353) "법은 단지 행정청으로서 지켜야 할 일정한 준칙을 규정함에 불과하고 그 범위 내에서 행정청이 어떠한 행정처분을 어느 범위 내에서 하느냐함을 행정청의 재량에 일임함으로써 복잡하고도 다기한 사회현상에 따라 구체적 타당성에 적합하도록 처분케 하는 소위 자유재량처분이 있는 바, 이 경우에 있어서는 무엇이 법이냐 함을 판단하기보다는 무엇이 공익이며 어떻게 하는 것이 공익을 위함이요 합목적적인가를 행정청의 자유재량에 의하여 결정케 하고 그 결정에 따라 일정한 처분을 하도록 하는 것이나, 이와 같은 자유재량에 있어서도 무제한의 재량권은 인정할 수 없고 그 범위의 넓고 좁은 차이는 있다 하더라도 일정한 범위의 한도가 있어야 할 것이며 그 한도는 법의 규정 뿐 아니라 관습법 또는 일반적 조리에 의하여 책정하여야 할 것이다. 그러므로 이상과 같은 조리 등에 비추어 심히 불당하다고 인정되는 경우에는 재량권의 행사가 부당하다고 하기보다는 위법이라고 아니할 수 없다"(대법원 1962. 4. 26. 선고 61누115 판결).

354) "행정청이 영업정지처분을 함에 있어서 그 정지기간을 어느 정도로 할 것인지는 행정청의 재량권에 속하는 사항인 것이며, 다만 그것이 공익의 원칙이나 평등의 원칙 또는 비례의 원칙 등에 위반하여 재량권의 한계를 벗어나 재량권남용에 해당하는 경우에만 위법한 처분으로서 사법심사의 대상이 되는 것이다"(대법원 1982. 9. 28. 선고 82누2 판결).

355) 南博方, (注釋), 257쪽.

356) 金元主·金敞祚,「우리나라 行政判例上의 自由裁量權의 限界」(法學論叢 5輯, 경북대학교출판부, 1989. 12.) 137쪽.

넘거나 그 濫用이 있는 때에는 法院은 이를 取消할 수 있다."라고 規定하고 있다. 裁量權의 限界로서 裁量權의 범위를 넘어선 違法(裁量權의 逸脫)과 裁量濫用의 違法을 규정하고 있다.

(2) 재량행위가 위법이 되는 경우

1) 外的 限界(裁量의 踰越 또는 逸脫)

재량은 법규가 정하는 범위 내에서 인정되는 것으로 그 법적 한계를 벗어날 경우 재량권의 일탈이라고 한다. 즉 이것은 법령에서 정한 재량의 외적 한계를 넘은 것이다.

2) 內的 限界(裁量의 濫用)

재량권은 그 행위의 성질 및 행정법의 일반원칙에 적합하도록 행사하여야 한다. 이처럼 재량권을 부여한 내재적 목적에 반하여 다른 목적을 위하여 행사되거나 공익에 적합하게 행사되지 않았을 때 이를 재량권의 남용이라고 한다.

① 목적위반, 동기의 부정

재량이 법에 의해 부여된 이상 재량권부여의 목적에 따라 행해질 것을 요한다.

> ■ 대법원 1976. 6. 8. 선고 75누63 판결
> 서울대학교 대학원 학위수여규정 제19조 소정 2종의 외국어고사에 합격되고 당시 시행중이던 교육법시행령 137조와 위 대학원 학위수여규정 14조에 의한 학위논문심사에 통과한 자에 대하여 정당한 이유없이 학위수여를 부결한 행정처분은 위 교육법시행령의 규정과 위 대학원 학위수여규정의 각 규정에 위배한 것으로 재량권을 한계를 벗어난 위법한 것이다.

> ■ 대법원 1984. 1. 31. 선고 83누451 판결
> 행정청의 재량권은 복지행정의 확대 등 행정행위의 복잡 다기화에 따라 그 영역이 날로 넓어지는 추세에 있고 한편 국민의 권익을 아울러 보장하여야 하는 행정목적과 행정행위의 특성에 따라 재량권을 부여한 내재적 목적에 반하여 명백히 다른 목적을 위하여 행정처분을 하는 것과 같은 재량권의 남용이나 재량권의 행사가 그 법적 한계를 벗어나는 경우와 같은 재량권의 일탈은 그 재량권이 기속재량이거나 자유재량이거나를 막론하고 사법심사의 대상이 된다.

② 행정법의 일반원칙 위반

재량권 행사에 있어서도 평등원칙(자기구속의 법리), 부당결부금지원칙, 비례의 원칙에 위반해서는 안 된다. 우리나라 판례에 나타난 불문법상의 재량권행사의 한계기준도, 즉 裁量權의 逸脫·濫用의 判斷基準으로서 信賴保護의 原則, 比例의 原則, 平等의 原則을 적용하여 왔다.

■ 대법원 2001. 2. 9. 선고 98두17593 판결

 행정행위가 그 재량성의 유무 및 범위와 관련하여 이른바 기속행위 내지 기속재량행위와 재량행위 내지 자유재량행위로 구분된다고 할 때, 그 구분은 당해 행위의 근거가 된 법규의 체재·형식과 그 문언, 당해 행위가 속하는 행정 분야의 주된 목적과 특성, 당해 행위 자체의 개별적 성질과 유형 등을 모두 고려하여 판단하여야 하고, 이렇게 구분되는 양자에 대한 사법심사는, 전자의 경우 그 법규에 대한 원칙적인 기속성으로 인하여 법원이 사실인정과 관련 법규의 해석·적용을 통하여 일정한 결론을 도출한 후 그 결론에 비추어 행정청이 한 판단의 적법 여부를 독자의 입장에서 판정하는 방식에 의하게 되나, 후자의 경우 행정청의 재량에 기한 공익판단의 여지를 감안하여 법원은 독자의 결론을 도출함이 없이 당해 행위에 재량권의 일탈·남용이 있는지 여부만을 심사하게 되고, 이러한 재량권의 일탈·남용 여부에 대한 심사는 사실오인, 비례·평등의 원칙 위배, 당해 행위의 목적 위반이나 동기의 부정 유무 등을 그 판단 대상으로 한다.
 구 도시계획법(2000. 1. 18. 법률 제6243호로 전문 개정되기 전의 것)상의 개발제한구역 내에서의 건축물 용도변경에 대한 허가가 가지는 예외적인 허가로서의 성격과 그 재량행위로서의 성격에 비추어 보면, 그 용도변경의 허가는 개발제한구역에 속한다는 것 이외에 다른 공익상의 사유가 있어야만 거부할 수가 있고 그렇지 아니하면 반드시 허가를 하여야만 하는 것이 아니라 그 용도변경이 개발제한구역의 지정 목적과 그 관리에 위배되지 아니한다는 등의 사정이 특별히 인정될 경우에 한하여 그 허가가 가능한 것이고, 또 그에 관한 행정청의 판단이 사실오인, 비례·평등의 원칙 위배, 목적위반 등에 해당하지 아니하면 이를 재량권의 일탈·남용이라고 하여 위법하다고 할 수가 없다.

■ 대법원 2000. 4. 7. 선고 98두11779 판결

 일반적으로 제재적 행정처분이 사회통념상 재량권의 범위를 일탈 또는 남용한 것인가의 여부는 처분사유인 위반행위의 내용과 당해 처분에 의하여 달성하려는 공익목적 및 이에 따르는 제반사정 등을 객관적으로 심리하여 공익침해의 정도와 개인이 입을 불이익을 비교·교량하여 판단하여야 할 것이다(대법원 1991. 10. 11. 선고 91누1097 판결, 대법원 1992. 6. 23. 선고 92누2851 판결 참조).

---

 3) 裁量의 欠缺 또는 懈怠

裁量의 欠缺은 재량권을 행사함에 있어서 고려하여야 할 구체적 사정을 전혀 고려하지 아니한 경우를 말하고, 裁量의 懈怠는 재량권을 행사함에 있어 고려하여야 할 구체적 사정에 대한 고려는 하였지만 충분히 고려하지 않은 경우를 말한다.

4) 사실의 정확성에 관한 오인

일정사실이 재량처분 요건으로 규정시 그 사실의 존재여부 및 당해 사실의 법정요건에의 해당여부 판단은 원칙적으로 재량문제와는 무관하나 사실인정에는 당해사실에 대한 평가를 수반하는 경우가 자주 있으며, 이 평가가 조리를 결한 것인가 어떤가라고 하는 점에서 재량문제와 밀접하게 결합되어 있기에 재량통제의 한 기준으로 파악된다.

▣ 대법원 2001. 7. 27. 선고 99두2970 판결
자연공원사업의 시행은 국토 및 자연의 유지와 환경의 보전에 영향을 미치는 행위로서 그 공원시설기본설계 및 변경설계의 승인 여부는 사업장소의 현상과 위치 및 주위의 상황, 사업시행의 시기 및 주체의 적정성, 사업계획에 나타난 사업의 내용, 규모, 방법과 그것이 자연 및 환경에 미치는 영향 등을 종합적으로 고려하여 결정하여야 하는 일종의 재량행위에 속한다고 할 것이고, 위와 같은 재량행위에 대한 법원의 사법심사는 당해 행위가 사실오인, 비례·평등의 원칙 위배, 당해 행위의 목적 위반이나 부정한 동기 등에 근거하여 이루어짐으로써 재량권을 일탈·남용한 위법이 있는지 여부만을 심사하게 되는 것이나, 법원의 심사결과 행정청의 재량행위가 사실오인 등에 근거한 것이라고 인정된다면 이는 재량권을 일탈·남용한 것으로서 위법하여 그 취소를 면치 못한다.

▣ 대법원 2001. 7. 27. 선고 99두8589 판결
관광지조성사업의 시행은 국토 및 자연의 유지와 환경의 보전에 영향을 미치는 행위로서 그 허가 여부는 사업장소의 현상과 위치 및 주위의 상황, 사업시행의 시기 및 주체의 적정성, 사업계획에 나타난 사업의 내용, 규모, 방법과 그것이 자연 및 환경에 미치는 영향 등을 종합적으로 고려하여 결정하여야 하는 일종의 재량행위에 속한다고 할 것이고, 위와 같은 재량행위에 대한 법원의 사법심사는 당해 행위가 사실오인, 비례·평등의 원칙 위배, 당해 행위의 목적 위반이나 부정한 동기 등에 근거하여 이루어짐으로써 재량권의 일탈·남용이 있는지 여부만을 심사하게 되는 것이나, 법원의 심사결과 행정청의 재량행위가 사실오인 등에 근거한 것이라고 인정되는 경우에는 이는 재량권을 일탈·남용한 것으로서 위법하여 그 취소를 면치 못한다 할 것이다.(관광지조성사업시행 허가처분에 오수처리시설의 설치 등을 조건으로 하였으나 그 시설이 설치되더라도 효능이 불확실하여 오수가 확실하게 정화 처리될 수 없어 인접 하천 등의 수질이 오염됨으로써 인근 주민들의 식수 등도 오염되어 주민들의 환경이익 등이 침해되거

나 침해될 우려가 있고, 그 환경이익의 침해는 관광지의 개발 전과 비교하여 사회통념 상 수인한도를 넘는다고 보이며, 주민들의 환경상의 이익은 관광지조성사업시행 허가 처분으로 인하여 사업자나 행락객들이 가지는 영업상의 이익 또는 여가생활향유라는 이익보다 훨씬 우월하다는 이유로, 그 환경적 위해 발생을 고려하지 않은 관광지조성 사업시행 허가처분은 사실오인 등에 기초하여 재량권을 일탈·남용한 것으로서 위법하 다고 본 사례)

5) 절차위반

이해관계인의 의견진술 등 헌법원칙인 적법절차의 원칙에 반하는 처분은 위법하다.

⑶ 재량권의 0으로의 수축이론

행정청이 재량권을 행사함에 있어서 일정한 사안에 있어서는 다른 행위를 선택하는 것 은 위법이 되고, 오로지 하나의 행위를 선택하는 것만이 적법하게 되는 경우 재량권의 영으로의 수축 또는 재량권수축이라고 한다.

재량권의 영으로의 수축을 인정하기 위해서는 생명·신체·재산에 중대한 손해 초래하는 위험이 존재하고, 행정청에 있어서는 ① 그 구체적 위험의 예견가능성의 존재와 ② 결과 회피방지의 가능성이 존재하고, 피해자측에 있어서 ① 위험회피의 수단과 가능성이 없 고, ② 규제권한 행사를 기대할 수 있는 상황에 있을 것, ③ 발생한 피해가 사회적 요인 에 의한 것으로서 예측할 수 없었을 것 등이 요건으로 요구된다.

4. 재량행위에 대한 통제

⑴ 입법적 통제

1) 법률의 규율방식

국회는 가능한 구체적·일의적 개념에 의한 입법과 재량범위의 획정에 의한 통제를 하여 야 한다.

2) 정치적 통제

국회는 국정감사, 해임건의 등에 의해 행정청의 재량행위를 간접적이나마 통제할 수 있다.

⑵ 행정적 통제

1) 행정절차적 통제

청문, 공청회, 이유부기 등에 의한 행정절차적 규제는 실질적인 재량행위의 통제수단이 된다.

2) 직무감독적 통제
상급행정청의 재량준칙제정, 직무명령, 위법한 재량행위의 취소·정지권 등에 의해 재량행위를 적절하게 통제할 수 있다.

3) 행정심판
공무원의 법령심사권이 제도화되어 있다고 볼 수 있으며, 부당한 재량행사의 경우에도 행정심판의 대상적격이 인정되어 효과적인 통제수단이 될 수 있다.

(3) 사법적 통제
법원에 의한 통제와 헌법재판소에 의한 통제를 생각할 수 있다.

Ⅲ. 수익적·부담적·복효적 행정행위
이는 행정행위의 법률효과의 성질에 따른 분류이다. 행정행위의 상대방에 대한 법률효과를 기준으로 授益的 行政行爲(begunstigende Verwaltungsakte), 負擔的 行政行爲(belastende Verwaltungsakte)[357], 양자의 성질을 함께 지니는 復效的 行政行爲(Verwaltungsakt mit Doppelwirkung)로 삼분하여 설명하고 있다.[358]

1. 수익적 행정행위
이는 당해 행정행위의 상대방에게 권리나 이익을 부여하는 효과를 수반하는 행정행위를 말하는데, 특히 그 철회나 취소에 있어 제한을 받는 등 여러 가지 특색이 있다.

2. 부담적 행정행위
부과적 행정행위, 간섭적 행정행위, 침익적 행정행위라고도 부르는데, 개인의 권리보호라는 관점에서 절차적 규제가 강하고 그 철회나 취소제한이 완화되는 등 특색을 지니고 있다.

3. 복효적 행정행위

---

357) 日本의 행정절차법에서는 '不利益處分'이라고 규정하고 있다.
358) 萩野 聰, 「復效的 行政行爲の特色」(『行政法の爭點』, 有斐閣, 1990), 66쪽.

(1) 의의

1) 광의

하나의 행정행위가 授益과 負擔이라는 복수적인 효과를 발생시키고 複數의 相對方 가운데 어느 한사람에게 利益을 부여하고, 동시에 다른 한사람에게 負擔을 과하는 '二重效果的 行政行爲'와 상대방에게는 授益的이면서 상대방 이외의 제3자에게는 負擔的인 경우의 '第3者效를 가지는 行政行爲'를 포함한다.

2) 협의

제3자효 행정행위, 즉 수익, 침익의 효과가 서로 다른 사람에게 귀속되는 행정행위만을 말한다.

(2) 등장배경

복효적 행정행위는 종래 반사적 이익론에 의하여 취소소송의 원고적격성이 부정되었던 제3자나 주민에게 소의 이익이 널리 인정되면서 등장한 개념이다. 즉 복효적 행정행위는 공익과 사익의 대립구도가 아닌 개인법익간의 대립문제 해결을 위해 최근에 중시되고 있다.

(3) 복효적 행정행위의 특수성

復效的 行政行爲의 특색은 일방의 이익과 타방의 불이익간의 相互拘束性에 있고 어느 한쪽 당사자의 수익(授益)이 동시에 다른 당사자에 대하여 불이익을 주며, 당해 행정행위의 성립·존속·소멸에 관하여 일방당사자는 적극적 이익을, 타방 당사자는 소극적 이익을 가지게 된다는데 있다. 예를 들면 건축법상의 隣人保護規定에 위반하여 주어진 건축허가, 旣存業者의 保護利益을 침해하는 복수의 競願者 가운데 한사람에게만 주어진 각종 영업허가 그리고 지역주민에게 피해를 입힐 위험이 있는 원자력발전소의 原子爐設置許可 등이 그 전형적인 예라 하겠다.

復效的 行政行爲의 개념은 현대 행정법 현상에서 행정과 상대방 국민이라는 이면적 법률관계로부터 삼면적 법률관계로의 변화를 배경으로 형성된 관념으로 법적 평면에서 이루어지는 삼면관계에서 復效的 行政行爲는 이중적 법적효과를 수반한다는 특색 때문에 서로 이해가 대립되는 당사간에 치밀한 이익형량이 요구되며, 이러한 요청이 피해자의 권리구제와 관련하여 取消訴訟의 原告適格, 不作爲違法確認訴訟, 義務化訴訟, 執行停止, 職權取消 또는 撤回, 行政聽聞節次, 行政介入請求權 등의 관점에서 새로운 문제를 야기한다.359)

1) 실체법상의 문제

① 공권의 성립 여부

보호규범이론에 따라 강행법규성과 사익보호성이 인정되는 한 제3자의 공권을 인정하여 뒤에서 보듯 원고적격을 인정할 수 있을 것이다.

② 행정개입청구권

재량권이 축소되는 경우 불이익을 받은 자의 행정개입청구권이 문제될 것이다.

③ 직권취소·철회의 제한

위법한 복효적 행정행위의 직권취소의 경우 제3자의 이익을 고려한 이익의 형량이 이루어져야 할 것이다. 복효적 행정행위의 취소·철회는 처분수익자의 보호와 처분으로 인한 불이익을 받은 상대방이나 제3자의 보호를 동시에 고려하여야 한다.

④ 부관

제3자효 있는 행정행위의 경우 부관은 제3자 보호의 수단으로 이용될 수 있다. 따라서 제3자를 보호하기 위하여 부관을 붙여야 함에도 불구하고 이를 붙이지 아니 하거나 미흡한 부관을 붙인 경우 제3자는 의무이행심판이나 부작위위법확인소송을 통하여 그 권익을 주장할 수 있을 것이다.360)

2) 절차법상의 문제

① 의의

행정절차법은 이해관계있는 제3자에게 행정절차의 참가 등 제3자의 참여를 보장하고 있다.

② 처분의 이해관계인에 대한 사전통지

행정절차법 제21조는 당사자에게 의무를 과하거나 권익을 제한하는 처분을 하는 경우에는 처분의 제목·처분원인과 근거 등을 처분의 직접 상대방인 당사자뿐만 아니라 이해관계인 제3자에게도 통지하도록 규정하고 있다.

③ 의견제출·청문·공청회

---

359) 復效的 行政行爲와 관련된 여러 가지 문제에 대하여는 千炳泰, 284~292쪽 ; 萩野 聰, 前揭論
    文, 66~69쪽 참조.
360) 金南辰, 291쪽 ; 洪井善, 391쪽.

행정절차법 제2조 제4호에 의하면, "당사자등이라 함은 행정청의 처분에 대하여 직접 그 상대가 되는 당사자와 행정청이 직권 또는 신청에 의하여 행정절차에 참여하게 한 이해관계인을 말한다."고 규정하고 있는 바, 의견제출, 청문, 공청회 관련규정이 적용된다고 하겠다.

3) 쟁송법상의 문제
① 제3자의 원고적격
처분의 직접 상대방뿐만 아니라 제3자라도 법률상 이익이 있는 자이면 원고적격을 가진다 할 것이므로, 복효적 행정행위에 의하여 불이익을 받은 제3자는 인인소송, 경업자소송, 경원자소송 등 제3자 소송에서 법률상 이익이 있으면 원고적격을 가진다 할 것이다.

② 제3자의 소송참가
행정심판법 제16조, 행정소송법 제16조에 의하면 쟁송결과에 대하여 이해관계가 있는 제3자의 참여가 인정되는 바 복효적 행정행위의 제3자는 이에 해당된다.

③ 가구제로서의 집행정지
제3자 권리구제의 실효성, 집행정지결정의 제3자효가 인정되는 점(행정소송법 제29조 제②항)에 비추어 제3자도 집행정지제도에 의해 가구제를 받을 수 있다고 해석함이 타당하다.[361]

④ 행정심판전치주의와 쟁송제기기간

> ■ 대법원 1992. 7. 28. 선고 91누12844 판결
> 행정심판법 제18조 제3항에 의하면 행정처분의 상대방이 아닌 제3자라도 처분이 있은 날로부터 180일을 경과하면 행정심판청구를 제기하지 못하는 것이 원칙이지만, 다만 정당한 사유가 있는 경우에는 그러하지 아니하도록 규정되어 있는바, 행정처분의 직접 상대방이 아닌 제3자는 일반적으로 처분이 있는 것을 바로 알 수 없는 처지에 있으므로, 위와 같은 심판청구기간 내에 심판청구를 제기하지 아니하였다고 하더라도, 그 기간 내에 처분이 있은 것을 알았거나 쉽게 알 수 있었기 때문에 심판청구를 제기할 수 있었다고 볼만한 특별한 사정이 없는 한, 위 법조항 본문의 적용을 배제할 정당한 사유가 있는 경우에 해당한다고 보아 위와 같은 심판청구기간이 경과한 뒤에도 심판청구를 제기할 수 있다고 보는 것이 당원의 판례(대법원 1988. 9. 27. 선고 88누

---

361) 金南辰, 242쪽 ; 朴均省, 240~241쪽.

29 판결, 대법원 1989. 5. 9.선고 88누5150 판결, 대법원 1991. 5. 28. 선고 90누1359 판결)가 취하고 있는 견해이다.

⑤ 고지신청

행정청은 이해관계인으로부터 일정사항을 알려줄 것을 요구받은 경우 이를 알려 줄 의무를 지는바(행정심판법 제42조 제②항), 이 이해관계인에는 복효적 행정행위의 제3자도 포함된다.

⑥ 판결의 효력

행정소송은 "처분 등을 취소하는 확정판결은 제3자에 대하여도 효력이 있다."(행정소송법 제29조 제①항)고 규정되어 있으므로 제3자효 행정행위에 있어서 제3자가 위의 '제3자'에 해당된다 할 것이다.

⑦ 제3자의 재심청구

제3자는 자기의 귀책사유 없이 소송에 참가하지 못함으로써 판결의 결과에 영향을 미칠 공격 또는 방어방법을 제출하지 못한 때에는 이를 이유로 재심청구를 할 수 있다.(행정소송법 제31조 제①항)

4) 집행법상의 문제

복효적 행정행위에 있어 상대방의 의무불이행이나 의무위반의 상태를 제거하지 아니하고 존속시키면 제3자의 이익을 침해하는 상태를 존속시키는 것이므로 행정청은 이에 따른 집행의무가 있는 것으로 보아야 하기 때문에 그만큼 집행재량이 축소된다.

Ⅳ. 대인적·대물적·혼합적 행정행위

행정행위는 그 대상에 따라 대인적 행정행위, 대물적 행정행위, 혼합적 행정행위로 나뉘는데, 그 구별실익은 행정행위의 법률효과의 이전성을 인정할 수 있느냐의 여부에 있다.

제4절 行政行爲의 內容

종래 법률행위적 행정행위와 준법률행위적 행정행위의 分類意味에 대해 의문을 제기하면서도 여기에서는 傳統的 理論의 소개 의미로 간단히 설명하기로 한다.

Ⅰ. 법률행위적 행정행위

법률행위적 행정행위는 행정청의 의사표시를 구성요소로 하는 행정행위로, 그 법적 효과가 행정청의 효과의사의 내용에 따라 발생한다. 즉 법률행위적 행정행위는 행정청의 의사표시에 의하여 국민의 권리의무에 직접적인 변동을 초래하므로 항고소송의 대상이 되는 행정처분임은 당연하다. 따라서 위법한 법률행위적 행정행위로 그 권리·이익을 침해받은 자는 항고소송을 제기하여 그 취소 등을 구할 수 있다. 여기서는 전통적 견해에 따라 법률행위적 행정행위를 命令的 行政行爲와 形成的 行政行爲로 나누어 살펴보기로 한다.

1. 命令的 行政行爲

명령적 행정행위는 국민에 대하여 일정한 의무를 부과하거나(자유제한) 이미 부과된 의무를 해제하는 것(자유회복)을 내용으로 하는 행정행위이다. 이러한 명령적 행정행위에는 의무를 명하는 행위인 下命과 의무를 해제하는 행위인 許可·免除가 있다.
명령적 행정행위에 위반하면 강제집행이나 행정벌이 따르는 것이 일반적이나 그 위반행위가 반사회적인 것이 아닌 한 원칙적으로 무효가 되지는 않는다.

(1) 下命

下命이라 함은 作爲(예; 위법건축물 철거), 不作爲(禁止, 예; 도로통행금지), 給付(예; 납세고지), 受忍(예 ; 受診命令)을 명하는 행정행위이다. 하명은 행정청이 법령에 의거해 의무를 과하는 것(처분하명)이 보통이나, 명령자체에 의해 직접 하명의 효과가 발생하는 경우(법규하명)도 있다.
우리 대법원 판례상 나타난 구체적 下命 행태를 살펴보면 다음과 같다.

> ❖ 作爲下命의 例
> ① 어업면허를 받은 자가 그 면허구역 밖에 한 석축시설에 대한 면허권자의 철거지시 (대법원 1971. 11. 9. 선고 71누82 판결)
> ② 접골사 자격증의 반납지시 및 그 회수행위(대법원 1979. 10. 10. 선고 79누193 판결)
> ③ 시장·군수의 건축물철거명령(대법원 1994. 2. 22. 선고 93누10644 판결)
> ④ 노동조합법 제16조에 따른 노동조합규약의 변경보완시정명령(대법원 1993. 5. 11. 선고 91누10787 판결)
> ⑤ 감독관청의 노동조합법상의 서류제출명령(대법원 1994. 2. 22. 선고 93누21156 판결)
> ⑥ 지방노동위원회의 중재회부결정(대법원 1995. 9. 15. 선고 95누6724 판결)
> ⑦ 지방병무청장의 병역처분(대법원 1993. 8. 27. 선고 93누3356 판결)

⑧ 장기간 대표이사를 선임할 수 없는 사정에 의하여 광주직할시장이 한 광주직할시 북구 의료보험조합운영위원회에 대한 해산명령(대법원 1994. 3. 22. 선고 93누9668 판결)

不作爲下命의 例

① 도지사의 채광계획변경명령과 함께 행한 작업중지명령(대법원 1992. 1. 17. 선고 91누1714 판결)

② 공정거래위원회의 시정명령(대법원 1990. 10. 10. 선고 89누8200 판결, 대법원 1994. 3. 11. 선고 93누19719 판결)

給付下命의 例

① 財政下命 : 자산양도차익과 세액을 예정 결정하여 자산양도자에게 한 통지(대법원 1989. 10. 13. 선고 88누2519 판결), 관세법상 세관장의 신고납부서 교부(대법원 1993. 4. 27. 선고 91누7958 판결, 대법원 1996. 12. 23. 선고 96누7854 판결), 관세의 부과징수처분(대법원 1974. 7. 6. 선고 74다435 판결)

② 公用負擔 : 도시계획법에 의거한 환지청산금부과처분(대법원 1964. 7. 23. 선고 63다992 판결), 수익자에게 시가지계획사업집행비용을 부담케 하는 처분(대법원 1964. 8. 31. 선고 63다999 판결), 토지개량조합의 사업시행구역결정이나 조합비 부과 등의 처분(대법원 1964. 6. 9. 선고 63다920 판결), 구 토지개량사업법에 의한 탈퇴부담금 부과(대법원 1966. 2. 15. 선고 65다2055 판결)

③ 사용료 : 지방자치단체의 수도료부과징수행위(대법원 1977. 2. 22. 선고 76다2517 판결), 수돗물의 부정사용에 대한 과태료부과처분(대법원 1993. 11. 9. 선고 93누16345 판결), 국유재산무단점유자에 대한 변상금부과처분(대법원 1988. 2. 23. 선고 87누1046, 1047 판결), 지방자치단체의 그 소유 토지 무단점유자에 대한 변상금납부 통지(대법원 1990. 11. 27. 선고 90누5740 판결), 지방자치단체의 공공시설에 관한 사용료부과처분(대법원 1994. 6. 24. 선고 94누2497 판결), 국유재산관리청의 행정재산의 사용수익자에 대한 사용료 부과(대법원 1996. 2. 13. 선고 95누11023 판결)

(2) 許可

1) 의의

① 개념

許可는 법규에 의한 일반적인 상대적 금지를 특정한 경우에 해제하여 적법하게 일정한 행위를 할 수 있도록 자유의 상태를 회복시켜 주는 행정행위를 말한다. 다만 법령상으로는 허가·면허·인가·특허·승인 등 여러 용어가 혼용되고 있는바 당해 행위가 講學上 許可인지 여부는 관계법령의 구체적 규정이나 입법취지 등에 비추어 개별적으로 판단하여야 할 것이다.

② 허가와 예외적 승인

입법자가 일정한 행위를 사회적으로 유해하거나 바람직하지 아니한 것으로서 법령상 원칙적으로 금지(억제적 금지)되고 있으나 예외적인 경우에 이를 해제하는 것(면제유보부 제재적 금지)으로 허가유보부 금지(예방적 금지)를 전제로 하는 해제와 구별된다.

예외적 승인은 법규가 갖는 일반·추상적 성격 때문에 초래되는 경직성을 완화하려는 제도로서 허가청이 재량판단을 할 수 있다는 점이 중요하다. 그 실례로는 카지노 영업허가, 그린벨트 내의 건축허가, 산림훼손허가 등을 들 수 있다.

> ■ 대법원 1993. 5. 27. 선고 93누4854 판결
> 산림허가훼손에 대하여는 산림법이 정한 요건을 모두 충족한 경우에도 관할 행정청은 국토환경의 보전 등 중대한 공익상의 이유가 있을 때는 허가를 거부할 수 있다.

2) 법적 성질
① 명령적 행정행위 또는 형성적 행정행위 여부

전통적 견해에 의하면 허가는 인간의 자연적 자유를 회복시켜 주는 행위로서 명령적 행정행위의 성질을 가진다고 한다.

그러나 요즘 허가는 단순히 자연적 자유의 회복에 그치는 것이 아니라 관계법상의 구체적 공익목적을 위한 제한규정에 배치되지 않는다고 판단되는 경우에 헌법상의 기본권으로서의 자유권을 적법하게 행사할 수 있게 해주는 행위, 즉 법적 지위의 설정행위라는 점에서 형성적 행정행위로서의 성질을 가진다고 한다.[362]

문제는 형성적 행정행위를 새로운 권리·능력 등의 설정하는 행위라고 정의하면 허가는 형성적 행정행위가 아니겠지만, 넓게 법관계를 직접 창설·변경·폐지하는 행정행위로 보게 되면 허가가 형성적 행정행위에 포함될 수도 있다.

이념적으로는 자연적 자유가 그 대상이지만 이에 그치는 것이 아니라 헌법상의 기본권을 적법하게 행사할 수 있게 하여 주는 행위로, 즉 자유권의 행사를 가능하게 해주는 법적지위의 설정행위라는 점에서 오히려 형성적 행위로서의 성질이 있다.

그러나 허가는 새로운 권리부여, 권리확대가 아니며 형성적 행위를 새로운 권리, 능력

---

362) 金南辰, 252쪽 ; 金東熙, 272쪽 ; 朴均省, 261쪽.

설정행위로 정의하는 경우 허가를 형성적 행정행위에 포함시키는 것은 곤란하다.363)

▣ 대법원 1985. 2. 8. 선고 84누369 판결
 유기장 영업허가는 유기장 영업권을 설정하는 설권행위가 아니고 일반적 금지를 해제
하는 영업자유의 회복이라 할 것이므로 그 영업상의 이익은 반사적 이익에 불과하고
행정행위의 본질상 금지의 해제나 그 해제를 다시 철회하는 것은 공익성과 합목적성에
따른 당해 행정청의 재량행위라 할 것이다.

② 재량행위 또는 기속행위 여부

 통설은 허가는 법령에 특별한 규정이 없는 한 기속행위라고 한다. 그 이유는 허가요건
을 충족했는데도 허가를 거부하는 것은 정당한 사유 없이 헌법상의 자유권을 제한하는
것이 되므로 허용되지 않는다는 것이다. 하지만 재량권과 판단여지를 구별하는 입장에
서는 허가의 요건이 불확정개념으로 규정되어 있는 경우(예외적으로 허가시 이익형량이
요구되는 경우) 행정청에게 판단여지가 인정될 수도 있다고 한다.364)

❖ 원칙
▣ 대법원 1992. 12. 11. 선고 92누3038 판결
 건축허가권자는 건축허가신청이 건축법, 도시계획법 등 관계법규에서 정하는 어떠한
제한에 배치되지 않는 이상 당연히 같은 법조 소정의 건축허가를 하여야 하므로 법률
상의 근거 없이 그 신청이 관계법규에서 정한 제한에 배치되는지 여부에 대한 심사를
거부할 수 없고, 심사결과 그 신청이 법정요건에 합치하는 경우에는 특별한 사정이 없
는 한 이를 허가하여야 하며, 공익상 필요가 없음에도 불구하고 요건을 갖춘 자에 대
한 허가를 관계법령에서 정하는 제한사유 이외의 사유를 들어 거부할 수는 없다.(대법
원 2003. 4. 25. 선고 2002두3201 판결 참조)

❖ 예외
▣ 대법원 1997. 8. 29. 선고 96누15213 판결
[산림형질변경허가]
 산림훼손은 국토 및 자연의 유지와 수질 등 환경의 보전에 직접적으로 영향을 미치는
행위이므로 법령이 규정하는 산림훼손 금지 또는 제한 지역에 해당하는 경우는 물론

---

363) 명령적 행정행위를 특정한 행동(작위, 수인, 부작위)의 의무를 부과하는 행위, 형성적 행정행위
    를 구체적 법률관계 내지 법적 지위를 설정, 변경 또는 소멸시키는 행위로 정의할 때 허가는 법
    적 지위의 설정으로서 형성적 행정행위로 평가될 수 있다.
364) 朴均省, 262쪽.

금지 또는 제한 지역에 해당하지 않더라도 허가관청은 산림훼손허가신청 대상 토지의 현상과 위치 및 주위의 상황 등을 고려하여 국토 및 자연의 유지와 환경의 보전 등 중대한 공익상 필요가 있다고 인정될 때에는 허가를 거부할 수 있고, 그 경우 법규에 명문의 근거가 없더라도 거부처분을 할 수 있는 것이며, 이는 산림훼손기간을 연장하는 경우에도 마찬가지이다.

■ 대법원 1999. 5. 25. 선고 98다53134 판결
[토지의 형질변경허가]
 토지의형질변경등행위허가기준등에관한규칙 제2조 제1호는 '조성이 완료된 기존 대지 안에서의 건축물 기타 공작물의 설치를 위한 토지의 굴착행위'를 형질변경에서 제외하도록 규정하고 있으나 여기서 말하는 '조성이 완료된 기존 대지'라 함은 그 토지가 이미 건축에 적합한 상태로 대지화되어 있어 그 형질을 외형상으로 사실상 변경시킴이 없이 건축 부분에 대한 허가만을 받아 그 설치를 위한 토지의 굴착만으로 건설이 가능한 경우를 가리키고, 그 외형을 유지하면서 단지 그 설치를 위한 토지의 굴착행위만으로는 원하는 건축물 기타 공작물을 건축할 수 없고 그 밖에 건축을 위하여 별도의 절토, 성토, 정지작업 등이 필요한 경우에는 이에 포함되지 아니한다.
 도시계획법 제4조, 같은 법 시행령 제5조의2, 토지의형질변경등행위허가기준등에관한규칙 제5조의 규정 형식이나 문언 등에 비추어 볼 때, 형질변경행위의 허가를 함에 있어서 공익상 또는 이해관계인의 보호를 위하여 부관을 붙일 필요가 있는지의 유무 등을 판단함에 있어서는 행정청에 재량의 여지가 있으므로 그에 관한 판단 기준을 정하는 것 역시 행정청의 재량에 속하고, 그 설정된 기준이 객관적으로 합리적이 아니라거나 타당하지 않다고 볼 만한 특별한 사정이 없는 이상 행정청의 의사는 가능한 한 존중되어야 한다.

■ 대법원 2001. 11. 30. 선고 2001두5866 판결
[입목의 벌채·굴채허가]
 산림자원의 증식과 임업에 관한 기본적 사항을 정하여 산림의 보호·육성, 임업생산력의 향상 및 산림의 공익기능의 증진을 도모함으로써 국토의 보전과 국민경제의 건전한 발전에 기여하고자 하는 산림법의 입법목적, 시장·군수가 입목의 벌채나 굴채허가신청을 받은 때에는 벌채 대상목이나 잔존시킬 입목 선정의 적정 여부 등을 조사하거나 굴취 또는 채취 대상의 적정 여부를 조사·확인하여 허가함이 타당하다고 인정될 때에는 허가증을 교부하여야 한다고 규정하고 있는 산림법 제90조 제1항, 같은 법 시행규칙 제85조 제2항, 제93조 제2항의 각 규정 내용, 산림 내에서의 입목벌채는 국토 및 자연의 유지와 환경의 보전에 직접적으로 영향을 미치는 행위가 된다는 점 등을 종합하여 보면, 허가관청은 입목굴채 허가신청 대상 토지의 현상과 위치 및 주위의 상황 등을 고려하여 국토 및 자연의 유지와 환경의 보전 등 중대한 공익상 필요가 있다고 인

정될 때에는 허가를 거부할 수 있다.

3) 허가와 신청(출원)

허가는 상대방의 신청에 의해 행해지는 것이 보통이나 신청 없이 행해질 때도 있다. 허가가 신청에 의해 행해지는 경우 신청의 내용과 다른 허가도 원칙적으로 유효하게 성립할 수 있으며(수정허가),365) 허가는 허가시의 법령 및 사실상태에 적합하게 행해져야 한다.

■ 대법원 1985.11.26. 선고 85누382 판결

개축허가신청에 대하여 행정청이 착오로 대수선 및 용도변경 허가를 하였다 하더라도 취소 등 적법한 조치없이 그 효력을 부인할 수 없음은 물론 더구나 이를 다른 처분(즉 개축허가)으로 볼 근거도 없다.

■ 대법원 1996. 8. 20. 선고 95누10877 판결

허가 등의 행정처분은 원칙적으로 처분시의 법령과 허가기준에 의하여 처리되어야 하고 허가신청 당시의 기준에 따라야 하는 것은 아니며 비록 허가신청 후 허가기준이 변경되었다 하더라도 그 허가관청이 허가신청을 수리하고도 정당한 이유 없이 그 처리를 늦추어 그 사이에 허가기준이 변경된 것이 아닌 이상 변경된 허가기준에 따라서 처분을 하여야 할 것이다.(대법원 1993. 2. 12. 선고 92누4390 판결 참조).

---

4) 허가의 효과
① 금지의 해제
ⅰ) 종래의 통설

허가는 법규에 의한 일반적 금지를 특정인에 대하여 특정한 경우에 해제하여 자연적 자유를 회복하여 주는 행정행위로서 허가로 인하여 상대방이 받는 이익은 원칙적으로 반사적 이익에 불과하다고 하고, 특허는 특정인에게 원래 가지고 있지 않은 새로운 권리 그밖에 법률상의 힘을 설정하여 주는 행위로서 이로 인하여 상대방이 받는 이익은 단순한 반사적 이익이 아니라 제3자에게 대항할 수 있는 법률상의 이익이라고 한다.

이는 자유는 권리가 아니라는 19C 법실증주의적 인식에 기초한 것이라는 비판이 있다.

---

365) 강구철, 388쪽 ; 석종현, 314쪽 ; 이상규, 305쪽. 김남진 교수는 신청은 허가의 필요요건으로 보면서 신청없는 허가나 수정허가는 상대방의 동의가 있음으로써 그 효력이 완성된다고 한다(김남진, 253쪽).

ⅱ) 새로운 이해

허가 받은 자는 허가 받은 영업을 적법하게 수행할 수 있는 권리를 갖는다. 이는 본래부터 있던 헌법상의 자유권 즉 공권으로서, 예방적·잠재적 금지 해제의 효과이다.

허가의 결과 제3자에 대한 관계에 있어서 영업자가 누리는 사실상의 영업상의 독점적 이익은 원칙적으로 반사적 이익이나, 허가로 회복되는 자유 자체는 헌법상의 기본권으로서 엄연한 권리이다. 다만 사실상·영업상의 독점적 이익이 예외적으로 관계법규의 취지에 의거하여 평가할 때 공권일 수 있다(예 ; 신규 영업허가에 대한 기존업자의 영업허가로 인한 이익).

■ 대법원 1963. 8. 31. 선고 63누101판결

공중목욕탕업영업허가는 사업경영의 권리를 설정하는 형성적 행위가 아니라 경찰금지를 해제하는 명령적 행위로 인한 영업의 자유의 회복에 불과하므로 원고가 본건 허가행정청 분에 의하여 사실상 목욕탕업에 의한 이익이 감소된다 하여도 원고의 이 영업상 이익은 단순한 사실상의 반사적 이익에 불과하고 법률에 의하여 보호되는 이익이라 할 수 없다.

■ 대법원 1989. 12. 22. 선고 89누46 판결

주류제조면허는 재정허가366)의 일종으로서는 일반적 금지의 해제로 자유의 회복일 뿐 새로운 권리의 설정은 아니지만 일단이 주류제조업의 면허를 얻은 자의 이익은 단순한사실상의 반사적 이익에만 그치는 것이 아니고 주세법의 규정에 따라 보호되는 이익이고(대법원 1975. 3. 11. 선고 74누138 판결 참조), 주세법상 주류제조면허의 양도가 인정되지 않고 있으나, 국세청훈령으로 보충면허제도를 두어 기존 면허업자가 그 면허를 자진 취소함과 동시에 그에 대체하여 동일제조장에 동일 면허 종목을 신청하는 경우에는 그 면허를 부여함으로써 당사자간의 면허의 양도를 간접적으로 허용하고 있으며, 주류제조의 신규면허는 주세당국의억제책으로 사실상 그 취득이 거의 불가능하여 위와 같은 보충면허를 받는 방법으로 면허권의 양도가 이루어지고 있는 이상(대법원 1985. 6. 25. 선고 85누59 판결 참조), 위 면허권이 가지는 재산적 가치는 현실적으로 부인할 수 없을 것이다.

---

② 타법상의 제한

당해 허가가 다른 법령상의 제한까지 해제하는 것은 아니다. 예컨대, 공무원이 영업허가 받아도 공무원법상 제한은 여전이 유효하다.

---

366) 재정상의 목적으로 명한 일반적 금지를 특정한 경우에 해제하여 그 행위를 할 수 있도록 하는 행정행위를 말한다.

▣ 대법원 1991. 4. 12. 선고 91도218 판결
　도로법과 건축법에서 각 규정하고 있는 건축허가는 그 허가권자의 허가를 받도록 한 목적, 허가의 기준, 허가 후의 감독에 있어서 같지 아니하므로 도로법 제50조 제1항에 의하여 접도구역으로 지정된 지역 안에 있는 건물에 관하여 같은 법조 제4, 5항에 의하여 도로관리청인 도지사로부터 개축허가를 받았다고 하더라도 건축법 제5조 제1항에 의하여 시장 또는 군수의 허가를 다시 받아야 한다.

　③ 지역적 효과
　원칙적으로 허가를 행한 행정청의 관할구역범위 내에 한하나 사안의 성질이나 관계 법령의 규정에 따라 예외적인 경우(예 ; 운전면허)도 있다.

　5) 허가효과의 승계
　대인적 허가와 혼합적 허가의 경우 법률에 특별한 규정이 없는 한 원칙적으로 허가의 승계가 인정되지 않으나(위법사유와 행정처분의 효과도 양수인에게 승계되지 아니함), 혼합적 허가의 경우에 대물적인 요소인 시설기준의 미비로 인한 경우 등에는 그 효과가 양수인에게 승계되고, 대물적인 허가의 경우에는 영업허가의 효과가 양수인에게 승계되며 양도인의 위법사유와 행정처분의 효과도 양수인에게 승계 된다.

▣ 대법원 2003. 10. 23. 선고 2003두8005 판결
　석유사업법 제9조 제3항 및 그 시행령이 규정하는 석유판매업의 적극적 등록요건과 제9조 제4항, 제5조가 규정하는 소극적 결격사유 및 제9조 제4항, 제7조가 석유판매업자의 영업양도, 사망, 합병의 경우뿐만 아니라 경매 등의 절차에 따라 단순히 석유판매시설만의 인수가 이루어진 경우에도 석유판매업자의 지위승계를 인정하고 있는 점을 종합하여 보면, 석유판매업 등록은 원칙적으로 대물적 허가의 성격을 갖고, 또 석유판매업자가 같은 법 제26조의 유사석유제품 판매금지를 위반함으로써 같은 법 제13조 제3항 제6호, 제1항 제11호에 따라 받게 되는 사업정지 등의 제재처분은 사업자 개인의 자격에 대한 제재가 아니라 사업의 전부나 일부에 대한 것으로서 대물적 처분의 성격을 갖고 있으므로, 위와 같은 지위승계에는 종전 석유판매업자가 유사석유제품을 판매함으로써 받게 되는 사업정지 등 제재처분의 승계가 포함되어 그 지위를 승계한 자에 대하여 사업정지 등의 제재처분을 취할 수 있다고 보아야 하고 (대법원 1986. 7. 22. 선고 86누203 판결, 자동차운수사업에 관한 대법원 1986. 1. 21. 선고 85누685 판결 및 1998. 6. 26. 선고 96누18960 판결, 건설업에 관한 대법원 1994. 10. 25. 선고 93누21231 판결, 공중위생영업에 관한 대법원 2001. 6. 29. 선

고 2001두1611 판결 등 참조), 석유사업법 제14조 제1항 소정의 과징금은 해당 사업자에게 경제적 부담을 주어 행정상의 제재 및 감독의 효과를 달성함과 동시에 그 사업자와 거래관계에 있는 일반 국민의 불편을 해소시켜 준다는 취지에서 사업정지처분에 갈음하여 부과되는 것일 뿐이므로 지위승계의 효과에 있어서 과징금부과처분을 사업정지처분과 달리 볼 이유가 없다.

그리고 석유사업법 제26조는 사회적·경제적으로 해악을 끼치는 유사석유제품의 유통을 엄중하게 방지한다는 취지에서 규정된 것으로서 그 위반에 따른 제재의 실효성을 확보할 필요가 있는 점, 지위승계 사유의 하나인 경매는 석유판매시설에 대하여만 이루어질 뿐이고, 경매로 말미암아 석유판매사업자의 지위승계가 강제되는 것은 아닌 점, 석유판매업자의 지위를 승계한 자는 종전의 석유판매업자의 위반행위에 대하여 책임을 추궁할 수도 있는 점, 위 과징금은 사업정지처분에 갈음하여 부과될 뿐인 점 등을 종합하여 보면, 석유판매사업자의 지위승계 및 과징금부과처분에 관한 위와 같은 해석은 원고가 내세우는 바와 같이 특히 경매에 의한 지위승계에 있어서 영업의 자유나 재산권의 보장 또는 평등의 원칙 등에 위배되는 것이라고 볼 수 없다.

■ 대법원 2010.4.8. 선고 2009두17018 판결

구 여객자동차 운수사업법(2007. 7. 13. 법률 제8511호로 개정되기 전의 것, 이하 '법'이라고 한다) 제15조 제4항에 의하면 개인택시 운송사업을 양수한 사람은 양도인의 운송사업자로서의 지위를 승계하는 것이므로, 관할관청은 개인택시 운송사업의 양도·양수에 대한 인가를 한 후에도 그 양도·양수 이전에 있었던 양도인에 대한 운송사업면허 취소사유를 들어 양수인의 사업면허를 취소할 수 있는 것이고 (대법원 1998. 6. 26. 선고 96누18960 판결 참조), 가사 양도·양수 당시에는 양도인에 대한 운송사업면허 취소사유가 현실적으로 발생하지 않은 경우라도 그 원인되는 사실이 이미 존재하였다면, 관할관청으로서는 그 후 발생한 운송사업면허 취소사유에 기하여 양수인의 사업면허를 취소할 수 있는 것이다. 또한, 개인택시 운송사업면허와 같은 수익적 행정처분을 취소 또는 철회하거나 중지하는 경우에는 이미 부여된 그 국민의 기득권을 침해하는 것이 되므로, 비록 취소 등의 사유가 있다고 하더라도 그 취소권 등의 행사는 기득권의 침해를 정당화할 만한 중대한 공익상의 필요 또는 제3자의 이익보호의 필요가 있는 때에 한하여 상대방이 받는 불이익과 비교·교량하여 결정하여야 하고, 그 처분으로 인하여 공익상의 필요보다 상대방이 받게 되는 불이익 등이 막대한 경우에는 재량권의 한계를 일탈한 것으로서 그 자체가 위법하게 된다(대법원 1997. 8. 22. 선고 97누218 판결, 대법원 2004. 7. 22. 선고 2003두7606 판결 등 참조).

6) 허가의 갱신

허가의 갱신은 종전의 허가의 효력을 지속시키는 것이지 그것과 무관한 새로운 행위는

아니다.

■ 대법원 1962. 2. 22. 선고 60누42판결
[행정행위인 허가 또는 특허에 종료의 기한 또는 취소권의 유보에 관한 조항이 있는
 경우의 효력]
　행정행위인 허가 또는 특허에 붙인 조항으로서 종료의 기한을 정하거나 또는 취소권
을 유보한 경우 종기인 기한에 관하여는 일률적으로 기한이 왔다고 하여 당연히 그 행
정행위의 효력이 상실된다고 할 것이 아니고 그 기한이 그 허가 또는 특허된 사업의
성질상 부당하게 짧은 기한을 정한 경우에 있어서는 그 기한은 그 허가 또는 특허의
조건의 존속기한을 정한 것이며 그 기한이 옴으로써 그 조건의 갱신을 고려한다는 뜻
으로 해석하여야 하며 또 취소권을 유보한 경우에 있어서도 무조건으로 취소권을 행사
할 수 있는 것이 아니고 취소를 필요로 할 만한 공익상의 필요가 있는 경우에 한하여
취소권을 행사할 수 있는 것이다.

■ 대법원 2004. 3. 25. 선고 2003두12837 판결
　일반적으로 행정처분에 효력기간이 정하여져 있는 경우에는 그 기간의 경과로 그 행정
처분의 효력은 상실되며, 다만 허가에 붙은 기한이 그 허가된 사업의 성질상 부당하게
짧은 경우에는 이를 그 허가 자체의 존속기간이 아니라 그 허가조건의 존속기간으로 보
아 그 기한이 도래함으로써 그 조건의 개정을 고려한다는 뜻으로 해석할 수 있지만, 이
와 같이 당초에 붙은 기한을 허가 자체의 존속기간이 아니라 허가조건의 존속기간으로
보더라도 그 후 당초의 기한이 상당 기간 연장되어 연장된 기간을 포함한 존속기간 전
체를 기준으로 볼 경우 더 이상 허가된 사업의 성질상 부당하게 짧은 경우에 해당하지
않게 된 때에는 관계 법령의 규정에 따라 허가 여부의 재량권을 가진 행정청으로서는
그 때에도 허가조건의 개정만을 고려하여야 하는 것은 아니고 재량권의 행사로서 더 이
상의 기간연장을 불허가할 수도 있는 것이며, 이로써 허가의 효력은 상실된다.

■ 대법원 1995. 11. 10. 선고 94누11866 판결
[종전 허가의 유효기간이 지난 후에 한 기간연장 신청의 성격]
　행정행위인 허가 또는 특허에 붙인 조항으로서 종료의 기한을 정한 경우 종기인 기한
에 관하여는 일률적으로 기한이 왔다고 하여 당연히 그 행정행위의 효력이 상실된다고
할 것이 아니고 그 기한이 그 허가 또는 특허된 사업의 성질상 부당하게 짧은 기한을
정한 경우에 있어서는 그 기한은 그 허가 또는 특허의 조건의 존속기간을 정한 것이며
그 기한이 도래함으로써 그 조건의 개정을 고려한다는 뜻으로 해석하여야 할 것이다.
종전의 허가가 기한의 도래로 실효한 이상 원고가 종전 허가의 유효기간이 지나서 신
청한 이 사건 기간연장신청은 그에 대한 종전의 허가처분을 전제로 하여 단순히 그 유
효기간을 연장하여 주는 행정처분을 구하는 것이라기보다는 종전의 허가처분과는 별도

의 새로운 허가를 내용으로 하는 행정처분을 구하는 것이라고 보아야 할 것이어서, 이러한 경우 허가권자는 이를 새로운 허가신청으로 보아 법의 관계 규정에 의하여 허가요건의 적합 여부를 새로이 판단하여 그 허가 여부를 결정하여야 할 것이다.

■ 대법원 1982. 7. 27. 선고 81누174 판결
 유료 직업소개사업의 허가갱신은 허가취득자에게 종전의 지위를 계속 유지시키는 효과를 갖는 것에 불과하고 갱신 후에는 갱신 전의 법위반 사항을 불문에 붙이는 효과를 발생하는 것이 아니므로 일단 갱신이 있은 후에도 갱신 전의 법위반 사실을 근거로 허가를 취소할 수 있다.

■ 대법원 1993. 6. 29. 선고 92누15314 판결
[사행행위영업허가에 대한 유효기간도과 후의 갱신허가의 성질]
 사행행위등규제법 부칙 제3조에 의하면 구 복표발행, 현상기타사행행위단속법(1991. 3. 8. 법률 제4339호 사행행위등규제법으로 전문 개정되기 전의 것)에 의하여 투전기시설에 의한 사행행위영업허가를 받은 자는 사행행위등규제법의 시행과 함께 같은 법에 의한 투전기업허가를 받은 것으로 볼 것이나, 같은 법 시행 후에 종전 허가의 유효기간이 지나 다시 한 허가신청에 대한 허가는 종전의 허가처분을 전제로 하여 단순히 유효기간을 연장하여 주는 행정처분이라기보다는 종전의 허가처분과는 별도의 새로운 영업허가를 내용으로 하는 행정처분이므로 허가권자는 이를 같은 법 제7조 제2항에 정한 재허가신청으로 보아, 그 규정에 의하여 허가요건의 적합 여부를 새로이 판단하여 허가 여부를 결정하여야 한다.

■ 대법원 1984. 9. 11. 선고 83누658 판결
 건설업면허의 갱신이 있으면 기존 면허의 효력은 동일성을 유지하면서 장래에 향하여 지속한다 할 것이고 갱신에 의하여 갱신 전의 면허는 실효되고 새로운 면허가 부여된 것이라고 볼 수는 없으므로 면허갱신에 의하여 갱신 전의 건설업자의 모든 위법사유가 치유된다거나 일정한 시일의 경과로서 그 위법사유가 치유된다고 볼 수 없다.

7) 무허가행위의 효과
무허가행위는 위법한 행위가 되고 행정형벌을 부과하게 된다.

8) 허가의 예
우리 대법원 판례에 나타난 강학상 허가에 해당하는 사례로는, 액화석유가스의 안전 및 사업관리법에 의한 프로판가스충전업허가(대법원 1987. 11. 10. 선고 87누462 판결),

양곡가공업허가(대법원 1990. 11. 13. 선고 89누756 판결), 공중목욕장업허가(대법원 1986. 9. 25. 선고 85누577 판결), 석탄가공업허가(대법원 1980. 7. 22. 선고 80누 33, 34 판결 ; 대법원 1986. 9. 23. 선고 85누577 판결), 구 유기장업법(현행 공중위생법)에 의한 유기장업허가(대법원 1986. 11. 25. 선고 84누147 판결), 건축허가(대법원 1989. 6. 27. 선고 88누7767 판결), 대중음식점영업허가(대법원 1993. 5. 27. 선고 93누2216 판결), 유흥접객업허가(대법원 1992. 10. 23. 선고 91누10183 판결, 대법원 1993. 2. 12. 선고 92누4390 판결), 광천음료수제조업허가(대법원 1993. 2. 12. 선고 92누5959 판결), 건설업 면허(대법원 1984. 9. 11. 선고 83누658 판결), 허가사항의 변경허가(대법원 1987. 2. 24. 선고 86누376 판결), 기부금품모집규제법상의 기부금품모집허가(대법원 1999. 7. 23. 선고 99두3690 판결)[367]등이 있다.

그리고 허가의 대상에 따라 對人的 許可로는 운전면허(대법원 1980. 4. 22. 선고 79누293 판결), 對物的 許可로는 건축허가(대법원 1979. 10. 30. 선고 79누190 판결), 주점의 영업허가(대법원 1979. 12. 11. 선고 79누197 판결), 유기장영업허가(대법원 1984. 11. 13. 선고 84누389 판결), 석유판매업 등록(대법원 2003. 10. 23. 선고 2003두8005 판결[368]), 混合的 許可로는 사설묘지허가(대법원 1979. 10. 16. 선고 79누175 판결), 폐기물중간처리업허가(대법원 2008.4.11. 선고 2007두17113 판

---

367) 金南辰 敎授는 "기부금품규제법상의 기부금품모집허가는 '강학상의 허가'로서, 특별한 사정이 없는 한 당연히 금지를 해제해 주어야하는 성격의 행정행위가 아니라, 사회적으로 해가 될 수 있는 행위를 신중하고도 까다로운 절차를 거쳐 예외적으로 승인해 주는 행정행위(例外的承認)의 성질을 보다 강하게 가진다고 한다(同, 「기부금품모집허가의 성질 등」(法律新聞 제2873호, 2000. 4. 6.), 15쪽).

368) 석유사업법 제9조 제3항 및 그 시행령이 규정하는 석유판매업의 적극적 등록요건과항, 제5조가 규정하는 소극적 결격사유 및 제9조 제4항, 제7조가 석유판매업자의 영업양도, 사망, 합병의 경우뿐만 아니라 경매 등의 절차에 따라 단순히 석유판매시설만의 인수가 이루어진 경우에도 석유판매업자의 지위승계를 인정하고 있는 점을 종합하여 보면, 석유판매업 등록은 원칙적으로 대물적 허가의 성격을 갖고, 또 석유판매업자가 같은 법 제26조의 유사석유제품 판매 금지를 위반함으로써 같은 법 제13조 제3항 제6호, 제1항 제11호에 따라 받게 되는 사업정지 등의 제재처분은 사업자 개인의 자격에 대한 제재가 아니라 사업의 전부나 일부에 대한 것으로서 대물적 처분의 성격을 갖고 있으므로, 위와 같은 지위승계에는 종전 석유판매업자가 유사석유제품을 판매함으로써 받게 되는 사업정지 등 제재처분의 승계가 포함되어 그 지위를 승계한 자에 대하여 사업정지 등의 제재처분을 취할 수 있다고 보아야 하고(대법원 1986. 7. 22. 선고 86누203 판결, 자동차운수사업에 관한 대법원 1986. 1. 21. 선고 85누685 판결 및 1998. 6. 26. 선고 96누18960 판결, 건설업에 관한 대법원 1994. 10. 25. 선고 93누21231 판결, 공중위생영업에 관한 대법원 2001. 6. 29. 선고 2001두1611 판결 참조), 석유사업법 제14조 제1항 소정의 과징금은 해당 사업자에게 경제적 부담을 주어 행정상의 제재 및 감독의 효과를 달성함과 동시에 그 사업자와 거래관계에 있는 일반 국민의 불편을 해소시켜 준다는 취지에서 사업정지처분에 갈음하여 부과되는 것일 뿐이므로 지위승계의 효과에 있어서 과징금부과처분을 사업정지처분과 달리 볼 이유가 없다.

결369))가 있다.

(3) 免除

免除라 함은 법령에 의하여 일반적으로 부과되어 있는 작위의무·급부의무 등을 특정한 경우에 해제하는 행정행위를 말한다.

판례상 인정된 免除의 경우로는, 관세의 면제처분(대법원 1956. 5. 17. 선고 4288민상370 판결), 방위소집면제처분·병역면제처분(대법원 1994. 5. 27. 선고 94누1012, 1029 판결) 등이 있다.

2. 形成的 行政行爲

형성적 행정행위는 국민에게 새로운 권리·능력(권리능력·행위능력) 기타 포괄적 법률관계를 발생·변경·소멸시키는 행정행위이다. 형성적 행정행위에는 직접 상대방을 위하여 권리·능력·기타 포괄적 법률관계를 발생·변경·소멸시키는 행위와 타인을 위하여 그 행위의 효력을 보충·완성하거나(認可) 또는 타인을 대신하여 행하는 행위(代理)가 있다.

(1) 特許

1) 개념

강학상 특허란 특정인에 대하여 새로운 권리·능력 또는 포괄적 법률관계를 설정하는 행정행위로서 設權行爲를 말한다. 따라서 실정법 특히 特許法上의 特許와는 구별된다. 특허법상 특허는 특허의 출원에 대하여 그 동안 그와 동일한 발명품이 있었는지 여부에 관한 의문 내지 다툼에 대해 확인해주는 행위로서 그 법적 효과가 행정청의 의사가 아니라 특허법이라는 법률의 규정에 의해 생긴다는 점에서 준법률행위적 행정행위이다.

2) 특허의 성질과 효과

특허는 상대방에게 권리를 설정하는 형성적이다. 특허를 부여할 것인지 여부는 원칙적으로 행정청의 자유재량에 속한다고 할 것이나, 법령에 일정한 경우 특허를 내주도록 되

---

369) 폐기물중간처리업 허가는 폐기물처리를 위한 시설·장비 및 기술능력 등 객관적 요소를 주된 대상으로 하는 대물적 허가 내지는 대물적 요소가 강한 혼합적 허가(대인적 요소로는, 법 제27조에서 법에 위반하여 형을 받거나 폐기물중간처리업의 허가가 취소된 후 2년이 경과되지 아니한 자 등에 대하여 허가를 금하고 있는 것 등을 들 수 있다)로서, 그 영업장의 소재지 및 시설·장비 등은 폐기물중간처리업 허가의 대상을 이루는 중요한 요소라 할 것이다(대법원 1986. 9. 23. 선고 85누577 판결 참조).

어있는 경우에는 법률요건규정의 정도에 따라 기속성이 인정된다고 하겠다.

그리고 특허의 효과는 상대방에게 권리, 능력 등 법률상의 힘을 부여하는 것이다.

3) 특허와 허가의 차이

허가는 신청 없이 행하여지는 경우도 있으나 특허는 언제나 신청을 요하는 쌍방적 행위이고, 원칙적으로 허가는 기속행위에 속하나 특허는 재량행위의 성질을 갖는다.

4) 특허의 예

대법원 판례에 의하면, 구 자동차운수사업법(현행 여객자동차운수사업법)에 의한 개인택시운송사업면허(대법원 2007.3.15. 선고 2006두15783 판결[370]) ; 대법원 1998. 2. 13. 선고 97누13061 판결 ; 2004. 11. 25. 선고 2004두9531 판결 ; 2005. 7. 22. 선고 2005두999 판결), 자동차운수사업면허(대법원 1992. 4. 28. 선고 91누13526 판결[371]) ; 대법원 1992. 4. 28. 선고 91누10220 판결), 수산업법상 어업면허(대법원 1996. 6. 11. 선고 95누10358 판결), 토석채취허가(대법원 1994. 8. 12. 선고 94누5489 판결), 광업법 및 토지수용법상 토지수용을 위한 사업인정(대법원 1992. 11. 13. 선고 92누596 판결), 공유수면매립면허(대법원 1989. 9. 12. 선고 88누9206 판결[372]), 관세법 제78조의 규정에 의한 보세구역의 設營特許(대법원 1989. 5. 9. 선고 88누4188 판결[373]), 구 주택건설촉진법 제33조 제1항, 같은 법 시행규칙(1996. 2.

---

370) 여객자동차 운수사업법에 의한 개인택시운송사업면허는 특정인에게 권리나 이익을 부여하는 이른바 수익적 행정행위로서 법령에 특별한 규정이 없는 한 재량행위이고, 그 면허를 위하여 정하여진 순위 내에서의 운전경력 인정방법에 관한 기준 설정 및 그 설정된 기준의 변경 역시 행정청의 재량에 속하는 것이므로, 그 기준의 설정이나 변경이 객관적으로 합리적이 아니라거나 타당하지 않다고 보이지 아니하는 이상 행정청의 의사는 가능한 한 존중되어야 한다.

371) 자동차운수사업법 제4조 제1항, 제5조, 제6조, 구 자동차운수사업법시행규칙(1991. 9. 27. 교통부령 제960호로 개정되기 전의 것) 제15조 제1항, 제11항 등 관계 법령의 규정내용에 의하면, 자동차운수사업법에 의한 자동차운송사업면허는 특정인에게 특정한 권리를 설정하여 주는 행위로서 법령에 특별한 규정이 없는 한 행정청의 재량에 속하는 것이고, 따라서 관할관청이 그 면허를 위하여 필요한 기준을 정하는 것은 물론 정한 기준을 변경하는 것 역시 행정청의 재량에 속한다고 할 것이며, 다만 이 경우에 객관적으로 합리적이고 타당성이 있어야 되는 것이다.

372) 공유수면매립면허는 설권행위인 특허의 성질을 갖는 것이므로 원칙적으로 행정청의 자유재량에 속하며, 일단 실효된 공유수면매립면허의 효력을 회복시키는 행위도 특단의 사정이 없는 한 새로운 면허부여와 같이 면허관청의 자유재량에 속한다고 할 것이므로 공유수면매립법 (1986. 12. 31. 개정)부칙 제4항의 규정에 의하여 위 법시행전에 같은 법 제25조 제1항의 규정에 의하여 효력이 상실된 매립면허의 효력을 회복시키는 처분도 특단의 사정이 없는 한 면허관청의 자유재량에 속하는 행위라고 봄이 타당하다.

373) 관세법 제78조의 규정에 의한 보세구역의 설영특허는 보세구역의 설치경영에 관한 권리를 설정하는 이른바 공기업의 특허에 해당하는 것으로서 그 특허를 부여하고 안하고는 행정관청의 자유재량에 속하며, 특허기간이 만료된 때에 특허는 당연히 실효되는 것이어서 특허기간의 갱신은

13. 건설교통부령 제54호로 개정되기 전의 것) 제20조의 규정에 의한 주택건설사업주체의 변경승인(대법원 2000. 9. 26. 선고 99두646 판결) 등에 대하여 특정인에게 권리나 이익을 부여하는 행정행위로 보아 법령에 특별한 규정이 없으면 행정청의 재량행위성을 인정하고 있다.

(2) 認可

1) 개념

인가란(사업양도의 인가, 비영리법인설립인가, 공공조합설립인가, 공공조합의 정관변경승인, 지방채기채승인 등과 같이) 행정주체와 직접관계가 없는 다른 법률관계의 당사자사이에 발생하는 법률행위를 보충하여 법률상 효력을 완성시켜주는 행정행위를 말한다.

2) 인가의 대상 및 형식

인가대상인 제3자의 행위는 법률행위에 한하며 원칙적으로 요식행위이다.

3) 인가와 신청

인가는 언제나 신청에 의해서만 행하여진다. 따라서 행정청은 인가신청에 대하여 소극적으로 인가를 할 것인가 여부에 대해서만 결정할 수 있으며, 법령에 규정이 없으면 수정인가는 불가능하다.

4) 인가의 효과

인가는 행정객체가 제3자와 하는 법률적 행위를 보충함으로써 그 법률적 행위의 효력을 완성시켜 주는 행정행위이다.

한편 인가에 허가 또는 특허의 효과가 동시에 인정되는 경우도 있다. 즉, 대법원은 최근 재개발조합설립인가신청에 대한 행정청의 조합설립인가처분은 단순히 사인(私人)들의 조합설립행위에 대한 보충행위로서의 성질을 가지는 것이 아니라 법령상 일정한 요건을 갖추는 경우 행정주체(공법인)의 지위를 부여하는 일종의 설권적 처분의 성질을 가진다고 보아야 한다고 판시하고 있다.

실질적으로 권리의설정과 같으므로 특허기간의 갱신여부도 특허관청의 자유재량에 속한다.
金南辰 教授는 세관장의 특허보세구역(보세장치장)의 설영행위를 공기업의 특허라고 판시한데 대하여 공기업을 국가 또는 공공단체가 직접 사회공공의 이익을 위하여 경영하는 기업으로 정의하면서 보세구역의 설영행위는 특허도 허가도 아닌 例外的承認으로 보고 있다(同, 「保稅區域設營特許의 法的 性質」(判例月報 230號, 1989. 11.), 41~44쪽).

■ 대법원 2010. 1. 28. 선고 2009두4845 판결

구 '도시 및 주거환경 정비법'(2007. 12. 21. 법률 제8785호로 개정되기 전의 것. 이하 '구 도시정비법'이라 한다)상 주택재개발정비사업조합(이하 '재개발조합'이라 한다)은 주택재개발사업(이하 '재개발사업'이라 한다)의 추진위원회가 정비구역 안에 소재한 토지 또는 건축물의 소유자 또는 그 지상권자(이하 '토지 등 소유자'라 한다)로부터 조합설립의 동의(이하 이 항에서 '조합설립동의'라 한다)를 받은 다음, 관계 법령이 정하는 요건과 절차에 따라 행정청에 재개발조합설립인가신청을 하여 행정청으로부터 조합설립의 인가를 받아 등기함으로써 법인으로 성립한다(구 도시정비법 제16조 제1항, 제5항, 제18조). 이와 같이 하여 설립된 재개발조합은 재개발사업의 사업시행자로서 조합원에 대한 법률관계에서 특수한 존립목적을 부여받은 행정주체로서의 지위를 가지게 되고, 이러한 행정주체의 지위에서 정비구역 안에 있는 토지 등을 수용하거나(같은 법 제38조), 관리처분계획(같은 법 제48조), 경비부과처분(같은 법 제61조) 등과 같은 행정처분을 할 수 있는 권한을 부여받는다. 따라서 재개발조합설립인가신청에 대한 행정청의 조합설립인가처분은 단순히 사인(私人)들의 조합설립행위에 대한 보충행위로서의 성질을 가지는 것이 아니라 법령상 일정한 요건을 갖추는 경우 행정주체(공법인)의 지위를 부여하는 일종의 설권적 처분의 성질을 가진다고 봄이 상당하다.

그러므로 도시정비법상 재개발조합설립인가신청에 대하여 행정청의 조합설립인가처분이 있은 이후에는, 조합설립동의에 하자가 있음을 이유로 재개발조합 설립의 효력을 부정하려면 항고소송으로 조합설립인가처분의 효력을 다투어야 한다(대법원 2009. 9. 24.자 2009마168 결정 참조).

■ 대법원 1994. 8. 23. 선고 94누4882 판결

자동차운수사업법 제28조 제1항은 자동차운송사업의 양도·양수는 관할관청의 인가를 얻어야 한다고 규정하고 있고, 동조 제4항은 그러한 양도·양수가 있을 때는 양수인은 양도인의 면허에 기인한 권리를 승계한다고 규정하고 있으며, 동법시행규칙(1993.10.30. 교통부령 제1013호로 개정되기 전의 것) 제15조 제6항은 개인택시운송사업면허 양수인은 동조 제1항 소정의 개인택시운송사업면허의 자격요건을 갖추어야 한다고 규정하고 있는바, 위 각 규정의 취지에 비추어 보면, 관할관청이 자동차운송사업의 일종인 개인택시운송사업면허의 양도·양수에 대한 인가를 하였을 때에는 거기에는 양도인과 양수인 간의 양도행위를 보충하여 그 법률효과를 완성시키는 의미에서의 인가처분뿐만 아니라 양수인에 대해 양도인이 가지고 있던 면허와 동일한 내용의 면허를 부여하는 처분이 포함되어 있다고 볼 것이어서, 양수인이 동법시행규칙 제15조 제1항 소정의 개인택시운송사업면허 취득의 자격요건인 운전경력에 미달됨이 사후에 밝혀진 경우에는 관할관청은 면허를 받을 자격이 없는 자에 대한 하자 있는 처분으로서 개인택시운송사업면허 양도양수인가처분을 취소할 수 있음은

물론 양수인에 대한 개인택시운송사업면허처분을 취소할 수도 있는 것으로 봄이 상
당하다 할 것이다.

5) 무인가행위의 효과

인가는 법적 행위의 효력을 발생시키기 위한 效力要件이라는 점에서 適法要件인 허가
와 구별된다. 따라서 허가를 받아야 하는 행위를 허가 받지 않고 행하더라도 그 행위는
처벌이나 강제집행의 대상이 되는 위법이긴 하여도 당연 무효가 되는 것은 아니지만, 인
가를 받아야 하는 행위를 인가 받지 않고 행한 경우는 무효이며 처벌이나 강제집행의 대
상이 되지 않는다.

> ■ 대법원 1991. 6. 25. 선고 90누5184 판결
> 공유수면매입법 제20조 제1항 및 같은 법 시행령 제29조 제1항 등 관계법령의 규정
> 내용과 공유수면매립의 성질 등에 비추어 볼 때, 공유수면매립의 면허로 인한 권리의
> 무의 양도·양수에 있어서의 면허관청의 인가는 효력요건으로서, 위 각 규정은 강행규
> 정이라고 할 것인바, 위 면허의 공동명의자 사이의 면허로 인한 권리의무양도약정은
> 면허관청의 인가를 받지 않은 이상 법률상 아무런 효력도 발생할 수 없다.
> 공유수면매립면허의 공동명의자 갑이 다른 공동명의자 을에게 면허로 인한 권리의무
> 를 양도하기로 약정하였으나 이에 관한 인가를 받지 않은 상태에서 면허의 효력이 상
> 실된 후 면허관청이 공유수면매립면허의 효력을 공동명의로 소급하여 회복시키는 처분
> 을 하자 을 혼자서 위 처분의 취소나 무효확인을 청구하는 소송을 제기한 경우, 위 양
> 도약정은 법률상 효력이 없어 위 면허는 갑, 을의 합유에 속하는 것이고 그에 관한 권
> 리에 대한 위의 제소는 보존행위라고는 볼 수 없으므로 위 소는 당사자적격에 흠결이
> 있는 부적법한 것이다.

6) 인가와 기본행위

앞서 본대로 인가는 보충행위에 지나지 않기 때문에 인가의 대상이 되는 법률행위(기
본행위)가 不成立 또는 無效인 경우에는 인가가 있더라도 기본행위가 유효로 되는 것은
아니다. 그리고 기본행위가 무효인 경우 보충행위도 당연히 무효다.

> ■ 대법원 1980. 5. 27. 선고 79누196 판결
> [기본행위가 무효인 경우의 보충행위의 효력]
> 하천공사를 허가받았던 자가 그 권리의무를 타인에게 양도하는 것에 대하여 그 하천

관리청이 한 허가는 기본행위인 위 당사자간의 양수도 행위를 보충하여 그 법률상의
효력을 완성시키는 보충행위라고 할 것이니 그 기본행위인 권리의무 양수도계약이 무
효일 때에는 그 보충행위인 허가처분도 별도의 취소조치를 기다릴 필요없이 당연 무효
라고 판단한 원심의 조치에 무슨 위법이 있다고 볼 수 없다.

■ 대법원 1987. 8. 18. 선고 86누152 판결
 사립학교법 제20조 제2항에 의한 학교법인의 임원에 대한 감독청의 취임승인은 학교
법인의 임원선임행위를 보충하여 그 법률상의 효력을 완성하게 하는 보충적 행정행위
로서 성질상 기본행위를 떠나 승인처분 그 자체만으로는 법률상 아무런 효력도 발생할
수 없으므로 기본행위인 학교법인의 임원선임행위가 불성립 또는 무효인 경우에는 비
록 그에 대한 감독청의 취임승인이 있었다 하여도 이로써 무효인 그 선임행위가 유효
한 것으로 될 수는 없다.

■ 대법원 1996. 5. 16. 선고 95누4810 전원합의체 판결
 민법 제45조 는 제1항에서 재단법인의 정관은 그 변경방법을 정관에 정한 때에 한
하여 변경할 수 있다. 제2항에서 재단법인의 목적달성 또는 그 재산의 보전을 위하
여 적당한 때에는 전 항의 규정에 불구하고 명칭 또는 사무소의 소재지를 변경할 수
있다. 제3항에서 제42조 제2항(정관의 변경은 주무관청의 허가를 얻지 아니하면 그
효력이 없다)의 규정은 전 2항의 경우에 준용한다고 규정하고, 같은 법 제46조 는
재단법인의 목적을 달성할 수 없는 때에는 설립자나 이사는 주무관청의 허가를 얻어
설립의 취지를 참작하여 그 목적 기타 정관의 규정을 변경할 수 있다고 규정하고 있
는바, 여기서 말하는 재단법인의 정관변경 "허가"는 법률상의 표현이 허가로 되어 있
기는 하나, 그 성질에 있어 법률행위의 효력을 보충해 주는 것이지 일반적 금지를 해
제하는 것이 아니므로, 그 법적 성격은 인가라고 보아야 할 것이다.
 이러한 견해와 저촉되는 종전의 대법원 1979. 12. 26. 선고 79누248 판결과
1985. 8. 20. 선고 84누509 판결 등은 이를 폐기하기로 한다.
 한편 인가는 기본행위인 재단법인의 정관변경에 대한 법률상의 효력을 완성시키는
보충행위로서, 그 기본이 되는 정관변경 결의에 하자가 있을 때에는 그에 대한 인가
가 있었다 하여도 기본행위인 정관변경 결의가 유효한 것으로 될 수 없으므로 기본
행위인 정관변경 결의가 적법 유효하고 보충행위인 인가처분 자체에만 하자가 있다
면 그 인가처분의 무효나 취소를 주장할 수 있지만, 인가처분에 하자가 없다면 기본
행위에 하자가 있다 하더라도 따로 그 기본행위의 하자를 다투는 것은 별론으로 하
고 기본행위의 무효를 내세워 바로 그에 대한 행정청의 인가처분의 취소 또는 무효
확인을 소구할 법률상의 이익이 없다 할 것이다(대법원 1993. 4. 23. 선고 92누
15482 판결, 1994. 10. 14. 선고 93누22753 판결 참조).

기본행위가 적법·유효한 것이라 해도 인가행위자체에 하자가 있는 경우에는 인가처분의 무효 또는 취소를 구해 행정구제를 받을 수 있다.

여기서 문제가 되는 것은, 인가행위자체는 적법한 것이나 기본적 법률관계에 하자가 있는 경우에 기본행위의 하자를 이유로 기본행위의 효력을 다투는 것은 별론으로 하고 기본행위의 무효를 내세워 바로 인가행위의 무효확인 또는 취소를 청구할 수 있느냐는 점이다.

이점에 대해 대법원은 기본행위의 하자에 대한 당연무효 내지 확정적 무효와 취소사유를 구별하지 않고 일괄적으로 기본행위의 하자를 이유로 보충행위인 인가를 소송상 다툴 수 없다고 한다. 이럴 경우 민사소송으로 그 기본행위의 무효확인을 구한 다음 그 확정판결에 기해 인가처분의 시정을 요청하였음에도 불구하고 그 효력 없는 행정처분인 인가처분을 시정하지 않는 경우 그 남아있는 행정처분은 그 효력이 없다는 뜻에서 그 무효의 확인 또는 취소를 구할 이익이 있는 경우에만 당해 인가처분의 무효확인을 구할 수 있다는 입장을 취하고 있다.374)

■ 대법원 2005. 10. 14. 선고 2005두1046 판결

재건축주택조합의 조합장 명의변경에 대한 시장, 군수 또는 자치구 구청장의 인가처분은 종전의 조합장이 그 지위에서 물러나고 새로운 조합장이 그 지위에 취임함을 내용으로 하는 재건축주택조합의 조합장 명의변경 행위를 보충하여 그 법률상의 효력을 완성시키는 보충적 행정행위로서, 그 기본행위인 조합장 명의변경에 하자가 있을 때에는 그에 대한 인가가 있다 하더라도 조합장 명의변경이 유효한 것으로 될 수 없는 것이므로, 기본행위인 조합장 명의변경이 적법·유효하고 보충행위인 인가처분 자체에만 하자가 있다면 그 인가처분의 취소를 구할 수 있는 것이지만, 기본행위에 하자가 있다고 하더라도 인가처분 자체에 하자가 없다면 따로 그 기본행위의 하자를 다투는 것은 별론으로 하고 기본행위의 하자를 내세워 바로 그에 대한 행정청의 인가처분의 취소를 구할 수는 없다고 할 것이다(대법원 1995. 12. 12. 선고 95누7338 판결, 대법원 2004. 10. 28. 선고 2002두10766 판결 참조).

■ 대법원 2001. 12. 11. 선고 2001두7541 판결

도시재개발법 제34조에 의한 피고의 인가는 주택개량재개발조합의 관리처분계획에 대한 법률상의 효력을 완성시키는 보충행위로서 그 기본 되는 관리처분계획에 하자가 있을 때에는 그에 대한 인가가 있었다 하여도 기본행위인 관리처분계획이 유효한 것으로 될 수 없으며, 다만 그 기본행위가 적법·유효하고 보충행위인 인가처분 자체에만 하자가 있다면 그 인가처분의 무효나 취소를 주장할 수 있다고 할 것이지만, 인가처분

---

374) 대법원 1977. 8. 23. 선고 77누38 판결.

에 하자가 없다면 기본행위에 하자가 있다 하더라도 따로 그 기본행위의 하자를 다투는 것은 별론으로 하고 기본행위의 무효를 내세워 바로 그에 대한 피고의 인가처분의 취소 또는 무효확인을 소구할 법률상의 이익이 있다고 할 수 없다(대법원 1977. 8. 23. 선고 77누38 판결, 대법원 1993. 4. 23. 선고 92누15482 판결, 대법원 1994. 10. 14. 선고 93누22753 판결, 대법원 1995. 12. 12. 선고 95누7338 판결 참조).

■ 대법원 2010.12.9. 선고 2009두4913 판결

 도시 및 주거환경정비법(이하 '도시정비법'이라 한다)에 기초하여 주택재개발정비사업조합이 수립한 사업시행계획은 그것이 인가·고시를 통해 확정되면 이해관계인에 대한 구속적 행정계획으로서 독립된 행정처분에 해당하므로(대법원 2009. 11. 2.자 2009마596 결정 참조), 사업시행계획을 인가하는 행정청의 행위는 주택재개발정비사업조합의 사업시행계획에 대한 법률상의 효력을 완성시키는 보충행위에 해당한다(대법원 2008. 1. 10. 선고 2007두16691 판결 참조).
 따라서 기본행위가 적법·유효하고 보충행위인 인가처분 자체에만 흠이 있다면 그 인가처분의 무효나 취소를 주장할 수 있다고 할 것이지만, 인가처분에 흠이 없다면 기본행위에 흠이 있다 하더라도 따로 그 기본행위의 흠을 다투는 것은 별론으로 하고 기본행위의 무효를 내세워 바로 그에 대한 인가처분의 무효확인 또는 취소를 구할 수 없다(대법원 2001. 12. 11. 선고 2001두7541 판결 참조).

 종래 이와 같은 취지에서 대법원은 기본행위인 재건축조합설립행위에 하자가 있는 경우 기본행위의 불성립 또는 무효를 내세워 그에 대한 감독청의 인가처분의 취소 또는 무효확인을 소구할 법률상 이익이 없다고 판시하였으나,375)최근 재개발조합설립인가신청에 대한 행정청의 조합설립인가처분은 단순히 사인(私人)들의 조합설립행위에 대한 보충행위로서의 성질을 가지는 것이 아니라 법령상 일정한 요건을 갖추는 경우 행정주체(공법인)의 지위를 부여하는 일종의 설권적 처분의 성질을 가진다고 보아야 한다고 하면서 조합설립결의는 조합설립인가처분이라는 행정처분을 하는 데 필요한 요건 중 하나에 불과한 것이어서, 조합설립결의에 하자가 있다면 그 하자를 이유로 직접 항고소송의 방법으로 조합설립인가처분의 취소 또는 무효확인을 구하여야 하고, 이와는 별도로 조

---

375) 대법원 2002. 5. 24. 선고 2000두3641 판결(기본되는 조합설립행위에 하자가 있을 때에는 그에 대한 인가가 있다 하더라도 기본행위인 조합설립이 유효한 것으로 될 수 없고, 따라서 그 기본행위는 적법유효하나 보충행위인 인가처분에만 하자가 있는 경우에는 그 인가처분의 취소나 무효확인을 구할 수 있을 것이지만, 기본행위인 조합설립에 하자가 있는 경우에는 민사쟁송으로써 따로 그 기본행위의 취소 또는 무효확인등을 구하는 것은 별론으로 하고 기본행위의 불성립 또는 무효를 내세워 바로 그에 대한 감독청의 인가처분의 취소 또는 무효확인을 소구할 법률상 이익이 있다고 할 수 없다.)

합설립결의 부분만을 따로 떼어내어 그 효력 유무를 다투는 확인의 소를 제기하는 것은 원고의 권리 또는 법률상의 지위에 현존하는 불안·위험을 제거하는 데에 가장 유효·적절한 수단이라 할 수 없어 특별한 사정이 없는 한 확인의 이익은 인정되지 아니한다고 판시하고 있다.

■ 대법원 2009. 9. 24. 선고 2008다60568 판결

도시 및 주거환경정비법(이하 '도시정비법'이라 한다)상의 주택재건축정비사업조합(이하 '재건축조합'이라고 한다)은 정비구역 안에 있는 토지와 건축물의 소유자 등으로부터 조합설립의 동의(이하 '조합설립결의'라 한다)를 받는 등 관계 법령에서 정한 요건과 절차를 갖추어 관할 행정청으로부터 조합설립인가를 받은 후 등기함으로써 법인으로 성립한다(도시정비법 제16조 제2항, 제5항, 제18조). 그리고 이러한 절차를 거쳐 설립된 재건축조합은 관할 행정청의 감독 아래 정비구역 안에서 도시정비법상의 '주택재건축사업'을 시행하는 목적 범위 내에서 법령이 정하는 바에 따라 일정한 행정작용을 행하는 행정주체로서의 지위를 갖는다.

따라서 행정청이 도시정비법 등 관련 법령에 근거하여 행하는 조합설립인가처분은 단순히 사인들의 조합설립행위에 대한 보충행위로서의 성질을 갖는 것에 그치는 것이 아니라 법령상 요건을 갖출 경우 도시정비법상 주택재건축사업을 시행할 수 있는 권한을 갖는 행정주체(공법인)로서의 지위를 부여하는 일종의 설권적 처분의 성격을 갖는다고 보아야 한다.

그리고 그와 같이 보는 이상 조합설립결의는 조합설립인가처분이라는 행정처분을 하는 데 필요한 요건 중 하나에 불과한 것이어서, 조합설립결의에 하자가 있다면 그 하자를 이유로 직접 항고소송의 방법으로 조합설립인가처분의 취소 또는 무효확인을 구하여야 하고, 이와는 별도로 조합설립결의 부분만을 따로 떼어내어 그 효력 유무를 다투는 확인의 소를 제기하는 것은 원고의 권리 또는 법률상의 지위에 현존하는 불안·위험을 제거하는 데에 가장 유효·적절한 수단이라 할 수 없어 특별한 사정이 없는 한 확인의 이익은 인정되지 아니한다.

■ 대법원 2009. 9. 17. 선고 2007다2428 전원합의체 판결

도시 및 주거환경정비법(이하 '도시정비법'이라고 한다)에 따른 주택재건축정비사업조합(이하 '재건축조합'이라고 한다)은 관할 행정청의 감독 아래 도시정비법상의 주택재건축사업을 시행하는 공법인(도시정비법 제18조)으로서, 그 목적 범위 내에서 법령이 정하는 바에 따라 일정한 행정작용을 행하는 행정주체의 지위를 갖는다. 그리고 재건축조합이 행정주체의 지위에서 도시정비법 제48조에 따라 수립하는 <u>관리처분계획은</u> 정비사업의 시행 결과 조성되는 대지 또는 건축물의 권리귀속에 관한 사항과 조합원의 비용 분담에 관한 사항 등을 정함으로써 조합원의 재산상 권리·의무 등에 구체적이고 직접적인 영향을 미치게 되므로, 이는 <u>구속적 행정계획으로서 재건축조합이 행하는 독</u>

립된 행정처분에 해당한다(대법원 1996. 2. 15. 선고 94다31235 전원합의체 판결, 대법원 2007. 9. 6. 선고 2005두11951 판결 등 참조).

그런데 관리처분계획은 재건축조합이 조합원의 분양신청 현황을 기초로 관리처분계획안을 마련하여 그에 대한 조합 총회결의와 토지 등 소유자의 공람절차를 거친 후 관할 행정청의 인가·고시를 통해 비로소 그 효력이 발생하게 되므로(도시정비법 제24조 제3항 제10호, 제48조 제1항, 제49조), 관리처분계획안에 대한 조합 총회결의는 관리처분계획이라는 행정처분에 이르는 절차적 요건 중 하나로, 그것이 위법하여 효력이 없다면 관리처분계획은 하자가 있는 것으로 된다.

따라서 행정주체인 재건축조합을 상대로 관리처분계획안에 대한 조합 총회결의의 효력 등을 다투는 소송은 행정처분에 이르는 절차적 요건의 존부나 효력 유무에 관한 소송으로서 그 소송결과에 따라 행정처분의 위법 여부에 직접 영향을 미치는 공법상 법률관계에 관한 것이므로, 이는 행정소송법상의 당사자소송에 해당한다.

그리고 이러한 소송은, 관리처분계획이 인가·고시되기 전이라면 위법한 총회결의에 대해 무효확인 판결을 받아 이를 관할 행정청에 자료로 제출하거나 재건축조합으로 하여금 새로이 적법한 관리처분계획안을 마련하여 다시 총회결의를 거치도록 함으로써 하자 있는 관리처분계획이 인가·고시되어 행정처분으로서 효력이 발생하는 단계에까지 나아가지 못하도록 저지할 수 있고, 또 총회결의에 대한 무효확인판결에도 불구하고 관리처분계획이 인가·고시되는 경우에도 관리처분계획의 효력을 다투는 항고소송에서 총회결의 무효확인소송의 판결과 증거들을 소송자료로 활용함으로써 신속하게 분쟁을 해결할 수 있으므로, 관리처분계획에 대한 인가·고시가 있기 전에는 허용할 필요가 있다.

그러나 나아가 관리처분계획에 대한 관할 행정청의 인가·고시까지 있게 되면 관리처분계획은 행정처분으로서 효력이 발생하게 되므로, 총회결의의 하자를 이유로 하여 행정처분의 효력을 다투는 항고소송의 방법으로 관리처분계획의 취소 또는 무효확인을 구하여야 하고, 그와 별도로 행정처분에 이르는 절차적 요건 중 하나에 불과한 총회결의 부분만을 따로 떼어내어 효력 유무를 다투는 확인의 소를 제기하는 것은 특별한 사정이 없는 한 허용되지 않는다고 보아야 한다.

이와 달리 도시재개발법(2002. 12. 30. 법률 제6852호 도시 및 주거환경정비법 부칙 제2조로 폐지)상 재개발조합의 관리처분계획안에 대한 총회결의 무효확인소송을 민사소송으로 보고 또 관리처분계획에 대한 인가·고시가 있은 후에도 여전히 소로써 총회결의의 무효확인을 구할 수 있다는 취지로 판시한 대법원 2004. 7. 22. 선고 2004다13694 판결과 이와 같은 취지의 대법원 판결들은 이 판결의 견해에 배치되는 범위 내에서 이를 모두 변경하기로 한다.

7) 인가의 예

우리나라 대법원 판례에 의하면, 민법 제45조, 제46조 소정의 재단법인의 정관변경 허가(대법원 1996. 5. 16. 선고 95누4810 판결), 사립학교법 제20조 제2항에 의한 학교법인의 이사장 또는 이사 등 임원에 대한 감독청의 취임승인(대법원 1987. 8. 18 선고 86누152 판결 ; 대법원 2001. 5. 29. 선고 99두7432 판결), 주무관청의 비영리법인인 종교법인의 임원취임승인(대법원 1995. 7. 25. 선고 95누2883 판결376)), 주택건설촉진법 제44조 제1항에 의한 재건축조합의 조합장 명의 변경에 대한 시장, 군수 또는 자치구청장의 인가처분(대법원 2000. 9. 5. 선고 99두1854 판결), 관할청의 사찰재산처분허가(대법원 1987. 10. 28. 선고 87누640 판결), 사립학교법 제28조 제1항에 의한 기본재산의 매도, 증여, 교환 또는 용도 변경하거나 담보제공을 하고자하는 경우 관할청의 허가(대법원 1967. 2. 22. 선고 66다2422 판결, 대법원 1971. 12. 28. 선고 71다2036 판결), 公有水面埋立法에 의한 竣工認可(대법원 1975. 8. 29. 선고 75누23 판결) 등의 法的 性質에 대하여 설권행위인 기본행위의 법률상 효력을 완성시키는 행정주체의 보충적 의사표시로서 법률행위적 행정행위라고 한다.

또 土地去來許可에 대해서도 許可說, 許可·認可複數行爲說, 認可說 등의 대립이 있으나, 우리나라 대법원은, 국토이용관리법 제21조의3 제1항 소정의 허가를 규제지역내의 모든 국민에게 전반적으로 토지거래의 자유를 회복시켜 주는 성질의 것이라고 보는 것은 법의 입법취지를 벗어난 지나친 해석이고 규제지역 내에서의 토지거래의 자유는 인정되나 다만 위 허가를 허가전의 유동적 무효상태에 있는 법률행위의 효력을 완성시켜 주는 인가적 성질을 띨 것이라고 보는 것이 타당하다고 판결하였다.377)

(3) 대리

대리란 제3자가 해야 할 일을 행정청이 대신해서 행함으로써 제3자가 행한 것과 같은 법적효과를 일으키는 행정행위를 말한다.378)

Ⅱ. 準法律行爲的 行政行爲

준법률행위적 행정행위는 의사표시 이외의 정신작용(판단·인식·관념)의 표현을 요소

---

376) 종교법인 임원의 취임이 사법인인 그 법인의 정관에 근거한다 할지라도 이에 대한 행정청의 승인(인가)행위는 법인에 대한 주무관청의 감독권에 연유 하는 이상 그 인가행위 또는 인가거부행위는 공법상의 행정처분으로서, 그 임원 취임을 인가 또는 거부할 것인지 여부는 주무관청의 권한에 속하는 사항이므로, 종교법인의 임원취임승인신청에 대하여 주무관청이 이에 기속되어 이를 당연히 승인(인가)하여야 하는 것은 아니다.
377) 대법원 1991. 12. 24. 선고 90다12243 판결.
378) 대리는 주체를 기준으로 한 분류이고 대부분 형성적 행위에 해당한다는 이유로 대리를 독자적 행정행위로서 내용에 의한 분류에 대한 실익에 의문을 제기하는 학자도 있다(金南辰, 263쪽).

로 하는 것으로 그 법적 효과가 행정청의 의사에 따라 발생하는 것이 아니라 법령이 정하는 바에 따라 발생한다. 준법률행위적 행정행위에는 確認・公證・通知・受理의 네 가지가 있다.

준법률행위적행정행위가 모두 행정처분에 해당되는 것은 아니다. 準法律行爲的行政行爲 중에는 아무런 법률적 효과를 발생하지 아니하는 것, 법률적 효과가 발생하더라도 단순히 내부적이거나 권리의무의 형성 또는 그 범위를 확정하는 정도에 이르지 아니하는 것이 있는바, 이 경우에는 행정처분성을 인정할 수 없다.

1. 確認

확인은 특정한 사실 또는 법률관계에 관하여 의문이 있는 경우에 공권적으로 그 존부(存否) 또는 정부(正否)를 판단(인정・확정・선언)하는 행위를 말한다.[379] 대법원 판례에 의하면, "준법률행위적 행정행위인 확인행위는 판단의 표시로서 기존의 법률사실 또는 법률관계의 존부 또는 정부를 공적인 권위로 확정하고 선언하는 행위를 말하는 것으로서 내부적인 사무절차로서의 확정은 있어도 선언행위가 없는 것은 확인행위로서의 행정행위가 있다고 할 수 없다."[380]고 판시하고 있다. 확인은 유권적으로 확정한 것을 임의로 변경할 수 없는 불가변력이 발생한다.

> ■ 대법원 1992. 4. 10. 선고 91누5358 판결
> [준공검사처분의 법적 성질]
> 준공검사처분은 건축허가를 받아 건축한 건물이 건축허가사항대로 건축행정목적에 적합한가의 여부를 확인하고, 준공검사필증을 교부하여 줌으로써 허가받은 자로 하여금 건축한 건물을 사용, 수익할 수 있게 하는 법률효과를 발생시키는 것이다.
> 허가관청은 특단의 사정이 없는 한 건축허가내용대로 완공된 건축물의 준공을 거부할 수 없다고 하겠으나, 만약 건축허가 자체가 건축관계 법령에 위반되는 하자가 있는 경우에는 비록 건축허가내용대로 완공된 건축물이라 하더라도 위법한 건축물이 되는 것으로서 그 하자의 정도에 따라 건축허가를 취소할 수 있음은 물론 그 준공도 거부할 수 있다고 하여야 할 것이다.
> 건축허가를 받게 되면 그 허가를 기초로 하여 일정한 사실관계와 법률관계를 형성하게 되므로 그 허가를 취소함에 있어서는 수허가자가 입게 될 불이익과 건축행정상의 공익 및 제3자의 이익과 허가조건 위반의 정도를 비교・교량하여 개인적 이익을 희생시켜도 부득이하다고 인정되는 경우가 아니면 함부로 그 허가를 취소할 수 없는 것이므로 건축주가 건축허가내용대로 완공하였으나 건축허가 자체에 하자가 있어서 위법한

---

379) 실정법상으로는 裁決・決定・特許・査定・認定・檢定 등 용어가 혼용되고 있다.
380) 대법원 1967. 3. 7. 선고 66누163 판결.

건축물이라는 이유로 허가관청이 준공을 거부하려면 건축허가의 취소에 있어서와 같은 조리상의 제약이 따른다고 할 것이고, 만약 당해 건축허가를 취소할 수 없는 특별한 사정이 있는 경우라면 그 준공도 거부할 수 없다고 할 것이다.

■ 대법원 2001. 9. 18. 선고 99두11752 판결
건물에 대한 사용승인의 처분은 건축허가를 받아 건축된 건물이 건축허가사항대로 건축행정목적에 적합한가의 여부를 확인하고 사용승인서를 교부하여 줌으로써 허가받은 자로 하여금 건축한 건물을 사용·수익할 수 있게 하는 법률효과를 발생시키는 것에 불과하다.

2. 公證

공증은 특정사실 또는 법률관계의 존부를 공적으로 증명하는 행정행위로 의문 또는 다툼이 없는 사항에 관하여 공적권위로써 이를 증명하는 행위이다. 公證은 효과의사의 표시가 아닌 점은 確認行爲와 같지만, 확인행위는 判斷의 表示이나 공증은 認識의 表示라는 점에서 다르다.

공증의 처분성과 관련하여 공증행위는 공적 증거력을 발생시키는 준법률행위적 행정행위로 처분성을 긍정하는 견해와 공증의 공적 증거력이란 사실상의 추정력에 불과하고 반증에 의해 번복이 된다는 점에서 공적 증거력만으로 처분성 인정은 무리라는 견해381) 가 있듯이 공증의 행정행위성은 이론적으로 정립되지 않은 상태다.

종래 판례에 의하면 토지대장, 가옥대장(건축물관리대장), 임야대장, 하천대장, 자동차운전면허대장에의 등재 또는 변경하는 행위는 행정사무 집행상의 편의와 사실증명의 자료로 삼기 위한 것이고 그 등재 또는 변경으로 인하여 권리가 부여되거나 권리변동 또는 상실의 효력이 생기는 것이 아니라는 이유로 행정소송의 대상이 되는 처분성을 부인하고 있다.

쟁점 공증의 처분성

1. 부정한 판례
■ 대법원 1984. 9. 25. 선고 84누80 판결
지적법상 지적공부에 일정한 사항을 등재하거나 등재사항을 변경하는 행위는 행정사무 집행상의 편의와 사실증명의 자료로 삼기 위한 것이고 그 등재 또는 변경으로 인하

---

381) 李尙圭, 376~377쪽.

여 권리가 부여되거나 권리변동 또는 상실의 효력이 생기는 것이 아니라 할 것이므로 지적공부 정정신청을 거부한 조치는 행정소송의 대상이 되는 행정처분이 아니다.

■ 대법원 1991. 8. 27. 선고 91누2199 판결
 멸실된 토지대장을 복구하거나 토지대장에 일정한 사항을 등재 또는 등재사항을 변경하는 행위는 행정사무집행의 편의와 사실증명의 자료로 삼기 위한 것이고 그 등재나 변경으로 인하여 당해 토지에 대한 실체상의 권리관계에 어떤 변동을 가져오는 것이 아니므로, 소관청이 지적법상의 적법한 분필과 복구절차를 거치지 아니한 채 특정 토지에 대한 토지대장을 복구하고 분필절차를 취한 처분은 행정소송의 대상이 되는 행정처분이라고 볼 수 없다(대법원 1987. 3. 10. 선고 86누672 판결 참조).

■ 대법원 1997. 5. 16. 선고 97다485 판결
 하천대장은 하천 관리청이 하천에 관한 행정사무 집행의 원활을 기하기 위하여 그 현황 및 관리사항을 기재하는 것이어서 이 하천대장에 어떤 특정 토지를 기재한다 하여 그 토지에 관한 권리의 창설이나 설정·취득·변경 및 소멸의 효력이 발생하는 것이 아니므로, 설사 하천 관리청이 특정 토지를 하천대장에 등재하였다 하더라도 하천구역으로 되는지의 여부에 어떠한 영향을 미치는 것이 아니라 할 것이므로, 비록 특정 토지가 하천대장에 하천구역으로 등재되어 있다 하더라도 이 사실만 가지고는 그것이 하천법 소정의 하천구역으로 되어 관리청에 의하여 관리되고 있는 것으로 볼 수는 없다(대법원 1991. 10. 22. 선고 90누9896 판결 ; 대법원 1991. 11. 26. 선고 91누5150 판결).

■ 대법원 1991. 9. 24. 선고 91누1400 판결
 자동차운전면허대장상 일정한 사항의 등재행위는 운전면허행정사무 집행의 편의와 사실증명의 자료로 삼기 위한 것일 뿐 그 등재행위로 인하여 당해 운전면허 취득자에게 새로이 어떠한 권리가 부여되거나 변동 또는 상실되는 효력이 발생하는 것은 아니므로 이는 행정소송의 대상이 되는 독립한 행정처분으로 볼 수 없고, 운전경력증명서상의 기재행위 역시 당해 운전면허취득자에 대한 자동차운전면허대장상의 기재사항을 옮겨 적는 것에 불과할 뿐이므로 운전경력증명서에 한 등재의 말소를 구하는 소는 부적법하다 할 것이다.

2. 긍정한 판례
(1) 토지분할신청에 대한 거부처분
■ 대법원 1992. 12. 8. 선고 92누7542 판결
 지적법 제17조 제1항, 동시행규칙 제20조 제1항 제1호의 규정에 의하여 1필지의 일부가 소유자가 다르게 되거나 토지소유자가 필요로 하는 때 토지의 분할을 신청할 수

있도록 되어 있음에도 지적공부 소관청이 이에 기한 토지분할신청을 거부하는 경우에, 비록 이러한 분할거부로 인하여 토지소유자의 당해 토지의 소유권에는 아무런 변동을 초래하지 아니한다 하더라도, 부동산등기법 제15조, 지적법 제3조 내지 제6조 등의 관계규정에 의하여 토지의 개수는 지적법에 의한 지적공부상의 토지의 필수를 표준으로 결정되는 것으로 1필지의 토지를 수필로 분할하여 등기하려면 반드시 지적법이 정하는 바에 따라 분할의 절차를 밟아 지적공부에 각 필지마다 등록되어야 하고, 이러한 절차를 거치지 아니하는 한 1개의 토지로서 등기의 목적이 될 수 없는 것이니(대법원 1984. 3. 27. 선고 83다카1135,1136 판결, 대법원 1990. 12. 7. 선고 90다카25208 판결 참조), 토지의 소유자는 자기소유 토지의 일부에 대한 소유권의 양도나 저당권의 설정 등 필요한 처분행위를 할 수 없게 되고, 특히 1필지의 일부가 소유자가 다르게 된 때에도 그 소유권을 등기부에 표창하지 못하고 나아가 처분도 할 수 없게 되어 권리행사에 지장을 초래하게 되는 점 등을 고려한다면, 지적소관청의 이러한 토지분할신청의 거부행위는 국민의 권리관계에 영향을 미치는 것으로서 항고소송의 대상이 되는 처분으로 보아야 할 것이다(대법원 1993. 3. 23. 선고 91누8968 판결 참조).

(2) 건축주명의변경신청거부처분
■ 대법원 1992. 3. 31. 선고 91누4911 판결
　건축법에 의하면, 건축 중인 건축물의 양수인이 건축공사를 진행함에 있어서는 장차 건축주의 명의로 허가에 갈음하는 신고(제5조 제2항)나 중간검사의 신청(제7조의2) 등을 할 필요가 있는 경우도 있고, 건축공사를 완료한 날로부터 7일 이내에 준공신고를 하여야 함은 물론(제7조), 위 각 규정에 위반할 때에는 처벌까지 받게 되어 있는바(제55조 제3호, 제56조 제1호), 허가대상건축물의 양수인이 자기의 이름으로 위와 같은 신고나 신청을 하는 경우 시장, 군수가 건축주의 명의가 다르다는 이유로 받아들이지 않게 되면 양수인은 건축공사를 계속하기 어렵게 되는 불이익을 입게 될 뿐만 아니라, 부동산등기법 제131조 제1호에 의하면 가옥대장(실제에 있어서는 건축물관리대장)등본에 의하여 자기 또는 피상속인이 가옥대장에 소유자로서 등록되어 있는 것을 증명하는 자가 미등기건물의 소유권보존등기를 신청할 수 있도록 규정되어 있는데(더욱이 1991. 12. 14. 법률 제4422호로 개정된 부동산등기법 제132조 제2항에 의하면 건물의 소유권보존등기를 신청하는 경우에는 반드시 건물의 표시를 증명하는 가옥대장등본 기타의 서면을 첨부하도록 규정되어 있다), 건축물관리대장은 준공검사를 한 후 건축물대장 등 건축허가관계서류를 근거로 작성되는 것이므로, 양수인이 그의 명의로 소유권보존등기를 신청하려면 건축물대장에 기재된 건축주의 명의를 자신으로 변경할 필요가 있다고 할 것이다(대법원 1989. 5. 9. 선고 89다카6754 판결 참조).
　따라서, 피고는 허가대상건축물의 양수인인 원고의 이 사건 건축주명의변경신고라는 구체적인 사실에 관한 법집행으로서 그 신고를 수리하여야 할 법령상의 의무를 지고 있음에도 불구하고 그 신고의 수리를 거부함으로써, 원고가 건축공사를 계속하기 위하

여 또는 건축공사를 완료한 후 자신의 명의로 소유권보존등기를 하기 위하여 가지는 구체적인 법적 이익을 침해하는 결과가 되었다고 할 것이므로, 원심이 판시한 바와 같이 건축허가가 대물적 허가로서 그 허가의 효과가 허가대상건축물에 대한 권리변동에 수반하여 이전된다고 하더라도, 피고의 이 사건 건축주명의변경신고 수리거부행위는 원고의 권리의무에 직접 영향을 미치는 것으로서 취소소송의 대상이 되는 처분이라고 하지 않을 수 없다.

(3) 지적도열람 및 등본교부신청거부행위
■ 대법원 1992. 5. 26. 선고 91누5952 판결

 지적공부는 단순히 국가사무의 편의만을 위하여 작성·비치하는 것이 아니며 일반 국민에게 공개하여 정당하게 이용할 수 있게 하는 것이 원칙이고(지적공개의 원칙), 그래서 지적법 제12조 제1항은 일반 국민에게 지적공부의 열람과 등본의 교부신청을 할 권리있음을 규정한 것인바, 그러므로 이 신청을 거부하는 행위는 그 거부행위가 정당한 것인지 여부는 변론으로 하고, 항고소송의 대상이 되는 행정처분에 해당한다고 보아야 할 것이다.

(4) 지적공부 소관청의 지목변경신청 반려행위[382]
■ 대법원 2004. 4. 22. 선고 2003두9015 전원합의체 판결

 구 지적법(2001. 1. 26. 법률 제6389호로 전문 개정되기 전의 것) 제20조, 제38조 제2항의 규정은 토지소유자에게 지목변경신청권과 지목정정신청권을 부여한 것이고, 한편 지목은 토지에 대한 공법상의 규제, 개발부담금의 부과대상, 지방세의 과세대상, 공시지가의 산정, 손실보상가액의 산정 등 토지행정의 기초로서 공법상의 법률관계에 영향을 미치고, 토지소유자는 지목을 토대로 토지의 사용·수익·처분에 일정한 제한을 받게 되는 점 등을 고려하면, 지목은 토지소유권을 제대로 행사하기 위한 전제요건으로서 토지소유자의 실체적 권리관계에 밀접하게 관련되어 있으므로 지적공부 소관청의 지목변경신청 반려행위는 국민의 권리관계에 영향을 미치는 것으로서 항고소송의 대상이 되는 행정처분에 해당한다.

3. 通知

 通知는 特定人 또는 不特定 多數人에게 特定事實을 알리는 行爲이다. 통지행위 중 법률의 규정에 의한 통지로 일정한 법적 효과가 부가되는 경우에는 행정처분으로서의 성질을 가진다.
 판례가 行政處分으로 본 通知行爲에는, 代執行의 戒告處分(대법원 1966. 10. 31. 선고

---

382) 이에 대한 자세한 내용은 拙著, 항고소송론, 92~93쪽 참조.

66누25 판결),[383] 대집행영장의 통지(대법원 1996. 2. 9. 선고 95누12507 판결),[384] 都市計劃法에 의하여 고시된 도시계획결정(대법원 1982. 3. 9. 선고 80누105 판결), 자산양도차익과 세액의 예정결정통지(대법원 1989. 10. 13. 선고 88누2519 판결),[385] 관할구청장이 주택개량재개발사업시행구역내 세입자에 대하여 영구임대아파트의 입주권 부여 대상자가 아니라고 한 통보(대법원 1993. 2. 23. 선고 92누5966 판결) 등이 있다.
 그러나 법적 효과가 발생하지 아니하는 단순한 사실의 통지·통고·독촉·경고 등은 행정처분이 아니다. 판례도 행정권 내부에서의 행위나 알선, 권유, 사실상의 통지 등과 같이 상대방 기타 관계자들의 법률상 지위에 직접적인 변동을 일으키지 아니하는 행위는 항고소송의 대상이 되지 아니한다고 하여,[386] 사실의 통지·관념의 통지·사무적 행위 등에 대하여 통지로서의 행정처분성을 인정하지 않고 있다.

(1) 事實의 通知

 사실의 통지로 보아 행정처분성을 인정하지 아니한 경우로는 ① 자동차대여사업등록실효통지(대법원 1996. 6. 14. 선고 96누3661 판결), ② 학원의 수강료나 시설·설비의 변경에 관한 회시(대법원 1997. 5. 16. 선고 97누3163 판결), ③ 형성적재결의 결과를

---

383) 戒告를 대부분 학자들이 準法律行爲的行政行爲인 通知行爲로 보나 金南辰 敎授는 작위의무를 부과하는 下命으로 본다(同, 501쪽).
 일본의 경우 학설상으로는 계고가 독자적인 항고소송의 대상이 된다고 하는 것이 통설(田中二郎, 124쪽 ; 塩野 宏, (Ⅰ), 193쪽 ; 芝池義一, 199쪽 ; 兼子 仁, 235쪽)이나, 아직 이점에 관한 최고재판소 판례는 보이지 않는다.
384) 이에 대해 대집행의 영장이 행정행위이고 그 통지는 행정행위의 효력발생요건이라고 보기도 한다(金容燮, 「行政代執行과 그에 대한 權利救濟」(考試界, 1998. 4.), 81쪽).
385) 그 판결의 내용을 보면, "자산의 양도차익에 대한 소득세는 과세표준이 되는 금액이 발생한 달 즉 자산의 양도일이 속하는 달의 말일에 그 납세의무가 추상적으로 성립하는 것으로서, 자산양도자의 주소지관할 세무서장은 자산양도차익 예정신고 또는 자산양도차익예정신고 자진납부를 한 자에 대하여는 그 신고 또는 자진납부가 있는 날로부터 1개월 이내에, 자산양도차익예정신고를 하지 아니한 자에 대하여는 즉시, 그 양도차익과 세액을 결정하고 소득세법시행령 제183조의 규정을 준용하여 과세표준과 세율, 세액 기타 필요한 사항을 납세고지서에 기재하여 당해 거주자에게 통지함으로써 납세의무가 구체적으로 확정되는 것으로 해석되므로, 과세관청이 소득세법 제99조, 제94조 및 같은 법 시행령 제146조 제1항, 제142조 제3항에 따라 자산양도차익과 세액을 예정 결정하여 당해 자산양도자에게 통지한 경우에는, 납세의무자가 그 통지를 과세처분으로 보아 그 취소를 청구하는 항고소송을 제기할 수 있다."는 것이다.
 자산양도차익예정신고납부와 예납세액의 결정통지의 법률적 성격을 어떻게 파악할 것인지에 대하여 課稅處分說과 節次處分說이 나뉘는바, 전자에 의하면 항고소송을 제기할 수 있고 후자에 의하면 항고소송을 제기할 수 없게 된다. 이에 대하여는 의문을 제기하는 사람이 있다(姜仁崖, 「資産讓渡差益과 稅額의 豫定決定通知의 法律的性格」(判例月報 238號, 1990. 7.), 42쪽 이하 참조).
386) 대법원 2008.9.11. 선고 2006두18362 판결 ; 대법원 2008. 4. 24. 선고 2008두3500 판결 ; 대법원 2007. 10. 26. 선고 2005두7853 판결 ; 대법원 2000. 9. 8. 선고 99두1113 판결.

통보하면서 공장설립변경신고수리시 발급한 확인서를 반납하도록 요구한 행위(대법원 1997. 5. 30. 선고 96누14678 판결), ④ 형성재결 후 당해처분을 취소한 경우(대법원 1998. 4. 24. 선고 97누17131판결387)), ⑤ 수도사업자의 급수공사신청자에 대한 급수공사비납부통지(대법원 1993. 10. 26. 선고 93누6331 판결), ⑥ 산업재해보상보험법령에 의하여 노동부장관이 보험가입대상사업주에 대하여 하는 보험관계성립통지(대법원 1989. 2. 14. 선고 87누672 판결), ⑦ 주택건설사업이 양도되었으나 그 변경승인을 받기 이전에 행정청이 양수인에 대하여 양도인에 대한 사업계획승인을 취소하였다는 사실을 통지한 경우(대법원 2000. 9. 26. 선고 99두646 판결388)), ⑧ 대집행의 계고와 관련하여 계고기일의 연기통보(대법원 1983. 7. 26. 선고 82누1 판결), ⑨ 제2차, 제3차 계고처분(대법원 1991. 1. 25. 선고 90누5962 판결 ; 대법원 1992. 3. 13. 선고 91누5372 판결 ; 대법원 1994. 10. 28. 선고 94누5144 판결) 등이 있다.

종래 공매통지는 공매의 요건이 아니고 공매사실 그 자체를 체납자에게 알려주는데 불과한 것으로서(대법원 1996. 9. 6. 선고 95누12026 판결 ; 대법원 1998. 6. 26. 선고 96누12030 판결 ; 대법원 2007.7.27. 선고 2006두8464 판결 참조) 통지의 상대방인 원고의 법적 지위나 권리의무에 직접 영향을 주는 것이 아니라고 할 것이므로 행정처분에 해당한다고 할 수 없다고 하였으나,389) 대법원 2008.11.20. 선고 2007두18154 전원합의체 판결은, "체납자 등에 대한 공매통지는 국가의 강제력에 의하여 진행되는 공매에서 체납자 등의 권리 내지 재산상의 이익을 보호하기 위하여 법률로 규정한 절차적 요

---

387) 이 판결에 대한 평석은,『대법원판례해설』통권 제30호, 411~423쪽.

388) 그 이유에 대해, 대법원은, "住宅建設促進法 제33조 제1항, 舊 같은 법 시행규칙(1996. 2. 13. 건설교통부령 제54호로 개정되기 전의 것) 제20조의 각 규정에 의한 주택건설사업계획에 있어서 사업주체변경의 승인은 그로인하여 사업주체의 변경이라는 공법상의 효과가 발생하는 것이므로, 사실상 내지 사법상으로 주택건설사업 등이 양도・양수되었을지라도 아직 변경승인을 받기 이전에는 그 사업계획의 피승인자는 여전히 종전의 사업주체인 양도인이고 양수인이 아니라 할 것이어서 사업계획승인취소처분 등의 사유가 있는지의 여부와 취소사유가 있다고 하여 행하는 취소처분은 피승인자인 양도인을 기준으로 판단하여 그 양도인에 대하여 행하여져야 할 것이다"라고 판시하고 있다(이 판결에 대한 평석은『대법원판례해설』통권 제35호, 558~571쪽 참조).

389) 이에 대해 권은민 판사는 공매결정으로 인하여 압류재산을 환가하는 절차로 나아가는 것이고, 그 결과 압류재산의 이해관계인에게 그 권리를 제한하는 등의 효과가 발생하게 되는 것이며, 공매통지도 공매절차의 한 과정으로서 법률에 그 근거를 두고 있을 뿐만 아니라 그 통지내용인 매각예정가격의 결정 또는 매각대상 등에 대하여 이해관계인으로서는 위법사유를 주장함으로써 권리를 구제받을 필요가 있으므로 단순히 대부행위 또는 중간처분으로서 국민의 권리나 의무와 무관한 것이라고 단정할 수 없을 것이고 공매대행통지 및 공매통지는 모두 그 주체가 행정청 또는 그로부터 위임을 받은 성업공사가 하는 공권력의 행사에 관한 것이고, 그 내용이 압류재산의 소유권 등에 관한 것으로서 그 재산의 소유자 등에 대한 권리의무와 관계되는 것인바 공매결정, 공매통지를 행정청의 공권력 행사로서 처분이라고 보는 것이 타당하다고 한다(同,「공매결정・통지의 처분성 및 소송상 문제점」(人權과 正義, 통권 제280호, 대한변호사협회, 1999. 12.), 114~130쪽).

건이라고 보아야 하며, 공매처분을 하면서 체납자 등에게 공매통지를 하지 않았거나 공매통지를 하였더라도 그것이 적법하지 아니한 경우에는 절차상의 흠이 있어 그 공매처분은 위법하다."고 판시하여 공매통지를 공매의 요건으로 보고 있다.390)

(2) 觀念의 通知

"단순히 접수한 서면에 대한 회신의 형식으로 그 서면상의 사항에 대한 인식을 위한 관념의 통지에 불과하고 법적인 규제를 하려는 성질의 것이 아닌 이상 이를 행정처분이라고 할 수 없다"(대법원 1966. 10. 25. 선고 65누23 판결)는 것이 판례의 입장이다.

 이런 이유에서 대법원은, 진정을 거부하는 국가기관의 민원회신이라는 통지(대법원 1991. 8. 9. 선고 91누4195 판결), 행정 각 부처의 장 등이 일반국민의 소관법령의 해석에 관한 질의에 대하여 하는 회신(대법원 1992. 10. 13. 선고 91누2441 판결), 지방세법소정의 사유에 해당하는 경우에 당연히 면제되는 취득세 및 등록세의 면제신청을 거부하는 취지의 회신(대법원 1990. 3. 27. 선고 88누4591 판결), 국가공무원법 제69조의 규정에 의한 당연퇴직처분(대법원 1995. 11. 14. 선고 95누2036 판결), 주한미군에 근무하면서 특수업무를 수행하는 한국인 군무원에 대한 주한 미군 측의 고용해제통보 후 국방부장관이 행한 직권면직의 인사발령(대법원 1997. 10. 24. 선고 97누1686 판결), 개별토지가격합동조사지침 제12조의3 소정의 개별공시지가 경정결정신청에 대한 행정청의 정정불가 결정 통지(대법원 2002. 2. 5. 선고 2000두5043 판결), 공무원연금관리공단이 공무원연금법령의 개정 사실과 퇴직연금 수급자가 퇴직연금 중 일부 금액의 지급정지 대상자가 되었다는 사실을 통보한 경우(대법원 2004. 12. 24. 선고 2003두15195 판결 ; 대법원 2004. 7. 8. 선고 2004두244 판결) 등을 관념의 통지라고 하여 행정처분성을 부인하였다.

(3) 事務的 行爲

 일반적으로 행정사무집행의 편의나 사실증명의 자료를 삼기 위하여 공부에 등재하는 행위나 그 등재된 사항을 변경하는 행위는 그 자체만으로 국민에게 구체적으로 어떠한 권리를 제한하거나 의무를 명하는 등 법률적 효과를 발생시키는 것이 아니므로 원칙적으로 항고소송의 대상이 되지 아니한다. 같은 이유에서 대법원은 임야대장(대법원 1987. 3. 10. 선고 86누7672 판결), 지적도(대법원 1990. 5. 8. 선고, 90누554 판

---

390) 이에 따라 공매통지는 공매의 요건이 아니라 공매사실 자체를 체납자 등에게 알려주는 데 불과한 것이라는 취지로 판시한 대법원 1971. 2. 23. 선고 70누161 판결, 대법원 1996. 9. 6. 선고 95누12026 판결 등을 비롯한 같은 취지의 판결들은 이 판결의 견해에 배치되는 범위 내에서 이를 모두 변경하기로 한다고 판시한 바 있다.

결), 측량성과도(대법원 1993. 12. 14. 선고 93누555 판결), 건축허가대장(대법원 1979. 10. 30. 선고 79누190 판결 ; 대법원 1989. 12. 12. 선고 89누5348 판결), 하천대장(대법원 1982. 7. 13. 선고, 81누129 판결), 공무원연금카드(대법원 1980. 2. 12. 선고 79누121 판결), 육군병원의 입원기록(대법원 1992. 2. 11. 선고 91누4126 판결), 자동차운전면허대장(대법원 1991. 9. 24. 선고 91누1400 판결), 운전면허행정처분처리대장(대법원 1994. 8. 12. 선고 94누2190 판결), 온천관리대장에 온천발견자의 명의를 등재·등록 또는 말소하는 행위(대법원 2000. 9. 8. 선고 98두13072 판결) 등의 기재행위, 자진보고 납부하는 산업재해보상보험의 개산보험료를 부과관청이 수납하는 행위(대법원 1991.5.28. 선고 90누1120 판결)는 단순한 사무적 행위로 항고소송의 대상인 행정처분이 아니라고 판시한 바 있다.

4. 受理

수리는 타인의 행위를 유효한 행위로 받아들이는 행위로, 이는 단순한 사실인 도달 또는 접수와는 달리 행정청이 타인의 행위를 유효한 행위로 판단하여 수령하는 수동적 의사행위이다.

즉 受理는 신고나 등록 또는 신청 등과 같은 행정청에 대한 타인의 행위를 유효한 행위라는 인식 아래 수령한다는 인식의 표시행위로서 準法律行爲的 行政行爲인 탓으로 사실행위에 불과한 단순한 到達이나 接受와 다르다.

전형적 신고의 경우에는 그 자체로서 신고서가 행정청에 도달한 경우에 효력이 발생하고 수리를 필요로 하지 않는다. 즉 수리라는 관념이 개재될 여지가 없고, 설사 수리라는 개념을 인정하더라도 신고가 적법하게 도달하였다는 것을 확인하는 의미밖에 없다.391) 신고의 수리관념을 인정하지 아니하는 입장에서는 수리는 사실행위에 불과하다. 반면에 신고수리의 관념을 인정하는 입장에서는 그 법적 성질을 둘러싸고 논란이 있을 수도 있겠으나 일반적으로는 신고의 수리는 타인의 행위를 유효한 행위로 판단하고 법령에 의하여 처리할 의사로서 이를 수령하는 수동적 행위로서 준법률행위적 행정행위로 파악하고 있다. 전형적인 신고의 경우 신고수리는 단순한 접수 또는 도달을 의미하는 사실행위에 불과하다. 우리의 대법원 판례도 신고수리개념을 배제하지 아니하고 자기완결적인 신고의 경우에는 수리의 처분성을 부인하는 한편392) 변형된 신고의 경우에는 신고수리

---

391) 대법원 1984. 12. 11. 선고 84도2108 판결(의료법에서 종합병원이나 병원과는 달리 의원, 치과의원, 한의원 등을 개설하거나 이를 이전 또는 그 개설에 관한 신고사항을 변경하고자 할 때에는 보건사회부령이 정하는 바 이에 의하여 도지사에게 신고하면 족한 것으로 규정하고 있으므로, 의원의 개설이나 그 개설장소를 이전하는 신고를 받은 행정청이 그 신고를 실질적으로 심사하여 수리여부를 결정할 수 있는 규정이 없는 이상 행정청은 당연히 그 신고를 수리하여야 한다).

의 처분성을 인정하고 있다.

제5절   行政行爲의 附款

Ⅰ. 槪說

1. 槪念

行政行爲의 附款(Nebenbeseines Verwaltungsaktes)의 경우 그 槪念的 定義, 可能
性, 附款에 대한 獨立的인 行政訴訟의 提起可能性 등 여러 측면에서 學說과 判例가 見解
의 差異를 보이고 있다.

먼저 附款의 槪念393)부터 살펴보기로 한다.

전통적인 從來의 學說에 의하면, 행정행위의 부관은 행정행위의 일반적 효력 또는 효과
를 제한하기 위하여 주된 의사표시에 부가된 종된 의사표시라고 정의하고 있다.394) 이처
럼 부관이 주된 의사표시에 부과된 종된 '의사표시'임을 강조하는 이유는 행정행위에 의
사표시를 요소로 하는 법률행위적 행정행위와 의사표시를 요소로 하지 아니하는 준법률
행위적 행정행위가 있는 가운데, 전자에만 부관을 붙일 수 있음을 강조하기 위한 것이다.

즉, 준법률행위적 행정행위는 행정청의 의사표시 이외의 정신작용의 표시에 대하여 법
령 스스로가 일정한 법률효과를 부여하는 것으로 행정청의 의사로써 그 법률효과를 제
한할 수 없을 뿐만 아니라 종된 의사표시인 부관이 부가될 주된 의사표시가 존재하지 아
니하기 때문이라고 그 논거를 제시하고 있다.395)

대법원도 "행정행위의 부관은 행정행위의 일반적인 효력이나 효과를 제한하기 위하여
의사표시의 주된 내용에 부가되는 종된 의사표시이지 그 자체로서 직접 법적 효과를 발
생하는 독립된 처분이 아니므로……"(대법원 1992. 1. 21. 선고 91누1264 판결)라고
판시함으로써 통설과 같은 입장이다.

하지만 요즘은, 준법률행위적 행정행위는 의사표시를 요소로 하지 아니하는데도 부관
을 붙일 수 있는 경우(예컨대, 확인, 공증 등에 종기 같은 기한이 붙여지는 경우)가 있
기 때문에 주된 의사표시라든가 종된 의사표시라는 용어가 부적절하며 그 대신 주된 규
율 내지 종된 규율이 적절하다고 지적하면서 부관의 개념정의는 효과의 제한에 국한할

---

392) 대법원 1999. 10. 22. 선고 98두18435 판결.
393) 趙淵泓 敎授는, 附款을 狹義의 附款, 廣義의 附款, 最廣義의 附款으로 나눠 설명하면서 새로운
     개념을 가지고 전통적 개념을 변경시키려는 작업을 하지 말고 각각의 개념을 그대로 유지・발전
     시켜야 한다고 주장하고 있다(同, 476쪽).
394) 金道昶, 420쪽 ; 卞在玉, 304쪽 ; 李尙圭, (爭訟法), 320쪽 ; 韓堅愚, 300쪽 ; 田中二郎, 127쪽.
395) 李尙圭, 385쪽

것이 아니라 요건의 보충을 포함하는 개념방식이 부담의 부관성, 부관의 한계문제와 관련하여 적절하다는 有力說이 대두되고 있다. 즉, "부관은 행정행위의 효과를 제한, 또는 보충하기 위하여 행정기관에 의하여 주된 행정행위에 부가된 종된 규율"이라고 정의하는 견해가 등장하였다.396)

그밖에 행정행위의 부관을, "행정행위의 효과를 제한하기 위하여 행정행위의 주된 내용에 부가하는 부대적 규율(附帶的 規律)",397)"행정행위의 효력 범위를 보다 자세히 정하기 위하여 주된 행정행위에 부가된 규율",398) "행정청에 의해 주된 행정행위에 부가된 종된 규율"399)로 개념정의하기도 한다.

생각건대, 오늘날 급부국가 내지 행정국가로의 국가형태의 변화와 더불어 침해행정 내지 질서행정에서 급부행정 내지 유도행정(誘導行政)에로의 행정법의 중심이동이 이루어지면서 부관이 매우 중요한 행정활동의 수단이 될 뿐만 아니라 오늘날 부관의 유형이 다양화됨에 따라 이러한 다양한 부관의 종류를 모두 포괄하는 단일의 개념형성은 곤란하다고 보여 진다. 다만 부관의 최소한도의 전제조건은 부종성이므로 부관은 본체인 주된 행정행위에 그 성립과 효력이 의존되는 부수적 규율이라고 이해할 수 있을 것이다.400)

한편 法律에 의한 行政의 原理와 행정행위의 관계라는 시각에서 보면, 부관은 법률이 규정하고 있는 사항 이외의 사항을 부가하는 것(法律旣定事項 이외사항의 附加)이다. 따라서 행정행위의 효과가 직접 법률의 규정에서 정해지는 法定附款(예 ; 광업권의 존속기간을 정한 鑛業法 제14조)이라는 개념의 설정은 의미가 없다. 법률로써 행정행위의 효과를 규정하고 있는 이상, 그것은 사인과 행정청의 상호관계를 구속하는 것에 지나지 않아 반드시 별개의 부관으로 논할 의의는 없다고 하겠다.401)

> ■ 대법원 1994. 3. 8. 선고 92누1728 판결
> 식품제조영업허가기준이라는 고시는 공익상의 이유로 허가를 할 수 없는 영업의 종류를 지정할 권한을 부여한 구 식품위생법 제23조의3 제4호에 따라 보건사회부장관이 발한 것으로서, 실질적으로 법의 규정내용을 보충하는 기능을 지니면서 그것과 결합하여 대외적으로 구속력이 있는 법규명령의 성질을 가진 것이다.

---

396) 姜求哲, 383쪽 ; 金南辰, 272쪽 ; 金性洙, 240쪽 ; 金鐵容, 176쪽 ; 金香基, 205쪽 ; 柳至泰, 136쪽 ; 朴鈗炘, 378쪽 ; 石琮顯, 292쪽 ; 李鳴九, 278쪽 ; 李在華, 173~174쪽 ; 洪準亨, 198쪽.
397) 金東熙, 284쪽.
398) 洪井善, 377쪽.
399) 朴均省, 271쪽. 朴均省 교수는 부관의 기능 내지 목적에 관한 규정은 부관의 정의에 포함시키지 않는 것이 타당하다고 한다(同, 272쪽).
400) 金容燮, 「行政行爲의 附款에 관한 法理」(행정법연구 제2호, 1998. 4.), 187쪽.
401) 千柄泰, 294쪽 ; 鹽野 宏, (Ⅰ), 148쪽.

위 고시에 정한 허가기준에 따라 보존음료수 제조업의 허가에 붙여진 전량수출 또는
주한외국인에 대한 판매에 한한다는 내용의 조건은 이른바 법정부관으로서 행정청의
의사에 기하여 붙여지는 본래의 의미에서의 행정행위의 부관은 아니므로, 이와 같은
법정부관에 대하여는 행정행위에 부관을 붙일 수 있는 한계에 관한 일반적인 원칙이
적용되지는 않는다(대법원 1995. 11. 14. 선고 92도496 판결 참조).

2. 機能

附款이 행정활동에서 수행하는 기능은 일반적으로 행정의 탄력적 대응 가능성을 제공
함으로써 상대방인 국민을 보호한다. 그리고 행정청이 法律旣定事項만으로는 허가나 면
허를 부여하기가 어려울 경우 법률의 旣定事項 이외의 사항을 부가하는 부관제도를 활
용함으로써 행정의 合理性, 柔軟性 및 經濟性을 도모할 수 있는 附款의 行政狀況 適合性
機能은 주목할 만하다.402) 그러나 행정청이 지나친 負擔이나 撤回權의 留保를 濫用함으
로써 부관의 역기능도 있을 수 있다.

Ⅱ. 附款의 種類

行政行爲의 附款은 法令上 條件, 制限 등의 용어로 혼용되고 있지만, 이론상으로는 그
법적 효과의 차이에 따라 條件, 期限, 負擔, 撤回權의 留保, 法律效果의 一部排除, 負擔
留保 등이 일반적으로 열거되고 있다.

1. 條件

條件(Bedingung)은 行政行爲의 效力의 發生·消滅을 불확실한 장래의 사실에 의존하
게 하는 부관을 가리킨다. 條件에는 ① 규사채취는 해수의 침수영향을 방지할 사전예방
조치를 하고 당국의 승인을 받은 후 실시할 것을 조건으로 公有水面占用許可를 하는 것
과 같이 행정행위의 효력의 발생을 장래 발생이 불확실한 사실의 성부(成否)에 의존하
게 하는 '停止條件'과 ② 면허일로부터 3개월 내에 공사에 착수하지 아니하면 실효할 것
을 조건으로 하는 公有水面埋立免許와 같이 행정행위의 효력의 소멸을 장래 발생이 불
확실한 사실의 成否에 의존하게 하는 '解除條件'이 있다.

조건은 행정행위의 효력을 불안정한 상태에 두는 것이어서 실제로 조건이 붙여지는 경
우는 드물고, '조건'이라는 용어가 사용되어도 그 내용을 보면 '부담'인 경우가 많다.

정지조건은 일정한 사실의 성취가 있어야 효력이 발생하는데 반해 부담은 처음부터 효

---

402) 千柄泰, 295쪽.

력이 발생한다는 점에서 차이가 있고, 해제조건은 일정한 사실의 성취가 있으면 효력이 소멸되지만 부담은 부관이 불이행되어도 특정행정행위의 효력은 소멸되지 않는다.

다만 내용상 조건인지 부담인지 판정이 어려운 경우에는 원칙적으로 상대방에 대한 침익성이 적은 부담으로 해석하여야 할 것이다.

2. 期限

期限(Befristung)은 행정행위의 효력의 발생·소멸을 장래 발생이 확실한 사실에 의존하게 하는 附款이다. 행정행위의 효력의 발생에 관한 것이 始期이고, 그 소멸에 관한 것이 終期이다.

행정실무상 당해 행정행위의 목적 및 성질에 비추어 부당하게 짧은 종기가 붙은 때 그 終期의 適法·妥當性의 문제가 제기될 수 있는데, 이와 관련하여 그 종기의 도래로 그 행정행위는 당연히 효력이 소멸된다는 견해도 있으나, 내용상 장기계속성이 예정되는 행정행위에 붙여진 기한이 부당하게 단기인 경우에는 기한의 도래로 당연히 처분이 실효하는 것이 아니라 이 기간은 更新期間으로서의 의미를 가짐에 불과하다.403) 행정청의 恣意를 억제함으로써 국민의 권리와 이익을 보호한다는 차원에서 행정행위의 효력을 논하여야 할 것이다.

3. 負擔

負擔(Auflage)이란 영업허가를 하면서 일정한 시설의무를 과하거나, 도로점용을 허가하면서 점용료의 납부를 명하는 것과 같이 수익적 행정행위의 상대방에게 법령에서 규정되고 있는 의무 이외에 作爲·不作爲·受忍·給付 등의 의무를 부가하는 附款이다.

조건은 행정행위의 구성요소로서 본래의 행정행위와 분리될 수 없으나, 부담은 본래의 행정행위에 대하여 상대적으로 독립적이다. 즉 독립하여 효력이 발생하고, 독립하여 강제집행의 대상이 된다. 부담의 경우에는 상대방이 따르지 않더라도 행정행위의 효력에 직접 영향을 주지 않는다. 상대방의 부담에 대한 위반이 있으면, 부담은 명령적 행정행위의 일종인 하명행위의 성질을 띠므로 행정청은 부담의 이행을 行政上 强制執行으로 강제하든가 행정행위를 철회하는 등 별도의 조치를 강구하여야 한다. 그러나 부담은 본체인 행정행위에 부가하는 것이기 때문에 본체인 행정행위가 무효이면 부담은 당연히 그 효력을 상실한다.

4. 撤回權의 留保

---

403) 金南辰, 275쪽 ; 南 博方, 206쪽.

撤回權의 留保(Widerrufsvorbehalt)라 함은 행정행위를 할 때 일정한 요건하에 이를 철회할 수 있음을 미리 선언하여 둔 附款을 말한다.

행정실무상 현실적으로 철회권을 행사함에 있어서는 단순히 철회권의 유보조항이 있다는 사실만으로는 불충분하며, 상대방의 권익을 보호하고 법적 생활의 안정성과 예측가능성을 확보한다는 뜻에서 하천의 점용허가를 받은 자가 법령이 정하고 있는 사유의 발생으로 하천 관리청으로부터 그 허가나 승인의 취소를 당하는 경우처럼(하천법 제64조, 제65조) 구체적인 철회사유가 있어야 한다. 그리고 철회권의 행사에는 비례의 원칙, 평등의 원칙, 부당결부금지의 원칙 등 행정법일반원칙(조리)을 위반할 수 없고 이익형량의 원칙이 적용된다.

판례는 "행정처분을 함에 있어 행정청의 취소권이 유보된 경우에 행정청은 그 유보된 취소권을 행사할 수 있으나, 그 취소는 무제한으로 허용될 것이 아니라, 공익상 기타 정당한 사유가 없을 때에는 그 취소가 적법한 것이라 할 수 없다."(대법원 1964. 6. 9. 선고 63누40 판결)[404]고 하여 행정청에 유보된 철회권의 행사는 철회를 필요로 할 만한 공익상 및 기타의 정당한 사유가 있어야 한다는 견해를 취하였다.

撤回權이 유보되어 있는 경우에 상대방은 신뢰보호의 원칙을 내세워 撤回制限을 주장할 수 없을 뿐만 아니라, 철회로 인한 손실보상을 청구할 수도 없다. 이는 撤回權의 留保에 의한 撤回權의 발동은 처분시 이미 상대방이 예측하고 있던 것이며, 또 자기 책임으로 철회권이 발동되는 것이므로 특별한 희생이라고 볼 수 없기 때문이다.[405]

■ 대법원 1992. 11. 13. 선고 92누1308 판결

"도로로 지정된 일부 토지를 지목변경한 후 기부채납하여야 한다."는 부관을 붙여 관광호텔의 건축허가를 받았으나 위 부관을 이행하지 아니하여 준공검사를 받지 아니한 채 가사용하던 호텔을 전전 양수한 원고가 허가관청으로 부터 호텔 내의 영업허가증을 재교부 받음에 있어 "호텔건물의 가사용기간 만료시까지 기부채납 의무를 이행하지 아니하고 따라서 위 호텔건물의 준공검사필증을 교부받지 못하면 영업허가를 취소한다."는 철회권유보의 부관을 붙이게 된 것은 각 영업에 관한 공중위생법, 식품위생법 및 같은 법 시행령 등 관계규정에 따르면 위 각 영업을 하기 위한 일정한 시설을 갖추지 못할 경우 일정한 요건 하에 그 허가를 취소하도록 되어 있어 만일 원고가 위 기부채납 의무이행을 하지 아니하여 위 가사용기간이 만료되도록 위 호텔건물에 관한 준공검사필증을 교부받지 못하게 된다면 호텔건물을 사용할 수 없게 되고 그렇게 되면 당연히 호텔건물 내에 위치하고 있는 각 영업의 장소도 이를 사용할 수 없게 되어 결과적

---

404) 여기서 取消權의 留保라는 용어를 쓰고 있으나, 撤回權의 留保는 行政行爲의 瑕疵와는 관계가 없는 것으로 취소권 유보라는 용어는 적절하지 못하다.
405) 朴均省, 273~274쪽 ; 尹世昌 外, 243쪽.

으로 원고는 위 각 영업에 관하여 관계법령에 규정된 기준시설을 갖추지 못한 것이 되므로 허가관청으로서는 그와 같은 경우 위 각 영업허가를 취소하여야 하는 것인 까닭에 위 철회권유보의 부관을 붙인 것으로 보아야 할 것이다.

■ 대법원 2003. 5. 30. 선고 2003다6422 판결
[행정청이 종교단체에 대하여 기본재산전환인가를 함에 있어 인가조건을 부가하고 그 불이행시 인가를 취소할 수 있도록 한 경우, 인가조건의 의미는 철회권을 유보한 것이라고 본 사례]
행정행위의 취소는 일단 유효하게 성립한 행정행위를 그 행위에 위법 또는 부당한 하자가 있음을 이유로 소급하여 그 효력을 소멸시키는 별도의 행정처분이고, 행정행위의 철회는 적법요건을 구비하여 완전히 효력을 발하고 있는 행정행위를 사후적으로 그 행위의 효력의 전부 또는 일부를 장래에 향해 소멸시키는 행정처분이다.
그러므로 행정행위의 취소사유는 행정행위의 성립 당시에 존재하였던 하자를 말하고, 철회사유는 행정행위가 성립된 이후에 새로이 발생한 것으로서 행정행위의 효력을 존속시킬 수 없는 사유를 말한다고 할 것이다.
이 사건 기본재산전환인가의 인가조건으로 되어 있는 사유들은 모두 위 인가처분의 효력이 발생하여 기본재산 처분행위가 유효하게 이루어진 이후에 비로소 이행할 수 있는 것들이고, 인가처분 당시에 그 처분에 그와 같은 흠이 존재하였던 것은 아니므로, 위 법리에 의하면, 위 사유들은 모두 인가처분의 철회사유에 해당한다고 보아야 하고, 인가처분을 함에 있어 위와 같은 철회사유를 인가조건으로 부가하면서 비록 철회권 유보라고 명시하지 아니한 채 조건불이행시 인가를 취소할 수 있다는 기재를 하였다 하더라도 위 인가조건의 전체적 의미는 인가처분에 대한 철회권을 유보한 것이라고 봄이 상당하다.

5. 法律效果의 一部排除

法律效果의 一部排除(Ausschluss von gesetzlichen Rechtswirkung)란 격일제 운행을 조건으로 택시영업을 허가하는 경우와 같이 행정행위의 법적 효과의 일부를 배제하는 내용의 附款이다.
法律效果의 一部排除는 법령이 인정하는 효과를 행정청의 의사로서 배제하는 것이기 때문에 법령에 이를 허용하는 명문의 규정(공중위생관리법 제9조의2)이 있는 경우에 한하여 붙일 수 있다.

■ 대법원 1993. 10. 8. 선고 93누2032 판결
지방국토관리청장이 일부 공유수면매립지에 대하여 한 국가 또는 직할시 귀속처분은

매립준공인가를 함에 있어서 매립의 면허를 받은 자의 매립지에 대한 소유권취득을 규
정한 공유수면매립법 제14조의 효과 일부를 배제하는 부관을 붙인 것이다.

다만 法律效果의 一部排除에 대하여 행정행위의 내용적 제한이라 하여 附款의 종류로
보지 않는 견해406)와 부관의 한 종류로 보는 입장에서도 관계법령에 명시적 근거(예 ;
여객자동차운수사업법 제5조 제③항)가 있는 경우에 한한다는 견해407)가 있다.

생각건대 행정행위에 있어서 法律旣定 이외 事項의 規律이라는 점과 이 경우 制限違反
行爲는 無許可事項으로 처리되는 점에서 負擔과 다르다는 점에서 이를 부관으로 보아도
문제가 없다. 다만 영업시간의 지정과 같이 부담인가 아니면 내용적 제한인가 그 한계가
애매한 경우도 있다.

6. 행정행위의 사후변경의 유보·부담유보

負擔留保는 행정청이 행정행위를 하면서 후에 행정행위에 부담을 부가하거나 이미 부
과된 부관의 내용을 보완할 수 있는 권한을 유보하는 경우이다.408)그리고 負擔留保는
獨逸 行政節次法 제36조 제2항 제5호에 명문화되어 있다.

負擔留保는 사실상 撤回權의 留保와 行政行爲의 變更을 의미한다 하여 이를 허용할 수
없다는 견해도 있으나,409) 부담의 사후적 변경의 권리를 사전에 유보하는 부관은 본체
인 행정행위의 목적의 범위 내에서 그리고 그 행위의 본질을 해치지 아니하는 범위 내에
서, 복지국가의 기능을 수행하기 위하여 사정변경의 원칙상 허용될 수 있다.410)

부담유보의 성질과 관련하여 이를 확약과 같은 가행정행위라는 견해, 철회권 유보로 보
는 견해411)가 있으나 원래의 수익을 유지하면서 부담을 가하는 것이므로 철회권 유보와
는 다르며 부담과 같이 그 자체 행정행위로 보는 견해412)가 타당하다.

---

406) 內容的 制限이라고 하는 營業區域의 설정은 負擔과는 달리 行政行爲에 부가되는 의무가 아니라
    行政行爲의 效果의 地域的 限界를 설정하는 것으로 行政行爲의 내용 그것이라고 해도 좋다는 견
    해이다.
    朴均省, 273~274쪽 ; 徐元宇, 666~671쪽 ;尹世昌 外, 243쪽 ; 塩野 宏, (Ⅰ), 149쪽 ; 兼子
    仁, 136~137쪽 ; 金容燮, 前揭論文, 188쪽. 특히 尹世昌 교수는 일종의 부담적 행정처분이라
    고 본다.
407) 姜求哲, 389~390쪽 ; 金南辰, 278쪽 ; 金道昶, 423쪽 ; 金東熙, 288쪽 ; 金香基, 208쪽 ; 柳
    至泰, 143쪽 ; 朴圭河, 269쪽 ; 朴鈗炘, 383쪽 ; 石琮顯, 299쪽 ; 愼保晟, 162쪽 ; 千炳泰,
    300쪽 ; 韓堅愚, 309쪽.
408) 制定法上의 예로 河川法 제69조를 들 수 있다.
409) 金鐵容, 「行政行爲의 附款의 限界」(考試界, 1977.12.), 81쪽 이하.
410) 姜儀中, 201쪽 ; 金南辰, 279쪽 ; 卞在玉, 307쪽 ; 千炳泰, 298쪽 ; 洪井善, 382쪽.
411) 李尙圭, 384쪽 ; 金鐵容, 前揭論文, 81쪽.

7. 修正負擔

行政行爲의 내용 자체를 수정·변경하는 것을 修正負擔이라 하여 별개의 부관으로 설명하는 견해도 있다.413)일반적인 부담과 같이 행정행위의 주된 내용에 부가되어 일정한 의무를 부과하는 것이 아니라, 신청이 있는 경우에 신청된 행정행위의 내용자체를 수정 또는 변경하는 처분(예 ; 유흥음식점영업허가 신청시 대중음식점 영업허가를 하는 경우)을 의미한다.

수정부담의 법적성질과 관련하여 부관의 일종이라는 견해, 신청에 대한 허가는 거부하고 신청이 있는 것을 전제로 새로운 허가를 하는 것이어서 실질적으로 부담이 아니라 새로운 행정행위(수정허가)에 해당한다는 견해414)가 있다.

이와 같은 수정부담이 인정된다고 할 때, 그 구제방법은 의무이행심판이나 의무이행소송이 가장 효과적일 것이다.

Ⅲ. 附款의 限界(附款의 可能性과 許容性)

1. 附款의 可能性(附款의 許容性)

附款은 法律旣定外事項의 부가이기 때문에 附款의 許容性이란 행정처분을 함에 있어서 오로지 당해 행정행위의 근거법령에서 정하고 있는 사항 이외의 규율이 허용되는가의 여부에 대한 해석문제이다.

(1) 명문규정이 있는 경우

法令이 明文으로 附款에 관한 규정을 두고 있는 경우(폐기물관리법 제25조 제⑥항 단서 소정의 생활폐기물수집·운반업 허가에 있어 영업구역제한조건)에는 당해 법령의 규정에 따라 부관을 붙이기만 하면 된다.

(2) 명문규정이 없는 경우

그러나 法令이 明文으로 규정하고 있지 않을 경우에 부관을 붙일 수 있을까 하는 문제와 관련하여 논의되는 경우는 다음과 같다.

---

412) 洪井善, 382쪽.
413) 金東熙, 287쪽 ; 金南辰, 279~280쪽. 朴均省 교수는 수정부담을 행정행위 자체의 내용적 제한으로 보고 있다(同, 273~274쪽).
414) 姜求哲, 391쪽 ; 金南辰, 287쪽 ; 洪井善, 383쪽. 金鐵容 교수는 수정부담은 행정행위의 내용을 질적으로 변경시키는 것이므로 변경처분으로 보는데(同, 179쪽) 이 역시 같은 맥락으로 보인다.

1) 준법률행위적 행정행위와 부관

　종래 附款을 主된 行政行爲의 내용을 제한하는 從된 意思表示라고 이해하는 입장에서는 행정청의 인식·판단 등 정신작용에 법률이 일정한 법적 효과를 부여하는 準法律行爲的 行政行爲의 경우에는 관계 법령에 授權條項이 없는 한 부관은 허용되지 않는다고 한다. 그러나 행정행위의 효과는 행정청의 의사표시보다는 법률의 규정으로부터 발생하는 것이고, 私法上 法律行爲의 분류를 차용한 법률행위적 행정행위와 준법률행위적 행정행위의 구별자체도 의문시되고 있는 상황에서 이러한 논의는 실익이 없다.415)부관의 가능성은 개개 행정행위의 성질, 목적, 부관의 형태를 아울러 검토하여 결정하여야 할 것이며 준법률행위적 행정행위 중 확인, 공증의 경우에 기한 부가가 가능하다고 한다.416)

2) 기속행위와 부관

　종래 다수설은 기속행위에 있어서 행정청은 법규에 엄격히 기속되고 상대방은 법규상의 행위의 발급 청구가 가능하기 때문에 관계법상 명시적 규정없이 부관으로써 이러한 청구권 제한은 불가하다는 입장에서 원칙적으로 기속행위에는 부관을 붙일 수 없고 부관을 부가해도 이 부관은 무효라고 하면서 예외적으로 청구권을 제한하지 않는 법률요건충족적 부관은 기속행위에도 가능하다고 한다.

　원래 羈束行爲의 경우에는 행정청이 法令에 엄격히 기속되기 때문에 그 효과를 제한하는 의미의 부관은 허용될 수 없을 것이다. 그러나 附款의 本質的機能을 행정행위의 효과를 보충하려는 데 있다고 이해하고, 행정행위의 기속행위성 여부도 관련법규에 의거하여 판단되어야 할 것이며, 오늘날 재량은 자유재량과 기속재량으로 구분하는 것이 의미가 없다는 반론도 만만찮은 점, 대법원 판례도 왜 기속행위에는 부관을 붙일 수 없는 것인가에 대한 구체적 이유 설명이 없는 점을 고려할 때 부관의 가능성은 폭넓게 인정되어야 할 것이다. 따라서 羈束行爲라 하더라도 그 附款이 기속행위의 근거법률이 예정하는 내용을 보충하는 것이고 근거법률이 예정하고 있지 않은 새로운 부담을 과하는 것이 아닌 한 (예 ; 영업허가를 하면서 철회권을 유보하는 경우) 附款이 허용될 수도 있을 것이다.417)

---

415) 藤田宙靖, 194~195쪽.

416) 金南辰, 281쪽. 이 견해에서는 그 예로 여권의 유효기간을 들고 있는데, 이는 여권법 시행령에 이미 수권규정이 있기에 개념상 그 법률효과의 내용에 관한 행정청의 판단여지가 배제되므로 타당하지 않다는 비판도 있다.

417) 독일의 행정절차법 제36조는 기속행위에 대하여도 법령상 허용되어 있거나, 부관에 의하여 관계법상의 처분요건이 충족되는 경우에는 부관을 붙일 수 있다고 규정하고 있다(건축허가요건의 본질적인 것이 아닌 어떤 요건을 충족하고 있지 못할 경우에 부담, 조건 등의 부관으로 당해 신청의 흠이 충족될 경우 등). 여기서 법령상의 처분요건을 충족시킨다 함은 법이 예정하지 않는 새로운 제한을 과한다는 뜻이 아니라 法이 예정하고 있는 제한을 보다 구체화한다는 뜻으로 이해하여야 할 것이다.

自由裁量行爲의 경우에는 附款이 허용되는 경우가 대부분이겠지만,[418)]행정청의 자유 재량행위라도 언제나 당연히 附款을 붙일 수 있는 것은 아니다. 국적법에 의한 법무장관 의 歸化許可는 自由裁量行爲이지만 성질상 부관이 허용될 수 없다.[419)]신분설정행위로 서 법적 안정성이란 견지에서 볼 때 부관을 통한 어떠한 제약도 불가능하다.

> ▣ 대법원 2008. 7. 24. 선고 2007두25930,25947,25954 판결
> 하천부지 점용허가 여부는 관리청의 재량에 속하고, 재량행위에 있어서는 법령상의 근거가 없다고 하더라도 부관을 붙일 것인가의 여부는 당해 행정청의 재량에 속한다고 할 것이며, 또한 구 하천법(2004. 1. 20. 법률 제7101호로 개정되기 전의 것. 이하 같다) 제33조 단서가 하천의 점용허가에는 하천의 오염으로 인한 공해 기타 보건위생 상 위해를 방지함에 필요한 부관을 붙이도록 규정하고 있으므로, 하천부지 점용허가의 성질의 면으로 보나 법규정으로 보나 부관을 붙일 수 있음은 명백하다 (대법원 1991. 10. 11. 선고 90누8688 판결 참조).

판례는 기속행위에는 특별한 근거가 없는 한 부관을 부가할 수 없으며 부관을 붙이면 무효인 부관이 된다고 한다.

> ▣ 대법원 1990. 10. 16. 선고 90누2253 판결
> 농수산물유통및가격안정에관한법률에 의한 도매시장의 지정도매인지정 처분은 도매시 장 개설자인 피고의 재량행위에 속하는 행정처분이라 할 것이므로 법규에 특별한 규정 이 없더라도 그 처분에 조건, 기한, 부담, 철회권유보 등의 부관을 붙일 수 있다 할 것이고, 위 법 부칙 제3조 제3항에 의하여 지정도매인으로 간주된 이상 폐지된 농수산 물도매시장법상의 도매시장업무대행자로서의 지위에 설정되었던 조건, 기한 등 종전의 부관 또한 그 효력이 그대로 존속된다고 할 것이다.

---

418) 대법원 2004. 3. 25. 선고 2003두12837 판결{개발제한구역 내에서는 구역지정의 목적상 건축물의 건축 및 공작물의 설치 등 개발행위가 원칙적으로 금지되고, 다만 구체적인 경우에 이러한 구역지정의 목적에 위배되지 아니할 경우 예외적으로 허가에 의하여 그러한 행위를 할 수 있게 되어 있음이 그 규정의 체제와 문언상 분명하고, 이러한 예외적인 개발행위의 허가는 상대방에게 수익적인 것이 틀림이 없으므로 그 법률적 성질은 재량행위 내지 자유재량행위에 속하는 것이고(대법원 2003. 3. 28. 선고 2002두11905 판결 참조), 이러한 재량행위에 있어서는 관계 법령에 명시적인 금지규정이 없는 한 행정목적을 달성하기 위하여 조건이나 기한, 부담 등의 부관을 붙일 수 있고, 그 부관의 내용이 이행 가능하고 비례의 원칙 및 평등의 원칙에 적합하며 행정처분의 본질적 효력을 저해하지 아니하는 이상 위법하다고 할 수 없다(대법원 1997. 3. 14. 선고 96누16698 판결, 대법원 1998. 10. 23. 선고 97누164 판결 참조)}.
419) 金東熙, 291쪽 ; 朴均省, 281쪽.

■ 대법원 1995. 6. 13. 선고 94다56883 판결

> 일반적으로 기속행위나 기속적재량행위에는 부관을 붙일 수 없고 가사 부관을 붙였다 하더라도 무효이며(대법원 1988. 4. 27. 선고 87누1106 판결 ; 대법원 1990. 10. 10. 선고 89누4673 판결 ; 대법원 1993. 7. 27. 선고 92누13998 판결 참조), 건축 허가를 하면서 일정 토지를 기부채납하도록 하는 내용의 허가조건은 부관을 붙일 수 없는 기속행위 내지 기속적재량행위인 건축허가에 붙인 부담이거나 또는 법령상 아무런 근거가 없는 부관이어서 무효이다.

3) 小結

종래에는 법률행위적 행정행위 및 자유재량행위에만 부관을 붙일 수 있고, 준법률행위적 행정행위나 기속행위 또는 기속재량행위에는 부관을 붙일 수 없다는 것이 다수설이었다.420) 그리고 대법원의 판례경향도 대법원 1988. 4. 27. 선고 87누1106 판결 이래 기속행위나 기속적재량행위에는 부관을 붙일 수 없고 가사 부관을 붙였다 하더라도 이는 무효라고 되풀이하고 있다. 하지만 대법원 1993. 7. 27. 선고 92누13998 판결은 "기속행위에 대 하여는 법령상 특별한 근거가 없는 한 부관을 붙일 수 없다"고 하여 종전의 입장을 유지하면서도 법령에 부관을 붙이는 것이 허용되는 경우에는 부관을 붙일 수 있다고 한다.

종래의 입장은, 부관의 본질적 기능을 행정행위의 효과의 제한에서 찾기 때문에 법령이 부여한 행정행위의 효과를 행정청이 근거 없이 제한하는 것은 허용되지 않는다고 보는 것이다.

오늘날에는 附款의 本質的 機能을 행정행위의 효과를 보충하려는 데 있다고 보는 견해가 유력하다. 따라서 준법률행위적행정행위나 기속행위도 경우에 따라 부관을 붙일 수 있다고 본다.421)이들의 주장을 요약하면 ① 법률규정상 부관을 붙이는 것이 허용된 경우(예컨대, 자동차관리법 제53조 제④항, 식품위생법 제22조 제③항, 여권법시행령 제6조 제①항), ② 행정행위의 법정요건이 부관에 의하여 충족되는 때에는 행정행위의 요건을 보충하기 위한 부관(소위 法律要件充足的附款)을 붙일 수 있다는 것이다.

부관의 가능성문제는, 부관을 붙일 수 있는 행정행위가 무엇인가에 초점을 맞추는 전통적 견해 보다는 오히려 '法律留保의 原則'으로부터 각 부관의 성질을 고려하여 행정행위의 성질, 부관의 종류와 기능에 따라 개별적으로 검토하여야 할 것이다.422)

---

420) 金道昶, 425쪽 ; 卞在玉, 307쪽 ; 李尙圭, 385~386쪽 ; 韓堅愚, 311쪽.
421) 姜求哲, 392쪽 ; 金南辰, 281~283쪽 ; 金東熙, 289~290쪽 ; 金性洙, 245~247쪽 ; 金鐵容, 182쪽 ; 柳至泰, 144쪽 ; 朴圭河, 270~271쪽 ; 朴均省, 281~282쪽 ; 朴鈗炘, 385쪽 ; 石琮顯, 301~302쪽 ; 李在華, 183, 185쪽 ; 千炳泰, 302쪽 ; 洪井善, 385쪽 ; 洪準亨, 205쪽.

행정행위의 부관은 행정청이 행정행위를 행함에 있어서 자신의 판단으로 법령이 미리 규정하고 있는 사항이외의 사항을 부가하는 것이다. 따라서 附款의 許容性과 限界 문제는 '法律에 의한 行政의 原理'와 관련하여 이해하면 될 것이다.

2. 附款의 限界

행정행위의 附款의 限界는 앞서 본 대로 일률적으로 논할 수 없고 각 행정행위의 성질과 내용에 따라 개별·구체적으로 판단되어야 한다.

일반적으로 附款은 ① 내용과 형식면에서 법령에 위배되지 않아야 하고, ② 본체인 행정행위의 본질적 효력을 해하지 아니하는 것이어야 하며, ③ 행정행위의 목적에 필요한 범위를 넘어서는 아니 됨은 물론 ④ 그 이행이 가능하여야 한다.

그리고 附款은 비례원칙과 평등원칙 등 행정法의 一般原則에 위배돼서는 아니 될 條理上의 限界가 있다.[423] 특히 본체인 행정행위와 실체적 관련성이 있어야 하며 그렇지 못할 경우 부당결부금지의 원칙에 반하여 위법한 부관이 된다.

■ 대법원 2004. 3. 25. 선고 2003두12837 판결
[부관의 내용적 한계]

　재량행위에 있어서는 관계 법령에 명시적인 금지규정이 없는 한 행정목적을 달성하기 위하여 조건이나 기한, 부담 등의 부관을 붙일 수 있고, 그 부관의 내용이 이행 가능하고 비례의 원칙 및 평등의 원칙에 적합하며 행정처분의 본질적 효력을 저해하지 아니하는 이상 위법하다고 할 수 없다(대법원 1997. 3. 14. 선고 96누16698 판결, 1998. 10. 23. 선고 97누164 판결 등 참조).

■ 대법원 1997. 3. 14. 선고 96누16698 판결
[부관부 행정처분에 있어서의 부관의 적법요건]

　재량행위에 있어서는 법령상의 근거가 없다고 하더라도 부관을 붙일 수 있는데, 그

---

422) 金南辰, 283쪽, 千炳泰, 302쪽.
　　獨逸 行政節次法 제36조 제1항은 기속행위에는 원칙적으로 부관을 붙일 수 없게 하되, 예외적으로 ① 법규에서 허용하고 있는 경우와, ② 부관을 붙임으로써 행정행위의 법률상 요건이 충족될 수 있는 경우(法律要件充足附款)에는 붙일 수 있게 하였다. 獨逸 行政節次法 제36조와 관련하여 부관의 가능성에 대한 자세한 내용은, 朴鐘局, 「附款의 可能性에 관한 考察」(韓日法學研究 9輯, 한일법학회, 1990. 6.), 39쪽 이하 참조.

423) 日本의 都市計劃法 제79조는 "이 法律의 규정에 의한 許可, 認可 및 承認에는 도시계획상 필요한 條件을 붙일 수 있다. 이 경우 그 條件은 당해 허가, 인가 또는 승인을 받은 者에게 부당한 의무를 과하는 것이어서는 아니 된다."고 규정하고 있다. 그러나 行政法의 一般原則인 比例原則의 취지로부터도 같게 해석될 수 있기 때문에 이는 일종의 確認的 規定이라고 해석되고 있다(鹽野宏, (I), 153쪽).

부관의 내용은 적법하고 이행가능하여야 하며 비례의 원칙 및 평등의 원칙에 적합하고 행정처분의 본질적 효력을 해하지 아니하는 한도의 것이어야 한다(대법원 1992. 4. 28. 선고 91누4300 판결).

◼ 대법원 1997. 3. 11. 선고 96다49650 판결

수익적 행정행위에 있어서는 법령에 특별한 근거규정이 없다고 하더라도 그 부관으로서 부담을 붙일 수 있으나, 그러한 부담은 비례의 원칙, 부당결부금지의 원칙에 위반되지 않아야만 적법하다. 지방자치단체장이 사업자에게 주택사업계획승인을 하면서 그 주택사업과는 아무런 관련이 없는 토지를 기부채납하도록 하는 부관을 주택사업계획승인에 붙인 경우, 그 부관은 부당결부금지의 원칙에 위반되어 위법하다.

◼ 대법원 1996. 4. 26. 선고 95누17762 판결

구 농지의보전및이용에관한법률시행령(1994. 4. 9. 대통령령 제14205호로 개정되기 전의 것) 제3조의2가 목적사업이 종료된 후 일정기간 내에 원상복구를 하는 조건으로 농지일시전용허가를 할 수 있다고 규정하고 있으므로, 행정청이 위 규정에 따라 농지로 원상복구할 것을 담보하기 위하여 원상복구비용의 현금예치를 그 허가조건으로 붙인 것은, 그 허가조건의 내용이 적법하고 이행 가능하며 비례의 원칙 및 평등의 원칙에 적합하고 위 농지일시전용허가의 본질적 효력을 해하지 않는 것으로서 재량권을 남용하였거나 일탈한 위법한 것이라 할 수 없다.

◼ 대법원 1990. 4. 27. 선고 89누6808 판결

수산업법 제15조에 의하여 어업의 면허 또는 허가에 붙이는 부관은 그 성질상 허가된 어업의 본질적 효력을 해하지 않는 한도의 것이어야 하고 허가된 어업의 내용 또는 효력 등에 대하여는 행정청이 임의로 제한 또는 조건을 붙일 수 없다고 보아야 할 것이며 수산업법시행령 제14조의4 제3항의 규정내용은 기선선망어업에는 그 어선규모의 대소를 가리지 않고 등선과 운반선을 갖출 수 있고, 또 갖추어야 하는 것이라고 해석되므로 기선선망어업의 허가를 하면서 운반선, 등선 등 부속선을 사용할 수 없도록 제한한 부관은 그 어업허가의 목적달성을 사실상 어렵게 하여 그 본질적 효력을 해하는 것일 뿐만 아니라 위 시행령의 규정에도 어긋나는 것이며, 더우기 어업조정이나 기타 공익상 필요하다고 인정되는 사정이 없는 이상 위법한 것이다.

여기서 시간적 한계와 관련하여 행정행위를 한 후에 부관을 붙일 수 있는가 하는 事後附款이 문제된다.

(1) 否定說

附款이란 主된 行政處分에 부수한 從된 성질을 가지므로 그의 독자적인 존재를 인정할
수 없어 事後에 附款만을 따로 붙일 수는 없다고 한다.424)

(2) 制限的 肯定說

종전의 행정행위를 소멸시키고 새로운 附款附行政行爲를 한 것으로 보아 원칙적으로
사후부관을 인정하지 아니하나 制限的으로 肯定하는 견해로, ① 부담은 그 자체 하나의
행정행위를 이루는 것이므로 본체인 행정행위에 부담이 유보되어 있는 경우에는 사후부
관이 가능하다는 주장425)과 ② 법령에 근거가 있거나 상대방의 동의가 있는 경우에는
사후에 부관을 붙일 수 있다는 주장426)이 그것이다.

> ■ 대법원 1997. 5. 30. 선고 97누2627 판결
> [부관의 사후변경]
> 본체인 행정처분에 이미 부담이 부가되어 있는 상태에서 그 의무의 범위 또는 내용
> 등을 변경하는 부관의 사후변경은, 법률에 명문의 규정이 있거나 그 변경이 미리 유보
> 되어 있는 경우 또는 상대방의 동의가 있는 경우에 한하여 허용되는 것이 원칙이지만,
> 사정변경으로 인하여 당초에 부담을 부가한 목적을 달성할 수 없게 된 경우에도 그 목
> 적달성에 필요한 범위 내에서 예외적으로 허용된다고 볼 것이다.

IV. 부관의 흠과 행정쟁송(附款의 獨立爭訟可能性)427)

1. 無效인 附款과 行政行爲의 效力

(1) 瑕疵 있는 附款

하자 있는 부관의 효력은 行政行爲의 瑕疵에 관한 법리에 따라 無效인 附款과 取消할
수 있는 附款으로 나누어진다. 附款의 瑕疵가 重大하고 明白하여 無效일 때에는 처음부
터 그 부관이 없었던 것과 같은 효과를 발생하며, 그렇지 않은 경우에는 일단 부관으로
효력을 발생하되 사후에 정해진 절차에 따라 취소할 수 있을 뿐이다.

---

424) 尹世昌 外, 245쪽 ; 韓堅愚, 314쪽.
425) 朴鈗炘, 389쪽 ; 李尙圭, 388쪽.
426) 金南辰, 285쪽 ; 洪井善, 386쪽 ; 金鐵容, 前揭論文, 85~86쪽. 千炳泰 교수는 "制限的 肯定說
    에 있어서와 같이 변경처분으로 보면 行政行爲의 취소·변경이나 철회는 언제나 자유로이 할 수
    있는 것이 아니라는 條理上의 制限이 따르기 때문에 事後附款을 인정하기는 곤란하다. 그러나
    法令에 특별한 규정이 있는 경우는 예외일 수 있다."(同, 304쪽)고 한다.
427) 違法한 附款에 대한 獨立爭訟可能性에 대한 獨逸의 學說槪觀은, 金載鎬, 「違法한 行政行爲의 附
    款에 대한 司法的審査」(判例月報 275號, 1993. 8.), 38~41쪽 및 鄭夏重, 「附款에 대한 行政訴
    訟」(저스티스 제34권 제2호, 한국법학원), 11~21쪽 참조.

(2) 無效인 附款附行政行爲의 效力

無效인 附款이 그 본체인 행정행위의 효력에 어떠한 영향을 미칠까.

이에 대하여 第1說은 부관만이 무효가 될 뿐 본체인 行政行爲는 아무런 영향도 받지 아니하여 부관 없는 單純行政行爲가 된다, 第2說은 그 부관이 붙은 行政行爲 전체가 無效로 된다, 그리고 第3說은 원칙적으로 부관 없는 단순행정행위가 되지만, 附款이 본체인 行政行爲를 함에 중요한 본질적 요소가 되는 경우에 한하여 본체인 행정행위를 무효로 한다는 등 입장이 나뉜다.

생각건대 부관은 그 내용상 본체인 행정행위와 분리될 수 있는 성질을 가진 것이 있는가 하면, 반대로 본체인 행정행위의 중대하고 본질적인 요소가 되어 부관이 없었다면 그러한 행정행위를 하지 않았을 것으로 판단되는 경우도 있을 수 있기 때문에 第3說이 타당하다.[428] 이 경우 부관이 '본질적으로 중요한 요소'인가의 여부에 대한 판단은 행정청의 의사도 중요하지만 관련 법령의 취지, 당해 행정행위의 성질 및 내용 등도 고려되어야 한다.

■ 대법원 1985. 7. 9. 선고 84누604 판결

도로점용허가의 점용기간은 행정행위의 본질적인 요소에 해당한다고 볼 것이어서 부관인 점용기간을 정함에 있어서 위법사유가 있다면 이로써 도로점용허가 처분 전부가 위법하게 된다.

---

2. 위법한 부관에 대한 쟁송제도

(1) 序言

행정행위의 부관이 법적 한계를 일탈하여 위법하고 이로 인하여 국민의 권익을 침해하는 경우 부관부 행정처분(附款附 行政處分)을 받은 상대방은 어떻게 쟁송을 하여야 하는가 하는 문제가 제기된다. 즉, 위법한 부관만을 본체인 행정행위에서 떼어 독립적으로 행정쟁송의 대상으로 삼을 수 있는지, 아니면 부관부 행정처분 전체를 쟁송의 대상으로 하여야 하는지가 문제이다.

위법한 행정행위의 부관에 대한 사법적심사와 관련하여 위법한 부관에 대한 獨立爭訟可能性과 함께 獨立取消可能性이 구별하여 논의되고 있으나(즉, 附款의 獨立爭訟可能性이란 어떠한 부관을 본체인 행정행위로부터 독립하여 일부취소소송으로 다툴 수 있느냐 하는 문제, 다시 말해 어떠한 부관에 대하여 취소소송을 허용할 것인가 하는 취소소송의

---

428) 金南辰, 286쪽 ; 金東熙, 292쪽 ; 朴鈗炘, 390쪽. 다만 朴鈗炘 교수는 제3설을 주관설, 제1설을 객관설이라고 한다.

허용성에 관한 문제인데 대하여 附款의 獨立取消可能性란 어떠한 부관이 일부취소판결에 의하여 본체인 행정행위와는 상관없이 독립적으로 취소될 수 있는가 하는 취소소송의 이유유무에 관한 문제라는 것이다. 이와 같이 이론적으로 부관의 독립쟁송가능성은 소송요건이라는 절차법상의 문제이며, 독립취소가능성은 이유의 유무라고 하는 실체법상의 문제이므로 이점에서 양자를 구별해서 논해야 할 필요성이 있다는 것이다) 여기서는 절차법상의 문제인 부관의 독립쟁송가능성만 논하기로 한다.

결국 부관의 독립쟁송가능성의 문제는 부관의 처분성 인정여부의 문제에 해당한다. 따라서 부관의 처분성 인정 여부에 관한 학설과 판례를 검토하기로 한다.

(2) 學說

1) 負擔·其他附款區分說(負擔獨立爭訟說)[429]

이는 부관을 부담과 기타의 부관으로 구분한 후, 먼저 부담은 그 존속이 주된 행정행위의 존재에 종속되지만 그 자체로서 하나의 행정행위이므로 독립하여 행정쟁송의 대상이 될 수 있는데 반하여, 기타의 부관은 그 자체로서 하나의 독립된 행정행위로 볼 수 없으므로 독립하여 행정쟁송의 대상이 되지 않는다고 본다. 즉, 부담은 다른 부관과는 달리 본체인 행정행위와 불가분적 관계에 있는 것이 아니고 그 존속이 본체인 행정행위의 존재를 전제로 하는 것일 뿐 그 자체로서 독립된 하나의 행정행위가 되는 것이기 때문에 직접 행정소송의 대상이 될 수 있는 반면, 그 밖의 부관은 행정행위의 주된 의사표시부분에 종속된 의사표시로서 양자는 각각 별개의 행정행위를 이루는 것이 아니라 양자가 합하여 하나의 행정행위를 이루는 것이므로 부관만을 따로 떼어 독립적인 쟁송의 대상으로 삼을 수는 없는 것이고 부관의 위법을 이유로 하는 경우에도 당해 부관부 행정행위 전체를 한 개의 행정행위로 보아 쟁송을 제기할 수밖에 없다고 한다.[430]

2) 全面的 獨立爭訟可能說

① 訴益關聯說

이 견해는 訴의 利益이 있는 한 부담이든 조건이든 가리지 않고 모든 附款이 그 자체로서 독립하여 行政訴訟의 對象이 된다고 하는 입장이다.[431]

---

429) 姜儀中, 206쪽 ; 金道昶, 427쪽 ; 朴均省, 284쪽 ; 趙淵泓, 488쪽 ; 卞在玉, 311쪽 ; 石琮顯, 305~306쪽 ; 李尙圭, (爭訟法), 320쪽 ; 李在華, 190쪽 ; 千炳泰, 306쪽. 그런데 石琮顯 敎授의 견해는 부담·기타부관 구분설과 아래의 전면적 독립쟁송가능설 중 어느 입장인지 명확히 파악하기 어렵다.
430) 金東熙 敎授는 다른 부관에 대한 취소소송을 不眞正一部取消訴訟이라고 하는데 대하여, 부담에 대한 취소소송은 眞正一部取消訴訟이라고 한다(金東熙, 293~294쪽).
431) 金南辰, 289쪽.

이는 주된 행정행위로부터의 부관의 분리가능성 여부는 쟁송을 이유 있게 하는 것 (Begründetheit), 즉 附款의 獨立取消可能性(Aufhebbarkeit)과 관련된 것이지 쟁송의 許容性(Zulässigkeit), 즉 附款의 獨立爭訟可能性(Anfechtbarkeit)의 문제와 관계되는 것은 아니라는 이유에서 모든 부관에 대한 독립쟁송가능성을 인정하는 견해이다.

② 訴訟要件說

이 견해는 위법한 부관을 독립하여 취소할 수 있는가 하는 취소가능성의 문제는 본안에서의 이유유무의 문제라 할 것이므로 소송요건인 독립쟁송가능성의 문제와는 관계가 없다는 전제하에, 모든 위법한 부관은 일응 독립하여 행정쟁송(특히 取消訴訟)의 대상이 될 수 있다고 보는 입장이다.[432]

이는 요건판단의 문제인 소의 대상성 판단에 있어서 부관은 그것이 부담이든 조건이든 관계없이 모두 행정쟁송의 대상이 된다고 보는 견해이다. 이 설은 앞의 소익관련설이 부관의 분리가능성과 관련하여 독립쟁송가능성을 논하는 점에서의 차이를 제외하고는 두 견해가 모두 모든 부관을 쟁송대상으로 한다는 점에서 유사한 입장이라고 할 수 있다.

3) 可分離性基準說

이 견해는 당사자가 쟁송을 통하여 하자있는 부관만을 독립하여 다툴 수 있는가의 여부는, 법원의 본안심리를 통하여 당해 부관의 취소가 인정되는 경우에 주된 행정행위가 여전히 그 자체로서 존속할 수 있는가의 여부와 밀접한 관련을 갖는 것이므로, 이때에는 당해 부관의 독자적인 처분성 인정 여부가 중요한 것이 아니라 당해 부관이 주된(本體인) 행정행위와 분리하여 독자적으로 다툴 수 있는 정도의 분리가능성을 가지고 있는가 하는 것을 중요한 기준으로 파악한다. 따라서 이 견해는 부관의 독립쟁송가능성 여부의 문제를 법원에 의한 부관의 독자적인 취소가능성 문제의 전제조건으로서의 성격을 갖는다고 보면서, 부관만의 독립취소가 법원에 의하여 인정될 정도의 독자성, 즉 주된 행정행위와의 분리가능성을 갖는 부관이라면 '그 처분성 인정여부와 무관하게' 행정쟁송을 통하여 독자적으로 다툴 수 있다고 본다.[433]

이 견해는 처분성의 존재여부와는 전혀 관계없이 단지 분리가능성만 있으면 바로 행정쟁송이 가능하다는 입장으로 이해된다.

---

432) 朴鈗炘, 392쪽 ; 朴鐘局, 402쪽 ; 鄭夏重, 164쪽 ; 李日世, 「行政行爲의 附款과 行政訴訟」(公法學의 現代的 地平 心泉 桂禧悅博士華甲紀念論文集, 博英社, 1995), 654쪽.

433) 姜求哲, 396쪽 ; 徐元宇, 674쪽 ; 金性洙, 259쪽 ; 金鐵容, 185쪽 ; 柳至泰, 153쪽 ; 洪井善, 390쪽.

4) 獨立爭訟否定說

이 견해는 부관은 행정행위의 주된 내용에 부가된 부수적 규율이라는 점에서 행정행위의 일부이기 때문에 부관만을 독립하여 쟁송수단으로 다툴 수 없으며, 행정행위의 주된 내용과 부관을 전체 행정행위로서 하나의 소송물로 보아야 한다는 입장이다.[434]

즉, 위법한 부관으로 인하여 권리, 이익이 침해되는 경우에 부관이 중대하여 주된 행정처분의 중요한 부분을 차지하는 때에는 주된 행정처분자체를 행정소송의 대상으로 하여야 하고, 부관의 위법성이 주된 행정처분에 아무런 영향을 주지 않을 정도의 그다지 중요하지 않은 부관인 경우에도 부관은 주된 행정처분과 독립한 독자적인 처분으로 볼 수 없기 때문에 부관만을 분리해서 쟁송을 제기할 수 없고, 부관을 포함한 전체의 행정처분을 행정쟁송의 대상으로 하면서 '일부취소'의 변경판결로서 구제되어야 할 것이라고 한다.

이는 부관이라는 것이 종된 행정행위이지만 주된 행정행위와 결합하여 전체로서 하나의 행정행위를 구성한다고 볼 것이고(곧 附款은 行政行爲의 一部分을 意味), 동시에 부관의 의미는 부담이든 기타의 부관이든 관계없이 주된 행정행위와의 관련 속에서 진정한 의미를 갖는 것으로 이해한다. 따라서 부관만을 독립하여 쟁송의 대상으로 삼을 것인가의 여부는 형식적인 관점에서의 접근일 뿐 실질적인 관점에서의 접근은 아니라는 점에서, 부관의 하자를 다투는 경우에도 소송의 대상은 전체로서의 부관부 행정행위이어야 한다고 본다.

(3) 判例의 態度

대법원 판례는 원칙적으로 負擔·其他附款 區分說의 立場을 견지하면서 행정행위의 부관 중 행정행위에 부수하여 그 상대방에게 일정한 의무를 부과하는 행정청의 의사표시인 부담의 경우에는 그 자체만으로 행정쟁송의 대상이 될 수 있다고 판시하고 있다.

즉 대법원은 "행정행위의 부관은 부담의 경우를 제외하고는 독립하여 행정소송의 대상이 될 수 없다.",[435]"행정행위의 부관은 행정행위의 일반적인 효력이나 효과를 제한하기 위하여 의사표시의 주된 내용에 부가되는 종된 의사표시이지 그 자체로서 직접 법적 효과를 발생하는 독립된 처분이 아니므로 현행 행정쟁송제도 아래서는 부관 그 자체만을 독립된 쟁송의 대상으로 할 수 없는 것이 원칙이나, 행정행위의 부관 중에서도 행정행위에 부수하여 그 행정행위의 상대방에게 일정한 의무를 부과하는 행정청의 의사표시인 부담의 경우에는 다른 부관과는 달리 행정행위의 불가분적인 요소가 아니고 그 존속이 본체인 행정행위의 존재를 전제로 하는 것일 뿐이므로 부담 그 자체로서 행정쟁송의 대

상이 될 수 있다."436)는 것이다.

그리고 어떠한 행정행위의 부관인 부담에 정해진 바에 따라 당해 행정청이 아닌 다른 행정청이 그 부담상의 의무이행을 요구하는 의사표시를 하였을 경우 이러한 행위가 당연히 또는 무조건으로 행정소송법상 항고소송의 대상이 되는 처분에 해당한다고 할 수는 없다. 예컨대 건설부 장관이 공유수면매립면허를 함에 있어 그 면허를 받은 자에게 당해 공유수면에 이미 토사를 투기한 지방해운항만청장에게 그 대가를 지급하도록 한 부관에 따라 지방해운항만청장이 한 수토대금의 납부고지행위는 행정처분에 해당하지 않는다는 것이다.

이러한 이제까지의 대법원의 판례태도를 보면, 부담과 기타의 부관을 구분하여 기타의 부관과 달리 부담에 대하여는 독립쟁송가능성을 긍정하는 입장을 취하고 있음을 알 수 있다. 즉 이러한 판례의 경향은 학설상 부담·기타부관구분설을 견지하고 있는 것으로 볼 수 있다.

3. 所見

다시 말해 우리나라 판례는, 부관은 본체인 행정행위와 합하여 하나의 행정행위를 이루는 것이어서 본체인 행정행위에 중요한 요소인 부관인지 여부를 불문하고 부관만을 떼어 독립적인 쟁송의 대상으로 삼을 수 없고 당해 행정행위 전체의 취소 등을 구하여야 한다고 한다. 즉, 부관은 본체인 행정처분의 일부분으로 그 자체로서 직접 법적 효과를 발생하는 독립된 행정처분이 아니므로 부관 그 자체만을 독립된 쟁송의 대상으로 삼을 수 없고 전체로서의 부관부행정처분을 쟁송의 대상으로 삼아야 한다는 것이다.

우리나라 판례는, 그 문맥을 보면, 부담 그 자체로서 행정쟁송의 대상이 될 수 있다고 직접적으로 표현하거나,437)부담의 경우를 제외하고는 독립하여 행정소송의 대상이 될 수 없다고 간접적으로 표현하여438)결국 부담의 독립쟁송가능성을 인정하고 있다.

하지만 이 문제는 附款이 한계를 넘어 違法·無效인 境遇 行政行爲의 效力이 어떻게 되는가, 즉 위법한 부관의 효과를 어떻게 볼 것인가에 달려 있다고 보인다. 이에 대하여는 크게 세 가지로 대별할 수 있는데 ① 부관이 무효라면 본체인 행정행위도 무효이다, ② 부관이 무효라도 부관 없는 행정행위로서 유효하다, ③ 부관이 행정행위에 있어서 중요한 요소인 경우에는 부관의 무효는 행정행위 전체를 무효로 한다 등이 있다. 이 중에서 학설상으로는 세 번째 학설이 통설439)이나 무엇이 행정행위의 중요한 요소냐 하는 판단

---

436) 대법원 1992. 1. 21. 선고 91누1264 판결.
437) 대법원 1992. 1. 21. 선고 91누1264 판결.
438) 대법원 1991. 12. 13. 선고 90누8503 판결.
439) 田中二郎, 130쪽.

은 개별적·구체적으로 하지 않을 수 없어서 그 판단도 용이한 것만은 아니다.

종래 행정행위의 효과 제한만이 부관의 기능으로 보았으나 오늘날에는 효과의 보충 또는 행정의 탄력적 대응의 가능성을 열어주는 것440)등 다양한 기능을 수행하고 있다고 볼 때 부담 역시 부관으로서 행정행위의 일부분이지 그 자체의 독립한 행정행위가 아니기 때문에 다른 모든 부관과 함께 취소소송의 대상이 된다고 하겠다.

오늘날 증가일로에 있는 수익적 행정행위에 있어 본체인 행정행위의 효과를 그대로 향유하면서 흠 있는 부관에 대해서만 불복하여 그 효력을 다투고자 하는 경우가 많을 터인바, 이에 대한 제도적 뒷받침이 필요하다고 하겠다. 우리 행정소송법은 부관만을 분리하여 취소소송의 대상으로 하는 진정일부취소소송을 인정하지 아니하고 변경소송만을 허용하고 있으므로 그 소송의 형태는 부관이 붙은 행정행위전체를 대상으로 하여 소를 제기하여 부관만의 취소를 구하는 不眞正一部取消訴訟의 形態를 취할 수밖에 없을 것이다. 한편 행정행위의 취소를 논하는 경우 그 취소는 행정행위의 '전부취소'뿐만 아니라 '부분취소'도 의미함은 주지의 사실인바441)그 부분취소가 빛을 발하는 곳이 바로 부관의 취소라고 하겠다.

우리나라 법원의 실무를 보면, 항고소송의 대상인 처분성 여하가 소의 이익 내지 원고적격보다 먼저 논의되고 있으며, 소의 이익을 논하기 전에 처분성이 없다는 이유만으로 부적법 각하판결을 내리고 있다.

이에 비추어 볼 때, 분리가능성의 문제는 이유유무의 문제로서 본안에서 판단하여야 할 실체적 사항임에도 불구하고 이를 독립쟁송가능성의 단계에서 처분성 요건보다 먼저 고려하여야 한다든가, 처분성, 소의 이익이 인정된 뒤 쟁송가능성이 있는 경우에 비로소 본안 심리가 진행되어 법원이 분리가능성이 없으면 일부 취소판결을 할 수 없어 기각판결을 내려야 하는데도 각하 판결을 하여야 한다는 등의 주장은 수긍하기 어렵다.

제6절 行政行爲의 成立要件과 效力發生要件

Ⅰ. 행정행위의 성립요건

행정행위가 성립하기 위해서는 어떤 행정기관에 의해 행정의사가 내부적으로 결정되고 (내부적 성립요건), 외부적으로 표시되어야 한다(외부적 성립요건).

■ 대법원 1999. 8. 20. 선고 97누6889 판결

---

440) 塩野 宏, (Ⅰ), 149쪽.
441) H. Maurer, a.a.O. §12 Rn.23, S.325.

[행정처분의 성립요건]

　일반적으로 행정처분이 주체·내용·절차 및 형식이라는 내부적 성립요건과 외부에의
표시라는 외부적 성립요건을 모두 갖춘 경우에는 행정처분이 존재한다고 할 수 있다.

Ⅱ. 행정행위의 적법요건

적법요건을 충족시키지 못한 행정행위는 위법한 행정행위가 된다.

1. 주체

　행정행위는 정당한 권한을 가진 자가 권한 내의 사항에 대하여 정상적인 의사에 기하여
행한 것이어야 한다.

2. 내용

　행정행위는 그 내용이 명확·특정·실현가능·적법·타당한 것이어야 한다.

3. 절차

　행정절차법상 청문, 이유부기 등 절차상 하자에 기한 행정행위의 효력이 논쟁거리이나,
그 행정행위는 하자있는 것으로 취소할 수 있는 행위가 됨이 원칙이다.
　절차상 하자에 의한 무효와 취소의 구분은 대립하는 당사자의 공정한 이익조정을 위하
여 또는 이해관계인의 권익보장을 위하여 필요불가결한 중요한 절차의 하자는 무효이
고, 행정의 능률·원활·참고 등을 위한 편의적 절차에 불과한 경우에는 취소사유라고 하
겠다.

4. 형식

　행정청이 처분을 하는 때에는 특별한 규정이 없는 한 문서로 하여야 한다.(행정절차법
제24조) 그리고 행정청이 처분을 하는 경우에는 원칙적으로 당사자에게 그 근거와 이유
를 제시하여야 한다.

Ⅲ. 행정행위의 효력발생요건

　행정행위는 그 성립을 전제로 효력발생요건을 충족함으로써 효력이 발생한다. 다만
상대방 있는 행정행위의 경우는 특정 상대방에게 도달함으로써 효력이 발생한다.

■ 대법원 1996. 12. 20. 선고 96누9799 판결
[상대방 있는 행정처분의 경우 그 효력발생 요건]
　상대방 있는 행정처분에 있어서는, 달리 특별한 규정이 없는 한, 그와 같은 처분을 하였음을 그 상대방에게 서면으로 고지하여야만 그 상대방에 대하여 그와 같은 행정처분의 효력이 발생한다.

■ 대법원 2003. 7. 22. 선고 2003두513 판결
　문화재보호법 제13조 제2항은, 같은 조 제1항에 의한 중요문화재 가지정의 효력이 가지정문화재의 소유자·점유자 또는 관리자에게 통지한 날로부터 발생한다고 규정하고 있는바, 여기에서 말하는 통지는 행정처분을 상대방에게 표시하는 것으로서 상대방이 인식할 수 있는 상태에 둠으로써 족하고, 객관적으로 보아서 행정처분으로 인식할 수 있도록 고지하면 되는 것이다.

■ 대법원 1989. 9. 26. 선고 89누4963 판결
　행정처분의 효력발생요건으로서의 도달이란 상대방이 그 내용을 현실적으로 양지할 필요까지는 없고 다만 양지할 수 있는 상태에 놓여짐으로써 충분하다고 할 것인데, 갑의 처가 갑의 주소지에서 갑에 대한 정부인사발령통지를 수령하였다면 비록 그때 갑이 구치소에 수감중이었고 처분청 역시 그와 같은 사실을 알고 있었다거나 갑의 처가 위 통지서를 갑에게 전달하지 아니하고 폐기해 버렸더라도 갑의 처가 위 통지서를 수령한 때에 그 내용을 양지할 수 있는 상태에 있었다고 볼 것이다.

　특정 상대방이 없는 경우에는 공고의 방법에 의한 고지를　하는데, 특별한 규정이 없는 한 관보 등에 공고 후 14일 경과하면 그 효력이 발생한다(행정절차법 제15조 제③항).

제7절　行政行爲의 效力

　종래 통설에 의하면 행정행위의 효력으로 구속력, 공정력, 확정력(존속력−불가쟁력과 불가변력), 강제력으로 나눠 설명하는데 반해 최근 유력설은 구속력(내용적구속력), 공정력, 구성요건적효력, 존속력, 강제력으로 나눠 설명하기도 한다.442)

Ⅰ. 公定力(豫先的 效力)443)

---

442) 金南辰, 297~316쪽.
443) 公定力은 흔히 O. Mayer에 의하여 주장된 自己確認力(Selbstbezeugungskraft)을 일본문헌

1. 의의

公定力의 개념은 학자들에 따라 그 정의가 한결같지 않다.

(1) 전통적 견해

전통적 견해에 의하면 행정행위에 하자가 있는 경우에도 당연무효가 아닌 한 권한 있는 기관에 의하여 취소되기까지는 행정행위의 상대방 또는 제3자(다른 국가기관)에 대하여 유효한 것으로 통용되는 힘 또는 유효한 것으로 인정되어 관계인을 구속하는 힘(有效性推定力)으로 파악함으로써 선결문제에 대한 심리판단권을 가질 수 있는지 여부를 행정행위의 공정력과 관련하여 문제삼고 있다.444)

이러한 行政行爲의 公定力을 항고소송의 배타성에서 발생하는 반사적 효과로 파악하면서 行政行爲의 실체법적 효력인 拘束力(Verbindlichkeit)을 승인시키는 절차법적 효력으로 이해하고 있다.445)

(2) 새로운 견해

광의의 공정력을 협의의 공정력과 구성요건적 효력으로 구분하여 이해한다.446)즉 행정행위는 당연무효가 아닌 한 하자가 있다 하여도 권한 있는 기관에 의해 취소되기까지는 행위의 상대방이나 이해관계인을 절차적으로 구속하는 힘이 있는데, 이런 절차적·잠정적 효력을 공정력이라고 하고, 행정행위의 처분청 이외의 행정기관 및 취소소송 수소법원 이외의 법원 등 다른 국가기관에 대한 구속력을 구성요건적 효력이라고 한다.

모든 국가기관은 행정행위의 하자의 존부를 불문하고 그 처분의 존재를 존중하여 그와 관련된 결정을 함에 있어서 판단의 기초 내지 구성요건으로 하여야 하기 때문에, 선결문제는 공정력과 관련된 문제가 아니라 구성요건적 효력과 관련된 문제라는 것이다.

(3) 검토

새로운 견해는 ⅰ) 양자는 상대방에 따라 모습을 달리할 뿐 양자를 구별할 논리적 필연성이나 실익이 없는 점 ⅱ) 공정력을 배제하기 위한 것이 취소소송인바 새로운 견해는 역전된 논리 전개인 점에서 비판받는다. 판례도 공정력이란 개념을 사용하고 있다.

에서 번역한 용어라고 하나(李尙圭, 402쪽), K. Kormann의 'Die publizistische Kraft des Verwaltungsakt'의 飜譯語에 해당된다고 한다(鄭夏重, 行政行爲의 公定力, 拘束力 그리고 存續力(上)(考試研究, 1999. 2.) 26쪽).
444) 金道昶, 435,442쪽 ; 李尙圭, 402, 407~409쪽.
445) 李尙圭, 403쪽.
446) 金南辰, 301쪽.

■ 대법원 1994. 11. 11. 선고 94다28000 판결

　행정처분이 아무리 위법하다고 하여도 그 하자가 중대하고 명백하여 당연무효라고 보아야 할 사유가 있는 경우를 제외하고는 아무도 그 하자를 이유로 무단히 그 효과를 부정하지 못하는 것으로, 이러한 행정행위의 공정력은 판결의 기판력과 같은 효력은 아니지만 그 공정력의 객관적 범위에 속하는 행정행위의 하자가 취소사유에 불과한 때에는 그 처분이 취소되지 않는 한 처분의 효력을 부정하여 그로 인한 이득을 법률상 원인 없는 이득이라고 말할 수 없는 것이다.

　이와 같은 정의상의 차이에도 불구하고 行政行爲의 公定力을 항고소송제도의 배타적 관할로부터 발생하는 반사적 효과로서 節次法的인 效力이라는 점에 있어서는 대부분 견해가 일치하는 것처럼 보인다.447) 하지만 公定力의 槪念 및 適法性 내지는 有效性의 推定理論의 타당성여부와 그리고 이른바 公定力과 構成要件的 效力과의 관계는 우리의 학계에서 아직도 명확하게 규명되고 있지 못하고 있다.

2. 공정력의 인정근거

(1) 이론적 근거

1) 自己確認說

　O. Mayer는 행정행위는 그것이 하자가 있다고 할지라도 무효에 이르지 않는 한 그것이 행정청이나 행정법원에 의하여 취소될 때까지 일단 하자가 없는 것처럼 효력을 갖는다고 하였다.

　그는 공권력주체의 의사표시와 사인의 법률행위와의 원칙적인 차이가 존재한다고 하면서, 사인은 자신의 의사표시의 적법성을 입증하지 못한다면 효력을 주장할 수 없으나 행정행위는 그것이 공권력주체의 일반적인 관할권내에서 발하여진다면, 동시에 그의 적법성의 요건이 충족되고 있다는 것을 확인한다. 적법성에 대한 自己確認(Selbstbezeugung)

---

447)　金南辰, 300~301쪽 ; 洪井善, 329쪽 ; 鹽野 宏, (Ⅰ),116쪽.
　　　獨逸의 行政節次法 제43조 제1항은 행정행위는 그가 상대방에 고지된 시점부터 상대방에 대하여 유효하다고 규정하고 있으며 제43조 제2항에서는 이러한 행정행위의 유효성은 그가 취소, 철회 또는 기타의 방법으로 폐지되지 않거나 다른 방식으로 실효되지 않는 한 존속한다고 규정하고 있다. 독일의 行政節次法은 告知, 理由附記, 聽聞 등의 단순한 절차적 규정들 이외에도 그동안 학설과 실무에서 발전되어온 確約, 行政行爲의 有效와 無效事由, 撤回와 取消와 같은 행정법 총론에 관한 실체법적 규정들을 담고 있다. 우리나라의 多數說은 公定力을 節次法的인 效力으로 보고 있는 바 이는 독일에서 行政行爲의 暫定的 有效性을 行政節次法에서 규정하고 있는데서 기인하는 것으로 보인다.

과 그에 따른 행정행위의 유효성은 보다 강력한 관할권에 의하여만 극복될 수가 있다고 하였다.

2) 國家權威說

Forsthoff는 행정행위는 사법상의 의사표시와는 달리 원칙적인 유효성을 갖는 바 이는 바로 행정행위의 법적 성격에서 나온다고 하였다. 행정행위는 그의 적법·위법을 불문하고 어느 경우에든 국가권위의 표현이며 그 자체로 준수에 대한 요구권을 갖고 있다. 행정행위는 그것이 규범의 구체화이기 때문에 유효한 것이 아니라 국가의 권위가 그에게 통용력을 부여하기 때문에 유효한 것이라고 하였다. 그 때문에 법률에 적합하지 않은 행정행위는 비록 하자는 있으나 필연적으로 무효가 되는 것은 아니라고 하였다.

3) 豫先的特權說

행정결정에 대하여 국민은 사후에 불복신청을 한다 하더라도 우선은 복종을 하여야 하며 원칙적으로 모든 행정결정은 그 자체에 집행력을 가지고 있으며, 공권력은 법률행위에 의하여 자기 권리를 스스로 결정하고 이를 집행에까지 끌고 가는 특권을 가지며 이러한 예선적 집행에 의하여 권리침해를 받은 관계인이 불복신청을 하더라도 그것은 그 절차적 집행을 정지시키지 아니한다고 한다.

4) 法的安定說(行政政策說)

이 설은 공권력의 근거를 행정목적의 신속한 달성, 행정법관계의 안정성 유지, 상대방의 신뢰보호 같은 정책적 고려에서 구한다.

즉 行政行爲의 잠정적인 有效性에 대한 입법정책적인 근거는 行政行爲는 法治國家에서 法令의 解釋과 適用에 대한 권위적인 결정을 포함하고 있으며 이러한 결정이 형식적으로 존재하고 있는 한 法的 安定性을 위하여 모든 사람은 이를 신뢰하여야 한다는 것이다.

5) 취소소송의 배타적관할설

현행법상 행정행위를 둘러싼 분쟁의 경우 그 행정행위의 취소는 취소소송에 의해서만 할 수 있도록 되어 있는바, 이를 취소소송의 배타적 관할이라고 하는데 공정력은 이러한 취소소송의 배타적 관할에 따른 반사적 효과라고 한다.

6) 小結

현재의 다수설은 행정정책설로서 행정의 실효성 확보, 법적 안정성, 신뢰보호의 원리 등에서 공정력의 이론적·실질적 근거를 찾는다. 行政行爲의 잠정적인 有效性은 상대방과 관계인이 수인하기를 원하지 않을 때에는 訴提起와 함께 假救濟를 통하여 有效性을 저지 또는 제거할 수 있고, 우리나라의 경우 獨逸과 같이 行政行爲의 暫定的인 有效性을 규정하고 있는 명시적인 규정은 없으나 뒤에서 보듯 行政審判法 내지는 行政訴訟法의 取消審判 및 取消訴訟에 관한 규정을 간접적인 實定法的 根據로 본다면 법적 안정성 내지 실효성확보에서 그 근거를 찾을 수 있겠다.

(2) 실정법적 근거

공정력을 직접 인정한 명문규정은 없으나, 행정소송법상의 취소소송에 관한 규정, 제소기간, 직권취소 규정 등에서 찾아볼 수 있다.448)

3. 공정력의 본질과 입증책임문제

공정력은 절차적 효력에 불과하며 행정행위의 적법성 추정이 아니라 유효성 추정이라 할 것이다. 적법성추정설은 입증책임에 관해 원고부담설을 취하나 유효성추정설에 의할 때 입증책임과는 무관하며 입증책임의 일반이론에 의해 판단한다. 즉 권리근거규정의 요건사실(권리발생사실)은 행정청이, 반대규정의 요건사실(권한장애사실)은 원고측이 입증책임을 진다고 한다.

> ■ 대법원 1964. 5. 26. 선고 63누142 판결
> 일정한 행정처분에 의하여 국민이 일정한 이익과 권리를 취득하였을 경우에 위 기존의 행정처분을 취소하는 행정처분은 이미 취득한 국민의 기존이익과 권리를 박탈하는 별개의 행정처분으로 그 취소될 행정처분에 있어서의 하자 또는 취소하여야 할 공공의 필요가 있어야 할 것이며 그 하자 또는 취소하여야 할 필요성에 대한 입증책임은 기존의 이익과 권리를 침해하는 처분을 한 그 행정청에게 입증책임이 있다고 해석하여야 할 것이며 위와 같은 입증책임 문제는 소위 '행정처분의 공정력'과는 별개의 문제라고 할 것이다.

4. 공정력의 한계

(1) 무효인 행정행위의 경우

무효인 행정행위에는 인정되지 않는다. 행정의 실효성은 별론으로 하고 법적 안정성,

---

448) 집행불정지제도에 대해 과거 공정력의 논리적 귀결설이 있었으나 현재는 입법정책의 문제로 파악하고 있다.

신뢰보호 등이 필요 없기 때문이다.

(2) 사실행위, 비권력적 행위, 사법행위의 경우

사실행위, 비권력적 행위, 사법행위 등의 경우에는 원칙적으로 미치지 않는다.

(3) 공정력과 구성요건적 효력의 관계
1) 구별문제

이에 대해 긍정설449)과 부정설450)이 있다. 양자의 구별을 부정하는 입장에서는 공정력과 동일한 개념으로 파악하기 때문에 구성요건적 효력을 논할 필요는 없을 것이다.

2) 의미적 차이

구별긍정론의 입장에서 공정력은 행정행위가 무효가 아닌 한 행정행위(처분)로 인하여 법률상이익을 침해받은 자는 행정쟁송을 통해서만 그의 효력을 부인할 수 있게 하는 구속력, 즉 상대방이나 이해관계인에 대한 구속력을 의미한다. 그리고 構成要件的 效力은 유효한 행정행위가 존재하는 한 모든 국가적 기관(취소권을 행사할 수 있는 처분청과 재결청, 受訴法院을 제외한 행정기관·법원)은 그의 존재를 존중하여 스스로의 판단의 기초내지는 구성요건으로 삼아야 한다는 행정행위의 다른 국가기관에 대한 구속력을 말한다.

Ⅱ. 行政行爲의 拘束力(Verbindlichkeit)

행정행위의 구속력이란 의도된 법적 효과를 발생하는 것을 의미하며 행정행위의 유효성의 본질적인 부분으로, 이러한 拘束力은 개개의 行政行爲의 실체적인 규율내용에 의존하고 있어 내용적 구속력이라고도 한다.451)구속력은 모든 행정행위에 당연히 인정되는 실체법상의 효력이다. 그 구체적 내용은 바로 행정행위의 내용문제이다.

Ⅲ. 構成要件的 效力(Tatbestandswirkung)

1. 개념

---

449) 金南辰, 305쪽 ; 石琮顯, 324쪽 ; 柳至泰, 161쪽.
450) 朴鈗炘, 403쪽.
451) 鄭夏重교수는 (1) 行政行爲의 相對方 및 第三者에 대한 拘束力, (2) 處分廳에 대한 拘束力 ― 自縛力(Selbstbindungswirkung), (3) 處分廳 및 受訴法院 이외의 國家機關에 대한 拘束力 1) 構成要件的 效力(Tatbestandswirkung) 2) 規準力(Massgeblichkeit) 또는 遵守力(Beachtlichkeit) 3) 確認的 效力(Festellungswirkung)을로 나눠 설명하고 있다(同, 前揭論文, 25쪽 이하).

오늘날 행정법 관련 문헌에서 모든 행정청과 법원에 대한 행정행위의 구속력을 構成要件的 效力이라고 표현하고 있다.452)즉 구성요건적 효력이란 유효한 행정행위가 존재하는 이상 비록 흠(하자)이 있는 행정행위일지라도 모든 국가기관은 그의 존재 및 행정행위의 내용을 존중하며, 스스로의 판단의 기초 내지는 구성요건으로 삼아야 하는 구속력을 말한다고 정의내리고 있다.453)

2. 근거

행정행위의 구성요건적 효력의 근거는 국가기관은 상호 권한 내지는 관할을 달리하는 데에서 찾을 수 있다. 이러한 국가기관 상호간의 권한분배는 권력분립의 원칙 또는 국가작용의 효율적 수행에 그 근거가 있다.

3. 범위와 한계

(1) 행정행위가 무효인 경우에는 구성요건적 효력이 미치지 않는다.

(2) 구성요건적 효력은 법원에 대하여도 미치지만 구성요건적 효력이 법원에 미치는 범위는 법률에 의해 법원의 관할이 어떻게 정해져 있는가, 즉 법원에 대한 관계에서 구성요건적 효력은 法院의 裁判管轄權의 問題와 밀접한 관계를 갖는다. 행정소송법에 행정소송사건의 심리·판단권이 명문으로 규정되어 있으므로 구성요건적 효력은 행정소송의 수소법원에는 미치지 않는다. 현행법상 행정행위의 취소는 취소소송의 수소법원의 배타적 관할로 하고 있다. 따라서 민사법원이나 형사법원은 원칙상 선결문제로서 행정행위를 취소할 수는 없다고 본다. 따라서 취소할 수 있는 행정행위에 있어서 민사법원이나 형사법원은 행정행위의 효력을 부인하는 것이 선결문제가 된 경우에도 구성요건적 효력이 미친다고 보아야 한다. 그러나 행정행위의 무효의 확인은 항고소송을 담당하는 법원의 배타적 관할로 되어 있지 않으므로 민사법원이나 형사법원에 의해서도 가능하다. 일반적으로 법원은 법을 적용하여 법적 분쟁을 해결하는 기관이므로 법률에 의해 금지되지 않는 한 관할권의 범위 내에서 어떠한 법적 문제도 심판할 수 있다고 보아야 한다. 따라서 민사법원이나 형사법원은 선결문제로서 유효한 행정행위의 효력을 부인하는 것

---

452) Hans J. Wolff/Otto Bachof/Rolf Stober, a.a.O. §20 Rn.64, S.241 ; Maurer, a.a.O. §11 Rn.8, S.265∼266.

453) 金南辰, 304∼305쪽. 최근 유력한 학설은 행정행위의 단순한 존재 그 자체에 법률이 결부시키고 있는 효력과 행정행위의 내용적인 구속력과의 구별을 강조하면서 構成要件的 效力을 좁은 의미로 이해하여 법률이 특정한 행정행위의 존재에 결부시키는 효력으로 제한할 것을 주장하면서 행정행위가 처분청 이외에 다른 국가기관에 대하여 갖고 있는 내용적인 구속력을 規準力(Massgeblichkeit) 또는 遵守力(Beachtlichkreit)이라는 용어를 쓸 것을 제안하기도 한다.

을 제외하고는 행정행위의 위법 여부, 효력 유무, 존재 여부를 심리·판단할 수 있는 것으로 보아야 한다.

4. 先決問題와의 關聯

우리나라의 경우 행정행위의 효력 여부, 위법 여부가 민사재판(국가·지방자치단체 상대의 손해배상청구 사건, 부당이득반환청구사건 등) 또는 형사재판의 선결문제(Vorfrage)가 되는 경우 당해 사건의 수소법원이 직접 심리할 수 있느냐 여부의 문제를 행정행위의 공정력과 관련시켜 설명해 왔다. 그러나 구성요건적 효력과 공정력을 이질적인 것으로 보는 입장에서는, 그 선결문제는 공정력과는 무관하며, 구성요건적 효력과 관련시켜 논하지 않을 수 없게 된다.454)

(1) 민사사건의 경우
1) 행정행위의 효력여부가 선결문제인 경우
예컨대 과세처분의 무효를 이유로 납부한 세금에 대해 부당이득반환청구소송으로 반환을 청구하는 경우, 구성요건적 효력은 적법성 추정이 아니라 유효성 추정이므로 당연무효인 경우는 민사법원이 직접 무효로 판단할 수 있어 원고청구의 인용이 가능하다는 입장과 위법성을 심사하여 그 효력을 부인할 수 있는 기관은 취소쟁송을 제기받은 행정청 또는 법원뿐이라는 이유에서 위법성을 심사할 수 없다는 입장455)이 있다.

2) 행정행위의 위법여부가 선결문제인 경우
예컨대 행정청의 철거명령으로 인해 집을 철거당한 사람이 그 철거명령의 위법을 이유로 국가배상을 청구한 경우에 관할법원은 그 철거명령의 위법성을 스스로 심사할 수 있는가?

① 긍정설
행정행위의 효력 여하에 관계없이 그 위법성만이 문제되므로 다른 (민사)법원이 그 위법성을 확인할 수 있다는 견해로 다수설이다.456)
ⅰ) 구성요건적 효력은 행정행위의 유효성 추정에 부과하고 적법성 추정은 아니기 때

---

454) 姜求哲, 408~409쪽 ; 金南辰, 306쪽 ; 朴鍾局, 415쪽 ; 石琮顯, 319쪽 ; 孟長燮, 「行政行爲의 拘束力」(考試界, 1989. 7.), 65~75쪽 ; 愼保晟, 「行政行爲의 違法性과 先決問題」(考試研究 1987. 10.), 118~126쪽.
455) 姜求哲, 410쪽.
456) 姜求哲, 409쪽.

문에 행정행위의 위법성을 확인하는 데 그치는 것은 구성요건적 효력에 반하지 않는다. ⅱ) 선결문제 전담법원이 없는 이상 본안심리법원이 심리함이 당연하다. ⅲ) 행정상 손해배상의 위법성은 행정쟁송의 위법성보다 넓다는 전제에서 국가배상 사건에 있어서의 위법성 판단에 관한 상대적 독자성을 강조하는 견해457)등이 제시되고 있다.

② 부정설

행정행위 당연무효가 아닌 한 민사소송에서 위법성을 확인할 수 없다고 한다. 그 근거로는 ⅰ) 모든 국가기관은 행정행위의 구성요건적 효력에 의한 구속을 받는다는 점 ⅱ) 취소소송의 배타적 관할원칙상 민사법원은 행정행위 취소권이 없다는 점 ⅲ) 현행 행정소송법 제11조 규정 취지, 즉 처분 등의 효력의 유무 또는 존재여부에 대해서만 선결문제 심판권을 가진다고 규정하고 있는 점 등을 제시하고 있다.458)

③ 판례

대법원 판례는 긍정설을 취하고 있다.

> ■ 대법원 1972. 4. 28. 선고 72다337 판결
> 위법한 행정대집행이 완료되면 그 처분의 무효확인 또는 취소를 구할 소의 이익은 없다 하더라도, 미리 그 행정처분의 취소판결이 있어야만, 그 행정처분의 위법임을 이유로 한 손해배상 청구를 할 수 있는 것은 아니다.

④ 검토

구성요건적 효력이 적법추정은 아니고, 행정소송법 제11조 제1항을 제한적으로 해석할 것이 아니며, 위법 판단이 바로 효력부인은 아니므로 긍정설이 타당하다고 하겠다.

(2) 형사사건의 경우

1) 행정행위의 효력(유효성)여부가 선결문제인 경우

예컨대 위법사유있는 운전면허를 가진 자의 운전이 무면허운전에 관한 처벌규정의 적용을 받을 것인가?

① 선결문제가 단순위법인 경우

---

457) 金東熙, 305~306쪽.
458) 李尙圭, 408쪽.

행정행위의 효력을 부인하는 것이 형사소송에서 선결문제가 된 경우, 즉 위법한 행정행위가 취소되지 않아 효력이 있음으로 인하여 범죄가 성립하는 경우에는 형사법원이 행정행위의 하자를 심사하여 행정행위의 효력을 부인하는 것은 민사소송처럼 구성요건적 효력에 반하므로 인정될 수 없다고 보는 것이 多數의 見解이다.459)

> ▣ 대법원 1982. 6. 8. 선고 80도2646 판결
> 연령미달의 결격자인 피고인이 소외인의 이름으로 운전면허시험에 응시, 합격하여 교부받은 운전면허는 당연무효가 아니고 도로교통법 제65조 제3호의 사유에 해당함에 불과하여 취소되지 않는 한 유효하므로 피고인의 운전행위는 무면허 운전에 해당하지 아니한다.
>
> ▣ 대법원 1992. 8. 18. 선고 90도1709 판결
> 구 도시계획법(1991. 12. 14. 법률 제4427호로 개정되기 전의 것) 제78조 제1항에 정한 처분이나 조치명령을 받은 자가 이에 위반한 경우 이로 인하여 같은 법 제92조에 정한 처벌을 하기 위하여는 그 처분이나 조치명령이 적법한 것이라야 하고, 그 처분이 당연무효가 아니라 하더라도 그것이 위법한 처분으로 인정되는 한 같은 법 제92조 위반죄가 성립될 수 없다(대법원 1996. 7. 12. 선고 96도1237 판결 참조).

② 선결문제가 당연무효인 경우
형사법원이 그 선결문제의 판단권이 있다.

2) 행정행위의 위법성여부가 선결문제인 경우
예컨대 식품위생법상 식품접객업자에게 가해진 영업행위에 관한 제한의 위법을 이유로 기소된 경우에 형사법원은 그 제한이 위법한지를 독자적으로 판단할 수 있는가?

① 학설
행정행위의 위법 여부가 犯罪構成要件의 문제로 되는 경우 즉, 위법한 명령에 따르지 않은 경우에는 범죄가 성립하지 않는다고 보는 경우에는 행정행위의 효력의 부인이 아니라 행정행위의 위법성을 확인하는 것이 형사소송의 선결문제가 된다. 이 경우에 민사소송에서와 동일하게 행정행위의 위법성을 확인하는 것은 행정행위의 효력을 부인하는 것은 아니므로 구성요건적 효력에 반하지 않는다고 보는 것이 多數의 見解이다.460)

---

459) 姜求哲, 411쪽 ; 洪井善, 335~336쪽.
460) 姜求哲, 411쪽 ; 洪井善, 336쪽.

② 판례

대법원도 온천법 제15조에 의거한 온천시설개선명령의 위법성여부가 형사재판의 선결문제가 된 사안에서 이를 긍정하였다.

■ 대법원 1986. 1. 28. 선고 85도2489 판결

　동래구청장의 시설개선명령은 온천수의 효율적인 수급으로 온천의 적절한 보호를 도모하기 위한 조치로서 위 온천법 제15조가 정하는 온천의 이용증진을 위하여 특히 필요한 명령이라 할 것이니 이를 이행하지 아니하여 이에 위반한 피고인등의 소위는 온천법 제26조 제1호, 제15조의 구성요건을 충족하였다고 할 것이다.

Ⅳ. 확정력(존속력)

1. 형식적 확정력(불가쟁력)

(1) 의의

　하자있는 행정행위라 할지라도 그에 대한 쟁송제기기간이 경과하거나 쟁송절차가 종료된 경우에는 행정행위의 상대방이나 이해관계인은 더 이상 행정행위의 효력을 다툴 수 없게 하는 효력을 말한다.461)불가쟁력은 행정법관계의 안정성을 확보하기 위한 절차법적 효력이다.

(2) 효력의 발생시기(성립)

　불가쟁력은 쟁송수단이 인정되지 않는 행정행위는 그 행위의 발효와 동시에 발생하며, 행정쟁송이 인정되는 경우에는 제소기간의 경과, 심급의 종료와 동시에 발생한다.

(3) 재심사의 청구

　기초사실이나 법상태의 변경, 새로운 증거의 제출, 확정판결에 대한 재심사유가 발생한 경우 불가쟁력이 발생한 행정행위에 대해서도 상대방의 재심사청구가 요청된다고 할 것이다.

---

461) 대법원 2004. 7. 8. 선고 2002두11288 판결(확정력의 의미 : 일반적으로 행정처분이나 행정심판 재결이 불복기간의 경과로 인하여 확정될 경우 그 확정력은, 그 처분으로 인하여 법률상 이익을 침해받은 자가 당해 처분이나 재결의 효력을 더 이상 다툴 수 없다는 의미일 뿐, 더 나아가 판결에 있어서와 같은 기판력이 인정되는 것은 아니어서 그 처분의 기초가 된 사실관계나 법률적 판단이 확정되고 당사자들이나 법원이 이에 기속되어 모순되는 주장이나 판단을 할 수 없게 되는 것은 아니다).

2. 실질적 확정력(불가변력)

행정청이 당해 행정행위를 취소 또는 변경할 수 없게 하는 힘을 말하는데, 이는 법령에 명문의 규정이 없더라도 인정되는 실체법적 효력으로 행정행위의 처분청에 대한 효력이다. 무효인 행정행위에는 실질적 존속력이 없다.

> ▣ 대법원 2000. 2. 25. 선고 99두10520 판결
> 행정청이 일단 행정처분을 한 경우에는 행정처분을 한 행정청이라도 법령에 규정이 있는 때, 행정처분에 하자가 있는 때, 행정처분의 존속이 공익에 위반되는 때, 또는 상대방의 동의가 있는 때 등의 특별한 사유가 있는 경우를 제외하고는 행정처분을 자의로 취소(철회의 의미를 포함한다. 아래에서도 같다)할 수 없다고 할 것이다(대법원 1990. 2. 23. 선고 89누7061 판결 참조).

3. 양자의 관계

불가쟁력은 주로 행정행위의 상대방 및 이해관계인에 대한 구속력인데 대하여 불가변력은 주로 처분청 등 행정기관에 대한 구속력이다. 그리고 불가변력이 있는 행정행위라도 그 상대방 또는 이해관계인은 쟁송제기기간 내에 행정소송을 제기해서 당해 행정행위의 효력을 다툴 수 있다. 불가쟁력은 절차적 효력인데 반하여 불가변력은 실체법적 효력이다.

V. 강제력(집행력 · 제재력)

행정행위에 의해 부과된 의무를 상대방이 이행하지 않는 경우 私法行爲와는 달리 행정청은 법원의 힘을 빌리지 않고 자력으로 그 이행을 강제할 수 있는 것을 말한다. 행정행위의 집행력은 행정행위 자체에 내재하는 것이 아니라 법률의 근거가 있어야 하는데, 행정대집행법, 국세징수법 등이 있다.

제8절   行政行爲의 瑕疵와 그 效果

I. 개설

1. 하자의 의의

行政行爲가 有效하게 성립하기 위해서는 法에 적합하여야 하며 또한 公益에 가장 적합

한 것이어야 한다. 이러한 適法性 또는 公益適合性의 요건을 갖추지 못한 행정행위는 違法 또는 不當한 행위로서 하자있는 행정행위인 것이다. 즉 하자(흠)는 법령이나 공익에 위반한 행정행위의 상태, 다시 말해서 위법·부당한 행정행위를 가리킨다.

이러한 의미의 행정행위의 하자(위법·부당)가 그 효력에 어떠한 영향을 미치는가의 문제가 행정행위의 하자론이다.462)

2. 하자의 유형

행정행위의 하자는 그 하자의 성질, 내용에 따라 취소 원인인 하자와 無效원인인 하자로 구분되고 있는 바, 通說·判例에 의하면 중대·명백한 위법성은 무효 원인인 하자로 되고, 그 이외의 하자는 다만 取消원인인 하자로 해석되고 있다.

그러나, 행정행위의 하자론과 관련하여 이러한 무효·취소의 두 가지 기본적 유형 외에도 不存在라는 관념이 일반적으로 거론되고 있다.

Ⅱ. 행정행위의 부존재
1. 不存在의 意義

행정청의 행위가 사실상 존재하지 않는 경우, 즉 행정행위라고 볼 수 있는 외형상의 존재자체가 없는 경우를 행정행위의 부존재라고 한다.

일반적으로 ① 행정기관이 아닌 것이 명백한 私人의 행위, ② 행정기관의 행위일지라도 行政權 발동으로 볼 수 없는 행위(권유, 주의, 호의적 알선, 희망표시, 혼식장려 등), ③ 행정기관 내부의 의사결정이 있었을 뿐이고, 행정행위로서 외부에 표시되지 아니한 경우(의결기관의 의결. 내부결재), 그리고 ④ 행정행위가 해제조건의 성취, 기한의 도래, 취소, 철회 등에 의하여 실효된 경우 등이 보통 거론되고 있다.

이에 대하여 朴鈗炘 교수는 행정행위의 부존재를 협의의 부존재와 非行政行爲를 구분하여 전자의 예로 본래 행정행위의 개념에 해당하는 것이기는 하나 아직 내부적 意思決定의 단계에 있어 행정행위로서 성립되지 못하였거나, 이미 취소, 철회, 해제조건의 성취 등에 의하여 소멸되어 버린 경우를 들고, 후자의 예로 주의, 권고, 호의적 중재, 조정, 희망의 표시, 알선, 지도, 私人의 공무원 詐稱行爲 등을 들고 있다.463)

---

462) 취소원인 있는 하자는 위법한 경우와 부당한 경우가 있는 바, 부당한 경우에는 직권취소와 행정심판에 의한 취소는 가능하나 행정소송에 의한 취소는 허용되지 않는다. 여기서 부당이라 함은 위법하지는 않으나 구체적 공익실현을 위한 가장 적정한 처분이 아닌 경우를 의미한다.
463) 朴鈗炘, 406~407쪽. 한편 李尙圭 변호사는 "…非行政行爲, 즉 行政行爲가 아닌 것을 動態的 側面에서 본다면 行政行爲가 없는 것, 즉 行政行爲의 不存在에 해당하는 것이다. 또 行政行爲로서 아직 성립되지 아니 버린 行政行爲의 不存在는 靜態的 側面에서 보낸 非行政行爲인 것이다. 따

2. 무효와 부존재의 구별실익

행정행위의 부존재와 무효인 행정행위를 구별할 실익과 관련하여 학자들의 견해가 일치하고 있지 않다.

제1설은, 행정행위의 무효와 부존재는 理論上, 爭訟制度上 구별되어야 한다고 한다. 비록 효력의 면에서 행정행위의 무효와 부존재가 같을지라도 전자는 행정행위로서의 외형을 가지고 있는 점에서 외형조차 존재하지 않는 후자와 다른 점, 현행법 아래서도 무효확인소송과 부존재확인소송은 그 소송형태를 달리하는 점을 들어 양자를 구별할 실익이 있다고 한다.464)

제2설은, 행정행위의 不存在와 무효인 행정행위는 그 행위의 법적효력 면에서 서로 같으며, 행정소송법 제4조 제2호가 무효등확인소송을 명시함으로써 행정행위의무효나 부존재의 구분없이 같은 항고소송의 대상으로 한 점을 들어 양자의 구별의 실익이 없다는 것이다.465)

하지만 현행 行政訴訟法은 無效등 確認訴訟은 抗告訴訟의 일종으로 규정하고 이 소송을 '행정청의 處分등의 效力 유무 또는 存在 여부를 확인하는 소송'으로 정의하고 있어서 행정행위의 부존재확인소송이 명문으로 인정되고 있기에 행정행위의 無效와 不存在를 구분할 實益은 없다고 보는 것이 타당할 것이다.

Ⅲ. 행정행위의 무효와 취소

1. 의의

무효인 행정행위라 함은 외관상으로는 행정행위로서 존재하고 있음에도 불구하고 그 흠이 중대하고 명백함으로 말미암아 권한있는 기관의 취소를 요하지 아니하고 처음부터 당연히 그 법률적 효과를 전혀 발생하지 아니하는 행위를 말한다.

이처럼 무효인 행정행위는 효력이 처음부터 전혀 발생하지 아니하기 때문에 누구도 구속을 받지 않고 이를 무시할 수 있으며, 다른 행정청이나 법원뿐만 아니라 사인도 언제든지 그 무효를 주장할 수 있다. 그러나 이러한 사실 자체를 법원에서 선언할 수는 있으며 이러한 선언은 선결문제로서 민사법원이나 형사법원 또는 행정법원의 어느 법원에서나 할 수 있다.

라서 이들 양자를 사실상의 觀點에서라면 몰라도 法的 觀點에서 구별함은 타당하지 않다. 行政行爲의 不存在냐 非行政行爲는 다같이 抗告訴訟인 無效등 確認訴訟의 대상이 될 수 있으므로 구별할 실익도 없다."고 보고 있다(同, 420쪽 註8 참조).

464) 姜求哲, 421쪽 ; 金南辰, 319~320쪽 ; 柳至泰, 181쪽 ; 朴均省, 296쪽 ; 朴鈗炘, 408쪽, 卞在玉, 340쪽.
465) 金東熙, 316쪽 ; 石琮顯, 333쪽 ; 韓堅愚, 399쪽.

이에 반해 취소할 수 있는 행정행위는 성립시에 하자가 있지만 그 정도가 가볍기 때문에 일단 무효로 되지는 않고 권한 있는 기관이 직권으로 또는 상대방의 신청에 의해 취소권을 발동하여 취소함으로써 비로소 그 효력을 잃게 된다.

성립에 하자 있는 행위는 무효로 함이 행정의 법률적합성의 원칙에 비추어 타당하다. 한편 행정의 실효성 보장이나 법적 안정성 내지 신뢰보호의 요청에 부합하고자 하는 측면에서는 무효로 함이 부당하므로 행정행위에 일응 유효성을 추정하게 하는 잠정적, 절차적 효력이 공정력이며 이것이 인정되는지 여부와 관련되어 무효와 취소 구별이 문제된다.

2. 이론적 구별의 필요성

(1) 論理的 見解(歸屬說)

행정행위에 관한 법규가 규정하고 있는 각 법률요건의 가치를 절대시·동등시하는 논리적 견해로서, 행정법규가 규정하고 있는 법률요건은 행정행위의 효과를 국가에 귀속시키기 위한 요건이므로 이 요건 가운데 어느 것이라도 결여한 행정행위는 법률상 특별한 규정(취소할 수 있는 행정행위)이 없는 한 원칙적으로 당연 무효로 국가의 유효한 행위로서 귀속될 수 없다고 한다. 이는 순수논리적 입장에서 법치주의의 요청에 충실하고자 하나, 실정법규를 지나치게 절대시하거나 요건의 경중 등의 차이를 무시하는 비현실성이 그 문제점으로 지적되고 있다.

(2) 槪念論的 見解

행정행위의 법률요건을 정하는 행정법규의 성질·중요성의 정도에 따라 또는 하자의 종류·정도에 따라 무효와 취소를 구별하려는 개념논적 견해로서, 법규를 능력규정과 명령규정, 강행법규와 비강행법규로 나누어 전자에 반하는 행위를 무효, 후자에 반하는 행위를 취소할 수 있는 것이라고 한다.

(3) 目的論的 見解

개개의 행정행위에 있어서의 법률요건에 집착하지 아니하고 행정행위 일반의 성질이나 전체로서의 행정제도의 취지·목적에 비추어 무효와 취소를 구별하려는 목적논적 견해로서 무효와 취소 중 어느 것을 원칙적으로 인정하는 가에 따라 다시 견해가 갈린다.

즉 ① 無效를 原則으로 하는 見解(행정법규의 강행성과 행정절차의 공익성을 이유로 하자있는 행정행위는 원칙적으로 무효라고 한다), ② 取消를 原則으로 하는 見解(행정행위가 행정주체의 공권력의 발동으로서 적법성과 자기확인력을 가지는 것이므로 행정청의 권한 내의 것이면 비록 하자가 있더라도 취소할 수 있음에 그치고 권한 외의 행위일 때에만 무효가 된다고 한다), ③ 無效와 取消를 認定하는 見解(행정상 법률관계의 안정성과 국민의 신뢰보호를 이유로 하여, 하자있는 행정행위는 주로 취소할 수 있는 것이며 특히 중대한 법률요건을 명백하게 결여한 경우에는 무효로 된다고 한다)가 그것이다.

마지막 견해가 국민의 권리구제의 측면과 행정목적의 달성이라는 측면의 조화를 시도하는 입장으로서 우리나라의 다수설이다.466)

(4) 機能論的 見解

행정쟁송제도의 취지·목적에 비추어 무효와 취소를 구별하려는 기능논적 견해로서 목적논적 견해의 일종으로 볼 수 있다. 즉 하자있는 행정행위가 통상의 쟁송절차에 의하여 다투어야 할 정도의 것이면 취소할 수 있는 행정행위이고, 이와 같은 절차를 거칠 것도 없이 무효확인소송으로 다투거나 기타 소송절차 등에서 그 선결문제로 그 효력을 부정하거나 사인도 독자적 판단으로 그 효력을 부인할 수 있는 정도이면 무효인 행정행위라고 한다.467)

3. 구별기준

(1) 학설

1) 중대명백설(명백설)

행정행위의 하자가 내용상 중대하고 외견상 명백한 경우에만 무효사유에 해당한다는 견해로, 이 견해는 법적안정성의 원리와 실질적 정의의 원리라는 법치국가원칙의 구성요소들간의 형량을 통해 흠있는 행정행위의 효력을 판단하고 있다.

중대성은 법규의 중대성이 아니라 하자·법익침해의 중대성을 의미하는 것으로 행정법규의 종류, 성질, 목적, 기능 등과 함께 그 위반의 정도 등을 아울러 고려하여 판단하고, 명백성은 법률전문가가 아닌 일반인(통상인)의 정상적인 인식능력을 기준으로 하여 판단한다.

2) 조사의무위반설(직무성실의무설)

무효사유를 원칙적으로 하자의 중대·명백의 경우로 보되 명백성의 요건을 완화하여 공무원이 직무의 성실한 수행상 당연히 요구되는 조사에 의하여 처분의 위법성이 명백히 인정될 수 있는 경우 명백성 요건 충족되는 것으로 파악한다.

---

466) 金南辰, 326~327쪽 ; 朴鈗炘, 413~414쪽.
467) 田中二郎, 139~140쪽.

3) 명백성보충요건설

원칙적으로 하자의 중대·명백성이 무효가 되나, 명백성의 비중은 보충적 의미를 가진다는 견해이다. 즉 행정행위의 무효사유를 판단하는 기준으로서의 명백성은 ⅰ) 행정처분의 법적안정성 확보를 통하여 행정의 원활한 수행을 도모하는 한편, ⅱ) 그 행정처분을 유효한 것으로 믿은 제3자나 공공의 신뢰를 보호하여야 할 필요가 있는 경우에 보충적으로 요구되는 것으로서 그와 같은 필요가 없거나 하자가 워낙 중대하여 그와 같은 필요에 비하여 처분 상대방의 권익을 구제하고 위법한 결과를 시정할 필요가 훨씬 더 큰 경우라면 그 하자가 명백하지 않더라도 그와 같이 중대한 하자를 가진 행정처분은 당연무효라고 보아야 한다고 한다.

4) 중대설

행정행위의 법률요건을 정하는 행정법규의 성질·중요성의 정도에 따라 또는 하자의 종류·정도에 따라 무효와 취소를 구별하려는 견해로서, 법규를 능력규정과 명령규정, 강행법규와 비강행법규로 나누어 전자에 반하는 행위를 무효, 후자에 반하는 행위를 취소할 수 있음에 불과하다고 한다.

5) 구체적가치형량설

이는 구체적인 사안마다 권리구제의 요청과 행정의 법적 안정성의 요청 및 제3자의 이익 등을 구체적이고 개별적으로 이익형량하여 무효인지 취소할 수 있는 행정행위인지 여부를 결정하여야 한다고 본다.[468]

(2) 판례의 경향

행정행위의 무효와 취소의 구별기준으로 중대성과 명백성을 제시하고 있는데, 하자 있는 행정처분이 당연무효가 되기 위해서는 그 하자가 법규의 중요부분을 위반한 중대한 것으로 객관적(외관상)으로 명백해야 한다는 것이다. 즉 판례는 하자가 중대하고 동시에 명백해야 함을 요구하고 있다. 그리고 하자가 중대하고 명백한 것인지 여부를 판별함에 있어서는 그 법규의 목적, 의미, 기능 등을 목적론적으로 고찰함과 동시에 구체적 사안 자체의 특수성에 관하여도 합리적으로 고찰함을 요한다고 한다.

다만, 대법원 1995. 3. 3. 선고 92다55770 판결이전의 상당판례는 위헌법률에 근거한 처분의 효력에 대해 당연무효를 인정하였으나(대법원 1991. 6. 28. 선고 90누9346 판결 ; 대법원 1993. 1. 15. 선고 91누5747 판결 ; 대법원 1993. 2. 26. 선고 92누

---

468) 朴均省, 301쪽.

12247 판결) 위 판결이후 대법원은 중대명백설적 평가를 계속하고 있다.

 즉 ① 원칙적으로는 행정처분의 근거가 되는 법규범이 상위 법규범에 위반되어 무효인가 하는 점은 그것이 헌법재판소 또는 대법원에 의하여 유권적으로 확정되기 전에는 어느 누구에게도 명백한 것이라고 할 수 없으므로 행정처분의 당연무효사유에는 해당할 수 없다. ② 예외적으로 행정처분 자체의 효력이 쟁송기간 경과 후에도 존속 중인 경우, 특히 그 처분이 위헌법률에 근거하여 내려진 것이고 그 행정처분의 목적달성을 위하여서는 후행 행정처분이 필요한데 후행 행정처분은 아직 이루어지지 않은 경우 그 행정처분을 무효로 하더라도 법적 안정성을 크게 해치지 않는 반면에 그 하자가 중대하여 그 구제가 필요한 경우에 대하여는 예외를 인정하여 이를 당연 무효사유로 보아서 쟁송기간 경과 후에라도 무효확인을 구할 수 있는 것이라고 보아야 한다.

❖ 하자 있는 행정처분이 당연무효로 되기 위한 요건과 그 판단기준
■ 대법원 1995. 7. 11. 선고 94누4615 전원합의체판결
[다수의견]   하자 있는 행정처분이 당연무효가 되기 위하여는 그 하자가 법규의 중요한 부분을 위반한 중대한 것으로서 객관적으로 명백한 것이어야 하며 하자가 중대하고 명백한 것인지 여부를 판별함에 있어서는 그 법규의 목적, 의미, 기능 등을 목적론적으로 고찰함과 동시에 구체적 사안 자체의 특수성에 관하여도 합리적으로 고찰함을 요한다(대법원 1995. 8. 22. 선고 94누5694 판결, 대법원 1996. 2. 9. 선고 95누4414 판결, 대법원 1997. 3. 14. 선고 96다42550 판결, 대법원 1997. 5. 9. 선고 96다55204 판결, 대법원 1997. 5. 28. 선고 95다15735 판결, 대법원 1997. 6. 19. 선고 95누8669 전원합의체 판결, 대법원 1997. 10. 10. 선고 97다26432 판결, 대법원 2001. 6. 1. 선고 99다1260 판결, 대법원 2002. 2. 8. 선고 2000두4057 판결, 대법원 2002. 12. 10. 선고 2001두4566 판결).
[반대의견]   행정행위의 무효사유를 판단하는 기준으로서의 명백성은 행정처분의 법적 안정성 확보를 통하여 행정의 원활한 수행을 도모하는 한편 그 행정처분을 유효한 것으로 믿은 제3자나 공공의 신뢰를 보호하여야 할 필요가 있는 경우에 보충적으로 요구되는 것으로서, 그와 같은 필요가 없거나 하자가 워낙 중대하여 그와 같은 필요에 비하여 처분 상대방의 권익을 구제하고 위법한 결과를 시정할 필요가 훨씬 더 큰 경우라면 그 하자가 명백하지 않더라도 그와 같이 중대한 하자를 가진 행정처분은 당연무효라고 보아야 한다.

■ 대법원 1992. 4. 28. 선고 91누6863 판결
 행정처분에 사실관계를 오인한 하자가 있는 경우 그 하자가 중대하다고하더라도 객관적으로 명백하지 않다면 그 처분을 당연무효라고 할 수 없는바, 하자가 명백하다고 하기 위하여는 그 사실관계오인의 근거가 된 자료가 외형상 상태성을 결여하거나 또는 객관적으로 그 성립이나 내용의 진정을 인정할 수 없는 것임이 명백한 경우라야 할 것

이고 사실관계의 자료를 정확히 조사하여야 비로소 그 하자 유무가 밝혀질 수 있는 경우라면 이러한 하자는 외관상 명백하다고 할 수는 없을 것이다.

⁝ 위헌법률에 근거하여 발하여진 행정처분의 효력
■ 대법원 1994. 10. 28. 선고 92누9463 판결

법률에 근거하여 행정처분이 발하여진 후에 헌법재판소가 그 행정처분의 근거가 된 법률을 위헌으로 결정하였다면 결과적으로 행정처분은 법률의 근거가 없이 행하여진 것과 마찬가지가 되어 하자가 있는 것이 되나, 하자 있는 행정처분이 당연무효가 되기 위하여는 그 하자가 중대할 뿐만 아니라 명백한 것이어야 하는데, 일반적으로 법률이 헌법에 위반된다는 사정이 헌법재판소의 위헌결정이 있기 전에는 객관적으로 명백한 것이라고 할 수는 없으므로 헌법재판소의 위헌결정 전에 행정처분의 근거되는 당해 법률이 헌법에 위반된다는 사유는 특별한 사정이 없는 한 그 행정처분의 취소소송의 전제가 될 수 있을 뿐 당연무효사유는 아니라고 봄이 상당하다.(대법원 1994. 10. 28. 선고 93다41860 판결 ; 대법원 1995. 3. 3. 선고 92다55770 판결) 만일 이와는 달리 위헌인 법률에 근거한 행정처분이 일반적으로 당연무효라고 한다면 이는 법적 안정성을 크게 위협하는 결과를 초래하게 되어 법치주의의 원리에 비추어 보더라도 부당하다고 하지 않을 수 없다.

[확정력이 발생한 행정처분에 위헌결정의 소급효가 미치는지 여부]

위헌인 법률에 근거한 행정처분이 당연무효인지의 여부는 위헌결정의 소급효와는 별개의 문제로서, 위헌결정의 소급효가 인정된다고 하여 위헌인 법률에 근거한 행정처분이 당연무효가 된다고는 할 수 없고, 오히려 이미 취소소송의 제기기간을 경과하여 확정력이 발생한 행정처분에는 위헌결정의 소급효가 미치지 않는다고 보아야 할 것이므로, 어느 행정처분에 대하여 그 행정처분의 근거가 된 법률이 위헌이라는 이유로 무효확인청구의 소가 제기된 경우에는 다른 특별한 사정이 없는 한 법원으로서는 그 법률이 위헌인지 여부에 대하여는 판단할 필요 없이 그 무효확인청구를 기각하여야 한다.

■ 헌법재판소 1999. 9. 16. 선고 92헌바9 결정

원칙적으로, 행정처분의 근거가 된 법률이 헌법재판소에서 위헌으로 선고된다고 하더라도 그 전에 이미 집행이 종료된 행정처분이 당연무효가 되지는 않으므로 행정처분에 대한 쟁송기간 내에 그 취소를 구하는 소를 제기한 경우는 별론으로 하고 쟁송기간이 경과한 후에는 행정처분의 근거법률이 위헌임을 이유로 무효확인소송 등을 제기하더라도 행정처분의 효력에는 영향이 없다{헌법재판소 1994. 6. 30. 선고 92헌바23 결정 (일반적으로 행정처분의 집행이 이미 종료되었고 그것이 번복될 경우 법적 안정성을 크게 해치게 되는 경우에는 후에 행정처분의 근거가 된 법규가 헌법재판소에서 위헌으로 선고된다고 하더라도 (처분의 근거법규가 위헌이었다는 하자는 중대하기는 하나 명백한 것이라고는 할 수 없다는 의미에서) 그 행정처분이 당연무효가 되지는 않는다고 할 수 있을 것이다. 따라서 행정처분에 대한 쟁송기간 내에 그 취소를 구하는 소를 제기한 경우는 별론으로 하고 쟁송기간이 경과한 후에는 처분의 근거법규가 위헌임을 이유로 무효확인소송 등을 제기하더라도 행정처분의 효력에 영향이 없음이 원칙이라고 할 것이다. 판례나 통설은 행정처분이 당연무효인가의 여부는 그 행정처분의 하자가 중대하고 명백한가의 여부에 따라 결정된다고 보고 있지만 행정처분의 근거가 되는 법규범이 상위법 규범에 위반되어 무효인가 하는 점은 그것이 헌법재판소 또는 대법원에 의하여 유권적으로 확정되기 전에는 어느 누구에게도 명백한 것이라고 할 수 없기 때문에 원칙적으로 당연무효사유에는 해당할 수 없게 되는 것이다. 그러나 행정처분 자체의 효력이 쟁송기간 경과 후에도 존속 중인 경우, 특히 그 처분이 위헌법률에 근거하여 내려진 것이고 그 행정처분의 목적달성을 위하여서는 후행(後行) 행정처분이 필요한데 후행행정처분은 아직 이루어지지 않은 경우, 그 행정처분을 무효로 하더라도 법적 안정성을 크게 해치지 않는 반면에 그 하자가 중대하여 그 구제가 필요한 경우에 대하여서는 그 예외를 인정하여 이를 당연무효사유로 보아서 쟁송기간 경과 후에라도 무효확인을 구할 수 있는 것이라고 봐야 할 것이다. 학설상으로도 중대명백설 외에 중대한 하자가 있기만 하면 그것이 명백하지 않더라도 무효라고 하는 중대설도 주장되고 있고, 대법원의 판례로도 반드시 하자가 중대명백한 경우에만 행정처분의 무효가 인정된다고는 속단할 수 없기 때문이다. 위와 같은 예외를 인정한다면 행정처분이 근거 법규의 위헌의 정도가 심각하여 그 하자가 중대하다고 보여지는 경우, 그리고 그 때문에 국민의 기본권 구제의 필요성이 큰 반면에 법적 안정성의 요구는 비교적 적은 경우에까지 그 구제를 외면하게 되는 불합리를 제거할 수 있게 될 것이다. 위헌법률에 근거한 행정처분이라 할지라도 그것이 당연무효는 아니라고 보는 가장 기본적인 논리는 그 하자가 명백한가의 여부를 제쳐놓더라도 이 경우를 무효라고 본다면 법적 안정성을 해칠 우려가 크다는 데 있는 것이므로 그 우려가 적은 경우에까지 확장하는 것은 온당하지 못하다고 할 것이며 그 경우에는 마땅히 그 예외가 인정되어야 할 것이다.) 참조}. 그러므로 행정처분에 대한 쟁송기간이 경과된 후에 그 행정처분의 근거가 된 법률에 대한 위헌 여부에 대한 심판청구를 한 경우에는 당해사건을 담당하는 법원이 그 법률에 대한 위헌결정이 있는 경우 다른 내용의 재판을 할 예외적인 사정이 있는지 여부에 따라 재판의 전제성 유무가 달라지게 된다고 할 것인데, 그 법률에 대한 위헌결정이 행정처분의 효력에 영향을 미칠 여지가 없는 경우에는 그 법률의 위헌 여부에 따라 당해사건에 대한 재판의 주문이 달라지거나 재판의 내용과 효력에 관한 법률적 의미가 달라질 수 없는 것이므로 재판의 전제성을 인정할 수 없게 된다. 한편, 위와 같은 경우 행정처분이 무효인지 여부는 당해사건을 재판하는 법원이 판단할 사항이다(헌법재판소 1998. 4. 30. 선고 95헌마93 결정 참조).

⫶ 위헌 무효인 조례에 근거 한 행정처분의 효력

■ 대법원 1995. 7. 11. 선고 94누4615 전원합의체판결

[다수의견] 조례 제정권의 범위를 벗어나 국가사무를 대상으로 한 무효인 서울특별시 행정권한위임조례의 규정에 근거하여 구청장이 건설업영업정지처분을 한 경우, 그 처분은 결과적으로 적법한 위임 없이 권한 없는 자에 의하여 행하여진 것과 마찬가지가 되어 그 하자가 중대하나, 지방자치단체의 사무에 관한 조례와 규칙은 조례가 보다 상위규범이라고 할 수 있고, 또한 헌법 제107조 제2항의 '규칙'에는 지방자치단체의 조례와 규칙이 모두 포함되는 등 이른바 규칙의 개념이 경우에 따라 상이하게 해석되는 점 등에 비추어 보면 위 처분의 위임 과정의 하자가 객관적으로 명백한 것이라고 할 수 없으므로 이로 인한 하자는 결국 당연무효사유는 아니라고 봄이 상당하다.

[반대의견] 구청장의 건설업영업정지처분은 그 상대방으로 하여금 적극적으로 어떠한 행위를 할 수 있도록 금지를 해제하거나 권능을 부여하는 것이 아니라 소극적으로 허가된 행위를 할 수 없도록 금지 내지 정지함에 그치고 있어 그 처분의 존재를 신뢰하는 제3자의 보호나 행정법 질서에 대한 공공의 신뢰를 고려할 필요가 크지 않다는 점, 처분권한의 위임에 관한 조례가 무효이어서 결국 처분청에게 권한이 없다는 것은 극히 중대한 하자에 해당하는 것으로 보아야 할 것이라는 점, 그리고 다수의견에 의하면 위 영업정지처분과 유사하게 규칙으로 정하여야 할 것을 조례로 정하였거나 상위규범에 위반하여 무효인 법령에 기하여 행정처분이 행하여진 경우에 그 처분이 무효로 판단될 가능성은 거의 없게 되는데, 지방자치의 전면적인 실시와 행정권한의 하향분산화 추세에 따라 앞으로 위와 같은 성격의 하자를 가지는 행정처분이 늘어날 것으로 예상되는 상황에서 이에 대한 법원의 태도를 엄정하게 유지함으로써 행정의 법 적합성과 국민의 권리구제 실현을 도모하여야 할 현실적인 필요성도 적지 않다는 점 등을 종합적으로 고려할 때, 위 영업정지처분은 그 처분의 성질이나 하자의 중대성에 비추어 그 하자가 외관상 명백하지 않더라도 당연무효라고 보아야 한다.

(3) 소견

중대명백설이 종래의 통설이다. 하지만 하자의 중대성만으로 강조하다보면 행정행위의 무효범위는 확대되고 법적 안정성을 해하게 되며, 여기에 명백성을 더하여 보면 그 만큼 무효의 범위는 축소되게 되어 법적 안전성이 보호되는 반면 구체적 타당성을 해칠 우려가 있다. 따라서 법적 안정성에 대한 배려를 원칙으로 하면서 특단의 사정(예를 들면, 상대방이나 제3자의 신뢰보호)이 있는 경우에는 예외적으로 법적 안정성보다도 구체적 타당성을 중시하여 보호해야할 법익을 구제시키는 것이 바람직하다고 하겠다.

4. 구별실익

(1) 행정쟁송의 형태

　무효와 취소는 소송유형(쟁송수단)에 차이가 있다. 즉, 전자의 경우에는 행정행위의 무효확인소송의 방식을, 후자의 경우는 행정행위의 취소소송으로 다투게 되는 것이다. 취소의 경우 권한 있는 행정청(처분청 또는 상급청)이 1) 직권이나, 2) 국민의 신청에 기초하여, 또는 3) 법원이 국민의 취소소송 제기에 의하여 이를 취소시키면 행정행위의 효력은 처음부터 없게 된다. 이처럼 행정소송법에서는 행정처분의 무효 등 확인의 소와 취소소송을 구별하고 있기 때문에 행정행위의 무효와 취소를 구별하는 실익은 그 쟁송수단의 차이에 있다.

(2) 선결문제[469]

　민사·형사·공법상당사자 소송에서 당연무효인 행정행위의 무효여부가 선결문제로 된 경우 수소법원은 당해행위가 무효임을 판단할 수 있다(행정소송법 제11조). 따라서 당연무효가 아닌 한 행정행위에 대하여 민사·형사법원은 선결문제로서 그 효력을 부인할 수 없다.

(3) 소 제기요건

　취소소송은 단기의 제소기간 내에 제기되어야 하나 무효인 경우에는 누구든지 어떤 방법으로든지 그 효력을 부인할 수 있는 것이므로 당연히 출소기간의 제한을 받지 않는다.

(4) 사정재결·사정판결

　무효인 경우 유추적용 여부가 문제되나 다수설은 무효인 경우에는 존치시킬 처분이 없으므로 사정재결이나 사정판결은 허용되지 않는다고 보나 소수설은 행정법규정의 흠결의 경우 공법규정의 유추적용의 문제로 유추적용을 긍정한다. 다수설에 의할 경우 사정재결과 사정판결은 취소할 수 있는 행정행위에만 적용된다.

■ 대법원 1996. 3. 22. 선고 95누5509 판결
[행정처분이 무효인 경우 사정판결의 가부(소극)]
　당연무효의 행정처분을 소송목적물로 하는 행정소송에서는 존치시킬 효력이 있는 행정행위가 없기 때문에 행정소송법 제28조 소정의 사정판결을 할 수 없다고 할 것이다(대법원 1985. 2. 26. 선고 84누380 판결, 대법원 1991. 10. 11. 선고 90누9926 판결, 대법원 1992. 11. 10. 선고 91누8227 판결 참조).

---

469) 先決問題는 本案에 대한 관념으로서, 어떤 訴訟事件에서 判決의 前提로 먼저 決定되어야 할 問題로서 그것이 본래 다른 法院의 管轄에 속하는 것을 말한다. 이러한 의미의 先決問題는 民事事件에서 뿐만 아니라 刑事事件에서도 있고, 또 行政事件에서도 本案의 문제가 된 行政行爲 이외의 行政行爲가 前提問題로 되는 수가 있다.

(5) 행정행위의 효력

무효인 행정행위는 처음부터 효력이 발생하지 않으며, 공정력, 구속력, 구성요건적 효력, 확정력 등 효력이 인정되지 않는다.

(6) 하자의 승계

일정한 행정목적을 위해 둘 이상의 행정행위가 단계적으로 이루어지는 경우 선행행위의 하자가 후행행위에 미치는 영향은, 선행행위에 무효사유의 하자가 있는 경우에는 모든 후행행위에 하자가 승계되지만, 선행행위에 취소사유의 하자가 있는 경우에는 선행행위와 후행행위가 하나의 효과를 목적으로 하는 경우에만 원칙적으로 하자가 승계된다는 것이 통설·판례의 입장이다. 하지만 선행처분이 당연무효인 경우에는 이를 전제로 한 후속처분은 하자있는 처분이 될 수밖에 없어 이 경우는 위법성의 승계를 논할 필요도 없이 관계인은 그 취소 내지 무효주장이 가능하다 할 것이다.

(7) 하자의 치유와 전환

다수설은 하자의 치유는 취소할 수 있는 행정행위에만 인정되고 하자의 전환은 무효인 행정행위에만 인정된다고 보나, 소수설은 무효와 취소의 구별의 상대화에 근거하여 양자 모두에 하자의 치유와 전환을 인정한다.

5. 무효 및 취소원인

행정행위는 주체, 내용, 절차, 형식이라는 4가지의 법정요건을 만족시켜야 비로소 효력을 갖게 된다.

일반적으로 행정행위는 '그 위법이 중대하고 명백한 경우 외에는 당연 무효가 아니다'라는 원칙이 확립되어 있는데, 행정행위의 위법의 구체적 사유(하자)를 위의 4가지 법정요건에 착안하여 알아보기로 한다.

(1)주체에 관한 하자

1) 무효원인

① 권한이 없는 자가 한 행정행위

(예 ; 임기 있는 공무원의 임기만료 후 행위)

■ 대법원 1996. 6. 28. 선고 96누4374 판결
[권한 없는 자의 원상복구명령에 따른 의무불이행을 이유로 한 계고처분의 효력]

행정기관의 권한에는 사무의 성질 및 내용에 따르는 제약이 있고, 지역적·대인적으로 한계가 있으므로 이러한 권한의 범위를 넘어서는 권한유월의 행위는 무권한 행위로서 원칙적으로 무효이고, 선행행위가 부존재하거나 무효인 경우에는 그 하자는 당연히 후행행위에 승계되어 후행행위도 무효로 된다.

그런데 주택건설촉진법 제38조 제2항은 공동주택 및 부대시설·복리시설의 소유자·입주자·사용자 등은 부대시설 등에 대하여 도지사의 허가를 받지 않고 사업계획에 따른 용도 이외의 용도에 사용하는 행위 등을 금지하고(정부조직법 제5조 제1항, 행정권한의위임및위탁에관한규정 제4조에 따른 인천광역시사무위임규칙에 의하여 위 허가권이 구청장에게 재위임되었다), 그 위반행위에 대하여 위 주택건설촉진법 제52조의2 제1호에서 1천만 원 이하의 벌금에 처하도록 하는 벌칙규정만을 두고 있을 뿐, 건축법 제69조 등과 같은 부작위의무 위반행위에 대하여 대체적 작위의무로 전환하는 규정을 두고 있지 아니하므로 위 금지규정으로부터 그 위반결과의 시정을 명하는 원상복구명령을 할 수 있는 권한이 도출되는 것은 아니다. 결국 행정청의 원고에 대한 원상복구명령은 권한 없는 자의 처분으로 무효라고 할 것이고, 위 원상복구명령이 당연무효인 이상 후행처분인 계고처분의 효력에 당연히 영향을 미쳐 그 계고처분 역시 무효로 된다.

■ 대법원 1975. 4. 8. 선고 75누41 판결

의료법 제51조, 제64조의 규정들에 의하면 의료법에 의한 권한을 하급기관에 위임할 수 있는 것은 보건사회부장관에 그치므로 도지사가 의료업정지권한을 군수에게 위임한 것은 무효이고 따라서 군수가 한 의료업정지처분은 무효이다.

② 공무원이 아닌 자가 한 행위

다만, 사실상의 공무원이론(de facto Beamten)[470], 표현대리의 유추적용 등에 의해 상대방의 신뢰보호라는 관점에서 그 행위를 유효하게 보는 경우가 있다.

③ 행정기관의 권한 외의 행위

즉 조직법상 사항적, 지역적, 대인적 한계를 넘는 경우이다.(예 ; 수입담당자가 하지 아니한 조세체납처분)

■ 대법원 1987. 4. 28. 선고 86누93 판결
[관세법상의 납세의무자]

---

470) 공무원 임용행위가 임용당시의 하자로 인하여 무효 또는 취소되더라도 선의의 상대방을 보호하기 위하여 이러한 당사자가 행한 법적효과를 유효한 것으로 인정하는 이론이다.

　관세법 제6조 제1항 제7호에 의하면, 도난이나 분실된 물품이 특허보세구역의 장치물품인 경우에는 그 설영인을, 보세운송물품인 경우에는 그 신고인을, 기타 물품인 경우에는 그 보관인 또는 취급인을 각 그 물품에 대한 관세의 납세의무자로 규정하고 있는바, 여기에 관세의 납세의무자가 될 수 있는 '보관인 또는 취급인'은 관세법에 의하여 조세채무를 부담할 수 있는 권리·의무의 주체로서 법률상 담세능력이 있고(사실상 담세능력의 유무와는 무관하다), 책임재산을 가질 수 있는 자이어야 한다고 풀이함이 상당하다.

　서울국제우체국장은 우편사업을 담당하는 국가의 1개 기관에 불과할 뿐으로서 법률상 담세능력이 있다거나 책임재산을 가질 수 있다고 볼 수 없어 관세법상의 납세의무자가 될 수 없다 할 것이므로 이 사건 과세처분은 결국 관세의 납세의무자로 될 수 없는 자를 그 납세의무자로 한 위법한 처분으로서 그 하자가 중대하고도 명백하여 당연무효라고 할 것이다.

　④ 적법하게 조직되지 아니한 합의제행정기관의 행위
(예 : 적법하게 소집되지 아니하였거나 의사 또는 의결 정족수를 결한 위원회의 행위)

　⑤ 의사무능력인 경우, 즉 공무원의 심신상실 중의 행위
(예 : 만취한 시장이 행한 허가처분[471])

　⑥ 저항할 수 없을 정도의 강박에 의한 행위
(예 : 권총으로 위협을 받고 행한 세무서장의 면세행위)

 2) 취소사유
　① 사기, 강박 또는 수뢰에 의한 행정기관의 행위

　② 착오에 기초한 행위
법규에 특별한 사정이 없는 한 표시주의, 신뢰보호 등을 이유로 착오를 독립된 취소사유로 인정하지 않음이 통설·판례이다.

▣ 대법원 1976. 5. 11. 선고 75누214 판결
　행정행위는 그 요소에 착오가 있다고 해서 그것만을 이유로 하여 취소할 수 없다.

---

471) 행위능력이 없는 금치산, 한정치산자의 행위는 무효라는 설(姜求哲, 432쪽 ; 朴鈗炘, 427쪽 ; 洪井善, 350쪽)도 있으나, 그 자체는 행정행위의 효력에 영향을 미치지 않는다는 것이 일반적이다.

(2) 내용에 관한 하자

1) 무효원인

① 내용이 실현불능인 행정행위

이에는 사람에 관한 불능(예 ; 사자에게 면허를 주는 행위나 외국인에게 광업권을 설정해주는 행위), 물건에 관한 불능(예 ; 존재하지 않는 토지의 수용재결이나 제3자 소유 재산의 공매처분), 법률관계에 관한 불능(예 ; 납세의무자가 아닌 자에 대한 면세행위)으로 세분화할 수 있다.472)

② 내용이 불명확한 행정행위

매수해야 할 범위를 특정하지 않은 농지매수처분, 경계를 명확히 하지 않는 경계조사처분 등과 같이 행정행위의 내용이 사회통념상 인식할 수 없을 정도로 불명확하거나 화정되지 아니한 경우이다.

2) 취소사유

① 공서양속 위반의 경우 취소원인으로 보는 것이 통설이다.

② 위헌법률에 근거하여 발하여진 행정처분은 특별한 사정이 없는 한 취소할 수 행위에 불과하다.

(3) 절차에 관한 하자

1) 무효원인

절차의 취지·목적이 상호 대립하는 당사자 사이의 이해를 조정함을 목적으로 하는 경우, 또는 이해관계인의 권리나 이익의 보호를 목적으로 하는 경우 그 절차를 결한 때에는 무효원인이 된다.

> ■ 대법원 2000. 3. 23. 선고 98두2768 판결
> 구 도시계획법 제16조의2 제2항과 같은법시행령 제14조의2 제6항 내지 제8항의 규정을 종합하여 보면 도시계획의 입안에 있어 해당 도시계획안의 내용을 공고 및 공람하게 한 것은 다수 이해관계자의 이익을 합리적으로 조정하여 국민의 권리자유에 대한 부당한 침해를 방지하고 행정의 민주화와 신뢰를 확보하기 위하여 국민의 의사를 그 과정에 반영시키는데 있는 것이므로 이러한 공고 및 공람 절차에 하자가 있는 도시계획결정은 위법하다.

---

472) 이를 사실상 불능과 법률상 불능으로 나눠 앞의 두 경우는 전자의 예이고 나머지를 후자의 예로 설명하기도 한다(金南辰, 334쪽).

■ 대법원 1999. 8. 20. 선고 97누6889 판결

구 토지구획정리사업법 제47조, 제33조 등의 규정에서 환지계획의 인가신청에 앞서 관계 서류를 공람시켜 토지소유자 등의 이해관계인으로 하여금 의견서를 제출할 기회를 주도록 규정하고 있는 것은 환지계획의 입안에 토지구획정리사업에 대한 다수의 이해관계인의 의사를 반영하고 그들 상호간의 이익을 합리적으로 조정하는 데 그 취지가 있다고 할 것이므로, 최초의 공람과정에서 이해관계인으로부터 의견이 제시되어 그에 따라 환지계획을 수정하여 인가신청을 하고자 할 경우에는 그 전에 다시 수정된 내용에 대한 공람절차를 거쳐야 한다고 봄이 위와 같은 제도의 취지에 부합하는 것이라고 할 것이다.

환지계획 인가 후에 당초의 환지계획에 대한 공람과정에서 토지소유자 등 이해관계인이 제시한 의견에 따라 수정하고자 하는 내용에 대하여 다시 공람절차 등을 밟지 아니한 채 수정된 내용에 따라 한 환지예정지 지정처분은 환지계획에 따르지 아니한 것이거나 환지계획을 적법하게 변경하지 아니한 채 이루어진 것이어서 당연 무효라고 할 것이다.

① 요건으로서의 공고 또는 통지를 결한 행위

(예 ; 독촉을 결한 조세체납처분)

② 이해관계인의 입회 또는 협의를 결한 행위

(예 ; 사전에 토지소유자 또는 관계인과 협의를 거치지 않고 행한 토지수용위원회의 재결)

③ 법률에 규정된 청문 또는 변명기회를 부여하지 않은 행위

(예 ; 국가공무원법 제13조 제2항, 제81조 제3항)

④ 이해관계인의 보호를 위한 자문이 요구되는 경우 자문을 거치지 않고 행한 행위

⑤ 다른 행정기관의 협력이나 상대방의 동의를 결한 행위

(예 ; 소방서장의 동의를 결한 행정청의 건축허가)

■ 대법원 2000. 10. 13. 선고 99두653 판결

[건설부장관이 관계 중앙행정기관의 장과 협의를 거치지 아니하고 택지개발예정지구를 지정한 경우, 위 지정처분이 당연무효인지 여부(소극)]

택지개발촉진법(1999. 1. 25. 법률 제5688호로 개정되기 전의 것, 이하 같다)에 의

하면, 택지개발은 택지개발예정지구의 지정(제3조), 택지개발계획의 승인(제8조), 이에 기한 수용재결 등의 순서로 이루어지는바, 위 각 행위는 각각 단계적으로 별개의 법률효과가 발생되는 독립한 행정처분이어서 선행처분에 불가쟁력이 생겨 그 효력을 다툴 수 없게 된 경우에는 선행처분에 위법사유가 있다고 할지라도 그것이 당연무효의 사유가 아닌 한 선행처분의 하자가 후행처분에 승계되는 것은 아니라고 할 것인데, 택지개발촉진법 제3조에서 건설부장관이 택지개발예정지구를 지정함에 있어 미리 관계중앙행정기관의 장과 협의를 하라고 규정한 의미는 그의 자문을 구하라는 것이지 그 의견을 따라 처분을 하라는 의미는 아니라 할 것이므로 이러한 협의를 거치지 아니하였다고 하더라도 이는 위 지정처분을 취소할 수 있는 원인이 되는 하자 정도에 불과하고 위 지정처분이 당연무효가 되는 하자에 해당하는 것은 아니라고 봄이 상당하다 할 것이다(대법원 1992. 8. 14. 선고 91누11582 판결, 대법원 1997. 9. 26. 선고 96누10096 판결 참조).

2) 취소사유

절차의 취지·목적이 단순히 행정의 적정·원활한 운영을 위하는 등 행정상의 편의에 있거나 다른 기관의 자문을 받는 취지가 이해관계인의 보호가 아니라 단지 행정행위의 적정성을 담보하기 위한 경우 그 절차를 결한 행위는 취소할 수 있는데 그친다(예 ; 운수심의회의 자문을 거치지 않고 행한 신규버스 노선의 인가거부처분).

■ 대법원 1983. 6. 14. 선고 83누14 판결
[청문절차없이 한 영업소 폐쇄명령의 효력]
관계행정청이 이 사건과 같은 영업소의 폐쇄 등 처분을 함에 있어 당해 영업자들을 사전에 청문하도록 한 법제도의 취지는 이 행정처분으로 인하여 영업자의 기존의 권리가 부당하게 침해받지 아니하도록 폐쇄명령을 할 사유에 대하여 당해 영업자에게 변명과 유리한 자료를 제출할 기회를 부여하여 위법사유의 시정가능성을 감안하고 처분의 신중과 적정성을 기하려함에 있다 할 것이므로 관계행정청이 위와 같은 처분을 하려면 반드시 사전에 청문절차를 거쳐야 하고 설사 위법 제26조 제1항 소정의 사유가 분명히 존재하는 경우라도 당해 영업자가 청문을 포기한 경우가 아닌 한 청문절차를 거치지 않고 한 영업소 폐쇄명령은 위법하여 취소사유에 해당한다.

■ 대법원 1985. 10. 8. 선고 84누251 판결
경찰공무원법의 위임에 의하여 제정된 경찰공무원징계령 제12조에 의하면, 징계위원회는 징계사건을 심의할 때에는 미리 당해 징계심의대상자에게 소정 서식에 의하여 출석하도록 통지하여야 한다고 규정하고 있는바, 이 취지는 징계심의 대상자로 하여금

징계심의가 언제 개최되는가를 알게 함과 동시에 자기에게 이익되는 사실을 진술하거나 증거자료를 제출할 기회를 부여하기 위한 조치에서 나온 강행규정이므로 출석통지 없이 한 징계심의절차는 위법하다고 아니할 수 없다. 경찰공무원징계령 제12조 제1항 소정의 출석통지는 소정의 서면에 의하지 아니하더라도 구두, 전화 또는 전언 등 방법에 의하여 징계심의 대상자에게 전달되었으면 출석통지로서 족하다.

(4) 형식에 관한 하자
1) 무효원인
① 각종 법령상 서면에 의해야 할 것을 구두로 한 행정행위
(예 ; 구두에 의한 납세독촉)

■ 대법원 1970. 3. 24. 선고 69도724 판결
 예비군대원의 교육훈련을 위한 소집은 당해 경찰서장이 발부하는 소집통지서에 의하여야 하며 구두, 사이렌, 타종 기타 방법에 의할 수 없다.

② 행정청의 서명과 날인을 빠트린 행위

③ 이유의 부기를 요건으로 하는 경우 이유부기를 결한 행정행위
(예 ; 청색신고473)승인취소처분)

2) 취소사유
① 서면의 기재사항의 불비
(예 ; 단순한 오기에 의한 납세통지서)

■ 대법원 1998. 6. 26. 선고 96누12634 판결
 지방세법 제1조 제1항 제5호, 제25조 제1항, 지방세법 시행령 제8조 등 납세고지서에 관한 법령 규정들은 강행규정으로서 이들 법령이 요구하는 기재사항 중 일부를 누락시킨 하자가 있는 경우 이로써 그 부과처분은 위법하게 되지만, 이러한 납세고지서 작성과 관련한 하자는 그 고지서가 납세의무자에게 송달된 이상 과세처분의 본질적 요소를 이루는 것은 아니어서 과세처분의 취소사유가 됨은 별론으로 하고 당연무효의 사

---

473) 대차대조표(재산과 채무)와 손익계산서(수입과 지출)를 작성하여 그날그날의 상황을 기장하고, 거래 시에 발행하거나 수령한 서류를 보존하여 국가에 납부할 세금을 줄이는 제도이다.

유로는 되지 아니한다.

　과세처분이 당연무효라고 하기 위하여는 그 처분에 위법사유가 있다는 것만으로는 부족하고, 그 하자가 중요한 법규에 위반한 것이고, 객관적으로 명백한 것이어야 하며, 하자가 중대하고도 명백한 것인가의 여부를 판별하는 데에는 그 과세처분의 근거가 되는 법규의 목적, 의미, 기능 등을 목적론적으로 고찰함과 동시에 구체적 사안 자체의 특수성에 관하여도 합리적으로 고찰할 필요가 있는 것인바, 이러한 관점에서 볼 때 과세대상이 되는 법률관계나 사실관계가 전혀 없는 사람에게 한 과세처분은 그 하자가 중대하고도 명백하나, 과세대상이 되지 아니하는 어떤 법률관계나 사실관계에 대하여 이를 과세대상이 되는 것으로 오인할 만한 객관적인 사정이 있어 그것이 과세대상이 되는지의 여부가 그 사실관계를 정확히 조사하여야 비로소 밝혀질 수 있는 경우라면, 그 하자가 중대한 경우라도 외관상 명백하다고는 할 수 없으므로 이처럼 과세요건 사실을 오인한 과세처분을 당연무효라고는 할 수 없고, 또한 그러한 하자들이 취소사유에 불과한 이상 이들 하자가 경합된다 하더라도 달리 볼 것은 아니며, 그리고 과세관청이 조세를 부과하고자 할 때에는 해당 조세법규가 규정하는 조사방법에 따라 얻은 정확한 근거에 바탕을 두어 과세표준액을 결정하고 세액을 산출하여야 하며, 이러한 조사방법 등을 완전히 무시하고 아무런 근거도 없이 막연한 방법으로 과세표준액과 세액을 결정·부과하였다면 이는 그 하자가 중대하고도 명백하여 당연무효라 하겠지만, 그와 같은 조사결정절차에 단순한 과세대상의 오인, 조사방법의 잘못된 선택, 세액산출의 잘못 등의 위법이 있음에 그치는 경우에는 취소사유로 될 뿐이다.

　② 이유부기를 요건으로 하지 않은 경우의 이유 불비

　③ 날짜의 기재를 결한 행정행위

6. 무효의 주장방법

　무효는 원칙적으로 누구나 언제든지 어떤 방법으로든 주장할 수 있다. 무효선언을 구하는 취소소송(취소소송 형식의 무효주장)도 가능하지만, 제소기간 행정심판전치주의 등의 취소소송의 적법요건을 요구하고 있다.

Ⅳ. 하자의 승계

1. 의의

　종래 둘 이상의 행정행위가 연속적으로 행해지는 경우, 선행행위에 하자가 있으면 후행행위 자체에 하자가 없어도 선행행위의 흠을 이유로 후행행위의 효력을 다툴 수 있는가

를 하자의 승계(위법성의 승계) 문제로 다루어 왔다.474)

전통적인 견해에 따를 때, 행정행위의 하자의 승계 여부는 先行行爲가 無效인 경우에는 특별히 문제되지 아니한다. 왜냐하면 이 경우에는 후행행위를 다툴 필요 없이 바로 선행행위의 무효를 주장하면 되기 때문이다. 또한 선행행위가 不可爭力을 발생하기 전에도 문제되지 아니한다. 이 경우에는 바로 선행행위를 다투면 되기 때문이다. 따라서 행정행위의 하자의 승계문제는 선행행위에 무효원인이 아닌 하자가 있고, 또한 선행행위가 불가쟁력을 발생한 경우를 중심으로 하는 문제라고 하겠다.475)

2. 하자의 승계이론과 행정행위의 규준력(規準力)이론

여기서는 항고소송의 대상과 관련 있는 行政行爲의 瑕疵에 관한 종래의 理論과 새롭게 등장한 이론을 살펴보기로 한다.

둘 이상의 행정행위가 연속적으로 행하여지는 경우 先行政行爲가 불가쟁력을 발생한때 後行政行爲의 단계에서 선행정행위에 하자(흠)가 있음을 이유로 후행정행위의 취소를 구하는 소송에서 주장할 수 있는지 여부에 관하여 견해가 갈리고 있다. 즉 통설, 판례의 입장인 行政行爲의 瑕疵承繼論과 先行處分의 後行處分에 대한 拘束力論 또는 行政行爲의 規準力論이 그것이다.

어떤 행정목적을 달성하기 위하여 두개 이상의 행정행위가 연속적으로 행하여지는 경우 선행행위에 하자가 있으면 후행행위에는 하자가 없더라도 그 선행행위의 하자가 후행행위에 승계되어 후행행위도 위법한 것으로 되고, 따라서 선행행위의 위법을 이유로 후행행위의 취소를 구할 수 있느냐는 것이 '행정행위의 하자의 승계'문제이다. 선행행위가 부존재하거나 무효인 경우에는 그 하자는 당연히 후행행위에 승계되어 후행행위도 무효로 되기 때문에 하자의 승계여부가 특별히 문제가 되지는 않는다. 따라서 행정행위의 하자승계문제는 취소사유에 해당하는 하자가 있는 선행행위가 쟁송제기기간의 도과 등으로 형식적으로 확정되어 불가쟁력이 발생함으로써 더 이상 그 선행행위자체의 효력을 다툴 수 없게 된 경우에, 그 선행행위의 하자를 이유로 그 자체에는 하자가 없는 후행행위의 효력을 다투어 권리구제를 받을 수 있다는 데 그 논의의 실익이 있다고 할 것이다.

종래 위와 같은 문제를 행정행위의 하자승계문제로 다루어 왔지만476)최근에는 先行行

---

474) 朴鈗炘, 414~416쪽 ; 卞在玉, 353쪽 ; 石琮顯, 341쪽 ; 尹世昌 外, 280쪽 ; 李尙圭, 428~429
    쪽 ; 韓堅愚, 388쪽.
475) 洪井善, 354쪽 ; 洪準亨, 248쪽.
476) 둘 이상의 행정행위가 서로 결합하여 한 개의 법률효과를 완성하는 경우에는 하나(後行行爲)는
    종국행정행위이고, 다른 하나(先行行爲)는 종국행정행위의 성립을 위한 절차로 이해할 수 있고
    두개의 독립된 행정행위의 관계가 아니기 때문에 하자의 승계문제가 아니라는 견해도 있다(韓堅

政行爲(先行處分)의 後行行政行爲(後行處分)에 대한 拘束力이란 觀點에서 考察하는 見解가 유력하게 擡頭되고 있다.

(1) 하자의 승계이론

전자의 내용은, 두 개 이상의 행정처분이 연속적으로 행하여지는 경우 선행처분과 후행처분이 서로 결합하여 1개의 법률효과를 완성하는 때(예컨대, 租稅滯納處分에 있어서의 독촉·압류·매각·충당의 각 행위 사이, 행정대집행에 있어서의 계고·대집행영장에 의한 통지·대집행실행·비용징수의 각 행위 사이)에는 선행처분에 하자가 있으면 그 하자는 후행처분에 승계 되므로 선행처분이 불가쟁력이 생겨 그 효력을 다툴 수 없게 된 경우에도 선행처분의 하자를 이유로 후행처분의 효력을 다툴 수 있는 반면, 선행처분과 후행처분이 서로 독립하여 별개의 법률효과를 목적으로 하는 때(예컨대, 대체적 작위의무를 명하는 행정처분과 행정대집행 계고처분 사이)에는 선행처분에 불가쟁력이 생겨 그 효력을 다툴 수 없게 된 경우에는 선행처분의 하자가 중대하고 명백하여 당연 무효인 경우를 제외하고는 선행처분의 하자를 이유로 후행처분의 효력을 다툴 수 없는 것이 원칙이라는 것이다.

즉 원칙적으로 선행행위와 후행행위가 서로 독립하여 별개의 효과를 목적으로 하는 경우에는 하자의 승계가 인정되지 아니하여 선행행위가 당연 무효가 아닌 이상 선행행위의 하자를 이유로 후행행위의 위법을 주장할 수 없는 반면, 선행행위와 후행행위가 서로 결합하여 동일한 하나의 효과를 완성하는 경우에는 하자의 승계가 인정되어 후행행위의 취소를 구하는 소송에서 선행행위의 위법을 주장할 수 있다고 보는 것으로 다수설이다.477)

위와 같은 내용의 전통적 이론으로서의 瑕疵承繼論을 反映한 判例는 많이 있다. 즉, 대법원도 "두개 이상의 행정처분이 연속적으로 행하여지는 경우 선행처분과 후행처분이 서로 결합하여 1개의 법률효과를 완성하는 때에는 선행처분에 하자가 있으면 그 하자는 후행처분에 승계되므로 선행처분에 불가쟁력이 생겨 그 효력을 다툴 수 없게 된 경우에

愚, 390쪽).
477) 金道昶, 481~482쪽 ; 金東熙, 324~325쪽 ; 柳至泰, 178쪽 ; 朴均省, 313~314쪽 ; 徐元宇, 470쪽 ; 尹世昌 外, 280쪽 ; 李尙圭, (爭訟法), 329~330쪽 ; 洪井善, (演習), 265~266쪽 ; 洪準亨, 250~252쪽 ; 田中二郎, 327~328쪽.
　다만, 朴鈗炘 敎授는, 선·후 행정행위가 「하나」의 효과의 발생을 목적으로 하는 경우뿐만 아니라 선·후행정행위가 「별개」의 효과의 발생을 목적으로 하는 경우에도 승계를 인정하여야 한다고 한다(同, 416쪽). 한편, 洪準亨 敎授는 종래 하자의 승계로서 다루어져 온 문제영역을 행정행위의 規準力(拘束力)이 미치는 범위와 관련하여 논하는 것은 정당하다고 하고(同, 251~252쪽), 柳至泰 敎授는 하자승계론은 법률효과의 동일성 여부라는 형식적 기준에 의존함으로써 불합리한 결과가 도출될 수도 있으므로 개별적인 경우 타당성을 확보하기 위해서는 보충적인 기준이 필요하다고 한다(同, 176쪽).

도 선행처분의 하자를 이유로 후행처분의 효력을 다툴 수 있는 반면, 선행처분과 후행처분이 서로 독립하여 별개의 법률효과를 목적으로 하는 때에는 선행처분에 불가쟁력이 생겨 그 효력을 다툴 수 없게 된 경우에는 선행처분의 하자가 중대하고 명백하여 당연무효인 경우를 제외하고는 선행처분의 하자를 이유로 후행처분과 후행처분이 서로 독립하여 별개의 효과를 목적으로 하는 경우에도 先行處分의 不可爭力이나 拘束力이 그로 인하여 불이익을 입게 되는 자에게 수인한도를 넘는 가혹함을 가져오며, 그 결과가 당사자에게 예측 가능한 것이 아닌 경우에는 국민의 재판 받을 권리를 보장하고 있는 헌법의 이념에 비추어 선행처분의 후행처분에 대한 구속력은 인정될 수 없다"478)고 한다.

■ 대법원 2008. 8. 21. 선고 2007두13845 판결

 표준지공시지가결정은 이를 기초로 한 수용재결 등과는 별개의 독립된 처분으로서 서로 독립하여 별개의 법률효과를 목적으로 하는 것이나, 표준지공시지가는 이를 인근 토지의 소유자나 기타 이해관계인에게 개별적으로 고지하도록 되어 있는 것이 아니어서 인근 토지의 소유자 등이 표준지공시지가결정 내용을 알고 있었다고 전제하기가 곤란할 뿐만 아니라 결정된 표준지공시지가가 공시될 당시 보상금 산정의 기준이 되는 표준지의 인근 토지를 함께 공시하는 것이 아니어서 인근 토지 소유자는 보상금 산정의 기준이 되는 표준지가 어느 토지인지를 알 수 없으므로(더욱이 표준지공시지가가 공시된 이후 자기 토지가 수용되리라는 것을 알 수도 없다) 인근 토지 소유자가 표준지의 공시지가가 확정되기 전에 이를 다투는 것은 불가능하다. 더욱이 장차 어떠한 수용재결 등 구체적인 불이익이 현실적으로 나타나게 되었을 경우에 비로소 권리구제의 길을 찾는 것이 우리 국민의 권리의식임을 감안하여 볼 때 인근 토지소유자 등으로 하여금 결정된 표준지공시지가를 기초로 하여 장차 토지보상 등이 이루어질 것에 대비하여 항상 토지의 가격을 주시하고 표준지공시지가결정이 잘못된 경우 정해진 시정절차를 통하여 이를 시정하도록 요구하는 것은 부당하게 높은 주의의무를 지우는 것이라 아니할 수 없고, 위법한 표준지공시지가결정에 대하여 그 정해진 시정절차를 통하여 시정하도록 요구하지 아니하였다는 이유로 위법한 표준지공시지가를 기초로 한 수용재결 등 후행 행정처분에서 표준지공시지가결정의 위법을 주장할 수 없도록 하는 것은 수인한도를 넘는 불이익을 강요하는 것으로서 국민의 재산권과 재판받을 권리를 보장한 헌법의 이념에도 부합하는 것이 아니라고 할 것이다. 따라서 표준지공시지가결정에 위법이 있는 경우에는 그 자체를 행정소송의 대상이 되는 행정처분으로 보아 그 위법 여부를 다툴 수 있음은 물론, 수용보상금의 증액을 구하는 소송에서도 선행처분으로서 그 수용대상 토지 가격 산정의 기초가 된 비교표준지공시지가결정의 위법을 독립된 사유로 주장할 수 있다.

---

478) 대법원 2005. 4. 15. 선고 2004두14915 판결 ; 대법원 1998. 9. 8. 선고 97누20502 판결 ; 대법원 1996. 6. 25. 선고 93누17935 판결 ; 대법원 1994. 1. 25. 선고 93누8542 판결.

그리하여, 課稅處分과 滯納處分(대법원 1988. 6. 28. 선고 87누1009 판결), 都市計劃決定과 收用裁決(1990. 1. 23. 선고 87누947 판결), 事業認定과 土地收用裁決(1992. 3. 13. 선고 91누4324 판결 ; 대법원 1993. 6. 29. 선고 91누2342판결),479)宅地開發豫定地區의 指定과 宅地開發計劃의 承認(대법원1996. 3. 22. 선고 95누10075판결), 宅地開發計劃의 承認과 收用裁決處分(대법원 1996. 4. 26. 선고 95누13241 판결), 宅地開發豫定地區의 指定, 宅地開發計劃의 承認, 收用 裁決(대법원 2000. 10. 13. 선고 99두 653판결), 都市計劃施設變更 및 地籍承認告示處分과 事業計劃承認處分(대법원 2000. 9. 5. 선고 99두9889 판결), 建物撤去命令과 代執行戒告處分(1982. 7. 27. 선고 81누293 판결), 屋外廣告物設置許可期間延長拒否處分과 그 廣告物撤去戒告處分(1993. 9. 14. 선고 93누3929 판결), 漁場利用開發計劃承認取消處分과 養殖業免許拒否處分(대법원 1994. 4. 15. 선고 93누23954 판결), 液化石油가스販賣事業許可處分과 事業開始申告返戾處分(대법원 1991. 4. 23. 선고 90누8756 판결), 舊 警察公務員法 제50조 제1항에 의한 職位解除處分과 같은 법 제3항에 의한 免職處分(대법원 1984. 9. 11. 선고 84누191 판결), 受講拒否處分과 修了處分(대법원 1994. 12. 23. 선고 94누477 판결)에 대하여 하자의 승계를 인정치 아니하고, 限地醫師資格試驗應試資格認定과 限地醫師免許處分(대법원 1975. 12. 9. 선고 75누123 판결), 眼鏡師國家試驗合格無效處分과 眼鏡師免許取消處分(대법원 1993. 2. 9. 선고 92누4567 판결),480)代執行의 戒告處分과 代執行令狀發付通報處分(대법원 1996. 2. 9. 선고 95누12507 판결),481)建物撤去戒告處分과 代執行費用納付命令(대법원 1993. 11. 9. 선고 93누14271 판결), 基準地價告示處分과 土地收用處分(대법원 1979. 4. 24. 선고 78누227 판결), 國稅滯納에 따른 督促과 加算金·重加算金徵收處分(대법원 1986. 10. 28. 선고 86누147 판결)에 대하여는 하자의 승계를 인정하고 있다.482)

(2) 행정행위의 규준력(規準力)이론

다음, 이른바 先行政行爲拘束論 또는 規準力理論을 살펴보기로 하자. 여기서는 하자승계론의 주장과는 반대로, 불가쟁력이 발생한 선행행위와 후행행위가 결합하여 하나의

---

479) 그러나 학자들은 토지수용법 등에 의한 사업인정과 수용재결은 모두 토지수용이라는 동일한 법률효과를 발생시키기 위하여 연속적으로 행해지는 일련의 절차라는 점을 강조하여 사업인정처분에 존재하는 하자는 수용재결처분에 승계된다고 본다(姜昌雄, 266쪽 ; 朴鈗炘, 435쪽 ; 徐元宇, 470쪽 ; 阿部泰隆,「違法性의 承繼」(行政判例百選Ⅰ, 有斐閣, 1993), 174~175쪽).
480) 이 판결에 대한 평석은 洪準亨, (判例), 533~551쪽 참조.
481) 이 판결에 대한 평석은『대법원판례해설』통권 제26호 344~354쪽 참조.
482) 위 하자승계론과 관련된 대법원 판례의 분석과 평가는 金容燮,「行政行爲의 瑕疵承繼論의 再檢討(下)」(判例月報 331號, 1998. 4.), 33~42쪽.

효과를 완성하는 것인 경우에는 하자가 승계 되지 않는다. 바꾸어 말하면, 둘 이상의 행정행위가 동일한 목적을 추구하고 법적 효과에 있어서도 동일한 경우에는 불가쟁적 선행행위의 규준력이 후행정행위에 미침으로써 일단 선행정행위의 흠(違法性)을 이유로 후행정행위의 취소청구 등을 구할 수 없고, 반대로 불가쟁력을 발생한 선행행위와 후행행위가 서로 독립하여 별개의 효과를 발생하는 것인 경우에는 선행행위의 구속력 또는 규준력이 후행행위에 미치지 않으므로 선행행위의 위법성을 이유로 후행행위의 취소를 구할 수 있다는 취지의 주장을 한다.483)

즉, 둘 이상의 행정행위가 동일한 법적 효과를 추구하는 경우에 불가쟁력이 생긴 선행행위는 후행행위에 대하여 일정한 범위에서 이른바 規準力(Massgeblichkeit),484) 旣決力(präjudizielle Wirkung)으로 불리는 拘束力을 갖는다고 하면서 그 구속력이 미치는 범위 안에서는 선행행위의 효과(內容的 拘束力)와 다른 주장을 할 수 없게 된다고 한다.

그리고 그 구속력이 어느 범위까지 미치는가에 관하여는, ① 선행행위와 후행행위가 동일한 목적을 추구하고 그 법적 효과가 궁극적으로 일치하여야 구속력이 미치고(事物的, 客觀的 限界), ② 구속력은 양행정행위의 수범자가 일치하는 한도에서만 미치며(對人的 主觀的 限界), ③ 선행행위의 사실 및 법상태가 유지되는 한도 내에서만 미친다(時間的 限界)고 하면서, ④ 나아가 선행행위의 후행행위에 대한 구속력을 인정하는 경우 그로 인하여 불이익을 입게 되는 자에게 수인한도(受忍限度)를 넘어 지나치게 가혹한 결과를 가져 올 뿐 아니라 그 결과를 당사자가 예측하기 불가능한 때에는 후행행위에 대한 구속력은 인정되지 않는다고 한다(追加的 限界).485)

(3) 소견

瑕疵의 承繼論과 先行行政行爲의 後行行政行爲에 대한 拘束力論은 모두 多段階行政節次, 즉 先行行政行爲와 後行行政行爲라고 하는 段階的 決定과 各 段階的 決定이 獨立的

---

483) 姜求哲, 449~450쪽 ; 金南辰, 343~344쪽 ; 朴鍾局, 473~488쪽 ; 卞在玉, 355쪽 ; 愼保晟, 230~240쪽 ; 鄭夏重, 439쪽 ; 金南辰, 「行政行爲의 瑕疵承繼論과 規準力理論」(행정법연구 제2호, 1998. 4), 129~142쪽 ; 金性洙, 「行政行爲의 存續力(下)」(月刊考試, 1990. 8.), 141~142쪽 ; 孟長燮, 「行政行爲의 拘束力」(考試界, 1989. 7.), 122쪽 이하 ; 朴圭河, 「行政行爲의 흠의 承繼」(考試研究, 1997. 9.), 25쪽 이하 ; 朴鍾局, 「先行行政行爲의 後行行政行爲에 대한 拘束力」(公法研究 제24집 제2호, 1996. 6.), 159쪽 ; 洪井善, 「行政行爲의 瑕疵의 承繼論의 論理構造」(考試界, 1995. 5.), 79쪽.
484) '行政行爲의 規準力'이라 함은 행정행위로 정한 내용 또는 효과가 상대방 기타 관계자를 기속함으로써 후일에 이것과 대립되는 주장이나 판단을 할 수 없는 행정행위의 구속력을 말한다(金南辰, 「行政行爲의 規準力과 旣決力」(行政法의 基本問題, 283쪽).
485) 金南辰, 344~345쪽.

處分일 것을 前提로 하여 當事者의 權益保護에 主眼点이 있다는 점에서 공통점을 발견할 수 있다. 그러나 하자의 승계론은 선행행정행위의 위법성을 논의의 대상으로 하는데 반하여 선행행정행위의 후행행정행위에 대한 구속력론은 선행행정행위의 유효성을 논의의 대상으로 한다는 점에서 기본적인 차이가 있다. 그리고 하자의 승계론은 불가쟁력을 전제로 하고 있어 보통 부담적 행정행위의 경우가 주로 논의 대상이 되는데 반하여, 선행행정행위의 후행행정행위에 대한 구속력론은 주로 수익적 행정행위와 관련하여 행정청이 이를 변경할 수 있는가의 문제로 귀착된다.

한편, 하자승계론으로 다루어지는 문제는 결국 당사자의 관점에서는 후행행정행위를 다투는 소송에서 선행행정행위의 하자를 주장할 수 있는가의 문제이고, 법원의 관점에서는 후행행정행위를 다투는 소송의 단계에서 선행행정행위의 위법성을 심리할 수 있는가의 문제가 되므로 선결문제의 논의와 관련된다고 하면서 행정절차에 있어서의 排除效, 내지 遮斷效의 문제와 밀접한 관련성이 있다고 주장하는 학자가 있다.486)

즉, 행정법관계의 조기확정의 필요성의 요청, 행정쟁송법에서 불가쟁력을 마련한 제도의 취지를 존중한다는 차원에서 선행행정행위에 존재하고 있는 위법성 내지 하자는 승계되지 않을 뿐만 아니라 원칙적으로 주장될 수도 없다고 한다. 다만 예외적으로 ① 법령에 명시적인 규정을 둔 경우, ② 기초가 되는 선행행정행위의 적법성이 후행처분의 전제가 되는 경우, ③ 선행행정작용에 대한 쟁송수단이 없거나 출소기간 내에 다투는 것이 현실적으로 곤란한 경우, ④ 일반적 척도로서의 예측가능성과 기대가능성이 없을 경우에는 하자를 주장할 수 있다고 한다.

이 견해는 최근 독일에서 활발하게 논의되고 있는 遮斷效의 槪念487)을 도입하여 瑕疵承繼論과 先行行政爲의 後行行政爲에 대한 拘束力論 사이의 對立을 解消하고자 제3자의 길을 모색한다는 차원에서 주장하는 듯하나, 여기서는 아직 정립된 것이 아니기에 소개하는데 그치기로 한다.

생각건대, 행정행위의 공정력이라는 것도 오늘날은 취소소송제도의 배타적관할에서 우러나온 반사적 효과에 지나지 않는다는 것이고488) 행정의 적법성확보와 국민의 권리구제라는 항고소송의 기능 내지 역할을 강조한다면 하자의 승계를 넓게 인정하여야 할 것이다.

V. 하자의 치유와 전환

---

486) 金容燮, 前揭論文, 43~46쪽.
487) 遮斷效(Präklusionswirkung)에 대해서는 H. Mauer, a.a.O. §19 Rn. 7a, S.453 참조.
488) 심지어 행정권에 대한 국민의 권리·이익의 보호를 강화하기 위해서는 공정력의 개념을 사용하지 않는 쪽이 문제해결에 유용하다는 견해도 제시되고 있다(宮崎 良夫, 321쪽).

1. 서설

성립시에 흠 있는 행정행위를 흠의 원인인 법정요건을 사후에 보완하였거나 또는 그 흠이 취소를 요하지 않을 정도로 경미해진 경우에 성립당시의 흠의 존재에도 불구하고 그 효력을 유지시키는 법리가 하자의 치유와 전환이다.

이 이론의 논거는 법률적합성의 원칙보다 법적 안정성의 우위, 신뢰보호, 무익한 행정행위의 반복의 방지, 공공복리의 실현 등이 제시된다.

> ■ 대법원 2002. 7. 9. 선고 2001두10684 판결
> [행정행위의 하자의 치유범위]
> 행정소송에서 행정처분의 위법 여부는 행정처분이 있을 때의 법령과 사실상태를 기준으로 하여 판단하여야 하고, 처분 후 법령의 개폐나 사실상태의 변동에 의하여 영향을 받지는 않는다고 할 것이고, 하자 있는 행정행위의 치유는 행정행위의 성질이나 법치주의의 관점에서 볼 때 원칙적으로 허용될 수 없는 것이고, 예외적으로 행정행위의 무용한 반복을 피하고 당사자의 법적 안정성을 위해 이를 허용하는 때에도 국민의 권리나 이익을 침해하지 않는 범위에서 구체적 사정에 따라 합목적적으로 인정하여야 한다(대법원 1991. 5. 28. 선고 90누1359 판결).

2. 하자의 치유

(1) 의의

하자(흠)의 치유에 있어 치유의 개념을 넓게 보아 행정행위가 행정행위 성립 당시에 흠 즉, 요건불비가 있기는 하지만 사후에 그 요건이 보완되었다든가 또는 그 흠이 취소될 가치가 없어졌을 경우에 그 흠에도 불구하고 행위의 효력을 다툴 수 없게 유지하는 것을 말한다는 입장[489]과 치유의 개념을 좁게 잡아 흠있는 행정행위가 그 흠의 사후추완 (Nachholung)을 통하여 흠없는 행정행위로 되는 것을 의미한다는 입장[490]이 대립되고 있다.

(2) 사유

전자의 입장에서는 치유사유로 ① 요건의 사후보완(예컨대, 필요한 신청서의 사후제출 또는 보완, 무권대리행위의 추완, 불특정 목적물의 사후특정, 타기관 또는 상대편의 필요적 협력이 결여된 경우의 추인, 허가요건·등록요건의 사후충족, 요식행위의 형식보

---

489) 金南辰, 484쪽.
490) 金南辰, 335쪽.

완), ② 장기간 방치에 따른 홈 있는 행정행위의 내용실현, ③ 사실상 공무원의 이론 ④ 취소할 수 없는 공공복리상의 필요(홈 있는 토지수용으로 인한 댐건설)가 생겼을 때 등을 거론하고 있다.

여기서는 후자의 입장에 따라 뒤에서 보는 바와 같이 '홈 있는 행정행위를 장기간 방치한 경우'는 실권의 법리에 의하여 '취소권이 제한되는 경우'로, 또한 '취소할 수 없는 공공복리상의 필요의 경우'등은 공익상의 이유로 홈 있는 행정행위의 '취소권이 제한받는 경우'로 설명하기로 한다.491)

생각건대 홈 있는 행정행위가 요건의 사후추완을 통하여 홈 없는 행정행위로 치유되는 것은 행정행위의 적법성확보를 위한 위법한 행정행위의 억제원칙에 따른 것으로 신뢰보호나 법적인 안정성을 이유로 하는 나머지 경우들과는 법리상의 차이가 있다.

대법원 판례도 외형적인 형식상의 홈에 대한 사후추완에 의한 하자의 치유 가능성을 긍정하고 있다. 행정행위의 홈이 치유되면 취소의 대상에서 벗어나게 된다.

> ■ 대법원 1983. 7. 26. 선고 82누420 판결
> 과세 처분시 납세 고지서에 과세표준, 세율, 세액의 산출근거 등이 누락된 경우에는 늦어도 과세처분에 대한 불복여부의 결정 및 불복 신청에 편의를 줄 수 있는 상당한 기간내에 보정행위를 하여야 그 하자가 치유된다.

(3) 적용범위

 1) 무효인 행정행위의 치유 인정여부

  ① 학설

   ⅰ) 부정설

 ⓐ 무효인 행정행위는 그 홈이 내용적으로 중대·명백한 경우인데 그러한 행위의 치유를 인정하는 것은 오히려 관계인의 신뢰와 법적생활의 안정에 해가 된다. ⓑ 처음부터 당연히 효력을 발생하지 아니하는 것으로 새로운 다른 행위로 전환됨은 몰라도 본래의 행정행위로서는 효력을 발생하지 않는다. ⓒ 독일 행정절차법은 행정행위의 절차 및 형식규정의 위반에 대해서만 치유를 인정하고 있다는 점을 근거로 치유를 부정하는데, 이 견해가 다수설이다.

   ⅱ) 긍정설

 무효·취소의 구별은 상대적이라는 점에서 무효인 행정행위의 치유를 긍정한다.

---

491) 金南辰, 336쪽 ; 金東熙, 329쪽 ; 朴鈗炘, 420쪽 ; 李光潤, 「行政行爲의 홈의 治癒와 取消의 限界」(考試界, 1995. 5.), 49쪽.

② 판례

원칙적으로 무효인 행정행위의 치유를 부정하고 있다.

▣ 대법원 1989. 12. 12. 선고 88누8869 판결
 징계처분이 중대하고 명백한 흠 때문에 당연 무효의 것이라면 징계처분을 받은 원고가
이를 용인하였다 하여 그 흠이 치유되는 것은 아니라 할 것이다(대법원 1984. 2. 28.
선고 81누275 판결).

2) 개별적 고찰

① 청문절차의 하자

학설은 대립하고 있으나, 판례는 엄격한 요건 하에 하자의 치유를 인정하고 있다.

▣ 대법원 1992. 10. 23. 선고 92누2844 판결
 행정청이 위 규정에 의한 청문절차를 이행함에 있어 소정의 청문서 도달기간을 지키
지 아니하였다면 이는 청문의 절차적 요건을 준수하지 아니한 것이므로 이를 바탕으로
한 행정처분은 일단 위법하다고 보아야 할 것이다(대법원 1990. 11. 9. 선고 90누
4129 판결; 대법원 1991. 7. 9. 선고 91누971 판결; 대법원 1992. 2. 11. 선고 91
누11575 판결 참조).
 그러나 이러한 청문제도의 취지는 처분으로 말미암아 불이익을 받게 될 영업자에게
미리 변명과 유리한 자료를 제출할 기회를 부여함으로써 부당한 권리침해를 예방하려
는 데에 있는 것임을 고려하여 볼 때, 가령 행정청이 청문서 도달기간을 다소 어겼다
하더라도 영업자가 이에 대하여 이의하지 아니한 채 스스로 청문일에 출석하여 그 의
견을 진술하고 변명하는 등 방어의 기회를 충분히 가졌다면 청문서 도달기간을 준수하
지 아니한 하자는 치유되었다고 봄이 상당하다 할 것이다.

② 이유부기(이유제시)에 대한 하자치유

▣ 대법원 2002. 11. 13. 선고 2001두1543 판결
 납세고지서에 과세연도, 세목, 세액 및 그 산출근거, 납부기한과 납부장소 등의 명시
를 요구한 국세징수법 제9조나 과세표준과 세액계산명세서의 첨부를 명한 구 법인세법
(1993. 12. 31. 법률 제4664호로 개정되기 전의 것) 제37조, 제59조의5, 구 법인세
법시행령(1993. 12. 31. 대통령령 제14080호로 개정되기 전의 것) 제99조 등의 규
정이 단순한 세무행정상의 편의를 위한 훈시규정이 아니라, 헌법과 국세기본법에 규정

된 조세법률주의의 원칙에 따라 과세관청의 자의를 배제하고 신중하고도 합리적인 과세처분을 하게 함으로써 조세행정의 공정을 기함과 아울러 납세의무자에게 부과처분의 내용을 자세히 알려주어 이에 대한 불복 여부의 결정과 불복신청의 편의를 주려는데 그 근본취지가 있으므로, 이 규정들은 강행규정으로 보아야 하고, 따라서 납세고지서에 세액산출근거 등의 기재사항이 누락되었거나 과세표준과 세액의 계산명세서가 첨부되지 않았다면 적법한 납세의 고지라고 볼 수 없으며(대법원 1989. 11. 10. 선고 88누7996 판결 ; 대법원 1988. 2. 9. 선고 83누404 판결; 대법원 1987. 12. 22. 선고 87누839 판결; 대법원 1987. 5. 12. 선고85누56 판결; 대법원 1987. 2. 24. 선고 86누415 판결; 대법원 1987. 2. 10. 선고 85누624 판결; 대법원 1983. 7. 26. 선고 82누420 판결(행정행위의 취소원인인 하자의 보완, 관계 행정청의 추인, 행정처분을 장기간 방치함으로 인한 행정목적의 달성, 또는 법률관계의 확정 등으로 행정처분의 하자가 치유되는 것이 보통이지만 위 세율 과세표준 등 산출근거 등을 아울러 고지하도록 규정한 취지가 조세행정의 공정성의 확보와 납세의무자에게 그 부과처분에 대한 불복여부의 결정과 그 불복신청에 편의를 주려는데 있다고 봐야하므로 그렇다면 피고 주장과 같은 위 뒤늦은 납세고지서의 송달이나 오랜 기간(4년)의 경과로 위 각 과세처분의 하자가 치유되었다고 보기 어렵다); 대법원 1982. 3. 23. 선고 81누139 판결), 위와 같은 납세고지의 하자는 납세의무자가 그 나름대로 산출근거를 알고 있다거나 사실상 이를 알고서 쟁송에 이르렀다 하더라도 치유되지 않는다.

■ 대법원 1996. 6. 14. 선고 95누17823 판결
[도로교통법시행규칙 제53조 제2항의 성질(효력규정)]
도로교통법 제78조, 같은 법 시행령 제53조 제1항, 같은 법 시행규칙 제53조 제2항(1995. 7. 1. 내무부령 제651호로 개정되기 전의 것)은, 면허관청이 운전면허를 취소하거나 그 효력을 정지한 때에는 운전면허를 받은 사람에게 그 처분의 내용, 사유, 근거가 기재되어 있는 별지 52호 서식의 자동차운전면허 취소·정지 통지서에 의하여 그 사실을 통지하되, 정지처분의 경우에는 처분집행예정일 7일 전까지 이를 발송하여야 한다고 규정하고 있는바, 이는 상대방에게 불이익한 운전면허정지처분을 미리 서면으로 알림으로써 운전면허정지로 인하여 상대방이 입게 될 불이익을 최소화하고 차량의 입고 등 사전 대비(택시운전자의 경우에는 배차조정, 업무인수인계 등)는 물론 그 처분에 대한 집행정지의 신청이나 행정쟁송 등 불복의 기회를 보장하기 위한 데에 그 규정취지가 있고, 운전면허정지처분의 경우 면허관청으로 하여금 일정한 서식의 통지서에 의하여 처분집행일 7일 전까지 발송하도록 한 같은 법 시행규칙 제53조 제2항의 규정은 효력규정이다.
면허관청이 운전면허정지처분을 하면서 별지 52호 서식의 통지서에 의하여 면허정지 사실을 통지하지 아니하거나 처분집행예정일 7일 전까지 이를 발송하지 아니한 경우에는 특별한 사정이 없는 한 위 관계 법령이 요구하는 절차·형식을 갖추지 아니한 조치

로서 그 효력이 없고, 이와 같은 법리는 면허관청이 임의로 출석한 상대방의 편의를 위하여 구두로 면허정지사실을 알렸다고 하더라도 마찬가지이다.

(4) 한계

1) 실체적 한계

행정행위의 성질이나 법치주의 관점에서 원칙적으로 허용될 수 없는 경우는 부정되나, 예외적으로 행정행위의 무용한 반복을 피하고 당사자의 법적안정성을 위해 이를 허용하는 경우에도 국민의 권리나 이익을 침해하지 않는 범위 내에서 구체적 사정에 따라 합목적적으로 인정하여야 한다.

■ 대법원 2002. 7. 9. 선고 2001두10684 판결

[하자 있는 행정행위의 치유가 허용되기 위한 요건]

행정소송에서 행정처분의 위법 여부는 행정처분이 있을 때의 법령과 사실상태를 기준으로 하여 판단하여야 하고, 처분 후 법령의 개폐나 사실상태의 변동에 의하여 영향을 받지는 않는다고 할 것이고(대법원 1995. 11. 10. 선고 95누8461 판결 참조), 하자 있는 행정행위의 치유는 행정행위의 성질이나 법치주의의 관점에서 볼 때 원칙적으로 허용될 수 없는 것이고, 예외적으로 행정행위의 무용한 반복을 피하고 당사자의 법적 안정성을 위해 이를 허용하는 때에도 국민의 권리나 이익을 침해하지 않는 범위에서 구체적 사정에 따라 합목적적으로 인정하여야 할 것이다(대법원 1992. 5. 8. 선고 91누13274 판결, 대법원 1996. 12. 20. 선고 96누9799 판결 참조).

---

2) 시간적 한계

하자의 치유를 위한 보정은 늦어도 당해 처분에 대한 불복여부의 결정 및 불복신청에 편의를 줄 수 있는 상당한 기간 내에 하여야 한다. 행정행위의 성질이나 법치주의 관점에서 볼 때 하자있는 행정행위(과세처분시 세액의 산출근거 누락)의 치유는 늦어도 과세처분에 대한 불복여부의 결정 및 불복신청에 편의를 줄 수 있는 상당한 기간 내에 보정행위를 하여야 그 하자가 치유가능하며(행정심판제기후 이유부기 하자 치유 부정) 이는 규정에 따른 이유의 보완에 의하여서만 가능할 것이고 사후 다른 방법으로 설명되거나 나름대로 알았거나 하는 경우에도 인정되지 않는다.

(5) 효과

1) 장래에 향해서만 흠없는 적법한 행정행위로 된다.

2) 흠있는 행정행위가 존재하였다는 사실은 불변하므로 손해배상의 원인이 될 수 있다.

3. 하자있는 행정행위의 전환

(1) 의의
'하자있는 행정행위의 전환(Konversion)'이란 행정행위가 원래의 행정행위로서는 흠이 있으나 다른 행정행위의 요건을 충족하는 경우 이러한 다른 행정행위로서의 효력을 인정하는 것을 말한다. 즉 사자에게 부여한 영업의 허가를 그 상속인에 대한 허가로 보는 경우, 사자에 대한 과세처분을 상속인에 대한 적법 유효한 처분으로 인정하는 경우와 같이 신뢰보호 내지 법적 안정성이라는 견지에서 A라는 행정행위에 하자가 있어 그 효력을 유지하는 것은 어렵지만, 이것을 B라는 별도의 행정행위로 본다면 유효한 경우가 있을 수 있는데, A, B간에 처분으로서의 동일성이 있다면 전환을 인정하여도 무방할 것이다.

(2) 법적 성질
전환자체를 독립한 행정행위로 파악하는 것(행정행위설)이 다수설이다.492)

(3) 전환권자
행정행위의 전환은 처분청, 상급행정청, 재결청에 의해 행해지나 법원이 직권으로 전환하는 것은 권력분립원칙상 허용되지 않는다.

(4) 취소사유 있는 행정행위의 전환인정 여부
1) 부정설
취소사유 있는 경우는 장래 흠이 치유될 가능성이 있기에 그 행위의 효력이 불확정상태에 있는 동안은 다른 행위로 전환이 불가하다는 것이다.493)

2) 긍정설
전환을 인정하는 취지에 적합하다는 이유로 취소할 수 있는 행정행위의 전환도 인정되어야 한다고 한다.494)독일 행정절차법 제47조는 취소할 수 있는 행정행위 또는 무효인 행정행위에 대해서 모두 그 전환가능성을 인정하고 있다.

---

492) 전환을 기타의 의사표시라고 하는 견해도 있다.
493) 朴鈗炘, 422쪽.
494) 金東熙, 329쪽 ; 金南辰, 339쪽 ; 朴均省, 324쪽 ; 洪井善, 357쪽.

(5) 인정기준

위법성의 정도, 위반법규의 취지와 목적, 당해 행정행위에 의해 형성되는 이익상황 등을 구체적으로 검토한 후에 법치주의 원칙을 희생시킬만한 다른 가치의 존부 및 그 경우에 침해될 수 있는 공익이나 기타 이익의 내용을 비교·형량하여 결정하여야 한다.

(6) 요건

하자있는 행정행위가 유효한 행위로 전환되기 위해서는 ① 양 행정행위 사이에 요건, 목적, 효과에 있어서 실질적 공통성이 있고, ② 원처분이 전환되는 처분의 성립·발효요건을 갖추어야 하며, ③ 행정청(처분청)의 의도에 반하지 않아야 하고, ④ 당사자에게 원처분보다 불이익을 초래해서는 안되며, ⑤ 제3자의 이익을 침해하는 것이 아니어야 한다.

(7) 전환의 효과

전환된 행정행위로서의 효력이 인정된다. 원래의 행정행위시에 소급하여 효력이 발생한다.

(8) 전환에 대한 쟁송

전환은 그 자체가 하나의 새로운 행정행위이기 때문에 관계인은 행정쟁송을 통하여 행정행위의 전환을 다툴 수 있다. 흠의 승계는 문제되지 않고, 소송계속 중의 전환은 소의 변경 문제가 제기된다(행정소송법 제22조).

제9절 行政行爲의 廢止

I. 행정행위의 취소

1. 의의

행정행위의 취소는 광의로는 협의의 취소, 무효선언으로서의 취소, 철회 등을 포함하고, 협의로는 직권취소와 쟁송취소를 포함하며, 최협의로는 직권취소만을 말한다.

2. 직권취소와 쟁송취소

협의의 취소에는, 행정기관이 그 직무권한에 기초하여(즉, 국민의 신청이 없더라도) 행하는 취소, 상대방·이해관계인 등으로부터 쟁송의 제기에 기초하여 행하여지는 취소의 두 가지가 있는데 전자를 직권취소, 후자를 쟁송취소라고 한다. 즉 직권취소는 권한있는 행정기관이 단순한 위법 또는 부당(공익위반) 등의 사유로 직권으로 행정행위의 효력을 상실시키는 행위이고, 쟁송취소는 하자있는 행정행위로 인하여 그 권익이 침해된 자의 쟁송제기에 의하여 권한있는 기관이 당해 행정행위의 효력을 소멸시키는 행위이다. 여기서는 직권취소를 중심으로 살펴보기로 한다.

3. 취소권자

(1) 처분청

처분청은 자신이 한 위법 또는 부당한 처분을 법적근거 없이도 취소할 수 있다. 그 논거는 법치행정의 원칙에 비추어 볼 때 위법한 행정행위를 한 처분청에게 위법한 행위를 시정해 적법성을 회복할 권한을 주어야 한다, 처분청의 처분권 안에는 취소권이 당연히 포함되어 있다는 것이다.

(2) 감독청

감독청이 법적 근거가 없는 경우에도 감독권에 근거해서 처분청의 처분을 취소할 수 있는가에 대해서는 학설이 대립된다. 행정권한법정주의에 의해 처분권이 있는 처분청만이 처분권을 행사할 수 있다는 논거로 감독청은 처분청에 대하여 취소를 명할 수 있을 뿐 직접 취소권을 행사할 수 없다는 소극설[495]과 취소권은 감독의 목적을 달성하기 위해 불가결한 것이므로 감독청은 당연히 취소권을 가진다는 적극설[496]이 있다. 행정실무는 소극설의 입장이다.

4. 법적 근거

처분청의 경우 법령으로 명문의 근거가 없는 경우에도 행정행위의 직권취소가 가능한가. 취소의 대상이 주로 수익적 행정행위임을 고려하면 취소자체가 상대방의 권익에 대한 침익적 행정행위의 실현이기에 법적 근거의 요부가 문제된다. 침해유보설의 입장에서는 법적근거가 필요하다고 하나 학설의 대부분은 법적근거가 필요없다고 한다. 다만 그 근거의 설명에 있어 다소 다를 뿐이다. 즉 i) 위법한 행정행위의 효력을 빼앗는 것은 당연하다는 입장, ii) 선행하는 행정행위의 근거규정에 함께 포함되어 있는 것으로 보는 입장, iii) 불문의 법리로 이해하는 입장, iv) 법치행정의 원리(행정의 법률적합성의 원칙)에서 찾는 입장[497] 등이 있다.

---

495) 朴均省, 329쪽 ; 朴鈗炘, 441쪽 ; 石琮顯, 355쪽 ; 柳至泰, 189쪽 ; 韓堅愚, 405쪽.
496) 金南辰, 352쪽 ; 金東熙, 331쪽 ; 洪井善, 362쪽.

■ 대법원 2010. 11. 11. 선고 2009두14934 판결

 행정행위를 한 처분청은 그 행위에 흠이 있는 경우 별도의 법적 근거가 없더라도 스스로 이를 취소할 수 있고, 다만 수익적 행정처분을 취소할 때에는 이를 취소하여야 할 공익상의 필요와 그 취소로 인하여 당사자가 입게 될 기득권과 신뢰보호 및 법률생활 안정의 침해 등 불이익을 비교·교량한 후 공익상의 필요가 당사자가 입을 불이익을 정당화할 만큼 강한 경우에 한하여 취소할 수 있으나, 수익적 행정처분의 흠이 당사자의 사실은폐나 기타 사위의 방법에 의한 신청행위에 기인한 것이라면 당사자는 처분에 의한 이익이 위법하게 취득되었음을 알아 취소 가능성도 예상하고 있었다고 할 것이므로, 그 자신이 처분에 관한 신뢰이익을 원용할 수 없음은 물론 행정청이 이를 고려하지 아니하였다고 하여도 재량권의 남용이 되지 않는다(대법원 2006. 5. 25. 선고 2003두4669 판결 참조).

■ 대법원 1995. 9. 15. 선고 95누6311 판결

 개별토지에 대한 가격결정도 행정처분에 해당하며, 원래 행정처분을 한 처분청은 그 행위에 하자가 있는 경우에는 원칙적으로 별도의 법적 근거가 없더라도 스스로 이를 직권으로 취소할 수 있는 것이고, 행정처분에 대한 법정의 불복기간이 지나면 직권으로도 취소할 수 없게 되는 것은 아니므로, 처분청은 토지에 대한 개별토지가격의 산정에 명백한 잘못이 있다면 이를 직권으로 취소할 수 있으며, 개별토지가격합동조사지침 제12조의3에서 토지특성조사의 착오 또는 위산·오기 등 지가산정에 명백한 잘못이 있는 경우에 경정결정이 가능한 것으로 예시하고 있는 것처럼, 비교표준지 선정의 잘못으로 인하여 개별토지가격의 산정이 명백히 잘못된 경우도 개별토지가격합동조사지침 제12조의3의 규정에 의하여 개별토지의 가격결정에 대한 직권취소가 가능하다.

■ 대법원 1987. 3. 24. 선고 85누973 판결

[중대한 하자가 있는 행정처분을 법령의 규정이 없어도 행정청이 스스로 취소할 수 있는지 여부(적극)]

 민법상 비영리법인의 이사회결의가 법령 또는 정관이 정하는 바에 따른 정당한 소집권자가 아닌 자에 의하여 소집되고 적법한 소집절차도 없이 개최되어 한 것이라면 그 결과가 설사 적법한 소집통지를 받지 못한 이사가 출석하여 반대의 표결을 하였던들 이사회결의의 성립에 영향이 없었다고 하더라도 그 이사회결의는 당연무효라 할 것이다.

 당연무효인 이사회의 결의에 의하여 선임된 이사에 대한 주무관청의 이사 취임승인처분은 그 행정처분에 중대한 하자가 있는 경우이므로 이에 대하여 법령에 특별히 취소사유로 규정하고 있지 아니하여도 행정처분은 스스로 이를 취소할 수 있다 할 것이다.

---

497) 金東熙, 334쪽.

5. 취소의 사유

행정행위의 성립과정에 당연무효 사유에 이르지 않는 정도의 하자가 있으면 취소할 수 있음이 원칙이다. 이에 대해서는 앞서 무효와 취소사유에서 본 바와 같다.

6. 취소의 제한

(1) 제한의 근거(신뢰보호원칙에 기한 이익형량의 원리)

법치행정의 원칙에서 볼 때 위법한 행정행위는 취소되어야 한다. 침익적 행정행위의 취소는 원칙적으로 자유롭다. 행정처분에 하자가 있음을 이유로 처분청이 이를 직권취소하는 경우에도 그 처분이 국민에게 권이나 이익을 부여하는 이른바 授益的 行政行爲인 때에는 그 처분을 취소하여야 할 공익상 필요와 그 취소로 인하여 당사자가 입게 될 旣得權과 信賴保護 및 法律生活安定의 侵害등 불이익을 比較較量한 후 공익상 필요가 당사자가 입을 불이익을 정당화할 만큼 강한 경우에 한하여 취소할 수 있음은 통설이고 확립된 판례(대법원 1986. 2. 25. 선고 85누664 판결 ; 대법원 1986. 10. 14. 선고 83누584 판결 ; 대법원 1990. 2. 27. 선고 89누2189 판결)이다. 이와 같이 取消權의 制限에 관한 利益衡量의 기준으로서 신뢰보호의 원칙이 문제된다.

■ 대법원 2004. 7. 22. 선고 2003두7606 판결

[수익적 행정처분에 대한 취소권 등의 행사의 요건 및 그 한계]

수익적 행정처분을 취소 또는 철회하거나 중지시키는 경우에는 이미 부여된 그 국민의 기득권을 침해하는 것이 되므로, 비록 취소 등의 사유가 있다고 하더라도 그 취소권 등의 행사는 기득권의 침해를 정당화할 만한 중대한 공익상의 필요 또는 제3자의 이익보호의 필요가 있는 때에 한하여 상대방이 받는 불이익과 비교·교량하여 결정하여야 하고, 그 처분으로 인하여 공익상의 필요보다 상대방이 받게 되는 불이익 등이 막대한 경우에는 재량권의 한계를 일탈한 것으로서 그 자체가 위법하다(대법원 1991. 5. 14. 선고 90누9780 판결, 대법원 1993. 8. 24. 선고 92누17723 판결 참조).

■ 대법원 2008. 11. 13. 선고 2008두8628 판결

행정행위를 한 처분청은 그 행위에 하자가 있는 경우에는 별도의 법적 근거가 없더라도 스스로 이를 취소할 수 있고, 다만 수익적 행정처분을 취소할 때에는 이를 취소하여야 할 공익상의 필요와 그 취소로 인하여 당사자가 입게 될 기득권과 신뢰보호 및 법률생활 안정의 침해 등 불이익을 비교·교량한 후 공익상의 필요가 당사자가 입을 불이익을 정당화할 만큼 강한 경우에 한하여 취소할 수 있으나, 나아가 수익적 행정처분의 하자가 당사자의 사실은폐나 기타 사위의 방법에 의한 신청행위에 기인한 것이라면 당사자는 처분에 의한 이익이 위법하게 취득되었음을 알아 취소가능성도

예상하고 있었다 할 것이므로, 그 자신이 처분에 관한 신뢰이익을 원용할 수 없음은 물론, 행정청이 이를 고려하지 아니하였다고 하여도 재량권의 남용이 되지 않고, 이 경우 당사자의 사실은폐나 기타 사위의 방법에 의한 신청행위가 제3자를 통하여 소극적으로 이루어졌다고 하여 달리 볼 것이 아니다(대법원 1995. 7. 28. 선고 95누4926 판결, 대법원 2006. 5. 25. 선고 2003두4669 판결 참조).

■ 대법원 2000. 2. 25. 선고 99두10520 판결
 행정청이 일단 행정처분을 한 경우에는 행정처분을 한 행정청이라도 법령에 규정이 있는 때, 행정처분에 하자가 있는 때, 행정처분의 존속이 공익에 위반되는 때, 또는 상대방의 동의가 있는 때 등의 특별한 사유가 있는 경우를 제외하고는 행정처분을 자의로 취소(철회의 의미를 포함한다)할 수 없다.

 취소원인이 존재하는 경우에도 사정재결이나 사정판결(행정심판법 제33조 제①항, 행정소송법 제28조 제①항)498)에 의하여 쟁송취소권이 제한된다.

(2) 제한의 형태
 1) 취소가 허용되지 아니하는 경우
 2) 취소 자체는 허용되나 손실보상이 요청되는 경우
 3) 단순히 취소의 효과만 제한되는 경우

(3) 구체적 제한사유
 1) 금전, 가분적 현물 등의 급부를 내용으로 하는 수익적 행위에 있어서 상대방의 신뢰와 그 보호가치가 있는 경우
 2) 경제적 효과의 형량(취소에 의하여 관계인 또는 국가 재정에 막대한 경제적 손실이 발생하는 경우)
 3) 확인행위 기타 준사법적 행위로서 불가변력이 인정되는 경우(예 ; 국가시험자 합격자 결정, 당선인 결정)
 4) 실효(실권)의 법리

---

498) 사정판결이라 함은 행정행위가 위법하여 취소하여야 함에도 불구하고 그 행정행위를 취소·변경하는 것이 현저히 공공복리에 적합하지 아니하다고 인정하는 때에 그 흠있는 행정행위를 취소·변경하지 아니하고 원고의 청구로 기각하는 판결을 말한다. 사정판결에 있어서의 위법한 행정행위의 흠은 취소의 대상이 되는 흠이나 기성사실의 존중의 결과, 취소되지 아니한다.

5) 포괄적 신분설정행위(예 ; 공무원 임명, 귀화허가)의 경우

6) 사인의 법률행위를 완성시켜주는 행위(예 ; 인가, 보충행위)에 있어서 인가대
   상 행위를 기초로 여러 법률관계가 형성된 경우(사법형성적 행정행위)

7) 제3자효 행정행위

8) 하자의 치유·전환론

(4) 제한의 배제

1) 상대방의 신뢰에 보호가치가 없는 경우(상대방의 귀책), 즉 사기, 강박, 증·수
   뢰, 부정·부실 신고에 의한 경우

■ 대법원 2002. 2. 5. 선고 2001두5286 판결

[수익적 행정처분의 하자가 당사자의 사실은폐나 기타 사위의 신청행위에 기인하는 경
우, 그 처분의 취소를 위하여 이익형량이 필요한지 여부(소극)]

행정처분에 하자가 있음을 이유로 처분청이 이를 취소하는 경우에도 그 처분이 국민
에게 권리나 이익을 부여하는 처분인 때에는 그 처분을 취소하여야 할 공익상의 필요
와 그 취소로 인하여 당사자가 입게 될 불이익을 비교교량한 후 공익상의 필요가 당사
자가 입을 불이익을 정당화할 만큼 강한 경우에 한하여 취소할 수 있는 것이지만, 그
처분의 하자가 당사자의 사실은폐나 기타 사위의 방법에 의한 신청행위에 기인한 것이
라면 당사자는 그 처분에 의한 이익이 위법하게 취득되었음을 알아 그 취소가능성도
예상하고 있었다고 할 것이므로 그 자신이 위 처분에 관한 신뢰이익을 원용할 수 없음
은 물론 행정청이 이를 고려하지 아니하였다고 하여도 재량권의 남용이 되지 않는다는
것이 당원의 견해이다(대법원 1982. 7. 27. 선고 81누67 판결, 대법원 1990. 2. 27.
선고 89누2189 판결, 대법원 1996. 10. 25. 선고 95누14190 판결 참조).

---

2) 이익형량에 기하여 공익보호의 요청이 신뢰보호의 이익보호 요청보다 큰 경우

7. 취소절차

직권취소는 법령에 특별한 규정이 없는 한 특별한 절차를 요하지 않는다. 다만 수익적
행정행위의 취소(침해적 행정처분)에 있어서는 사전통지, 청문 등 절차를 거쳐야 한다
(행정절차법 제22조 제①항).

8. 취소의 효과

쟁송취소의 효과는 소급함이 원칙이나, 직권취소의 효과는 소급효도 있고 기득권 보호를 위한 불소급효도 있다. 대체로 침익적 행정행위의 취소의 효과는 소급적이나 수익적 행정행위의 경우에는 상대방에게 귀책사유가 없는 한 취소의 효과가 소급하지 않는다고 할 것이다.

■ 대법원 1995. 9. 15. 선고 94다16045 판결
[국세 감액결정 처분의 성질 및 그 효력]
 국세 감액결정 처분은 이미 부과된 과세처분에 하자가 있음을 이유로 사후에 이를 일부 취소하는 처분이므로, 취소의 효력은 그 취소된 국세 부과처분이 있었을 당시에 소급하여 발생하는 것이고, 이는 판결 등에 의한 취소이거나 과세관청의 직권에 의한 취소이거나에 따라 차이가 있는 것이 아니다.

■ 대법원 1997. 1. 21. 선고 96누3401 판결
 행정처분이 취소되면 그 소급효에 의하여 처음부터 그 처분이 없었던 것과 같은 효과를 발생하게 되는바, 행정청이 의료법인의 이사에 대한 이사취임승인취소처분(제1처분)을 직권으로 취소(제2처분)한 경우에는 그로 인하여 이사가 소급하여 이사로서의 지위를 회복하게 되고, 그 결과 위 제1처분과 제2처분 사이에 법원에 의하여 선임결정된 임시이사들의 지위는 법원의 해임결정이 없더라도 당연히 소멸된다.

■ 대법원 2008. 1. 31. 선고 2007도9220 판결
 특정범죄 가중처벌 등에 관한 법률 위반(도주차량)으로 운전면허취소처분을 받은 자가 자동차를 운전하였다고 하더라도 그 후 피의사실에 대하여 무혐의 처분을 받고 이를 근거로 행정청이 운전면허 취소처분을 철회하였다면, 이 사건 운전면허 취소처분은 행정쟁송절차에 의하여 취소된 경우와 마찬가지로 그 처분시에 소급하여 효력을 잃게 되고, 피고인은 그 처분에 복종할 의무가 당초부터 없었음이 후에 확정되었다고 봄이 타당하다(대법원 2002. 11. 8. 선고 2002도4597 판결 참조).

그리고 취소로 인한 손실보상여부가 문제될 수도 있다.

9. 취소의 하자

(1) 취소에 무효사유가 있는 경우
 처음부터 당연히 취소의 효과가 발생하지 아니하며, 원래의 행정행위가 그대로 존속하게 된다.

(2) 취소에 단순취소사유가 있는 경우

직권취소처분에 취소사유가 있는 경우 다시 직권취소가 가능한지가 문제이다.

1) 학설

① 부정설

취소에 의하여 원행정행위의 효력은 확정적으로 소멸되므로, 법령상 명문의 규정이 없는 한, 재취소에 의해서 그 효력을 소생시킬 수 없다고 한다.

② 긍정설

취소행위도 일반 행정행위의 일종으로서, 하자의 일반론에 따라 취소할 수 있다고 한다 (다수설).

2) 판례

행정행위를 일단 취소한 경우에는 그 취소처분 자체의 위법을 이유로 다시 그 취소처분을 취소함으로써 처음의 행정행위의 효력을 회복시킬 수는 없고, 단 그 취소처분의 위법이 중대·명백한 경우에는 무효선언적 의미에서 취소소송을 통하여 취소되면 본래처분의 효력이 부활한다고 한다.

> ■ 대법원 1979. 5. 8. 선고 77누61 판결
> 행정행위를 일단 취소한 후에 그 취소처분 자체의 위법을 이유로 다시 그 취소처분을 취소함으로써 시초의 행정행위의 효력을 회복시킬 수 있는 것인가의 문제는 두 가지 경우로 나누어 생각해 볼 수 있다. 하나는 취소처분의 위법이 중대하고 명백하므로 인하여 그 취소처분이 절대로 무효일 경우인데 이 경우에 있어서는 그 취소처분에 대한 무효선언으로서의 취소가 가능할 것이다.
> 다른 하나는 그 취소처분이 절대로 무효가 되는 경우가 아닌 단순위법인 경우인데 이 경우에도 취소처분에 대하여 법률이 명문으로 소원 또는 행정소송의 제기를 허용하고 있는 때에는 그 절차에 따라 해결하면 될 것이고 법률에 그와 같은 취소처분의 취소에 관한 명문의 규정이 없는 때에는, 취소처분은 비록 위법할지라도 일단 유효하게 성립하고, 따라서 행정행위의 효력을 확정적으로 상실시키는 것이므로, 취소처분의 취소에 의하여 이미 효력을 상실한 행정행위를 소생시킬 수는 없으며, 소생시키기 위하여는 원 행정행위와 동일한 내용의 새로운 행정행위를 행할 수밖에 없는 것으로 풀이하는 것이 타당할 것이다.
>
> ■ 대법원 1995. 3. 10. 선고 94누7027 판결

국세기본법 제26조 제1호는 부과의 취소를 국세납부의무 소멸사유의 하나로 들고 있으나, 그 부과의 취소에 하자가 있는 경우의 부과의 취소의 취소에 대하여는 법률이 명문으로 그 취소요건이나 그에 대한 불복절차에 대하여 따로 규정을 둔 바도 없으므로, 설사 부과의 취소에 위법사유가 있다고 하더라도 당연무효가 아닌 한 일단 유효하게 성립하여 부과처분을 확정적으로 상실시키는 것이므로, 과세관청은 부과의 취소를 다시 취소함으로써 원부과처분을 소생시킬 수는 없고 납세의무자에게 종전의 과세대상에 대한 납부의무를 지우려면 다시 법률에서 정한 부과절차에 좇아 동일한 내용의 새로운 처분을 하는 수밖에 없다.

3) 소견

수익적 행정행위의 경우는 긍정설이 타당하고, 침익적 행정행위의 경우는 부정설이 타당해 보인다.[499]

Ⅱ. 행정행위의 철회

1. 의의

행정행위의 철회라 함은 하자 없이, 즉 적법하게 성립된 행정행위를 그 효력을 존속시킬 수 없는 새로운 사정이 발생하였음을 이유로 장래에 향하여 그 효력을 소멸시키는 행정행위를 말한다.

■ 대법원 1969. 3. 31. 선고 68누189 판결
[撤回의 의의]
그 허가 자체는 아무런 하자 없이 적법하게 된 것이나 다만 사후에 새로운 사정이 발생함으로써 그 허가처분을 더 존속시키는 것이 공익에 부적합하다하여 장래에 향하여 그 효력을 상실케 하는 행위는 철회에 해당된다 할 것이므로 하천법 제57조 제1항 제1호에 의하여서의 허가의 취소는 소위 취소가 아니고 행정행위의 철회라고 해석하여야 할 것이다.

행정행위의 취소는 유효한 행정행위를 성립에 하자 있음을 이유로 행위시에 소급하여 그 효력을 상실시키는 행위로 행정행위의 철회와 구별되나, 오늘날 양자의 구별은 상대

---

499) 김남진340~341쪽.

적이라고 보며 오히려 양자간의 유사성이 강조되고 있다.500)

심화 취소와 철회의 구분

■ 대법원 2003. 5. 30. 선고 2003다6422 판결
[행정행위의 취소사유와 철회사유의 구별기준]
　행정행위의 취소는 일단 유효하게 성립한 행정행위를 그 행위에 위법 또는 부당한 하자가 있음을 이유로 소급하여 그 효력을 소멸시키는 별도의 행정처분이고, 행정행위의 철회는 적법요건을 구비하여 완전히 효력을 발하고 있는 행정행위를 사후적으로 그 행위의 효력의 전부 또는 일부를 장래에 향해 소멸시키는 행정처분이므로, 행정행위의 취소사유는 행정행위의 성립 당시에 존재하였던 하자를 말하고, 철회사유는 행정행위가 성립된 이후에 새로이 발생한 것으로서 행정행위의 효력을 존속시킬 수 없는 사유를 말한다.(행정청이 종교단체에 대하여 기본재산전환인가를 함에 있어 인가조건을 부가하고 그 불이행시 인가를 취소할 수 있도록 한 경우, 인가조건의 의미는 철회권을 유보한 것이라고 본 사례)

■ 대법원 1984. 11. 13. 선고 84누269 판결
[행정행위의 부관으로 취소권을 유보한 경우, 그 취소사유는 법령에 규정이 있는 것에 한하는지 여부]
　주세법 제11조를 근거로 사업범위를 제한하고 이 범위를 위반하였을 때에 는 면허를 취소한다는 내용의 조건부 주류판매업 면허의 경우는 행정행위의 부관 중 취소권(행정행위 의 성립에 하자가 있어 이를 취소하는 경우가 아니라 유효하게 성립한 행정행위를 그 후에 발생한 새로운 사정에 의하여 취소 즉 철회하는 경우)의 유보로서 그 취소사유는 법령에 그 규정이 있는 경우가 아니라고 하더라도 의무위반이 있는 경우, 사정변경이 있는 경우, 좁은 의미의 취소권이 유보된 경우, 또는 중대한 공익상의 필요가 발생한 경우 등에는 당해 행정청은 그 행정처분을 취소할 수 있는 것이므로, 비록 주세법 제18 조가 정하는 면허취소사유에 해당되지 않는다고 하더라도 위 주류판매업 면허의 부관인 사업범위의 위반을 들어 지정조건에 따라 그 면허를 취소할 수 있다.
국세청훈령 제766호 주세사무처리규정은 주세의 세수증대를 목적으로 하여 주세업무 처리에 관한 일반지침과 준거기준을 정한 내부규정이라 할 것인바, 국세청은 법령에 위반되지 않는 한 주세업무전반에 관하여 그 처리지침과 기준을 정할 수 있다고 할 것인즉, 주세법 제18조에 정하여진 사항이 아니라 하더라도 유보된 취소권에 의하여 면허를 취소할 수 있는 사유 또는 면허정지의 사유 및 기간을 정하였다고 하여 위법이라 할 수 없고 상위법인 주세법 제18조를 위반하였다고 할 수도 없다.

---

500) 金南辰, 359~360쪽.

2. 철회권자

행정행위의 철회는 그 성질상 원처분의 효력을 없애는 새로운 행정행위를 하는 것이므로 원칙적으로 처분청만이 할 수 있으며, 감독청은 법률에 근거가 있는 경우에만 철회권을 가진다.

3. 법적 근거[501]

법령에 명문의 규정이 없는 경우에도 수익적 행정행위의 철회가 가능한가? 이에 대하여 긍정설(根據不要說 ; 철회자유설)과 법치주의의 관점에서 법규의 근거를 필요로 한다는 부정설(根據必要說 ; 철회제한설)이 대립하고 있다. 한편 사회에 유해한 결과를 미치는 경우(국민건강피해)는 명문의 근거와 관계없이 철회가 가능하지만, 행정제재로서 행하여진 철회는 명문의 근거가 필요하다는 입장도 있다.

(1) 학설

1) 根據必要說(철회제한설)

철회는 별도의 행정행위로 법치행정의 원리, 신뢰보호의 원리, 기본권보장의 취지에 비추어 법적 근거를 요한다고 한다.[502]그 설명방법에 있어서 ① 허가나 특허의 거부가 수익처분의 기본권구체화적 성격에 배치되지 않도록 유의함과 동시에, 이미 부여된 수익처분의 철회가 결과적으로 국민의 기본권의 행사를 침해하는 면을 가진다는 점을 유의할 필요가 있다는 의미에서 적어도 공익상의 필요를 이유로 하는 수익처분(그중에서도 기본권구체화적 성격을 가지는 수익처분)의 철회는 국민의 권리·자유의 사회적 구속성, 기타 헌법상의 국민의 기본권보장의 한계규정(제37조 제②항)에 합치되는 내용의 법률의 수권을 필요로 한다는 견해[503], ② 법치행정의 원리와 헌법상의 기본권 보장의 뜻에 비추어 볼 때, 법령의 근거없이 단순히 공익상의 필요만을 이유로 행정행위를 할 수 없는 것과 같이, 새로운 행정행위인 행정행위의 철회 역시 법령의 근거나 상대방의 동의 내지 신청 또는 철회권의 유보에 따라서만 행사할 수 있다는 견해[504]가 있다.

2) 根據不要說(철회자유설)

행정의 법률적합성, 공익적합성, 새로운 사정에 대한 적응요청, 원행정행위의 수권규정

---

501) 자세한 내용은, 최정일, 「행정행위의 철회와 법적근거」 (법제 통권467호, 1996. 11.), 41쪽 이하 참조.
502) 金南辰, 362쪽.
503) 金南辰, 361~362쪽.
504) 李尙圭, 459쪽.

이 철회의 근거규정이 되는 점, 근거필요설은 입법자를 만능시하는 태도인 점, 철회에 대해서도 행정쟁송이 가능한 점을 근거로 철회는 명시적인 법적 근거가 없는 경우에도 허용된다고 한다.

따라서 행정행위의 철회는 기본적으로 철회에 의하여 실현되는 공익과 상대방에 대한 신뢰보호의 요청과의 구체적인 비교형량에 의해 결정되어야 할 문제이나 철회가 상대방의 귀책사유에 기인하는 경우를 제외하고는 당해 행위의 존속에 대한 상대방의 신뢰보호의 요청은 매우 큰 것이므로 철회사유는 제한적으로 인정되어야 할 것이다. 관계법에 철회사유가 규정되어 있는 경우에는 그에 따라 철회할 수 있다. 그러나 법률의 규정이 없는 경우에도 행정행위는 법과 공익에 적합한 것이어야 하므로 법적 또는 공익적 관점에서 '행정행위의 효력을 더 이상 존속시킬 수 없는 사유'가 발생한 경우에는 원칙적으로 철회가 가능하다. 그러나 일응 철회사유가 있는 경우에도 신뢰보호원칙과의 관련에서 또는 행정행위 그 자체의 성질에 따라, 철회가 제한되거나 철회자체는 허용되나 그로 인한 손실의 보상을 요하는 경우도 있을 수 있다.505)

(2) 판례

행정행위를 한 행정청은 그 철회사유가 법령에 규정되어 있는 경우뿐만 아니라 의무위반이 있는 사정변경이 있는 경우, 좁은 의미의 철회권이 유보된 경우, 중대한 공익상의 필요가 발생한 경우 등에도 그 행정처분을 철회할 수 있는 것이라고 하여 근거불요설을 취한다.

> ■ 대법원 1984. 11. 13. 선고 84누269 판결
> 행정행위의 부관으로 취소권이 유보되어 있는 경우, 당해 행정행위를 한 행정청은 그 취소사유가 법령에 규정되어 있는 경우뿐만 아니라 의무위반이 있는 경우, 사정변경이 있는 경우, 좁은 의미의 취소권이 유보된 경우, 또는 중대한 공익상의 필요가 발생한 경우 등에도 그 행정처분을 취소할 수 있는 것이다.
>
> ■ 대법원 1992. 1. 17. 선고 91누3130 판결
> 행정행위를 한 처분청은 그 처분당시에 그 행정처분에 별다른 하자가 없었고 또 그 처분 후에 이를 취소할 별도의 법적 근거가 없다 하더라도 원래의 처분을 그대로 존속시킬 필요가 없게 된 사정변경이 생겼거나 또는 중대한 공익상의 필요가 발생한 경우에는 별개의 행정행위로 이를 철회하거나 변경할 수 있다고 보아야할 것이다(대법원 1986. 11. 25. 선고 84누147 판결; 대법원 1987. 5. 26. 선고 86누250 판결; 대법원 1988. 12. 7. 선고 87누1068 판결; 대법원 1989. 4. 11. 선고 88누4782 판결 참조).

505) 金東熙, 344쪽.

4. 철회사유

철회는 법령에 규정이 없더라도 의무위반이 있는 경우, 사정변경이 있는 경우, 철회권이 유보된 경우, 중대한 공익상의 필요가 발생된 경우 등에 가능하다. 철회권의 행사는 원칙적으로 행정청의 재량에 속한다.

(1) 事情變更

행정행위의 기초가 된 사실관계의 변경, 또는 법령이 개정된 결과 현재의 사정 아래서 본래의 행정행위를 하면 당연히 위법이 되는 경우, 즉 행정행위가 사후적으로 위법하게 된 경우이다. 사실관계가 변경된 결과 법률상의 허가요건을 갖추지 못하거나 법령이 개정된 결과 허가요건이 엄격하게 되어 현재 신청이 행하여진다면 당연히 거부되어야 할 경우 등이 그 예이다.

(2) 相對的의 有責行爲에 대한 制裁로서의 撤回

일정한 비행·법령위반·부담의 불이행 등에 대한 제재로서 인가 또는 허가 등의 철회가 인정된다. 이 경우의 철회도 구체적인 행정목적 실현을 위한 수단으로 행하여지므로 명령이나 강제에 의하여 법령위반상태의 시정이나 부담의 이행을 시킬 수 있으면 그에 의하고, 철회는 최후수단으로 인정된다 하겠다.

(3) 撤回權의 留保

철회권의 유보가 독립의 철회사유가 되는가에 대하여는 그것만을 이유로 철회할 수 있다면서 유보에 형성적 효과를 인정하는 견해, 유보에 상대방에 대한 단순한 교시적 효과만을 인정하는 견해 등이 있다. 철회권이 유보된 경우에도 그 내용의 타당성을 검토함은 물론 그 구체적 사정에 비추어 그 행사에 의한 상대방의 권리이익에 대한 부당한 침해 여부, 신뢰보호와 법적안정의 견지에서 심사하여 철회의 가능 여부를 결정하여야 할 것이다.

(4) 기타 중대한 공익상 필요

이는 공익적 관점에서 당해 행정행위의 철회가 불가피한 것으로 인정되는 경우이므로 당해 공익상의 요청은 예외적으로 중대한 것에 한정되어야 한다. 행정행위에 외재(外在)하는 공익의 요구에 의하여 철회가 인정되는 경우 철회로 생기는 불이익에 대하여는 손실보상에 준해 보상이 이루어져야 할 것이다.

■ 대법원 1989. 10. 24. 선고 89누2431 판결

부담부 행정처분에 있어서 처분의 상대방이 부담(의무)을 이행하지 아니한 경우에 처분행정청으로서는 이를 들어 당해 처분을 취소(철회)할 수 있는 것이므로 이 사건에서 원고가 소정기간 내에 공사를 완료하지 못했다 하더라도 이로 말미암아 긴급한 위난이 예상되거나 긴급한 사정이 없는 한 허가받은 자의 이익을 번복하는 처분은 할 수 없다는 소론은 받아들일 수 없다.

■ 대법원 1997. 9. 12. 선고 96누6219 판결
 도시계획법령이 토지형질변경행위허가의 변경신청 및 변경허가에 관하여 아무런 규정을 두지 않고 있을 뿐 아니라, 처분청이 처분 후에 원래의 처분을 그대로 존속시킬 필요가 없게 된 사정변경이 생겼거나 중대한 공익상의 필요가 발생한 경우에는 별도의 법적 근거가 없어도 별개의 행정행위로 이를 철회·변경할 수 있지만 이는 그러한 철회·변경의 권한을 처분청에게 부여하는 데 그치는 것일 뿐 상대방 등에게 그 철회·변경을 요구할 신청권까지를 부여하는 것은 아니라 할 것이므로, 이와 같이 법규상 또는 조리상의 신청권이 없이 한 국민들의 토지형질변경행위 변경허가신청을 반려한 당해 반려처분은 항고소송의 대상이 되는 처분에 해당되지 않는다.

5. 철회의 제한

 국민의 의무, 기타 불이익을 주는 행위(침해적 또는 부담적 행위)의 철회는 그것이 기속행위가 아닌 한 원칙적으로 자유롭다. 즉 법률상의 명시적 근거가 필요 없다. 제3자효 행정행위의 경우 당해 처분의 상대방에게는 수익적이라도 제3자에게는 침익적이므로 관계이익의 형량을 요한다.
 수익적 행정행위의 철회는 일종의 행정제재로서 기능하고 있으므로 자유롭지 못하다. 특히 철회에 의해 불이익이 생기는 경우에는 그에 대한 상당한 손실보상이 필요하다. 또한 확정력 또는 이에 준하는 효력을 발생시키는 행정행위(불복신청에 대한 재결, 결정)의 철회는 허용되지 아니한다.
 이에 대하여 오늘날은 법률에 의한 행정의 원칙을 근거로 하여 법령의 근거 없이 단순히 공익상의 필요만으로 행정행위를 행할 수 없는 것과 마찬가지 이유로 授益的 行政行爲는 물론이고 侵害的 行政行爲의 철회도 법률이 일정한 요건 및 내용을 정하여 행정청에게 행정행위를 할 권한을 수권함과 동시에 그것을 행하도록 의무지우고 있는 경우에는 외부적 사실관계가 변경되었다 하여 독자적인 공익 판단만으로 철회할 수는 없다고 하고 혹은 사회적 법치국가에서는 수익적 행정행위에 의존하는 수익자의 신뢰는 고도로 보호되어야 한다는 것을 이유로 撤回不自由의 原則을 주장하는 견해가 늘어나고 있다.506)

---

506) 尹世昌 外, 305~306쪽 ; 李尙圭, 461쪽.

6. 철회절차

행정절차법에 의하면 철회가 불이익처분으로서 행하여지는 경우에는 청문절차를 거쳐야 한다(제22조).

7. 철회의 효과

원칙적으로 철회의 효과는 장래에 향하여서만 발생한다. 즉, 장래에 향하여 그 행정행위의 효력을 상실시킨다. 다만 소급효를 인정하지 않으면 철회의 의의가 없게 되는 경우(예 ; 행정행위에 의해 보조금이 지급된 경우에 그 상대방의 부담 또는 법령상의 의무위반으로 인해 그 지급결정을 취소하는 경우)에는 예외적으로 소급효를 인정해야 한다는 견해도 있다.[507)

철회의 부수적 효과로서 원상회복·시설개수명령 등이 있을 수 있다.

상대방의 귀책사유에 의하는 경우 이외에는 수익적 행정행위의 철회로 인하여 생긴 손실에 대하여는 수용에 준해 보상을 통한 이익의 조절을 요한다(국유재산법 제28조 제③항, 도로법 제80조 제②항, 하천법 제75조, 공유수면관리법 제18조).

8. 철회의 취소

철회를 그것이 위법하다는 이유로 취소할 수 있느냐 하는 문제가 제기된다. 철회에 중대하고 명백한 흠이 있는 때에는 무효선언으로서의 철회의 취소가 가능하다는데 대하여는 이론(異論)이 없으나, 단순한 위법인 흠이 있는 경우에는 철회로 인하여 행정행위의 효력은 확정적으로 상실되므로 철회의 취소에 의하여 이미 효력을 상실한 행정행위를 소생시킬 수 없다는 것을 이유로 철회의 취소를 부정하기도 하나, 철회도 행정행위의 일종인 만큼 행정행위의 흠에 관한 일반원칙에 따라 단순 흠이 있는 때에는 취소가 가능하다 할 것이다.[508)이에 의하면, 철회가 취소되면 철회가 없었던 것이 되고, 본래의 행정행위는 처음부터 철회되지 않은 것으로 되어 소생하게 된다.

제10절 行政行爲의 失效

I. 의의

행정행위의 실효란 행정행위가 유효하게 성립·발효한 후에 발생된 새로운 사유로 말미

---

507) 金東熙, 346쪽.
508) 金鐵容, 225쪽 ; 朴鈗炘, 459쪽.

암아 행정청의 의사표시를 기다릴 것 없이 장래에 향하여 당연히 효력이 소멸되는 것을 말한다.

Ⅱ. 실효의 사유

행정행위는 대상의 소멸, 부관의 성취, 목적의 달성, 새로운 법규의 제정·개정에 의해 실효된다.

❖ 대상의 소멸에 의한 실효

■ 대법원 1981. 7. 14. 선고 80누593 판결

청량음료 제조업허가는 신청에 의한 처분이고, 이와 같이 신청에 의한 허가처분을 받은 원고가 그 영업을 폐업한 경우에는 그 영업허가는 당연 실효되고, 이런 경우 허가행정청의 허가취소처분은 허가의 실효됨을 확인하는 것에 불과하므로 원고는 그 허가취소처분의 취소를 구할 소의 이익이 없다고 할 것이다.

■ 대법원 1990. 7. 13. 선고 90누2284 판결

구 유기장법(1981. 4. 13. 법률 제3441호로 개정되기 전의 것)상 유기장의 영업허가는 대물적 허가로서 영업장소의 소재지와 유기시설 등이 영업허가의 요소를 이루는 것이므로, 영업장소에 설치되어 있던 유기시설이 모두 철거되어 허가를 받은 영업상의 기능을 더 이상 수행할 수 없게 된 경우에는, 이미 당초의 영업허가는 허가의 대상이 멸실된 경우와 마찬가지로 그 효력이 당연히 소멸되는 것이고, 또 유기장의 영업허가는 신청에 의하여 행하여지는 처분으로서 허가를 받은 자가 영업을 폐업할 경우에는 그 효력이 당연히 소멸되는 것이니, 이와 같은 경우 허가행정청의 허가취소처분은 허가가 실효되었음을 확인하는 것에 지나지 않는다고 보아야 할 것이므로, 유기장의 영업허가를 받은 자가 영업장소를 명도하고 유기시설을 모두 철거하여 매각함으로써 유기장업을 폐업하였다면 영업허가취소처분의 취소를 청구할 소의 이익이 없는 것이라고 볼 수 있다.

■ 대법원 1985. 7. 9. 선고 83누412 판결

종전의 결혼예식장 영업을 자진폐업한 이상 위 예식장영업 허가는 자동적으로 소멸하고 위 건물 중 일부에 대하여 다시 예식장영업허가 신청을 하였다 하더라도 이는 전혀 새로운 영업허가의 신청임이 명백하므로 일단 소멸한 종전의 영업허가권이 당연히 되살아난다고 할 수는 없는 것이니 여기에 종전의 영업허가권이 새로운 영업허가 신청에도 그대로 미친다고 보는 기득권의 문제는 개재될 여지가 없다.

Ⅲ. 실효의 효과

행정행위의 실효사유가 발생하면 행정청의 별도 행위 없이도 그 때부터 장래에 향해 당연히 당해 행위의 효력이 소멸된다.

Ⅳ. 실효의 주장

행정행위의 실효는 당해 행정행위를 존속시킬 수 없는 법률사실의 발생에 따라 당연히 되는 것이며, 행정청의 특별한 행위를 필요로 하지 아니한다.

그러나, 행정행위가 실효된 경우에도 행정행위의 외형은 존재하고 또 실효된 여부는 반드시 객관적으로 뚜렷한 것이 아니기 때문에, 행정청 또는 관계인 사이에 행정행위의 실효여부를 둘러싼 분쟁이 있을 수 있다. 여기에 행정행위의 실효를 공적으로 선언받기 위한 행정소송을 제기할 필요성이 제기된다.

다만, 그 행정소송의 방식이 문제되는데 소극적 확인의 소 즉, 특정한 행정행위가 실효됨으로써 당해 행정행위가 유효하게 존재하지 아니한다는 것을 확인받기 위한 소송(행정행위실효확인의 소)을 제기하면 될 것이다.

제11절 段階的 行政결정(多段階行政決定)

Ⅰ. 多段階行政行爲(複合行爲) 一般

행정행위를 분류할 때, 행정과정 전체에 비추어 그 종국적인 효력이 바로 나타나는가, 아니면 단계적인 과정을 거친 다음에 비로소 종국적인 효력이 나타나고 현재로서는 전체과정과 관련하여 잠정적인 효력만이 인정되는가가 일응 기준이 되기도 한다.

여기서는 후자의 경우를 중심으로 행정과정 속에서 행정행위가 그에 선행하는 동의·의결·승인 등 행위의 복합으로 이루어지는 경우에 그 행위를 어떻게 이해할 것인가가 문제이다.

골프장·스키장 같은 체육시설, 원자력발전소·공업단지와 같은 산업시설, 공항건설과 같은 대규모시설을 건설하는 데는 수년이 걸리고 그 과정에서 행정청과 사업자 사이의 공적·사적인 교섭은 여러 종류·형태일 것이고 이 경우에 최종단계에 가서야 그의 법적 하자를 논하게 되면 법적 안정성이나 행정합목성에 비추어 여러 문제가 야기될 것이다.

이러한 多段階行政行爲(mehrstufiger Verwaltungsakt) 내지 複合行爲에 대하여 종래는 最終行爲만이 處分性을 가지고 선행행위들은 행정 내부적인 것으로 보는 것이 일반적이었다.509)

학자에 따라서는 多段階行政行爲를 確約, 假行政行爲와 豫備決定(事前決定)·部分許可

(一部許可)510)등으로 나누어 고찰하기도 한다.511)

Ⅱ. 확약

1. 槪念

강학상(講學上) 確約(Zusicherung)은 실무상 보통 內認可라고 불리고 있다. 여기서 確約이라 함은, 行政廳이 국민에 대한 관계에서 自己拘束을 할 意圖로서 將來에 향하여 일정한 作爲 또는 不作爲를 約束하는 意思表示를 말한다. 행정청이 장래의 행위를 예시한다는 점에서는 敎示와 유사하나, 교시는 당해 행정청이 장래 행할 행위에 관한 견해표명으로 구속적 의사를 수반하지 않는다는 점에서 이 확약과 다르다. 즉 確約과 敎示는 自己拘束性의 有無에 따라 區別된다.

이 확약은 종래 독일의 학설·판례에 의하여 논의되어 오던 것으로, 현재 독일의 경우 行政節次法 제38조는 일정한 행정행위의 발급 또는 불발급에 대한 확언만을 확약으로 인정하고 서면의 형식을 취할 것을 효력발생요건으로 정함으로써 종래 학설 및 판례에 의하여 논의되던 確言(Zusage)보다 그 개념을 좁혔다.512)

일본의 경우 확약의 개념을 적극적으로 도입해야 한다는 견해도 있지만513) 일본최고재판소는 확약의 개념을 사용하지 않고 신뢰보호원칙의 적용에 의해 처리하고 있을 뿐만 아니라 준비절차로서 이루어지는 사실상의 행위, 즉 의견의 표시에 지나지 않는다고 하여 독립한 법적 효과를 인정하지 않는다.514)

우리나라의 경우, 1987. 7. 7. 입법 예고되었던 行政節次法案 제25조 제1항에서 확약을 "행정청이 어떠한 행정처분을 하거나 하지 아니할 것을 약속하는 행위"라고 규정한 바 있었으나 명문으로 입법화되지는 못하였다.

하지만 행정관련 법규에서 그 실무 예를 찾아보면, 자동차관리법시행규칙 제111조 소정의 자동차관리사업의 등록신청을 들 수 있을 것 같다. 이 경우 관계행정청은 위 신청

---

509) 金道昶, 371쪽 註6 참조.

510) 事前決定과 部分許可에 대한 자세한 내용은, 鄭夏重, 「多段階行政節次에 있어서 事前決定과 部分許可의 意味」(저스티스 第32卷 第1號, 한국법학원, 1999. 3.), 131쪽 이하 참조.

511) 愼保晟, 299~308쪽 ; 柳至泰, 125~135쪽 ; 洪井善, 276~278쪽, 395~400쪽 ; 洪準亨, 190~198쪽 ; 金海龍, 「段階的行政決定에 관한 法理」(考試界, 1994. 4.), 93쪽 이하.

512) 확언과 확약을 구별할 필요가 있다는 견해가 있다(金南辰, 369쪽 ; 愼保晟, 「행정상의 확약」(월간고시, 1991. 7), 93쪽).

513) 菊井康郎, 『行政行爲の存在法』(有斐閣, 1982), 132쪽 ; 同, 「西ドイツにおける行政法上の確約」 田中二郎 古稀記念 『公法の理論, 下, Ⅰ』(有斐閣, 1983), 1813~1818쪽 ; 乙部哲郎, 『行政上の確約の法理』(日本評論社, 1988), 258쪽.

514) 最高裁判所 1981(昭和 56). 1. 27. 民集 35卷 1號, 35쪽 ; 最高裁判所 1982(昭和 57). 5. 27. 民集 36卷 5號, 777쪽.

이 적합하다고 인정되는 때에는 시설 및 인력의 확보기간을 정하여 관계서류를 제출 할
것을 신청인에게 통지하여야 하고(제②항), 위 통지를 받은 자가 정당한 사유 없이 기간
내에 시설을 갖추지 아니한 때에는 위 통지를 취소하여야 하며(제④항), 그 기간 내에
시설 및 정비요원을 갖추고 제2항 소정의 서류를 제출한 때에는 자동차관리사업등록대
장에 등록사항을 등록하고 사업 개시일을 정하여 자동차관리사업등록증을 신청인에게
교부하게 되어 있는바(제⑤항), 여기서 통지를 실무상 內認可라고 부르고 있으나 그 성
질은 確約이라 할 것이다.

2. 法的 性質

確約의 法的 性質에 관하여 확약의 獨自的 行爲形式性을 인정하는 견해[515])도 있으나,
우리나라에서는 확약을 行政行爲의 一種으로 보는 견해[516])가 일반적이다. 더 나아가 확
약은 후에 있을 본 처분의 내용과 관련하여 행정의 자기구속의 법리 및 신뢰보호의 원칙
에 기하여 행정청에 대하여 장래에 이행·불이행을 의무 지우는 효과를 발생시킨다는
점에서 행정행위로서의 성질을 가진다고 하면서, 법적 이유에서든 사실적 이유에서든
어떤 문제에 대하여 즉시 규율할 수 없는 사정이 있을 때에 하는 것이며, 또한 그것은
본처분과도 별개의 것이므로 행정법상의 독자적 행위형식성을 부여하여야 한다고 하기
도 한다.[517])

判例는 처음에 "내인가의 법적 성질이 행정행위의 일종으로 볼 수 있든 아니든 ……
……"[518])이라고 판시하여 확약의 법적 성질에 대한 판단을 유보하고 있었으나, 나중에 "어
업권면허에 선행하는 우선순위 결정은 행정청이 우선권자로 결정된 자의 신청이 있으면
어업권면허처분을 하겠다는 것을 약속하는 행위로서 강학상 확약에 불과하고 행정처분
은 아니므로 우선순위결정에 공정력이나 불가쟁력과 같은 효력은 인정되지 아니하며

---

515) 姜求哲, 479쪽 ; 姜儀中, 『行政法講義』(敎學硏究社, 1999), 272쪽 ; 金南辰, 370쪽 ; 朴圭河,
    323쪽 ; 愼保晟, 『行政法의 諸問題』(교학연구사, 1992), 304쪽 ; 李鳴九, 292쪽 ; 鄭夏重, 『行
    政法事例硏究』(成玟社, 1999), 193쪽 ; 趙淵泓, 491쪽 ; 韓堅愚, 544쪽 ; 洪準亨, 192쪽 ; H.
    Maurer, a.a.O. §9 Rn.60, S.211~212.
516) 金道昶, 429쪽 ; 金東熙, 220쪽 ; 劉尙炫, 『韓國行政法(上)』(桓仁出版社, 1995), 304쪽 ; 柳至
    泰, 132쪽 ; 朴鈗炘, 394쪽 ; 尹世昌·李虎乘, 『行政法(上)』(博英社, 1993), 248쪽 ; 李尙圭,
    393쪽 ; 洪井善, 397쪽 ; 金海龍, 「段階的行政決定에 관한 法理」(『考試界』, 1994. 4), 100쪽 ;
    菊井康郎, 「西ドイツにおける行政法 上의 確約」(公法의 理論, 下 ,Ⅰ), 1805쪽.
    다만, 朴鍾局교수는 확약의 법적 성질은 개별적, 구체적으로 파악해야 한다면서(소위 다원설),
    확 약은 행정행위의 성격을 갖는 것도 있고 사실행위로서의 성격밖에 갖지 않는 것도 있다 한다
    (전게 서, 493~494쪽).
517) 石琮顯, 225쪽.
518) 대법원 1991. 6. 28. 선고 90누4402 판결.

......"519)라고 판시함으로써, 行政行爲性을 否定하고 있다.

3. 確約의 拘束性

확약에 관한 법률문제의 핵심은 행정기관이 이미 발표한 확약의 내용에 반하는 결정을 후에 할 수 없다는, 즉 확약의 구속성에 있다.

이 같은 확약의 허용성의 이론적 근거와 관련하여 신의성실의 원칙에서 찾는 입장520)과 확약의 권한이 본처분의 확약에 포함되어 있다고 보는 입장(소위 本處分權限內在說)521)으로 나뉜다.

생각건대, 확약은 본래 본 처분과 별개의 범주에 속하는 행위가 아니라 본처분에 수반되는 사전처리작용의 성격을 가진다고 할 것이므로 법이 행정청에게 일정한 권한을 부여하고 있는 경우 반대규정이 없는 한 본처분에 관한 확약의 권한도 아울러 부여하고 있다고 보아야 할 것이다.

신뢰보호원칙은 현실적으로 행해진 확약의 이행과 관련된 것으로 보아야 하지 그 허용성과 관련지어 볼 수는 없다고 하겠다.

확약이 일단 효력을 발생하게 되면 그의 취소, 철회에 있어 상대방의 신뢰보호의 관점에서 그 제한을 받게 된다. 독일행정절차법 제38조 제2항은 행정행위의 무효에 관한 규정, 위법한 행정행위의 취소에 관한 규정을 확약에 준용하고 있고 우리나라의 경우 행정절차법 초안 제25조 제4항에서 "행정청은 불가항력 기타 사유로 확약의 내용을 이행할 수 없을 정도로 사실상태 또는 법률상태가 변경된 경우를 제외하고는 그 확약에 기속 된다"고 규정하면서 확약의 취소 또는 철회에 대하여 행정행위의 취소·철회 규정을 준용한다고 규정한 바 있다.

이처럼 확약의 취소 제한 근거, 즉 확약의 구속성은 신뢰보호의 원칙에서 찾아야 할 것이다.

4. 確約의 處分性

確約의 處分性과 관련하여 먼저 學說을 보면 肯定說과 否定說522)이 나뉘고 있는 데,

---

519) 대법원 1995. 1. 20. 선고 94누6529 판결.
520) 주로 비과세관행의 성립과 관련된 신뢰보호원칙의 성립요건에 관한 판례들이다(대법원 1982. 10. 26. 선고 81누69 판결 ; 1984. 6. 12. 선고 84누53 판결 ; 1984. 12. 26. 선고 81누2666 판결 ; 대법원 1985. 4. 23. 선고 84누593 판결 ; 대법원 1992. 5. 26. 선고 91누10091 판결 ; 대법원 1993. 9. 10. 선고 93누5731 판결).
521) 金南辰, 372쪽 ; 金東熙, 223쪽 ; 朴鈗炘, 395쪽 ; 石琼顯, 226쪽 ; 洪井善, 398쪽 ; 이상철, 전게논문, 51쪽.
522) 李在華, 『行政法演習』(文英社, 2001), 26~27쪽.

전자는 확약자체로서 행정청에 대하여 확약된 행정행위의 내용에 따라 장래의 이행 또는 불이행을 의무지우는 효과가 인정된다는 점을 논거로 확약의 구속적 성격에 착안하여 행정행위의 규율성이 있는 것으로 보며, 후자는 행정청이 어떤 행정행위에 대한 확약을 한 경우 그에 관한 종국적인 규율은 약속된 행정행위를 통해서 행해지는 것이지 확약 그 자체에서 행하여지는 것이 아니므로 확약단계에서는 개별적인 사항에 대한 법적 규율성을 인정할 수 없다고 한다.

대법원은, 처음에 "자동차운송사업양도양수계약에 기한 양도양수인가신청에 대하여 피고 시장이 내인가를 한 후 위 내인가에 기한 본인가 신청이 있었으나 자동차운송사업 양도양수인가신청서가 합의에 의한 정당한 신청서라고 할 수 없다는 이유로 위 내인가를 취소한 경우, 위 내인가의 법적 성질이 행정행위의 일종으로 볼 수 있든 아니든 그것이 행정청의 상대방에 대한 의사표시임이 분명하고, 피고가 위 내인가를 취소함으로써 다시 본인가에 대하여 따로이 인가여부의 처분을 한다는 사정이 보이지 않는다면 위 내인가 취소를 인가신청을 거부하는 처분으로 보아야 할 것이다"[523]라고 하여 내인가의 처분성에 대해 그 입장을 분명히 하지 않았으나, 하급심판결이긴 하나 내인가를 행정소송의 대상이 되는 행정처분이라고 판시한 예가 있다.

즉, "개별화물자동차운송사업면허발급신청에 대하여 행정청이 신청인에게 자동차등록원부상 차량등록명의자의 양도확인서 사본 및 차고공동사용계약서 등 소정서류를 첨부하여 운송시설확인신청을 하면 이를 확인하여 그 면허를 발급하여 준다는 내용으로 한 면허 내인가는 신청인이 위 내인가에서 정한 면허의 요건으로서 지입차량과 차고지를 확보한다고 하여 곧바로 운송사업면허의 효력이 발생하는 것은 아니고 다시 행정청으로부터 운송사업면허를 받아야 하는 것이기는 하나 행정청은 신청인이 지입차량과 차고지를 확보하는 등 소정요건을 갖추어 운송사업면허를 신청할 경우 특별한 사정이 없는 한 위 내인가의 내용에 구속되어 면허를 발급하여야 할 법적 의무를 지고 신청인으로서는 그에 대응하는 권리를 갖게 되므로 이는 행정소송의 대상이 되는 행정처분이라 할 것이고 위 내인가가 아무런 공법상의 효력이 없는 행정관청내부의 심사판단결과 또는 그 결과의 통지에 지나지 아니하는 것으로 볼 수 없다"[524]고 판시한 바 있다.

하지만 우리나라 대법원은 그 뒤 앞서 본대로 확약에 대하여 공정력과 불가쟁력을 부인하면서 확약의 처분성을 부인하고 있다. 즉, "어업면허에 선행하는 우선순위결정은 행정청이 우선권자로 결정된 자의 신청이 있으면 어업권면허처분을 하겠다는 것을 약속하는

---

523) 대법원 1991. 6. 28. 선고 90누4402 판결.
524) 서울고등법원 1990. 2. 28. 선고 89구1737 판결.
　　이 판결은 대법원에서 1990. 7. 13. 상고기각 확정되었다(대법원 1990. 7. 13. 선고 90누2918 판결).

행위로서, 강학상 확약에 불과하고 행정처분은 아니므로, 공정력이나 불가쟁력과 같은 효력은 인정되지 아니하며, 따라서 우선순위결정이 잘못되었다는 이유로 종전의 어업면허 처분이 취소되면 행정청은 종전의 우선순위결정을 무시하고 다시 우선순위를 결정한 다음 새로운 우선순위결정에 기하여 새로운 어업면허를 할 수 있다고 할 것이다"525)라고 하고, 주택건설촉진법에 사전결정 제도가 도입되기 전에 구 건축법 제7조에 의한 사전결정을 받고 주택건설사업계획의 승인을 신청하였다가, 9개월 후 도시계획의 변경으로 승인을 해 줄 수 없다는 거부처분을 한 사건에서도, "건축법상의 사전결정을 하였다 하여 행정청이 그 사전결정에 기속되어 주택건설사업계획을 반드시 승인하여야 하는 것은 아니"526)라고 하였으며, 그 뒤 주택건설사업계획 사전결정의 구속력과 관련하여 "사전결정 및 사업계획승인은 수익적 행정처분으로서 행정청의 재량행위에 속하는 것으로, 사전결정이 있었다 하더라도 사업승인단계에서 그 사전결정에 기속되지 않고 다시 사익과 공익을 비교 형량하여 그 승인여부를 결정할 수 있다"527)라고 판시한 바 있다.

한편, 대법원은, "행정청이 상대방에게 장차 어떤 처분을 하겠다고 확약 또는 공적인 의사표명을 하였다고 하더라도, ……확약 또는 공적인 의사표명이 있은 후에 사실적·법적 상태가 변경되었다면, 그와 같은 확약 또는 공적인 의사표명은 행정청의 별다른 의사표시를 기다리지 않고 실효 된다"528)고 한다.

따라서 판례에 의하면 확약은 행정처분이 아니므로 그 법적 규율성이 완결적·종국적인 것이 아니어서 확약 그 자체를 대상으로 다툴 수 없고, 확약에 반하는 처분에 대해 신뢰보호원칙 위반을 이유로 항고소송을 제기하여야 할 것이다.

일단 확약이 행해지면 당해 행정청은 확약한 내용을 이행할 자기구속의 의무가 있고 그 상대방은 확약 받은 내용의 이행을 청구할 수 있다고 할 것이므로 행정청이 확약을 이행

---

525) 대법원 1995. 1. 20. 선고 94누6529 판결.
526) 대법원 1996. 8. 20. 선고 95누10877 판결(행정청이 상대방에게 장차 어떤 처분을 하겠다고 확약 또는 공적인 의사표명을 하였다고 하더라도, 그 자체에서 상대방으로 하여금 언제까지 처분의 발령을 신청을 하도록 유효기간을 두었는데도 그 기간 내에 상대방의 신청이 없었다거나 확약 또는 공적인 의사표명이 있은 후에 사실적·법률적 상태가 변경되었다면, 그와 같은 확약 또는 공적인 의사표명은 행정청의 별다른 의사표시를 기다리지 않고 실효된다고 할 것인바, 건축법상의 사전결정은 앞서 본 바와 같이 피고가 장차 건축법상의 건축허가처분을 하겠다는 의사표시일 뿐이지 장차 촉진법상의 주택건설사업계획승인처분을 하겠다는 내용의 확약 또는 공적인 의사표명이라고는 할 수 없고, 또한 앞서 본 주택건설사업계획 입지심의와 건축물건축계획 심의가 대전직할시장이 장차 주택건설사업계획승인처분을 하겠다는 내용의 확약 또는 공적인 의사표명이라고 하더라도 그 유효기간 1년 이내에 원고가 그 승인신청을 하지 아니함으로써 실효되었다고 할 것이므로, 피고가 위 건축법상의 사전결정과 주택건설사업계획 입지심의 및 건축물건축계획 심의와는 달리 원고의 승인신청을 거부하는 내용의 이 사건 거부처분을 하였더라도 그것이 위법하다고는 할 수 없다 할 것이다).
527) 대법원 1999. 5. 25. 선고 99두1052 판결.
528) 대법원 1996. 8. 20. 선고 95누10877 판결.

하지 아니할 때 확약의 상대방 또는 이해관계인은 확약을 쟁송의 대상으로 삼아 의무이행심판이나 부작위위법확인소송 등의 행정쟁송을 통해 그 의무이행을 구할 수 있다고 할 것이다.

다시 말해 확약은 행정처분을 대상으로 하는 것이므로 행정청의 확약의 불이행에 대해 의무이행심판을 통해 직접의무의 이행을 청구할 수도 있고, 부작위위법확인소송을 통해서 간접적으로 의무이행을 촉구할 수 있다고 할 것이다.529)

한편, "부가가치세의 면세대상사업이라는 종전의 국세청장의 회신에 반하여 과세처분을 행한 것은, 신의성실의 원칙에 위배되는 것이다"530)라는 판례는 시사하는 바가 크다.

Ⅲ. 假行政行爲

1. 의의

가행정행위란 종국적 행정행위가 행해지기 전에 행정행위의 효력을 잠정적으로 확정하는 행정의 행위형식을 말한다. 暫定行政行爲(暫定的行政行爲)라고도 한다. 급변하는 현대행정의 현실에 대하여 유연성있게 대처하기 위한 수단의 하나로써 인정된다.

2. 가행정행위의 특성

⑴ 사실관계와 법률관계에 대한 개략적인 심사에 기초하여 성립된다.
⑵ 종국적인 결정이 있을 때까지 잠정적으로 규율하는 효과가 있다.
⑶ 가행정행위의 내용은 종국적인 결정이 내려짐으로써 종전의 결정이 대체된다.
⑷ 가행정행위에 있어서는 불가변력이 발생하지 않기 때문에, 당사자는 이러한 종국적인 결정으로서의 대체에 대해 신뢰보호의 원칙을 주장하지 못한다.

3. 가행정행위의 성질

(1) 잠정적 효력성

일정한 사항의 불확실성으로 말미암아 법적 효과가 잠정적이고 임시적인 성질을 가지며, 가행정행위의 이러한 잠정적이고 임시적인 상태는 가행정행위가 본행정행위에 의하여 대체될 때까지 인정된다.

---

529) 金南辰, 375쪽 ; 金東熙, 216쪽 ; 柳至泰, 134쪽 ; 朴圭河, 327쪽 ;朴鈗炘, 397쪽 ; 朴鍾局, 499쪽 ; 石琮顯, 230쪽 ; 李鳴九, 296쪽 ; 趙淵泓, 494쪽 ; 千炳泰, 426쪽 ; 韓堅愚, 548쪽 ; 洪井善, 399쪽 ; 金海龍, 전게논문, 104쪽.
530) 대법원 1994. 3. 22. 선고 93누22517 판결.

(2) 행정행위성 문제

 전형적인 행정행위설531), 특수한 행정행위설532), 독자적인 새로운 행위형식설533)이 있다. 가행정행위는 급변하는 현대행정의 현실을 고려하여 등장한 배경과 행위의 잠정적 효력성 등을 이유로 행정행위와 유사한 새로운 행위형식으로 분류하는 것이 전향적이라고 본다. 따라서 가행정행위도 잠정적이긴 하나 규율성을 갖추고 있으므로 그 행정행위성을 부인할 수는 없다 하겠다.

4. 가행정행위의 성립

(1) 법적 근거(허용성)

 가행정행위를 명문의 규정으로 허용하고 있는 경우는 의문이 없으나, 명문의 규정이 없는 경우에 가행정행위를 허용할 것인가에 관해서 부정설과 긍정설(본처분권한포함설)로 나뉜다.

 부정설은 행정권의 남용소지를 방지하기 위하여 법률유보의 원칙이 적용되어야 한다고 본다. 긍정설은 가행정행위가 장래에 행하게 될 본행정행위에 대해서 사전적으로 행하는 사전처리작용이기 때문에 본처분권의 일부를 이룬다고 본다.534)

(2) 성립요건

 1) 본행정행위에 준하는 일정한 법적 요건을 충족하여야 한다.
 2) 정당한 권한을 가진 행정청의 행위로서 본행정행위를 할 수 있는 권한범위 내에서 행하여야 한다.
 3) 적법하고 실현가능하며 확정할 수 있는 내용이어야 한다.
 4) 본행정행위에 관하여 일정한 절차와 형식이 요구되는 경우에는 가행정행위에 있어서도 그 절차와 형식이 이행되어야 한다.

(3) 인정영역

 가행정행위에 관한 논의는 주로 급부행정의 영역에서 이루어졌으나, 당사자에게 불리한 효과를 발생하게 하는 침해행정의 경우에도 인정된다. 재량행위와 기속행위에 대해서도 가행정행위는 허용된다.

 가행정행위가 인정되는 구체적인 경우로는 ① 공무원의 징계절차에서 징계의결이 요구

---

531) 朴鈗炘, 306쪽 ; 柳至泰, 127쪽.
532) 金南辰, 246쪽 ; 石琮顯, 232쪽.
533) 韓堅愚, 550쪽.
534) 石琮顯, 233쪽 ; 韓堅愚, 550쪽.

중인 자에 대해서 잠정적으로 직위해제하는 경우 ② 조세행정에서 최종적 세액확정이
어려운 경우 잠정적인 세액에 의해 과세처분하고 사후 심사를 통한 경정결정을 통해 종
전의 처분을 대체 또는 변경하는 경우 ③ 경찰행정에 있어 위해의 혐의가 있는 경우 일
정 처분을 행하는 경우 등이다.

신고납부제의 경우 가행정행위성이 문제되는데, 납세신고에 의해 일단 과세처분효과가
발생한 다음 과세행정청이 경정결정에 의해 세액이 확정되는 경우를 가행정행위의 하나
로 보는 견해535)와 신고납부는 가행정행위가 아니라 사인의 공법행위로 보아야 한다는
견해536)가 갈린다.

5. 가행정행위와 행정구제

(1) 손해전보

행정청이 가행정행위를 함에 있어서 상대방에 대하여 손해를 발생시킨 경우는 손해배
상 또는 손실보상의 책임을 물을 수 있다.

가행정행위가 본행정행위에 의하여 대체되는 경우에도 가행정행위의 효력존속기간 중에
발생한 제3자의 권리침해에 대해서도 손해전보책임이 인정된다.

(2) 행정쟁송

가행정행위의 위법성을 다투기 위한 행정쟁송은 일반법원리에 의하여 인정되기 때문
에, 취소쟁송, 무효등확인쟁송, 의무이행심판, 부작위위법확인소송 등이 인정된다.

Ⅳ. 예비결정(사전결정)

1. 의의

事前決定(Vorbescheid)이란 시설의 설치 및 운영을 허가함이 없이 단지 부지의 적합
성과 같은 개개의 승인요건의 충족여부에 대하여 미리 결정을 내리는 것, 즉 전체사안을
대상으로 하는 종국적인 행정처분을 하기 이전에 문제되는 개별요건의 충족 여부를 미
리 결정하는 행위를 의미한다. 따라서 이러한 사전결정으로 신청자의 어떠한 특정한 행
위가 허가되는 것이 아니라 시설허가에 관련된 부분적인 법적 문제가 구속적으로 확인
될 뿐이다. 사전결정은 단순한 敎示나 장래에 일정한 행정행위를 발급할 것을 약속하는
確約과 달리 허가요건의 일부에 대한 종국적 규율로서 拘束力이 있는 確認的 行政行爲
의 성질을 가진다.537)

---

535) 金南辰, 246쪽 ; 金東熙, 221쪽 ; 石琮顯, 231쪽.
536) 朴鈗炘, 208쪽.

복잡한 최종적인 행정결정이 있기 전에 사전적인 단계로서, 전체 행정결정에 필요로 하는 형식적인 또는 실질적인 요건심사에 대한 종국적인 판단을 내리는 결정을 말한다(예 ; 체육시설의설치·이용에관한법률(제12조)에 의한 골프장업의 건설사업계획서에 대한 시·도지사의 승인).

예비결정은 후속적인 최종결정의 토대로서 작용하게 된다는 점에서 일반적인 행정행위 (결정)와 구별된다.

예비결정은 단계적 절차로서 개별적인 요건에 제한되기는 하지만 개별적인 요건에 대해 종국적이며 구속적인 결정이라는 특성이 있다.

■ 대법원 1998. 4. 28. 선고 97누21086 판결

관계 법령의 규정에 의하면 폐기물처리업의 허가를 받기 위하여는 먼저 사업계획서를 제출하여 허가권자로부터 사업계획에 대한 적정 통보를 받아야 하고, 그 적정 통보를 받은 자만이 일정기간 내에 시설, 장비, 기술능력, 자본금을 갖추어 허가신청을 할 수 있으므로, 결국 부적정 통보는 허가신청 자체를 제한하는 등 개인의 권리 내지 법률상의 이익을 개별적이고 구체적으로 규제하고 있어 행정처분에 해당한다고 판시하였다.

폐기물관리법 제26조 제1항, 제2항 및 같은 법 시행규칙 제17조 제1항 내지 제5항의 규정에 비추어 보면 위와 같이 폐기물처리업의 허가에 앞서 사업계획서에 대한 적정·부적정 통보 제도를 두고 있는 것은 폐기물처리업을 하고자 하는 자가 스스로 시설 등을 설치하여 허가신청을 하였다가 허가단계에서 그 사업계획이 부적정하다고 판명되어 불허가되면 허가신청인이 막대한 경제적·시간적 손실을 입게 되므로, 이를 방지하는 동시에 허가관청으로 하여금 미리 사업계획서를 심사하여 그 적정·부적정 통보 처분을 하도록 하고, 나중에 허가단계에서는 나머지 허가요건만을 심사하여 신속하게 허가업무를 처리하는데 그 취지가 있다 할 것이다(대법원 1996. 10. 25. 선고 95누 14244 판결 참조).

---

2. 성질

예비결정들은 비록 중간단계에서 행해지는 결정이기는 하지만, 최종적인 법적 규율이 행해지는 것이기 때문에 그 자체로서 행정행위의 성질을 갖는다(행정행위성). 그리고 다수의 개별적인 결정들이 존재하는 다단계행정행위로서의 성질을 가진다(다단계행정 결정성).

3. 효용성

---

537) 朴均省, 346쪽 ; M. Kloepfer, a.a.O. §5 Rn.105, S.247.

예비결정은 단계적으로 당사자의 법적지위가 안정적으로 보호되는 측면이 있다. 단계적인 과정에서 예비결정을 받지 못한 당사자는 최종적인 결정시까지 기다릴 필요없이 당해 부분적 예비결정을 대상으로 한 행정쟁송을 제기할 수 있다.

부분결정이 거부되는 경우에는 계속하여 최종결정을 받기 위한 노력이나 자본투자 등의 비용을 절약할 수 있는 측면이 있다.

4. 예비결정과 행정구제

상대방 또는 일정범위의 제3자는 자신의 권익침해를 이유로 하여 취소쟁송의 제기가 가능하다.

예비결정에 기초한 종국적인 최종결정이 발령되지 않은 경우에는 거부처분의 취소소송 또는 부작위위법확인소송을 제기하게 된다.

Ⅴ. 부분승인(부분허가)

1. 의의

部分許可(Teilgenehmigung)는 순수한 허가에 해당하며 완전허가와는 그의 내용적 제한을 통하여 구별된다. 이에 따라 부분허가는 신청자에게 특히 전체시설의 특정한 부분의 설치나 운영을 시작하는 것을 허가하며 당해시설의 특정부분에 관련된 한 종국적인 결정에 해당된다. 따라서 부분허가는 항고소송의 대상이 되는 행정처분이다.[538]

부분허가는 비교적 장기간의 시간을 요하고 공익에 중대한 영향력이 있는 시설물의 건설(예 ; 원자력발전소건설, 공항건설 등)에 있어서, 즉 행정행위가 다단계절차를 거쳐서 행해지는 경우에 단계적으로 일부에 대하여 허가를 발하는 경우를 말한다.

부분허가의 효용성은 당사자의 법적 지위를 안정적으로 보호하는 측면과 노력과 비용의 절약이라는 측면이 있다.

▣ 대법원 1998. 9. 4. 선고 97누19588 판결

원자력법 제11조 제3항 소정의 부지사전승인제도는 원자로 및 관계시설을 건설하고자 하는 자가 그 계획 중인 건설부지가 원자력법에 의하여 원자로 및 관계 시설의 부지로 적법한지 여부 및 굴착공사 등 일정한 범위의 공사(이하 '사전공사'라 한다)를 할 수 있는지 여부에 대하여 건설허가 전에 미리 승인을 받는 제도로서, 원자로 및 관계시설의 건설에는 장기간의 준비·공사가 필요하기 때문에 필요한 모든 준비를 갖추어 건설허가신청을 하였다가 부지의 부적법성을 이유로 불허가될 경우 그 불이익이 매우

---

538) 石琮顯, 238~239쪽.

크고 또한 원자로 및 관계시설 건설의 이와 같은 특성상 미리 사전공사를 할 필요가 있을 수도 있어 건설허가 전에 미리 그 부지의 적법성 및 사전공사의 허용 여부에 대한 승인을 받을 수 있게 함으로써 그의 경제적·시간적 부담을 덜어 주고 유효·적절한 건설공사를 행할 수 있도록 배려하려는 데 그 취지가 있다고 할 것이므로, 원자로 및 관계시설의 부지사전승인처분은 그 자체로서 건설부지를 확정하고 사전공사를 허용하는 법률효과를 지닌 독립한 행정처분이기는 하지만, 건설허가 전에 신청자의 편의를 위하여 미리 그 건설허가의 일부 요건을 심사하여 행하는 사전적 부분 건설허가처분의 성격을 갖고 있는 것이어서 나중에 건설허가처분이 있게 되면 그 건설허가처분에 흡수되어 독립된 존재가치를 상실함으로써 그 건설허가처분만이 쟁송의 대상이 되는 것이므로, 부지사전승인처분의 취소를 구하는 소는 소의 이익을 잃게 되고, 따라서 부지사전승인처분의 위법성은 나중에 내려진 건설허가처분의 취소를 구하는 소송에서 이를 다투면 된다.

2. 성질

부분결정들은 비록 중간단계에서 행해지는 결정이기는 하지만 그 단계에서는 최종적인 법적 규율로서 행해지는 것이기 때문에 그 자체로서 행정행위의 성질을 가진다(행정행위성). 그리고 다수의 개별적인 결정들이 존재한다(다단계행정행위성).

3. 권리구제

부분허가는 그 자체로서 행정행위성이 인정되기 때문에, 행정구제에 관한 일반법원리가 적용된다.

부분허가의 상대방 또는 일정한 범위의 제 3자는 자신의 권익침해를 이유로 하여 취소쟁송의 제기가 가능하다. 부분허가에 기초한 종국적인 최종결정이 발령되지 않은 경우에는 거부처분의 취소소송 또는 부작위위법확인소송을 제기하게 된다.

참고 [事前敷地承認制度]

❖ 원자로시설의 敷地事前承認制度
한국의 원자로시설의 사전부지승인의 경우에도 환경영향평가서, 부지조사보고서, 부지에 관한 예비안정성분석보고서 등을 제출하도록 하는 것을 미루어 보면 전체사업에 대한 행정청의 잠정적 긍정적 판단을 전제로 하고 있음을 알 수 있다.
原子力法 제11조 제3항 소정의 敷地事前承認制度는 원자로 및 관계시설을 건설하고자 하는 자가 그 계획 중인 건설부지가 원자력법에 의하여 원자로 및 관계시설의 부지

로 적법한지 여부와 동시에 원자력법 제11조 4항에 의하여 일정한 범위의 공사(해당 지점의 굴착 및 그 지점의 암반보호를 무근콘크리트공사)를 허가하는 제도이기 때문에 事前決定과 部分許可로서의 性格을 갖는다.[539] 발전용 원자로 및 관계시설을 건설하고자 하는 자가 부지에 관한 승인을 얻어 建築法 제2조 제2호의 규정에 의한 건축물을 건축하고자 하는 경우에는 같은 법 제8조 제2항의 규정에 의한 기본설계도서를 관계행정기관의 장에게 제출한 때에 같은 법 제8조의 규정에 의한 건축허가를 받은 것으로 본다(즉 소위 集中效 發生). 즉 원자력발전소는 그 부지에 대한 사전승인과 시설물의 건설허가를 통해 건설되는데, 사전부지승인이 있으면 제한공사승인이 있는 것으로 간주되게 된다. 이러한 사전결정이나 부분허가는 완전결정에 대해 행정청에게 권한이 부여되는 한 특별한 법적 규율이 없는 경우에도 허용된다는 것이 일반적인 견해이다. 대법원은 원자로 건설사업에 대한 부지사전승인제도와 그에 대한 사법심사문제와 관련하여, "舊 原子力法(1996. 12. 30. 법률 제5233호로 개정되어 1997. 7. 1.부터 시행되기 전의 것) 제11조 제3항에 근거한 원자로 및 관계시설의 부지사전승인처분은 원자로 등 건설예정지로 계획 중인 부지가 원자력법의 관계규정에 비추어 적법성을 구비한 것인지 여부를 심사하여 행하는 사전적 부분 건설허가처분의 성격을 가지고 있는 것이므로, 원자력법 제12조 제2호, 제3호로 규정한 원자로 및 관계시설의 허가기준에 관한 사항은 건설허가처분의 기준이 됨은 물론 부지사전승인처분의 기준으로 된다. 원자력법 제12조 제2호의 취지는 '원자로건설사업'이 방사성물질 및 그에 의하여 오염된 물질에 의한 인체·물체·공공의 재해를 발생시키지 아니하는 방법으로 시행되도록 함으로써 방사성물질 등에 의한 생명·건강상의 위해를 받지 아니할 이익을 일반적 공익으로서 보호하려는 데 그치는 것이 아니라 방사성물질에 의하여 보다 직접적이고 중대한 피해를 입으리라고 예상되는 지역 내의 주민들의 위와 같은 이익을 직접적·구체적 이익으로서도 보호하려는 데 있다 할 것이므로, 위와 같은 지역 내의 주민들에게는 방사성물질 등에 의한 생명·신체의 안전침해를 이유로 이 사건 부지사전승인처분의 취소를 구할 원고적격이 있다. 원자력법 제12조 제3호의 취지와 원자력법 제11조의 규정에 의한 원자로 및 관계시설의 건설사업을 환경영향평가대상사업으로 규정하고 있는 舊 環境影響評價法 제4조, 舊 環境影響評價法 施行令 제2조 제2항 및 환경영향평가서의 작성, 주민의 의견 수렴, 평가서작성에 관한 관계기관과의 협의, 협의내용을 사업계획에 반영한 여부에 대한 확인·통보 등을 규정하고 있는 같은 법 제8조, 제9조 1항, 제16조 제1항, 제19조 제1항 규정의 내용을 종합하여 볼 때, 이들 환경영향평가의 관계 법률들은 환경영향평가대상지역 안의 주민들이 방사성물질 이외의 원인에 의한 환경침해를 받지 아니하고 생활할 수 있는 이익도 직접적·구체적 이익으로서 그 보호대상으로 삼고 있다고 보이므로, 위 환경영향평가대상지역 안의 주민에게는 방사성물질 이외에 원전냉각수 순환시 발생되는 온배수로 인한 환경침해를 이유로 부지사전승인처분이 취소를 구할 원고적격이 있다. 원자력법 제11조 제3항 소정의 부지사전

---

539) 朴均省, (救濟法), 287쪽 ; 石琮顯, (演習), 76쪽.

승인제도는 원자로 및 관계시설을 건설하고자 하는 자가 그 계획 중인 건설부지가 원자력법에 의하여 원자로 및 관계시설의 부지로 적법한지 여부 및 굴착공사 등 일정한 범위의 공사(이하 '사전공사'라 한다)를 할 수 있는지 여부에 대하여 건설허가 전에 미리 승인을 받는 제도로서, 원자로 및 관계시설의 건설에는 장기간의 준비·공사가 필요하기 때문에 필요한 모든 준비를 갖추어 건설허가신청을 하였다가 부지의 부적법성을 이유로 불허가될 경우 그 불이익이 매우 크고 또한 원자로 및 관계시설건설의 이와 같은 특성상 미리 사전공사의 허용여부에 대한 승인을 받을 수 있게 함으로써 그의 경제적·시간적 부담을 덜어주고 유효적절한 건설공사를 행할 수 있도록 배려하는데 그 취지가 있다고 할 것이므로, 원자로 및 관계시설의 부지사전승인처분은 그 자체로서 건설 부지를 확정하고 사전공사를 허용하는 법률효과를 지닌 독립한 행정처분이기는 하지만, 건설허가 전에 신청자의 편의를 위하여 미리 그 건설허가의 일부 요건을 심사하여 행하는 사전적 부분건설허가처분의 성격을 갖고 있는 것이어서 나중에 건설허가처분이 있게 되면 그 건설허가처분에 흡수되어 독립된 존재가치를 상실함으로써 그 건설허가처분만이 쟁송의 대상이 되는 것이므로, 부지사전승인처분의 취소를 구하는 소는 소의 이익을 잃게 되고, 따라서 부지사전승인처분의 '위법성'은 나중에 내려진 건설허가처분의 취소를 구하는 소송에서 이를 다투면 된다"540)라고 판시한바 있다.

위 판결은 방사성물질에 의한 생명·신체의 침해, 그리고 원전냉각수 순환시 발생하는 온배수로 인한 환경침해를 이유로 부지사전승인처분의 취소를 구할 원고적격을 인정하였다. 그러나 권리보호의 필요성 여부에 대하여는 부지사전승인은 나중에 건설허가처분이 있게 되면 그 건설허가처분에 흡수되어 독립된 존재가치를 상실함으로써 그 건설허가처분만이 쟁송의 대상이 되기 때문에 부지사전승인처분의 취소를 구하는 소는 소의 이익을 잃게 된다고 하고 있다. 이는 事前決定, 部分許可에 대한 우리 大法院의 最初의 見解라고 할 수 있는데, 오늘날 주목받고 있는 多段階行政節次의 本質과 機能을 看過한 結論이라고 할 수 있다. 왜냐하면, 사전부지승인과 건설허가는 선행행위와 후행행위의 관계에 있고, 사전부지승인은 그 자체가 독립된 행정행위이므로 후행 건설허가처분이 있다고 하여 그 행위의 효력이 소멸되는 것은 아니고, 오히려 사전부지승인처분이 취소되면 후행 건설허가처분은 그 한도 내에서 효력을 상실하게 되며 건설허가처분에 의한 원자력발전소의 건설은 위법하게 되기 때문이다.

제12절 行政自動決定

I. 의의

---

540) 대법원 1998. 9. 4. 선고 97누19588 판결.

행정실무에 있어서 행정의 자동화현상이 점점 보편화되고 있다.[541] 행정자동화란 동일 또는 동종의 행정작용이 자동화된 기계장치에 의하여 행해지는 것을 말한다. 행정자동화로 인한 행정자동절차의 최종산물로서 산출된 행정결정이 바로 행정자동결정이다. 반면 사전에 행정자동화를 해놓았더라도 최종적으로 인간이 결정하는 행정자동보조절차는 행정자동화로 인한 행정자동결정이 아니다.

행정자동결정의 예로는 ① 초·중·고등학생의 학교 배정, ② 세금을 비롯한 공과금부과결정, ③ 각종 연금 등 수익금의 결정, ④ 주차료 등 공공시설의 사용료결정, ⑤ 교통신호를 비롯한 도로교통상의 조치 등이 있다.[542]

Ⅱ. 법적 성격

행정자동화의 최종산물인 행정자동결정의 법적 성질 내지 법적 형식이 논의되고 있다. 행정자동결정의 법적성질이 행정입법, 행정행위, 행정상 사실행위 등의 행위형식 중 어느 것에 해당하느냐에 따라 그에 따른 법적 효과, 행정구제 수단 등이 다르다.

행정자동결정이 행정상 사실행위에 해당한다고 하면 행정자동결정은 직접적인 법적효과는 발생하지 않으며 다만 국가배상청구권의 발생 등 간접적인 법적 효과만 발생할 것이다. 행정자동결정이 법규명령에 해당하게 되면 그 적법 여부가 구체적인 사건에서의 재판의 전제가 되는 경우에 행해지는 구체적 규범통제만이 가능하다. 반면에 행정행위에 해당하는 경우에는 직접 그 취소를 청구하는 내용의 행정쟁송을 제기 할 수 있게 된다.

행정자동결정의 구조를 분석해 보면 그것은 공무원이라고 하는 인간이 작성한 프로그램에 따라 기계가 작동함으로써 자동적으로 구체적 조치로서의 결정이 행하여지게 된다. 그러한 의미에서 프로그램과 행정자동결정은 명령(행정규칙)과 그에 기속되는 행정행위의 관계를 이룬다고 볼 수 있으며, 그것이 행정행위의 일반적인 징표를 갖추는 한에는 자동화된 행정결정도 행정행위라고 보는 것이 일반적 견해이다.[543]

Ⅲ. 행정자동결정의 대상

1. 羈束行爲

---

541) 행정자동결정이란 개념이 현대사회에 등장하게 된 이유는 행정 외부적 요인으로 정보기술의 발달을 들 수 있고, 행정 내부적 요인으로 행정구조와 기능의 확대, 분권화·민주화, 행정공개와 합리성, 능률성·효율성 등을 들 수 있다.

542) 행정자동결정의 필요성은 1) 정책과정의 합리화, 2) 행정업무의 능률성 증대, 3) 행정서비스의 질 향상(행정업무처리의 신속화, 형평성의 제고, 부패근절과 친절한 대민서비스의 증대), 4) 행정업무의 개선(창구서비스의 종합화·일원화, 행정구비서류와 서식의 간소화, 행정결정 권한의 체계화)에 있다.

543) 金東熙, 235쪽 ; 金南辰, 427쪽 ; 朴均省, 350쪽 ; 朴鈗炘, 308쪽 ; 洪井善, 392쪽.

기속행위가 행정의 자동결정의 대상에 포함된다는 데에는 이론(異論)이 없다

2. 裁量行爲

재량결정은 사안별로 구체적 사정을 고려하여 개별적으로 행하여야 할 것이라는 점에서 재량행위에 있어서 행정의 자동결정이 가능한지에 대해 학자들에 따라 그 설명방법은 다르다.

(1) 추상적 사고과정에 해당하는 재량행위를 기계적인 절차에 따라 자동화한다는 것은 원칙적으로 금지될 수밖에 없다. 하지만 재량 준칙을 정형화하고 그에 따라 재량처분을 자동 결정한 후 상대방의 이의 제기의 가능성을 열어 놓는 방법으로 재량행위를 자동 결정할 수 있는 가능성은 있다. 이 경우에 자동결정은 법정기간 내에 이의제기가 없을 것을 정지조건을 성립하는 것으로 볼 수 있다.544)

(2) 재량행정의 영역에서도 자동기계장치에 의한 결정이 배제된다고 할 수 없다. 그것은 자동기계장치에의 의한 결정에 있어서도 정보처리시설에 입력되는 프로그램의 내용에 여러 가지 기준을 설정할 수 있을 것이고 이러한 기준에 따라 구체적 사정을 고려한 결정이 가능하다.545)

(3) 행정청의 재량영역에서 컴퓨터가 결정하는 경우에 구체적인 상황을 잘 고려하여 재량행사를 온전하게 할 수 있을 것인가의 문제가 있다 그러나 대량결정의 경우에 행정청은 프로그래밍의 내용에 여러 가지 기준을 설정 할 것이고 이런 기준은 행정규칙으로 이해될 수 있는 것인바 따라서 재량의 영역에서도 컴퓨터에 의한 행정이 허용될 수 있다.546)

(4) 프로그램화된 기준에 따라 일률적인 처분을 하는 것은 개별적 사안의 구체적 사정을 고려하지 아니한 것으로서 재량권의 불행사에 해당하여 당해 행정 처분은 위법한 처분이 되게 된다. 하지만 재량처분기준인 프로그램의 설정에 있어 변수 파라미터의 조작을 통해서 개별사안의 특수성을 고려할 수 있는 여지를 부여하거나 당해 행정영역의 특수성에 따라 결정구조를 유연하게 하는 조치 등이 강구되는 경우에는 자동화된 재량 처분의 가능성도 시인될 수 있다. 하지만 프로그램의 설정에 의해 재량처분의 결정과정의 모든 단계를 자동화한다든지 재량 처분에 수반되는 모든 인간적인 요소에 대한 고려나 판단을 자동화로 대체하는 것은 허용되지 아니한다. 따라서 자동화된 재량처분이 가능하다고 하여도 그것은 제한 된 범위에서만 인정될 수 있다.547)

---

544) 朴均省, 351쪽.
545) 朴鈗炘, 309쪽.
546) 洪井善, 394쪽.
547) 金東熙, 246쪽.

Ⅳ. 行政自動決定과 行政節次

행정자동결정도 일종의 행정행위인 이상 행정행위에 관한 일반원칙이 적용되는 것은 당연하고 할 것이다. 따라서 그것이 성립 발효되기 위해서는 다른 행정행위에 있어서와 같이 주체·내용·절차·형식에 관한 요건을 갖추어야 하면 그 내용을 상대방에게 통지해야 한다.

하지만 행정자동결정이라는 행정행위는 자동기계에 의해 대량으로 행하여진다는 점에서 행정청이 개개인을 직접상대로 하여 개별적으로 행하는 보통의 행정행위와는 다른 여러 가지 특수성이 있어 특례가 인정되어야 할 것이다. 우리 행정절차법에서는 아직 그러한 특례를 마련되어 있지 아니하다. 명문규정이 없는 우리나라에 있어서도 상대방의 권익보호와 조화될 수 있는 범위 안에서는 특례를 해석상 인정해야 할 것이다.548) 독일 행정절차법의 경우 행정청의 서명·날인의 생략, 행정행위 상대방 또는 관계자가 첨부된 설명서를 통하여 행정행위의 내용을 명백히 알 수 있는 경우 내용표시를 위한 부호 사용 가능성, 이유부기에 대한 생략인정, 청문절차의 생략 등의 특례가 인정되고 있다(제37조, 제39조 제②항 제ⅲ호).

우리나라 행정절차법은 행정자동결정에 관해 특별한 규정을 두고 있지 않지만 제24조의 처분의 방식에 관하여 행정절차법은 문서의 원칙을 고수하면서도 "다만, 신속을 요하거나 사안이 경미한 경우에는 구술 기타 방법을 할 수 있으며"라고 규정하여 신속 등을 요하는 경우에는 문서에 의하지 않고 '기타의 방법'인 컴퓨터나 모사전송에 의한 대량적인 행정처분이 가능하게 되었고 또한 제23조 제1항 제2호나 제3호에 의해 행정처분이 단순, 반복적인 처분 또는 경미한 처분으로서 당사자가 그 이유를 명백히 알 수 있는 경우 또는 긴급을 요하는 행정자동결정에는 이유의 제시가 생략될 수 있게 하였다. 또한 대통령령인 사무관리 규정은 전자문서의 결재방식으로서의 전자이미지 서명, 전자서명, 전자문서의 송달 등에 관해 규정하고 있다.

1. 記名·捺印(署名)

단순한 서면으로 행하는 행정행위인 경우에는 서면의 성립의 진정을 확보하기 위한 권한있는 행정청의 이름과 날인이 요구되지만 자동화설비에 의한 결정의 경우 다른 면이 있다. 독일의 행정절차법 제37조 제3,4항에서는 행정의 자동결정시 문서에 의한 행정행위에 해당될 경우 그 서명 또는 기명을 생략할 수 있다고 규정하고 있다.

---

548) 朴均省 교수는 행정의 자동결정에 대한 법적 규율의 특수성은 원칙상 명문의 규정이 있는 경우에 한하여 인정되며 해석상 인정될 수는 없다고 한다(同, 350쪽).

(1) 발령청의 기명

발령청의 기명은 꼭 기재되어야 한다. 이것이 존재하여야 일반 대중이 국가의 행위임을 인식 할 수 있기 때문이다.

(2) 날인(서명)

대량화된 행정결정의 양에 따라 자동화된 행정결정에 일일이 기관장이 서명한다는 것은 현실적으로 무리가 있다고 할 것이다. 따라서 수기에 의한 서명은 요구되지 않는다고 하는 것이 보다 합리적일 것이다. 전자서명이라든지 전자결재의 시스템으로 서명 역시 자동화된 설비에 의해서 인쇄되어 지고 있는 것이 현실이다.

2. 附號·記號

서면에 의한 행정행위의 경우에 부호나 기호가 활용될 필요성이 별로 없으나 자동적으로 자료가 처리되는 컴퓨터의 경우 기술상 여러 가지 기호나 부호가 도입되고 있다.

3. 理由提示

행정청이 처분을 하는 경우에는 원칙적으로 당사자에게 그 근거와 이유를 제시하여야 한다(행정절차법 제23조).
이유제시의 제외사유로 행정절차법 제23조는 '단순·반복적 처분 또는 경미한 처분'을 들고 있다.

4. 聽聞

독일 행정절차법에서는 자동화된 설비의 도움을 받아 이루어지는 행정행위의 경우 청문절차를 진행하지 아니할 수 있다고 규정되어 있으나 우리는 이러한 규정을 가지고 있지 아니하기 때문에 법령상 요구되는 행정청의 청문절차를 반드시 거친 후에 발령되어야 한다고 한다.549)

Ⅴ. 行政自動決定과 法治主義

최근 자동화된 행정결정으로 인해 법치국가의 원리는 중대한 도전에 직면하게 되었다. 하지만 법치국가의 원리는 자동화된 행정절차에도 적용된다. 법치국가의 원리로부터 법률우위의 원칙, 법률유보의 원칙, 비례의 원칙 등이 발현된다. 법률우위의 원칙은 컴퓨

---

549) 洪井善, 394쪽.

터 프로그래밍을 함에 있어서도 적용되어야 하고 이런 프로그램을 통한 개개인 처분에 있어서도 적용되어야 한다. 컴퓨터 프로그램은 법적 근거를 충분히 반영하여야 한다.

행정당국이 시간과 비용을 절감하기 위해서 행정자동절차를 시행한 결과 국민의 기본권을 침해할 가능성이 높다. 또한 국민의 이의가 고려될 수 없는 자동행정절차는 비례의 원칙에 위배될 가능성이 있다.

VI. 行政自動決定의 瑕疵와 權利救濟

1. 行政自動決定의 瑕疵

행정의 자동결정의 하자는 프로그램에 하자가 있는 경우, 공무원이 자료의 입력을 잘못한 경우, 통지에 하자가 있는 경우 등에 존재하게 된다. 행정의 자동결정의 하자의 효과는 일반 행정행위의 하자의 효과와 다르지 않다.

행정자동결정이 위법한 것이라면 역시 상황에 따라 무효인 행위 또는 취소의 대상이 되는 행위가 된다. 하자가 중대하고 명백한 경우에는 행정행위가 무효가 되고 하자가 그 정도에 이르지 않은 경우에는 취소의 원인이 된다.[550] 행정행위의 하자가 취소사유라고 하더라도 당연히 취소가 되는 것이 아니라 관련이익을 비교·형량하여 행정행위의 취소(특히 침익적 행정행위의 직권취소)에 관한 여러 법원칙이 적용되어야 한다.

행정자동결정에 오기, 오산 기타 이에 준하는 명백한 잘못이 있는 때에는 행정청은 직권 또는 신청에 의해 지체없이 정정하고 이를 당사자에게 통지하여야 한다.[551]

2. 權利救濟

행정의 기술화·자동화가 급속히 추진되고 있는 현황에 비추어 볼 때 그 자동장치들의 하자에 따른 손해의 배상문제를 고려할 필요성이 있다. 하지만 이 문제도 기존의 법 테두리 안에서 해결의 실마리를 찾아야 할 것이다.

(1) 行政爭訟

행정자동결정은 행정행위이므로 항고쟁송의 대상이 된다.

(2) 國家賠償

위법한 행정자동결정에 의해 손해를 받은 자는 국가배상을 청구 할 수 있다. 예컨대 자료의 입력에 잘못이 있었던 경우에는 공무원의 행위가 가해행위이므로 국가배상법 제2

---

550) 洪井善, 394쪽.
551) 金南辰, 429쪽.

조의 배상책임이 문제가 된다고 보아야 한다. 프로그램의 내용이 위법한 경우에도 프로그램을 만든 공무원의 과실이 있는 경우에는 제2조에 의한 배상책임이 문제된다. 자동장치의 설치·관리의 하자로 인해 타인이 손해를 입은 경우에는 국가배상법 제5조에 의한 영조물의 설치·관리의 하자로 인한 책임의 문제 될 것이다.

공무원의 유책행위나 자동장치의 하자로 귀책할 수 없는 사고의 경우 해결방안과 관련하여 위험책임의 법리를 통해 해결하려는 견해, 수용유사적 침해이론에 의한 보상을 시사하는 견해552)등이 거론되고 있다.

VII. 行政自動決定의 廢止

행정자동결정의 법적성질을 행정행위로 보았기에 자동행정행위의 폐지에 관해서 전통적인 행정행위와 다를 것이 없다.

---

552) 金南辰, 429, 630쪽 ; 洪準亨 386쪽.

제3장 事實行爲

제3장 事實行爲

제1절 行政上의 事實行爲

I. 意義

行政作用은 法的 行爲와 事實行爲에 의하여 행하여진다. 법적 행위란 법적 효과발생 (권리·의무)을 목적으로 하는 행위형식이고 사실행위란 사실상의 결과발생만을 직접적 목적으로 하는 행위형식이다.

행정법학상 법적 행위에 대하여는 입법·법이론이 많이 발전되어 왔지만, 사실행위에 대한 입법·법이론은 아직 미미하다. 하지만 현대 복지국가의 실현을 위한 행정작용은 복잡·다양화·전문화·기술화되어 감에 따라 이에 능동적으로 대처하려는 행정작용형 식의 다양화 및 이를 규율할 법이론의 발전에 따라 사실행위의 중요성이 더욱 부각되고 있다. 이에 따라 行政上 事實行爲(Verwaltungsrealakt)에 대한 정의도 학자에 따라 다양하다.

여러 학자들이 행정법 관련 저서에서 정의한 行政上 事實行爲의 槪念 중 공통분모를 추 출하면, 행정상 사실행위는 ① 행정의 행위형식의 일종이라는 점, ② 법적 효과를 지향 하지 않고 사실적 결과발생만을 목적으로 한다는 점이다. 따라서 여기서는 행정상 사실 행위는 일정한 법적효과를 지향하지 않고 단지 사실상 결과발생만을 가져오는 행정주체 의 행위형식의 일종이라고 정의하고자 한다.

그리고 최근에는 警告, 推薦(勸告) 및 示唆와 같이 행정청이 어떤 정보를 국민에게 알 리는 行政上의 弘報作用(情報提供作用 또는 公報作用)도 사실행위의 한 유형으로 논의 되고 있다.553)

II. 種類

1. 公法的 事實行爲와 私法的 事實行爲

이는 공법적 규율을 받는지 여부에 따른 구별로 권리구제방법과 관련해 의미를 가지며, 양자의 구분은 관계법의 성질 당해 법률관계 전체의 합리적 해석에 따라 판단되어야 한다.

---

553) 金南辰, 407~409쪽.

2. 內部的 事實行爲와 外部的 事實行爲

내부적 사실행위로는 행정조직 내부에서의 문서편철을 들 수 있고, 외부적 사실행위로는 문서의 접수, 인구조사 등을 들 수 있다.

3. 精神的 事實行爲와 物理的 事實行爲

정신적 사실행위로는 행정조사, 보고, 경고 등이 있고, 물리적 사실행위로는 도로의 설치, 폐기물 수거, 경찰의 순찰, 예방접종, 대집행의 실행 등을 들 수 있다.

4. 獨立的(獨自的) 事實行爲와 執行的 事實行爲

독립적 사실행위는 그 자체로서 독립적 의미를 갖는 것(예 ; 행정조사, 관용차의 운전)을 말하며 집행적 사실행위는 행정사실행위가 법적 행위를 집행하기 위하여 행해지는 경우로서 대집행의 실행이나 경찰관의 무기사용을 들 수 있다.

5. 權力的 事實行爲와 非權力的 事實行爲

당해 행위가 공권력의 행위인 실력행사인지 여부에 따라 權力的事實行爲와 非權力的事實行爲로 나누기도 한다. 권력적 사실행위는 행정청의 일방적 의사결정에 의하여 국민의 신체, 재산에 실력을 가하여 행정상의 목적을 달성하는 행정작용으로 전염병 환자의 강제격리조치, 행정대집행의 실행 등이 있다. 비권력적 사실행위는 일방적인 강제력의 실현이 아닌 국민의 협조를 전제로 하는 행정작용으로 행정지도, 폐기물수거 등이 있다. 憲法裁判所는 權力的 事實行爲와 非權力的 事實行爲에 대한 區別基準을 設定하고 있는바, "일반적으로 어떤 행정상 사실행위가 권력적 사실행위에 해당하는지 여부는 당해 행정주체와 상대방과의 관계, 그 사실행위에 대한 상대방의 의사·관여정도·태도, 그 사실행위의 목적·경위, 법령에 의한 명령·강제수단의 발동가부 등 그 행위가 행하여질 당시의 구체적 사정을 종합적으로 고려하여 개별적으로 판단하여야 한다."554)고 판시하고 있다.

Ⅲ. 法的 根據와 限界

1. 法律의 優位

모든 행정작용에 예외 없이 적용되므로 사실행위의 경우에도 당연히 적용된다.

---

554) 헌법재판소 1994. 5. 6. 선고 89헌마35 결정.

2. 法律의 留保

(1) 조직법적 근거

모든 행정작용에 조직법상의 근거는 필요하며 따라서 행정청이 자신의 정당한 권한 내에서 행하여야 한다.

(2) 작용법상의 근거

권력적 사실행위와 집행적 사실행위 및 개인의 신체, 재산에 직접적으로 관계되는 독립적 사실행위에는 법률유보의 원칙이 엄격이 요구된다.

비권력적 사실행위에 대해서는 법률유보에 대한 학설에 따라 결론을 달리하는 바, 본질성설에 입각할 때 당해 사실행위의 법적규제가 국민의 권리보호에 대해 가지는 의미나 중요성과의 관련에서 판단되어야 할 것이다.

3. 限界

(1) 법규상의 한계

모든 행정작용은 법률우위 원칙에 의한 제약을 받아 헌법상, 법령상 한계를 가지는 바, 법령상의 한계 내에서는 조직법상의 목적, 임무, 권한의 범위 내일 것과 일정한 경우 작용법상의 범위 내일 것이 요구된다.

(2) 법의 일반원칙에 의한 한계

행정법의 일반원칙에 의해 규제된다.

Ⅳ. 事實行爲와 權利救濟

1. 行政節次에 의한 事前救濟

의견진술의 기회부여, 이유고지, 청문절차 등이 있다.

2. 損害塡補

(1) 損害賠償

행정상 사실행위로 손해를 받은 자는 국가배상법에 기해 배상청구가 가능하며 그 소송형태는 당사자소송이 원칙이나 실무상 민사소송으로 해결하고 있다.

(2) 損失報償

 명문규정이 없는 경우 공법규정의 유추적용문제와 수용유사침해의 법리의 도입 등의
논의가 전개되고 있다.

3. 行政爭訟

(1) 事實行爲의 處分性

 행정상 사실행위는 직접적인 법적 효과가 발생하지는 않지만 행정상 사실행위도 법질서
에 부합하여야 하고 만약 그것이 위법한 경우에는 그에 따른 권리구제문제가 대두된다.
그렇기 때문에 행정상 사실행위가 항고소송의 대상이 되는 처분성이 문제되는 것이다.
 여기서 權力的事實行爲와 非權力的事實行爲로 나누어 살펴보기로 한다.555)

1) 權力的 事實行爲의 處分性

 행정상 즉시강제와 같은 行政廳의 權力的 事實行爲가 行政訴訟法 제2조상의 '處分'에
該當한다는 점에 대하여는 현재 이론(異論)이 없다.556)

> ■ 헌법재판소 2003. 12. 18. 선고 2001헌마754 결정
> 행정청이 우월적 지위에서 일방적으로 강제하는 권력적 사실행위는 헌법소원의 대상
> 이 되는 공권력의 행사에 해당한다는 것이 우리 재판소의 판례이다. 이 사건 감사는
> 피청구인이 폐기물관리법 제43조 제1항에 따라 폐기물의 적정 처리 여부 등을 확인하
> 기 위한 목적으로 청구인들의 의사에 상관없이 일방적으로 행하는 사실적 업무행위이
> 고, 청구인들이 이를 거부·방해하거나 기피하는 경우에는 과태료에 처해지는 점으로
> 볼 때 청구인들도 이를 수인해야 할 법적 의무가 있다. 그렇다면 이 사건 감사는 피청
> 구인이 우월적 지위에서 일방적으로 강제하는 권력적 사실행위라 할 것이고 이는 헌법
> 소원의 대상이 되는 헌법재판소법 제68조 제1항의 '공권력의 행사'에 해당된다.
> 권력적 사실행위가 행정처분의 준비단계로서 행하여지거나 행정처분과 결합된 경우
> (合成的 行政行爲)에는 행정처분에 흡수·통합되어 불가분의 관계에 있다할 것이므로
> 행정처분만이 취소소송의 대상이 되고, 처분과 분리하여 따로 권력적 사실행위를 다툴
> 실익은 없다. 그러나 권력적 사실행위가 항상 행정처분의 준비행위로 행하여지거나 행
> 정처분과 결합되는 것은 아니므로 그러한 사실행위에 대하여는 다툴 실익이 있다할 것
> 임에도 법원의 판례에 따르면 일반쟁송 절차로는 다툴 수 없음이 분명하다. 이 사건
> 감사는 행정처분의 준비단계로서 행하여지거나 처분과 결합된 바 없다. 그렇다면, 이

---

555) 權力的事實行爲, 非權力的事實行爲에 대체하여 强制的事實行爲, 任意的事實行爲로 부르는 것이
    적절하다는 견해도 있다(南 博方編, 64쪽).
556) 金南辰, 407쪽 ; 金東熙, 183쪽, 644쪽 ; 朴鈗炘, 566쪽 ; 石琮顯, 414쪽 ; 李尙圭, 507쪽,
    810쪽 ; 趙淵泓, 623쪽 ; 韓堅愚, 516쪽 ; 洪井善, 416쪽.

사건 감사는 행정소송의 대상이 되는 행정행위로 볼 수 없어 법원에 의한 권리구제절
차를 밟을 것을 기대하는 것이 곤란하므로 보충성의 원칙의 예외로서 소원의 제기가
가능하다.

大法院이나 憲法裁判所가 抗告訴訟의 對象된다고 判示한 權力的 事實行爲로는, 財産押
留處分(대법원 1969. 4. 29. 선고 69누12 판결), 公賣處分(대법원 1984. 9. 25. 선고
84누201 판결), 斷水處分(대법원 1979. 12. 28. 선고 79누218 판결), 未決收容 중인
자에 대한 移送處分(대법원 1992. 8. 7. 고지 92두30결정), 관할행정청의 주민등록 직
권말소행위(대법원 1994. 8. 26. 선고 94누3223 판결), 수형자의 서신을 교도소장이
검열하는 행위(헌법재판소 1998. 8. 27. 선고 96헌마398 결정), 금융기관을 통한 부실
기업정리에 있어서 행정지도 등 정부의 개입행위(헌법재판소 1993. 7. 29. 선고 89헌
마31 결정)557)등이 있다.

代執行의 實行은 권력적 사실행위이지만 行政代執行法(제7조, 제8조)이 행정심판과 행
정소송을 제기할 수 있다고 하였기 때문에 처분성이 승인됨은 당연하다.

다만, 권력적 사실행위가 처분개념에 포함된다고 하더라도 그 설명방법은 학자마다 다
르다.

첫째, 항고소송의 대상이 되는 사실행위를 행정소송법상 '公權力行事'에 해당하는 것이
라고 보는 견해가 있다.558) 행정청의 권력적 사실행위 중 비교적 단시간 내에 목적을
달성하고 종료되는 경우에는 그 취소 또는 변경을 구하기 위한 행정소송의 대상으로 삼
기에 적합하지 아니하지만, 계속적 성질을 가지는 내용의 권력적 사실행위는 행정소송
의 대상인 처분으로서의 행정청의 '公權力行使'에 해당한다는 견해이다. 여기서 繼續的
性質의 事實行爲란 행정소송절차를 통한 구제를 받을 만한 시간적 여유가 있는 사실행
위를 뜻하는 것으로 개인의 신체·재산에 공권력을 행사함으로써 구체적인 사실상태에
변동을 가져온다거나 기타 권익침해를 초래하는 사실행위로서 위와 같은 계속적 성질을
가지는 것은 행정청의 공권력행사에 해당하는 처분이라는 것이다.

日本 行政不服審査法 제2조 제1항은 행정사건 소송의 대상인 처분에는 "공권력의 행사

---

557) 이 경우는 소위 국제그룹해체사건에 관한 것인데, 非權力的 事實行爲로 본 예(헌법재판소
    1994. 5. 6. 선고 89헌마35 결정, 소위 대한전선주식회사정리사건)도 있다.
558) 金學世, 118쪽 ; 金香基, 279쪽 ; 孟長燮, 222쪽 ; 朴圭河, 353쪽 ; 朴鈗炘, 566쪽 ; 尹世昌
    外, 238쪽 ; 李尙圭, (爭訟法), 322쪽 ; 韓堅愚, 803쪽 ; 南 博方·小高 剛, 54쪽 ; 小高 剛,
    150쪽 ; 金學世, 「法規命令과 行政規則」(『判例硏究』第13輯, 서울지방변호사회, 2000), 118
    쪽. 金香基, 朴圭河 敎授는 더 나아가 계속적 성질의 것이 아닌 사실행위라 하더라도 그 집행의
    정지가 가능한 것인 때에는 가구제로서의 집행정지결정을 전제로 행정쟁송은 가능하다고 한다
    (金香基, 279쪽 ; 朴圭河, 353쪽).

에 해당하는 사실상의 행위로서 사람의 수용, 물건의 유치 기타 그 내용이 계속적 성질을 갖는 것"이 처분에 포함된다고 명시하고 있어 사실행위의 해석에 대한 일응의 방향을 제시하고 있다.

둘째, 權力的 事實行爲는 受忍下命이라는 行政處分과 물리적인 純粹한 事實行爲가 結合된 것(合成處分)이고 그 受忍下命이 取消訴訟의 對象이 된다는 소위 合成的行政處分의 理論이다.559) 취소판결이 있게 되면 행정청은 판결의 기속력에 따라 판결에 배치되는 행위를 하여서는 안 될 의무 내지는 판결의 취지를 이행하여야 할 의무를 지게 되는 것이므로, 외관상 수인하명과 결합되어 있는 사실행위까지 취소소송의 대상이 되는 것같이 보이는 것이라고 말할 수 있다고 한다. 그리고 행정소송을 통해서 수인하명이 취소되었음에도 불구하고 여전히 위법한 사실행위가 계속되고 있는 경우에는, 이른바 공법상 결과제거청구권에 입각한 그 사실행위의 제거를 청구하는 소송(履行訴訟)의 제기가 가능하다고 주장한다.

셋째, 국민의 신체, 재산에 직접적으로 실력을 가하여 행정목적을 실현하는 권력적 사실행위에 있어서는 행정청은 그에 불복하는 국민에 대하여 행사되는 자력강제에 따른 수인의무를 부과하는 일종의 절차적 효과가 수반된다고 보고, 이러한 권력적 사실행위의 취소는 단지 당해 행위의 위법선언에 그치지 아니하고 국민에게 과하여진 수인의무의 해제의 효과도 가지는 것으로 보는 견해이다. 合成行爲說(權力的 事實行爲를 受忍下命과 非法的 事實行爲의 合成으로 보는 견해)은 독일에서 즉시강제와 관련하여 일부 학설에서 주장되고 있는 이론이기는 하나, 이러한 이론구성이 권력적 사실행위 일반에 적용된다고 보기는 어렵고, 또한 우리나라에서는 사실행위라는 관념이 넓게 파악되고 있다는 점에서 합성행위설에 대해 반론을 제기하고 있다.560)

넷째, 사실행위는 직접 법적 효과를 발생하지 않는 행위이므로 원칙적으로 권력적 사실행위의 경우 법적 효력을 소멸시키기 위한 소송제도인 취소소송을 활용할 수는 없으나 국민의 권익구제를 위해 부득이한 경우 극히 제한적으로 처분성을 인정하여야 한다는 견해이다.561)즉 사실행위에 대한 처분성의 인정은 법체계를 혼란시키고 법논리의 정합성(整合性)을 깨뜨리기 때문에 바람직하지 않으며 국민권익구제의 공백을 메우기 위해 부득이 하다고 하더라도 법논리의 조작을 통하여 간접적으로나마 그 법적 행위성이 인정되는 경우에 한정하여 제한적으로 처분성을 인정함에 그쳐야 할 것이며 장기적으로는

---

559) 姜求哲, 528~529쪽 ; 金南辰, 407쪽 ; 石琮顯, 414~415쪽 ; 鄭夏重, 221~222쪽 ; 洪井善, 416쪽.

560) 金東熙, 671~672쪽. 한편 金東熙 敎授는 같은 책 191~192쪽에서 첫 번째 설명방법에 따른 듯한 인상을 주기도 한다.

561) 金裕煥, 「行政訴訟法上의 處分槪念의 實體法的 意義」(公法硏究 24輯 2號, 韓國公法學會, 1996. 6.), 241쪽.

독일과 같이 사실행위에 대해서는 다른 유형의 쟁송제도를 마련하거나 당사자소송 등을 활용하도록 하여야 한다고 주장한다. 또한 당사자소송, 민사소송 등과의 관계에서 소송의 병용을 허용한다는 것은 소송법의 일반적인 취지에 맞지 않고, 법적 혼란을 가져올 뿐만 아니라 소송법과 실체법체계와의 관련구조의 정합성을 손상시키는 것이어서 바람직하지 않다고 주장한다.

다섯째, 취소소송의 형성소송으로서의 본질이나 국민의 권익구제제도로서의 행정소송의 확충 및 활용문제를 감안할 때 처분성을 부정하여야 할 것이나, 처분성 인정설이 지니는 타당성을 부인할 수도 없으므로, 국민의 입장에서 권력적 사실행위에 대한 취소소송과 이를 원인으로 하는 공법상 당사자소송을 선택적으로 또는 병합하여 제기하는 것이 바람직하며 또한 가능하다고 보는 견해이다.562)

앞의 여러 견해들은 권력적 사실행위에 대하여 처분성을 인정하기 위한 법 논리적 조작에 지나지 않는다고 보이고, 따라서 실제적으로 국민의 권익침해가 있고 구제의 필요성이 있는 경우에는 폭넓게 취소소송을 활용할 수 있을 것이다. 현행 행정소송법 제2조 제1항 제1호에서 행정소송의 대상인 처분을 "구체적 사실에 관한 법집행으로서의 공권력의 행사"라고 정의한 것만 봐도 公權力的 事實行爲에 대해 處分性을 認定하는 것은 당연하다고 본다.

권력적 사실행위는 일정한 법령 또는 행정행위를 집행하기 위하여, 공권력의 행사로써 행하는 행정상 사실행위를 말하는바, 여기서 '權力的'이라는 개념 속에는 강제력을 수반한 집행의 의미가 담겨져 있기 때문에 이러한 권력적 사실행위는 당연히 항고소송의 대상이 된다고 하겠다.563)다만 그 이론구성에 있어서 위법한 권력적 사실행위에 대한 항고소송을 사실행위의 합목적성 내지 합법성이 전제된 수인의무를 제거하기 위한 것으로 이해하는 경우와 사실행위의 위법성 그 자체의 선언을 구하는 것으로 이해하는 경우564)가 있을 수 있다.

2) 非權力的 事實行爲의 處分性
① 학설
ⅰ) 肯定說

562) 洪準亨, 152쪽.
563) 이와 관련하여 권력적 사실행위에 대한 取消訴訟과 이를 원인으로 하는 公法上當事者訴訟을 선택적으로 또는 병합하여 제기하는 것이 바람직하다는 견해도 있다(洪準亨, (救濟法), 540쪽).
564) 韓堅愚, 516쪽 ; 金容燮, 「行政上 事實行爲의 法的問題」(인권과 정의 통권 283호, 2000. 3.), 150쪽. 金容燮 敎授는 만약에 권력적 사실행위로서 취소소송의 대상이 된다고 할지라도 행정청의 행위의 효과로서 행정청의 사실이 취소될 수는 없고, 단지 사실행위의 위법의 확인을 구하는 정도에 그칠 것이라고 한다.

비권력적 사실행위에 대하여도 이를 행정소송에 의하여 다투게 하는 것이 사인의 적절한 권리구제수단으로 판단되는 경우에는 이를 행정소송법상의 '처분'에 해당하는 것으로 보아 그에 대한 취소소송 등을 인정하여야 한다는 견해이다.

즉 행정소송법은 '공권력의 행사'뿐만 아니라 '그밖에 이에 준하는 행정작용'도 '처분'에 포함시키고 있다는 점에서는 행정지도나 기타 일정사실행위도 같은 법상의 '처분'에 해당하는 것으로 볼 수 있는 소지가 있다고 본다.565)

ⅱ) 否定說

이는 '처분'개념에 대해 一元論을 취하는 입장으로 통상적인 비권력적 사실행위는 직접적인 법적 효과를 발생하는 것이 아니므로 처분이 아니라고 본다.566)

이에 대하여 어떤 학자들은 사실행위의 처분성을 부인하더라도 그 사실행위가 공법적인 것이기 때문에 당사자소송의 방법을 통하여 손해배상청구를 할 수 있을 것이며, 사실행위에 의하여 생긴 위법상태의 제거를 위해서는 공법상의 결과제거청구권에 기하여 당사자소송을 제기하여야 할 것이라고 한다.567)그리고 순수사실행위는, 취소소송의 대상이 아니라 이행소송의 대상이 될 뿐이라고 하는 학자들도 있다.568)더 나아가 행정청이 국민에 대하여 권력적·침해적 사실행위를 행할 우려가 있을 경우 그 침해를 사전에 예방하기 위한 소송으로 豫防的不作爲請求訴訟(vorbeugende Unterlassungsklage)을 인정해야 한다는 견해도 제기되고 있다.569)

ⅲ) 折衷說

비권력적 사실행위는 처분개념에 포함되지 아니한다. 그러나 ① 비권력적 사실행위라 할지라도 행정지도를 위한 의사에 대한 경고와 같이 상대방의 명예·신용에 사실상 중대한 영향을 미치는 징계작용에 대하여는 사실상 지배력이 있다고 보아 '형식적 행정행위'로서 항고쟁송대상으로 삼아야 할 필요가 있다, ② 행정지도를 위한 권고·지도 등에 대하여도 사실상 지배력을 인정하여 '형식적 행정행위'로서 항고쟁송대상으로 삼아야 할 필요가 있다.570)

---

565) 金東熙, 192쪽 ; 朴均省, 364쪽.
566) 柳至泰, 232쪽 ; 朴鈗炘, 567쪽 ; 朴鍾局, 539쪽 ; 石琮顯, 415쪽 ; 李在華, 247쪽 ; 洪井善, 416쪽 ; 洪準亨, 358~359쪽.
567) 柳至泰, 232쪽 ; 朴鍾局, 539쪽 ; 石琮顯, 415~416쪽 ; 李在華, 247쪽 ; 孟長變,「行政上의 事實行爲」(月刊考試, 1989. 4.), 97쪽.
568) 姜求哲, 528~529쪽 ; 洪井善, 795쪽.
569) H. Maurer, a.a.O., §15 Rn.7, S.394.
570) 趙淵泓, 623쪽.

② 판례

대법원 1993. 12. 10. 선고 93누12619 판결은 處分性의 判斷基準에 대하여 "행정청의 어떤 행위를 행정처분으로 볼 것이냐의 문제는 추상적·일반적으로 결정할 수 없고, 구체적인 경우 행정처분을 행정청이 공권력의 주체로서 행하는 구체적 사실에 관한 법집행으로서 국민의 권리의무에 직접 영향을 미치는 행위라는 점을 고려하고, 행정처분이 그 주체·내용·절차·형식에 있어서 어느 정도 성립 내지 효력요건을 충족하느냐에 따라 개별적으로 결정하여야 하며, 행정청의 어떤 행위가 법적 근거도 없이 객관적으로 국민에게 불이익을 주는 행정처분과 같은 외형을 갖추고 있고, 그 행위의 상대방이 이를 행정처분으로 인식할 정도라면 그로 인하여 파생되는 국민의 불이익 내지 불안감을 제거시켜 주기 위한 구제수단이 필요한 점에 비추어 볼 때 행정청의 행위로 인하여 그 상대방이 입는 불이익 내지 불안이 있는지 여부도 그 당시에 있어서의 법치행정의 정도와 국민의 권리의식 수준 등은 물론 행위에 관련한 당해 행정청의 태도 등도 고려하여 판단하여야 한다."고 판시하면서도 대법원 1993. 10. 26. 선고 93누6331 판결은 구체적으로 事實行爲의 處分性과 관련하여 "항고소송의 대상이 되는 행정처분이라 함은 행정청의 공법상의 행위로서 특정 사항에 대하여 법규에 의한 권리의 설정 또는 의무의 부담을 명하며 기타 법률상의 효과를 발생케 하는 등 국민의 구체적인 권리의무에 직접적 변동을 초래하는 행위를 말하는 것이고, 행정권 내부에서의 행위나 알선, 권유, 사실상의 통지 등과 같이 상대방 또는 기타 관계자들의 법률상 지위에 직접적인 법률적 변동을 일으키지 아니하는 행위는 항고소송의 대상이 될 수 없다고 해석하여야 할 것이다."라고 판시하고 있다.571)

대법원은 이처럼 非權力的 事實行爲의 處分性에 대하여, 消極的 立場을 취하고 있다. 그 구체적인 예를 들어보면, ① 구 식품위생법시행규칙 제28조 소정의 영업허가증교부(대법원 1984. 6. 12. 선고 84누21 판결), ② 상훈대상자를 결정할 권한이 없는 국가보훈처장이 기포상자에게 훈격(勳格) 재심사계획이 없다는 회신(대법원 1989. 1. 24. 선고 88누3116 판결), ③ 신고납부하는 취득세 및 등록세의 수납행위(대법원 1990. 3. 27. 선고 88누4591 판결), ④ 택지개발촉진법상 택지개발사업시행자의 택지공급방법 결정통보행위(대법원 1993. 7. 13. 선고 93누36 판결), ⑤ 취득세의 자진납부신고서나 자납용고지서교부행위(대법원 1993. 8. 24. 선고 93누2117 판결), ⑥ 취득세를 과세관청이 수납하는 행위(대법원 2000. 11. 14. 선고 2000두6350 판결) 등은 사실행위에 불과하여 항고소송의 대상이 되는 행정처분이라고 볼 수 없다고 한다.

---

571) 대법원 1995. 11. 21. 선고 95누9088 판결 ; 대법원 1993. 7. 13. 선고 93누36 판결 ; 대법원 1993. 5. 11. 선고 92누15987 판결 ; 대법원 1990. 2. 27. 선고 88누1837 판결 ; 대법원 1988. 3. 8. 선고 87누156 판결.

대법원 판례에서 밝힌 바와 같이, 법률상 지위에 직접적인 법률적 변동을 일으키지 아니하는 행위는 권력적 사실행위이든 비권력적 사실행위이든 처분성이 부인된다고 할 것이다. 왜냐하면 사실행위는 법적 행위가 아니므로 항고소송의 대상인 처분이 되려면 관념적으로 법률효과의 발생을 취소할 수 있어야 하는데, 사실행위의 경우에는 그것이 불가능하기 때문이다.

설사 사실행위가 처분성이 인정된다고 할지라도 행정상 사실행위에 대한 취소소송을 제기하기 위해서는 특히 협의의 소의 이익 내지 권리보호필요성이 있어야 한다. 行政訴訟法 제12조 후단에서 "처분 등의 효과가 기간의 경과, 처분 등의 집행, 그 밖의 사유로 인하여 소멸된 뒤에도 그 처분 등의 취소로 인하여 회복되는 법률상이익이 있는 자의 경우에도 또한 같다."고 규정하고 있어 이론적으로는 행정상 사실행위가 종료된 경우라도 행정상 사실행위의 취소로 인하여 회복될 수 있는 법률상이익이 있는 경우에는 취소소송을 제기할 수 있다. 그러나 대법원 1979. 11. 13. 선고 79누242 판결은 "행정처분의 시행이 사실행위로서 완료된 이후에 있어서는 그 처분에 대한 위법사유가 있음을 이유로 하여 손해배상이나 원상회복을 구함은 모르되, 그 처분의 취소나 무효확인을 구할 실익이 없다"고 판시하면서 집행이 종료된 사실행위의 경우에 협의의 소의 이익 내지 권리보호필요성을 구비하지 않은 것으로 파악하고 있다. 아울러 동일한 취지에서 대법원 1993. 6. 8. 선고 93누6164 판결은 대집행계고처분취소청구사건에서 "계고처분이 위법하더라도 대집행의 실행이 완료된 후에는 그 행위가 위법한 것이라는 이유로 손해배상이나 원상회복 등을 청구하는 것은 별론으로 하고, 처분의 취소를 구할 법률상이익이 없다."고 판시하고 있다.

繼續的 事實行爲의 處分性의 인정은 일본의 입법례(日本 行政不服審査法 제2조 제①항)처럼 명문의 규정을 두는 경우에는 모르되 앞서 본대로 이는 권리보호의 필요성의 문제이고 처분성의 문제는 아니라고 할 것이다.

앞서 살펴 본 바와 같이 현행 행정소송법의 체계는 행정행위 중심으로 구성되어 있으므로 행정상 사실행위에 대하여는 행정쟁송법적인 구제수단이 제대로 마련되어 있지 않은 실정이다. 행정상 사실행위와 관련하여 보다 실효적인 구제수단으로는 행정청의 사실행위로 인하여 타인의 권리·이익을 침해할 우려가 있을 경우 이를 사전에 예방하기 위한 소송형태, 豫防的 不作爲請求訴訟을 인정해야 할 것이다. 이는 행정청의 사실행위로 인하여 타인의 권리·이익을 침해할 우려가 있을 경우 이를 사전에 예방하기 위한 소송형태이다. 이론적으로 행정상 사실행위에 대한 부작위청구소송은 원고가 자신의 법적 지위로부터 부작위청구권을 갖고, 행정상 사실행위를 수인할 의무가 없을 때 허용된다. 그러나 대법원 1987. 3. 24. 선고 86누182 판결은 "신축건물의 준공처분을 하여서는 아니 된다는 내용의 부작위를 구하는 원고의 예비적 청구는 행정소송에서 허용되지 아니

하는 것이므로 부적법하다."고 하여 소극적인 입장을 견지하고 있다. 행정상 사실행위의 현실적 존재에도 불구하고 쟁송법상의 구제는 입법이 제대로 마련되지 않아 생긴 문제인바, 행정상 사실행위를 처분개념에 포함시켜 취소소송이 가능하도록 문제를 해결하는 것보다는 독일의 경우처럼 행정소송법에 사실행위에 대한 일반적 이행소송을 명문화하여 사실행위에 대한 실효적인 권리구제수단을 제도화하는 것이 시급히 요청된다고 할 것이다.572) 왜냐하면 행정상 사실행위에 대한 처분성의 확대해석을 통한 취소쟁송의 인정은 여러 가지 복잡한 법률문제가 야기될 수 있기 때문이다.

③ 所見

행정청의 권력적 사실행위는 물론 비권력적 사실행위가 사인의 권익을 침해하는 경우 그 사실행위는 비교적 단시간에 집행이 종료되는 경우가 보통이므로 그러한 경우에는 소의 이익이 부정되어 당해 소는 각하 되는 경우가 많을 것이다.

현행 행정소송법은 취소소송의 대상으로서 공권력의 행사에 준 하는 행정작용을 포함시키고 있는바, 직접 공권력의 행사에 포함되지 않는다고 하더라도 계속적인 성질을 갖는 사실행위의 경우는 당연히 행정청의 '처분'에 해당하는 것으로 볼 수 있다는 견해도 있을 수 있다.

日本은 行政不服審査法 제2조 제1항에서 "이 법률에서 말하는 처분이라 함은 개별법에 특별한 규정이 있는 경우를 제외하고는 공권력의 행사에 해당하는 사실상의 행위로, 사람의 수용, 물건의 유치, 그밖에 그 내용이 계속적 성질을 갖는 것(이하 事實行爲라 한다)이 포함된 것이다."라고 규정함으로써 계속적 성질을 지니는 사실행위가 행정심판의 대상이 된다고 명문화하여 입법론적으로 해결하고 있다.

특히 비권력적 사실행위의 경우가 처분성의 인정기준에 관한 학설이 그 빛을 발하는 곳이기도 하다. 爭訟法上槪念說에 의하면 사실행위의 처분성을 적극적으로 본다. 이 견해는 국민생활을 일방적으로 규율하는 행위이거나 개인의 법익에 대하여 계속적으로 사실상의 지배력을 미치는 경우에는 항고소송의 대상이 되는 처분성을 인정해야 한다는 形式的 行政行爲槪念을 수용하여 사실행위도 처분개념에 포함될 수 있다고 보는 것이다.

이러한 입장에 대한 비판은 처분성의 인정기준에 관한 학설에서 살펴보듯 다양하고, 결론적으로 말해 현행 행정소송법의 문리해석상 처분이기 위해서는 공권력행사일 것을 요구하고 있기 때문에 적어도 순수한 비권력적 사실행위를 공권력행사와 같은 위치에 놓을 수는 없는 것이라 할 것인바, 그 행정처분성을 부정할 수밖에 없다고 하겠다.

그리고 주의·권고·호의적 중재·조정·희망의 표시·알선·지도 등과 같은 정신작용

---

572) 金容燮, 前揭(行政上 事實行爲의 法的問題)論文, 153쪽.

적 사실행위는 개인에 대해서 직접적인 법적 효과를 발생시키지 않기 때문에 처분성이 인정되지 않아 항고소송을 구할 수 없다고 한다.573)

이와 같은 이유로 ① 동장이 담장공사신청서 첨부서류 보완 시까지 담장공사를 중지해 달라는 권고를 한 취지의 담장공사중지공문(대법원 1974. 12. 26. 선고 74두5 판결), ② 해운관청이 선박 소유자에게 선원법 제109조에 의하여 진정서 처리결과 통보라는 형식으로 그 소속 선원들이 선원법 제52조 소정 사유가 아닌 퇴직의 경우에도 선원법 제128조에 의하여 준용되는 근로기준법 제28조에 의거하여 퇴직금을 지급할 것을 지시한 행위(대법원 1980. 10. 14. 선고 78누379 판결), ③ 구청장이 도시재개발구역 내 건물소유자에게 보낸 건물자진철거 요청의 지장물철거촉구공문(대법원 1989. 9. 12. 선고 88누8883 판결), ④ 세무당국이 소외 회사에 대하여 원고와의 주류 거래를 일정기간 중지하여 줄 것을 요청한 행위(대법원 1980. 10. 27. 선고 80누395 판결), ⑤ 행정청이 택시운송사업자에게 증차를 수반하는 자동차운송사업계획의 변경인가신청을 권유하는 내용의 결정 통보(대법원 1993. 9. 24. 선고 93누11999 판결), ⑥ 수도사업자가 급수공사 신청자에 대하여 급수공사비 내역과 이를 지정기일 내에 선납하라는 취지로 한 납부통지(대법원 1993. 10. 26. 선고 93누6331 판결), ⑦ 행정청의 建築法 제69조 제2항에 의한 위법건축물에 대한 단전 및 전화통화 단절조치요청행위(대법원 1996. 3. 22. 선고 96누433 판결 ; 대법원 1995. 11. 21. 선고 95누9099 판결),574) ⑧ 행정청이 식품접객영업허가에 붙여진 영업시간을 준수할 것을 재차 촉구하는 행위(대법원 1982. 12. 28. 선고 82누366 판결), ⑨ 공무원에 대하여 징계에 이르지 않고 단순히 서면 경고하는 행위(대법원 1991. 11. 12. 선고 91누2700 판결), ⑩ 근로기준법 제91조, 제92조에 의하여 노동부장관이나 노동위원회가 근로기준법상의 재해보상에 관한 사항에 관하여 심사·중재하는 행위(대법원 1982. 12. 14. 선고 82누448 판결), ⑪ 택지개발사업촉진법상 사업시행자가 한 택지공급방법결정 통보행위(대법원 1993. 7. 13. 선고 93누36 판결), ⑫ 국립공원지정처분에 따라 공원관리청이 행한 경계측량 및 표지설치(대법원 1992. 10. 13. 선고 92누2325 판결) 등에 대해 대법원은 권고적 성격의 행위에 불과한 것으로 법률상 지위에 직접적인변동을 가져오는 것이 아니므로 항고소송의 대상이 되지 않는다고 한다.

한편 義務履行確保手段으로서의 公表 또는 公開(예컨대, 자원의 절약과 재활용 촉진에 관한 법률 제13조, 독점규제및공정거래에관한법률 제5조,575) 중소기업의사업영역보호

및기업간협력증진에관한법률 제7조)는 그 자체로서 어떠한 법적 효과가 발생하는 것은 아니므로 비권력적 사실행위에 불과하다. 그러나 위법한 공표행위로 인하여 관계자의 권리·이익이 침해되고, 그에 대한 다른 적절한 구제수단이 없는 경우 사실행위로서의 통지에 불과하여 행정쟁송이 불가능하고 단지 민사상 또는 형사상의 구제방법 밖에 없다는 견해도 있으나[576]공표행위도 공권력 행사에 준하는 작용으로 보아 그 처분성을 인정할 수도 있을 것이다.[577]

(2) 假救濟
계속적, 집행적 효력을 갖는 권력적 사실행위라도 취소소송이 인정되는 경우 집행정지 신청이 가능하다 하겠다.

4. 結果除去請求權
원칙은 당사자소송으로 해결하여야 할 것이나, 예외적으로 결과제거가 처분으로 이루어져야 하는 경우에는 의무이행쟁송으로 다투어야 할 것이다.

5. 非公式的 救濟手段
청원, 여론형성, 공무원의 책임(민사·형사·행정) 추궁 등을 생각할 수 있겠다.

제2절 行政指導

I. 行政指導의 意義

1. 行政指導의 登場背景
20세기에 들어와 자본주의의 경제구조의 발전에 따라 여러 가지 사회문제가 발생되자 이를 시정하기 위하여 국가가 국민생활에 적극적으로 개입하여 調整·統制·促進하는 福利國家가 출현하게 되었다.
오늘날 行政指導가 중요한 지위를 차지하게 된 것은 福利國家에서의 행정기능의 확대

위가 있을 때에는 당해 사업자단체에 대하여 당해 행위의 중지, 법위반사실의 공표 기타 시정을 위한 필요한 조치를 명할 수 있다고 규정하고 있는데, 헌법재판소는 2002. 1. 31. 선고 2001헌바43결정으로 같은 법 제27조 중 '위반사실의 공표'부분은 헌법에 위반된다고 하였는바, 같은 법 제5조도 추후 검토할 대상이라 하겠다.
576) 金學世, 393쪽 ; 李在華, 330쪽.
577) 金東熙, 438~439쪽 ; 柳明建, 90쪽 ; 塩野 宏, (Ⅱ), 87쪽.

와 이에 대응하는 行政府의 책임의 증대에 있다. 즉 행정기능의 확대와 다양화에 따라 탄력적 행정수단이 요구되었으며 특히 급부행정에서는 중요한 수단으로 등장하게 되었고, 공권력 발동으로 인한 마찰과 저항을 축소시키고 경제·기술 분야의 최신 정보제공 수단으로 행정지도가 유용하게 되었다.

2. 行政指導의 槪念

行政指導란 用語는 법령상 指導·助言·要望·警告·勸告·勸諭·勸獎·斡旋·指示·獎勵 등으로 혼용되고 있다.[578] 이러한 행정지도는 행정의 모든 영역에서 이루어질 수 있고 그 기능도 다양하여 그 개념정의도 학자에 따라 그 표현을 달리하고 있다.

한편, 우리나라 행정절차법 제2조 제4항은 "행정기관이 그 소관사무의 범위 안에서 일정한 행정목적을 실현하기 위하여 특정인에게 일정한 행위를 하거나 하지 아니하도록 지도·권고·조언 등을 하는 행정작용"이라고, 日本 行政節次法 제2조 제6호는 "행정기관이 그 임무 또는 소관사무의 범위 내에서 일정한 행정목적을 실현하기 위하여 특정한 자에 대하여 일정한 작위 또는 부작위를 구하는 指導, 勸告, 助言 기타의 행위로서 처분에 해당하지 않는 것을 말한다."라고 각 규정하고 있다.

학자들의 개념정의를 종합해보면, 행정지도의 개념요소로 ① 非權力的, 非强制的行爲라는 점,[579] ② 事實行爲라는 점, ③ 行政客體 즉 國民을 相對로 한다는 점, ④ 일정한 行政目的 또는 行政秩序를 實現하기 위한 目的으로 이루어진다는 점, ⑤ 行政主體가 행하는 事實行爲라는 점등이 도출된다. 따라서 行政指導란, "행정주체(행정기관)가 일정한 행정목적 또는 행정질서를 실현하기 위하여 행정객체에 대해 행정처분에 해당하지 않는 일정한 행위를 요구하는 비권력적·비강제적 사실행위"라고 일응 정의할 수 있을 것이다.[580]

이처럼 행정지도는 법적 행위가 아니고 사실행위이기 때문에 법률적 효과를 발생하지 않는 것이 원칙이다. 또한 행정지도는 비강제적·비권력적이며, 상대방의 임의의 동의·협력이 불가결의 요소로 되어있기 때문에 상대방이 이에 따를 것인지 여부는 전적으로 상대방의 자유이다.

---

578) 사행행위등규제및처벌특례법 제19조의 指導, 직업안정법 제14조 및 같은 법 시행령 제9조의 직업지도, 약관의 규제에 관한 법률 제17조의2 제2,3항의 勸告, 경찰관직무집행법 제5조 제1항 제1호의 警告, 문화예술진흥법 제15조의 勸獎, 문화예술진흥법 제16조의 斡旋, 기능장려법의 獎勵 등.

579) 韓堅愚, 520쪽. 한편 行政指導가 비권력적인가는 의문이라고 밝히고 있다.

580) 여기서는 行政指導가 법적 구속력이 없다는 의미에서 사실행위라는 용어를 사용하지만, 상대방인 사인의 수인의무 존재를 전제로 하지 않기 때문에 통상 행정상의 사실행위와는 다르다(藤田宙靖, 359쪽).

3. 行政指導와 다른 行政作用과의 區別

事實行爲로서 법적효과가 인정되지 아니하므로 法的行爲와 구별되고, 非强制的인 事實行爲이므로 强制的인 事實行爲인 行政强制와 구별된다.

Ⅱ. 행정지도의 기능

다양한 행정지도의 기능을 일반적인 형태로 설명하기에는 어려운 점이 있지만 이는 행정지도의 존재이유와 공과(功過)를 이해하는데 매우 중요하다. 한편 行政指導의 順機能과 逆機能은 때때로 表裏一體의 관계를 이루고 있는 경우가 많다.[581]

1. 行政指導의 順機能

(1) 法令의 執行圓滑化 및 補完的 機能

행정지도는 標準例의 설정, 법령의 細目 설정 및 해석(예컨대 訓令, 標準約款 등의 작성), 법령의 구체화(인·허가 등의 기준 작성), 법령의 운용방침의 설정 등을 통하여 법령을 원활하게 시행할 수 있도록 하는 기능을 가진다.[582]

법령의 집행에 의해서는 대처할 수 없는 새로운 행정수요에 능동적·적극적으로 대처함으로써 법령과 현실간의 괴리를 시정하고 법령을 사실상 보완하는 기능을 하고 있으며, 일반적으로 법령에 의한 규제는 획일성에 흐르기 쉽고 지역이나 개별사안의 특수사정에 대응하기가 곤란할 뿐만 아니라 국민이나 주민들이 점차 행정의 精緻性을 요구하는 풍조가 강해짐에 따라 행정지도에 의하여 多樣性·個別性·地域性의 확보를 기하도록 하는 경향이 나타나게 된다.

(2) 權力性의 緩和와 行政節次的 機能

행정지도는 법령에 의거한 조치의 권력성을 완화함으로서 상대방과의 납득과 합의 아래 원활하게 행정목적을 달성할 수 있을 뿐만 아니라 분쟁을 사전에 처리 내지 회피하는 장점을 가지고 있다.[583]

행정지도는 상대방에게 정보의 제공, 교시, 논의 등의 과정을 통하여 합리적 해결방법의 발견, 부당한 권리이익의 침해의 예방 등과 같은 행정 절차적 기능을 담당하고 있는 측면도 있다.

---

581) 行政指導의 順機能과 逆機能에 대하여 자세한 것은, 李景民, 「行政指導 와 憲法訴願」(憲法論叢 제7집, 憲法裁判所, 1996), 115쪽 이하 및 成田賴明, 「行政指導の機能と功罪」(ジュリスト 741 号, 有斐閣, 1981. 6.), 39쪽 이하 참조.
582) 朴鈗炘, 550쪽.
583) 김성원, 「經濟行政과 行政指導」(現代公法理論의 展開, 1993. 12.), 42쪽.

⑶ 새로운 施策의 實驗的 機能

새로운 시책을 전개하기 위한 입법화가 시기상조라고 판단되는 경우 제도화를 위해 시행착오적인 실험적조치가 필요하다고 생각되는 경우에 그 예비실험으로서 행정지도가 활용되는 경우가 있다. 신규정책의 전개를 위해서 필요한 자료를 수집하고 제도화에 따르는 문제점을 검토하는 것은 현실적응성 있는 법제도를 만드는데 있어 매우 중요한 일이다.

⑷ 臨時應急對策機能

오늘날 행정의 임무는 단순한 법령의 집행에 있는 것이 아니라 사회형성적 임무를 수행하여야 하기 때문에 행정목적에 대응하여야 할 필요가 있는 경우(사회문제가 되는 커다란 사회적 사건의 발생)에는 행정지도의 수단을 써서라도 대처하여야 하는 경우가 있다.

⑸ 利害의 調整·統合機能

경제분야의 행정지도에는 업계내부나 경쟁업종간의 이해대립을 조정하여 그것을 일정한 방향으로 整序·統合하는 기능을 담당하는 경우가 많다.584)

2. 行政指導의 逆機能

⑴ 法治主義의 空洞化

행정지도의 최대 결함은 행정지도의 관행화에 따른 법치주의(법률에 의한 행정)의 붕괴라는 점이다. 행정권이 입법권을 갈음하거나 입법권에 의한 수권의 범위를 넘어서 행정권이 실질적으로 규범을 정립하거나 법규범을 변경하는 폐단이 생기기도 한다. 행정은 행정지도라는 이름하에 법령의 규정을 독자적인 입장에서 확대·완화하여 법이 요구하고 있지 아니하는 사항을 국민에게 강요함으로써 상대방의 법적 지위를 불확정한 권리로 방치하는 등 법률로부터 遊離된 자의적인 활동을 할 위험성을 안고 있는 것이다. 이는 행정지도에 대한 법적 구제수단의 결여와 함께 법치주의를 실질적으로 空洞化시키게 된다.

⑵ 法令適用의 回避(公益目的實現의 輕視)

행정지도는 법령의 엄격한 적용을 회피하고 溫情的·妥協的 方法으로 사태를 적당히 처

---

584) 예컨대 우리나라 獨占規制및公正去來에관한法律에 의하면 公正去來委員會는 主務部長官의 協議를 거쳐 産業合理化 또는 國際競爭力 强化를 위한 企業結合을 예외적으로 認定할 수 있게 규정하고 있는바(제7조 제①.②항, 제12조 제①항).

리하여 법률이 예정한 본래의 목적이 실현되지 못할 위험성을 안고 있다.

(3) 非權力的 手段의 限界

행정지도는 상대방이 납득하여 그에 따를 경우에는 소기(所期)의 행정목적이 달성되지만 상대방이 그것에 따를 것을 끝내 받아들이지 않을 경우에는 강제조치를 취할 수 없는 경우가 많아 행정지도에 위반한 자에 대해 유효한 제재수단이 없다.

(4) 基準의 不明確性·不安定性

행정지도는 일반적 기준을 미리 정함이 없이 구체적인 사안마다 이루어질 가능성이 높아 안정성과 예측가능성이 결여되어 있고, 미리 일정한 기준을 정해서 하는 경우라 할지라도 그 기준이 상대방에게 충분히 알려져 있지 않기 때문에 일방적인 운용이 되거나, 기준 자체가 애매모호하기 때문에 담당직원의 재량의 폭이 넓어 정치적 압력이나 매수에 의하여 그 결과가 좌우되는 등 음성적인 운용이 이루어질 위험성이 높다.

(5) 行政責任의 不明確性

행정지도는 법령의 근거에 의거하여 행해지는 경우는 별도로 하고 비정식적인 형태로 행해지는 경우가 많기 때문에 그것이 행정기관의 공식적인 의사결정인지 아니면 담당공무원 개인의 견해인지 여부가 명확하지 않고 책임의 소재도 불명확한 경우가 적지 않다.

(6) 行政上의 救濟手段의 缺如

행정지도로서 행해지는 勸告·警告·注意·要望 등의 수단은 그 자체가 법적인 의미에서의 강제력을 가지는 것이 아니고 그것을 따를 것인가의 여부는 상대방의 자유의사에 달려 있어 그것이 위법한 경우에도 국민이 일단 그것에 따른 경우에는 법률적으로는 자발적으로 받아들인 것이 되어 행정구제의 기회를 잃게 되는 경우가 있다. 그렇기 때문에 상대방은 행정지도로서 행해진 조치에 불복한다 하더라도 행정상의 쟁송수단을 가지고서는 구제받을 수 없게 된다.

Ⅲ. 行政指導의 法的 性質

1. 非權力性

행정지도는 '指導'인 까닭에 상대방이 이에 따를 것인지의 여부는 전적으로 그 자유의사에 달려 있다. 이러한 복종의 임의성이야 말로 행정지도의 가장 두드러진 특징이다.
그러나 현실적으로는, 특히 規制的 行政指導의 경우 그 실효성을 사실상 담보하기 위하여 그 위반에 대하여 억제적조치가 취하여 지는 경우가 많다.

2. 事實行爲性

행정지도는 법률효과를 발생하지 아니하는 사실행위이다. 그러나 예외적으로는 법률의 규정에 의하여 일정한 법적효과를 발생시키는 경우가 있다.

(1) 行政節次上의 效果

법률은 때때로 권력적 규제를 행하기에 앞서 일정한 행정지도를 행하도록 규정하고 있는 경우가 있다(중소기업의사업영역보호및기업간협력증진에관한법률 제7조, 제25조 제②항). 이러한 경우 행정지도는 권력적 규제의 사전절차로서 행정절차상의 효과를 발생한다.

(2) 行政指導에 대한 受諾의 效果

법률은 때때로 행정지도의 수락에 대하여 일정한 법적효과를 인정하고 있는 경우가 있다(行政指導의 間接的 法律效果).

3. 積極性

행정지도는 상대방에 대하여 일정한 행위를 행하도록 또는 행하지 말도록 지도하는 것이므로, 행정기관의 행위가 행정지도에 해당하기 위하여서는 상대방에 대하여 일정한 作爲 또는 不作爲를 적극적으로 요청하는 행정기관자체의 의사가 존재하여야 한다. 따라서 法令解釋의 提示(法令質疑回信), 確認的 判斷의 표시(非營利法人등의 定款에서는 法人을 解散함에는 主務官廳의 許可를 받도록 규정하고 있는 경우 이러한 定款에 따른 主務官廳의 許可는 解散事由의 存在에 대한 確認的 判斷의 표시이다.), 說明 내지는 情報의 提供(예컨대 市·郡·區廳에서 市民의 問議에 따라 어떤 垈地 위에 건축할 수 있는 건축물에 대한 相談에 응하여 補助機關이 非公式的으로 意見을 제시하는 경우)은 의사의 적극성이 없음으로 행정지도가 아니고 사인에게 편의를 제공하는 서비스 활동에 지나지 않는다.

4. 優位性

행정지도는 그 성질상 지도하는 자가 우위에 서서 열위에 있는 상대방에 대하여 그 상대방이 본래 당연히 할 수 있는 행위를 하도록 촉진하는 것이다. 따라서 행정기관이 상대방과 대등한 지위에서 행하는 단순한 행정상의 요망(예컨대 행정기관이 상대방에게 새로 건설되는 주택단지 내에 公衆沐浴場을 건설할 것을 要望하는 것)은 행정지도라고 볼 수 없다.

5. 行政指導의 相對方

행정지도의 상대방은 개인·법인 기타의 단체이다. 법인에는 사법인뿐만 아니라 공법인, 즉 공공단체(지방자치단체·공공조합·정부투자기관)도 포함된다고 할 것이다. 따라서 행정기관이 다른 행정기관에 대하여 지휘감독권의 발동으로 행하는 권고·지도 등은 행정지도라고 볼 수 없다.

Ⅳ. 行政指導의 種類585)

1. 機能에 따라

(1) 規制的 行政指導

당해 법령 자체가 일정한 강제력을 부여하고 있는 경우 공익에 반하는 행위의 방지, 위법행위의 시정, 적극적으로 공익증진을 도모하기 위한 각종의 규제 내지 사회형성을 행정지도로서 행하는 경우로, 물가억제권고 등이 있다.

(2) 調整的 行政指導

경제적 이해대립이나 과당경쟁 등을 시정하고 조정하기 위해 기업의 계열화 촉진, 경제마찰과 관련해서 행하여지고 있는 조정 등이 그것이다. 관련 법률로는 중소기업의사업영역보호및기업간협력증진에관한법률, 석유및석유대체연료사업법 등이 있다.

(3) (保護)促進·造成的 行政指導

일반적으로 작용법적 근거에 의해 기술적·전문적 조언, 권고, 지도를 행함으로써 상대방을 보호·조장·조성하는 경우이다. 기술지도·경영지도·영농지도 등이 그것이다.

2. 主體에 따라

(1) 特殊法人이 介在하는 行政指導

일반적으로 행정지도는 행정청이 직접 행하지만, 행정과 국민간에 특수법인 등을 개재시켜서 행정지도를 행하는 경우도 있다.

---

585) 일본에서는 행정지도가 행정과정상 구체적으로 어떻게 나타나는가에 따라 당부형 행정지도, 협의형 행정지도, 제재담보형 행정지도 및 감독형 행정지도 등으로 분류하기 한다(鈴木庸夫, 「行政指導と國家賠償」(ジュリスト 993号, 有斐閣, 1992. 1.), 117~118쪽).

예컨대, 중소기업진흥및제품구매촉진에관한법률에 의하면 中小企業廳長은 中小企業의 경영 및 技術指導에 관한 計劃(이하 '指導計劃'이라 한다)을 수립하고 이를 告示할 것을 의무화하고 있으며(제28조), 中小企業廳長은 指導計劃을 효율적으로 施行하기 위하여 경영 및 技術指導의 방법 등에 관하여 필요한 기준을 정할 것을 규정하고 있다(제30조). 研修計劃에 따른 研修의 實施機關은 中小企業振興公團 또는 中小企業廳長이 지정하는 機關 또는 團體로 하며(제36조 제①항), 중소기업진흥공단은 中小企業의 振興을 위한 사업을 효율적으로 추진하는 것을 주요한 업무로 하고 있다(제47조 제①항, 제52조).

(2) 行政廳에 의한 集團的 行政指導

행정청이 사업자조합, 사업자단체 또는 업계에 대해서 행정지도를 행하는 경우이다. 이러한 행정지도는 Cartel 등 반경쟁질서적 행위를 유발시킬 위험을 내포하는 것으로 독점규제및공정거래에관한법률과의 관계에서는 문제가 있음도 간과할 수 없으나, 사업자나 사업자단체 등에게 독점규제및공정거래에관한법률의 적용이 제외되는 경우도 있다(독점규제및공정거래에관한법률 제58조, 대외무역법 제51조 제①항).

3. 相對方에 따라

(1) 私人에 대한 指導

개인, 사법인 등에 대한 행정지도를 말한다.

(2) 行政主體·行政機關에 대한 指導

국가가 지방자치단체 또는 상급행정기관이 하급행정기관에 대해 발하는 감독권의 발동으로서가 아니라 관련정보를 제공하는 경우이다.

V. 行政指導의 法的 根據와 限界

'법률에 의한 행정의 원리'를 중심으로 하는 전통적인 행정법의 제도의 이론의 틀만으로 현대국가의 행정활동을 규율한다는 것은 국민의 실질적인 이익구제라는 견지에서 결코 충분하지 못하다는 것은 엄연한 현실이다. 따라서 행정지도에 대하여도 그것을 통제하는 법규범의 소재의 유무와 그 내용 여하를 추구한다는 것은 소극적인 접근방식일 수도 있다. 행정지도라고 해도 법률우위의 원칙은 준수되어야 하고 조직법상 당해 행정기관의 소관사무의 범위 내에서 행해져야 하며 법령상의 한계, 행정법의 일반원칙이 준수되어야 한다.(행정절차법 제48조)

1. 行政指導의 法的 根據

행정지도의 처분성을 논하기에 앞서 행정지도에 법률에 의한 수권 즉 법률의 근거를 필요로 하는가[586]하는 문제를 짚고 넘어가기로 하자. 이에 대한 학자들의 견해를 나누어 보면 크게는 일반적 개괄론과 기능론으로 나눠볼 수 있으나 여기서는 이를 묶어 4종류로 파악해 보기로 한다.

첫째, 모든 공행정은 법률의 수권 없이는 행해질 수 없다는 국민주권주의의 헌법원칙인 全部留保說의 입장에서 행정지도의 경우에도 특히 그 사실상의 구속기능에 착안하여 법치주의의 공동화(空洞化)를 막고 행정의 민주화를 위하여 원칙적으로 법률의 근거를 필요로 한다는 입장이다.

둘째, 행정지도의 법적 성질과 그의 존재이유·필요성으로부터 원칙적으로 법률의 근거를 요하지 않는다는 견해가 있다.[587]

이 설의 논거로는 비권력적 행정지도에는 법률의 유보원칙이 적용되지 않으며, 행정지도는 가변적인 행정수요의 대처를 법률의 범위 내에서 한다는 것이 곤란한 경우의 행정책임을 위한 행위형식이고, 이에 법률의 근거를 요구하는 것은 행정의 실상에 반한다는 점, 행정지도는 본래 법률의 불비를 보완해서 행정책임을 달성하기 위한 행정작용형식이기 때문에 법률의 근거를 요청하게 되면 행정지도의 특색을 잃어버려 그 존재이유가 없어진다는 것 등을 들고 있다. 게다가 행정지도의 속성상 법적인 규율을 해도 추상적, 개괄적일 수밖에 없어 규율의 의의가 희박하고, 법률의 근거를 요구하면 비공개, 은밀한 지도가 행해질 위험성이 있다는 것이다.

그리고 현실적으로 법률의 근거에 의하여 행정지도가 행하여지는 경우가 있는데 이는 법률에 규정을 둠으로써 행정지도에 법적 권위를 부여하고 행정청이 취할 수단 또는 행정청의 책임을 명백하게 하려는 입법 정책적 고려에서 비롯된 것이라고 한다.[588]

셋째, 侵害留保說의 입장에 서서 規制的·調整的 行政指導에는 법적 근거를 요한다는 견해이다.[589]이 설은 수익적 행정의 일환으로 행해지는 조성적 행정지도에는 법률의 근거를 요하지 아니하나, 규제적·조정적 행정지도는 비록 상대방의 동의와 협력아래 행

---

586) 여기서 법률의 근거란 최소한 행정기관을 구성하고 권한을 분배하는 組織法的根據를 필요로 한다는 점에 대해서는 異論이 없기 때문에 作用法的根據가 필요한가 하는 점이다.

587) 金道昶, 527쪽 ; 金東熙, 198~199쪽 ; 金鐵容, 240쪽 ; 金香基, 282쪽 ; 朴均省, 369~370쪽 ; 朴鈗炘, 557쪽 ; 石琮顯, 405쪽 ; 李尙圭, 484쪽 ; 李在華, 250쪽 ; 趙淵泓, 613쪽 ; 千炳泰, 389쪽 ; 韓堅愚, 525쪽 ; 洪井善, 421쪽 ; 塩野 宏, (Ⅰ), 169~170쪽 ; 小高 剛, 131쪽 ; 姜儀中, 「行政指導와 法治主義」(裵俊相敎授停年紀念論文集, 1997. 2.), 581~584쪽.

588) 趙淵泓, 613쪽 ; 韓堅愚, 525쪽.

589) 姜求哲, 539쪽 ; 金南辰, 422쪽 ; 柳至泰, 238쪽 ; 孟長燮, 209쪽 ; 卞在玉, 422쪽 ; 洪準亨, 373쪽 ; 塩野 宏, (Ⅰ), 170쪽. 金性洙 敎授는 侵害的·命令的 性格의 行政指導에는 법적 근거가 요구된다고 한다(同, 402쪽).

하여진다고 할지라도 행정기관의 공권력을 배경으로 하기 때문에 실질적으로는 상대방의 임의성이 제약되고 상대방의 의사와는 관계없이 이에 따르도록 하는 권력적 규제와 다름이 없으므로 조직법상의 권한 규범만으로는 부족하고 작용법상의 행위규범의 근거를 필요로 한다는 것이다. 이 견해에 의하면 규제적 행정지도는 법률에 행정지도의 근거규정이 있든가 아니면 법률에 행정행위의 근거규정이 있을 경우 정식으로 행정행위를 하는 사전단계로서 행정청이 행정처분에 갈음하여 지도를 하는 사전적·대체적 행정지도 이외에는 허용될 수 없다고 한다.

넷째, 개별적인 행정지도의 존재목적·기능 등 구체적 가치평가에 기해서 행정지도를 법치행정의 원리를 보완하는 것과 법치행정의 원리를 붕괴·공동화시키는 것으로 양분하여 후자에만 작용법상의 근거를 요한다는 설이다.590) 이 견해에 의하면 法治行政의 原理를 補完하는 行政指導에는 ① 법률의 불비를 보완하는 행정지도, ② 법률상의 의무, 행정처분권한을 배경으로 하여 사전조치로서의 행정지도, ③ 정보전달·지식 및 사상의 보급·법규주지 등에 관한 행정지도, ④ 인·허가신청, 법규해석, 양육, 고용, 사업합리화를 위한 사전적 상담 등의 기술적 조언형식의 행정지도가 있고, 法治行政의 原理를 崩壞·空洞化시키는 行政指導에는 ① 행정과 기업을 유착시키는 행정지도, ② 인·허가권한 등을 감독 목적달성을 위해 이용하는 수단으로서의 행정지도가 있다고 한다.

행정지도의 경우 행정실무상 거의 대부분은 법령의 근거 규정 없이 행하여지고 있으며, 직접적이든 간접적이든 법령의 규정에 의하여 행하여지는 행정지도(예컨대, 行政節次法 제6장의 行政指導, 水産業法 제5장에 의한 漁業調整)는 현실적으로 드물다.

당해 행정지도가 행하여지는 행정영역에서 행정지도의 현실적 기능에 따라 판단하는 것이 적절한 고찰 방법이라고 하겠다. 원칙적으로는 소극행정인 동시에 부담적 행정인 행정지도는 작용법상 근거를 요한다고 할 것이다.

2. 行政指導의 原則과 限界

(1) 原則

행정절차법에 의하면 "行政指導는 그 목적달성에 필요한 최소한도에 그쳐야 하며, 행정지도의 상대방의 의사에 반하여 부당하게 강요하여서는 아니된다."(제48조 제①항)고 하여 비례의 원칙을 규정하고 있고, "행정기관은 행정지도의 상대방이 행정지도에 따르지 아니하였다는 것을 이유로 불이익한 조치를 하여서는 아니된다."(같은조 제②항)고 규정하고 있다. 또한 행정지도의 방식에 관하여도 "행정지도를 행하는 자는 그 상대방에

---

590) 山內一夫,『行政指導の理論と實際』,(ぎょうせい, 1984), 113쪽 이하 ; 千葉勇夫,『行政指導の研究』(法律文化社, 1987), 57쪽 이하.

게 당해 행정지도의 취지·내용 및 신분을 밝혀야 한다."(제49조 제①항)고 하여 행정지도실명제를 채택하고 있다.

(2) 行政指導의 法的 限界
1) 法規上의 限界

행정지도가 그에 대한 개별적인 법률의 근거를 요하지 아니한다 하더라도 행정기관의 모든 작용은 법령에 위배되어서는 아니된다는 점(法律의 優位)에서, 행정지도도 자신의 소관사무, 즉 권한의 범위 내에서만 허용되며(조직규범), 그 범위를 넘는 경우에는 위법의 문제가 발생한다.

그리고 직접적으로 행정지도를 규제하는 법령이 없는 경우에도 헌법이 보장하는 국민의 기본권을 부당하게 침해하거나 현행 법령의 규정을 위반하여서는 아니된다.[591]

여기서 위법한 행정지도를 받은 상대방이 그에 따라 위법한 행위를 한 경우에 違法性이 阻却되는가 하는 문제가 제기되는데, 이는 신뢰보호의 원칙과도 관련되는 문제이기도 하다. 일반적으로 행정지도는 강제가 아니라 상대방의 임의적인 협력에 기한 것이므로 명문의 정함이 없는 한 위법성이 조각된다고 할 수 없을 것이다.[592]

이에 대하여 대법원은 "행정관청이 국토이용관리법 소정의 토지거래계약신고에 관하여 공시된 기준지가를 기준으로 하여 매매가격을 신고하도록 행정지도를 하고, 피고인이 그에 따라 허위신고를 한 것이라고 하더라도 이와 같은 행정지도는 법에 어긋나는 것으로서 피고인이 그와 같은 행정지도나 관행에 따라 허위신고행위에 이르렀다고 하여도 이것만 가지고서는 그 범법행위가 정당화될 수 없다고 할 것이다."[593]라고 판시하여 위법성이 조각되지 않음을 명백히 하고 있다. 또한 대법원 1994. 12. 13. 선고 93다49482 판결은 "적법한 행정지도로 인정되기 위하여는 우선 그 목적이 적법한 것으로 인정될 수 있어야 할 것이다. 그런데 이 사건의 경우에는 피고 주장에 의하더라도 정부가 원고들에게 주식의 매각을 종용한 것은 …… 원고들에 대한 제재를 목적으로 하는 것임이 명백하고 …… 결국 이러한 주식매각의 종용은 정당한 법률적 근거 없이 자의적(恣意的)으로 원고들에게 제재를 가하는 것이어서 이 점에서 벌써 행정지도의 영역을 벗어난 것이라고 보아야 할 것이다. 만일 이러한 행위도 행정지도에 해당된다고 한다면 이는 행정지도라는 미명하에 법치주의의 원칙을 파괴하는 것이라고 하지 않을 수 없다. 더구나 원고들이 위와 같은 주식매각의 종용을 거부한다는 의사를 명백하게 표시하였음에도 불구하고, 앞에서 본 바와 같이 집요하게 위협적인 언동을 함으로써 그 매각을 강요하였

591) 朴鈗炘, 557쪽.
592) 洪井善, 423쪽.
593) 대법원 1994. 6. 14. 선고, 93도3247 판결 ; 대법원 1992. 4. 24. 선고, 91도1609 판결.

다면 이는 위법한 강박행위에 해당한다고 하지 않을 수 없으니, 위 매각종용 행위가 행정지도에 해당되어 위법성이 조각된다는 논지는 어느 모로 보나 이유 없음이 명백하다."고 판시하고 있다.

한편 하급심 판결로는 일반잡화의 구매비율유지와 가맹점제명 등 일련의 행위가 불공정거래행위에 해당한다고 하여 공정거래위원회가 시정명령을 내린 경우에 "일정한 주류 취급비율의 유지는 한국생필체인의 존립을 위해 필요하고 …… 상공부와 국세청 등이 행정지도 등을 통해 주류의 취급비율유지를 사실상 강제해 온 사정, 연쇄화사업의 건실한 발전과 건전한 유통질서의 확립을 위하여서는 원고회사의 위와 같은 조치의 필요성이 인정되는 점 등 여러 사정에 비추어 보면, 원고의 위와 같은 일반잡화의 구매비율 강제는 정당한 이유가 있는 것이어서 공정거래법 소정의 불공정거래행위의 해당성이 조각된다."594)고 판시하여 구성요건해당성이 조각된다고 한 사례가 있다.

2) 條理上의 限界

행정지도도 행정작용의 일부를 이루는 이상, 比例의 原則, 平等原則, 信賴保護의 原則 등 행정법의 일반원칙에 의한 제약을 받는다.

행정지도는 행정목적 달성에 필요한 최소한도에 그쳐야 하고, 달성하고자 하는 행정목적에 적합하게 행사하여야 하며, 이 경우에도 상대방을 강제하거나 부당한 불이익을 주는 것이면 비례의 원칙에 위배된다.

합리적 이유가 없는 한 특정의 상대방에 대하여만 행정지도에 의하여 이익을 부여하거나 행정지도에 따르지 아니하였다고 하여 불이익을 주는 것은 원칙적으로 허용되지 아니한다.

信義則을 바탕으로 법적 안정성의 확보를 도모하기 위한 신뢰보호의 원칙은 행정지도에 있어서도 준수되어야 한다. 위법한 행정지도에 대하여 신뢰보호의 원칙을 전면적으로 허용하면 행정의 법률적합성의 원칙이 침해될 우려가 있으므로 당해 사항의 성질, 상대방의 선의여부, 행정지도의 형식, 행정지도를 한 자(상급직원·하급직원), 상대방이 받는 불이익의 정도 등 제반 사정을 고려하여야 한다.595)

VI. 行政指導와 行政救濟

---

594) 서울高等法院 1993. 6. 24. 선고, 92구20257 판결(소위 '끼워팔기' 등 불공정 거래행위라도 회사의 존립 및 관련부처의 행정지도에 따르는 등 정당한 이유가 있다면 불공정거래행위를 이유로 한 '시정명령'은 위법하므로 취소한다고 판결하였다).
595) 朴鈗炘, 558쪽.

1. 行政指導와 行政爭訟(行政指導의 處分性)

(1) 學說의 動向

행정지도가 비록 비권력적 사실행위라고 하더라도 행정의 법률적합성의 원리에 저촉되어서는 안 된다. 또한 행정지도라고 하여도 법의 일반원칙 즉, 평등원칙, 비례원칙, 신뢰보호의 원칙, 행정권한의 부당결부금지의 원칙 등에 저촉되어서는 아니 된다.

위법·부당한 행정지도로 불이익을 받은 행정객체에 대해서는 그 권리구제수단을 인정하여야 함이 당연한바, 따라서 행정지도가 법적 한계를 벗어나 국민의 권익을 침해한 경우, 이에 대한 구제로서 행정소송이 가능한가가 문제된다.

앞서 본대로, 항고소송은 '행정청의 처분 등이나 부작위에 대하여 제기하는 소송'(行政訴訟法 제3조 제 i 호)이고, 처분이란 '행정청이 행하는 구체적 사실에 관한 법집행으로서의 공권력의 행사 또는 그 거부와 그밖에 이에 준하는 행정작용'(같은 법 제2조 제①항 제 i 호)을 말한다. 따라서 항고소송을 제기하기 위해서는 다투어지고 있는 당해 행정활동이 '처분'에 해당하지 않으면 안 된다.

1) 處分性 否定說

전통적인 학설·판례아래에서 말하는 '처분'은 사인의 법적 이익에 직접적인 변동을 일으키는 것이어야 한다고 해석되어 왔다. 이러한 해석에 따르면 일반적으로 행정지도는 법률에 근거를 둔 경우에도 그 자체로서는 법적 구속력을 가지지 않고, 국민의 권리·의무에 법적 효과를 발생하지 않는 비권력적 사실행위에 불과하여 처분성을 인정할 수 없기 때문에 항고소송의 대상이 될 수 없다고 한다.596) 즉 행정지도는 국민의 임의적 협력에 의한 비권력적 사실행위라는 이유로 처분성을 부정한다.

2) 處分性 肯定說

다만 행정지도에 불응하였다는 이유로 일정한 불이익처분(侵益的 行政行爲)이 가해진 경우나 경고나 공표 등 행정지도를 전제로 하여 다음의 처분이 행하여진 경우, 취소소송의 구제기능이 사실상의 불이익까지 미친다는 입장에서 행정지도의 흠을 이유로 하여 후속처분의 효력을 다툴 수는 있다고 한다.597) 실질적으로 권력행위와 다르지 아니한 경

---

596) 金東熙, 192쪽 ; 金鐵容, 241쪽 ; 朴均省, 372~373쪽 ; 朴鈗炘, 561쪽 ; 尹世昌 外, 401쪽 ; 李在華, 252~253쪽 ; 塩野 宏, (Ⅰ), 172쪽 ; 南 博方 等編, (1), 258쪽 ; 南 博方編, (註釋), 26쪽 ; 小高剛, 134~135쪽 ; 芝池義一, 256쪽 ; 塩野 宏, (Ⅰ), 172쪽.

597) 姜求哲, 541쪽 ; 金南辰, 423쪽 ; 金道昶, 528쪽 ; 金香基, 283쪽 ; 柳至泰, 239쪽 ; 朴圭河, 361~362쪽 ; 朴鈗炘, 561쪽 ; 朴鍾局, 531쪽 ; 石琮顯, 407쪽 ; 李在華, 252~253쪽 ; 洪井善, 423~424쪽 ; 洪準亨, 374쪽 ; 塩野 宏, (Ⅰ), 172~173쪽 ; (Ⅱ), 87쪽 ; 大橋洋一, 416쪽 ; 山內一夫, 104쪽 ; 千葉勇夫, 151쪽 이하 ; 芝池義一, 256쪽 ; 原田尙彥, (訴えの利益),

우의 실질적 성격을 고려하여 규제적·조정적 행정지도 및 행정행위 대체적인 행정지도의 처분성을 인정하는 견해이다.

그리고 그 다투는 방법과 관련하여 행정지도 자체의 위법성을 다투는 적절한 소송형식이 없는 상황 아래서는, 손해배상의 청구와 함께 행정지도를 형식적 행정행위로 보아 그 처분성을 인정하고 항고소송의 대상으로 하여 행정지도의 위법성을 공식적으로 선언하는 것이 유용하다는 견해,598)공법상 결과제거청구의 법리에 의한 당사자소송의 제기를 고려할 필요가 있다는 견해,599)지도에 불응함을 이유로 허가를 취소하거나 보조금교부결정을 취소한 경우라든가, 위법한 계고나 경고 등의 행정지도로서 영업상의 이익은 물론 명예·신용 등의 침해를 받은 경우에 행정지도를 행정쟁송법상의 '처분'에 준하여 항고소송의 제기를 허용함이 옳다고 보는 견해600)등이 제시되고 있다.

卞在玉, 韓堅愚 敎授는, 규제적·조정적 행정지도의 경우, 행정지도는 강제성과 계속성을 띠고 있는 행정작용으로서 취소·변경할 실익이 있으므로 행정쟁송의 대상이 된다고 하면서 이런 행정지도는 '그 밖에 이에 준하는 행정작용'에 해당한다고 한다.601)

(2) 判例의 傾向

행정지도는 법률에 근거를 둔 경우에도 비권력적 사실행위에 불과하여 원칙적으로 항고소송의 대상이 될 수 없다고 보는 것이 일반적이다.

우리나라의 판례 중 행정지도에 관한 것이 상당수 있으나 행정지도의 처분성을 직접 인정한 것은 없는 것 같고, 행정지도의 처분성을 인정하지 않는 것이 지배적이다.

■ 대법원 1980. 10. 27. 선고 80누395판결
항고소송의 대상이 되는 행정처분은 행정청의 공법상의 행위로서 상대방 또는 기타 관계자들의 법률상 지위에 직접적으로 법률적인 변동을 일으키는 행위를 말하는 것이므로 세무당국이 소외 회사에 대하여 원고와의 주류거래를 일정기간 중지하여 줄 것을 요청한 행위는 권고 내지 협조를 요청하는 권고적 성격의 행위로서 소외 회사나 원고의 법률상의 지위에 직접적인 법률상의 변동을 가져오는 행정처분이라고 볼 수 없는 것이므로 항고소송의 대상이 될 수 없다.

■ 대법원 1993. 10. 26. 선고 93누6331판결
항고소송의 대상이 되는 행정처분이라 함은 행정청의 공법상 행위로서 특정사항에 대

14~15쪽.
598) 原田尙彦, (訴えの利益), 15쪽.
599) 김성원, 前揭論文, 62쪽.
600) 千炳泰, (救濟法), 391~392쪽.
601) 卞在玉, 424쪽 ; 韓堅愚, 528쪽.

하여 법규에 의한 권리의 설정 또는 의무의 부담을 명하며 기타 법률상 효과를 발생케 하는 등 국민의 구체적 권리의무에 직접적 변동을 초래하는 행위를 말하고 행정권 내부에서의 행위나 알선, 권유, 사실상의 통지 등과 같이 상대방 또는 기타 관계자들의 법률상 지위에 직접적인 법률적 변동을 일으키지 아니하는 행위는 항고소송의 대상이 될 수 없다.

수도사업자가 급수공사 신청자에 대하여 급수공사비 내역과 이를 지정기일 내에 선납하라는 취지로 한 납부통지는 수도사업자가 급수공사를 승인하면서 급수공사비를 계산하여 급수공사 신청자에게 이를 알려 주고 위 신청자가 이에 따라 공사비를 납부하면 급수공사를 하여 주겠다는 취지의 강제성이 없는 의사 또는 사실상의 통지행위라고 풀이함이 상당하고, 이를 가리켜 항고소송의 대상이 되는 행정처분이라고 볼 수 없다.

(3) 所見

행정지도에 법적 근거를 엄격하게 요청하면, 행정지도의 행정수단으로서의 특색을 고려할 때 그 존재이유를 상실하게 될 것이고, 반면 행정지도를 법적 통제밖에 두게 되면 현대행정의 많은 영역에서 활용되고 있는 행정지도가 행정주체의 자의적인 판단에 맡겨지게 되어 결국은 법률에 의한 행정의 원리를 붕괴시킬지도 모를 일이다. 이에 이 두 가지 요청을 어떻게 조화시켜 이론적으로 구성할 것인가 하는 문제가 제기되는 것이다.

행정지도에 법률의 수권이 있어야 하는가의 여부는 행정지도도 오늘날 널리 활용되고 있는 비공식적·비정식적 행정작용의 일환이고, 다른 한편 행정지도의 특성을 고려하면서 행정권의 자의를 억제·방지하여 국민이 자유·권리를 보장한다는 법치행정의 원리에서 볼 때 행정지도의 존재이유·기능 등을 구체적으로 평가하여 판단하여야 할 것이다.

한편 국민의 권리·의무에 아무런 영향을 주지 않는 또는 그 가능성도 없는 행위가 취소소송의 대상이 될 수 없음은 물론이다. 그러나 행정지도를 다투지 아니하면 시기를 잃거나 회복하기 어려운 손해를 입는 등 충분한 구제목적을 달성할 수 없는 경우라든가 후행의 조치가 어느 정도 특정화되어 행하여질 것이 확실시되는 행정지도 즉 법률상 또는 사실상 행정처분의 선행행위로서 행하여지는 처분과 동일한 내용의 행정지도에 대해서는(예컨대 공중위생관리법 제10조에 의한 위생지도 및 개선명령, 식품위생법 제55조에 의한 시정명령) 소송법상 처분과 동일하게 취급하는 것이 합리적이고 합목적적이라고 본다.602)

그리고 행정지도에 불응한 것을 이유로 어떤 부담적 행정지도가 행하여진 경우나 행정지도를 전제로 하여 후속행정처분이 행하여진 경우에는 그 후의 처분을 대상으로 하여

---

602) 김성원, 前揭論文, 62~63쪽.

행정지도의 위법성을 간접적으로 다툴 수 있을 것이다.

이는 현행 행정절차법 제48조가 제1항에서 "행정지도는 그 목적달성에 필요한 최소한도에 그쳐야 하며, 행정지도의 상대방의 의사에 반하여 부당하게 강요하여서는 아니 된다.", 제2항에서 "행정기관은 행정지도의 상대방이 행정지도에 따르지 아니하였다는 것을 이유로 불이익한 조치를 하여서는 아니 된다."고 규정함으로써 행정지도의 임의성 원칙과 불이익조치금지를 천명하고 있음에서 그 논거를 찾을 수 있을 것이다.

2. 行政指導와 損害賠償

임의적 협력과 관련하여 행정지도와 손해의 상당인과관계의 존부, 동의에 의한 위법성의 조각 문제가 주된 논점이다.

(1) 행정지도에 따를지 여부에 대해 상대방의 완전한 자유가 보장된 경우

인과관계의 부정 내지는 동의는 불법행위성립을 조각한다는 법언에 기해 손해배상을 부정한다.

> ■ 대법원 2008.9.25. 선고 2006다18228 판결
> 행정지도가 강제성을 띠지 않은 비권력적 작용으로서 행정지도의 한계를 일탈하지 아니하였다면, 그로 인하여 상대방에게 어떤 손해가 발생하였다 하더라도 행정기관은 그에 대한 손해배상책임이 없다.

(2) 모든 사정에 비추어 행정지도에 따를 수밖에 없는 경우

행정기관의 관련정보의 독점이나 조정적, 규제적 행정지도의 권력적 규제작용의 실질이 인정되는 경우에는 국가배상을 긍정함이 통설이다.

> ■ 서울민사지방법원 1989. 9. 26. 선고 88가합4039판결
> 행정청이 법령의 근거도 없이 책의 판매금지를 종용하였다면 이는 불법행위를 구성할 뿐 아니라 그 시판불능으로 입은 손해와는 상당인과관계가 있다.

3. 行政指導와 損失補償

원칙적으로 피해자가 자유로운 의사에 의한 응낙, 협력에 의하여 그 불이익을 수인한 것으로 보아 손실보상은 부정된다고 본다.603) 이에 대해 유력한 견해는 수용유사침해이

론이나 수용적침해이론에 기해 손실보상 긍정하기도 한다.604)

4. 기타 救濟手段

 행정청이 이미 행한 행정지도와 저촉되는 권한 행사시, 행정지도에 대한 신뢰이익을 주장하여 당해 처분을 다투거나 손해배상을 청구할 수 있는가가 논의되는바, 이에 대해서는 법률에 의한 행정의 원리를 중시하는 소극설과 법적안정성에서 착안하는 적극설의 대립이 있다.

---

603) 金東熙, 202쪽 ; 朴鈗炘, 562쪽.
604) 金南辰, 424쪽.

제4장 行政計劃

제4장 行政計劃

제1절 槪說

행정법학에서 행정계획은 점진적으로 그 활용의 빈도가 증가되어 가고 있는 추세에 있다. 그럼에도 불구하고 行政計劃의 法理는 아직 확립되어 있지 못한 실정이다. 그 이유는 계획의 전제인 기획(Planung)이 아직 법적인 측면에서 국가행위의 전통적인 법적 형태에 별로 잘 어울리지 않고, 또 계획의 다양성으로 말미암아 그 체계적인 정리가 어렵기 때문이다.

Ⅰ. 登場背景(必要性)

1. 국가기능의 변화

현대복지국가의 등장으로 공공의 안전과 질서유지 외에 적극적인 급부의 제공이나 사회형성활동도 현대행정의 책무로 되고 있는바 이들 작용은 장기적이고 종합적인 판단과 활동기준을 요하게 되어 행정계획이 행정작용의 중요한 수단으로 등장하게 되었다.

2. 다양한 행정수요에 대한 효율적 대응

다양한 이해관계의 대립과 가용자원의 상대적 불충분성에서 이해관계의 조정이나 행정수요의 효율적인 충족을 위하여 장기적이고 종합적 행정계획이 필요하다.

3. 계획 책정을 위한 전제조건의 향상

과학기술의 발달로 자료수집 및 처리기술이 발달하여 장래예측의 정확도가 향상되었다.

Ⅱ. 意義

행정계획이라는 행정작용은, 현대행정의 여러 분야에서 다양한 형식으로 존재하고 있기 때문에 이를 행정법관련 저서에서 정의함에 있어 학자들마다 다양하다. 즉, 어떤 학자들은 행정계획이라는 행정작용을 하나의 활동기준으로, 또 다른 학자들은 그 행위에 중점을 두어 각각 정의를 내리고 있다.

∷ 행정계획의 개념 정의

[그룹 1]

① 金南辰 교수 : 상호 관련된 정합적(整合的) 수단을 통하여 일정한 목표를 실현하는 것을 내용으로 하는 行政의 行爲形式[605]

[그룹 2]

② 金道昶 교수 : 行政主體가 일정한 행정활동을 위한 목표를 설정하고, 상호관련성 있는 行政手段의 調整과 綜合化의 과정을 통하여, 그 목표로 정한 장래의 시점에 있어서의 보다 좋은 질서를 실현할 것을 목적으로 하는 활동기준 또는 그 설정행위[606]

③ 李尙圭 辯護士 : 행정주체가 일정한 행정활동을 위한 목표를 설정하고, 서로 관련되는 행정수단의 종합·조정을 통하여 목표로 표시된 장래의 일정한 시점에 있어서의 일정한 질서를 실현하기 위한 구상 또는 활동기준의 설정[607]

④ 朴鈗炘 교수 : 행정주체가 일정한 행정활동을 위한 목표를 설정하고 그 목표를 상호관련성 있는 행정수단의 조정과 종합화의 과정을 통하여, 실현하기 위한 여러 행정시책의 계획 또는 그 설정행위[608]

⑤ 石琮顯 교수 : 행정주체가 일정한 행정활동을 위한 목표를 예측적으로 설정하고, 서로 관련되는 행정수단의 조정과 종합화의 과정을 통하여 목표로 설정된 장래의 일정한 시점에 있어서의 일정한 질서를 실현할 것을 목적으로 하는 구상 또는 활동기준[609]

[그룹 3]

⑥ 金東熙 교수 : 행정주체가 장래 일정기간 내에 도달하고자하는 목표를 설정하고, 그를 위하여 필요한 수단들을 조정하고 통합하는 작용(Planung), 또는 그 결과로 설정된 활동기준(Plan)[610]

⑦ 徐元宇 교수 : (i) 올바른 현상파악과 현실적으로 이용가능한 재정상의 능력을 고려하여 일정한 목표년도까지 노력하면 달성가능한 것으로 생각되는 행정목표를 구체적으로 설정하고, (ii) 목표실현을 위하여 각종의 행정수단을 종합화하고 체계화하는 행정과정[611]

---

605) 金南辰, 376쪽.
606) 金道昶, 336쪽.
607) 李尙圭, 490쪽.
608) 朴鈗炘, 270쪽.
609) 石琮顯, 371쪽.
610) 金東熙, 175쪽.
611) 徐元宇, 547쪽.

[그룹 4]

⑧ 洪井善 교수 : 주어진 상황 하에서 최선의 방법으로 특정 公行政目的의 달성을 실현하기 위해 미래에 있게 될 행위들에 대한 體系的인 事前準備過程(Planung)를 거쳐 나타나는 産物로서 行政活動의 基準(Plan)[612]

위와 같은 다양한 정의에서 공통분모를 추출하면, 行政計劃이란 현대 행정의 여러 분야에 걸쳐 행정주체가 일정한 행정활동을 위한 목표를 설정하고 서로 관련되는 행정수단의 종합·조정을 통하여 목표로 설정된 장래의 일정한 시점에 있어서의 일정한 질서를 실현하기 위한 활동기준 또는 그 설정행위라고 일응 정의할 수 있겠다. 그러므로 행정계획은 이를 설정하는 過程으로서의 計劃行政(Planning)과 그 結果로서의 行政計劃(Plan)을 포함하는 바 行政計劃의 本質的 要素로는 ① 목적적 요소로 목표설정(目的프로그램), ② 도구적 요소로 행정수단의 조정·종합화를 들 수 있다.[613]

■ 대법원 2000. 3. 23. 선고 98두2768 판결

  행정계획이라 함은 행정에 관한 전문적·기술적 판단을 기초로 하여 도시의 건설·정비·개량 등과 같은 특정한 행정목표를 달성하기 위하여 서로 관련되는 행정수단을 종합·조정함으로써 장래의 일정한 시점에 있어서 일정한 질서를 실현하기 위한 활동기준으로 설정된 것으로서, 도시계획법 등 관계 법령에는 추상적인 행정목표와 절차만이 규정되어 있을 뿐 행정계획의 내용에 대하여는 별다른 규정을 두고 있지 아니하므로 행정주체는 구체적인 행정계획을 입안·결정함에 있어서 비교적 광범위한 형성의 자유를 가지는 한편, 행정주체가 가지는 이와 같은 형성의 자유는 무제한적인 것이 아니라 그 행정계획에 관련되는 자들의 이익을 공익과 사익 사이에서는 물론이고 공익 상호간과 사익 상호간에도 정당하게 비교·교량하여야 한다는 제한이 있는 것이고, 따라서 행정주체가 행정계획을 입안·결정함에 있어서 이익형량을 전혀 행하지 아니하거나 이익형량의 고려 대상에 마땅히 포함시켜야 할 사항을 누락한 경우 또는 이익형량을 하였으나 정당성·객관성이 결여된 경우에는 그 행정계획결정은 재량권을 일탈·남용한 것으로서 위법하게 된다(대법원 1996. 11. 29. 선고 96누8567 판결, 대법원 1998. 4. 24. 선고 97누1501 판결 참조).

Ⅲ. 機能

---

612) 洪井善, 245쪽.
613) 일본의 見上崇洋(みかみたかひろ)는, 目標設定性과 手段의 總合性의 2개 요소가 行政計劃의 特質이라고 한다(『行政計劃の法的統制』(信山社, 1996), 26쪽).

행정계획의 기능과 관련하여 2가지 유형의 학자들 태도를 엿볼 수 있는데, 행정계획의 기능을 논하는 입장614)과 그렇지 않은 입장615)이 그렇다.

1. 目標設定的 機能

현대행정의 중점이 장래에 향하여 사회, 경제, 문화의 각 분야에 걸쳐 보다 나은 질서를 유도, 창조하기 위한 적극적 형성활동으로 옮겨졌고, 이 미래지향적인 형성활동을 위해서는 미리 장래에의 계획을 설정할 필요가 생겼다. 행정 각 분야에 있어 미래지향적인 행정이 가능하도록 행정계획이 장래의 목표를 설정하는데 중요한 기능을 한다.

2. 行政手段의 綜合的 機能

행정계획은 세분화된 행정기관의 개별적 행정조치를 일정한 목표와의 관련 밑에서 상호 입체적, 유기적으로 연관시킴으로써 전체적인 행동방향을 종합화하고 체계화하여 행정능률을 확보하게 하는 기능을 가진다.

3. 行政과 國民 사이의 媒介的 機能

행정계획은 국민에 대하여 행정의 목표와 그의 실현을 위한 수단을 미리 알림으로써, 미래에 대한 일정한 예측가능성을 부여하여 그 협력을 얻게 하는 기능이 있다. 아울러 국민의 장래활동에 대하여 지침적, 유도적 효과와 경우에 따라서는 규제적 효과를 발휘하게 된다.

제2절   行政計劃의 種類

Ⅰ. 法的 拘束力의 有無에 따라

---

614) 金道昶 교수는 ① 목표설정적 기능 ② 행정수단의 종합화 기능 ③ 행정·국민 간의 매개적 기능(同, 337~338쪽), 朴鈗炘 교수는 ① 目標設定機能 ② 行政手段의 綜合化 機能 ③ 行政·國民 간의 매개적 기능(同, 273쪽), 徐元宇 교수는 ① 합리적 과학적인 행정목표의 설정기능, ② 행정의 종합성의 확보기능,③ 행정과 국민 간의 매개적 기능(同, 549쪽), 石琮顯 교수는 ① 目標設定的 機能 ② 行政手段의 종합화 기능 ③ 行政과 국민간의 매개적 기능(同, 492쪽), 李尙圭 辯護士는 ① 목표설정적 기능, ② 행정수단의 종합·조정적 기능, ③ 행정매개적 기능(同, 496~497쪽), 洪井善 교수는 ① 정보기능, ② 조정기능, ③ 통합기능, ④ 촉진기능, ⑤ 통제기능, ⑥ 지도기능(同, 246쪽)으로 각각 설명하고 있다.

615) 金南辰 교수는 대부분의 이론서가 行政計劃의 기능으로 언급하는 목표의 설정과 목표의 실현·수단의 정합성을 계획의 개념적 징표로 다루고 있다(同, 377~378쪽).

대부분의 행정계획은 행정청의 구상 또는 행정의 지침에 불과하여 대내적으로 행정청뿐만 아니라 대외적으로 국민에 대해서도 법적 구속력을 갖지 않는 非拘束的 行政計劃(단순정보제공적 계획과 향도적 계획)이다. 이에 대하여 행정청에 있어서만 법적 구속력을 가지는 경우616)와 국민에 대해서도 법적 구속력을 가지는 경우617)가 있는데 이를 拘束的 行政計劃(命令的 計劃)이라고 한다.

■ 헌법재판소 2003. 6. 26. 선고 2002헌마402 결정
[도시설계의 법적 성격]
 건축물에 대한 규제는 '건축물로 인한 위험발생방지목적'의 건축법상의 규제와 '건축물과 도시기능의 유기적 관련 및 합리적인 토지이용관계의 확보에 그 목적'이 있는 도시계획법상의 규제로 나눌 수 있는데, 도시설계의 법적 근거와 그 목적 등이 건축법에 규정되어 있다고 하더라도, 도시설계의 목적은 도시의 기능과 미관을 증진하는 것에 있다고 할 것이므로 도시설계에 의한 건축물에 대한 규제는 도시계획법상의 건축물에 대한 규제로서의 성격을 갖는다고 할 것이다. 따라서 이러한 도시설계에 의한 건축물 규제의 성격과 도시설계와 관련한 건축법규정에 비추어 보면, 도시설계는 도시계획구역의 일부분을 그 대상으로 하여 토지의 이용을 합리화하고, 도시의 기능 및 미관을 증진시키며 양호한 도시환경을 확보하기 위하여 수립하는 도시계획의 한 종류로서 도시설계지구 내의 모든 건축물에 대하여 구속력을 가지는 구속적 행정계획의 법적 성격을 갖는다고 할 것이다.

■ 헌법재판소 2000. 6. 1. 선고 99헌마538·543·544·545·546·549(병합) 결정
[비구속적 행정계획]
 1999. 7. 22. 발표한 개발제한구역제도개선방안은 건설교통부장관이 개발제한구역의 해제 내지 조정을 위한 일반적인 기준을 제시하고, 개발제한구역의 운용에 대한 국가의 기본방침을 천명하는 정책계획안으로서 비구속적 행정계획안에 불과하므로 공권력행위가 될 수 없으며, 이 사건 개선방안을 발표한 행위도 대내외적 효력이 없는 단순한 사실행위에 불과하므로 공권력의 행사라고 할 수 없다.
 비구속적 행정계획안이나 행정지침이라도 국민의 기본권에 직접적으로 영향을 끼치고, 앞으로 법령의 뒷받침에 의하여 그대로 실시될 것이 틀림없을 것으로 예상될 수 있을 때에는, 공권력행위로서 예외적으로 헌법소원의 대상이 될 수 있다.

---

616) 상위계획으로서의 종합계획(기본계획, 전체계획) 또는 장·중기 계획에 따라 하위계획으로서의 특정계획(실행계획, 부문별계획) 또는 연도별계획을 수립·집행하는 경우가 그 예이다.
617) 국토이용관리법상의 국토이용계획, 도시계획법상의 도시계획.

Ⅱ. 法的 效力樣態(Wirkungsweise)에 따라

1. 弘報的 計劃(單純情報提供的 計劃, 指針的 計劃 ; indikativen Pläne)

弘報的 計劃이란 자료의 수집 및 장래의 전망을 내용으로 하는 계획을 말한다.

이러한 계획에는 국가의 목표 및 현재나 장래의 추세 내지 전망을 담고 있어(예 ; 政府의 經濟展望報告書) 이해관계자는 그들 스스로의 계획을 수립함에 있어서 이를 판단자료로 삼는다.[618]弘報的 計劃은 拘束力을 갖지 않는다.

2. 嚮導적 計劃(誘導的 計劃, 影響的 計劃 ; influenzierenden Pläne)

誘導的 計劃은 홍보적 계획과 마찬가지로 이해관계자에 대한 法的 拘束力은 없으나, 그것이 일정한 目標 및 優先事項을 확정하고 나아가 이를 조세혜택이나 자금지원 등 조성적 수단을 통해서 적극적으로 계획에 적합한 활동을 하도록 장려하는 계획을 말한다. 誘導的 計劃은 사회법치국가에 있어서의 적절한 형성수단이다.

3. 命令的 計劃(imperativen Pläne)

命令的 計劃이란 對外的(對國民)이든 對內的(行政組織內部)이든 일정한 拘束力을 가지는 일체의 行政計劃을 말한다. 즉 命令的 計劃은 모든 계획관계자에게 法的 拘束力이 미치며 계획목표는 命令(Befehl)등 강제적 수단을 통하여 법적으로 집행이 가능하다.

그리고 拘束的 計劃은 또한 그것이 一般的·抽象的인 규율효과를 가진 條例나 法規命令 등의 형식을 취한 命令的 計劃인지 아니면 具體的·個別的 규율효과를 가지는 行政行爲의 형식을 취하는 계획인지에 따라서도 구분되어질 수가 있다.

Ⅲ. 形式에 따라

행정계획은 형식에 따라 法律形式에 의한 計劃, 豫算의 形式에 의한 計劃, 命令이나 條例에 의한 計劃, 行政行爲에 의한 計劃으로 나뉜다.

독일에 있어서는 예산이 법률의 형식으로 제정되며 지방자치단체의 건설계획 등이 조례에 의해 제정되기 때문에 이 분류가 큰 의미를 갖는다.

제3절 行政計劃의 法的 性質

행정계획의 법적 성질에 관한 논의는 사법심사의 대상인 處分性의 인정여부와 관련하

618) Maurer, a.a.O. §16 Rn.15, S.410.

여 문제된다. 행정계획의 법적 성질을 논하는 실익은 현행 행정소송법이 행정쟁송의 대상을 '처분 등'으로 규정하고 있어 쟁송을 통한 구제의 허부(許否)는 당해 행정계획의 법적 성질과 직결된다는데 있다고 할 수 있다.

행정계획의 법적 성질[619]에 관하여는 서독에서 주로 건축세부계획을 중심으로 논의되어 왔다.

I. 學說

1. 立法行爲說(法規行爲說 또는 法規命令說)

행정계획의 일반적·추상적 법규범성을 인정하여 일반적 구속력을 가지는 입법행위로 파악하는 견해이다. 행정계획 자체만으로는 특정 개인에게 어떠한 직접적이고 구체적인 권리의무가 발생한다고 볼 수 없으므로 입법행위에 해당한다는 것이다.

2. 行政行爲說

행정계획, 특히 拘束的 行政計劃의 본질적 속성이 국민의 법관계의 변동을 가져온다는 점에서 行政行爲, 특히 一般處分 또는 物的 行政行爲의 성격을 갖는다는 견해이다.[620] 도시계획결정이 고시되면 도시계획구역안의 토지나 건물소유자는 토지형질변경, 건축물의 신축, 개축 등의 권리행사가 제한받게 되는바, 이런 점을 볼 때 도시계획결정은 개인의 권리 내지 법률상 이익을 개별적, 구체적으로 규제하는 효과를 가져 오는 행정청의 처분으로서 항고소송의 대상이 된다는 것이다.

3. 複數性質說

행정계획은 법규 명령적인 것도 있고 행정행위적인 것도 있고 단순한 사실행위인 것도 있을 수 있다는 견해이다.[621]

4. 獨自性說

행정계획자체를 법규범도 아니고 행정행위도 아닌 독특한 행위형식 또는 異物(aliud)

---

619) 行政計劃의 法的性質에 대한 자세한 내용은, 姜儀中, 「行政計劃의 法的形式」(考試硏究, 1989. 5.), 79~86쪽 참조.

620) 柳至泰, 251쪽 ; 愼保晟, 790쪽.

621) 姜求哲, 509쪽 ; 姜儀中, 304쪽 ; 金南辰, 381쪽 ; 金道昶, 339쪽 ; 金東熙, 180쪽 ; 金性洙, 373쪽 ; 金香基, 285쪽 ; 朴鈗炘, 276쪽 ; 朴鍾局, 275쪽 ; 卞在玉, 229쪽 ; 石琮顯, 377쪽 ; 愼保晟, 790쪽 ; 李尙圭, 492~493쪽 ; 趙淵泓, 354쪽 ; 洪井善, 247쪽 ; 洪準亨, 331쪽. 洪井善 敎授는 이런 입장을 個別檢討說이라 부르고 있다.

로 파악하는 견해이다.622)

5. 所見

생각건대, 천태만상인 행정계획의 법적 성질을 일률적으로 판단할 수는 없다고 하겠다. 따라서 원래 行政計劃은 行政規則적인 것(예; 국토건설종합계획), 行政指導적인 것(예; 체육진흥계획), 국민에 대한 법적 효과나 행정쟁송을 통한 권리구제측면을 고려할 때 行政行爲로 파악할 수 있는 것(拘束的 行政計劃의 경우) 등 그 근거법규와 관련하여 개별적으로 판단하여야 할 것이다.

Ⅱ. 判例의 立場

判例는 都市計劃의 法的 性質을 行政行爲로 보고 있다. 즉, "都市計劃法 제12조 소정의 도시계획결정이 고시되면 도시계획구역 안의 토지나 건물소유자의 토지형질변경, 건축물의 신축·개축 또는 증축 등 일정한 제한을 받게 되는 바 이러한 점에서 볼 때 고시된 도시계획결정은 특정개인의 권리 내지 법률상의 이익을 개별적이고 구체적으로 규제하는 효과를 가져오게 하는 행정청의 처분이라 할 것이고 이는 행정소송의 대상이 되는 것이라고 할 것이다."623), "도시계획은 도시정책상의 전문적·기술적 판단에 기초하여 도시의 건설·정비·개량 등과 같은 특정한 행정목표를 달성하기 위하여 서로 관련되는 행정수단을 종합·조정함으로써 장래의 일정한 시점에 있어서 일정한 질서를 실현하기 위한 활동기준을 설정하는 것으로서 재량행위라 할 것이다."624)라고 판시하고 있다. 이는 "行政計劃이라 함은 행정에 관한 전문적·기술적 판단을 기초로 하여 도시의 건설·정비·개량 등과 같은 특정한 행정목표를 달성하기 위하여 서로 관련되는 행정수단을 종합·조정함으로써 장래의 일정한 시점에 있어서 일정한 질서를 실현하기 위한 활동기준으로 설정된 것이다."라고 하면서 "도시계획법 등 관계법령에는 추상적인 행정목표와 절차만이 규정되어 있을 뿐 행정계획의 내용에 대하여는 별다른 규정을 두고 있지 아니하므로 행정주체는 구체적인 행정계획을 입안·결정함에 있어서 비교적 광범위한 형성의 자유를 가진다."625)고 한 것과 일맥상통한다고 하겠다.

---

622) 朴均省, 207쪽 ; 尹世昌 外, 390쪽 ; 韓堅愚, 472~473쪽. 일본에서는 행정계획의 법적성질과 관련하여 입법행위도 행정행위도 아닌 고유한 성질을 가진 제3의 국가행위의 유형이라고 고찰하는 견해가 유력하다(藤田宙靖, 310쪽).
623) 대법원 1982. 3. 9. 선고 80누105 판결 ; 대법원 1986. 8. 19. 선고 86누256 판결.
624) 대법원 1998. 4. 24. 선고 97누1501 판결 ; 대법원 1997. 9. 26. 선고 96누10096 판결.
625) 대법원 1996. 11. 29. 선고 96누8567 판결 ; 대법원 2000. 3. 23. 선고 98두2768 판결.

제4절 行政計劃의 適法要件과 效力

I. 行政計劃의 適法節次

행정계획의 책정절차에 관한 일반적 규정은 없고 개별법에 단편적으로 규정되어 있을 뿐이다. 다만 행정절차법은 국민생활에 큰 영향을 주거나, 많은 국민의 이해가 상충되거나, 많은 국민에게 불편·부담을 주거나, 기타 널리 국민의 의견수렴이 필요한 행정계획은 원칙적으로 행정예고절차를 거쳐 수립·시행·변경하도록 규정하고 있다.

계획확정을 함에 있어 전문적 지식을 도입하기 위한 방법으로 전문위원회의 자문 또는 심의를 거치게 하는 경우가 많으며, 이해관계인의 참여를 위해서 공청회 개최 등으로 주민의 의견청취를 하거나 供覽의 기회가 부여되는 것이 보통이다. 즉 행정계획은 심의회의 조사·심의, 관계행정기관간의 조정, 이해관계인의 참여, 관계 지방자치단체와의 협의 또는 의견청취, 공고의 단계를 거쳐 책정된다.

■ 대법원 1996. 11. 29. 선고 96누8567 판결
[도시계획안 내용의 공고·공람 절차의 시행 방법]
구 도시계획법 제16조의2 제2항은 "시장 또는 군수는 제11조에 의하여 도시계획을 입안하고자 할 때에는 주민의 의견을 청취하고 그 의견이 타당하다고 인정하는 때에는 이를 도시계획의 입안에 반영하여야 한다. 다만 국방상 기밀을 요하거나 대통령령이 정하는 경미한 사항은 그러하지 아니하다."고 규정하고 있고, 같은 법 시행령 제14조의2 제6항은 "시장·군수가 법 제16조의2 제2항의 규정에 의하여 도시계획의 입안에 관하여 주민의 의견을 청취하고자 할 때에는 그 입안하고자 하는 도시계획안의 내용을 일간신문에 2회 이상 공고하고, 14일 이상 일반에게 공람시켜야 한다."고 규정하고 있는바, 위 각 규정의 내용과 취지에 비추어 보면 도시계획안의 내용을 일간신문에 공고함에 있어서는 도시계획의 기본적인 사항만을 밝히고 구체적인 사항은 공람절차에서 이를 보충하면 족한 것으로 보아야 할 것이다(대법원 1990. 4. 13. 선고 88누11247 판결 참조).

■ 대법원 2000. 3. 23. 선고 98두2768 판결
도시계획법 제16조의2 제2항과 같은법시행령 제14조의2 제6항 내지 제8항의 규정을 종합하여 보면 도시계획의 입안에 있어 해당 도시계획안의 내용을 공고 및 공람하게 한 것은 다수 이해관계자의 이익을 합리적으로 조정하여 국민의 권리자유에 대한 부당한 침해를 방지하고 행정의 민주화와 신뢰를 확보하기 위하여 국민의 의사를 그 과정에 반영시키는데 있는 것이므로 이러한 공고 및 공람 절차에 하자가 있는 도시계획결정은 위법하다고 하여야 할 것이다(대법원 1988. 5. 24. 선고 87누388 판결).

그리고 계획확정절차의 하자는 독립된 취소사유가 된다.

■ 대법원 1990. 1. 23. 선고 87누947 판결
[공청회와 이주대책이 없는 도시계획수립행위의 위법과 수용재결처분의 취소]
 도시계획의 수립에 있어서 도시계획법 제16조의2 소정의 공청회를 열지 아니하고
공공용지의 취득및손실보상에관한특례법 제8조 소정의 이주대책을 수립하지 아니하
였다 하더라도 이는 절차상의 위법으로서 취소사유에 불과하고 그 하자가 도시계획
결정 또는 도시계획사업시행인가가 무효라고 할 수 있을 정도로 중대하고 명백하다
고는 할 수 없으므로 이러한 위법을 선행처분인 도시계획결정이나 사업시행인가 단
계에서 다투지 아니하였다면 그 쟁송기간이 이미 도과한 후인 수용재결 단계에 있어
서는 위 도시계획수립행위의 위와 같은 위법을 들어 재결처분의 취소를 구할 수는
없다고 할 것이다(대법원 1988. 12. 27. 선고 87누1141 판결 ; 대법원 1986. 8. 19.
선고 86누256 판결 참조).

Ⅱ. 행정계획의 발효

■ 대법원 1985. 12. 10. 선고 85누186 판결
[관보에 게재하여 고시하지 아니한 도시계획결정 등 처분의 효력]
 구 도시계획법(1971. 1. 19. 법률 제2291호로 개정되기 전의 것) 제7조가 도시계획
결정 등 처분의 고시를 도시계획구역, 도시계획결정 등의 효력발생요건으로 규정하였
다고 볼 것이어서 건설부장관 또는 그의 권한의 일부를 위임받은 서울특별시장, 도지
사 등 지방장관이 기안, 결재 등의 과정을 거쳐 정당하게 도시계획결정 등의 처분을
하였다고 하더라도 이를 관보에 게 재하여 고시하지 아니한 이상 대외적으로는 아무런
효력도 발생하지 아니한다.

Ⅲ. 行政計劃의 效力

1. 集中效

 다른 법령에 의하여 받게 되어 있는 허가 등을 받은 것으로 간주하는 효력을 말한다.
행정계획의 집중효는 법률에 명시적 근거(예 ; 구 신공항건설촉진법 제8조)가 있어야
한다.

2. 排除效

주민 등 이해당사자 등에 대한 불가쟁력이 생긴다.

3. 拘束效

행정청에 대한 불가변력을 말한다.

제5절 行政計劃의 統制와 私人의 權利保護

Ⅰ. 問題의 所在
1. 行政計劃과 法的 根據

행정계획의 법적근거도 법률유보의 일반이론에 의해 해결하여야 할 것이다. 적어도 구속적 계획에는 조직법상 근거 외에 작용법상 근거가 있어야 함은 당연하다.

2. 行政計劃 統制問題의 特殊性

가장 실효성 있는 사후적 통제수단으로서의 사법적 통제는 ① 행정계획의 처분성 문제 ② 계획재량 통제의 어려움 ③ 사정판결의 가능성 등으로 실효성 확보가 어렵다. 따라서 사전적, 절차적 통제의 중요성이 부각되고 있다.

Ⅱ. 行政에 의한 統制
1. 序說

절차상의 통제, 감독권에 의한 통제, 공무원에 의한 법령심사 등이 있으나, 절차상의 통제가 가장 중요하다.

2. 節次上의 統制
(1) 立法現況

아직 일반법은 없다. 다만 행정절차법 제46조 제1항은 행정예고절차에서 계획의 수립, 변경시 그 취지와 주요 내용을 공고하도록 하고 이로써 의견 제출의 기회를 부여하고 있고, 개별법령으로서 국토의 계획 및 이용에 관한 법률 등이 있다.

(2) 內容

협의, 의견청취, 승인, 조정, 심의, 자문 등이 있다.

(3) 限界

자율적 통제의 일반적 한계인 국민의 권익보호보다 행정능률에 치중하는 경향을 나타 낸다.

Ⅲ. 法院에 의한 統制(司法的 統制 ; 行政訴訟的 統制)

1. 行政計劃의 處分性

여기서는 拘束的行政計劃에 局限하여 行政計劃에 대한 取消訴訟의 對象인 處分性을 檢 討하여 보기로 한다.

(1) 學說

1) 消極說[626]

行政計劃은 고도의 행정적·기술적재량에 의해 일반적·추상적 또는 입법 정책적으로 결정되는 이른바 사업의 청사진에 불과하여 국민의 권리·의무에 직접적인 영향이 없으 며(靑寫眞論), 행정계획에 의해 일정한 법적 효과 예컨대, 건축행위금지나 토지형질변 경금지가 나타나더라도 그것은 법률이 부여한 부수적, 추상적인 효과에 불과한 것이고 그 계획은 법규를 보충하는 입법행위의 성격을 가지는 것으로 항고소송의 대상이 될 수 없다고 한다(附隨的 效果說).

그리고 행정계획에 따른 구체적 처분이 행해진 단계에서 구제수단을 인정하면 되는 것 이지 구체적인 권리변동이 발생하지 아니한 사업계획의 공포단계에서는 이론상 事件의 成熟性 또는 具體的 事件性을 缺如하였다고 보여 지므로 소의 제기를 인정할 필요성이 없다고 한다(爭訟未成熟說).

2) 積極說[627]

行政計劃의 공고에 의해 국민의 권리행사가 직접적으로 제한되는 경우, 그것이 법률의 부수적 효과라 해도 계획에 의해 위법하게 국민의 권익이 침해되는 한 당해 계획의 처분 성을 인정하지 않을 수 없다고 한다.

또한 항고소송의 대상인 처분성의 유무는 권리침해가능성이 추상적이냐, 개별적이냐에 따라 판단하여야할 것이므로 사업계획이 구체적인 처분인 이상(處分的 計劃) 항고소송 의 제기를 부인할 수 없다는 것이다.

---

626) 芝池義一, 231쪽.
627) 金南辰, 388쪽 ; 金香基, 291쪽 ; 柳至泰, 254쪽 ; 朴圭河, 332쪽 ; 朴均省, 207쪽 ; 朴鈗炘, 284쪽 ; 朴鍾局, 281쪽 ; 卞在玉, 229쪽, 233쪽 ; 石琮顯, 382쪽 ; 尹世昌 外, 396쪽 ; 韓堅 愚, 480쪽 ; 洪井善, 253쪽 ; 洪準亨, 338쪽.

(2) 判例

대법원은 그동안 "행정청의 어떤 행위를 행정처분으로 볼 것이냐의 문제는 추상적·일반적으로 결정할 수 없고, 구체적인 경우 행정처분은 행정청이 공권력의 주체로서 행하는 구체적 사실에 관한 법집행으로서 국민의 권리의무에 직접영향을 미치는 행위라는 점을 고려하고 행정처분이 그 주체, 내용, 절차, 형식에 있어서 어느 정도 성립 내지 효력요건을 충족하느냐에 따라 개별적으로 결정하여야 한다."는 입장을 견지하고 있어, 단순한 행정내부적 지침에 불과한 행정계획 또는 법률에서 권리이익침해의 추상적 가능성만 규정된 행정계획에 대하여는 행정소송의 대상이 되는 처분성이 결여된 것으로 보고 있다. 이런 논리 아래 宅地開發促進法 제18조, 제20조에 따른 宅地開發事業施行者의 宅地供給方法決定(대법원 1993. 7. 13. 선고 93누36 판결),628) 農漁村道路基本計劃(대법원 2000. 9. 5. 선고 99두974 판결)629) 등에 대해 처분성을 부인하고 있다.

항고소송의 대상이 되는 행정청의 처분이라 함은 원칙적으로 행정청의 공법상의 행위로서 특정사항에 대하여 법규에 의한 권리의 설정 또는 의무부담을 명하거나 기타 법률상의 효과를 직접 발생하게 하는 등 국민의 권리의무에 직접 관계가 있는 행위를 말하므로, 행정청의 내부적인 의사결정 등과 같이 상대방 또는 관계자들의 법률상 지위에 직접적인 법률적 변동을 일으키지 아니하는 행위는 그에 해당하지 아니한다.

예컨대, 구 토지구획정리사업법 제57조, 제62조 등의 규정에 의한 환지예정지지정이나 환지처분은 그에 의하여 직접 토지소유자 등의 권리의무가 변동되므로 이를 항고소송의 대상이 되는 처분이라고 볼 수 있으나, 換地計劃은 위와 같은 환지예정지지정이나 환지처분의 근거가 될 뿐 그 자체가 직접 토지소유자 등의 법률상의 지위를 변동시키거나 또는 환지예정지지정이나 환지처분과는 다른 고유한 법률효과를 수반하는 것이 아니어서 이를 항고소송의 대상이 되는 처분에 해당한다고 할 수가 없다는 것이다.630)

일본의 경우도 구속적 계획인 토지구획정리사업계획에 대하여 그 처분성을 부정하고

---

628) 宅地開發促進法 제18조, 제20조의 규정에 따라 택지개발사업시행자가 건설부장관으로부터 승인을 받아 택지의 공급방법을 결정하였더라도 그 공급방법의 결정은 내부적인 행정계획에 불과하여 그것만으로 택지공급희망자의 권리나 법률상이익에 개별적이고 구체적인 영향을 미치는 것은 아니므로, 택지개발사업 시행자가 그 공급방법을 결정하여 통보한 것은 분양계약을 위한 사전준비절차로서의 사실행위에 불과하고 항고소송의 대상이 되는 행정처분으로 볼 수 없다.

629) 舊 農漁村道路整備法(1997. 12. 13. 법률 제5454호로 개정되기 전의 것) 제6조에 의한 농어촌도로 기본계획은 군수가 시도·군도 이상의 도로를 기간으로 관할구역 안의 도로에 대한 장기개발방향의 지침을 정하기 위하여 내무부장관의 승인을 받아 고시하는 계획으로서 그에 후속되는 농어촌도로정비계획의 근거가 되는 것일 뿐 그 자체로 국민의 권리의무를 개별적 구체적으로 규제하는 효과를 가지는 것은 아니므로 이는 항고소송의 대상이 되는 행정처분에 해당한다고 할 수 없다.

630) 대법원 1999. 8. 20. 선고 97누6889 판결 ; 대법원 1999. 6. 25. 선고 98두15863 판결 ; 대법원 1998. 7. 10. 선고 96누6202 판결 ; 대법원 1996. 3. 22. 선고 96누433 판결.

있다.631)그 논거로 그 계획이 공공사업의 청사진에 불과하여 그 계획 자체를 다투는 것은 쟁송의 성숙성 또는 구체적 사건성을 결하였다는 점을 제시하고 있다.

하지만, 개인의 권리나 이익을 직접 구체적으로 침해하는 법적 효과를 발생하는 행정계획, 예컨대 도시계획·국토이용계획·토지구획정리사업계획 등과 같이 그것이 공고되면 법률의 규정에 의하여 각종의 권리제한의 효과가 발생하게 되는 경우(소위 관리처분계획)에는 그것이 종전의 권리상태에 변동을 가져오고, 또 직접적이고 구체적인 권익침해의 효과를 발생하게 되므로 그 처분성을 인정하여야 한다고 한다. 즉 대법원은 "舊 都市計劃法 제12조 소정의 도시계획결정이 고시되면 도시계획 구역 안의 토지나 건물 소유자의 토지형질변경, 건축물의 신축·개축 또는 증축 등 권리행사가 일정한 제한을 받게 되는바, 이런 점에서 볼 때 고시된 도시계획결정은 특정 개인의 권리 내지 법률상의 이익을 개별적이고 구체적으로 규제하는 효과를 나타내는 행정청의 처분이라 할 것이고, 이는 행정소송의 대상이 되는 것이라 할 것이다."632)라고 판시하여 그 처분성을 인정하고 있다.

이 판결은 도시계획결정의 처분성을 인정한 대표적인 사례로 주민이 도시계획결정을 직접 행정소송으로 다툴 수 있는 길을 열어놓았다는데 그 의의가 있다.633)

그밖에도 대법원은 舊 都市計劃法에서의 細目公告(대법원 1971. 3. 31. 선고 71누10 판결), 綠地地域指定(대법원 1978. 12. 26. 선고 78누281 판결), 都市計劃施設(신설초등학교부지)決定(대법원 1984. 9. 25. 선고 83누500 판결), 舊 都市再開發法에 의한 都市再開發區域의 指定 및 變更 또는 都市再開發事業計劃의 決定 및 變更(대법원 1985. 7. 23. 선고 83누727 판결), 都市計劃施設(道路)決定(대법원 1996. 11. 29. 선고 96누8567 판결), 開發制限區域指定(대법원 1997. 6. 24. 선고 96누1313 판결),634)宅地開發豫定地區指定(대법원 1997. 9. 26. 선고 96누10096 판결)635)등에 대하여 명시적으

---

631) 最高裁判所, 1992(平成 4). 10. 6. 判決, 判例時報 1439號, 116쪽；最高裁判所, 1966(昭和 41). 2. 23. 判決, 民集 20卷, 2號, 271쪽(이 판결에 대한 평석은 『行政判例百選Ⅱ』, 400～401쪽 참조).

632) 대법원 1982. 3. 9. 선고 80누105 판결；대법원 1994. 3. 8. 선고 92누1728 판결.

633) 하지만 이에 대하여는 대법원이 도시계획결정을 개별·구체적 규율로 본 것은 문제가 있다는 비판도 있다. 즉 설혹 도시계획 가운데 처분의 성질을 가지는 것이 있더라도 그것은 일반·구체적 규율로서의 一般處分 또는 對物的 行政行爲로서의 성질을 가진다고 한다(金南辰, 「都市再開發事業計劃의 取消와 計劃裁量」(行政法의 基本問題), 923～924쪽).

634) 개발제한구역지정처분은 건설부장관이 법령의 범위 내에서 도시의 무질서한 확산방지 등을 목적으로 도시정책상의 전문적·기술적 판단에 기초하여 행하는 일종의 행정계획으로서 그 입안·결정에 관하여 광범위한 형성의 자유를 가지는 계획재량처분이므로, 그 지정에 관련된 공익과 사익을 전혀 비교교량하지 아니하였거나 비교교량을 하였더라도 그 정당성과 객관성이 결여되어 비례의 원칙에 위반되었다고 볼만한 사정이 없는 이상, 그 개발제한 구역지정처분은 재량권을 일탈·남용한 위법한 것이라고 할 수 없다.

635) 개발제한구역지정처분은 건설부장관이 법령의 범위 내에서 도시의 무질서한 확산방지 등을 목적으로 도시정책상의 전문적·기술적 판단에 기초하여 행하는 일종의 행정계획으로서 그 입안·결정에 관하여 광범위한 형성의 자유를 가지는 계획재량처분이므로, 그 지정에 관련된 공익과 사

로 행정처분에 해당한다고 판시하지는 않았지만 行政訴訟의 對象인 處分임을 前提로 하여 判斷하고 있다.636)

(3) 所見

예컨대, 도시계획결정이 고시되면 그 구역 내의 토지소유자에게는 현상유지의무가 부여되고, 또한 도시계획의 내용에 따라 국민의 권리의무에 구체적·개별적으로 영향이 미치게 된다. 이처럼 행정계획의 공포에 의해 국민의 권리 행사가 제한되는 경우 항고소송의 대상을 계획자체가 아닌 추후 그 계획에 기한 구체적 처분으로 하는 경우 설사 구체적 처분 시에 그 효력을 다툰다고 하더라도 대부분의 경우 구제의 실효성을 거둘 수 없기 때문에 앞서 본 구속적 행정계획의 경우에는 그 처분성을 인정하여 항고소송의 대상으로 삼아야 할 것이다.637)그리고 행정계획의 근거법령에 구제절차가 마련되어 있는 경우에는 중간적 성질을 가진 계획이라도 처분성을 인정하여야 할 것이다.638)

우리 헌법재판소는 "비구속적 행정계획안이나 행정지침이라도 국민의 기본권에 직접적으로 영향을 끼치고, 앞으로 법령의 뒷받침에 의하여 그대로 실시될 것이 틀림없을 것이 예상될 수 있을 때에는, 공권력행위로서 예외적으로 헌법소원의 대상이 된다고 할 것이다."639)고 결정한바 있는데, 拘束的 行政計劃이든 非拘束的 行政計劃이든 國民의 權益救濟側面에서 넓게 그 處分性을 認定함이 安當할 듯하다.

즉 구속적 행정계획인가 비구속적 행정계획인가의 형식적 분류에 구애될 필요 없이 행정계획과 국민의 권리이익과의 관계를 구체적으로 검토함으로써 행정계획의 처분성 유무를 판단하는 것이 옳다고 하겠다.640)

2. 計劃裁量에 대한 司法的 統制(衡量命令의 原則)

구속적 행정계획의 처분성을 인정하는 경우에도 행정청은 행정계획을 책정함에 있어 광범한 계획재량을 가지기 때문에 취소소송을 제기하더라도 승소하기 어렵고, 행정계획

익을 전혀 비교교량하지 아니하였거나 비교교량을 하였더라도 그 정당성과 객관성이 결여되어 비례의 원칙에 위반되었다고 볼만한 사정이 없는 이상, 그 개발제한 구역지정처분은 재량권을 일탈·남용한 위법한 것이라고 할 수 없다.

636) 日本判例는 都市計劃法上 用途地域의 指定(最高裁判所 1982(昭和 57). 4. 22. 判決, 民集 36卷 4號, 705쪽), 地區計劃(最高裁判所 1994(平成 6). 4. 22. 判決, 判例時報 1499號, 63쪽) 등에 대해 일반 추상적 효과성을 이유로 그 처분성을 부정하고 있다.

637) 芝池義一, (救濟法), 31쪽.

638) 小高剛, 47~48쪽. 最高裁判所(1986(昭和 61). 2. 13. 判決, 民集 40卷 1號 1쪽)는 土地改良法에 기한 토지개량조합의 사업시행인가에 대해 처분성을 인정하였다.

639) 헌법재판소 2000. 6. 1. 선고 99헌마538 결정.

640) 室井 力編, 85~86쪽.

의 확정은 보통 '완성된 사실'로서의 권익침해를 의미하기 때문에 구제의 실효성을 거둘 수 없다는 문제점을 내포하고 있다.[641]

어쨌든 행정계획에 있어서 행정청이 광범한 計劃裁量(Planungsermessen)[642] 또는 計劃上 形成의 自由(Planerische Gestaltungsfreiheit)를 가진다하더라도 正當한 衡量의 原理는 법치국가의 원리에 따라 모든 계획에 적용되어야 할 것이다.

참고로 독일의 경우 計劃上의 衡量은 行政豫測(Prognose)을 바탕으로 하는 것으로 보며, 그와 같은 행정예측을 바탕으로 한 결정(행정예측결정)이 사법심사의 대상이 되는지의 여부가 논의되고 있으며, 學說과 判例는 긍정설과 부정설이 대립되고 있다는 점만 지적해 두기로 한다.[643]

(1) 計劃裁量의 意義

계획재량이란 행정계획의 수립·변경 등에 관하여 행정청에게 부여된 계획상 형성의 자유를 말한다. 계획재량의 이론은 본래 독일에서 연방건설법 제1조에 의한 건설기본계획의 결정 또는 기타 공간관련부문계획의 수립에 있어 행정이 가지는 計劃高權(Palnungshoheit)의 행사와 관련하여 재량통제를 가능하게 하기 위한 이론으로 성립·발전하여 온 것이다.

따라서 계획재량을 허용하는 計劃規範은 일반적·추상적 지침으로서 계획의 이념과 목적에 관해 규율하며 행정주체는 계획의 이념과 목적을 실현시키기 위하여 계획목표를 설정하게 되며, 이러한 계획목표의 설정에 있어 넓은 형성의 자유를 가지게 된다.

이처럼 계획재량은 일반적인 재량행위와는 달리 수립기관이 광범위한 형성의 자유를 가지는 바 이때 공익상호간, 사익상호간 그리고 공익과 사익상호간의 정당한 형량을 하여야 한다는 원칙이 형량명령의 원칙이다.

(2) 法的 性質(通常的인 裁量行爲와의 關係)[644]

1) 區別肯定說(質的 差異說)

計劃規範은 그 구조적 특성 때문에 조건명제(요건·효과규범)가 아닌 목적·수단명제이

---

641) 姜求哲, 516쪽 ; 유종락, 「抗告訴訟의 對象에 관한 硏究」(全南大博士學位論文, 1994), 44쪽.

642) 計劃裁量에 대한 이론적 검토는, 朴鍾局, 「計劃裁量에 관한 考察」(安岩法學 vol. 7, 안암법학회, 1998), 45~46쪽 ; 辛奉起, 「計劃裁量 및 衡量命令理論에 대한 再檢討」(考試硏究, 1989. 12.), 174~190쪽 각 참조.

643) 이에 대하여 자세한 것은 石琮顯, 「行政豫測決定의 法的 問題點에 관한 硏究」(단국대사회과학논집, 1984. 7.), 49쪽 이하 참조.

644) 計劃裁量과 行政裁量의 구별에 관하여 자세한 것은 石琮顯, 「행정재량과 계획재량」(考試硏究, 1981. 7.), 101쪽 이하 참조.

다. 여기서 계획재량문제가 제기되며 특유한 하자이론으로서 형량명령이론이 등장한다는 것으로 다수설이다.

2) 區別否定說(量的 差異說)

계획재량과 통상적인 재량행위는 같은 재량행위 유형에 포함되는 것으로 양적차이에 불과하지 질적 차이가 없다. 그리고 형량명령이론은 헌법적 원칙인 비례원칙의 구체적 적용에 불과하다고 한다.[645]

3) 所見

종래 재량권의 내외적 한계를 인정하고, 그 한계를 벗어난 재량권행사의 위법(裁量權의 踰越 또는 裁量權의 濫用)을 인정함으로써 사법심사의 대상이 된다고 하는 司法的 統制法理를 그대로 計劃裁量의 경우에는 적용하기 어려운 것이다. 계획상의 形成의 自由를 의미하는 계획재량권의 행사의 경우에는 재량권의 유월이나 남용의 문제가 없는 것이 보통이기 때문에 양자를 구별함이 타당하다.

(3) 計劃裁量의 統制(衡量命令)

행정계획 역시 행정목적의 실현을 위한 행정의 행위형식의 하나이기 때문에 法治主義의 적용을 받아야 하며, 위법한 행정계획에 대해서는 사법심사를 통한 구제가 보장되어야 한다. 그런데 현행 행정소송법은 행정소송의 대상을 '위법한 처분 등'에 한정하고 있어 행정계획이 어떤 경우에 위법하게 되느냐가 문제가 된다. 이와 같은 위법성 인정논리의 전개와 관련하여 행정재량에 대한 司法的 統制法理를 적용하는 방법도 있으나, 계획재량 및 計劃規範의 특성 때문에 그것을 그대로 적용하기는 어렵다.

이 경우 일반적으로 計劃統制와 관련하여 발전된 '衡量命令(Abwagungsgebot)' 및 '衡量瑕疵論(Abwagungsfehlerlehre)'이 중요한 문제로 부각되게 된다. 따라서 計劃裁量理論은 구속적 행정계획에 대한 사법적 통제를 가능하도록 하는 行政計劃 特有의 統制法理로서 성립된 것이다. 이와 관련하여 학설은 재량권의 유월이나 남용과 같은 재량권행사의 위법을 인정하기 보다는 행정계획의 성립을 위한 단계적 절차인 행정과정(계획수립절차)상의 하자를 인정하고 그와 같은 하자를 지닌 행정계획에 대하여 위법성을 인정하는 논리를 구성하고 있다.

이처럼 계획재량도 당연히 사법심사의 대상이 된다할 것이고 그 심사기준은 ① 목표가 근거법에 합치될 것 ② 수단이 목표 달성에 적합 필요 상당할 것(비례원칙) ③ 관계법상

---

645) 柳至泰, 75쪽 ; 韓堅愚, 479쪽.

규정된 절차를 준수할 것 ④ 형량의 원리를 준수할 것 등을 거론할 수 있겠다.

이에 따르면 계획재량이 인정되어 있는 경우에도 관계 제 이익의 정당한 형량여부가 그 계획규범적용의 적법여부의 기준이 된다고 한다.

우리나라 대법원 판례도 행정계획에 있어서 행정청에게 광범한 재량권을 내용으로 하는 형성의 자유가 있다고 보고 이러한 형성의 자유에 대한 통제의 법리로서 소위 衡量命令의 原則 내지 正當한 衡量의 原理를 적용하고 있다.

■ 대법원 1996. 11. 29. 선고 96누8567 판결

行政計劃이라 함은 행정에 관한 전문적·기술적 판단을 필요로 하여 도시의 건설·정비·개량 등과 같은 특정한 행정목표를 달성하기 위하여 서로 관련되는 행정수단을 종합·조정함으로써 장래의 일정한 시점에 있어서 일정한 질서를 실현하기 위한 활동기준으로 설정된 것으로서, 도시계획법 등 관계법령에는 추상적인 행정목표와 절차만 규정되어 있을 뿐 행정계획의 내용에 대하여는 별다른 규정을 두고 있지 아니하므로 행정주체는 구체적인 행정계획을 입안·결정함에 있어서 비교적 광범위한 형성의 자유를 가진다고 할 것이지만, 행정주체가 가지는 이와 같은 형성의 자유는 무제한적인 것이 아니라 그 행정계획에 관련되는 자들의 이익을 공익과 사익 사이에서는 물론이고 공익 상호간과 사익 상호간에도 정당하게 비교형량 하여야 한다는 제한이 있는 것이고, 따라서 행정주체가 행정계획을 입안·결정함에 있어서 이익형량을 전혀 행하지 아니하거나 이익형량의 고려대상에 마땅히 포함시켜야 할 사항을 누락한 경우 또는 이익형량을 하였으나 정당성·객관성이 결여된 경우에는 그 행정계획결정은 재량권을 일탈·남용한 것으로서 위법한 것으로 보아야 할 것이다.646)

위 판결은 그동안 학설을 통해서만 논의되던 행정계획의 개념과 본질, 계획재량의 법적 한계, 계획 확정 절차상의 고려사항과 사법심사의 가능성 등을 소상하게 논의하였다는 점에서 큰 의미를 갖는다고 하겠다.

(4) 衡量上의 瑕疵

① 형량을 전혀 행하지 않는 경우(衡量의 脫落·懈怠), ② 형량의 대상에 마땅히 포함시켜야 할 사항을 빠뜨리고 형량을 행하는 경우(衡量의 欠缺·不全), ③ 여러 이익간의 형량을 행하기는 하였으나 그것이 정당성·객관성·비례성을 결하는 경우(誤衡量)에는 衡量의 瑕疵로서 違法하게 된다.647)

---

646) 대법원 1996. 11. 29. 선고 96누8567 판결 ; 대법원 1997. 9. 26. 선고 96누10096 판결 ; 대법원 2000. 3. 23. 선고 98두2768 판결 ; 대법원 2000. 9. 8. 선고 98두11854 판결.

3. 事情判決

계획의 단계적 발전성, 기성사실의 불가피한 존중 요구로 사정판결 가능성이 크다.

IV. 기타의 통제

1. 국회에 의한 통제

직접적 통제 수단은 없고, 행정부에 대한 국정감사권에 의해 간접적으로 통제 가능하다.

2. 국민에 의한 통제

(1) 사전절차에의 참여(국토의계획및이용에관한법률 제14조), 예방적 부작위소송론의 논의
(2) 손해배상 및 손실보상의 청구

> ■ 대법원 1990. 5. 8.자 89부2 결정
> 도시계획법 제21조 제1항, 제2항의 규정에 의하여 개발제한구역 안에 있는 토지의 소유자는 재산상의 권리행사에 많은 제한을 받게 되고 그 한도 내에서 일반 토지소유자에 비하여 불이익을 받게 되었음은 명백하지만 '도시의 무질서한 확산을 방지하고 도시주변의 자연환경을 보전하여 건전한 생활환경을 확보하기 위하여, 또는 국방부장관의 요청이 있어 보안상 도시의 개발을 제한할 필요가 있다고 인정되는 때'에 한하여 가하여지는 위와 같은 제한은 공공복리에 적합한 합리적인 제한이라고 볼 것이고, 그 제한으로 인한 토지소유자의 불이익은 공공의 복리를 위하여 감수하지 아니하면 안될 정도의 것이라고 인정되므로 이에 대하여 손실보상의 규정을 하지 아니하였다 하여 도시계획법 제21조 제1항, 제2항의 규정을 헌법 제23조 제3항이나 제37조 제2항에 위배되는 것이라고 할 수 없다.

3. 계획보장청구권

뒤에서 별도로 설명하기로 한다.

제6절 計劃保障請求權의 問題

I. 개설

---

647) 金南辰, 387쪽 ; 金東熙, 184쪽 ; 洪井善, 255쪽.

계획들은 그의 본질에 의해서 확고성(Stabilitat)과 융통성(Flexibilitat)사이의 긴장 상태에 있다. 계획은 한편으로는 행정계획의 상대방, 특히 경제 분야에 종사하는 국민들에게 한 특정한 행위와 처분 그리고 투자를 유도하려는 의미와 목적을 가진다. 계획은 이러한 목적을 꾀하고 실현해야 한다. 이것은 시민이 계획의 계속유지를 신뢰를 전제로 한다(신뢰보호의 문제). 이처럼 계획작용은 변경가능성과 그에 따른 관계자의 신뢰에 대한 침해 가능성을 갖기 때문에 계획보장과 관련하여 신뢰보호의 요구가 중요한 문제 영역이 된다.

다른 한편으로 이 계획들은, 이 계획을 통하여 조절하려는 정치적, 경제적 그리고 사회적인 분야를 전제로 한다. 상황이 변하거나 처음부터 잘못 계산하였을 경우에는, 만약 이 계획이 헛일이 되거나 목적에 반하게 되는 경우에는, 수정 되어야 한다(계획변경의 문제). 행정계획은 법적 안정성과 계획의 신축성이라는 두 가지 상충적 요청 사이에 놓여 있다. 이러한 긴장상태에 계획보장(Plangewahrleistung)의 문제가 있다. 이것은 계획이 폐지, 변경 혹은 지켜지지 않을 때는 계획입안자와 계획상대방 사이의 위험분배에 관한 문제이다.

즉, 행정계획에 있어서 공익적 견지에서 계획의 변경이나 폐지가 요구되는 경우도 생기는데, 이때 계획의 존속을 신뢰한 사인의 이해관계에 중대한 영향을 미치게 되는바, 행정계획의 변경, 폐지 등으로 인한 권익침해에 대하여 적절한 구제방법을 강구해야 할 것이다. 여기서 신뢰보호의 원칙648)상 당해 행정계획의 계속적인 존속을 요구할 수 있는 계획보장청구권649)이라는 개인의 실체법상 권리가 인정되는가 하는 문제가 제기된다.

II. 計劃保障의 理論的 根據

648) 대법원은 信賴保護의 原則의 적용요건으로 "일반적으로 행정상의 법을 일반적으로 행정상의 법률관계에 있어서 행정청의 행위에 대하여 信賴保護의 原則이 적용되기 위하여는, 첫째 행정청이 개인에 대하여 신뢰의 대상이 되는 공적인 견해표명을 하여야 하고, 둘째 행정청의 견해표명이 정당하다고 신뢰한 데에 대하여 그 개인에게 귀책사유가 없어야 하며, 셋째 그 개인이 그 견해표명을 신뢰하고 이에 어떠한 행위를 하였어야 하고, 넷째 행정청이 위 견해표명에 반하는 처분을 함으로써 그 견해표명을 신뢰한 개인의 이익이 침해되는 결과가 초래되어야 하며, 어떠한 행정처분이 이러한 요건을 충족할 때에는, 공익 또는 제3자의 정당한 이익을 현저히 해할 우려가 있는 경우가 아닌 한, 信賴保護의 原則에 반하는 행위로서 위법하게 된다."(대법원 2001. 11. 9. 선고 2001두7251 판결 ; 대법원 2000. 8. 18. 선고 98두2713 판결 ; 대법원 1999. 5. 25. 선고 99두1052 판결 ; 대법원 1999. 3. 9. 선고 98두19070 판결 ; 대법원 1998. 11. 13. 선고 98두7343 판결 ; 대법원 1998. 5. 8. 선고 98두6494 판결 ; 대법원 1998. 5. 8. 선고 98두4061 판결 ; 대법원 2003. 9. 5. 선고 2001두403 판결)고 판시하고 있다.
649) 계획보장청구권을 손실보상청구권의 의미로만 사용하는 학자도 있으나(洪井善, 258쪽), 여기서는 계획존속청구권, 손실보상청구권 등의 상위개념으로 사용하기로 한다(金東熙, 185~187쪽 ; 石琮顯, 384쪽).

1. 法的 安定性說

행정계획을 통해 행정객체는 행정계획에 대한 법적·사실적 지위와 이익을 가지고 행정 주체는 이에 대한 보호의무를 가지게 되는바 이러한 법적관계의 안정성에서 그 근거를 구한다.

2. 契約法理說

행정주체에 의한 일방적 폐지를 귀책사유에 의한 이행불능과 같은 법리 등에 따라 배상 책임을 부담한다는 이론이다.

3. 信賴保護說

계획의 존속을 신뢰하고 자본과 노력을 투입한 자의 신뢰보호를 위해 손해를 전보해야 한다고 보는 입장이다.

4. 禁反言說

행정주체가 계획을 준수하지 아니함은 신의성실, 공서양속, 금반언법리에 위반하는 위법한 것이기 때문에 배상책임을 인정하게 된다고 한다.

5. 財産權(保障)說

계획에 대한 국민의 기대이익 내지 지위는 헌법상 보호받는 재산권의 일종이므로 이에 대한 침해시 보상책임을 져야 한다고 한다.

Ⅲ. 計劃保障의 法的 性格

1. 債務不履行說

행정계획의 주체와 국민간 계획보상책임에 관한 명시적 묵시적 계약관계가 있는 것으로 보고 계획보장을 채무불이행에 따른 손해배상 책임으로 본다.

2. 不法行爲說(損害賠償性說)

국민의 신뢰를 위반하여 계획을 취소 변경함은 고의·과실에 의한 불법행위로 본다.

3. 收用類似侵害說(損失補償性說)

계획변경은 적법한 것이긴 하지만 그로 인한 재산권 침해는 특별한 희생에 해당하는 것이므로 수용유사침해에 해당하는 것으로 본다.

4. 損害防止義務說

계획보장의 문제는 행정계획의 개폐나 부준수(不遵守)의 경우에 있어 사인과 행정주체 간 위험분배이기 때문에 손해배상과 손실보상의 문제가 아니라 손해방지의무의 문제로 본다.650)

IV. 내용과 성립여부

계획보장청구권이란 계획존속청구권, 계획준수청구권과 계획의 개폐를 저지할 수 없는 경우에는 각종의 경과조치, 적합원조, 손해배상 및 손실보상을 청구할 수 있는 권리를 말한다.

행정계획은 안정성과 신축성 사이의 긴장관계에 서있다고 할 수 있고, 여기서 관건은 계획의 취소·변경 또는 부준수에 있어 계획의 주체와 그 상대방(계획수범자) 사이의 위험을 배분하는 데 적절한 구제방법을 강구하여야 할 필요성이 생기는 것이다.651)

계획의 실현과 계획의 변경가능성(가변성)이라는 두 가지 상충요소를 어떻게 조화시킬 것인가 하는 문제가 제기되는데, 여기서 계획보장은 청구권의 내용에 따라, 행정계획의 형식상의 차이 또는 행정계획의 법적구속력의 차이에 따라 계획보장의 여러 가지 모습을 나눠볼 수 있다.

먼저 그 내용에 따라 구체적인 계획의 변경이나 폐지시에 계획의 존속을 청구할 수 있는 계획존속청구권, 기존계획의 변경을 청구할 수 있는 계획변경청구권, 기존계획과 상이한 방향으로 계획이 집행되는 경우에 기존의 계획을 따를 것을 요구할 수 있는 계획준수청구권, 책정만하고 집행하지 않는 계획을 집행할 것을 요구할 수 있는 계획집행청구권 등을 생각해 볼 수 있다. 계획의 존속에 따른 개인적 이익보다는 계획의 변경에 따른 공익이 크기 때문에 일반적인 계획존속청구권은 인정되지 않는다. 그러나 위법한 계획의 경우에는 그 계획에 의해 자신의 법률상 이익이 침해되는 자는 계획의 변경, 즉 적법한 계획을 마련해 줄 것을 청구할 수 있는 권리를 가진다고 하겠다.

행정계획은, 법적구속력의 차이에 따라 정보제공적 계획(홍보적 계획), 명령적 계획(규범적 계획), 영향적 계획(유도적 계획)으로 분류할 수 있는데,652) 정보제공 계획의 경우는 법적구속력이 없는 사실행위에 지나지 않아 계획보장이 문제되지 않으나, 명령

---

650) 韓堅愚, 484쪽.
651) H. Maurer, a.a.O. §16 Rn.26, S.414~415.
652) H. Maurer, a.a.O. §16 Rn.15~17, S.410.

적 계획에 있어서는 국민이 계획의 존속을 강하게 신뢰하게 되어 신뢰보호원칙에 따라 손실보상청구권 등 계획보장청구권이 널리 인정되어야 할 것이고, 영향적 계획의 경우에는 계획의 사전적 적응조치로써 계획변경의 예고, 과도기간의 설정 등으로 계획보장이 강구되어야 한다.

행정계획의 형식상의 차이에 따라 법규명령의 성질을 가질 때에는 구체적 규범통제가 가능할 것이며, 행정규칙의 성질을 가질 때에는 행정의 자기구속의 법리가 적용될 것이고 행정행위의 성질을 가진다면 행정행위의 취소 또는 철회에 관한 제한원칙이 적용된다고 하겠다.

대법원은 도시계획과 같이 장기성・종합성이 요구되는 행정계획에 있어서는 그 계획이 일단 확정된 후에 어떤 사정의 변동이 있다고 하여 지역주민이나 이해관계인에게 도시계획시설의 변경・폐지를 신청할 법규상 또는 조리상의 권리가 없다고 여러 차례 확인한바 있다.653)

---

653) 대법원 1984. 10. 23. 선고 84누227 판결 ; 대법원 1994. 1. 28. 선고 93누22029 판결 ; 대법원 1994. 12. 9. 선고 94누8433 판결(노외주차장 시설부지로 있던 당해 사건 토지를 구청이 여객자동차 정류장 부지로 변경하자 지역주민인 원고가 당해 토지 변경결정을 변경 또는 폐지할 것을 신청하자 피고 행정청이 당해 신청을 거부하였고 이에 원고가 도시계획시설변경결정신청 거부결정의 취소소송을 제기하자, "도시계획법상 주민이 행정청에 대하여 도시계획 및 그 변경에 대하여 어떤 신청을 할 수 있음에 관한 규정이 없고, 도시계획과 같이 장기성, 종합성이 요구되는 행정계획에 있어 그 계획이 일단 확정된 후에 어떤 사정의 변동이 있다고 하여 지역주민에게 일일이 그 계획의 변경 또는 폐지를 청구할 권리를 인정해 줄 수도 없는 것이므로 지역주민에게 도시계획시설인 여객자동차 정류장의 변경, 폐지를 신청할 조리상의 권리가 있다고도 볼 수 없다.) ; 대법원 1995. 4. 28. 선고 95누627 판결(舊 國土利用管理法(1993. 8. 5. 법 제4572호로 개정되기 전의 것) 제6조, 제7조, 제8조, 같은 법시행령 제4조, 제5조에 의하면, 국토이용계획에는 도시지역, 준도시지역, 농림지역, 준농림지역의 지정에 관한 계획을 정하여야 하고, 국토이용계획은 건설부장관이 입안하며 그때에는 건설부장관은 大統領令이 정하는 바에 따라 관계도지사, 시장, 군수, 구청장, 영림서장의 의견을 들은 후 관계행정기관의 장과 협의를 하여야 하되, 관계행정기관의 장이 국토이용계획상 용도지역의 지정 또는 변경을 요청하고자 할 때에는 大統領令이 정하는 바에 따라 당해 지역에 관한 토지이용계획을 작성하여 제출하여야 하고, 이와 같이 입안된 국토이용계획은 국토이용계획심의회의 심의를 거쳐 건설부장관이 고시함으로써 결정되며 결정된 국토이용계획을 변경하고자 할 때에도 또한 같다고 규정하고 있어, 국토이용계획의 결정과 그 변경은 건설부장관이 관계행정기관의 장으로부터 그 의견을 듣거나 그 지정 또는 변경요청을 받아 이를 입안 또는 변경하여 국토이용계획심의회의 심의를 거쳐 고시하도록 규정되어 있을 뿐, 국토이용관리법상 주민이 국토이용계획의 변경에 대하여 신청을 할 수 있다는 규정이 없을 뿐만 아니라, 국토건설종합계획의 효율적인 추진과 국토이용질서를 확립하기 위한 국토이용계획은 장기성, 종합성이 요구되는 행정계획에 있어서는 그 계획이 일단 확정된 후에 어떤 사정의 변동이 있다고 하여 지역주민이나 일반 이해관계인에게 일일이 그 계획의 변경을 청구할 권리를 인정하여 줄 수도 없는 것이라고 할 것이므로, 이 사건 임야의 국토이용계획상의 용도지역을 사설묘지를 설치할 수 있는 용도지역으로 변경하는 것을 허가하여 달라는 원고의 이 사건 신청을 피고가 거부 내지 반려하였다고 하여 그 거부 내지 반려한 행위를 가지고 항고소송의 대상이 되는 행정처분이라고 볼 수는 없다고 할 것이다).

이에 대하여는, 예컨대 도시계획 사업수행 상 필요하지 않은 토지로서 도시계획결정에 따른 건축제한을 받아 영구히 토지를 사용·수익할 수 없다면 토지 소유자의 권리를 불필요하게 장기간 제한하게 되고 행정계획으로 인하여 권리 내지 이익이 침해되고 있는 국민은 행정청에 대하여 항고소송으로서 그 행정계획의 전부 또는 일부의 취소 또는 변경을 청구할 수 있다고 보는 것이 일반적인 점에 비추어 볼 때 행정계획이 장기성·종합성을 요구한다는 이유만으로 그 계획이 확정된 이후 특별한 사정변경이 있는 경우까지도 그 계획의 변경 또는 취소를 청구할 조리상 권리를 부정할 이유가 없다는 반론654)도 있다.

우리나라 판례는 앞서 보았듯이 계획보장청구권의 법리를 부정하고 있고, 독일이나 우리나라의 경우 아직 학문적으로 미흡한 영역인바, 계획보장청구권의 인정 여하는 일괄적으로 판단될 수 없고, 각각의 문제된 계획의 법형식과 내용에 따라 달라질 수밖에 없을 것이므로 앞으로 많은 법적이론 구성이 필요하다고 하겠다.655)1987년에 입법 예고된 행정절차법안 제58조에서는 행정계획을 확정·변경 또는 폐지하고자 할 때에는 국민의 재산상의 손실을 방지하기 위한 시설의 설치 기타 필요한 예방대책을 취하여야 하며, 그러한 예방조치에도 불구하고 국민의 재산상의 손실이 있을 때에는 법률이 정하는 바에 의하여 손실보상 기타 필요한 구제조치를 하여야 한다고 규정하고 있었는바, 현행 행정절차법에서도 위와 같은 규정을 두지 않았다 하더라도 그러한 취지가 존중되어야 할 것이다.

따라서 신뢰보호의 원칙, 비례의 원칙, 과잉금지의 원칙, 사회국가원칙, 위험배분의 사고 및 계약유사적 방안 등의 논거를 동원하여 계획손실에 대한 독자적인 청구권기초를 발전시키고 개별사안에 따라 차별화된 기준을 적용함으로써 구체적 타당성을 기하려는 시도가 이루어지고 있다.656)

1. 計劃存續請求權

(1) 槪念

계획의 변경 또는 폐지에 대항하여 계획의 존속(유지)을 주장할 수 있는 권리를 말한다. 계획존속청구권은 당해 행정계획의 신뢰에 의하여 성립된 주관적 법적지위의 보호에 관한 문제이다.

---

654) 李鴻薰, 「都市計劃과 行政拒否處分」(判例月報 178號, 1985. 7.), 67쪽, 71쪽 ; 白潤基, 「拒否處分의 處分性認定要件으로서의 申請權」(행정법연구 창간호, 행정법이론실무연구회, 1997. 6.), 225쪽.
655) 洪準亨, 622쪽.
656) H. Maurer, a.a.O. §28 Rn.37, S.759.

여기서 계획청구권, 즉 계획입안착수 내지는 계획입안 속행청구권이 있는가 하는 것이 문제되나, 이러한 청구권은 국민의 계획절차에의 참여권이 명시되어 있어도 인정되지 않는다.

(2) 認定與否

계획의 존속에 따른 개인적 이익보다는 계획의 변경에 따른 공익이 크기 때문에 일반적인 계획존속청구권은 인정되지 않는다.[657] 그렇지 않으면 개별적 국민의 신뢰이익이 계획변경에 의한 공공의 이익보다 우선권을 가지기 때문이고, 계획의 유연성을 전제로 하는 실효성있는 행정계획의 수행을 불가능하게 하는 결과를 야기하기 때문이다.

다만 계획이 법률 또는 행정행위의 형식으로 발하여진 때에는 일시적인 존속청구권이 인정될 여지가 있다.

1) 법률(입법)에 의한 계획의 경우 법률의 眞正遡及效와 不眞正遡及效의 경계가 준수되어야 한다. 진정소급효 입법의 경우에는 원칙적으로 계획변경이 허용되지 않고, 부진정소급효 입법의 경우에는 상대방의 신뢰보호의 요청이 월등히 큰 경우가 아닌 한 원칙적으로 계획존속청구권이 인정되지 않는다.

2) 행정계획이 행정행위의 형식으로 된 경우에는 행정행위의 철회 및 그 제한에 관한 일반원리에 따라 판단될 수 있다. 계획의 변경이나 폐지는 당해 기관의 계획형성의 자유권에 속한다. 행정이 어떤 특정한 確約을 통하여 혹은 계획에 의한 협약을 통하여 기속되어 있을 때에만 제한이 가능하다.

2. 計劃履行請求權(計劃遵守請求權, 計劃實行請求權)

(1) 槪念

이 계획실행청구권(Anspruch auf Planbefolgung)은 계획의 준수 및 실행청구권과 그에 기한 행정청의 계획에 위반되는 내용의 행위에 대항하는 권리를 그 내용으로 한다.

(2) 認定與否

이 청구권도 일반적인 형태로는 인정되지 않는다. 구속적 행정계획에 대하여는 행정청의 준수의무는 당연히 인정되나 행정청이 당해 행정계획을 즉시 집행할 의무를 부담하지는 않는다. 사인에게 이러한 청구권이 인정되는가 하는 문제는 주관적 공권의 문제로서 행정청의 행정계획 집행의무가 당사자의 사익보호도 그 보호목적으로 하는 경우에만 예외적으로 인정된다고 한다(보호규범론).[658]

---

657) H. Maurer, a.a.O. §16 Rn.29, S.416.

3. 經過措置請求權(經過 措置와 適合援助請求權)

(1) 槪念

 행정계획에 따라 일정한 조치를 취하였으나 계획이 그 후 개폐되는 경우, 이로 인하여 재산상의 손해를 받게 될 자가 행정청에 대하여 경과조치(經過規律 : ubergangsregelung과 適合援助 : Anpassungshilfe)를 청구할 수 있는 권리를 말한다.

(2) 認定與否

 이러한 방법으로 필요한 계획변경을 관철하게 하고, 다른 한편으로는 경과규율과 적합보조에 의하여 새로운 상황에 대처할 수 있도록 당해 국민의 이해관계를 고려한다. 이는 계획변경에 의한 공익의 실현과 관계인의 권익보호를 동시에 고려할 수 있는 장점이 있으나, 이들 조치에 대한 일반적인 청구권은 그 내용이 특정되고 별도의 규정이 존재하지 않는 한 성립되지 않는다. 다만 행정청쪽에서 사인의 불이익을 방지하기 위한 경과조치를 취하는 것이 타당할 것이기에 통상 계획 변경기관 자체가 그러한 규율과 보조를 보장해 주고 있다.

4. 損害塡補請求權(損失補償請求權)

 이것은 계획을 실행하지 아니거나 계획변경시의 손실보상이나 손해배상에 관한 청구권을 내용으로 한다. 행정계획의 개폐만으로 독자적인 손실전보청구권이 인정되는 것은 아니며, 이에 관해서는 개별법의 규정과 행정상 손해배상 또는 손실보상의 일반원리에 따라 판단해야 할 것이다.

---

658) 柳至泰, 259쪽 ; H. Maurer, a.a.O. §16 Rn.29, S.418.

제5장 行政契約

제5장 行政契約

제1절 概說

종래 행정법학은 계약을 공법상 계약과 사법상 계약으로 나눠 공법상계약만을 그 대상으로 하였다. 그러나 오늘날 복지국가에서는 계약에 의한 법률관계의 형성이 중요해짐에 따라 공법상계약이라는 용어대신에 행정계약이라는 개념이 많이 사용되고 있다. 행정계약이란 행정주체와 국민 사이 또는 행정주체 상호간에서, 직접 또는 간접으로 행정목적을 수행하기 위하여 이루어지는 합의를 말하는 것으로, 공법상 계약과 사법상 계약을 포함하는 개념이며, 프랑스에서는 비권력적 공역무의 수행을 위한 행정계약의 관념이 프랑코 판결 이래 국참사원의 판례를 통해 발전(공법상의 보상계약이나 수용계약, 공기업특허, 공물사용특허, 공사도급계약, 물품납품계약도 포함하는 개념)되어 사용되고 있다. 이러한 행정계약은 공사법이원론은 부인 또는 완화하는 입장에서 행정계약을 하나의 독자적인 행정형식으로 구성하려는 노력이라고 할 수 있다.

제2절 公法上 契約

I. 서설

1. 개념

공법상 계약이란 행정주체상호간 또는 행정주체와 국민사이에 공법적 효과의 발생을 목적으로 하여 복수당사자 사이의 의사표시의 합치로써 성립되는 공법행위를 말한다.

2. 배경

행정객체인 국민의 지위가 향상되고 공권력 우위적인 행정행위에 대한 대안을 모색하게 되면서 행정의 탄력성·능률성 제고(행정경제), 사회정책의 추진 수단, 강제가 아닌 협력이나 동의에 의한 사회적법치국가의 유도행정, 급부행정의 수행 등 행정업무의 다양화에 따르는 현실적 필요성에서 등장하게 되었다.

3. 문제점

법치행정 특히 법률유보의 회피수단으로 작용할 가능성이 없지 않다.

4. 비교개념

(1) 사법상 계약

복수당사자의 의사합치인 점에서 동일하지만 공법상계약에 있어서는 쌍방당사자의 의사가 대등가치를 가지는 것이 아닌 점, 공법상 효과가 발생하는 점에서 차이가 있다.

(2) 행정행위

행정행위는 의사합치가 아닌 행정주체의 일방적 의사표시인 점에서 차이가 있으며, 동의를 요하는 행정행위(예 ; 공무원의 임명행위, 귀화허가)와도 결국 의사합치적 요소의 유무에 따라 구별된다.

(3) 행정계약과의 구별

1) 공법상계약론

공법과 사법의 2원적 구조를 전제, 공법상 계약에 관한 소는 당사자 소송이고 공법상계약과 사법상의 계약은 실정법상 또는 기본 법리상 차이가 있다고 한다. 공·사법 양자가 적용법조나 법원리, 재판관할 등을 달리하고 있는 현행법제에서는 공·사법 구별론과 마찬가지로 구분하여 봄이 타당하다고 한다.[659]

2) 행정계약론

공법상 또는 사법상 계약 여부를 가리지 않고 행정주체가 체결하는 모든 계약을 개별적, 구체적으로 검토해야 할 것이며, 이러한 구체적 검토를 기초로 하여 귀납적으로 공법상 계약과 사법상 계약의 구별기준이나 공법상 계약의 법제를 정립해 나가는 것이 타당하다고 한다.[660]

사법상 계약과 공법상 계약의 구별기준이 불명확한 점, 사법상 계약의 유형에 대해 사법적 원리가 조정, 제한되어 공익을 추구해야 할 경우가 많은 점, 행정의 능률적 수행과 민주적 통제의 목적을 달성하기 위하여 행정계약을 그 대상으로 하여야 하는 점 등이 그 논거로 제시되고 있다.

---

659) 金南辰, 396쪽 ; 朴圭河, 343쪽 ; 朴鈗炘, 535쪽 ; 朴鍾局, 501쪽 ; 洪井善, 401~402쪽 ; 洪準亨, 343~344쪽.
660) 金東熙, 212쪽.

Ⅱ. 공법상계약과 법치주의

1. 공법상계약의 성립가능성

종래 행정주체와 행정객체간에는 의사표시상의 대등성이 없고 대등한 관계를 전제로 하는 계약이라는 제도는 행정법영역에서 불가능하다고 하여 부정하는 견해도 있었으나 행정기능의 양적·질적 확대로 그 필요성이 증대하고 법률이 직·간접적으로 우월한 의사력을 인정하고 있지 아니한 경우에는 계약의 관념을 배척할 합리적 이유가 없기에 오늘날 가능성 여부는 문제가 안된다.

2. 공법상계약의 자유성

행정주체가 명시적 법률의 근거가 없는 경우에도 계약의 형식에 의하여 행정목적을 수행할 수 있는지의 문제가 법치행정 특히 법률유보원리와 관련하여 제기된다.

(1) 부정설

전부유보설에 입각, 행정목적을 중시하여 공법상계약을 행정행위에 준하여 이해하면서 법률이 명시적으로 인정한 경우에 한해 가능하다는 견해이다.661)공행정의 계약으로의 도피, 공행정의 상업화에 제동을 거는 입장이다.

(2) 긍정설

공법상 계약은 비권력적 행정작용의 하나의 유형으로서 권력적 행정작용인 행정행위와 성립의 기초가 다르고, 당사자의 의사합치에 의하여 성립되며, 계약 자체가 새로운 규율의 근원이기 때문에 법률의 명시적 근거가 없어도 성립할 수 있다는 것이다.662)

(3) 절충설

원칙적으로 법률의 근거가 없이도 가능하지만, 일률적으로 정할 것이 아니라 공법상 계약의 존재 의의 내지 기능, 계약이 이루어지는 행정영역의 성질 등을 구체적으로 검토하여 결정할 것이라고 한다(중요사항유보설의 반영).663)

(4) 소견

---

661) 室井 力, 193쪽.
662) 柳至泰, 226～227쪽 ; 朴鈗炘, 540쪽.
663) 姜求哲, 492쪽 ; 金東熙, 214～215쪽 ; 朴圭河, 346쪽 ; 朴鍾局, 516쪽 ; 千炳泰, 404쪽 ; 韓堅愚, 491～492쪽.

공법상계약이라도 법률의 우위원칙에는 반할 수는 없다. 따라서 비권력행정 부문에서는 원칙적으로 자유로이 성립될 수 있지만 권력행정 부문에서도 당해 작용의 성질이나 관계법규의 의미·목적 등에 부합하는 한도에서 제한적으로 인정된다고 하겠다.

3. 행정행위에 갈음하는 공법상 계약

행정행위에 관한 근거법령이 있는 경우 명시적 수권없이도 공법상 계약체결이 가능한 바 그 경우 성립하는 공법상 계약을 말한다.

행정작용의 성질에 따라서는 행정행위와 공법상계약의 호환성 내지 법형식 선택의 자유가 인정되지 않는 경우가 존재하므로 이 관념의 무제한 확장은 곤란하다. 국민의 공평부담이 실현되어야 할 조세부과 등 부담적 행정행위의 경우 ⅰ) 조세법률주의와 법률우위의 원칙에 반하는 점 ⅱ) 조세평등에 반하는 점 ⅲ) 조세관청은 반드시 법에 따라 징수해야하는 합법성의 원칙에 비추어 호환성이 부정된다.

Ⅲ. 공법상 계약의 종류

1. 행정주체 상호간의 계약

예컨대, 공공단체 상호간의 사무위탁(예 ; 교육사무위탁, 조합비징수위탁), 도로 또는 하천의 경비부담에 관한 협의(도로법 제58조, 하천법 제50조) 등이 있다.

2. 행정주체와 사인과의 계약

구체적 사안에서 사법상 계약인지 또는 공법상 계약인지 구별이 문제이나, 특별행정법 관계의 설정(예 ; 자원입대, 영조물이용관계의 설정, 전문직 공무원의 채용계약), 공법상 보조계약(예 ; 행정청에 의한 사기업에 대한 보조금지급결정협의), 행정사무의 위임(예 ; 사인의 신청에 의한 별정우체국지정), 임의적 공용부담(예 ; 문화재 기증, 도로용지의 기증), 보상에 관한 계약 등이 있다.

3. 공무수탁사인과 그 상대방인 사인과의 계약

토지수용에 있어서의 협의의 경우, 통설은 수용절차의 한 단계이고 공권력이 그 배경으로 되어 있는 점을 들어 공법상계약이라고 보지만 판례는 사법상계약으로 본다.

Ⅳ. 공법상 계약의 특수성

1. 계약의 성립

공법상 계약은 개별법에 특별한 규정이 없는 경우에는 국가를 당사자로 하는 계약에 관한 법률이 적용된다.

(1) 계약당사자

각 중앙관서의 장 또는 계약담당공무원(계약관) 소관이다.

(2) 계약내용(부합계약성·계약강제성)

공법상계약은 영조물규칙, 공급규정 등 형식으로 정형화되어 있어 부합계약의 형식을 취하는 경우가 많고, 계약이 강제되는 경우가 많다(수도법 제24조, 전기사업법 제16조).

(3) 계약절차

일반경쟁계약이 원칙이나 사안에 따라 제한경쟁계약, 지명경쟁계약, 수의계약이 허용된다.

(4) 계약형식

원칙적으로 문서에 의한다.

2. 계약의 효력

공법상 계약에는 공정력은 없고, 원칙적으로 유효, 무효의 경우만 존재한다. 다만 공법상 계약의 기초가 된 법률상·사실상의 상황에 중대한 변화가 있는 경우 행정청은 새로운 상황에 적응되도록 계약을 변경 또는 해지할 수 있다. 이때 그 해지로 인한 국민의 손실은 손실보상에 준해 보상되어야 한다.

3. 계약의 실행

명문의 특별 규정이 없는 한 자력강제권(행정상 강제집행, 행정벌)은 인정되지 않는다.

4. 구제절차

(1) 손해배상

공법상 계약에 의한 의무의 불이행으로 인한 손해배상청구는 당사자소송에 의하여야 할 것이다.

(2) 쟁송수단

공법상계약에 관한 다툼은 이론상 공법상의 당사자소송형식이 타당하나 실무상 민사소송에 의한다.

판례에 의하면 공중보건의, 서울특별시 경찰국 산하 연구소 연구위원, 서울특별시립무용단 단원의 위촉(대법원 1995. 12. 22. 선고 95누4636 판결)을 공법상의 계약으로 파악하여 그 해지는 공법상의 당사자소송으로 그 의사표시의 무효확인을 구할 것이지 해지를 항고소송의 대상이 되는 행정처분이라는 전제하에 그 취소를 구하는 항고소송을 제기할 수 없다고 한다.

제6장 行政의 實效性確保手段

제6장 行政의 實效性確保手段

행정의 실효성확보를 위한 직접적 강제수단으로 행정상 강제집행, 행정상 즉시강제가, 간접적 강제수단으로 행정벌 등이 거론되고 있다.

제1절 行政上 强制執行

Ⅰ. 의의

1. 개념

이는 행정상의 의무불이행의 경우에 행정기관이 의무자의 신체 또는 재산에 실력을 가해 장래에 향해 그것을 이행하거나 이행한 것과 같은 상태를 실현하는 작용을 말한다.

2. 구별개념

(1) 행정상 즉시강제와의 비교

행정상 강제집행은 의무의 존재 및 그 불이행을 전제로 하지만, 행정상 즉시강제는 이를 전제로 하지 않고 급박한 경우에 행해진다.

> ■ 대법원 1975. 4. 22. 선고 73누215 판결
> 국유재산에 대한 매각 또는 대부의 법률관계는 국가가 공권력의 주체로써 법률행위를 하는 것이 아니고 사경제적인 주체로써 법률행위를 하는데 불과하므로 (중략) 원고에게 공법상의 행위의무가 생하는 것이 아니므로 이건 건물의 철거는 민사소송의 방법으로 구함은 모르되 행정대집행법에 의한 철거계고처분을 한 조치는 법에 근거 없는 처분으로써 그 하자가 중대하고 명백한 것이어서 당연무효라 할 것이다.
>
> ■ 대법원 2001. 10. 12. 선고 2001두4078 판결
> 지방재정법 제85조 제1항은, 공유재산을 정당한 이유 없이 점유하거나 그에 시설을 한 때에는 이를 강제로 철거하게 할 수 있다고 규정하고, 그 제2항은, 지방자치단체의 장이 제1항의 규정에 의한 강제철거를 하게 하고자 할 때에는 행정대집행법 제3조 내지 제6조의 규정을 준용한다고 규정하고 있는바, 공유재산의 점유자가 그 공유재산에

관하여 대부계약 외 달리 정당한 권원이 있다는 자료가 없는 경우 그 대부계약이 적법하게 해지된 이상 그 점유자의 공유재산에 대한 점유는 정당한 이유 없는 점유라 할 것이고, 따라서 지방자치단체의 장은 지방재정법 제85조에 의하여 행정대집행의 방법으로 그 지상물을 철거시킬 수 있다.

(2) 민사상 강제집행과의 비교

■ 대법원 1963. 3. 19. 선고 63누172판결
 행정상 강제집행은 행정상의 의무 불이행에 대하여 행정권이 실력을 가하여 그 의무를 이행시키거나, 또는 이행된 것과 같은 상태를 실현하는 작용을 말하는 것으로서, 사법상의무 또는 소송법상의 의무의 강제가 법원의 힘을 빌려야 하는 것과 다르므로, 법률에 의하여 직접 명령되었거나, 또는 법률에 의거한 행정청의 명령에 의한 행위로서 타인이 대신하여 할 수 있는 행위를 의무자가 이행하지 아니하는 경우, 다른 수단으로써 그 이행을 확보하기 곤란하고 또한 그 불이행을 방치함이 심히 공익을 해할 것으로 인정될 때에, 당해 행정관청이 스스로 의무자가 하여야 할 행위를 하거나 또는 제삼자로 하여금 이를 하게 하여 그 비용을 의무자로부터 징수할 수 있다는 행정대집행에 관한 규정을 한 행정 대집행법이 법원의 판결 등 채무명의 없이 행정대집행을 할 수 있다고 규정하였다 하여 헌법에 위반된다 할 수 없다.

Ⅱ. 근거
1. 이론적 근거

 행정상 강제집행은 사인의 자유와 권리를 침해하는 권력적 사실행위이므로 반드시 별도의 법적 근거를 요한다는 것이 통설이다.

2. 실정법적 근거

 대집행의 일반법으로 행정대집행법, 공법상의 금전급부이행의 강제에 관한 국세징수법 그밖에 단행법이 있다.

Ⅲ. 행정상 강제집행의 수단
1. 代執行
(1) 意義

행정대집행이란 행정청이 타인이 대신할 수 있는, 대체적 작위의무를 명하였음에도 불구하고 상대방이 그 의무를 불이행한 경우에 다른 수단으로 그 이행을 확보하기 곤란하고 그 불이행을 방치하는 것이 심히 공익을 해할 것으로 인정되는 경우에 당해 행정청이 그 의무이행을 스스로 관철하거나 제3자로 하여금 그 의무이행을 행하게 하고 그 비용을 의무자로부터 징수하는 집행절차를 말한다(행정대집행법 제2조). 이와 같은 대집행은 직접적 강제집행수단의 일종으로 침익적 행정작용에 속한다. 따라서 대집행을 하기 위해서는 법률유보의 원칙상 법적인 근거(행정대집행법)가 필요하다.

(2) 代執行의 主體

行政代執行法 제2조는 대집행의 주체를 '당해 행정청'으로 규정하고 있는 바, 여기서 당해 행정청이라 함은 기본처분을 부과한 행정청 또는 관할 행정청을 의미한다. 대집행의 실시는 대집행의 주체인 당해 행정청이 직접 행하는 自己執行과 제3자가 대신 행하게 하는 他者執行으로 나눌 수 있다.

제3자를 통한 대집행에 있어서도 상대방과 행정청간에만 행정행위가 있게 되고, 제3자와 상대방간에는 아무런 법률관계가 발생하지 않는다. 행정청과 제3자간에는 일반적으로 사법상 계약관계가 존재한다.

> ■ 대법원 1997. 2. 14. 선고 96누15428 판결
> 군수가 군사무위임조례의 규정에 따라 무허가 건축물에 대한 철거대집행사무를 하부 행정기관인 읍·면에 위임하였다면, 읍·면장에게는 관할구역 내의 무허가 건축물에 대하여 그 철거대집행을 위한 계고처분을 할 권한이 있다.

(3) 代執行의 要件

행정상 강제집행으로서의 행정대집행은 행정청이 스스로 강제집행을 할 수 있는 자력집행이라는 점에서 이를 지나치게 광범위하게 인정할 경우 국민의 권리자유에 대한 중대한 침해가 된다는 점에서 일정한 제한을 받지 않으면 아니 된다.

행정대집행에 관한 일반 근거법인 행정대집행법도 제2조에서 법률에 의하여 직접 명령되었거나 또는 법률에 의거한 행정청의 명령에 대한 행위로서 타인이 대신하여 행할 수 있는 행위를 의무자가 이행하지 아니하는 경우 '다른 수단으로써 그 이행을 확보하기 곤란하고 또한 그 불이행을 방치함이 심히 공익을 해하는 것으로 인정될 때'에 행정대집행을 할 수 있다고 함으로써 그 제한적 요건을 규정하고 있다.

1) 代替的 作爲義務의 不履行

대집행의 대상은 법률에 의하여 직접 명령되었거나(法規下命) 또는 법률에 의거한 행정청의 명령(下命處分)으로서 타인이 행할 수 있는 代替的 作爲義務(예 ; 위법건축물의 철거의무)이다. 따라서 의무자만이 행할 수 있는 일신전속적인 작위의무(예 ; 병역의무)나, 고도의 전문적이고 기술적인 행위를 요하는, 타인이 대신할 수 없는 비대체적인 작위의무는 대집행의 대상에서 제외된다.

■ 대법원 2011. 4. 28. 선고 2007도7514 판결
 구 공유재산 및 물품 관리법(2010. 2. 4. 법률 제10006호로 개정되기 전의 것) 제83조는 "정당한 사유 없이 공유재산을 점유하거나 이에 시설물을 설치한 때에는 행정대집행법 제3조 내지 제6조의 규정을 준용하여 철거 그 밖의 필요한 조치를 할 수 있다."라고 정하고 있는데, 위 규정은 대집행에 관한 개별적인 근거 규정을 마련함과 동시에 행정대집행법상의 대집행 요건 및 절차에 관한 일부 규정만을 준용한다는 취지에 그치는 것이고, 대체적 작위의무에 속하지 아니하여 원칙적으로 대집행의 대상이 될 수 없는 다른 종류의 의무에 대하여서까지 강제집행을 허용하는 취지는 아니다.

■ 대법원 2010. 6. 24. 선고 2010두1231 판결
 행정대집행법 제2조는 대집행의 대상이 되는 의무를 '법률(법률의 위임에 의한 명령, 지방자치단체의 조례를 포함한다)에 의하여 직접 명령되었거나 또는 법률에 의거한 행정청의 명령에 의한 행위로서 타인이 대신하여 행할 수 있는 행위'라고 규정하고 있으므로, 대집행계고처분을 하기 위하여는 법령에 의하여 직접 명령되거나 법령에 근거한 행정청의 명령에 의한 의무자의 대체적 작위의무 위반행위가 있어야 한다(대법원 1996. 6. 28. 선고 96누4374 판결 참조).

게다가 행정대집행법상 대집행의 대상이 되는 대체적 작위의무는 공법상 의무이어야 한다.

■ 대법원 2006. 10. 13. 선고 2006두7096 판결
 행정대집행법상 대집행의 대상이 되는 대체적 작위의무는 공법상 의무이어야 할 것인데, 구 공특법에 따른 토지 등의 협의취득은 공공사업에 필요한 토지 등을 그 소유자와의 협의에 의하여 취득하는 것으로서 공공기관이 사경제주체로서 행하는 사법상 매매 내지 사법상 계약의 실질을 가지는 것이므로(대법원 1998. 5. 22. 선고 98다2242, 2259 판결 참조), 그 협의취득시 건물소유자가 매매대상 건물에 대한 철거의무를 부담하겠다는 취지의 약정을 하였다고 하더라도 이러한 철거의무는 공법상의 의무

가 될 수 없고, 이 경우에도 행정대집행법을 준용하여 대집행을 허용하는 별도의 규정
이 없는 한 위와 같은 철거의무는 행정대집행법에 의한 대집행의 대상이 되지 않는다
고 할 것이다.

그리고 구 공특법상 이루어진 협의취득과 관련하여 공익사업법 부칙 제3조에 의하여
공익사업법 제89조 소정의 요건을 구비한 경우 행정대집행법의 대집행 규정이 적용될
수 있기는 하지만, 공익사업법 제89조는 "이 법 또는 이 법에 의한 처분으로 인한 의
무를 이행하여야 할 자가 의무를 이행하지 아니하는 경우에는 사업시행자가 행정대집
행법이 정하는 바에 따른 대집행을 행정청에게 신청할 수 있다."는 등의 내용으로 규
정되어 있을 뿐이고, 달리 구 공특법상 이루어진 협의취득에 있어서 건물소유자의 철
거의무에 관한 규정을 두고 있지 아니할 뿐만 아니라, 행정청이 그 건물소유자에게 철
거를 명할 수 있는 규정도 두고 있지 아니하다.

이러한 법리와 관련 규정에 비추어 기록을 살펴보면, 원고와 울산시 사이의 구 공특
법에 의한 이 사건 협의취득시 원고가 약정한 철거의무는 공법상 의무가 아닐 뿐만 아
니라, 공익사업법 제89조 소정의 행정대집행법의 대상이 되는 '이 법 또는 이 법에 의
한 처분으로 인한 의무'에도 해당하지 아니한다고 할 것이므로 원고의 위 철거의무에
대한 강제적 이행은 행정대집행법상 대집행의 방법으로 실현할 수 없다고 할 것이다.

또한 작위의무만을 대상으로 하기 때문에 부작위의무나 수인의무는 대집행의 대상에서
배제된다. 따라서 부작위의무위반의 경우에는 법률의 규정에 의하여 대체적 작위의무로
의 전환이 선행되어야 한다.

■ 대법원 1996. 6. 28. 선고 96누4374 판결
[금지규정에서 작위의무 명령권이 당연히 도출되는지 여부(소극)]
행정대집행법 제2조는 대집행의 대상이 되는 의무를 "법률(법률의 위임에 의한 명령,
지방자치단체의 조례를 포함한다. 이하 같다)에 의하여 직접 명령되었거나 또는 법률
에 의거한 행정청의 명령에 의한 행위로서 타인이 대신하여 행할 수 있는 행위"라고
규정하고 있으므로, 대집행계고처분을 하기 위하여는 법령에 의하여 직접 명령되거나
법령에 근거한 행정청의 명령에 의한 의무자의 대체적 작위의무 위반행위가 있어야 한
다. 따라서 단순한 부작위의무의 위반, 즉 관계 법령에 정하고 있는 절대적 금지나 허
가를 유보한 상대적 금지를 위반한 경우에는 당해 법령에서 그 위반자에 대하여 위반
에 의하여 생긴 유형적 결과의 시정을 명하는 행정처분의 권한을 인정하는 규정(예컨
대, 건축법 제69조, 도로법 제74조, 하천법 제67조, 도시공원법 제20조, 옥외광고물
등관리법 제10조 등)을 두고 있지 아니한 이상, 법치주의의 원리에 비추어 볼 때 위와
같은 부작위의무로부터 그 의무를 위반함으로써 생긴 결과를 시정하기 위한 작위의무
를 당연히 끌어낼 수는 없으며, 또 위 금지규정(특히 허가를 유보한 상대적 금지규

정)으로부터 작위의무, 즉 위반결과의 시정을 명하는 권한이 당연히 추론되는 것도 아니다.

[권한 없는 자의 원상복구명령에 따른 의무불이행을 이유로 한 계고처분의 효력]
 행정기관의 권한에는 사무의 성질 및 내용에 따르는 제약이 있고, 지역적·대인적으로 한계가 있으므로 이러한 권한의 범위를 넘어서는 권한유월의 행위는 무권한 행위로서 원칙적으로 무효이고, 선행행위가 부존재하거나 무효인 경우에는 그 하자는 당연히 후행행위에 승계되어 후행행위도 무효로 된다. 그런데 주택건설촉진법 제38조 제2항은 공동주택 및 부대시설·복리시설의 소유자·입주자·사용자 등은 부대시설 등에 대하여 도지사의 허가를 받지 않고 사업계획에 따른 용도 이외의 용도에 사용하는 행위 등을 금지하고(정부조직법 제5조 제1항, 행정권한의위임및위탁에관한규정 제4조에 따른 인천광역시사무위임규칙에 의하여 위 허가권이 구청장에게 재위임되었다), 그 위반행위에 대하여 위 주택건설촉진법 제52조의2 제1호에서 1천만 원 이하의 벌금에 처하도록 하는 벌칙규정만을 두고 있을 뿐, 건축법 제69조 등과 같은 부작위의무 위반행위에 대하여 대체적 작위의무로 전환하는 규정을 두고 있지 아니하므로 위 금지규정으로부터 그 위반결과의 시정을 명하는 원상복구명령을 할 수 있는 권한이 도출되는 것은 아니다. 결국 행정청의 원고에 대한 원상복구명령은 권한 없는 자의 처분으로 무효라고 할 것이고, 위 원상복구명령이 당연무효인 이상 후행처분인 계고처분의 효력에 당연히 영향을 미쳐 그 계고처분 역시 무효로 된다.

 다만, 의무의 불이행은 행정의 신속하고 효율적인 집행을 위하여 대집행실행 전에 있으면 족하다고 볼 것이고 반드시 계고처분 전에 있어야 하는 것은 아니라고 하겠다.
 또한 교통표지판에 의한 주차금지구역의 지정664)은 주차를 금지시키는 부작위의무를 부과할 뿐만 아니라 동시에 주차한 차량에 대하여 즉시 떠나라는 작위의무를 부과하고 있으며, 이러한 작위의무는 제3자에 의하여도 실행될 수 있는 대체적 작위의무이다.
 그리고 토지나 가옥의 명도에 있어서는 실체법상 명문규정이 없는 한 행정대집행이 허용되고 있지 않다.

■ 대법원 1998. 10. 23. 선고 97누157 판결
[도시공원시설 점유자의 퇴거 및 명도의무가 행정대집행법에 의한 대집행의 대상인지

---

664) 주차금지구역의 지정행위는 그 직접적인 규율대상이 물건이며 동시에 불특정한 다수의 사람을 간접적인 규율대상으로 하고 있다는 데 그 특징이 있다. 독일에서는 실무상 物的 行政行爲(dinglicher Verwaltungsakt)라고 하여 행정행위의 일종으로 취급하여 왔으며, 일반처분에 대하여 규율하고 있는 독일의 행정절차법 제35조 후단은 이를 명시적으로 행정행위로 규정하고 있다. 우리나라 행정법학자들도 이를 강학상의 행정행위로 보고 있다.

여부(소극)]

도시공원시설인 매점의 관리청이 그 공동점유자 중의 1인에 대하여 소정의 기간 내에 위 매점으로부터 퇴거하고 이에 부수하여 그 판매 시설물 및 상품을 반출하지 아니할 때에는 이를 대집행하겠다는 내용의 계고처분은 그 주된 목적이 매점의 원형을 보존하기 위하여 점유자가 설치한 불법 시설물을 철거하고자 하는 것이 아니라, 매점에 대한 점유자의 점유를 배제하고 그 점유이전을 받는 데 있다고 할 것인데, 이러한 의무는 그것을 강제적으로 실현함에 있어 직접적인 실력행사가 필요한 것이지 대체적 작위의무에 해당하는 것은 아니어서 직접강제의 방법에 의하는 것은 별론으로 하고 행정대집행법에 의한 대집행의 대상이 되는 것은 아니다(대법원 1998. 10. 2. 선고 96누5445 판결 참조).

■ 대법원 2005. 8. 19. 선고 2004다2809 판결

구 토지수용법(2002. 2. 4. 법률 제6656호로 제정되어 2003. 1. 1.부터 시행된 공익사업을 위한 토지 등의 취득 및 보상에 관한 법률 부칙 제2조에 의하여 폐지된 것, 이하 같다) 제63조는 "토지소유자 및 관계인 기타 수용 또는 사용할 토지나 그 토지에 있는 물건에 관하여 권리를 가진 자는 수용 또는 사용의 시기까지 기업자에게 토지나 물건을 인도하거나 이전하여야 한다."라고 규정하고 있고, 제64조는 "다음 각 호의 1에 해당할 때에는 시장·군수 또는 구청장은 기업자의 청구에 의하여 토지 또는 물건의 인도나 이전을 대행하여야 한다."라고 규정하면서, 제1호에서 "토지나 물건을 인도 또는 이전할 자가 고의나 과실 없이 그 의무를 이행할 수 없을 때"를, 제2호에서 "기업자가 과실 없이 토지나 물건을 인도 또는 이전할 자를 알 수 없을 때"를 각 규정하고 있으며, 제77조는 "이 법 또는 이 법에 의한 처분으로 인한 의무를 이행하지 아니하거나 기간 내에 완료할 가망이 없는 경우 또는 의무자로 하여금 이를 이행하게 함이 현저히 공익을 해한다고 인정되는 사유가 있을 때에는 시·도지사나 시장·군수 또는 구청장은 기업자의 신청에 의하여 행정대집행법의 정하는 바에 의하여 이를 대집행할 수 있다."라고 규정하고 있는데, 위 각 규정에서의 <u>'인도'에는 명도도 포함되는 것으로 보아야 하고, 이러한 명도의무는 그것을 강제적으로 실현하면서 직접적인 실력행사가 필요한 것이지 대체적 작위의무라고 볼 수 없으므로 특별한 사정이 없는 한 행정대집행법에 의한 대집행의 대상이 될 수 있는 것이 아니다</u>(대법원 1998. 10. 23. 선고 97누157 판결 참조). 그리고 구 토지수용법 제63조의 규정에 따라 피수용자 등이 기업자에 대하여 부담하는 수용대상토지의 인도 또는 그 지장물의 명도의무 등이 비록 공법상의 법률관계라고 하더라도, 그 권리를 피보전권리로 하는 명도단행가처분은 그 권리에 끼칠 현저한 손해를 피하거나 급박한 위험을 방지하기 위하여 또는 그 밖의 필요한 이유가 있을 경우에는 허용될 수 있다고 보아야 한다.

2) 다른 수단으로는 그 이행확보가 곤란할 것

비례원칙 내지 보충성의 원칙에 비추어 대집행을 하기 전에 스스로 이행하게 하거나 대집행보다 의무자의 이익을 덜 침해하는 다른 수단이 있는 경우에 이를 사용하여야 한다. 여기서 말하는 '다른 수단'에 執行罰, 直接强制, 行政罰, 民事上의 救濟手段 등은 포함되지 않는다는 것이 통설이고 보면 달리 '다른 수단'을 상정(想定)할 수 없기 때문에 이 요건은 그다지 실제적인 의미를 갖지 않는다.

3) 그 불이행을 방치함이 심히 공익을 해하는 것일 것

공익은 불확정개념으로서 행정청의 판단여지가 일정한 한계 내에서 인정된다. 예컨대 도로점용허가를 받음이 없이 도로부지에 무단으로 불법건축물을 축조하여 점유하는 경우 철거의무의 불이행을 방치하는 것이 중대한 공익을 해하는 경우에 해당된다.

행정대집행법이 대집행에 위와 같은 요건을 요구하고 있는 것은 공익상 부득이 한 경우 이외에는 대집행을 행할 수 없도록 하겠다는 취지이다. 따라서 '그 불이행을 방치함이 심히 공익을 해치는 경우에만 대집행할 수 있다'함은 의무를 이행하지 않아도 대집행할 수 없는 경우도 있다는 것을 의미하는 것이다.

결론적으로 말하면 의무의 불이행은 모두 공익을 해치는 것이지만 그 정도가 특히 현저한 경우에 비로소 대집행을 허용한다는 것이 행정대집행법 제2조의 취지라고 해석된다. 그런데 '심히 공익을 해한다'고 함은 상대적이며 추상적인 표현이므로 그 내용은 결국 구체적인 경우에 제반의 사정을 종합하여 결정할 수밖에 없는 것이고, 이 점에서 대법원의 판례는 중요한 참고가 될 것이다.

건축행정의 원활한 수행이라는 공익목적의 달성과 국민의 민생문제에 따른 자유와 권리의 보호라는 양면을 고루 고려하여 합리적인 결론을 도출하여야 될 것으로 생각된다. 그동안 대법원 판례를 종합해 보면, 무허가건물이 설립된 장소가 공공성이 강한 상업지역이라든가, 도로선을 침범하였다든가 기타 이와 유사한 경우 및 건축과정에 법 경시의 행동이 노골화된 경우 등에는 대체로 행정청의 대집행을 허용하고 있음에 반하여 건물의 붕괴 위험을 회피하기 위한 건축등과 같이 서민의 민생문제와 직결되는 경우에는 대집행을 불허하는 경향에 있음을 알 수 있다.

■ 대법원 1990. 1. 23. 선고 89누6969 판결
관할관청의 허가를 받지 아니하고 기존건물의 4층 옥상 뒤편에 세멘벽돌조 스라브지붕 주택 55.4평방미터를 증축하였더라도 그 증축부분이 외부에 돌출 되지 않고 지면에서 잘 보이지 아니하여 주위의 미관을 해칠 우려가 없을 뿐만 아니라 이를 대집행으로 철거할 경우 많은 비용이 소요되는 반면에 공익에 아무런 도움이 되지 아니하고 도

로교통, 방화, 보안, 위생, 도시미관 및 공해예방 등의 공익을 심히 해한다고도 볼 수 없다면 그 증축 부분의 철거대집행을 위한 이 사건 계고처분은 위법하다.

(4) 代執行의 節次

행정대집행의 절차는 계고, 대집행영장의 통지, 대집행의 실행, 대집행비용납부명령의 4단계로, 동일목적을 지향하는 일련의 순차적 행위로 이루어져 있다. 대집행의 요건을 갖추었다고 할지라도 행정청이 반드시 대집행을 하여야 하는 것은 아니고 그 집행여부는 행정청의 재량행위에 속한다.

■ 대법원 2010. 11. 11. 선고 2009도11523 판결
　도로법 제65조 제1항은 "관리청은 반복적, 상습적으로 도로를 불법 점용하는 경우나 신속하게 실시할 필요가 있어서 행정대집행법 제3조 제1항과 제2항에 따른 절차에 의하면 그 목적을 달성하기 곤란한 경우에는 그 절차를 거치지 아니하고 적치물을 제거하는 등 필요한 조치를 취할 수 있다."고 규정하고 있는바, 위 규정의 취지는 교통사고의 예방과 도로교통의 원활한 소통을 목적으로 도로 관리청으로 하여금 반복·상습적인 도로의 불법점용과 같은 행위에 대하여 보다 적극적이고 신속하게 대처할 수 있도록 하기 위하여, 행정대집행법 제3조 제1항 및 제2항에서 정한 대집행 계고나 대집행영장의 통지절차를 생략할 수 있도록 하는 행정대집행의 특례를 인정하는 데에 있다(대법원 2008. 12. 11. 선고 2008도8214 판결 참조). 따라서 위 규정은 일반인의 교통을 위하여 제공되는 도로로서 도로법 제8조에 열거된 도로를 불법 점용하는 경우 등에 적용될 뿐 도로법상 도로가 아닌 장소의 경우에까지 적용된다고 할 수 없고, 토지대장상 지목이 도로로 되어 있다고 하여 반드시 도로법의 적용을 받는 도로라고 할 수는 없다.

1) 戒告

대집행의 계고는 상당한 기간을 정하여 의무자가 스스로 이행할 것을 명하고 그 이행기한까지 이를 이행하지 아니한 경우에는 대집행한다는 것을 문서로써 알리는 것을 말한다. 다수설·판례에 의하면 戒告는 준법률행위적 행정행위로서 通知行爲의 성격을 갖는다고 보아 처분성을 인정하고 있다.

■ 대법원 1966. 10. 31. 선고 66누25 판결
　대집행의 계고는 다른 수단으로써 이행을 확보하기 곤란하고, 또한 그 불이행을 방치

함이 심히 공익을 해하는 것으로 인정되는 경우에 행정청이 그의 우월적인 입장에서
의무자에게 대하여 상당한 이행기한을 정하고 그 기한 내에 이행을 하지 않을 경우에
는 대집행을 한다는 의사를 통지하는 준법률적 행정행위라 할 것이며, 대집행의 일련
의 절차의 불가결의 일부분으로 정하여진 대집행 영장교부 및 대집행실행을 적법하게
하는 필요한 전제절차로서 그것이 실제적으로 명령에 의한 기존의 의무이상으로 새로
운 의무를 부담시키는 것은 아니지만, 계고가 있으므로 인하여 대집행이 실행되어 상
대방의 권리의무에 변동을 가져오는 것이라 할 것이므로, 상대방은 계고 절차의 단계
에서 이의 취소를 소구할 법률상 이익이 있다할 것이고 계고는 행정소송법 소정처분에
포함된다고 보아 계고처분 자체에 위법이 있는 경우에 한하여 항고소송의 대상이 될
수 있다 할 것이다.

또한 계고를 함에 있어 의무자가 이행하여야 할 행위와 그 의무불이행시 대집행할 행위
의 내용 및 범위가 구체적으로 특정되어야 할 것이지만, 그 특정여부는 실제건물의 위
치, 구조, 평수 등을 계고서의 표시와 대조 검토하여 대집행의무자가 그 의무이행의 범
위를 알 수 있을 정도면 족하다.665) 나아가 대집행할 행위의 내용 및 범위는 반드시 대
집행계고서에 의하여만 특정되는 것은 아니고 그 처분 전후에 송달된 문서나 기타 사정
을 종합하여 이를 특정할 수 있으면 족하다.666)

■ 대법원 1992. 3. 10. 선고 91누4140 판결
[불법건축물철거불이행으로 인한 대집행의 계고에 있어서 대집행할 행위의 내용과 범
위의 특정방법]
　건축법위반 건축물의 철거를 명하고 그 의무불이행시 행할 대집행의 계고를 함에 있
어서 의무자가 이행하여야할 행위와 그 의무불이행시 대집행할 행위의 내용 및 범위는
반드시 대집행계고서에 의하여서만 특정되어야 하는 것은 아니고 그 처분 전후에 송달
된 문서나 기타 사정을 종합하여 이를 특정할 수 있으면 족하다(대법원 1985. 12.
24. 선고 85누314 판결, 대법원 1990. 1. 25. 선고 89누4543 판결 참조).

■ 대법원 1996. 10. 11. 선고 96누8086 판결
　행정청이 행정대집행법 제3조 제1항에 의한 대집행계고를 함에 있어서는 의무자가
스스로 이행하지 아니하는 경우에 대집행할 행위의 내용 및 범위가 구체적으로 특정되
어야 하나, 그 행위의 내용 및 범위는 반드시 대집행계고서에 의하여서만 특정되어야
하는 것이 아니고, 계고처분 전후에 송달된 문서나 기타 사정을 종합하여 행위의 내용

---

665) 대법원 1992. 6. 12. 선고 91누13564 판결.
666) 대법원 1992. 3. 10. 선고 91누4140 판결.

이 특정되거나 실제건물의 위치, 구조, 평수 등을 계고서의 표시와 대조·검토하여 대집행의무자가 그 이행의무의 범위를 알 수 있을 정도로 하면 족하다(대법원 1997. 2. 14. 선고 96누15428 판결).

철거명령과 계고처분을 결합할 수 있는지 여부가 문제되는데, 학설667)에 의하면 계고는 원칙적으로 의무를 명하는 행정행위와 결합될 수 없다고 보기 때문에 계고와 함께 의무를 명하는 위법건축물철거명령이 동일한 계고서에 발부되는 것은 위법한 계고처분이 된다. 이에 반하여 대법원판례에 의하면 철거명령과 계고처분을 결합할 수 있다고 한다.

■ 대법원 1992. 6. 12. 선고 91누13564 판결
  계고서라는 명칭의 1장의 문서로서 일정기간 내에 위법건축물의 자진철거를 명함과 동시에 그 소정기한 내에 자진철거를 하지 아니할 때에는 대집행할 뜻을 미리 계고한 경우라도 위 건축법에 의한 철거명령과 행정대집행법에 의한 계고처분은 독립하여 있는 것으로서 각 그 요건이 충족되었다고 볼 것(대법원 1978. 12. 26. 선고 78누114 판결 참조)이고, 이 경우 철거명령에서 주어진 일정기간이 자진철거에 필요한 상당한 기간이라면 그 기간 속에는 계고시에 필요한 '상당한 이행기간'도 포함되어 있다고 보아야 할 것이다.

생각건대 철거명령의 존재가 명확하면 되고, 행정의 신속성과 효율성 측면에서 따로 하지 아니하고 1장의 계고서로 철거명령을 발하였다고 하더라도 계고처분이 위법하다고 볼 필요는 없으며 의무의 불이행의 여부는 계고시를 기준으로 할 것이 아니라 대집행실행시를 기준으로 하는 것이 적절하다고 본다.
행정대집행법 제3조 제1항에 의하면 계고처분을 함에 있어 상당한 기한을 부여하여야 하는바, '상당한 이행기한'이란 사회통념상 이행에 필요한 기한으로 의무의 성질, 의무자의 구체적 사정을 감안하여 사회일반인의 입장에서 객관적으로 판단하여야 할 것이다.
行政代執行法 제3조 제3항은 '법률에 다른 규정이 있거나 非常時 또는 危險이 切迫한 경우에 있어서 代執行의 급속한 실시를 요하며 戒告를 할 여유가 없을 때'에는 戒告節次를 거치지 아니하고 代執行을 할 수 있다고 규정하고 있다.

■ 대법원 1990. 9. 14. 선고 90누2048 판결
  행정대집행법 제3조 제1항은 행정청이 의무자에게 대집행영장으로써 대집행할 시기 등을 통지하기 위하여는 그 전제로서 대집행계고처분을 함에 있어서 의무이행을 할 수

667) 朴圭河, 418쪽 ; 朴鈗炘, 585쪽.

있는 상당한 기간을 부여할 것을 요구하고 있으므로, 행정청인 피고가 의무이행기한이 1988. 5. 24.까지로 된 이 사건 대집행계고서를 5. 19. 원고에게 발송하여 원고가 그 이행종기인 5. 24. 이를 수령하였다면, 설사 피고가 대집행영장으로써 대집행의 시기를 1988. 5. 27 15:00로 늦추었더라도 위 대집행계고처분은 상당한 이행기한을 정하여 한 것이 아니어서 대집행의 적법절차에 위배한 것으로 위법한 처분이라고 할 것이다.

■ 대법원 1992. 12. 8. 선고 92누11626 판결

  행정청이 1991. 11. 25.자로 발부한 계고서에 옹벽철거의 이행기간이 같은 달 30.까지로 기재되어 있으나 위 계고서가 같은 달 28. 대집행의무자에게 송달되었다면 위 계고서는 상당한 이행기간을 정한 것으로 볼 수 없으므로 위 계고처분은 적법한 행정대집행의 요건을 갖추었다고 볼 수 없다.

2) 代執行令狀에 의한 通知

 의무자가 계고를 받고도 지정된 기한까지 그 의무를 이행하지 않을 때에는 당해 행정청은 대집행영장으로써 대집행을 할 시기, 대집행책임자의 성명 및 대집행비용의 개산액(槪算額)을 의무자에 통지하여야 한다(행정대집행법 제3조 제②항). 대집행영장의 통지 역시 준법률행위적 행정행위로서 通知行爲로서의 성격을 가지며, 대집행영장에 의하여 대집행의 구체적 내용과 그에 대한 실행을 수인할 의무가 확정된다.668) 행정대집행법 제3조 제3항에 따르면 계고와 마찬가지로 법률에 다른 규정이 있거나 비상시 또는 위험이 절박하여 통지를 할 여유가 없을 때에는 통지를 생략할 수 있다.

3) 대집행의 실행

 대집행의 실행은 물리력을 행사하여 의무가 이행된 것과 같은 상태를 실현하는 권력적 사실행위이다. 대집행의 실행을 수인하명과 사실행위의 합성행위라고 보는 견해도 있으나, 행정대집행법 제7조에서 명문으로 "대집행에 관하여 불복이 있는 자는 당해 행정청 또는 그 직접상급행정청에 행정심판을 제기할 수 있다."고 규정하고 있고, 아울러 행정대집행법 제8조에서 "전조의 규정은 출소의 권리를 방해하지 아니 한다."고 규정하고 있음에 비추어 권력적 사실행위임에도 행정심판 내지 행정소송의 대상으로 보아 권리구제의 범위를 넓혔다고 볼 수 있다.

 여기서 대집행의 실행에 대한 저항이 있는 경우에 실력으로 그 저항을 배제할 수 있는

---

668) 朴圭河, 419쪽 ; 洪井善, 494쪽 ; 鄭夏重, 「代執行의 要件과 節次」(考試研究, 1995. 8.), 132쪽.
  필자는 대집행영장의 통지가 준법률행위적 행정행위로서 처분이 된다는 논리보다는 대집행의 영장이 행정행위이고 통지는 행정행위의 효력발생요건이라고 보는 것이 적절하다고 본다.

지가 문제된다. 우리나라에서는 독일행정집행법 제15조 제2항과 같은 저항배제에 관한 규정은 존재하지 않으나, 필요한 한도 내에서 저항을 배제하기 위해 부득이한 실력행사는 대집행 속에 포함되어 있다는 견해669)와 실력적 배제를 대집행에 내재하는 당연한 권능으로 보기는 어렵다는 견해670)로 나뉘어져 있다. 한편 경찰력 등의 원조협력이 없으면 행해질 수 없는 정도의 집행은 대집행이 아니라 직접강제로 보는 견해671)와 이러한 경우는 대집행에 있어서 저항제거를 위하여 또 하나의 실력행사가 추가된 것으로 여전히 대집행으로 보는 견해,672)대집행 수단의 범위를 벗어난 것으로서 경찰관직무집행법에 의한 즉시강제로 보는 견해673)가 있다.

4) 비용의 징수

대집행비용납부명령은 대집행의 실행 후의 비용정산, 즉 금전급부의무를 명하는 것으로 하명행위에 해당된다. 따라서 이를 이행하지 않을 경우에는 행정대집행법 제6조에 의하면 국세징수법의 예에 따라 징수절차를 밟게 된다.

주차위반에 대하여 이미 벌금을 납부한 경우 이에 추가하여 대집행에 소요된 비용을 부과할 수 있는지, 즉 행정벌과 대집행비용의 병과 가능성이 문제된다. 행정벌은 직접적으로 과거의 의무위반에 대하여 제재로서의 벌을 의미하는 반면, 행정상의 강제집행은 장래에 향하여 의무이행을 직접 목적으로 하기 때문에 행정벌과 대집행비용은 비록 행정의사의 실효성확보수단이라는 점에서는 공통점을 갖고 있으나 그 성격을 달리하기 때문에 일반적으로 병과가 가능하다.

(5) 대집행에 대한 구제

1) 개설

행정대집행에 대한 일반적 구제수단으로는 절차법적 구제인 행정쟁송의 제기와 실체법적인 구제수단인 손해배상 및 원상회복 등이 고려될 수 있다. 즉, 계고처분과 대집행영장의 통지는 처분성이 인정되고, 대집행실행에 관하여도 비록 권력적 사실행위이긴 하지만 행정대집행법 제7조에 의한 행정심판과 행정소송을 제기할 수 있도록 명문화되어 있으므로 다른 일반적 쟁송제기요건을 갖추는 한 절차법적 구제인 취소심판 내지 취소소송을 제기하는 데 있어 큰 문제는 없다.

---

669) 金東熙, 421쪽 ; 朴圭河, 419쪽 ; 朴鈗炘, 586쪽 ; 洪井善, 494쪽.
670) 徐元宇, 575쪽.
671) 徐元宇, 575쪽.
672) 卞在玉, 463쪽.
673) 韓堅愚, 333쪽.

2) 계고 등의 처분성과 하자의 승계

선행행위인 철거명령의 하자가 후행행위인 계고처분에 승계되는지 여부가 문제되는데 이에 대한 대법원의 견해는 다음과 같다.

① 대집행계고처분·대집행영장에 의한 통지·대집행의 실행·대집행비용납부명령 의 4단계절차는 모두 타인이 대신하여 행할 수 있는 행정의무의 이행을 의무자의 비용부담하에 확보하고자 하는, 동일한 행정목적을 위하여 단계적 일련의 절차로 연속하여 행하여지는 것으로서, 서로 결합하여 하나의 법률효과를 발생시키는 것이기 때문에 그 선행처분의 하자는 후행처분에 승계된다고 본다.

■ 대법원 1996. 2. 9. 선고 95누12507 판결
[선행처분인 계고와 후행처분인 대집행영장발부통보처분]
  대집행의 계고, 대집행영장에 의한 통지, 대집행의 실행, 대집행에 요한 비용의 납부명령 등은 타인이 대신하여 행할 수 있는 행정의무의 이행을 의무자의 비용 부담하에 확보하고자 하는, 동일한 행정목적을 달성하기 위하여 단계적인 일련의 절차로 연속하여 행하여지는 것으로서, 서로 결합하여 하나의 법률효과를 발생시키는 것이므로, 선행처분인 계고처분이 하자가 있는 위법한 처분이라면, 비록 그 하자가 중대하고도 명백한 것이 아니어서 당연무효의 처분이라고 볼 수 없고, 행정소송으로 효력이 다투어지지도 아니하여 이미 불가쟁력이 생겼으며, 후행처분인 대집행영장 발부 통보처분 자체에는 아무런 하자가 없다고 하더라도, 후행처분인 대집행영장발부통보처분의 취소를 청구하는 소송에서 청구원인으로 선행처분인 계고처분이 위법한 것이기 때문에 그 계고처분을 전제로 행하여진 대집행영장발부통보처분도 위법한 것이라는 주장을 할 수 있다(대법원 1990. 1. 23. 선고 87누947 판결, 대법원 1993. 2. 9. 선고 92누4567 판결, 대법원 1993. 11. 9. 선고 93누14271 판결).

② 대체적 작위의무를 명하는 행정처분과 계고처분 사이에 관하여는 대집행의 선행행위인 대체적 작위의무를 과하는 행정처분과 후행행위인 대집행계고처분은 상호 밀접한 관련을 갖는 행위이지만, 서로 독립하여 별개의 법률효과를 목적으로 하는 것이어서 전자의 하자가 당연무효가 아닌 이상 행정심판이나 소송을 제기하여 그 위법함을 소구하는 절차를 거치지 아니하였다면 위 선행행위의 하자는 후자에 승계되지 않는다고 본다.674)

---

674) 대법원 1998. 9. 8. 선고 97누20502 판결 ; 대법원 1982. 7. 27. 선고 81누293 판결 ; 대법원 1982. 5. 25. 선고 81누44 판결 ; 대법원 1975. 12. 9. 선고 75누218 판결 ; 대법원 2004. 6. 10. 선고 2002두12618 판결 ; 대법원 2004. 10. 15. 선고 2002다68485 판결.

3) 代執行實行의 完了에 따른 權利救濟

① 爭訟取消可能性

ⅰ) 戒告處分과 代執行實行의 處分性과 權利保護利益의 有無

계고는 일정기간이 경과하면 강제집행을 한다는 내용을 알리는 것으로서 규율성을 가지므로 처분성이 인정된다. 대집행의 실행은 권력적 사실행위이지만 행정대집행법에 따라 행정심판과 행정소송을 제기할 수 있다고 하였기 때문에 예외적으로 처분성은 승인된다고 해석된다. 다만 대집행의 실행완료 후 계고처분과 대집행실행에 대한 행정쟁송의 제기는 어렵다고 할 것이다.

> ■ 대법원 1993. 6. 8. 선고 93누6164 판결
> 대집행계고처분 취소소송의 변론종결 전에 대집행영장에 의한 통지절차를 거쳐 사실행위로서 대집행의 실행이 완료된 경우에는 행위가 위법한 것이라는 이유로 손해배상이나 원상회복 등을 청구하는 것은 별론으로 하고 처분의 취소를 구할 법률상 이익은 없다.

ⅱ) 費用納付命令에 대한 爭訟取消可能性

하자승계론에 관한 종래의 통설과 대법원판례에 의하면 선행행정행위인 계고처분의 위법성을 들어 비용납부명령에 대한 취소·변경을 다투어 구제를 받을 수 있는 여지가 있다.

② 結果除去請求權에 基礎한 原狀回復請求 與否

결과제거청구권은 위법적인 침해의 사실적 결과의 제거를 그 대상으로 하고 이를 통하여 위법적인 침해에 의하여 변경된 상태를 원래의 상태로 회복할 수 있는 실체법적 권리구제수단이다.

결과제거청구권의 성립요건으로는 첫째, 고권적 침해가 있을 것, 둘째로, 주관적 권리 내지 법적 이익을 침해하였을 것, 셋째로, 행정의 위법적 행위의 존재, 끝으로 위법적 상태의 지속을 요한다. 다만 결과제거청구권은 일정한 한계가 있는데, 사실적으로 가능하고, 법률적으로 허용되어야 하며, 행정청이 수인 가능하여야 할 것이다.

> ■ 대법원 2000. 5. 12. 선고 99다18909 판결
> 구 토지수용법(1999. 2. 8. 법률 제5909호로 개정되기 전의 것) 제18조의2 제2항에 의하면 사업인정의 고시가 있은 후에는 고시된 토지에 공작물의 신축, 개축, 증축 또는 대수선을 하거나 물건을 부가 또는 증치하고자 하는 자는 미리 도지사의 허가를 받

도록 되어 있고, 한편 구 도로법(1999. 2. 8. 법률 제5894호로 개정되기 전의 것) 제74조 제1항 제1호에 의하면 관리청은 같은 법 또는 이에 의한 명령 또는 처분에 위반한 자에 대하여는 공작물의 개축, 물건의 이전 기타 필요한 처분이나 조치를 명할 수 있다고 되어 있으므로 토지에 관한 도로구역 결정이 고시된 후 구 토지수용법(1999. 2. 8. 법률 제5909호로 개정되기 전의 것) 제18조의2 제2항에 위반하여 공작물을 축조하고 물건을 부가한 자에 대하여 관리청은 이러한 위반행위에 의하여 생긴 유형적 결과의 시정을 명하는 행정처분을 하여 이에 따르지 않는 경우에는 행정대집행의 방법으로 그 의무내용을 실현할 수 있는 것이고, 이러한 행정대집행의 절차가 인정되는 경우에는 따로 민사소송의 방법으로 공작물의 철거, 수거 등을 구할 수는 없다.

③ 損害賠償請求

국가배상법 제2조의 배상책임은 공무원이 직무에 관하여 고의 또는 과실로 법령에 위반하여 타인에게 손해를 가하였을 경우 그 성립요건으로 하고 있다.

2. 執行罰(履行强制金)

(1) 의의

執行罰(Exekutivstrafe, Zwangsstrafe, Ungehorsamsstrafe, Beugestrafe)이란 非代替的 作爲義務 또는 不作爲義務를 이행하지 않는 경우에 그 의무의 이행을 강제하기 위하여 먼저 계고를 한 뒤에, 의무자에게 과하는 金錢罰(Zwangsgeld)을 말한다. 집행벌은 행정상의 강제집행의 한 수단으로 행정상의 의무위반에 대한 제재로서의 행정벌과는 구별된다. 집행벌은 의무가 이행될 때까지 계속적으로 부과하는 것도 가능하나 행정벌은 일회적 제재에 그친다.

(2) 근거

집행벌에 관한 일반법은 없고, 건축법(제83조의 이행강제금), 대덕연구단지관리법(제19조), 부동산실권리자명의등기에관한법률(제6조 제②항, 제10조 제④항), 농지법(제62조), 독점규제 및 공정거래에 관한 법률(제51조의5) 등 개별 법률이 있다.

■ 대법원 1995. 11. 17. 선고 95마1048 판결
[건축법 제69조 제1항에 의한 시정명령을 받은 후 아직 시정하지 않았으나 설계변경 신청을 하여 그 허가가 날 수 있는 경우에도, 이행강제금을 부과할 수 있는지 여부]

　건축법 제69조 제1항 또는 구 건축법(1991. 5. 31. 법률 제4381호로 전문 개정되기 전의 것) 제42조 제1항에 의한 시정명령을 받은 후 시정하지 아니한 건축주 등에 대하여는, 설사 설계변경 신청을 하여 설계변경 허가가 날 수 있는 경우라고 하더라도, 적법하게 허가가 나지 않은 이상 개정 건축법 제83조 제1항 에 의하여 이행강제금(구 건축법이 적용되는 사안에서는 구 건축법 제56조의2 제1항에 의하여 과태료)을 부과할 수 있다(대법원 1995. 7. 21.자 94마1415 결정).

■ 대법원 1995. 7. 21. 선고 94마1415 판결
[건축법상의 이행강제금 재판에 있어서 관할관청의 통고 등의 취하·철회가 재판진행 장애사유인지 여부]
　건축법 제83조 제1항, 제6항, 제82조 제3항, 제4항의 규정에 의한 이행강제금 처분의 재판은 과태료처분의 재판과 마찬가지로 법원이 비송사건절차법에 의하여 직권으로 개시하는 것이고 관할관청의 통고 또는 통지는 법원의 직권발동을 촉구하는 데 지나지 아니하므로, 그 후 관할관청으로부터 위 통고 또는 통지의 취하·철회가 있더라도 그 취하·철회는 비송사건절차법에 의한 법원의 이행강제금 재판을 개시·진행하는 데 장애가 될 수 없다(대법원 1977. 8. 24.자 77마228 결정).

[이행강제금 부과처분 후에 한 시정명령의 이행이 부과처분 취소사유가 되는지 여부]
　건축법 제83조 제5항에 의하면 이행강제금 부과처분 후 그 부과처분을 받은 자가 시정명령을 이행한 경우에도 이행강제금의 징수만이 중지될 뿐이고 그 이행이 부과처분의 취소사유가 되는 것은 아니다(대법원 1990. 10. 20.자 90마699 결정).

(3) 執行罰의 賦課節次

　집행벌은 행정상의 강제집행의 수단으로서 경제적 부담을 부과하는 것이므로 법률에 특별한 규정이 없으면 부과할 수 없다. 비록 행정상의 부작위의무 또는 비대체적 작위의무를 과하는 법률의 규정이 있다 하여도 그것으로부터 직접 그 불이행을 이유로 하여 집행벌을 부과할 수는 없고 별도의 집행벌을 부과하는 법률의 규정이 있어야 한다. 집행벌은 법률이 정하는 일정한 절차에 따라 과하여져야 한다. 즉, 행정청은 일정한 기한을 정하여 그 기한 내에 의무를 이행하지 않거나 또는 그 의무의 이행이 불충분한 경우에는 일정한 금액의 집행벌을 과할 것을 예고하고 그 이행을 명하여야 한다.
　의무자가 집행벌의 내용인 금액을 납부하지 않을 때에는 국세징수법이 정한 조세체납처분절차에 의해 강제징수 할 수 있도록 근거법에 규정하는 것이 일반적이다.
　집행벌과 행정벌인 벌금을 병과문제를 둘러싸고 견해의 대립이 있다. 집행벌은 의무의 불이행에 대한 제재로서의 성질을 갖고 있으므로 행정벌과 병과하는 것은 이중처벌이

되어 허용되지 않는다는 견해와 행정벌은 과거의 의무위반에 대한 제재인데 비해 집행
벌은 장래의 의무이행의 확보수단으로서 그 목적과 성질을 달리하므로 병과할 수 있으
며 또한 의무이행시 까지 반복해서 과할 수 있다고 하는 견해가 그것이다.

　집행벌은 행정상의 강제집행의 수단이다. 따라서 그 의무의 이행이 있을 때까지 반복해
서 과할 수 있고, 법률이 집행벌 외에도 행정벌을 규정하고 있는 경우에는 병과할 수 있
다고 할 것이다.[675)]또한 행정벌은 행정상의 의무위반에 대한 제재이므로 의무위반의 행
위에는 주관적 요건을 필요로 하는 데에 반하여 집행벌에 있어서는 행정상의 의무의 불
이행이 있은 경우에 장래에 향한 의무의 이행을 강제하는 행정상 강제집행의 수단이므
로 주관적 요건을 필요로 하지 않는다.

(4) 執行罰과 權利救濟

　위법·부당한 집행벌에 있어서는 다른 행정처분에서 적용되는 것과 같은 일반적인 행정
구제제도가 당연히 적용되어야 할 것이다.

> ■ 대법원 2000. 9. 22. 선고 2000두5722 판결
> 　건축법 제82조 제3항, 제4항, 제83조 제6항에 의하면, 법 제83조 소정의 이행강제금
> 부과처분에 불복하는 자는 그 처분의 고지를 받은 날로부터 30일 이내에 당해 부과권
> 자에게 이의를 제기할 수 있고, 이의를 받은 부과권자는 지체 없이 관할법원에 그 사
> 실을 통보하여야 하며, 그 통보를 받은 관할법원은 비송사건절차법에 의한 재판을 하
> 도록 규정되어 있다. 위 법규정에 의하면 건축법 제83조의 규정에 의하여 부과된 이행
> 강제금 부과처분의 당부는 최종적으로 비송사건절차법에 의한 절차에 의하여만 판단되
> 어야 한다고 보아야 할 것이므로 위와 같은 이행강제금 부과처분은 행정소송의 대상이
> 되는 행정처분이라고 볼 수 없다(대법원 1993. 11. 23. 선고 93누16833 판결, 대법
> 원 1995. 7. 28. 선고 95누2623 판결 참조).

3. 直接强制

(1) 의의

　행정법상의 의무위반 또는 불이행이 있는 경우에 직접 의무자의 신체·재산에 대해 실력
을 가해 행정상 필요한 상태를 실현하는 작용을 말한다. 직접강제는 의무를 전제로 한다
는 점에서 행정상 즉시강제와 구별된다.

　직접강제는 기본적으로는 사실행위이지만 상대방에게 수인의무를 요구한다는 점에서

---

675) 朴圭河, 421쪽 ; 朴均省, 397쪽 ; 洪井善, 501쪽.

법적행위의 성질도 갖는다.

(2) 근거

일반법은 없고, 식품위생법(제62조), 출입국관리법(제46조-외국인 강제퇴거), 방어해면법(제7조), 군사시설보호법(제9조), 먹는물관리법(제38조 제①항-영업장 또는 사업장의 폐쇄) 등 개별법이 있다.

(3) 대상

통설에 의하면 직접강제의 대상인 의무에는 대체적·비대체적 작위의무, 부작위의무, 수인의무 등 모든 의무가 포함된다고 한다.

(4) 한계

직접강제는 국민의 기본권을 침해할 가능성이 많기 때문에 필요한 최소한의 범위에 그쳐야 한다.

(5) 구제

직접강제에 대해서는 행정쟁송을 제기할 수 있고, 요건을 갖추고 있는 경우 행정상 손해배상청구, 공법상 결과제거청구도 가능하다.

4. 行政上 强制徵收

(1) 의의

行政上 强制徵收(Zwangsfeitreibung)라 함은 행정법상의 금전급부의무가 이행되지 아니한 경우 행정청이 의무자의 재산에 실력을 가하여 의무가 이행된 것과 같은 상태를 실현하는 작용이다.

(2) 법적 근거

공법상 금전지급의무의 대표적인 것은 조세납부의무이다. 이중 국세의 강제징수에 관하여서는 국세징수법, 지방세·관세의 강제징수에 관여서는 지방세법(제28조 제②항), 관세법이 있다. 그러나 많은 법률에서 국세징수법의 체납처분의 예에 의하도록 규정하고 있어 국세징수법은 행정상 강제징수에 관한 실질적인 일반법의 성격을 갖는다.

(3) 절차

1) 독촉

독촉은 납세의무자에게 납세의무의 이행을 최고하고 최고기한까지 납부하지 않을 때에는 체납처분을 하겠다는 것을 예고하는 통지행위로서 준법률행위적 행정행위에 해당한다. 독촉은 이후에 행해지는 압류의 적법요건이 되며, 최고기간동안 조세채권의 소멸시효의 진행을 중단시키는 법적 효과를 가진다.

> ■ 대법원 1988. 6. 28. 선고 87누1009 판결
> 비록 독촉절차 없이 압류처분을 하였다고 하더라도 이러한 사유만으로는 압류처분을 무효로 되게 하는 중대하고도 명백한 하자로는 되지 아니한다(대법원 1982. 7. 13. 선고 81누360 판결 참조).

2) 체납처분

체납처분은 재산압류, 매각, 청산의 3단계로 되어 있다. 압류는 체납자가 재산을 사실상·법률상으로 처분하는 것을 금함으로써, 체납액의 징수를 확보하는 강제행위, 즉 권력적 사실행위로 항고소송의 대상이 되는 '처분'이다. 일반적으로 공매결정을 처분으로 보아 항고소송의 대상이 된다고 보고 있으나, 실무에서는 세무서장 및 성업공사가 당사자에게 한 공매대행통지서, 공매통지서, 매각결정통지서, 매각결정취소의 통지 등을 처분문서로 보아 행정소송을 제기하는 경우가 많다.

(4) 행정상 강제징수에 대한 불복

행정상 강제징수에 대한 불복에 관하여서는 국세기본법(지방세의 경우에는 지방세법, 관세의 경우에는 관세법)에 의한 특별행정심판절차에 의하므로 행정심판법은 보충적으로만 적용된다(행정심판법 제43조 제②항). 행정상 강제징수절차가 위법한 경우에는 행정소송법에 따라 행정소송을 제기할 수 있음은 물론 무효인 부과처분을 전제로 한 강제징수가 현실적으로 행하여진 경우에는 민사소송에 의한 부당이득반환청구도 할 수 있다.

제2절   行政上 卽時强制

I. 의의

1. 槪念

종래 行政上 卽時强制(Sofortiger Zwang)라 함은 목전에 급박한 행정상 장해를 제거

하여야 할 필요가 있는 경우에, 미리 의무를 명할 시간적 여유가 없을 때, 또는 그 성질 상 의무를 명해 가지고는 그 목적을 달성하기 곤란할 때에 직접 국민의 신체 또는 재산 에 실력을 가하여 행정상 필요한 상태를 실현하는 작용을 말한다고 정의되어 왔다.

 그러나 이러한 정의는 너무 포괄적이라는 비판이 제기되고 있는 가운데, 협의의 즉시강 제개념을 정립하여 "행정상 강제집행을 행함에 있어 사정이 급박하여 기본처분·계고 등 절차의 일부를 생략하고서 상대방의 신체 또는 재산에 실력을 가하여 행정상 필요한 상 태를 실현하는 작용"이라고 정의하기도 한다.[676)]

2. 구별개념

 (1) 행정상 즉시강제는 권력적 사실행위라는 점에서 행정행위, 비권력적 사실행위와 구 별된다.
 (2) 행정상 즉시강제는 의무의 존재를 전제로 하지 않는다는 점에서 행정상 강제집행과 구별된다.
 (3) 행정상 즉시강제는 행정상 필요한 상태를 직접 실현시킴을 목적으로 한다는 점에서 행정조사와 구별된다.

Ⅱ. 법적 근거

 행정상 즉시강제에 관한 실정법적 근거로는 일반법인 경찰관직무집행법이 있고 단행 법률로 소방기본법(제25,27조), 전염병예방법(제42조), 식품위생법(제56조), 마약류 관리에관한법률(제47조), 검역법(제24조, 제27조) 등이 있다.
 그런데 행정상 즉시강제에 반드시 법적근거를 요하는지와 관련하여 학설의 대립이 있다.

1. 法的根據不必要說

 Otto Mayer는 행정상 즉시강제(Otto Mayer는 直接强制라 불렀다)를 정당화하는 근 거를 설명하기 위하여 民法의 正當防衛(독일민법 제227조) 및 緊急狀態의 法理(독일민법 제228조)를 轉用하고 있다. 그에 의하면 警察自衛(Polizeiliche Selbstverteidigung), 可罰的 行爲의 實力에 의한 制止, 警察緊急權(Polizeiliche Notstandsrecht)에 해당되 는 경우에는 특별한 법규의 근거가 없어도 卽時强制가 허용된다고 한다.
 法的根據不必要說은 입법의 불비를 보충하는 해석으로서 상당한 가치가 있기는 하지만 인권보호를 중시하며 법치국가의 체제를 취하는 현행헌법의 이념에서 볼 때 상대방의 의사에 반하는 실력행사의 권한을 경찰직무에 관한 일반적, 추상적 규정에서 곧바로 도

---

676) 金南辰, 512쪽.

출한다는 것은 무리이고, 국민의 자유, 재산 등을 직접 실력으로 침해하는 것이 허용되는 것은 공공복지를 위해 그것이 필요한 경우에 한하며 그 요건에 관해서는 법률의 규정으로 명확히 정해야 할 것을 헌법이 요구하고 있다고 해석함이 타당하다는 점에서 비판받고 있다.

2. 法的根據必要說

行政上 卽時强制는 법치주의의 요청인 예측가능성과 법적 안정성을 부정하는 침해행정의 전형이기 때문에 실정법에 의하여 명확한 내용과 한계가 그어지지 않으면 아니 된다는 것이다.677)

사전에 의무를 과할 시간적 여유가 없는 긴급한 경우라든가, 의무를 과함으로써는 목적을 달할 수 없는 경우에 있어서는 즉시강제의 권한을 인정하는 것이 부득이하겠지만, 이러한 경우에 있어서도 목적달성에 필요한 필요최소한도에 그치고 법률에 의하여 그 내용과 한계를 명시하지 않으면 아니 된다는 것이다(경찰관직무집행법 제1조 제②항).

法的根據必要說은 법해석으로서 지나치게 형식적인 것으로 치우친 결함이 없지 않으며, 특히 경찰의 의무가 공공의 안전과 질서의 유지라고 하는 극히 광범위한 사회상을 대상으로 하고 있다는 점과 이러한 점은 현대사회가 복잡해지면 질수록 더욱 뚜렷해진다는 점을 간과 내지는 경시하고 있다는 비판을 中間說로부터 받고 있다.

3. 中間說

임의적 사실행위는 상대방의 승낙에 의거한다는 점에서 상대방의 권리자유를 침해하는 것이 되지 않고, 또한 사실상의 행위라는 점에서 아무런 법률상의 효과를 발생하지 않기 때문에 강제적인 행위의 경우와는 달리 그 수단에 관한 특별한 법의 규정은 필요없다는 것이다. 그러나 그 행위가 직무상의 행위이고 또한 그에 대한 반항이 공무집행방해가 되는 것으로서 그 집행이 보호받기 위해서는 그것은 어디까지나 특정된 행정목적 실현을 위한 것이 아니면 아니 된다고 한다. 그리하여 무엇이 행정목적인가에 관해서는 법의 근거를 필요로 한다는 것이다.678)

이러한 中間說에 대해서는 임의수단이라는 미명하에 준강제적수단이 발동될 위험이 없지 않다는 비판을 받을 수도 있다.

Ⅲ. 한계

677) 朴圭河, 430~431쪽 ; 朴均省, 405쪽 ; 朴鈗炘, 599쪽 ; 石琮顯, 471쪽 ; 尹世昌 外, 325~326쪽.
678) 徐元宇, 595쪽.

1. 실체법적 한계

행정상 즉시강제는 침해행정으로 법률이나 조례의 근거를 요한다. 급박성(행정상 장해가 목전에 급박), 보충성(다른 수단으로 행정목적 달성이 불가능), 비례성(행정목적 달성에 필요한 최소한도), 소극성(공공의 안녕질서유지를 위해서만) 등 비례원칙 하에서만 실력행사가 가능하다.

2. 절차법적 한계(행정상 즉시강제와 영장주의)

(1) 영장불요설(소극설)

영장제도는 연혁적으로 형사절차의 일환 내지 전제로서 일반 행정목적을 위한 행정상 즉시강제의 경우 영장이 필요없다는 것이다.[679]

(2) 영장필요설(적극설)

인권침해의 가능성이 크기 때문에 영장이 필요하다고 한다.

(3) 절충설

이는 현실성을 고려하여 권력억제와 기본권보장을 주안으로 하는 영장주의는 행정상 즉시강제권의 발동에도 동일하게 적용되어야 하나 행정상 즉시강제 중에서 행정목적달성에 불가피하다고 인정할 만한 합리적인 이유가 있는 경우에 한하여 영장주의의 적용을 받지 아니하는 강제조치를 인정할 수밖에 없다는 견해이다.[680]

> ■ 대법원 1997. 6. 13. 선고 96다56115 판결
> 사전영장주의는 인신보호를 위한 헌법상의 기속원리이기 때문에 인신의 자유를 제한하는 모든 국가작용의 영역에서 존중되어야 하지만, 헌법 제12조 제3항 단서도 사전영장주의의 예외를 인정하고 있는 것처럼 사전영장주의를 고수하다가는 도저히 행정목적을 달성할 수 없는 지극히 예외적인 경우에는 형사절차에서와 같은 예외가 인정되므로, 구 사회안전법(1989. 6. 16. 법률 제4132호에 의해 '보안관찰법'이란 명칭으로 전문 개정되기 전의 것) 제11조 소정의 동행보호규정은 재범의 위험성이 현저한 자를 상대로 긴급히 보호할 필요가 있는 경우에 한하여 단기간의 동행보호를 허용한 것으로서 그 요건을 엄격히 해석하는 한, 동 규정 자체가 사전영장주의를 규정한 헌법규정에 반한다고 볼 수는 없다.

---

679) 朴鈗炘, 601쪽.
680) 金南辰, 517쪽 ; 金東熙, 443~444쪽 ; 朴均省, 408~409쪽 ; 石琮顯, 473쪽 ; 洪井善, 510쪽.

Ⅳ. 행정상 즉시강제의 수단

1. 對人的 强制

사람의 신체에 실력을 가하여 행정상 필요한 상태 실현시키는 경우이다(경찰관직무집행법상의 불심검문, 보호조치, 위험발생방지조치, 범죄의 예방제지조치 등).

2. 對物的 强制

타인의 물건에 실력을 가하여 행정상 필요한 상태 실현시키는 경우이다(경찰관직무집행법상의 무기·흉기·위험물의 임시영치).

3. 對家宅 强制

소유자나 점유관리자 의사와 무관하게 타인의 건물, 영업소에 출입 또는 수색하는 경우이다(경찰관직무집행법상의 건물·선박·여관·음식점 등에의 출입).

Ⅴ. 행정상 즉시강제에 대한 구제

1. 적법한 즉시강제에 대한 구제

귀책사유 없이 특별한 희생 발생시 국가에 대한 보상 청구가 가능하다.

2. 위법한 즉시강제에 대한 구제

취소소송 등 행정쟁송의 제기, 국가배상법에 의한 손해배상청구 등에 의해 구제받을 수 있다.

제3절 行政罰

Ⅰ. 의의

行政罰(Verwaltungsstrafe)이라 함은 행정법상의 의무위반에 대하여 일반통치권에 근거하여 과하는 제재로서의 처벌을 말하며, 행정벌이 과하여 질 비행을 行政犯(Verwaltungsdelikt)이라 하고, 행정범에 대하여 행정벌을 과하는 절차를 行政處罰이라 한다.

행정벌은 직접적으로는 행정법상의 의무위반에 대한 제재로서의 의의를 가지나 간접적으로는 의무자에게 심리적 압박을 가함으로써 장래의 의무이행을 촉진시키는 기능도 가진다.

Ⅱ. 성질

1. 行政罰과 懲戒罰과의 구별

行政罰은 행정법규의 실효성을 확보하기 위하여 일반통치권에 의거하여 행정의무위반 자에게 과하는 제재인데 대하여, 懲戒罰은 공법상의 특별권력관계에서 그 내부질서를 유지하기 위하여 특별권력에 의거하여 특별권력관계 질서 문란자에게 과하는 제재인 점에서 서로 다르다. 이와 같이 양자는 서로 목적·대상·처벌을 과하는 권력적기초의 점에서 서로 다르기 때문에 一事不再理의 原則(헌법 제11조)이 적용되지 않고 병과가 가능하며, 刑事訴追優先의 原則도 채택되지 않고 있다(국가공무원법 제83조).

2. 行政罰과 行政上의 强制執行(특히 執行罰)과의 구별

행정벌과 행정상 강제집행은 다 같이 행정법상의 의무이행을 확보함을 목적으로 하는 점에서 공통되나, 그 구체적인 목적과 수단의 점에서 차이가 있다. 즉, ①행정벌은 행정법상의 의무위반이라는 과거의 비행에 대하여 과하여 지는 제재인데 대하여, 행정상의 강제집행은 행정법상의 의무의 불이행이 있는 경우에 장래의 이행을 강제하기 위한 수단이라는 점에서 구별된다. ② 이와 같이 집행벌은 제재가 아니고 장래에 있어서 의무이행을 강제하기 위한 수단인 점에서 일사부재리의 원칙의 적용이 없고, 의무이행이 있기까지는 반복하여 과할 수 있는 반면에, 의무이행기간경과 후라도 집행벌을 과하기 전에 의무이행이 있을 때에는 과할 수 없는 점에서, 한번 의무이행이 있으면 반드시 과하여 지고 거듭 처벌할 수 없는 행정벌과 다르다. ③ 그리고 행정벌에 있어서는 의무위반행위가 있으면 반드시 과하여야 하는데 대하여 집행벌에 있어서는 그 부과여부가 행정청의 재량이다. 또한 행정벌을 과기 위하여서는 고의 또는 과실이라고 하는 주관적 요건이 필요한데 대하여 집행벌은 의무불이행이라는 객관적 사실만 있으면 과할 수 있고 주관적 요건이 필요하지 않다는 점에서도 다르다.

3. 行政罰과 刑事罰과의 구별

행정벌은 그 제재수단을 표준으로 하여 행정형벌과 행정질서벌로 나누어지는 바, 행정질서벌과 형사벌과의 구별은 문제가 없으나, 행정형벌과 형사벌은 다 같이 형벌을 제재수단으로 하기 때문에 양자가 성질상 구별될 것인가, 구별된다면 이론적 구별기준이 무엇인가에 대하여 의논이 구구하다.

(1) 否定說

형사범이나 행정범이 형식적으로는 모두 제재로서 형벌이 과하여 진다는 점에서 차이가 없다고 한다. 실정법상 또는 해석상 행정벌에 대하여서는 특수성이 있다는 것은 인정하나 이는 양자의 성질상의 차이에서가 아니고 입법정책상 또는 법해석일반에서 우러나오는 것이라고 한다.

(2) 肯定說

1) 被侵害利益이 性質을 기준으로 하는 見解

형사범은 법익침해로서 '위법행위'인데 대하여, 행정범은 행정에 대한 지원을 게을리 한 '反行政行爲'라고 한다. 그러나 이에 대하여는 반행정행위도 행정법규위반행위로서 위법행위라는 것을 간과하고 있다는 비판이 있다.

2) 被侵害規範의 性質을 기준으로 하는 見解

① 絶對的 區別說

형사범은 문화규범위반행위인데 대하여, 행정범은 문화규범과 관계가 없는 단순한 국가의 입법에 위반된 행위라 하고, 또는 형사범은 국가의 명령·금지 이전에 반사회성·반도덕성을 갖는 自然犯(mala in se)인데 대하여, 행정범은 국가의 입법에 의하여 비로소 범죄가 되고 제재를 받는 法定犯(mala prohibita)이라고 한다.

이는 형사범은 국법이전의 반윤리적 행위인데 대하여, 행정범은 국법에 의하여 비로소 위반행위로 된다고 하여, 반윤리성의 유무에 의하여 양자를 본질적으로 구별하는 견해이다.

② 相對的 區別說

절대적 구별설이 주장하는 바를 원칙적으로 찬성하여 법규제정 당시에 그 행위의 반사회성·반윤리성이 국법 일반에 의하여 의식된 것이 형사범, 그렇지 못한 것이 행정범이라고 하나, 시간의 흐름에 따라 행정범도 윤리적 비난을 포함하게 됨으로 양자의 차이는 본질적인 것이 아니라 상대적·유동적인 것이라고 한다.

3) 윤리를 기준으로 하는 견해

고유의 형법에 속하는 범죄는 사회윤리적 의무위반인데, 행정형법에 속하는 범죄는 단지 민족공동체의 어떤 기능적 생활활동의 원활을 방해하는 행위에 그치며 윤리적으로는 무색(無色)하다고 한다.681)

---

681) 洪井善, 477쪽.

4) 생활질서의 차이를 기준으로 하는 견해

국가적·사회적 생활에 있어서는 그 기본적 생활질서와 이러한 기본적 생활질서와 관련은 되지만 기본적 생활구조에 직접 결합되지 않은 파생적 생활질서로 나누어지며, 전자에 위반한 것이 형사범, 후자에 위반한 것이 행정범이라 한다.[682]

(3) 結語

생각건대 살인행위같은 형사범은 국법 이전에 이미 반도덕성·반윤리성·범죄성을 갖는 행위인데 대하여, 좌측통행위반등과 같은 행정범은 특정한 행정목적(교통질서유지)의 실현을 위하여 국가의 입법에 의하여 비로소 범죄로서 처벌되는 행위이다.

형사범에 대한 형법은 제재규범(재판규범)을 정립하는데 그치고 그 이론적전제가 되는 행위규범을 생략하는 것이 보통인데 대하여, 행정벌법규는 행정규범과 제재규범을 아울러 규정(준수할 의무를 규정한 후 그 의무위반에 대한 처벌을 규정한다)하는 것이 통례이다.

그러나, 행정범도 시간의 경과에 따라 국민의 의식은 새로운 도덕감정을 형성하고 형사범으로 전화한다는 점에서 양자의 구별은 절대적인 것이 아니고 상대적·유동적인 것도 부인할 수 없다.

특별법에 규정된 범죄라도 공직선거및선거부정방지법에 규정된 선거사무관계자에 대한 협박·폭행(제244조) 등과 같이 형사범에 속하는 것이 있고 형법에 규정된 범죄일지라도 아편 등의 단순소지(제205조) 등과 같이 행정범적인 것도 있다.

따라서 행정법과 형사벌의 구별은 상대화 추세에 있으며 양자의 구별은 실정법의 규정을 근거로 해석론적으로 해결하여야 할 것이다.[683]

> ■ 대법원 1969. 7. 29. 자 69마400 결정
> 무역거래법 제30조 규정에 의하여 과하여지는 과태료는 통상적인 행정질서벌중의 하나로서 행정형벌과는 다르다 할 것이다. 즉, 행정질서벌과 행정형벌은 다같이 행정법령에 위반하는데 대한 제재라는 점에서는 같다하더라도 행정형벌은 그 행정법규 위반이 직접적으로 행정목적과 사회공익을 침해하는 경우에 과하여지는 것이므로 행정형벌을 과하는데 있어서 고의 과실을 필요로 할 것이냐의 여부의 점은 별문제로 하더라도 행정질서벌인 과태료는 직접적으로 행정목적이나 사회공익을 참해하는데 까지는 이르지 않고 다만 간접적으로 행정상의 질서에 장해를 줄 위험성이 있는 정도의 단순한 의무태만에 대한 제재로서 과하여지는데 불과하므로 다른 특별한 규정이 없는 한 원칙적으로 고의 과실을 필요로 하지 아니한다고 해석하여야 할 것이다.

---

682) 李尙圭, 511쪽.
683) 金南辰, 521쪽 ; 朴鈗炘, 620~621쪽.

Ⅲ. 근거

행정벌도 처벌인 점에서는 형벌과 다름이 없으며, 죄형법정주의가 그대로 타당하다고 할 것이다. 따라서 행정벌의 근거는 원칙적으로 법률, 예외적으로 행정입법(법규명령), 조례이며, 이러한 행정벌 법규에 대하여서도 소급입법의 금지, 일사부재리의 원칙이 적용됨은 형벌법규의 경우와 같다.

Ⅳ. 종류

1. 處罰의 內容에 의한 구분

(1) 行政刑罰

행정법상의 의무위반에 대하여 형법에 형명이 있는 형벌(형법 제41조) 즉, 사형·징역·금고·자격상실·자격정지·벌금·구류·과료 및 몰수를 과하는 행정벌이며, 행정벌은 대부분이 이 행정형벌이다. 행정형벌에 대하여서는 특별한 규정이 있는 경우를 제외하고는 원칙적으로 형법총칙이 적용되고(형법 제8조), 일반법원에서 형사소송법의 절차에 따라 과한다.

(2) 行政秩序罰

행정법상의 의무위반에 대한 제재로서 형법상에 형명이 없는 벌 즉, 과태료684)를 과하는 행정벌을 말한다. 행정질서벌은 일정한 신고·보고·등록·서류비치 등을 할 행정법상의 의무를 해태하는 것과 같이(상공회의소법 제51조, 도서관및독서진흥법 제53조 제3항, 특허법 제115조 내지 제150조, 건설산업기본법 제99조, 주민등록법 제20조, 공연법 제27조), 직접적으로 행정목적을 침해하는 것이 아니라, 간접적으로 행정목적의 달성에 장해를 미칠 위험성이 있는 행위 즉, 행정상의 질서를 문란하게 하는 행위에 대한 제재이다.

(3) 條例에 의한 過怠料

地方自治法의 규정(제9,128조)에 의하여 조례로 정하는 과태료이다. 다만, 조례에 의한 과태료는 행정질서벌의 성질을 가진 것과 행정형벌(실질적으로 형벌사항이나 자치입

---

684) 實定法上 過怠料라는 용어로서 규정되어 있는 制裁가 모두 行政秩序罰로서의 過怠料는 아니다. 實定法上의 過怠料에는 ① 秩序罰로서의 過怠料(이에는 다시 民事·訴訟上의 秩序罰로서의 過怠料(민법 제97조, 호적법 제130조 내지 133조, 민사소송법 제301,311,318,327,351,363,370조)와 行政秩序罰로서의 過怠料가 있다), ② 條例에 의한 過怠料, ③ 懲戒罰로서의 過怠料(공증인법 제83조, 변호사법 제117조, 법무사법 제48조) ④ 執行罰로서의 過怠料(우리 實定法 찾아 볼 수 없다)의 4종이 있다.

법으로 정한 까닭에 과태료를 제재수단으로 하였다고 볼 수 있는 것)을 가진 것의 두 가지가 있다.

2. 處罰의 對象에 의한 구분

行政罰은 그 처벌의 대상인 행정범에 의하여 침해되는 행정목적의 차이에 따라 警察罰·財政罰·經濟統制罰·營造物行政罰 등으로 나눌 수 있다.

V. 행정벌의 특수성

1. 行政刑罰의 特殊性

(1) 行政刑罰과 刑法總則의 적용

형법 제8조에 "본법 총칙은 타법령에 정한 죄에 적용한다. 단 그 법령에 특별한 규정이 있을 때에는 예외로 한다."라고 규정하고 있다. 따라서 다른 행정법규에 명문으로 행정범에 대한 특칙을 둔 때에는 그 한도 안에서 행정범에 대한 형법총칙의 적용이 배제되므로 문제가 없으나, 실정행정법규가 그와 같은 특칙을 명문으로 두지 아니할 때에도 행정범에 대한 형법총칙의 적용이 배제되는 경우를 인정할 것인가가 문제된다.

이에 대하여 1說은 형법 제8조 단서는 '법령에 특별한 규정이 있는 때'라고 하여 성문법임을 명시하고 있는 것으로 보아 특별한 규정이 없는 한 형법총칙이 전면적으로 적용된다고 한다.685) 2說은 형법 제8조 단서의 '특별한 규정'은 명문의 규정만으로 보지 않고 조리상 인정될 특수성을 포함하는 것으로 이해한다.686)

그러나 다수설은 법령에 특별한 규정이 없는 경우에도 법규의 해석상 행정법의 특수성을 고려하여 형법총칙의 적용한계를 정하여야 한다고 한다.687)

생각건대 상대적이나마 이론상 행정범과 형사범의 구별이 시인되고 그 구별에 따라 적용법원리에 있어서도 차이가 인정될 만한 합리적 근거가 승인된다면, 형법에서 규정하고 있는 특별한 규정은 형식적인 명문의 규정이 있는 경우만을 의미하는 것이 아니고 그 취지가 해석상 인정되는 경우까지를 포함한다고 보아야 할 것이다.

(2) 犯意

범의는 일반적으로 구성요건의 실현인식과 의사라고 정의할 수 있다. 형사범의 성립에는 고의가 있음을 요건으로 하고(형법 제13조), 과실있는 행위는 특히 법률에 규정이

685) 李尙圭, 515~516쪽.
686) 洪井善, 480쪽.
687) 金南辰, 523쪽 ; 金道昶, 576쪽 ; 金東熙, 459쪽 ; 朴均省, 413쪽.

있을 때에만 처벌한다(형법 제14조). 그러나 행정범의 성립에 있어서는 고의필요설과 고의불요설이 대립하고 있다. 전자는 형법의 규정은 행정형벌에도 적용되는 것이므로 (형법 제8조), 행정벌 법규에 과실에 의한 행위를 처벌할 명문의 규정이 있거나, 당해 행정벌 법규의 해석상 과실에 의한 의무위반을 처벌할 뜻이 명백한 경우이외에는 범의가 없는 한 행정범이 성립되지 아니 한다는 견해이다.688)후자는 원칙적으로 고의를 필요로 하나 당해법규자체의 해석에 의하여 과실법의 가벌성이 도출되는 경우에는 예외적으로 과실만으로 충분하다는 견해이다. 즉 행정형벌은 행정법상의 의무위반이라는 객관적 사실에 착안하여 위반자를 처벌함으로써 행정목적을 달성하려는 것이 목적이기 때문에 실정법에서 고의만을 처벌한다는 뜻이 명백하거나 고의범과 과실범을 구별하여 규정하는 경우(부정수표단속법 제2조)를 제외하고는 고의를 요건으로 하지 않고 과실 있는 것으로 족하다는 것이다.689)

■ 대법원 1965. 6. 29. 선고 65도1 판결
[부정수표단속법 위반행위가 고의범인가 여부]
 특별 형벌법규에 의하여 처벌되는 범죄에는 고의를 요하지 아니한다는 취지가 그 법규의 명문으로서 규정되었다거나 그 명문이 없다 하여도 법규의 규정 중 위와 같은 취지를 명백히 확인할 수 있는 경우가 아니고서는 특별 형벌규정 위반에 의한 범죄구성에 있어서도 일반 형법의 원칙에 따라 고의를 필요로 한다 할 것이고 부정수표단속법 제2조의 경우에도 고의를 필요로 한다고 해석함이 타당하다.

■ 대법원 1994. 5. 27. 선고 93도3377 판결
[근로기준법 제27조 제1항 위반죄의 성립에 고의를 필요로 하는지 여부]
 형법 제13조 단서에서 말하는 특별한 규정이 있는 경우라 함은 다른 형벌법규에 의하여 처벌하는 죄의 성립에 고의를 요하지 아니한다는 명문의 규정이 있거나 그 법률규정 중에 그러한 취지를 명백하게 알 수 있는 경우를 의미하므로, 이와 같은 특별한 규정이 있는 경우에 해당하는 것으로 인정되지 아니하는 근로기준법 제107조에 의하여 처벌되는 같은 법 제27조 제1항 위반죄에 있어서는 일반형벌의 원칙에 따라 고의를 필요로 한다.
 어떤 징계사유가 존재하고 당시 사정으로 보아 사용자가 당해 징계처분을 할 만한 정당한 이유가 있다고 판단한 것이 무리가 아니었다고 인정되는 경우에는 설사 그 징계처분이 사후에 사법절차에서 정당한 사유가 없는 것으로 인정되어 무효로 되었다 하더라도 사용자에게 근로기준법 제27조 제1항을 위반하여 정당한 이유 없이 근로자에 대하여 해고 등의 불이익처분을 한다는 인식 즉 고의를 인정할 수 없다.

---

688) 朴圭河, 450쪽 ; 石琮顯, 493쪽 ; 李尙圭, 516쪽.
689) 강문용, 「행정벌의 특수성」(고시연구, 1975. 6.), 39쪽.

이하 行政犯에 있어서 過失犯의 處罰問題와 行政犯에 있어서 고의의 성립에 違法性의 認識 필요여부에 대해 자세히 살펴보기로 한다.

1) 行政犯에 있어서 過失犯의 處罰

형법 제14조가 과실 있는 행위는 법률에 특별한 규정이 있는 경우에 한하여 처벌한다고 규정하고 있는데, 행정형벌의 경우에는 그 '特別한 規定'이 무엇을 의미하는가가 문제된다.

① 明文規定이 있는 경우

법률이 과실 있는 행위를 처벌하는 명문규정을 두는 일도 적지 않으며(예 ; 부정수표단속법 제2조 제③항, 도로교통법 제108조) 이 경우에는 문제가 없다.

② 明文規定이 없는 경우

과실범의 처벌문제와 관련해서는 명문규정이 없는 경우 불가벌설과 가벌설 다시 후자는 무제한설과 제한설로 나뉨을 알 수 있다.

ⅰ) 不可罰說

법률에 명문규정이 없으면 과실범의 처벌은 인정될 수 없다는 견해이다.[690]

ⅱ) 可罰說

다수설은 형법 제14조의 '특별한 규정'은 명문규정에 한하지 않고, 법해석상 과실범의 가벌성을 인정해야 할 경우를 포함한다고 한다.[691]

㉠ 無制限說

行政犯은 행정목적의 달성이라는 견지에서, 행정법규위반이라는 객관적 사실에 착안하여 위반자를 처벌하는 것이므로, 행정범의 성립에는 過失이 필요 없다는 견해이다.

㉡ 制限說

당해 법규 자체의 해석(범죄구성요건 자체에 대한 語句의 범위 내에서의 목적론적 해석)에 의하여 과실범의 가벌성이 도출되는 경우에 한정된다는 견해로 우리나라의 판례와 행정법학자의 다수설이다.

---

690) 尹世昌 外, 344쪽.
691) 洪井善, 481쪽.

■ 대법원 1986. 7. 22. 선고 85도108 판결

[행정단속법규에 대한 과실범의 처벌]

　행정상의 단속을 주안으로 하는 법규라 하더라도 명문규정이 있거나 해석상 과실범도 벌할 뜻이 명확한 경우를 제외하고는 형법의 원칙에 따라 고의가 있어야 벌할 수 있다.

■ 대법원 1993. 9. 10. 선고 92도1136 판결

　구 대기환경보전법(1992. 12. 8. 법률 제4535호로 개정되기 전의 것)의 입법목적이나 제반 관계규정의 취지 등을 고려하면, 위 법 제36조에 위반하는 행위 즉, 법정의 배출허용기준을 초과하는 배출가스를 배출하면서 자동차를 운행하는 행위를 처벌하고자 하는 위 법 제57조 제6호의 규정은 고의범 즉, 자동차의 운행자가 그 자동차에서 배출되는 배출가스가 소정의 운행 자동차 배출허용기준을 초과한다는 점을 실제로 인식하면서 운행한 경우는 물론이고, 과실범 즉, 운행자의 과실로 인하여 그러한 내용을 인식하지 못한 경우도 함께 처벌하는 규정이라고 해석함이 상당하다 할 것이다(대법원 1993. 7. 13. 선고 92도1139 판결 참조).

---

　　iii) 評價

　생각건대 행정범에 있어서 과실범을 처벌하기 위해서는, 罪刑法定主義의 原則과 형법 제14조의 "정상의 주의를 태만함으로 인하여 죄의 성립요소인 사실을 인식하지 못한 행위는 법률에 특별한 규정이 있는 경우에 한하여 처벌한다."는 규정에 비추어, 법률에 과실범의 처벌에 관한 명문의 규정이 있어야 한다고 할 것이다.

　2) 行政犯에 있어서 故意의 成立에 違法性의 認識이 필요한가?

　이와 관련하여 위법성인식불요설, 위법성인식필요설(엄격고의설과 제한적고의설(위법성인식가능성설)), 책임설(엄격책임설과 제한적책임설)등 학설대립이 있다.

　여기서 엄격고의설은 행정범은 법이전의 반사회적행위가 아니고 행정법규위반행위이며, 따라서 행정범에 있어서는 위법성의 인식이 범죄유형에 해당하는 사실의 인식만이 아니고 구체적인 행정법규위반의 인식을 전제로 하는 경우가 많아 행정범의 고의성립에는 違法性의 認識이 필요하다고 보고 법률의 착오(형법 제16조)는 고의의 성립을 조각한다고 한다.

　제한적 고의설은 위법성의 인식은 고의의 구성요소이지만 반드시 현실적·심리적 인식을 요하는 것이 아니고 인식의 가능성으로 족하다고 하면서 형법 제16조는 이러한 취지를 명문화한 것이라고 한다.692)

책임설은 책임의 본질은 비난가능성이며 위법성의 인식은 비난가능성의 구성요소일 뿐이라고 하면서 위법성의 인식이 없으면 금지의 착오로서 고의를 조각하는 것이 아니라 책임을 조각할 뿐이며 위법성의 착오에 대한 법적 효과는 착오의 회피가능성에 따라 좌우된다고 한다.

생각건대 행정벌의 경우 대부분의 구성요건은 법정범의 성질을 지니므로 만일 법률의 착오규정을 적용하면 행정벌이 거의 대부분 처벌되지 않게 되기 때문에 제한적고의설을 따를 것이다.

(3) 他人의 行爲에 대한 責任

형법은 형사범에 대하여 범죄주체와 형벌주체가 일치될 것을 요구하고 있으나(형벌개별화의 원칙), 대부분의 행정법규는 행위자인 종업원과는 별도로 행위자가 아닌 사업주를 처벌하는 규정을 두어 타인의 행위에 대하여 책임을 지게하고 있다.

이와 같은 사업주처벌규정에는 행위자에 갈음하여 그 감독의무자등을 처벌하는 轉嫁罰規定과 행위자를 벌함과 동시에 사업주도 처벌하는 兩罰規定[693]이 있는 바, 후자가 원칙적인 규정형식이다.

종업원등의 행위에 대한 사업주등이 지는 책임의 성질에 대하여는 오로지 행정상의 단속목적을 위한 무과실책임이며, 종업원에 갈음하여 사업주가 지는 대위책임이라는 설(代位責任說)과 사업주 자신의 주의·감독을 해태한데 대한 과실책임이라는 설(過失責任說)[694]이 대립되어 있으나 후자가 일반적견해이다. 그런데 이 過失責任說은 다시 사업주의 과실이 의제된다는 주장과 과실이 추정된다는 주장이 대립되어 있는 바, 후설이 다수설이다. 이에 의하면 사업주등이 주의를 해태하지 않았음을 증명한 때에는 책임을 면하게 된다.

대법원은 "도로교통법 제81조의 법인의 대표자 또는 법인이나 개인의 대리인, 사용인 기타의 종업원이 그 법인 또는 그 개인의 업무에 관하여 이 법에 위반하였을 때에는 행위자를 처벌하는 외에 그 법인 또는 개인에 대하여도 각 본조의 벌금형 또는 과료를 과한다는 양벌규정은 도로에서 발생하는 모든 교통상의 위해를 방지 제거하여 교통의 안

---

692) 金東熙, 460쪽 ; 朴圭河, 449쪽 ; 李尙圭, 517쪽.
693) 헌법재판소가 2007. 11. 29. 선고한 구 보건범죄단속에관한특별조치법 제6조(2005헌가10) 양벌규정에 대하여 책임주의에 반한다는 이유로 위헌결정을 내린 후 법인 또는 개인 영업주가 종업원 등의 위반행위를 방지하기 위하여 관리·감독의무를 다한 경우에는 형사책임을 면하는 규정을 두는 것으로 상당수가 개정된 바 있으며, 2009. 7. 30. 청소년보호법 제54조(2008헌가10), 구 도로법 제86조(2008헌가17) 등 양벌규정에 대하여 위헌결정이 내려짐으로써 향후 양벌규정의 대대적인 손질이 예상된다.
694) 金南辰, 526쪽 ; 石琮顯, 496쪽 ; 洪井善, 481쪽.

전과 원활을 도모하기 위하여 도로교통법에 위반하는 행위자 외에 그 행위자와 위 법 소정의 관계에 있는 고용자 등을 아울러 처벌하는 이른바 질서벌의 성질을 갖는 규정이므로 비록 행위자에 대한 감독책임을 다하였다거나 또는 행위자의 위반사실을 몰랐다고 하더라도 이의 적용이 배제된다고 할 수 없다."라고 판시함으로써695) 兩罰規定을 無過失責任說에 입각하여 파악하고 있다.

사업주처벌규정을 두고 있는 행정법규와 동일한 성질의 행정법규에서 사업주의 책임에 관한 규정을 두지 아니한 경우에 사업주를 처벌할 수 있는가에 대하여는 죄형법정주의의 원칙상 이를 처벌할 수 없다는 消極說,696) 업무의 경영에 관하여 법령을 준수함은 사업주가 국가에 대하여 부담하는 의무이므로 규정이 없더라도 행위자자신만을 처벌한다는 것이 명백한 경우 외에는 사업주가 책임을 져야한다는 積極說697)이 대립되어 있다.

일반적 견해는 행위자 이외에 사업주 등을 처벌하는 명문규정이 없더라도 관계규정의 해석에 의해 사업주 등도 벌할 뜻이 명확한 경우에는 사업주 등도 처벌대상이 된다고 한다.

생각건대 행정범에 있어서 당해 兩罰規定이 과실책임을 근거로 처벌한다는 취지가 明示된 경우 즉 "다만, 사업주가 위반방지에 필요한 조치를 한 경우에는 그러하지 아니하다."와 같은 但書가 追加된 경우698)는 물론이고, 典型的인 兩罰規定에 있어서도 행위자 이외에 법인이나 개인을 처벌하는 근거를 사업주체 자체의 과실에서 찾는 過失責任說이 타당하다고 하겠다.

■ 대법원 1999. 7. 15. 선고 95도2870 전원합의체판결
[구 건축법 제57조의 양벌규정이 위반행위의 이익귀속주체인 업무주에 대한 처벌규정임과 동시에 행위자의 처벌규정인지 여부(적극)]
구 건축법(1991. 5. 31. 법률 제4381호로 전문 개정되기 전의 것) 제54조 내지 제56조의 벌칙규정에서 그 적용대상자를 건축주, 공사감리자, 공사시공자 등 일정한 업무주(業務主)로 한정한 경우에 있어서, 같은 법 제57조의 양벌규정은 업무주가 아니면서 당해 업무를 실제로 집행하는 자가 있는 때에 위 벌칙규정의 실효성을 확보하기 위하여 그 적용대상자를 당해 업무를 실제로 집행하는 자에게까지 확장함으로써 그러한 자가 당해 업무집행과 관련하여 위 벌칙규정의 위반행위를 한 경우 위 양벌규정에 의하여 처벌할 수 있도록 한 행위자의 처벌규정임과 동시에 그 위반행위의 이익귀속주체인 업무주에 대한 처벌규정이라고 할 것이다.
[보충의견] 대법원이 종래 양벌규정에 의하여 업무주 등이 아닌 행위자도 벌칙규정의

---

695) 대법원 1982. 9. 14. 선고 82도1439 판결.
696) 金南辰, 526쪽 ; 朴圭河, 452쪽.
697) 康文用, 前揭論文 104쪽.
698) 예컨대 勤勞基準法 제116조. 상세한 것은 李哲, 「兩罰規定에 관한 考察」(法曹 제36권 2호, 1987. 2.), 6쪽 이하 참조.

적용대상이 된다고 해석하여 온 구 건설업법(1995. 12. 30. 법률 제5137호로 개정되기 전의 것) 등의 벌칙규정의 경우에는 선행하는 의무규정 또는 금지규정에서 적용대상자를 업무주 등으로 한정하고 그 의무규정 등의 위반행위를 처벌하는 벌칙규정에서는 그 적용대상자를 별도로 한정하지 아니한 것과는 달리, 구 건축법에는 위와 같은 형식의 벌칙규정(제55조 제3호) 외에도, 의무규정 또는 금지규정에서는 적용대상자를 한정하지 아니하고 그 의무규정 등의 위반행위를 처벌하는 벌칙규정에서 비로소 적용대상자를 업무주 등으로 한정하고 있는 경우(제54조, 제55조 제1호, 제2호, 제4호 등)가 있으나, 선행의 의무규정 또는 금지규정에서 그 적용대상자를 업무주 등으로 한정한 경우에는 벌칙규정에서 다시 처벌대상자를 한정하지 않더라도 위반행위에 관한 처벌대상자는 업무주 등으로 한정됨이 명백하므로 이를 다시 벌칙규정에서 한정하지 아니한 것일 뿐이고, 한편 선행의 의무규정 또는 금지규정에서 적용대상자를 한정하지 아니한 경우에는 그 위반행위에 관한 처벌대상자를 업무주 등으로 한정하기 위하여 벌칙에서 이를 규정한 것이라 할 것인데, 그러한 차이는 입법기술적인 면에서 비롯된 규정형식상의 차이에 불과할 뿐이며, 어느 경우든 의무규정 또는 금지규정의 위반행위에 관한 벌칙규정의 적용대상자가 업무주 등으로 한정된다는 점에 있어서는 실질적인 차이가 없으므로 각각의 경우에 있어서 동일 형식의 벌칙규정에 대한 양벌규정의 의미가 달라진다고 볼 수 없고, 이와 같이 적용대상자가 업무주 등으로 한정된 벌칙규정임에도 불구하고 양벌규정에서 '행위자를 벌'한다고 규정한 입법 취지는 위의 어느 경우든 업무주를 대신하여 실제로 업무를 집행하는 자임에도 불구하고 벌칙규정의 적용대상자로 규정되어 있지 아니하여 벌칙규정만으로는 처벌할 수 없는 위반행위자를 양벌규정에 의하여 처벌할 수 있도록 함으로써 벌칙규정의 실효성을 확보하는 데에 있음이 분명하다.

■ 대법원 1991. 11. 12. 선고 91도801 판결
[양벌규정인 구 환경보전법 제70조에 의하여 사업자가 아닌 행위자도 사업자에 대한 각 본조의 벌칙규정의 적용대상이 되는지 여부(적극)]
 구 환경보전법(1990. 8. 1. 법률 제4260호로 제정된 수질환경보전법 부칙 제15조에 의하여 이 사건에 적용) 제66조 제1호, 제16조의2 제1항 소정의 벌칙규정의 적용대상은 사업자, 즉 배출시설의 설치허가를 받은 자(제15조의2 제1항 참조)임이 그 규정자체에 의하여 명백하나, 한편 같은 법 제70조는 법인의 대표자 또는 법인이나 개인의 대리인·사용인 기타의 종업원이 제66조 내지 제69조의 규정에 위반하여 죄를 범한 때에는 그 행위자를 벌하는 외에 그 법인 또는 개인에 대하여도 각 본조의 벌칙규정을 적용하도록 양벌규정을 두고 있고, 이 규정의 취지는 각 본조의 위반행위를 사업자인 법인이나 개인이 직접 하지 않은 경우에도 그 행위자와 사업자 쌍방을 모두 처벌하려는 데에 있으므로, 이 양벌규정에 의하여 사업자가 아닌 행위자도 사업자에 대한 각 본조의 벌칙규정의 적용대상이 되는 것이다(대법원 1980. 12. 9. 선고 80도384 판결 참조).

(4) 法人의 責任

형사범의 경우에는 법인의 범죄능력을 부인하는 것이 통설이나, 행정범에 있어서는 범죄능력을 인정하는 것이 다수설이다.

그런데 법인의 범죄능력은 법인의 대표자나 대리인·사용인 기타의 종업원이 법인의 사무에 대하여 의무위반행위를 한 때에 문제되는 것으로 결국 위의 사업주처벌에 있어서 사업주가 법인일 때 생긴다.

법인의 책임의 성질에 관하여도 無過失責任說(代位責任說)과 過失責任說(自己責任說)이 對立되어 있는 바, 過失責任說이 통설이다.

사업주처벌의 경우와 마찬가지로 법인을 처벌한다는 명문의 규정이 없는 경우에 법인이 책임을 질 것인가에 대하여서도 消極·積極 양설이 대립되어 있으나 명문규정이 있는 경우에는 가능하다고 하겠다.699)

■ 대법원 1994. 2. 8. 선고 93도1483 판결
[법인의 범죄능력 유무]
 법인은 그 기관인 자연인을 통하여 행위를 하게 되는 것이기 때문에, 자연인이 법인의 기관으로서 범죄행위를 한 경우에도 행위자인 자연인이 그 범죄행위에 대한 형사책임을 지는 것이고, 다만 법률이 그 목적을 달성하기 위하여 특별히 규정하고 있는 경우에만 그 행위자를 벌하는 외에 법률효과가 귀속되는 법인에 대하여도 벌금형을 과할 수 있을 뿐이다(대법원 1961. 10. 19. 선고 4294형상417 판결 ; 대법원 1976. 4. 27. 선고 75도2551 판결 참조).

■ 대법원 1997. 1. 24. 선고 96도524 판결
 법인격 없는 사단과 같은 단체는 법인과 마찬가지로 사법상의 권리의무의 주체가 될 수 있음은 별론으로 하더라도 법률에 명문의 규정이 없는 한 그 범죄능력은 없고 그 단체의 업무는 단체를 대표하는 자연인인 대표기관의 의사결정에 따른 대표행위에 의하여 실현될 수밖에 없는바, 구 건축법(1995. 1. 5. 법률 제4919호로 개정되기 전의 것) 제26조 제1항의 규정에 의하여 건축물의 유지·관리의무를 지는 '소유자 또는 관리자'가 법인격 없는 사단인 경우에는 자연인인 대표기관이 그 업무를 수행하는 것이므로, 같은 법 제79조 제4호에서 같은 법 제26조 제1항의 규정에 위반한 자라 함은 법인격 없는 사단의 대표기관인 자연인을 의미한다.

---

699) 姜求哲, 612쪽 ; 金南辰, 525쪽 ; 石琮顯, 495쪽. 金東熙 교수는 종업원이 그 업무상 위반행위를 한 경우와 법인의 대표자가 기관의 지위에서 위반행위를 한 경우로 나누어 전자의 경우는 법인의 책임이 부인된다고 하고, 후자의 경우는 관계 행정법규의 규정 자체의 해석상 법인의 처벌도 인정되는 것으로 볼 수 있는 경우에 한해서만 법인의 책임을 인정하여야 할 것이라고 한다(同, 462쪽).

(5) 責任能力

행정범의 성립에 있어서 그 책임능력에 대하여서는 형법총칙의 규정(제9조 내지 제11조)을 적용할 수 없는 경우가 많고, 실정법에서 배제하는 규정을 둘 때도 있다(담배사업법 제31조).

(6) 共犯

행정범에 대하여는 공범에 관한 형법의 규정을 적용할 수 없을 때가 많다. 실정법에서도 이에 관한 규정을 배제하거나(선박법 제39조) 교사범을 정범으로 처벌하도록 규정한 경우도 있다(근로기준법 제116조).

(7) 累犯·競合犯·酌量減輕

행정범에 대하여 법령에 누범·경합범·작량감경에 관한 형법총칙의 적용을 배제하는 경우가 있다(담배사업법 제31조).

2. 行政秩序罰의 特殊性(行政秩序罰과 刑法總則)

行政秩序罰로서의 過怠料는 행정범에 대하여 과하는 금전벌이라는 점에서는 형법상의 형벌인 벌금 및 과료와 같으나 그것이 형법상의 형벌이 아니라는 점에서 형식적으로 형벌과 구별될 뿐만 아니라, 過怠料(秩序罰)에 처할 행위는 이른 바, 범죄를 구성하지 아니한 단순한 의무위반행위라는 점에서 실질적으로도 형사벌과 다르다.

위와 같이 행정질서벌은 형사적제재로서의 성질을 가지는 것이 아니며 형법이 정한 형벌과는 전혀 구별되는 것이므로 형법총칙의 규정이 적용될 여지가 없다.

■ 대법원 1994. 8. 26. 선고 94누6949 판결
[행정질서벌의 부과대상 및 고의·과실의 요부]
과태료와 같은 행정질서벌은 행정질서유지를 위하여 행정법규위반이라는 객관적 사실에 대하여 과하는 제재이므로 반드시 현실적인 행위자가 아니라도 법령상 책임자로 규정된 자에게 부과되고 또한 특별한 규정이 없는 한 원칙적으로 위반자의 고의·과실을 요하지 아니한다 할 것이다(대법원 1993. 11. 9. 선고 93누16345 판결 참조).

■ 대법원 2003. 9. 2. 선고 2002두5177 판결
행정법규 위반에 대하여 가하는 제재조치는 행정목적의 달성을 위하여 행정법규 위반이라는 객관적 사실에 착안하여 가하는 제재이므로 위반자의 의무 해태를 탓할 수 없는 정당한 사유가 있는 등의 특별한 사정이 없는 한 위반자에게 고의나 과실이 없다고

하더라도 부과될 수 있다(대법원 1980. 5. 13. 선고 79누251 판결 참조).

■ 대법원 2000. 5. 26. 선고 98두5972 판결
 과태료와 같은 행정질서벌은 행정질서유지를 위한 의무의 위반이라는 객관적 사실에 대하여 과하는 제재이므로 반드시 현실적인 행위자가 아니라도 법령상 책임자로 규정된 자에게 부과되고 원칙적으로 위반자의 고의·과실을 요하지 아니하나, 위반자가 그 의무를 알지 못하는 것이 무리가 아니었다고 할 수 있어 그것을 정당시할 수 있는 사정이 있을 때 또는 그 의무의 이행을 그 당사자에게 기대하는 것이 무리라고 하는 사정이 있을 때 등 그 의무 해태를 탓할 수 없는 정당한 사유가 있는 때에는 이를 부과할 수 없다.

VI. 行政罰의 科罰節次

1. 행정형벌의 과벌절차

 행정형벌은 원칙적으로 형사벌과 마찬가지로 형사소송법이 정하는 바에 따라 법원의 선고에 의하여 과하나, 기술적 합리성, 사건의 신속한 처리 등을 위하여 卽決審判(법원조직법, 즉결심판에 관한 절차법), 通告處分(조세범처벌절차법, 관세법, 출입국관리법), 保護處分(소년법) 등 특별절차가 마련되어 있는 경우도 있다.

■ 헌법재판소 1998. 5. 28. 선고 96헌바4 결정
 통고처분은 상대방의 임의의 승복을 그 발효요건으로 하기 때문에 그 자체만으로는 통고이행을 강제하거나 상대방에게 아무런 권리의무를 형성하지 않으므로 행정심판이나 행정소송의 대상으로서의 처분성을 부여할 수 없고, 통고처분에 대하여 이의가 있으면 통고내용을 이행하지 않음으로써 고발되어 형사재판절차에서 통고처분의 위법·부당함을 얼마든지 다툴 수 있기 때문에 관세법 제38조 제3항 제2호가 법관에 의한 재판받을 권리를 침해한다든가 적법절차의 원칙에 저촉된다고 볼 수 없다.

■ 대법원 1995. 6. 29. 선고 95누4674 판결
 도로교통법 제118조에서 규정하는 경찰서장의 통고처분은 행정소송의 대상이되는 행정처분이 아니므로 그 처분의 취소를 구하는 소송은 부적법하고, 도로교통법상의 통고처분을 받은 자가 그 처분에 대하여 이의가 있는 경우에는 통고처분에 따른 범칙금의 납부를 이행하지 아니함으로써 경찰서장의 즉결심판청구에 의하여 법원의 심판을 받을 수 있게 될 뿐이다.

2. 行政秩序罰의 科罰節次

(1) 一般行政秩序罰의 科罰節次

 일반 행정질서벌인 과태료는 법률에 특별한 규정이 있는 경우(병역법 제93조 제③항)를 제외하고는 과태료에 처할 자의 주소지를 관할하는 지방법원이 非訟事件節次法이 정하는 재판절차에 따라 과한다(제247,248조). 과태료에 처하여진 자가 소정의 기간까지 과태료를 완납하지 아니하는 경우에는 형벌인 벌금 또는 과료를 완납하지 아니하는 경우와 같이 노역장유치를 하는 것이 아니라, 검사의 명령으로 민사집행법상의 강제집행 절차에 따라 강제 징수한다(비송사건절차법 제249조).

(2) 條例에 의한 行政秩序罰의 科罰節次

 지방자치단체는 조례를 위반한 행위에 대하여 조례로써 1천만원 이하의 과태료를 정할 수 있는데, 과태료 처분을 고지받은 날부터 30일 이내에 해당 지방자치단체의 장에게 이의를 제기하지 아니하고, 과태료를 내지 아니하면 지방세 체납처분의 예에 따라 징수한다(지방자치법 제 제27조 제⑤항).

Ⅶ. 행정벌과 행정구제

1. 행정형벌과 행정구제

■ 헌법재판소 1994. 6. 30. 선고 92헌바38 결정

[이중처벌금지원칙을 정한 헌법 제13조 제1항 소정의 '처벌'의 의미]
 헌법 제13조 제1항이 정한 '이중처벌금지의 원칙'은 동일한 범죄행위에 대하여 국가가 형벌권을 거듭 행사할 수 없도록 함으로써 국민의 기본권 특히 신체의 자유를 보장하기 위한 것이므로, 그 '처벌'은 원칙으로 범죄에 대한 국가의 형벌권 실행으로서의 과벌(課罰)을 의미하는 것이고, 국가가 행하는 일체의 제재나 불이익처분을 모두 그에 포함된다고 할 수는 없다.

[무허가건축행위로 舊 建築法 제54조 제1항에 의하여 형벌을 받은 자가 그 위법건축
 물에 대한 시정명령에 위반한 경우 그에 대하여 과태료를 부과할 수 있도록 한 동법
 제56조의2 제1항의 규정이 이중처벌금지원칙에 위배되는지 여부]
 舊 建築法 제54조 제1항에 의한 형사처벌의 대상이 되는 범죄의 구성요건은 당국의 허가 없이 건축행위 또는 건축물의 용도변경행위를 한 것이고, 동법 제56조의2 제1항에 의한 과태료는 건축법령에 위반되는 위법건축물에 대한 시정명령을 받고도 건축주 등이 이를 시정하지 아니할 때 과하는 것이므로, 양자는 처벌 내지 제재대상이 되는 기본적 사실관계로서의 행위를 달리하는 것이다. 그리고 전자가 무허가건축행위를 한 건축주 등의 행위 자체를 위법한 것으로 보아 처벌하는 것인 데 대하여, 후자는 위법건축물의 방치를 막고자 행정청이 시정조치를 명하였음에도 건축주 등이 이를 이행하

지 아니한 경우에 행정명령의 실효성을 확보하기 위하여 제재를 과하는 것이므로 양자는 그 보호법익과 목적에서도 차이가 있고, 또한 무허가건축행위에 대한 형사처벌시에 위법건축물에 대한 시정명령의 위반행위까지 평가된다고 할 수 없으므로 시정명령위반행위가 무허가건축행위의 불가벌적 사후행위라고 할 수도 없다. 이러한 점에 비추어 舊 建築法 제54조 제1항에 의한 무허가건축행위에 대한 형사처벌과 동법 제56조2 제1항에 의한 과태료의 부과는 헌법 제13조 제1항이 금지하는 이중처벌에 해당한다고 할 수 없다.

2. 행정질서벌과 행정구제

一般行政秩序罰의 科罰節次에 의한 과태료의 재판에 불복하는 자는 즉시항고를 할 수 있다(비송사건절차법 제248조 제③항).

條例에 의한 과태료 처분에 불복하는 자는 그 처분을 고지받은 날부터 30일 이내에 해당 지방자치단체의 장에게 이의를 제기할 수 있으며, 과태료 처분을 받은 자가 이의를 제기하면 그 지방자치단체의 장은 지체 없이 관할 법원에 그 사실을 통보하여야 하고, 그 통보를 받은 관할 법원은 비송사건절차법에 따른 과태료 재판을 한다(지방자치법 제27조 제③,④항).

■ 헌법재판소 1998. 9. 30. 선고 98헌마18 결정
행정기관의 과태료부과처분에 대하여 그 상대방이 이의를 제기함으로써 비송사건절차법에 의한 과태료의 재판을 하게 되는 경우, 법원은 당초 행정기관의 과태료부과처분을 심판의 대상으로 하여 그 당부를 심사한 후 이의가 이유 있다고 인정하여 그 처분을 취소하거나 이유 없다는 이유로 이의를 기각하는 재판을 하는 것이 아니라, 직권으로 과태료부과요건이 있는지를 심사하여 그 요건이 있다고 인정하면 새로이 위반자에 대하여 과태료를 부과하는 것이므로, 행정기관의 과태료부과처분에 대하여 상대방이 이의를 하여 그 사실이 비송사건절차법에 의한 과태료의 재판을 하여야 할 법원에 통지되면 당초의 행정기관의 부과처분은 그 효력을 상실한다 할 것이다. 따라서 이미 효력을 상실한 피청구인의 과태료부과처분의 취소를 구하는 이 사건 심판청구는 권리보호의 이익이 없다.

■ 대법원 1997. 4. 28.자 96마1597 결정
구 건축법(1991. 5. 31. 법률 제4381호로 전문 개정되기 전의 것) 제56조의2 제1항, 제4항, 제5항과 개정 건축법(1991. 5. 31. 법률 제4381호로 전문 개정된 것) 제83조 제1항, 제4항 내지 제6항, 제82조 제3항, 제4항의 규정들을 대비하고, 경과규정인 개정 건축법상 부칙 제6조의 규정 취지를 종합해 보면, 개정 건축법상의 이행강제

금에 관한 규정은 시정명령 불이행을 이유로 한 구 건축법상의 과태료에 관한 규정을 개선한 것으로서 개정 전후의 과태료와 이행강제금은 본질적으로 동일한 성질을 가진다 할 것이고, 행정관청이 구 건축법 제56조의2를 적용하여 과태료를 부과할 것을 잘못하여 개정 건축법 제83조 제1항의 이행강제금을 부과하였다 하더라도, 과태료에 관한 재판은 비송사건절차법에 따라 법원이 직권으로 개시하는 것으로서 행정관청의 부과처분에 대한 당부를 심판하는 행정소송절차가 아니므로, 그에 관한 이의제기 사실을 통보받은 법원으로서는 비송사건절차법에 정한 절차와 방식에 의하여 구 건축법 제56조의2에 정한 과태료를 부과할 수 있다.

제4절　새로운 義務履行確保手段

Ⅰ. 課徵金

1. 의의

(1) 課徵金의 槪念

과징금700)이라 함은 일반적으로 그 개념이 정립되어 있지 아니하나, "행정청이 일정한 행정법상의 의무에 위반한데 대한 제재로서 부과하는 금전적 부담"701), "행정청이 일정한 행정법상의 의무를 위반한 자에 대하여 부과하는 금전적 제재"702), "행정법상의 의무를 위반한 자에게 경제적 이익이 발생한 경우 그 이익을 박탈하며 경제적 불이익을 과하기 위한 제도"703), "행정법상의 의무위반에 대하여 행정청이 그 의무자에게 부과·징수하는 금전적 제재"704), "경제법상의 의무를 위반하거나 이를 이행하지 않는 경우에 행정청이 그 의무자에게 부과·징수하는 금전적 제재"705)등을 의미하는 것으로서, 곧 일정한 행정법상 의무를 위반하거나 이를 이행하지 않는 경우에 행정청이 그 의무자에게 부담시키는 제재금을 뜻한다고 할 것이다.

원래 행정형벌이 아닌 금전적 제재의 방법으로는 獨逸의 과태료(Geldbusse oder Bussgeld)706)와 美國의 민사벌금(Civil money penalty)707)등을 들 수 있지만 우리

---

700) 우리 법제상 課徵金이란 용어는 '긴급통화조치법'(1962. 6. 9. 법률 제1088호) 제21조에서 최초로 사용된 바 있지만 그것은 국가기관이 부과·징수하는 일체의 금전적 급부를 의미하는 것으로서 오늘날의 그것과는 전혀 그 의미가 다르다.
701) 李尙圭, 522쪽.
702) 石琮顯, 520쪽.
703) 金南辰, 532쪽.
704) 金東熙, 410쪽.
705) 姜求哲, 616쪽.

와 같은 다양한 형태의 과징금제도를 두고 있는 나라는 그 예가 드물다.

(2) 他概念과의 區別

課徵金은 金錢的 負擔을 통한 制裁手段이라는 점에서 행정형벌인 罰金과 행정질서벌인 過怠料와 같으나 다음에서 보는 바와 같이 서로 차이가 있다.708)

1) 課徵金과 罰金

과징금은 일정한 행정법상의 의무를 위반하거나 불이행한 자에 대하여 행정청이 부과하는 금전적 제재이나, 벌금은 형벌로서 법원의 재판으로 과하여지는 행정형벌이라는 점에서 차이가 있다.

과징금은 행정청이 구체적인 행정법상의 위반행위를 한 자에 대하여 개별적으로 과하는 것이므로 그 부과행위는 침해적 행정행위(하명)에 속하나, 벌금부과는 곧 형법상의 범죄행위에 대하여 과하는 형벌에 해당한다. 과징금은 부당이득세나 속죄금과 유사한 것으로서 일정한 종류의 과징금은 형벌의 면제를 의미709)하지만, 벌금은 곧바로 형법상의 형벌에 해당된다. 과징금은 금전적 제재를 행정처분(즉 과징금부과처분)으로 부과하는 것이므로 그 불복은 행정쟁송절차에 의하게 되나, 벌금은 행정형벌로서 부과되는 것이므로 그에 대한 불복은 원칙적으로 형사소송절차에 의한다.

2) 課徵金과 過怠料

과징금과 과태료는 모두 금전적 부담이라는 점에서는 같으나, 일정한 행정상의 의무위반에 대하여 또는 취소·정지처분에 갈음하여 금전적 제재가 부과되는 課徵金은 행정질서벌 중 금전벌인 過怠料와 차이가 있다.

과징금부과처분에 대한 불복은 행정쟁송절차에 의하게 되나, 과태료부과에 대한 불복

---

706) 獨逸에서는 行政法令의 違反에 대한 制裁로서 刑罰 이외에 行政廳이 과하는 過怠料가 널리 사용되고 있다. 法律上 犯罪行爲가 되면 法院에서 刑罰을 과하고, 秩序違反行爲가 되면 行政廳에서 過怠料를 과함으로써 제도상 양자를 구별하고 있다.
707) 美國의 民事罰은 行政法令의 위반에 대하여 civil penalty(法律에 따라서는 fine forfeiture라는 용어가 사용되기도 한다)라 불리는 金錢罰을 그 所管 行政廳이 징수하는 것이다.
708) 여기에서 구분하는 개념 이외의 金錢的 負擔으로는 加算金·重加算金(국세징수법 제21, 22조 ; 금융실명거래및비밀보장에관한법률 제6조 제③항), 加算稅(소득세법 제121조), 手數料(약사법 제72조 ; 직업안정법 제43조), 分擔金, 負擔金, 不當利得稅(부당이득세법), 賦課金(석유및석유대체연료사업법 제18조, 제37조), 執行罰 등을 들 수 있다.
709) 실질적으로는 과징금이나 벌금은 다 같은 금전부담으로 양자를 함께 부과시키는 것은 二重負擔 내지 二重處罰의 문제가 생길 수 있으므로, 같은 위반행위에 대하여는 과징금과 벌금을 選擇的으로 하나만 과하도록 특례를 두는 경우도 있다(朴鈗炘, 647쪽).

(즉시항고)은 비송사건절차법(제248조)에 의한다.

2. 법적 근거

과징금은 사인에 대하여 금전적 부담을 과하는 것을 내용으로 하는 제재의 일종이기 때문에 법치행정의 요청상 법률에 구체적인 근거가 있는 경우에만 과할 수 있는 것이다. 따라서 과징금은 일반적으로 인정되고 있는 것은 아니며 개별법이 정하는 바에 따라서만 인정된다.

> ❖ 과징금의 개별법적 근거
> 1. 독점규제 및 공정거래에 관한 법률 제5,6조
> 2. 대기환경보전법 제19조
> 3. 수질환경보전법 제9조
> 4. 오수·분뇨 및 축산폐수의 처리에 관한 법률 제29조
> 5. 석유및석유대체연료사업법 제14조
> 6. 여객자동차운수사업법 제79조
> 7. 금융실명거래 및 비밀보장에 관한 법률 부칙 제6조
> 8. 부동산실권리자 명의등기에 관한 법률 제5조
> 9. 도시가스사업법 제9,10조
> 10. 석탄산업법 제21조 제4항
> 11. 건설산업기본법 제82,84조
> 12. 주차장법 제24조
> 13. 식품위생법 제65조
> 14. 약사법 제71조의3
> 15. 의료급여법 제71조의2 제2항
> 16. 철도사업법 제17조
> 17. 화물유통촉진법 제51조
> 18. 자동차관리법 제61조
> 19. 사료관리법 제18조
> 20. 항공법 제131조
> 21. 관광진흥법 제19조
> 22. 해운법 제22조
> 23. 항만법 제33조
> 24. 항만운송사업법 제26조의2,5
> 25. 전기통신사업법 제64조
> 26. 전파법 제67조의2

■ 대법원 2012. 4. 26. 선고 2011두26626 판결

 부동산 실권리자명의등기에 관한 법률(이하 '부동산실명법'이라고 한다) 제3조 제1항, 제5조 제1항, 제3항, 제6조 제1항 등 관련 법령의 규정 내용과 체계에 비추어 보면, 원칙적으로 부동산에 관한 물권을 명의신탁 약정에 의하여 명의수탁자 명의로 등기한 경우 그 명의신탁자에게는 과징금을 부과하도록 되어 있으므로, 명의신탁자와 명의수탁자가 이른바 계약명의신탁약정을 맺고 명의수탁자가 당사자가 되어 명의신탁약정이 있다는 사실을 알지 못하는 소유자와의 사이에 부동산에 관한 매매계약을 체결한 후 그 매매계약에 따라 당해 부동산의 소유권이전등기를 수탁자 명의로 마친 경우에는, 비록 부동산실명법 제4조 제2항 단서에 따라 그 명의수탁자가 당해 부동산의 완전한 소유권을 취득하게 된다고 하더라도, 부동산실명법 제5조 제1항이 정하는 과징금 부과 대상에 해당된다고 할 것이다.

 한편 부동산실명법 제5조 제2항 단서의 '명의신탁관계 종료시점'은 단지 명의신탁자와 명의수탁자 사이에 대내적으로 명의신탁을 해지한 시점이 아니라, 대외적으로도 명의 신탁관계가 종료되어 부동산실명법 위반상태가 해소된 시점인 실명등기를 할 필요가 없거나 실명등기를 한 것으로 볼 수 있는 시점, 즉 공용징수·판결·경매 기타 법률의 규정에 의하여 명의수탁자로부터 제3자에게 부동산에 관한 물권이 이전되거나 또는 명 의신탁자가 당해 부동산에 관한 물권에 관하여 매매 기타 처분행위를 하고 그 처분행 위로 인한 취득자에게 직접 등기를 이전하거나 명의신탁자가 당해 부동산의 소재지를 관할하는 시장·군수 또는 구청장에게 매각을 위탁하거나 한국자산관리공사에 매각을 의뢰한 시점 등으로 보아야 하고, 명의신탁자가 명의수탁자를 상대로 명의신탁의 해지 를 원인으로 하여 소를 제기하였다거나 그 소송에서의 승소판결이 확정되었다는 사정 만으로는 그때 부동산실명법상 명의신탁관계가 종료되었다고 할 수 없으며 (대법원 2008. 1. 17. 선고 2007두21563 판결), 부동산실명법 제4조 단서에 따라 그 명의수 탁자가 당해 부동산의 소유권을 완전하게 취득하게 되더라도 그 명의수탁자는 그 명의 신탁자에 대하여 부당이득반환의무를 부담하게 되므로(대법원 2010. 10. 14. 선고 2007다90432 판결 참조), 그 명의수탁자가 부동산실명법 제4조 제2항 단서에 따라 완전한 소유권을 취득하게 되었다는 사정만으로 바로 부동산실명법상 명의신탁관계가 종료되었다고 단정할 수 없다.

■ 대법원 2007 7. 12. 선고 2006두4554 판결

 부동산실명법 시행령 제3조의2 단서는 조세를 포탈하거나 법령에 의한 제한을 회피 할 목적이 아닌 경우에 과징금의 100분의 50을 감경할 수 있다고 규정하고 있고, 이 는 임의적 감경규정임이 명백하므로, 위와 같은 감경사유가 존재하더라도 과징금을 감 경할 것인지 여부는 과징금 부과관청의 재량에 속한다고 할 것이다(대법원 2005. 9. 15. 선고 2005두3257 판결 참조).

■ 대법원 2011. 7. 14. 선고 2011두6387 판결

공정거래법 제6조, 제17조, 제22조, 제24조의2, 제28조, 제31조의2, 제34조의2 등 각 규정을 종합하여 보면, 공정거래위원회는 공정거래법 위반행위에 대하여 과징금을 부과할 것인지 여부와 만일 과징금을 부과할 경우 공정거래법과 같은 법 시행령이 정하고 있는 일정한 범위 안에서 과징금의 액수를 구체적으로 얼마로 정할 것인지에 관하여 재량을 가지고 있다고 할 것이므로, 공정거래위원회의 공정거래법 위반행위자에 대한 과징금 부과처분은 재량행위라 할 것이고, 다만 이러한 재량을 행사함에 있어 과징금 부과의 기초가 되는 사실을 오인하였거나, 비례·평등의 원칙에 위배하는 등의 사유가 있다면 이는 재량권의 일탈·남용으로서 위법하다고 할 것이다(대법원 2002. 9. 24. 선고 2000두1713 판결, 대법원 2008. 2. 15. 선고 2006두4226 판결 참조).

■ 대법원 2011 .5. 26. 선고 2008두18335 판결

회사 분할 시 신설회사 또는 존속회사가 승계하는 것은 분할하는 회사의 권리와 의무라고 할 것인바, 분할하는 회사의 분할 전 법 위반행위를 이유로 과징금이 부과되기 전까지는 단순한 사실행위만 존재할 뿐, 그 과징금과 관련하여 분할하는 회사에게 승계의 대상이 되는 어떠한 의무가 있다고 할 수 없으므로, 특별한 규정이 없는 한 신설회사에 대하여 분할하는 회사의 분할 전 법 위반행위를 이유로 과징금을 부과하는 것은 허용되지 않는다(대법원 2009. 6. 25. 선고 2008두17035 판결 참조).

3. 內容(種類)

(1) 典型的 課徵金(初期型 課徵金)

전형적 과징금이란 주로 경제법상 의무에 위반한 자가 당해 위반행위로 경제적 이익을 얻을 것이 예정되어 있는 경우에 당해 의무위반행위로 인한 불법적인 이익을 박탈하기 위하여 그 이익액에 따라 과하여지는 일종의 行政制裁金[710]을 말한다.

이 유형은 과징금제도 도입 초기의 형태로서 의무위반에 따른 불법 이익의 전면적 박탈을 통하여 간접적으로 의무이행을 강제하는 효과를 얻고자 하는 것이다.

전형적 과징금을 두고 있는 법률로는 독점규제 및 공정거래에 관한 법률(제6조), 금융실명거래 및 비밀보장에 관한 법률(부칙 제6조 제①항)을 들 수 있다.

(2) 類似課徵金(賦課金)

유사과징금이란 앞의 전형적 과징금과 유사한 목적으로 도입된 賦課金을 말하는 것으로서, 대기환경보전법 제19조의 배출부과금, 수질환경보전법 제19조의 배출부과금, 오

---

710) 朴鈗炘, 645쪽.

수·분뇨및축산폐수의처리에관한법률 제29조의 배출부과금 등을 들 수 있다.

(3) 變形된 課徵金(一般的 課徵金)

변형된 과징금이란 원래의 과징금이 경제법상의 의무위반행위 자체로 얻은 불법한 이익을 박탈하는 행정제재금인 데 대하여, 변형된 형태의 경우에는 인·허가사업에 관한 법률에 의한 의무위반을 이유로 단속상 그 인·허가사업 등을 정지하여야 할 경우에 이를 정지시키지 아니하고 사업을 계속하게 하되, 사업을 계속함으로써 얻은 이익을 박탈하는 行政制裁金[711]을 말한다고 할 수 있다.

그런데 여기서의 이익이란 인·허가사업의 허용범위를 위반하여 영업을 행함으로써 얻은 이익의 전부를 의미하는 것은 아니다. 즉 변형된 과징금은 위반행위자에 대한 團束的 意味에서의 금전적 부담을 뜻하는 것으로서 관계 법률의 과징금액의 범위 내에서 부과되는 것이다. 따라서 변형된 과징금은 이제까지의 불법이익의 전면적 박탈도 아니고, 앞으로의 기대되는 불법이익의 박탈도 아니다.

변형된 과징금은 '영업정지와 선택적으로' 또는 '영업정지에 갈음하여' 과징금을 부과하는 형태를 취하고 있다.

변형된 과징금을 두고 있는 법률로는 석유및석유대체연료사업법, 석탄산업법, 여객자동차운수사업법, 화물자동차운수사업법 등이 있다.

4. 課徵金 賦課·徵收節次

과징금제도를 둔 각종 법률에서는 과징금의 算定基準·算定方法·課徵金額 등을 법률 또는 대통령령에서 규정하도록 하고 있고, 그 徵收 및 滯納處分에 관하여 다른 법률을 준용하고 있다.

5. 구제수단

과징금의 부과행위는 행정행위이므로 그것이 위법한 경우에는 행정쟁송을 제기하여 그 취소 등을 구할 수 있을 것이다.

II. 加算金

1. 加算金의 意義 및 法的 性質

국세징수법 제21조 본문은 국세를 납부기한까지 완납하지 아니한 때에는 그 납부기한

---

711) 朴鈗炘, 645쪽.

이 경과한 날로부터 체납된 국세에 대하여 100분의 3에 상당하는 가산금을 징수한다고 규정하고 있는바, 이 가산금은 국세가 납부기한까지 납부되지 않는 경우, 미납분에 대한 지연이자의 성질을 가진 부대세(附帶稅)의 일종으로서 국세체납이 있는 경우에 국세징수법 규정에 따라 당연히 과세권자의 가산금 확정절차 없이 발생하고, 그 액수도 확정되는 것이다.

■ 대법원 2000. 9. 22. 선고 2000두2013 판결
[납부독촉이 없는 가산금부과처분에 대한 취소소송의 적부(소극)]
국세징수법 제21조, 제22조가 규정하는 가산금과 중가산금은 국세가 납부기한까지 납부되지 않은 경우 미납분에 관한 지연이자의 의미로 부과되는 부대세의 일종으로서, 과세권자의 확정절차 없이 국세를 납부기한까지 납부하지 아니하면 같은 법 제21조, 제22조의 규정에 의하여 당연히 발생하고 그 액수도 확정되는 것이며, 그에 관한 징수절차를 개시하려면 독촉장에 의하여 그 납부를 독촉함으로써 가능한 것이므로, 그 납부독촉이 부당하거나 절차에 하자가 있는 경우에는 그 징수처분에 대하여 취소소송에 의한 불복이 가능할 것이나, 과세관청이 가산금이나 중가산금을 확정하는 어떤 행위를 한 바 없고, 다만 국세의 납세고지를 하면서 납기일까지 납부하지 아니하면 납기 후 1개월까지는 가산금으로 얼마를 징수하게 된다는 등의 취지를 고지하였을 뿐이고, 납부기한 경과 후에 그 납부를 독촉한 사실이 없다면 가산금이나 중가산금의 부과처분은 존재하지 않는다(대법원 1996. 4. 26. 선고 96누1627 판결 ; 대법원 1990. 5. 8. 선고 90누1168 판결).

한편 세법상의 가산세라는 것이 있다. 조세법상 법정 신고기간 내에 신고하여 납부하여야 할 의무가 있는 경우에 신고하지 아니하였거나 과소신고를 하였을 경우에는 일정비율의 납부부성실가산세라든가 신고부성실가산세 등이 과하여진다(소득세법 제121조 제①,②항, 제182조, 제183조).
이러한 加算稅는 과세권의 행사 및 조세채권의 실현을 용이하게 하기 위하여 세법에 규정하는 의무를 위반한 납세자에게 부과하는 행정벌의 성질을 가진 금전적인 제재로서의 성질을 가지고 있기 때문에, 특정한 조세법에 대하여 이중적으로 과하여지는 경우 이른바 '二重處罰'의 문제가 제기되지만, 가산세는 조세법상의 의무이행확보를 위한 행정적인 조치인 데 대하여, 벌금은 반사회적 행위에 대한 제재이기 때문에 병과가 가능한 것으로 해석되고 있다.

■ 대법원 2011.4.28. 선고 2010두16622 판결

〔세법상 가산세 부과요건〕

 <u>세법상 가산세는 과세권의 행사 및 조세채권의 실현을 용이하게 하기 위하여 납세자가 정당한 이유 없이 법에 규정된 신고, 납세 등 각종 의무를 위반한 경우에 개별세법이 정하는 바에 따라 부과되는 행정상의 제재로서 납세자의 고의, 과실은 고려되지 않는 반면,</u> 이와 같은 제재는 납세의무자가 그 의무를 알지 못한 것이 무리가 아니었다고 할 수 있어서 그를 정당시할 수 있는 사정이 있거나 그 의무의 이행을 당사자에게 기대하는 것이 무리라고 하는 사정이 있을 때 등 <u>그 의무해태를 탓할 수 없는 정당한 사유가 있는 경우가 아닌 한 세법상 의무의 불이행에 대하여 부과되어야 한다</u>(대법원 1998. 7. 24. 선고 96누18076 판결, 대법원 2010. 5. 13. 선고 2009두23747 판결 참조).

■ 대법원 2007.3.15. 선고 2005두12725 판결

 가산세는 과세권의 행사와 조세채권의 실현을 용이하게 하기 위하여 세법에 규정된 의무를 정당한 이유 없이 위반한 납세자에게 부과하는 일종의 행정상 제재이므로, 개별 세법에 의하여 산출한 법인세 등 본세에 가산세를 가산한 금액을 본세의 명목으로 징수한다 하더라도 이는 징수절차의 편의상 당해 세법이 정하는 국세의 세목으로 하여 그 세법에 의하여 산출한 본세의 세액에 가산하여 함께 징수하는 것일 뿐 세법이 정하는 바에 의하여 성립·확정되는 본세와는 그 성질이 다르다. 따라서 본세의 산출세액이 없는 경우에는 가산세도 부과·징수하지 아니한다는 등의 특별한 규정이 없는 한, 본세의 산출세액이 없다 하더라도 가산세만 독립하여 부과·징수할 수 있다.

■ 대법원 2003. 9. 5. 선고 2001두403 판결
〔가산세의 법적 성질 및 부과 요건〕

 세법상 가산세는 과세권의 행사 및 조세채권의 실현을 용이하게 하기 위하여 납세자가 정당한 이유 없이 법에 규정된 신고, 납세 등 각종 의무를 위반한 경우에 개별세법이 정하는 바에 따라 부과되는 행정상의 제재로서 납세자의 고의, 과실은 고려되지 않는 것이고, 다만 납세의무자가 그 의무를 알지 못한 것이 무리가 아니었다거나 그 의무의 이행을 당사자에게 기대하는 것이 무리라고 하는 사정이 있을 때 등 그 의무해태를 탓할 수 없는 정당한 사유가 있는 경우에는 이를 부과할 수 없다(대법원 1997. 5. 16. 선고 95누14602 판결, 대법원 1998. 7. 24. 선고 96누18076 판결, 대법원 1999. 3. 9. 선고 98두2379 판결, 대법원 1999. 8. 20. 선고 99두3515 판결, 대법원 1999. 12. 28. 선고 98두3532 판결, 대법원 2000. 8. 22. 선고 98두17685 판결, 대법원 2001. 1. 30. 선고 99두7876 판결, 대법원 2002. 3. 29. 선고 99두1861 판결, 대법원 2002. 11. 8. 선고 2001두4849 판결, 대법원 2003. 2. 14. 선고 2001두8100 판결).

┌───┐
│ ▣ 대법원 1992. 4. 28. 선고 91누9848 판결
│ 가산세는 개별 세법이 과세의 적정을 기하기 위하여 정한 의무의 이행을 확보할 목적
│ 으로 그 의무 위반에 대하여 세금의 형태로 가하는 행정벌의 성질을 가진 제재이므로
│ 그 의무 해태에 정당한 사유가 있는 경우에는 이를 부과할 수 없다는 것이 당원의 확
│ 립된 견해이다(대법원 1991. 11. 26. 선고 91누5341 판결 ; 대법원 1991. 6. 25. 선고
│ 90누660 판결 ; 대법원 1989. 4. 25. 선고 88누4218 판결 참조).
└───┘

2. 加算金에 대한 不服

앞서 본 바와 같이 加算金은 과세권자의 가산금 확정 절차 없이 국세를 납부기한까지 납부하지 아니하면 국세징수법 제21조 규정에 의하여 당연히 발생하고 그 액수도 확정되는 것이므로 가산금의 확정 그 자체에 대하여는 하등의 부과처분과 같은 행정처분이 존재하지 아니하여 불복을 제기할 수 없다고 할 것이나, 다만 가산금에 관한 징수절차를 개시하려면 독촉장에 의하여 그 납부를 독촉함으로써 가능한 것이고(국세징수법 제23조, 같은 법 시행령 제26조)그 가산금납부독촉이 부당하거나 그 절차에 하자가 있는 경우에는 그 징수처분에 대하여 취소소송에 의한 불복이 가능할 뿐이다(대법원 1986. 10. 28. 선고 86누147 판결 ; 대법원 1988. 9. 20.선고 85누635 판결 참조).

여기서 세무서장 등이 납세자에게 국세의 납세고지를 하면서 납기일까지 납부하지 아니하면 납기 후 1월까지는 가산금 일정금원을 징수한다는 취지를 고지한 경우가 문제이나 위 고지는 가산금부과결정을 고지하는 부과처분으로서의 고지가 아닐 뿐만 아니라 납부기한 경과 후에 한 납부독촉처분도 아니므로 결국 위 가산금의 납세고지(국세징수법상 근거가 있는 납세의 고지도 아니다)그 자체에 대하여는 불복을 제기할 수 없다 할 것이다.

Ⅲ. 不當利得稅

不當利得稅法은 물가안정에 관한 법률이나 기타 법률에 의하여 정부가 결정·지정·승인·인가 또는 허가하는 물품의 가격, 부동산이나 기타 물건의 임대료 또는 요금의 최고액을 기준으로 거래단계별 ·지역별 기타의 구분에 따라 국세청장이 따로 정하는 가액을 초과하여 거래를 함으로써 부당한 이득을 얻은 자에 대하여는 실제로 거래한 가격 ·임대료 또는 요금에서 기준가격을 제한 금액 전부를 부당이득세로 징수하도록 규정하고 있다.

不當利得稅는 정부가 정한 통제가격을 초과하여 거래를 하지 아니할 의무를 강제하는 가장 실효성 있는 수단이라 하겠다.

Ⅳ. 供給拒否

1. 의의

행정법상 의무를 위반한 자 등에 대하여 일정한 행정상의 서비스나 재화의 공급을 거부하는 행정조치를 말한다.

2. 실정법 규정

建築法 제69조 제1,2항을 들 수 있다.

3. 한계

공급거부에 있어서의 문제는 공급거부가 부당결부금지의 원칙에 반하는지 하는 문제이다. 수도·전기 등의 공급작용은 고도의 공익성을 고려할 때 본질적으로 공역무 내지 공행정작용으로서의 성질을 가진다. 이에 전기사업법이나 수도법에서 급부주체는 '정당한 사유'없이 공급을 거절하거나 공급계약의 청약을 거절할 수 없다고 규정하고 있다. 여기서 정당한 사유는 당해 작용과 사물적 관련이 있어야 함을 의미한다.

수도·전기 등의 공급거부 또는 공급중단은 당해 급부를 수급하기 위한 요건을 충족하지 못하거나 당해 급부행정상의 의무위반이 있는 경우에만(예 ; 요금체납) 허용된다. 다른 법령에 의해 부과된 의무의 위반·불이행에 대해 그 의무이행확보수단으로 당해 급부의 공급을 거부·중단하는 것은, 당해 행정작용이 추구하는 목적과는 무관한 다른 행정작용을 위한 것이라는 점에서 그 위법성여부가 문제된다.

4. 구제수단

수도·전기 등의 위법한 공급거부에 대하여는, 당해 급부가 공법적 형식으로 행해지는가 또는 사법적 형식으로 행해지는가에 따라 행정상 또는 민사상의 구제수단에 의해 구제를 받을 수 있다.

공급거부가 '처분'에 해당하는 경우에는 행정쟁송의 제기가 가능하며, 또한 그로 인해 손해를 받은 경우에는 손해배상의 청구도 가능하다.

> ▣ 대법원 1995. 11. 21. 선고 95누9099 판결
> 무단 용도변경을 이유로 단전 조치된 건물의 소유자로부터 새로이 전기공급신청을 받은 한국전력공사가 관할 구청장에게 전기공급의 적법 여부를 조회한 데 대하여, 관할 구청장이 한국전력공사에 대하여 건축법 제69조 제2항, 제3항 의 규정에 의하여 위 건물에 대한 전기공급이 불가하다는 내용의 회신을 하였다면, 그 회신은 권고적 성격의 행위에 불과한 것으로서 한국전력공사나 특정인의 법률상 지위에 직접적인 변동을 가져

오는 것은 아니므로 항고소송의 대상이 되는 행정처분이라고 볼 수 없다.

▣ 대법원 1996. 3. 22. 선고 96누433 판결
[위법 건축물에 대한 단전 및 전화통화 단절조치 요청행위]
  위법 건축물에 대한 시정명령을 하고 나서 위반자인 원고가 이를 이행하지 아니하여 전기·전화의 공급자에게 그 위법 건축물에 대한 전기·전화공급을 하지 말아 줄 것을 요청한 행위는 권고적 성격의 행위에 불과한 것으로서 전기·전화공급자나 특정인의 법률상 지위에 직접적인 변동을 가져오는 것은 아니므로 이를 항고소송의 대상이 되는 행정처분이라고 볼 수 없다고 할 것이다(대법원 1995. 7. 28. 선고 94누10832 판결, 대법원 1995. 11. 21. 선고 95누9099 판결 참조).

V. 違反事實의 公表制度

1. 의의

  행정상의 공표는 행정주체가 상대방의 의무위반사실을 널리 일반에게 공개함으로써 상대방의 명예·신용의 침해를 위협하여 행정법상의 의무이행을 간접적으로 강제하는 수단이다.
  현행법상에는 行政上 公表를 규율하는 일반법은 존재하지 않고 ⑴ 消費者保護法上의 公表制度(제13조) ⑵ 公正去來法上의 公表制度(獨占規制및公正去來에關한法律 제5조, 제16조, 제21조, 제24조, 제31조, 下都給去來公正化에關한法律 제25조) ⑶ 約款規制에關한法律에 의한 公覽制度(제23조) ⑷ 公職者倫理法上의 財産公開制度(제10조, 제10조의2) 등 몇 개의 개별 법률에서 公表를 허용하는 규정을 두고 있다.
  현재 高額滯納者의 名單公開制가 있으나, 이는 법률상 채택된 제도가 아니고 國稅廳 訓令인 國稅徵收事務處理規程(1980. 2. 27. 訓令 제862호) 제66조에 근거를 두고 있다.
  建築法에 의하면 시장·군수는 위반건축물에 대하여 철거 등 조치를 명할 때에는 일정한 표지를 당해 위반건축물 또는 대지 안에 설치하게 되어 있는 바, 그것도 위반건축물을 발생시키지 않도록 하는 일종의 行政法上 義務履行確保手段이라 하겠다.

2. 법적 성격

  행정상 공표는 개인의 명예심 내지 수치심을 자극함으로써 개인에게 제재를 가하고 아울러 간접적으로는 행정상의 의무이행을 확보하는 성질을 가지고 있다. 이러한 행정상 공표는 법적 효과를 지향하지 않고 사실적 결과를 지향하는 사실행위 중에서 공법상 사실행위에 속한다.712) 행정상 공표가 사실행위라고 하지만 권력적 사실행위인가 비권력

적 사실행위인가에 관하여는 학설이 대립된다. 다수설[713]은 행정상 공표를 비권력적 사실행위로 본다. 이에 대하여 소수설[714]은 공표행위는 행정기관에 의하여 일방적으로 행하여지며 그로 인하여 명예, 신용 또는 프라이버시권이 훼손된다는 이유로 권력적 사실행위로 본다.

3. 법적 근거

행정상 공표를 하기 위해서 조직법상의 근거가 필요함은 당연하다. 그러나 이와는 별개로 작용법적 근거가 마련되어야 하는지 문제된다.

현대국가에 있어서 行政上 公表는 행정기관이 보유하는 정보를 국민에게 알림으로써 행정공개의 요청에 부응하고 공적 관심사에 대한 국민의 알권리를 보장하는 역할도 아울러 수행하고 있는 것이다. 그리고 行政上 公表의 이와 같은 측면을 중시한다면 行政上 公表에 반드시 法的 根據가 필요하다고 볼 이유는 없다고 한다.[715]같은 측면에서 행정상 공표는 그 자체로서는 어떠한 법적 효과도 발생하지 아니하고, 관계자의 권리·이익에 변동을 가져오는 것도 아니라는 점에서 그것은 사실행위인 동시에 법률상의 근거가 없이도 허용된다고 보는 판례도 있다.[716]

그러나 행정상 공표는 실제로 관계자의 명예·신용 또는 프라이버시를 침해하거나 사실상 심각한 불이익을 초래할 수 있다는 점에서, 특히 관계자에 대한 청문 또는 변명기회의 부여 등 사전절차와 관련하여 법적 근거의 필요성 문제가 제기될 수 있다. 이는 행정상 사실행위로서의 공표가 가지는 기본권 침해 여부를 통하여 파악하는 것이 적절하다고 본다. 제재수단으로서의 공표에 있어서는 원칙적으로 기본권 침해적 성질을 지니므로 법률의 근거를 필요로 한다고 하겠다.[717]

4. 한계

행정상 공표는 국민의 인권 및 알권리 등 다른 기본권과 충돌을 하는 경우에는 이익형량에 의하여 제한할 수 있기 때문에 이러한 범위 안에서도 행정상 공표는 허용된다는 것이다.

---

712) 金東熙, 437쪽 ; 洪井善, 526쪽.
713) 金東熙, 438쪽 ; 柳至泰, 292쪽 ; 洪井善, 527쪽.
714) 朴均省, 421쪽.
715) 權五卨, 「行政上 公表와 國家의 民事上 責任-대법원 1993. 11. 26. 선고 93다18389 판결」(민사판례연구 제18집, 민사판례연구회, 1996. 5.), 399~400쪽.
716) 대법원 1993. 11. 26. 선고, 93다18389.
717) 金東熙, 438쪽 ; 朴圭河, 462쪽 ; 朴均省, 421쪽 ; 洪井善, 526~527쪽.

> ■ 대법원 1999. 9. 3. 선고 97누2528, 2536 판결
> [공법인의 직원에 의한 업무 관련 사실에 대한 공표행위의 허용 범위]
> 근로자는 사용자의 이익을 배려해야 할 근로계약상의 성실의무를 지고 있으므로 근로자가 직장의 내부사실을 외부에 공표하여 사용자의 비밀, 명예, 신용 등을 훼손하는 것은 징계사유가 되고, 구체적인 경우에 있어서 그 해당 여부는 공표된 내용과 그 진위, 그 행위에 이르게 된 경위와 목적, 공표방법 등에 비추어 판단할 것인데, 고도의 공공성을 갖는 공법인의 경우에는 그 업무수행에 있어서 무엇보다도 우선적으로 관련 법령 및 제규정을 준수할 것이 요구되고, 공법인의 업무수행상의 위법행위는 널리 공법인의 내·외부로부터 감시, 견제되어야 할 필요가 있으므로, 공법인의 직원에 의한 공법인 업무에 관련한 사실의 공표행위는 일반 사기업의 경우와 동일하게 평가하여서는 아니 되지만, 공법인의 업무수행상의 적법성이 강조되는 것은 공법인의 목적사업 자체의 공익성 때문인 것이고, 공법인은 사업의 원활한 수행을 위하여 스스로 규율과 질서를 유지하여야 할 필요가 있으므로 그 내용이 공법인 업무의 공익성에는 영향을 미치지 아니하는 경미한 사항으로서 주로 사익적인 목적이나 동기에서 행하여진 공표행위까지 허용된다고 볼 것은 아니다.

5. 공표에 대한 구제

행정상 공표에 대한 권리구제는 공표행위의 취소 또는 무효확인 등을 통한 직접적인 권리구제와 손해배상 등을 통한 간접적인 권리구제로 구분된다.

기본권침해적인 공표가 법적 근거 없이 행하여졌다면 위법한 공표가 되고, 법적 근거가 있다 하더라도 권한 없는 기관에 의하여 행하여진 공표, 비례의 원칙·부당결부금지의 원칙·평등원칙 등에 반하여 행하여진 공표, 자의로 행하여진 공표 등은 모두 위법한 공표행위가 된다. 공표를 통하여 제재를 실현하거나 국민의 알권리의 신장에 기여하지 않고 사적인 흥미를 유발하는 공표를 하거나 작은 위반행위에 대하여 형평에 맞지 않게 명단 등을 공개함으로써 개인이나 기업의 이미지, 대외신용도, 개인의 프라이버시권을 침해해서는 아니된다.

이 경우 행정소송법에 의한 항고소송 또는 무효등확인소송 등을 제기할 수 있다.[718] 다만, 사실행위로서의 행정상 공표는 다른 행정행위와는 달리 일단 공중에 공개되는 순간에 정보가 전파되는 특성으로 인하여 그 소의 이익이 문제될 수 있다.

간접적인 권리구제 방법으로는 형법상 명예훼손죄가 성립되면 고소·고발을 통하여 형

---

[718] 이와 관련하여 공표행위의 처분성을 인정하는 견해(金南辰, 541쪽 ; 金東熙, 439쪽)와 부정하는 견해(石琮顯, 512쪽)로 나뉜다.

사소추를 하는 외에, 민법상 손해배상책임을 구하거나 국가배상법상의 손해배상책임을 청구할 수 있다. 아울러 실체법적 권리구제로서 명예회복을 위한 적절한 조치·청원·공무원의 징계책임·피의사실공표죄를 통한 형사상 구제 등을 생각할 수 있다. 현재 행정상 공표와 관련한 간접적인 권리구제는 대부분 국가배상 또는 민사상 손해배상으로 처리되고 있다.

■ 대법원 1993. 11. 26. 선고 93다18389 판결
[행정상 공표에 의한 명예훼손과 위법성]
 국가기관이 행정목적달성을 위하여 언론에 보도자료를 제공하는 등 이른바 행정상 공표의 방법으로 실명을 공개함으로써 타인의 명예를 훼손한 경우, 그 공표된 사람에 관하여 적시된 사실의 내용이 진실이라는 증명이 없더라도 국가기관이 공표 당시 이를 진실이라고 믿었고 또 그렇게 믿을 만한 상당한 이유가 있다면 위법성이 없는 것이고, 이 점은 언론을 포함한 사인에 의한 명예훼손의 경우에서와 마찬가지이다(대법원 1993. 6. 22. 선고 92도3160 판결 참조).

[공표한 사실이 진실이라고 믿을 만한 상당한 이유의 존부 판단기준]
 상당한 이유의 존부의 판단에 있어서는, 실명공표 자체가 매우 신중하게 이루어져야 한다는 요청에서 비롯되는 무거운 주의의무와 공권력의 광범한 사실조사능력, 공표된 사실이 진실하리라는 점에 대한 국민의 강한 기대와 신뢰, 공무원의 비밀엄수의무와 법령준수의무 등에 비추어, 사인의 행위에 의한 경우보다는 훨씬 더 엄격한 기준이 요구된다 할 것이므로, 그 사실이 의심의 여지없이 확실히 진실이라고 믿을 만한 객관적이고도 타당한 확증과 근거가 있는 경우가 아니라면 그러한 상당한 이유가 있다고 할 수 없다.(지방국세청 소속 공무원들이 통상적인 조사를 다하여 의심스러운 점을 밝혀 보지 아니한 채 막연한 의구심에 근거하여 원고가 위장증여자로서 국토이용관리법을 위반하였다는 요지의 조사결과를 보고한 것이라면 국세청장이이에 근거한 보도자료의 내용이 진실하다고 믿은 데에는 상당한 이유가 없다고 본 사례)

■ 대법원 1998. 7. 14. 선고 96다17257 판결
 형법 제126조가 검찰, 경찰 기타 범죄수사에 관한 직무를 행하는 자 또는 이를 감독하거나 보조하는 자가 그 직무를 행함에 당하여 지득한 피의사실을 공판청구 전에 공표하는 것을 범죄로 규정하고 있는 점, 헌법 제27조 제4항이 형사피고인에 대하여 무죄추정 원칙을 규정하고 있는 점과 아울러 직접 수사를 담당한 수사기관이나 수사담당 공무원의 발표에 대하여는 국민들이 그 공표된 사실이 진실할 것으로 강하게 신뢰하리라는 점 등을 고려한다면 직접 수사를 담당한 수사기관이나 수사담당 공무원이 피의사실을 공표하는 경우에는 공표하는 사실이 의심의 여지없이 확실히 진실이라고 믿을 만한 객관적이고 타당한 확증과 근거가 있는 경우가 아니라면 그러한 상당한 이유가 있

다고 할 수 없다 할 것이다(대법원 1993. 11. 26. 선고 93다18389 판결 참조).

▣ 대법원 1998. 5. 22. 선고 97다57689 판결
 일정한 행정목적 달성을 위하여 언론에 보도자료를 제공하는 등 이른바 행정상의 공표의 방법으로 실명을 공개함으로써 타인의 명예를 훼손한 경우, 그 대상자에 관하여 적시된 사실의 내용이 진실이라는 증명이 없더라도 그 공표의 주체가 공표 당시 이를 진실이라고 믿었고 또 그렇게 믿을 만한 상당한 이유가 있다면 위법성이 없는 것이고, 이 점은 언론을 포함한 사인에 의한 명예훼손의 경우와 다를 바가 없다 하겠으나, 그러한 상당한 이유가 있는지 여부의 판단에 있어서는 실명공표 자체가 매우 신중하게 이루어져야 한다는 요청에서 비롯되는 무거운 주의의무와 공권력을 행사하는 공표 주체의 광범한 사실조사 능력, 그리고 공표된 사실이 진실하리라는 점에 대한 국민의 강한 기대와 신뢰 등에 비추어 볼 때 사인의 행위에 의한 경우보다는 훨씬 더 엄격한 기준이 요구되므로, 그 공표사실이 의심의 여지없이 확실히 진실이라고 믿을 만한 객관적이고도 타당한 확증과 근거가 있는 경우가 아니라면 그러한 상당한 이유가 있다고 할 수 없다.

VI. 官許事業의 制限

 이에는 위법건축물을 영업장으로 하는 관허사업의 제한(건축법 제69조 제①,②항),[719] 국세체납자에 대한 관허사업의 제한(국세징수법 제7조),[720] 兵役義務不履行者에 대한 관허사업의 제한(병역법 제76조 제②,③항)[721]등이 있다.

▣ 대법원 1982. 10. 12. 선고 82누160 판결
 국세징수법 제7조 제2항, 제4항에 의하면, 세무서장은 허가 등을 받아 사업을 영위하

---

[719] 이는 위반건축물의 발생을 예방함과 동시에 위반건축물을 사실상 사용할 수 없도록 함으로써 당해 건축물을 철거하게 하는 간접적 강제수단으로 작용한다. 오늘날 대형위반건축물이 발생한 경우 대집행수단으로 철거하는 것은 국가적으로 막대한 경제적 손실을 초래하기 때문에 위반건축물을 이용한 영업허가 등의 금지는 사전예방수단으로서 기능을 발휘하고 있다.

[720] 이는 조세를 체납한 자에 대하여는 국가의 허가 등을 요하는 모든 사업을 새로이 할 수도 없게 함은 물론 기존의 허가 등을 정지 또는 취소하여 기존의 사업도 하지 못하게 함으로써 체납조세를 스스로 납부하게 하는 강제집행수단의 하나이다. 여기서 주의할 점은 체납된 조세와 불허가 또는 취소·정지되는 사업과는 직접적인 관련이 없더라도 체납자와 사업자가 동일인이기만 하면 이러한 강제수단이 발동된다는 것이다. 이 수단은 체납된 조세와 불허가 또는 취소·정지되는 사업과 직접적인 관련이 없다는 점과 체납 때문에 국민의 기본적인 생업 그 자체를 위협한다는 점에서 비례의 원칙상 문제가 있다고 하겠다(金東熙, 440쪽).

[721] 국민의 가장 기본적 의무를 이행하지 아니한 자에 대하여는 국가로부터 수익적 처분을 받지 못하게 하려는 취지이다.

는 자가 국세를 3회 이상 체납한 때에는 대통령령이 정하는 경우를 제외하고 그 주무관 서에 사업의 정지 또는 허가의 취소를 요구할 수 있고, 이와 같은 요구를 받은 당해 주 무관서는 정당한 사유가 없는 한 이에 응하도록 되어 있고, 한편 동법시행령 제9조에 의하면 법 제7조의 면허취소요구의 요건인 3회 이상의 체납이란 기간의 제한이 없는 법 인세와 상속세의 경우를 제외하고는 1년을 기간으로 납세통지서 1통을 1회로 보아 계산 하도록 규정하고 있는바, 원고법인이 체납하였다는 3회의 국세 중 1980년도 수시분(1) 부가가치세금 및 그 가산금(납기 1980. 2. 20)에 관하여는 부산진 세무서장의 1980. 10. 30자 면허취소요구 이전에 이미 체납세액이 납부되어 그 체납상태가 해소되었다 할 것이어서 3회 이상 국세를 체납한 때에 해당하지 않게 되었으므로 위 부산진 세무서장 의 피고에 대한 원고의 사업면허 취소요구는 국세징수법 제7조 제2항에 규정된 요건을 갖추지 못한 위법이 있고 이를 전제로 한 피고의 취소처분 역시 위법하다.

위법한 사업면허취소 요구 이후에 새로운 체납액이 발생하였다 하여 그로써 새로이 사업면허취소 요구를 하는 것은 별론으로 하고 3회 이상의 국세체납이란 요건을 결한 이 사건 사업면허취소 요구상의 하자가 치유되는 것이 아니다.

국세를 3회 이상 체납한 것을 이유로 한 사업면허취소처분 이후에 건설업법 제38조 제1항 제1호 소정의 건설업면허기준에 미달하는 사유가 생겨 사업면허취소를 할 수 있게 되었다고 하여도 위 면허취소처분의 적법여부는 그 처분 당시를 기준으로 하여 판단해야하는 것이다.

Ⅶ. 就業制限

병역법에 의하면 국가기관, 지방자치단체의 장 또는 모든 고용주는 위에서 본 관허사업 제한의 대상이 되는 병역의무부이행자를 공무원 또는 임·직원으로 임용 또는 채용할 수 없으며, 재직 중인 경우에는 해직하여야 한다(제66조 제①항). 국민의 기본적 의무를 이행하지 아니한 자에 대하여는 공직을 비롯한 취업을 제한하여 의무이행을 확보하려고 한 것이다.

제5절   行政調査

Ⅰ. 行政調査의 槪念

행정조사의 개념은 일의적으로 정착된 것은 아니지만 크게 두 가지로 분류될 수 있다.

첫째, 행정조사를 행정상의 즉시강제와 구별되는 하나의 행위유형으로 보는 견해이다. ① 행정기관에 의한 질문·검문, 가택에의 출입검문 등 행정조사는 후속 되는 행정처분 을 위한 전제 자료를 수집한다고 하는 간접적인 행정목적을 위한 활동이나, 행정상의 즉시강제는 그 자체가 직접 행정목적을 실현하는 최종행위라는 점, ② 질문·검사의 거부에 대하여는 벌칙에 의한 제재라고 하는 간접강제가 인정되는 데에 지나지 않으나, 행정상의 즉시강제에 있어서는 사인의 신체·재산에의 실력행사가 인정된다는 점 등에서 행정조사와 행정상 즉시강제는 구별된다고 한다.

둘째, 행정조사를 행위유형과는 다른 하나의 행정과정 내지 행정제도로 파악하는 견해이다.

이 견해에서는 행정행위나 행정상의 즉시강제 등의 행위유형은 행정조사의 한 수단으로 이해되고 권력적 수단의 뒷받침이 없는 임의조사도 그 개념 속에 포함시킨다. 즉 행정조사를 보다 넓게 파악하여 행정기관이 어떤 행정목적을 달성하기 위하여 필요한 정보를 수집하는 활동이라고 정의한다.

II. 법적 근거

행정조사에 대하여 법적 근거가 필요한가, 필요하다면 어떠한 범위까지 필요한가가 문제된다.

학설은 행정조사의 필요성을 권력적 행정조사와 비권력적 행정조사로 나누어, 모든 권력적 행정조사의 경우 이에 대한 법적 근거의 필요성을 인정한다. 비권력적 행정조사의 경우에는 상대방의 순수한 임의적 협력의 범위에 국한되는 행정조사이므로 '동의는 불법을 조각한다'는 법원칙에 따라 법적 근거가 없어도 된다고 한다.[722)]

생각건대, 조사의 거부에 어떤 제재나 강제수단이 예정되어 있는 경우에는 법률의 수권이 필요하다. 순수한 임의조사라 할지라도 현실에 있어서는 간접강제조사와의 구별이 명확하지 않는 경우가 많으므로 법률로서 요건·절차를 규정하는 것이 바람직하다.

III. 종류

1. 조사의 대상에 따라

① 대인적 조사(불심검문, 질문 등 특정인에 대한 조사), ② 대물적 조사(물건의 수거, 장부검사 등 사인에게 속한 특정한 물건에 대한 조사), ③ 대가택 조사(가택출입, 임검 등 특정인의 주거 또는 영업소와 같은 특정한 장소에 대한 조사) 등으로 구분한다.

2. 조사의 권력성 여부에 따라

---

722) 石琮顯, 481쪽 ; 朴均省, 379쪽 ; 洪井善, 515쪽. 金東熙 교수는 임의적 행정조사는 어떤 경우에도 법적 근거를 요하지 않는다고 볼 것은 아니고 개별적·구체적으로 판단되어야 할 것이라고 한다(同, 426쪽).

권력적(강제)조사((수색, 수거, 가택수색 등 사람의 신체, 자연인 또는 법인에 속한 물건 또는 그 주거나 영업소 등에 대하여 실력을 가하여 강제적으로 조사하는 경우)와 비권력적(임의)조사(보고, 검사, 현장조사 등 상대방의 임의적 협력에 의한 조사)로 구분한다.

3. 조사방법 및 형식에 따라

① 직접조사와 간접조사723)② 개별적 조사와 일반적 조사724)③ 구두에 의한 조사와 문서에 의한 조사725)등으로 구분한다.

Ⅳ. 행정조사의 법적한계

1. 실체법적 한계

(1) 행정조사의 외적 한계

행정조사에 대하여 법령의 근거가 설정된 경우 행정조사를 실시하는 행정청은 반드시 법령의 근거를 준수하여야 한다.

국민의 자유와 권리에 본질적인 중요한 영향을 미치는 행정조사의 경우 먼저 행정조사의 권한을 가진 행정청이 그에게 부여된 관할권의 범위 내에서 행정조사를 행하는 조직법적 한계를 준수하여야 한다.

행정조사권한을 부여받은 행정기관은 증표를 제시하고, 필요한 경우 영장을 제시하는 등 자신에게 부여된 권한을 그 형식에 맞추어 행사하여야 한다.

행정조사는 법률상 규정된 목적의 범위 안에서 실시하되 대상의 선정, 수단의 선택 등에 있어 법령에 규정된 사항을 지켜야 할 것이다.

(2) 행정조사의 내적 한계

행정기관이 행정조사에 관한 법적 근거를 가지고 이를 준수하는 경우에도 행정기관은 그 권한을 헌법과 행정법의 기본원리에 부합되게 활용하여야 한다. 행정조사의 내적 한계로 작용하는 헌법의 기본원리로는 비례의 원칙과 평등의 원칙을, 행정법의 기본원리

---

723) 직접조사와 간접조사라 함은 행정조사의 실력행사의 직접성을 기준으로 구분하는 방법이다(石琭顯, 479쪽).
724) 洪井善 교수는 조사목적의 개별성과 일반성을 기준으로 하여 개별조사는 특정의 개별·구체적인 목적을 위한 조사(토지·물건조서 작성을 위한 조사)를, 일반조사는 일반 정책수립의 목적을 위한 조사(통계법상의 국세조사)를 의미한다고 한다(同, 515쪽). 金南辰 교수는 개별적 조사와 집단적 조사로 구분한다(同, 469쪽).
725) 金南辰, 469쪽.

로는 공정성, 투명성 및 신뢰성의 원칙을 들 수 있다.

 1) 비례의 원칙
 우리 헌법재판소는 비례의 원칙의 내용적 요소로서 목적의 정당성, 수단의 상당성 내지는 방법의 적정성, 침해의 최소성 및 법익의 균형성 등 네 가지 요소를 들고 있는데,726) 이들 네 가지 비례의 원칙의 요소는 행정조사의 한계에도 그대로 적용될 수 있다고 생각한다.
 첫째, 행정청이 행정조사를 함에 있어 그 목적의 정당성이 인정되어야 한다. 행정조사를 규정한 법령상의 목적에 따라 부합되게 행정조사가 행사되어야 한다.
 둘째, 행정청이 행정조사를 함에 있어 수단의 상당성 내지는 방법의 적정성이 인정되어야 한다.
 셋째, 행정청이 행정조사를 함에 있어 피해의 최소성727)이 고려되어야 한다. 즉 행정조사에 있어 행정목적을 달성하기 위하여 채택할 수 있는 많은 수단 중 국민의 자유와 권리를 최소한으로 침해하는 수단을 선택하여야 할 것이다.
 넷째, 행정조사에 있어 법익의 균형성이 요구된다. 행정청이 행정조사를 하에 있어 목적의 정당성과 수단 내지는 방법의 적정성이 인정되며 또 그 필요성도 인정되는 경우라 하더라도 다시 행정조사가 의도하는 정치·경제·사회적 유용성과 행정조사에 의하여 야기되는 개인과 기업에 대한 침해와를 서로 비교형량하여, 양자의 사이에는 이성적인 판단에 기초한 합리적인 관계가 존재하여야 한다. 즉 피해자의 권리침해로 인한 불이익과, 위 권리 침해를 포기하였을 경우에 공공의 복리가 입게 될 불이익이 비교되어야 한다.

 2) 평등의 원칙
 우리 헌법은 모든 국민은 법 앞에 평등함을 선언하고 있다(제10조). 행정조사에 있어 법 앞의 평등의 의미는 행정청이 행정조사를 함에 있어서는 기본적으로 모든 국민에게 평등하게 조사가 실시되어야 하며, 조사를 실시함에 있어 특정인 또는 특정기업에게 차별적인 편파적인 취급을 하여서는 아니 됨을 의미한다.

 3) 공정성·투명성 및 신뢰성의 원리
 공정성·투명성 및 신뢰성의 원리는 행정절차법의 기본원리이다.

---

726) 헌법재판소 1998. 2. 27. 선고 97헌바79 결정.
727) 침해의 최소성이라 함은 입법자는 그가 의도하는 정당한 입법 목적을 달성하기 위하여 적합한 방법이 여러 가지가 있는 경우에는, 그 중에서 국민의 권리침해가 가정 작은 방법을 선택하여야 한다는 의미로 일반적으로 받아들여지고 있다(헌법재판소 1991. 5. 13. 선고 89헌가97 결정).

첫째, 행정조사는 공정하게 이루어져야 한다. 즉 행정조사는 공평하며 치우치지 아니하게 운용되어야 한다. 공정성의 원칙인 행정청이 행정조사를 함에 있어 위에서 언급한 비례의 원칙과 평등의 원칙을 준수할 것을 요구한다.

둘째, 행정조사는 투명하게 이루어져야 한다. 행정청이 행하는 행정조사는 내용적으로 구체적이고 명확하여야 한다. 행정조사에 관한 행정상의 의사결정의 내용 및 그 과정이 국민의 입장에서 명확하여야 한다.[728]

셋째, 행정조사는 신의에 따라 성실히 행사되어야 한다. 어떠한 경우에도 행정조사가 남용되어서는 아니 된다. 특히 행정조사는 행정기관과 행정조사의 상대방인 기업과 개인의 신뢰관계를 기초로 하여야 한다.

2. 절차법적 한계(행정조사와 영장주의)

헌법 제12조 제3항과 제16조의 영장주의에 관한 규정이 행정조사에도 적용되는가의 문제에 관하여 적극·소극설의 대립이 있으나 행정조사의 성격, 조사의 필요성, 기타 권익구제제도의 존재 등을 고려하여 개별적으로 적용여부를 결정하여야 할 것이다.

> ■ 대법원 1976. 11. 9. 선고 76도2703 판결
> 세관공무원이 밀수품을 싣고 왔다는 정보에 의하여 정박 중인 선박에 대하여 수색을 하려면 선박의 소유자 또는 점유자의 승낙을 얻거나 법관의 압수 수색영장을 발부 받거나 또는 관세법 212조 1항 후단에 의하여 긴급을 요하는 경우에 한하여 수색압수를 하고 사후에 영장의 교부를 받아야 한다.

3. 실력행사의 가능성

> ■ 대법원 1972. 10. 31. 선고 72도2005 판결
> 경찰관이 피고인에게 임의동행을 요구하다가 거절당하자 무리하게도 잡아끄는 등 강제로 인치하려고만 하였을 뿐 현행범으로 체포할 요건도 갖추지 않았거니와 현행범으로 체포하려고 한 것도 아닌 것이니 적법한 공무집행행위가 있었다고 볼 수 없다.

---

[728] 일본행정절차법 제1조(목적 등)는 "이 법률은 처분, 행정지도 및 신고절차에 관하여 공통된 사항을 정함으로써 행정운영에 있어서의 공정성의 확보와 투명성(행정상의 의사결정의 내용 및 그 과정이 국민의 입장에서 명확한 것을 말한다)의 향상을 도모하고…"라고 규정하여 투명성의 개념을 괄호 안에 정의하고 있다.

V. 위법한 행정조사와 행정행위의 효력

행정조사가 위법한 경우에 그 행정조사에 의해 수집된 정보에 기초하여 내려진 행정결정이 위법한 것으로 되는가가 문제로 된다. 특히 행정조사를 통하여 획득한 정보가 내용상으로는 정확하지만 행정조사가 실체법상 또는 절차법상 한계를 넘어 위법한 경우 학설은 대립되고 있다.

1. 적극설

절차의 적법성보장의 원칙에 비추어 행정조사가 위법한 경우에 당해 조사를 기초로 한 행정결정은 위법하다고 한다.729)

2. 소극설

행정조사는 법령에서 특히 행정행위의 전제조건으로 규정되어 있는 경우를 제외하고는 일응 별개의 제도로 볼 수 있어, 이 경우에는 조사의 위법이 바로 행정행위를 위법하게 만들지는 않는다고 한다.730)

3. 절충설

행정조사와 행정처분은 하나의 과정을 구성하는 것이므로 적정절차의 관점에서 행정조사에 중대한 위법사유가 있는 때에는 이를 기초로 한 행정행위도 위법한 행위로 된다는 견해731), 적어도 법이 요구하는 요건을 무시하여 조사로 볼 수 없을 정도로 위법한 행정조사에 기초하여 행정처분이 행해졌을 경우에는 행정처분의 위법을 초래한다고 보는 견해732), 행정결정에 필요한 정보를 수집하기위하여 행해진 행정조사가 위법한 경우에는 당해 행정결정의 절차에 하자가 있는 것으로 볼 수 있어 이 경우 행정결정의 효력은 절차의 하자의 문제가 된다는 견해733)등이 있다.

VI. 행정조사에 대한 구제

위법한 행정조사의 경우 그 처분성이 인정된다면 행정심판, 행정소송의 제기가 가능하며 이 경우 집행정지신청을 통하여 그 집행을 저지할 수 있도록 하여야 할 것이다. 위법

---

729) 洪井善, 517~518쪽.
730) 朴鈗炘, 610쪽.
731) 金東熙, 452쪽.
732) 金南辰, 470쪽.
733) 朴均省, 384쪽.

한 행정조사가 실력으로 실시됨으로써 국민이 피해를 입은 경우에는 국가배상청구소송을 통하여 손해의 배상을 청구할 수 있을 것이다. 위법한 행정조사에 대한 취소소송 내지 무명항고소송에 의한 구제를 생각해 볼 수 있다. 위법한 행정조사가 행하여진 뒤의 사후구제수단으로는 국가배상과 행정조사의 위법을 후속하는 행정처분의 위법사유로 삼을 수 있을 것이다.

■ 저자약력
　한양대학교 법정대학 법학과 졸업
　연세대학교 행정대학원 사법행정학과 졸업
　서울대학교 사법발전연구과정 수료
　연세대학교 특허법무대학원 고위자과정 수료
　인하대학교 대학원 졸업 (법학박사)
　(현)인하대학교 법학전문대학원 겸임교수
　　　법무법인 우리법률 대표변호사

■ 저서·논문
　우리나라 항고소송의 대상으로서 처분성과 소의 이익에 관한 연구(박사학위논문)
　민사문제 생활법률 (제일법규, 1997)
　주택임대차의 생활법률 (제일법규, 1998)
　(시집) 삶의 뜨락 (선, 2000)
　법은 밥이다 (법률시대, 2001)
　법과 시민생활 (법률시대, 2001·2003)
　법과 사회 (도서출판 미산, 2004)
　살아있는 법률 강의 (도서출판 미산, 2004·2006)
　항고소송론 (도서출판 미산, 2005)
　행정구제법 (도서출판 미산, 2005·2006)
　행정작용법 (도서출판 미산, 2006)
　행정법통칙 (도서출판 미산, 2006)
　행정법총론 (도서출판 미산, 2009)
　판례중심 행정소송법 (도서출판 미산, 2009·2011)
　(시집)「휴식」Ⅰ- 휴(休) (도서출판 미산, 2010)
　(시집)「휴식」Ⅱ- 식(息) (도서출판 미산, 2010)
　판례중심 행정상 손해전보론(도서출판 미산, 2011) 외 다수

判例中心 行政法總論　　　　　[ISBN 978-89-958680-7-2]

발행일　2013년 9월 1일 제3판 1쇄 발행
저　자　진 영 광
발행인　진 학 범　　　　　　　　　　　　　　판권
편　집　새벽동산　　　　　　　　　　　　　　소유
발행처　도서출판 미산(嵋山)
　　　　인천광역시 부평구 부평4동 373-26 추인타워 301호
　　　　전화 (032) 517-5002
　　　　FAX (032) 529-2134
　　　　등록 2004. 4. 6. (2004-3)
　　　　E-mail : modjin@hanmail.net